Vereinswesen und Geschichtspflege in den böhmischen Ländern

Bad Wiesseer Tagungen
des
Collegium Carolinum

Herausgegeben von

FERDINAND SEIBT

R. OLDENBOURG VERLAG MÜNCHEN 1986

Vereinswesen und Geschichtspflege in den böhmischen Ländern

Vorträge der Tagungen des Collegium Carolinum

in Bad Wiessee

vom 25. bis 27. November 1983 und vom 23. bis 25. November 1984

R. OLDENBOURG VERLAG MÜNCHEN 1986

CIP-Kurztitelaufnahme der Deutschen Bibliothek

Vereinswesen und Geschichtspflege in den böhmischen Ländern:
Vorträge d. Tagungen d. Collegium Carolinum in Bad Wiessee vom 25.—27. November 1983 u. vom 23. bis 25. November 1984. —
München: Oldenbourg, 1986.
(Bad Wiesseer Tagungen des Collegium Carolinum)
ISBN 3-486-52791-6
NE: Collegium Carolinum ⟨München⟩

Redaktion: Dr. Michael Neumüller, Hochstraße 8, 8000 München 80

Satz, Druck und Einband: Verlagsdruckerei Michael Laßleben, 8411 Kallmünz

ISBN 3-486-52791-6

INHALT

Ferdinand Seibt

EINLEITUNG

I.

Zum Thema haben Erwägungen geführt, welche Aussagekraft das Vereinswesen in den böhmischen Ländern seit seinen Anfängen eigentlich besitzt. Die Zusammenschlüsse intellektueller Reformer im 18. Jahrhundert, die Vereinigungen patriotischer Staatsbürger in der nächsten Phase und schließlich der Übergang zum nationalen Verein als Symptom, aber auch als Instrument der sprachnationalen Desintegration im Lande — das zeigt auf seine Weise doch wohl recht deutlich die Grundtendenzen der gesellschaftlichen Entwicklung, aber das wirkt auch auf sie ein. Dabei läßt sich mit gutem Grund behaupten, das Vereinswesen in den böhmischen Ländern sei besonders rege gewesen. Und überdies: hier wie anderswo übte man im Verein demokratische Verhaltensweisen mit der Kraft des Arguments und auf der Grundlage der allgemeinen Gleichheit.

Die Quellenlage empfahl uns dieses Thema auf ihre Weise. Denn die meisten, die profilierteren Vereine verbanden ihre Existenz bald mit irgendeinem Publikationsorgan, mit Jahrbüchern, einer Zeitschrift oder zumindest mit Jahresberichten, und davon liegt viel in unserer Bibliothek; anderes ist in der Wiener Nationalbibliothek zu erreichen, deren Bedeutung für unsere Arbeit bei dieser Gelegenheit mit Anerkennung gedacht sei. Was uns fehlt, handschriftliches Material, Mitgliederlisten oder -karteien, Erinnerungen und Quellen, die bis in die Alltagsgeschichte reichen, das ist wahrscheinlich auch an Ort und Stelle nur zum geringen Teil erhalten, namentlich im Hinblick auf die Hinterlassenschaft der Deutschen im Lande. Kurzum: auch die Quellenlage ermutigte uns, das Thema aufzugreifen. Eine, wenn man anspruchsvoll sein will, Pilot-Tagung der Historischen Kommission der Sudetenländer bereitete das Unternehmen vor, und in diesem Zusammenhang darf ich besonders für die Überlegungen zur systematischen Erfassung des Themas von Herrn Kollegen Lemberg Dank sagen.

II.

Zur Einführung ein paar Gedanken über die *Definition des Themas.* Was ist ein Verein? Ich denke, man könnte eine solche Definition historisch einleiten. Dabei sollte man einen Verein unter den Lebensbedingungen der emanzipierten Gesellschaft im bürgerlichen, im 19. Jahrhundert, unterscheiden von den Gruppenbildungen in der ständisch geordneten Welt, die damals gerade zu Ende ging: von Zünften also, von Bruderschaften und Bünden. Gleichzeitig aber sollte man das Vereinswesen mit einem besonderen mitteleuropäischen Akzent versehen. Zwar erwies es sich in ganz Europa als eine besondere Form der gesellschaftlichen Selbstorganisation zu bestimmten Zwecken und Zielen, darunter auch zu staatsbürgerlichen, und war insofern in eigenartiger Weise politisch wirksam, ehe unser Parteiwesen entstand. Aber ich meine doch, das Vereinswesen auf dem Boden des Deutschen

Bundes bis 1866, der deutschen Lande danach und der österreichischen Monarchie namentlich in der zisleithanischen Reichshälfte hat bei allen Vergleichsmöglichkeiten zur französischen, italienischen oder englischen Entwicklung unter den Gesichtspunkten von Gesellschafts- und Rechtsentwicklung durch die Affinität zu Rechtsordnung, Bildungswesen und Nationalbewußtsein einen eigenen Charakter. Vielleicht werden unsere böhmischen Beispiele diesen Gesichtspunkt ausweiten.

Wie sah es denn zuvor mit der gesellschaftlichen Selbstorganisation im altständischen Europa aus? Da gab es, selbstverständlich, vornehmlich standesbezogene Vereinigungen: die Gilde, die Zunft, Ritterbünde und Standeseinungen. *Zünfte, Gilden oder Hansen* weisen durch ihre ökonomische Zwecksetzung auf jenen Freiraum hin, aus dem Mittelstand hervorging. Seine „Freiheit" war in erster Linie ökonomische Verfügungsberechtigung. Dementsprechend entsteht seit dem 11. Jahrhundert das Zunftwesen, lokal begrenzt und doch weitläufig auf einzelne Berufssparten gerichtet, im Spätmittelalter auch mit dem Versuch zu regionalen „Dachverbänden" nach einem freilich noch wenig entwickelten Modell. Nicht nur die Meister, sondern auch die Gesellen schlossen sich zu Zünften zusammen, und nicht nur Handwerker, sondern auch Bettler. Die Zunft setzte Ordnungen, sie verpflichtete ihre Mitglieder auf bestimmte Regeln, die noch heute sprichwörtlich sind, und sie suchte den Zusammenschluß auch als politisches Instrument zu gebrauchen. Sie führte Buch, sie pflegte soziale Fürsorge, sie schützte: alles das aber, ähnlich wie die ältere Gilde, mit engstem genossenschaftlichen Kontakt als Lebengemeinschaft, weit ernster als eine Vereinszugehörigkeit, und eben auch in unmittelbarer Bindung an die wirtschaftlichen Existenzmöglichkeiten. *Ständebündnisse*, namentlich die in der spätmittelalterlichen Reichsgeschichte wichtigen Rittereinungen auf regionaler Grundlage, waren eher im politischen Raum profiliert. Auch sie aber banden die Existenz ihrer Mitglieder, nicht etwa nur zu politischen Aktionen, wie die Adelsbündnisse im böhmischen Ständestaat zwischen 1419 und 1620.

Über die Standesgrenzen hinaus reicht die religiöse *Bruderschaft*. Auch sie ist zunächst einmal in einem definablen gesellschaftlichen Raum entstanden, nämlich unter Laien. Bald erfaßten solche Bruderschaften aber auch Weltkleriker. Die Bruderschaft hat einen religiösen Zweck, den freilich auch Zünfte wahrnehmen, nun überständisch, über Handwerk oder Broterwerb hinaus, über Stadt und Land, ja eben auch über jeden Stand gestreckt. Sie dient der Wallfahrt, der sozialen Hilfe oder der besonderen religiösen Lebensführung. Gelegentlich wird sie beinahe zum „Laienorden" ohne feste Regeln, wie bei Beghinen und Begarden, und grenzt dabei an das religiöse Ordenswesen.

Zünfte entstehen fast ausnahmslos in Städten und sind da ein besonderer Ausdruck auch *städtischer Lebensform*, bürgerlicher Selbstorganisation unter bestimmten Voraussetzungen. Manche oberitalienischen Städte zwangen alle Bürger zur Mitgliedschaft in irgendeiner Zunft als Voraussetzung für politische Mitbeteiligung. Bruderschaften dagegen sind nicht dem weltlichen, sondern dem religiösen Leben zugedacht und stehen deshalb über den weltlichen Standesgrenzen, was natürlich nicht heißt, daß sie nicht bestimmte Gruppen, Eliten, Klüngel, auch Spießgesellen, bei allen möglichen Aktionen zusammenführten. Aber die Grundlage dieses Zusammenschlusses ist in jedem Fall *die Gesinnung, nicht der Stand*, nicht die ökonomische Position. Insofern sind sie dem Vereinswesen der emanzipierten Gesellschaft im bürgerlichen Zeitalter ein Stück näher.

Das größte Prestige zu ihrer Zeit bis hin zu unserer erreichten weder Zünfte noch Bruderschaften. Vielmehr bildeten sich seit dem 14. Jahrhundert kleine Gemeinschaften Auserlesener unter dem Vorantritt souveräner Fürsten als Stifter und Häupter, die mit einem besonderen Ordenssymbol, einem Drachen, einem rotgoldenen Hosenband oder goldenen Vlies je 24, 30 oder eine ähnlich kleine Zahl von Mitgliedern vereinigten. Abzeichen und Ordenstrachten zeichneten diese „Ordensträger" aus vor aller Welt, und der Kampf gegen die Ungläubigen, die Feinde des Reiches oder einfach nur ihre Vorbildlichkeit verband sie. Unser gesamtes weltliches „Ordenswesen" mit seinen Kreuzen und Medaillen, Schärpen und Sternen hat daher seinen Ursprung. Die ältesten und vornehmsten Ordensgemeinschaften vom Hosenband oder vom Goldenen Vlies bestehen übrigens heute noch. Lebt aber nicht auch eine Spur vom Selbstbewußtsein einer Elite in manchen unserer modernen Klubs und Vereine?

Bruderschaften lassen sich seit dem 12. Jahrhundert beobachten. Die bedeutendste in unserer Vergangenheit entstand 1475 zur Pflege des Rosenkranzgebetes in Köln und wies schon durch ihre Entstehung einen besonderen religiösen wie politischen Charakter aus, wie er dem eigenartig archaischen, auch utopischen und in mancher Hinsicht unsere politische Entwicklung hemmenden Charakter des Heiligen Römischen Reiches entsprach. Die *Rosenkranzbruderschaft*, die zuvor schon in Douai, in Lille und Gent bestand, wurde jedenfalls 1475 in Köln von „Kaiser und Reich" gegründet — in Anwesenheit Friedrichs III. und der Mehrzahl der Kurfürsten, vieler Edler des Reiches, Männer und Frauen, Bischöfe und Bürger. Sie sollte auch für das Heil des Reiches beten in diesen Zeiten der Türkengefahr. Jedermann konnte ihr beitreten. Im Rosenkranz selber, der im Laufe der vorangehenden Jahrzehnte entstanden war, hatte diese Bruderschaft ein buchstäblich handgreifliches Symbol, und so fand sie die größte Verbreitung, die ein religiöser Verein bis dahin und wohl noch lange nachher überhaupt erfuhr. Ihre Mitgliedsbücher, sozusagen die ältesten Vereinsregister, sind erhalten. Sie zählten bald weit über 100 000 Eintragungen.

Das barocke Zeitalter entwickelte eine neue Form des Zusammenschlusses. Die legendäre Rosenkreuzer-Bruderschaft, die mit dem Rosenkranz nichts zu tun hat, entstand damals aus einer Fiktion. Zunächst berichtete einer der anregendsten politischen Köpfe seiner Zeit, der spätere württembergische Superintendent Johannes Valentin Andreae, von ihrer Existenz aus eigener Phantasie: eine intellektuelle Vereinigung zur Weltverbesserung, ein Geheimbund. Das war zu Anfang des 17. Jahrhunderts. Bald gab es diesen Geheimbund wirklich, der einem treffend erahnten Bedürfnis nach Weltverbesserung durch Einsicht, Humanität und Klugheit entstammt. Einem ähnlichen Bestreben verdankten danach die *Freimaurerlogen* ihr Dasein, auch sie in einer Übergangsform von religiöser zu säkularisierter Gesinnungsgemeinschaft, mit einem besonderen Ritual, das sie freilich auch bald den entsprechenden Verdächtigungen aussetzte. Harmloser gaben sich da die *Sodalitäten*, *Akademien* und *Sprachgesellschaften* der Barockgelehrten. Sie wirkten im unterschiedlichen Maß auf das geistige Leben ein.

III.

Der *Verein* verdankt zweifellos seine Entstehung der Lehre vom allgemeinen staatsbürgerlichen Nutzen und von der daraus zurückstrahlenden politischen Beglückung, wie sie das aufgeklärte Zeitalter entwickelte. In Böhmen wirkte in diesem Sinn die zweibändige „Klugheitslehre" von Karl Heinrich Seibt. Die vaterländische Gesinnung, die daraus erwuchs, stand jedem frei — und dennoch waren solche Vereine zunächst nur für Honoratioren offen. Sie setzten Bildung voraus, ein intellektuelles Verständnis staatsbürgerlicher Tugenden.

Der Verein entwickelte in seinem Zusammentritt, in seinem Miteinander, in seinen Spielregeln, in seinem Wahlverfahren, dessen rechtlicher Garantie sich schließlich die staatliche Gesetzgebung annahm, eine ganz bestimmte Organisationsform. Diese Organisationsform hängt eng zusammen mit dem *Selbstverständnis der bürgerlichen Gesellschaft*. Sie hat aber auch noch viel vom alten Gemeindedenken, von den Regeln der Zunft und von der religiösen Gesinnungsgemeinschaft an sich. In dieser Form prägt sich nun ein neues „Wir-Bewußtsein" aus, von der Vereinsfähigkeit bis zur Vereinsmeierei, und es entsteht hier ein großes Exerzierfeld für den modernen Parlamentarismus, noch ehe die *politischen Parteien* als Vereine ins Leben treten. Nach den Spielregeln der Satzung entwickeln sich damit Gesinnungsgemeinschaften, die das „Wollen", das gesellschaftliche Bestreben im allgemeinsten Sinne umfassen, und damit verfestigen sich Organisationszellen zur Willensbildung und zur Karriere einzelner in der bürgerlichen Gesellschaft von allgemein Gleichberechtigten und schaffen eine neue Grundlage zur Elitenbildung. Über Vereinstätigkeit zum Vereinsvorsitz und damit, je nach der Größe und dem Einfluß des Vereins, auch zu Macht und Ansehen kann nun derjenige kommen, dem ein vergleichbarer Weg früher allein durch seine Standeszugehörigkeit offengestanden, oder der durch die Hand der Obrigkeit im Beamtenstatus dazu befördert worden wäre. Der Verein schafft also einen besonderen Raum für die *Selbstentfaltung* auch eines jeden einzelnen. Und das alles unter dem Begriff des gemeinen Nutzens.

Nach *gemeinem Nutzen* strebten schon die mittelalterlichen Bürgergemeinschaften. Er rechtfertigte ihren Zusammenschluß und wurde bald zu einer politischen Parole, die mit Ehre und Ruhm des dynastischen Denkens konkurrierte. Deswegen nahmen die Fürstenstaaten, als sie die mittelalterliche Welt allmählich überwanden und monarchisch organisierten, diesen Begriff auch ihrerseits auf, um fortan zum allgemeinen Nutzen zu regieren. Der allgemeine Nutzen, die Gemeinnützigkeit, wird aber auch seit dem 19. Jahrhundert zum höchsten Zweck eines Vereins — natürlich nicht eines jeden. Die *gemeinnützigen Vereine* genießen vor dem Auge der Obrigkeit aber das höchste Ansehen, sie werden rechtlich besonders begünstigt, sie drücken aus, was der Gemeinschaft nützt. Heutzutage gilt das primär vor dem Finanzamt. Ein gemeinnütziger Verein arbeitet nicht zu einem wirtschaftlichen Gewinn. Wofür er im übrigen arbeitet, wird nicht näher umschrieben. Der gemeine Nutzen war schon immer ein schillernder Begriff.

IV.

Unter den *böhmischen Bedingungen* scheinen Vereine besondere Aufschlüsse zu versprechen, soweit sie ursprünglich noch „patriotisch" Angehörige beider Sprachgruppen vereinen; soweit sie sich später, vornehmlich nach 1848, nach nationalen Gesichtspunkten trennen; soweit sie formal die Einübung demokratischer Spielregeln betreiben, im besonderen Rahmen der böhmischen Staatlichkeit; soweit sie aber vor allem in engster Verbindung mit der Pflege von Traditions- und Geschichtsbewußtsein die wichtige historische Orientierung für die Nationalideologie liefern.

In die Geschichte des Vereinswesens der böhmischen Länder in unserer Sicht haben wir an die erste Stelle die *Societas Incognitorum* aus der Mitte des 18. Jahrhunderts gestellt. Das ist eine barocke Gelehrtengemeinschaft, aber hier spielt schon ein wichtiges Element des künftigen Vereinswesens mit. Diese „Gesellschaft der Unbekannten" sollte Leute jeden Standes, eben Unbekannte, vereinigen. Damit war die altständische Ordnung überwunden. Aber das nicht etwa zum religiösen Zweck der Bruderschaft. Die „Namenlosen", die im Interesse ihres Zusammenschlusses auf Rang und Stand verzichteten, sollten helfen, Erkenntnisse und Einsichten zu verbreiten, Wissenschaft und Weisheit, Gemeinnutz.

1746 entstand diese Societas im Gebiet der katholischen Aufklärung; ungefähr eine Generation später entstand die *Patriotisch-ökonomische* Gesellschaft, mit konkreteren Vereinszielen für den gemeinen Nutzen. Ihr war auch ein weitaus längeres Leben beschieden. Seit 1821 gewinnen ihre Publikationen Bedeutung, und ihr geistiger Rang führt schließlich zur Gründung einer Akademie der Wissenschaften. Für den Gebildeten, aber nicht besonders Spezialisierten, für den Aufgeschlossenen, an der Pflege von Altertümern Interessierten gibt es damals den Verein zur Museumspflege, dem das Böhmische Landesmuseum seine Entstehung verdankt und der 1827 auch die erste Zeitschrift hervorbringt, die noch heute erscheint.

Wieder eine Generation später entwickeln sich Böhmen, Mähren und Schlesien zu einer regelrechten *Vereinslandschaft*. Mit mitteleuropäischem Ernst, mit mitteleuropäischer Intensität und mit den böhmischen Problemen des Nationalbewußtseins, so scheint mir, entsteht hier ein Vereinsleben, das im Hinblick auf die Bevölkerungszahlen wohl eine ganz besondere Position in der Geschichte europäischer Bürgerkultur beanspruchen darf. In der Organisation der großen politischen Gruppierungen, der nationalen, religiösen und sozialen, und in der Auswahl des nationalen Aspekts als des grundlegenden, entscheidenden und schließlich auch tragischen hat das Vereinsleben eine entscheidende Rolle gespielt. Dieser Sammelband soll dazu verhelfen, die Bedeutung des Vereinswesens in den böhmischen Ländern gerade in diesem Zusammenhang deutlicher zu zeigen.

Klaus Pabst

HISTORISCHE VEREINE UND KOMMISSIONEN IN DEUTSCHLAND BIS 1914

Zu Beginn einer Tagung, die sich das Thema „Vereinswesen und Geschichtspflege in den böhmischen Ländern" zum Ziel gesetzt hat, scheint es angebracht, einen kurzen Blick auf die Entwicklung des Vereinswesens in Deutschland allgemein und speziell der historischen Gesellschaften und Vereine im deutschen Sprachgebiet zu werfen. Die Entstehung und Frühgeschichte der deutschen Geschichtsvereine stellt bis weit in das 19. Jahrhundert hinein eine gesamtdeutsche Entwicklung dar, die den ganzen deutschen Kulturraum einschließlich der deutschsprechenden Schweiz, Siebenbürgens und der baltischen Provinzen Rußlands umfaßt und deren Betrachtung deshalb nicht auf das spätere Gebiet des Deutschen Bundes oder Reiches beschränkt werden kann. Von einem „deutschen" Vereinswesen im reichsdeutschen Sinne läßt sich deshalb eigentlich erst ab 1871 sprechen. Wenn das Hauptgewicht der folgenden Darstellung dennoch auch für frühere Perioden auf das „Deutsche Reich" in seinen Grenzen von 1914 gelegt wird, so deshalb, weil hier ja gerade ein Vergleichs- oder auch „Kontrastprogramm" zur Entwicklung in den böhmisch-österreichischen Ländern geboten werden soll. Dabei wird vor allem der organisatorische und sozialgeschichtliche Hintergrund beschrieben, auf dem die geschichtsforschenden Vereine und Kommissionen im deutschen Sprachgebiet entstanden sind, weil sich nur mit Hilfe eines solchen Vergleichsmaßstabes feststellen läßt, ob und in welcher Hinsicht die böhmischen Vereine hier eine Sonderrolle spielen oder ob sich ihre Entwicklung parallel zu der im übrigen Deutschland vollzogen hat.

In dem großen Aufschwung des geschichtspflegenden Vereinswesens in Deutschland, den wir in mehreren Phasen seit etwa 1760 verfolgen können, treffen ganz deutlich zwei Tendenzen der Zeit zusammen: einmal die Bildung von Vereinen, also freien Assoziationen gleichgesinnter und gleichberechtigter Mitglieder als Ausdruck zunehmender politischer und gesellschaftlicher Emanzipation des Bürgertums [1], und zum anderen ein zunehmendes Allgemeininteresse an der „vaterländischen"

---

[1] Diesen Aspekt heben gerade die neueren Untersuchungen zum politischen Vereinswesen in Deutschland besonders hervor. Vgl. dazu insbesondere *Nipperdey*, Thomas: Verein als soziale Struktur im späten 18. und frühen 19. Jahrhundert. In: Geschichtswissenschaft und Vereinswesen im 19. Jahrhundert. Beiträge zur Geschichte historischer Forschung in Deutschland von Hartmut *Boogmann* u. a. Göttingen 1972 (Veröff. d. Max-Planck-Instituts für Geschichte 1). Nochmals in: *Ders.*: Gesellschaft, Kultur, Theorie. Gesammelte Aufsätze zur Neueren Geschichte. Göttingen 1976, 174 ff. — *Dann*, Otto: Die Anfänge politischer Vereinsbildung in Deutschland. In: *Engelhardt*, Ulrich (Hrsg.): Soziale Bewegung und politische Verfassung. Festschrift für Werner Conze. Stuttgart 1976, 197 ff. — *Hardtwig*, Wolfgang: Politische Gesellschaft und Verein zwischen aufgeklärtem Absolutismus und der Grundrechtserklärung der Frankfurter Paulskirche. In: *Birtsch*, Günter (Hrsg.): Grund- und Freiheitsrechte im Wandel der Geschichte. Göttingen 1981, 336—358. — *Hardtwig*, Wolfgang: Strukturmerkmale und Tendenzen des Vereinswesens in Deutschland 1789—1848. In: *Dann*, Otto (Hrsg.): Vereinswesen und bürgerliche Gesellschaft in Deutschland. München 1984, 11—50 (HZ Beiheft 9 N. F.).

Geschichte weit über den Kreis der von Berufs wegen damit befaßten Historiographen hinaus. „Vaterländische“ Geschichte kann dabei sehr vieles bedeuten: zunächst einmal die Geschichte der eigenen Stadt oder engeren Heimat, dann die des eigenen politischen Territoriums — also etwa bayerische, preußische, württembergische Geschichte — und schließlich, dies allerdings erst seit dem Aufkommen eines gesamtdeutschen Nationalgefühls zu Beginn des 19. Jahrhunderts, die deutsche Reichsgeschichte insbesondere des Mittelalters, in der die junge deutsche Nationalbewegung ihre eigenen politischen Ziele in oft sentimentaler Weise bereits vorweggenommen sah [2].

Die erste dieser Tendenzen gehört offensichtlich der Aufklärungszeit, die zweite eher der deutschen politischen Romantik an. Beide haben deshalb zunächst mit einer gewissen Phasenverschiebung auf das deutsche historische Vereinswesen eingewirkt, sind aber dann im 19. Jahrhundert in fast jedem deutschen Geschichtsverein nebeneinander auszumachen. Als dritte Kraft, die die Entwicklung zunehmend bestimmte, kommt dann nach der Mitte des 19. Jahrhunderts entsprechend der von Niebuhr und Ranke eingeleiteten Transformation der Geschichte zur Geschichtswissenschaft mit der hier zu erwartenden Zeitverschiebung auch in den Vereinen ein zunehmendes Streben nach Verwissenschaftlichung hinzu, eine Richtung, die nach erheblichen Spannungen zwischen Laien und Fachleuten schließlich zu einer Aufspaltung des zuvor relativ einheitlichen historischen Vereinswesens in ein ganzes Spektrum verschiedener Organisationsformen führt, die sich in ihrer Aufgabenstellung und vor allem ihrem wissenschaftlichen Anspruch deutlich voneinander unterscheiden [3].

Der Typus des modernen Vereins, der im deutschen Kulturraum — von einzelnen Ausnahmen abgesehen — etwa ab 1750 auftaucht, unterscheidet sich von älteren Assoziationsformen wie Zünften, Gilden und Bruderschaften vor allem durch die Freiwilligkeit des Beitritts, der natürlich auch die Freiheit des Austritts entspricht, und durch seine zumindest prinzipielle Zugänglichkeit für jedermann, unabhängig von Stand, Geburt oder Vermögen. Von den Logen und Geheimgesellschaften, die um die gleiche Zeit eine Blüte erlebten, trennt ihn die Öffentlichkeit seines Wirkens, und von den zahllosen informellen Kränzchen und Salons seine relativ straffe, fast immer auch schriftlich fixierte Organisation. Vereinszweck, Rechte und auch Pflichten der Mitglieder sind durch feste Satzungen geregelt, die auch das Nötige über die

---

[2] *Schnabel*, Franz: Der Ursprung der vaterländischen Studien. Blätter für deutsche Landesgeschichte 88 (1951) 4—27. — *Schieder*, Theodor: Partikularismus und nationales Bewußtsein im Denken des Vormärz. In: *Conze*, Werner (Hrsg.): Staat und Gesellschaft im deutschen Vormärz 1815—1848. Stuttgart 1962, 9—38 (Industrielle Welt 1). — *Bosl*, Karl: Der deutsche, europäische und globale Sinn einer modernen Regionalgeschichte. Zeitschr. f. württemberg. Landesgeschichte 36 (1977) 1—18, bes. 4 f. — *Kötzschke*, Rudolf: Nationalgeschichte und Landesgeschichte. In: *Fried*, Pankraz (Hrsg.): Probleme und Methoden der Landesgeschichte. Darmstadt 1978, 13—37 (Wege d. Forschung 492).

[3] *Heimpel*, Hermann: Geschichtsvereine einst und jetzt. In: Geschichtswissenschaft und Vereinswesen 1972, 45—73 (eine Zusammenfassung und Überarbeitung älterer Arbeiten Heimpels zum gleichen Thema). — *Maschke*, Erich: Landesgeschichtsschreibung und Historische Vereine. In: *Ders.*: Städte und Menschen. Beiträge zur Geschichte der Stadt, der Wirtschaft und Gesellschaft 1959—1977. Wiesbaden 1980, 515—532 (VSWG Beiheft 68). — *Haase*, Carl: Brauchen wir noch Geschichtsvereine? Göttinger Jahrbuch 16 (1968) 231—243.

Bildung des Vorstands, der übrigen Vereinsorgane und die Vertretung des Vereins nach außen enthalten. Abstimmungen und Wahlen als wichtigste Formen vereinsinterner Willensbildung sowie die grundsätzliche Gleichberechtigung aller Mitglieder unabhängig von Rang und Stand bringen in das Vereinsleben schon früh einen demokratisch-egalitären Zug. Charakteristisch ist überdies die Finanzierung des Vereins durch regelmäßige Pflichtbeiträge der Mitglieder, soweit die in allen Vereinen von Anfang an eine große Rolle spielenden Spenden freiwilliger Förderer dazu nicht ausreichten [4].

Als Grundmotive für die Entstehung solcher Vereine hat Thomas Nipperdey, der die allgemeine Geschichte und politisch-soziale Bedeutung des deutschen Vereinswesens mit am gründlichsten untersucht hat, mehrere Faktoren aufgezählt: das Bedürfnis der Mitglieder nach „freier Geselligkeit" ohne Rücksicht auf Grenzen des Standes oder feudale Tradition, die gegenseitige Belehrung und Bildung als Weg zur menschlichen Vervollkommnung, die Veränderung und Verbesserung gesellschaftlicher Zustände und schließlich den Dienst an einer Kunst oder Wissenschaft [5]. Das klingt alles sehr aufklärerisch, und tatsächlich stammen diese Zielsetzungen vor allem aus dem gebildeten Bürgertum, aber auch aus dem Beamtenadel und dem aufgeklärten Teil des Klerus und haben zusammen mit ihrer betont egalitären Tendenz die Vereine zu Vorreitern, ja zum wesentlichen Vehikel der bürgerlichen Emanzipation gemacht. Mit Recht ist das gegen Ende des 18. Jahrhunderts aufkommende Vereinswesen daher als „ein mit der modernen bürgerlichen Gesellschaft entstehendes, für sie konstitutives Strukturmerkmal" bezeichnet worden [6].

Zur eigenen und fremden Bildung und Belehrung sowohl wie zum Dienst an der Wissenschaft, aber auch zur Verbesserung der herrschenden gesellschaftlich-politischen Zustände eignete sich nicht zuletzt die Beschäftigung mit der Geschichte, der sich in der ersten Phase deutscher Vereinsbildung vor allem zwei Gruppen von Vereinen widmeten: die Lesegesellschaften und die „gemeinnützigen", „patriotischen" oder auch „gelehrten" Gesellschaften.

Die seit etwa 1760 entstandenen deutschen Lesegesellschaften, deren Zahl um 1800 auf etwa 270 geschätzt wird [7], wollten in erster Linie der Verbreitung all-

---

[4] Zur rechtlichen Seite des Vereinslebens vgl. *Baron*, Josef: Das deutsche Vereinswesen und der Staat im 19. Jahrhundert. Jur. Diss. Göttingen 1962. — Ferner neuerdings *Hueber*, Alfons: Das Vereinsrecht im Deutschland des 19. Jahrhunderts. In: *Dann*: Vereinswesen und bürgerliche Gesellschaft 1984, 115—132.

[5] *Nipperdey* 1972, 5 ff.

[6] *Dann*, Otto: Vorwort. In: Vereinswesen und bürgerliche Gesellschaft 1984, 5. — Vgl. auch die instruktive Fallstudie von *Barmeyer*, Heide: Zum Wandel des Verhältnisses von Staat und Gesellschaft im 19. Jahrhundert. Die soziale Funktion von historischen Vereinen und Denkmalsbewegung in der Zeit bürgerlicher Öffentlichkeit. Westfälische Forschungen 29 (1978/79) 119—145.

[7] *Nipperdey* 1972, 2; aufgrund der Forschungen von *Jentsch*, Irene: Zur Geschichte des Zeitungswesens in Deutschland. Phil. Diss. Leipzig 1937. — Über Lesegesellschaften ferner *Prüsener*, Marlies: Lesegesellschaften im 18. Jahrhundert. Ein Beitrag zur Lesergeschichte. Frankfurt 1972. — *Dann*, Otto (Hrsg.): Lesegesellschaften und bürgerliche Emanzipation. Ein europäischer Vergleich. München 1981. — *Dotzauer*, Winfried: Aufklärung und Sozietäten im 18. Jahrhundert. In: *Gerlich*, Alois (Hrsg.): Beiträge zur mittelrheinischen Landesgeschichte. Wiesbaden 1980, 260—272, hier 236 f.

gemeiner Bildung und der politischen Emanzipation ihrer Mitglieder dienen. In ihren Bibliotheken, die aus den Beiträgen der Mitglieder finanziert wurden und diesen entweder im Ausleihverfahren oder — in den sogenannten Lesekabinetten — zur Lektüre in vereinseigenen Räumen zur Verfügung standen, fanden sich neben philosophischen, staatskundlichen und theologischen auch historische Schriften und vor allem Journale. Aus den Katalogen von 31 solcher Gesellschaften hat eine neuere Untersuchung herausgefunden, daß die Journale historisch-politischen Inhalts daran einen Anteil von etwa 25 Prozent hatten [8]. Dazu kamen noch etwa 3,5 Prozent fachwissenschaftliche Periodika. Unter den Einzelschriften derselben Gesellschaften bestanden die historischen Titel zu etwa einem Drittel aus Biographien und Briefberichten; die übrigen behandelten vorwiegend zeitgeschichtlich-politische Themen, ganz besonders den amerikanischen Unabhängigkeitskampf und die Französische Revolution. Es ging den Mitgliedern der Lesegesellschaft also wohl weniger um historische Forschung als darum, über politische Zeitereignisse unterrichtet zu sein und über sie in gemeinsamen Zusammenkünften diskutieren zu können — dies natürlich immer im Hinblick auf die akute Verbesserung der politisch-sozialen Verhältnisse in Deutschland. Geschichte wurde hier also nicht als Selbstzweck, sondern in politisch-didaktischer Absicht und neben anderen Sachgebieten betrieben und kam im wesentlichen in der Form politischer Zeitgeschichte vor. Vor allem in den größeren Städten und fürstlichen Residenzen Deutschlands war der geistige Einfluß solcher Lesegesellschaften beträchtlich. Zu ihren Mitgliedern gehörten fast immer die leitenden Beamten, dazu Angehörige des zahlenmäßig noch kleinen Bildungsbürgertums sowie einzelne „aufgeklärte" Angehörige des Klerus und des Adels. Nicht selten — so etwa bei der besonders gut erforschten Bonner Lesegesellschaft von 1787, die noch heute besteht — gab es auch ideelle und personelle Querverbindungen zum Illuminatenorden und zum Freimaurertum [9].

Bei der zweiten Gruppe der uns hier interessierenden Vereine, den ökonomischen und patriotischen Gesellschaften [10], tritt Geschichte dagegen in anderer Form auf und hat, wenn auch immer noch im Rahmen des aufgeklärten Wissenschaftsbegriffs, eine ganz andere Funktion. Die Gründung solcher „gelehrten" Gesellschaften, welche mancherorts auch als Ersatz für eine nicht vorhandene Akademie dienen sollten [11], setzt etwas früher ein als bei den Lesegesellschaften, doch ist die

---

[8] *Stützel-Prüsener*, Marlies: Die deutschen Lesegesellschaften im Zeitalter der Aufklärung. In: *Dann*: Lesegesellschaften 1981, 71—86, hier 80 f.

[9] So *Hansen*, Joseph (Hrsg): Quellen zur Geschichte des Rheinlandes im Zeitalter der Französischen Revolution 1780—1801. Bd. 1. Bonn 1931, Nr. 68. — *Braubach*, Max: Kurköln. Gestalten und Ereignisse aus zwei Jahrhunderten rheinischer Geschichte. Münster 1949, 417 ff. (Bonner Lesegesellschaft als neues Wirkungsfeld ehemaliger Mitglieder des 1792 aufgelösten Illuminatenordens). — Dagegen allerdings *Ruckstuhl*, Karl: Geschichte der Lese- und Erholungsgesellschaft in Bonn. Die Lese als Leuchtturm der Aufklärung. Bonner Geschichtsblätter 15 (1961) 26—180, hier 31 f.

[10] *Rübbert*, R.: Die ökonomischen Sozietäten. Phil. Diss. Halle 1934. — *Hubrig*, Hans: Die Patriotischen Gesellschaften des 18. Jahrhunderts. Weinheim 1957. — *Vierhaus*, Rudolf (Hrsg.): Deutsche patriotische und gemeinnützige Gesellschaften. München 1980 (Wolfenbütteler Forschungen 8). — *Dotzauer* 1980, 260—272.

[11] *Hammermayer*, Ludwig: Akademiebewegung und Wissenschaftsorganisation. Formen, Tendenzen und Wandel in Europa während der zweiten Hälfte des 18. Jahrhunderts.

Absicht ihrer Tätigkeit eine völlig andere. Sie richtet sich zumeist auf die praktische Förderung von Gewerbe und Landwirtschaft, etwa durch Einführung neuer Fabrikationsmethoden oder durch „Melioration“ der Bodenerträge im Sinne des französischen Physiokratismus sowie auf die Steigerung der Allgemeinbildung vor allem der bäuerlichen, handwerklichen und gewerbetreibenden Schichten. Namen wie „Physikalisch-ökonomische Gesellschaft“ (1765 in Franken), „Akademie gemeinnütziger Wissenschaften“ (1754 in Erfurt), „Verein für Sittenlehre und Landwirtschaft“ oder „Churbayerische Landes-Ökonomie-Gesellschaft“ (1768—1769 in Altötting) machen am besten deutlich, worum es dabei ging [12]. Anders als bei den Lesegesellschaften findet man unter ihren Mitgliedern auch Fabrikanten, kleinere Gewerbetreibende und Landwirte in größerer Zahl. Wegen ihrer „Nützlichkeit“ erfreuten sich diese Gesellschaften zumeist auch des Wohlwollens der Obrigkeit. Die heute noch existierende „Gesellschaft für nützliche Forschungen“ in Trier beispielsweise wurde, nachdem schon 1801 ein privater vereinsmäßiger Zusammenschluß stattgefunden hatte, 1805 durch ein förmliches Dekret des Präfekten des Saar-Departements geradezu als Staatseinrichtung noch einmal gegründet [13]. Die Hamburger „Patriotische Gesellschaft“ von 1765, die Lübecker „Gesellschaft zur Förderung gemeinnütziger Tätigkeit“ von 1789, die 1761 gegründete „Helvetische Gesellschaft“ in der Schweiz und nicht zuletzt die österreichischen Ackerbaugesellschaften der theresianischen Zeit, die ebenfalls kameralistische mit landeshistorischen Bestrebungen verbanden, seien unter vielen anderen als Beispiele dieses Vereinstyps genannt [14].

Zur „Beförderung des Gemeinwohls“, zur „Nützlichkeit“ im Sinne eines ehrenamtlichen Handelns zum Nutzen der Mitbürger gehörten neben der Kameralistik nämlich auch die Statistik im Sinne von Landesbeschreibungen und die historische

---

In: *Amburger*, Erik u. a. (Hrsg.): Wissenschaftspolitik in Mittel- und Osteuropa. Wissenschaftliche Gesellschaften, Akademien und Hochschulen im 18. und beginnenden 19. Jahrhundert. Berlin 1976, 1— 84. — Für das Beispiel Trier vgl. unten Anm. 13.

[12] *Nipperdey* 1972, 1. — Die Vorbilder solcher landwirtschaftlich-ökonomischer Gesellschaften kamen aus England und Irland, vgl. *Engelhardt*, Hans-Dieter v. / *Neuschäffer*, Hubertus: Die Livländische Gemeinnützige und Ökonomische Sozietät (1792—1939). Köln-Wien 1983, 9 ff. — *Dotzauer* 1980, 265 unterscheidet zwischen ökonomischen Gesellschaften mit überwiegend physiokratischen Zielen (Verbesserung der Landwirtschaft) und den vorwiegend merkantilistischen „patriotischen“ Gesellschaften zur Beförderung von Handel und Gewerbe.

[13] *Reidel*, Katharina M.: Geschichte der Gesellschaft für nützliche Forschungen zu Trier, 1801—1900. Trier 1975, 3. — Faksimile des Gründungsdekrets in: *Heyen*, Franz-Josef / *Janssen*, Wilhelm (Hrsg.): Zeugnisse rheinischer Geschichte. Festschrift zum 150. Jahrestag der Einrichtung der staatlichen Archive in Düsseldorf und Koblenz. Neuß 1982, 367. — *Ebenda* 366 verweist Walter *Stein* auf die (auch anderswo üblichen) akademieähnlichen Statuten der Gesellschaft und spricht ihr „durchaus die Funktion einer Ersatzuniversität für den Trierer Raum“ zu.

[14] Hierzu die Beiträge von *Kopitzsch*, Franklin: Die Hamburgische Gesellschaft zur Beförderung der Künste und nützlichen Gewerbe (Patriotische Gesellschaft von 1765) im Zeitalter der Aufklärung. In: *Vierhaus* 1980, 71—118. — *Weppelmann*, Norbert: Die Gesellschaft zur Beförderung gemeinnütziger Tätigkeit in Lübeck im 18. und 19. Jahrhundert als Zentrum bürgerlicher Eigeninitiative. *Ebenda* 143—160. — *Im Hof*, Ulrich: Die Helvetische Gesellschaft 1761—1798. *Ebenda* 223—230.

Forschung, soweit sie die Landesgeschichte der engeren Heimat betraf. Anders als bei den Lesegesellschaften interessierte hier nicht die Zeitgeschichte und erst recht nicht die Historie fremder Länder, sondern die im Gelände, in alten Bauten und überkommenen Urkunden überlieferte Geschichte des eigenen Lebensbereichs. Geschichte wurde deshalb auch weniger aus Büchern betrieben, sondern vorwiegend mit Hilfe des Spatens, was bei der engen Verbindung zur Landwirtschaft nahelag: die gemeinnützigen Gesellschaften betrieben vor allem Amateurarchäologie. Auf ehemals römischem Boden, wie in Trier, bot sich dazu natürlich vielfältige Gelegenheit; aber auch im alten Germanien, etwa in Norddeutschland, grub man Grabhügel auf und legte Reste alter Befestigungen frei. Zur Förderung des „Gemeinwohls" gehörte aber auch die öffentliche Zurschaustellung dessen, was man dabei fand. Nicht selten treten gemeinnützige Gesellschaften deshalb als Gründer und Träger von Museen auf. Die Anlage von Sammlungen wird beispielsweise der Trierer Gesellschaft schon im Gründungsdekret zur Pflicht gemacht [15], und die bekannten Museumsgründungen des Erzherzogs Johann in Prag, Innsbruck und Graz zu Anfang des 19. Jahrhunderts stehen noch in derselben Tradition. Freilich entsprach das kunterbunte Durcheinander von Altertümern und naturkundlichen, volkskundlichen und auch schon technikgeschichtlichen Exponaten, das in diesen Museen herrschte, eher der unsystematischen Sammelwut der Aufklärungszeit als den Grundsätzen heutiger Museumskunde; dennoch galten diese Museen, um mit Hermann Heimpel zu sprechen, ihrer Zeit als „Abbilder des Landes, Sammlungen dessen, was dem Lande guttat und dem Lande guttun sollte" [16]. Echt aufklärerisch war auch diese Art der Betrachtung der Geschichte als einer „gemeinnützigen" Wissenschaft.

Was hier am Beispiel der merkantilistischen oder physiokratischen Gesellschaften dargelegt wurde, gilt übrigens auch für einige Sprachgesellschaften der gleichen Zeit, die sich auf dem Wege über deutsche Dichtkunst und Sprachgeschichte der Pflege der eigentlichen Geschichte näherten. So wird aus der „Deutschübenden Poetischen Gesellschaft von 1727 zu Leipzig" hundert Jahre später eine „Deutsche Gesellschaft zur Erforschung vaterländischer Sprache und Altertümer", deren Quellen freilich nicht Bodenfunde, sondern in erster Linie Chroniken sind [17].

Hermann Heimpel, dem wir die heute übliche Typologie der deutschen Geschichtsvereine seit dem 18. Jahrhundert verdanken, hat diese frühen Gründungen vor 1819 in der Gruppe der „Gemeinnützig-patriotischen" Vereine zusammengefaßt [18]. Unabhängig von ihrer Zielsetzung im einzelnen läßt sich hier zweierlei

---

[15] *Reidel* 1975, 16 f.; Dekret vom 25. Floréal XIII (15. Mai 1805).

[16] *Heimpel*: Geschichtsvereine 1972, 47. — *Ders.*: Über Organisationsformen historischer Forschung in Deutschland. HZ 189 (1959) 139—222, hier 192 (Museumsgründungen des Erzherzogs Johann).

[17] *Heimpel*: Geschichtsvereine 1972, 46.

[18] Neben Heimpels inzwischen allgemeiner chronologischen Systematik sind aber auch andere, je nach dem verfolgten Erkenntnisinteresse durchaus sinnvolle Einteilungen denkbar, so nach dem politisch-geographischen Wirkungskreis der Vereine (Lokal-, Territorial-, Regional- und überregionale Vereine), nach der Mitgliederstruktur (Laien- oder professionelle Vereine, typische Mischformen), nach Verfassung und innerer Organisation, nach der Bildungskonzeption (interne Forschung oder Öffentlichkeitsarbeit)

festhalten. Immer war die Geschichtspflege nur *ein* Vereinszweck neben anderen, und stets wurde sie aus dem rationalen Geist der Aufklärung eher als Mittel zum höheren Zweck des Gemeinwohls denn als Selbstzweck oder einfach aus antiquarisch-historischem Interesse betrieben. Das änderte sich jedoch nach den Befreiungskriegen, etwa um 1819. Denn nun entstanden, und zwar bald schon in erstaunlich großer Zahl, die ersten reinen Geschichtsvereine, die sich allerdings zunächst meist „Altertumsvereine" oder „Geschichts- und Altertumsvereine" nannten, sich jedoch im Gegensatz zu einigen sporadischen früheren Gründungen nun als dauerhaft erwiesen. Den Anlaß zur Gründung gab nun nicht mehr das aufklärerische Streben nach Gemeinwohl oder Nützlichkeit, sondern die „vaterländische" Begeisterung der in den Befreiungskriegen erwachten politischen Romantik, gaben deutsches Nationalbewußtsein und Heimatliebe.

Als erster und wichtigster Name ist hier natürlich die durch den Freiherrn Karl vom Stein im Frühjahr 1819 in Frankfurt gegründete „Gesellschaft für ältere deutsche Geschichtskunde" zu nennen [19]. Ihre Aufgabe war, wie es in den ersten Statuten heißt, eine „Gesamtausgabe der Quellenschriftsteller deutscher Geschichte des Mittelalters" zu schaffen [20]. Aus Bibliotheken und Archiven sollten dazu die schriftlichen Zeugnisse der mittelalterlichen Reichsgeschichte gesammelt und zu „durchaus wissenschaftlichen Zwecken" veröffentlicht werden. Damit ist denn auch bald in Form der allen Mediävisten wohlbekannten Edition der Monumenta Germaniae Historica unter Leitung so tüchtiger Historiker wie Georg Heinrich Pertz, Georg Waitz und ihres langjährigen Sekretärs Johann Friedrich Böhmer begonnen worden. Noch heute weist deren Wahlspruch „Sanctus amor patriae dat animum" auf die deutsche Vaterlandsromantik als Motiv ihrer Gründung hin.

Angesichts der allgemeinen Begeisterung für vaterländische Geschichte und des persönlichen Interesses, das der Reichsfreiherr nicht zuletzt auch aus politischen Gründen an der Bearbeitung historischer Quellen zeigte, lag die Stiftung dieser Gesellschaft damals sozusagen in der Luft [21]. Außer dem Freiherrn vom Stein hatten auch andere, wie die Berliner Rechtshistoriker Friedrich Karl von Savigny und Karl Friedrich Eichhorn sowie der als Verfechter nationalkirchlicher Bestrebungen

---

und schließlich nach sachlichen Schwerpunkten der Vereinsarbeit (Archäologie, Denkmalpflege, Urkundenbücher). Vgl. *Marwinski*, Konrad: Thüringische historische Vereine im 19. Jahrhundert. Jb. f. Regionalgeschichte 7 (1979) 205—242, 238 f.

[19] *Grundmann*, Herbert: Monumenta Germaniae Historica 1819—1969. München 1969, Nachdruck 1979. — *Knowles*, M. D.: Great Historical Enterprises III: The Monumenta Germaniae Historica. Transactions of the Royal Historical Society. Reihe 5, Bd. 10. London 1960, 129—150. — Unumgänglich ist auch immer noch die ausführliche Darstellung von *Bresslau*, Harry: Geschichte der Monumenta Germaniae Historica. Neues Archiv der Ges. f. ältere deutsche Geschichtskunde 42 (1921, Neudruck 1976).

[20] Archiv der Gesellschaft für ältere deutsche Geschichtskunde 1 (1819) 80—84. Dort auch der erste „Plan-Entwurf" der Gesellschaft (9—52) und ein Verzeichnis ihrer Gründer (85—88).

[21] So planten einige Berliner Historiker unabhängig von Stein schon 1815 die Gründung einer „Historischen Gesellschaft"; vgl. *Winter*, Georg: Zur Vorgeschichte der Monumenta Germaniae Historica. Vier Denkschriften von Rühs, K. F. Eichhorn, Savigny und Niebuhr. NA 47 (1928) 1—30. — *Erben*, Wilhelm: Johannes von Müller, Erzherzog Johann und die Monumenta Germaniae Historica. NA 49 (1932) 150—172.

bekannte Konstanzer Generalvikar Ignaz von Wessenberg ähnliche Pläne ausgearbeitet, zum Teil in Verbindung mit Stein, zum Teil aber auch ohne ihn [22]. Ungeachtet einer reichhaltigen Literatur ist aber bis heute ungeklärt, ob Stein seine Idee außer an den Ratschlägen seiner Freunde nicht doch auch an bestehenden Vorbildern, etwa der „Geschichtsforschenden Gesellschaft“ des Berner Schultheißen Nikolaus von Mülinen (1811) [22a] ausgerichtet hat. So dürfte ihm bei seinen vielfältigen Verbindungen nach Rußland auch die 1804 gegründete „Moskauer Gesellschaft für Geschichte und russische Altertümer“ (Moskovskoe obščestvo istorii i drevnostej rossijskich) an der dortigen Universität kaum unbekannt geblieben sein, deren Aufgaben im Zarenreich genau denen der späteren deutschen Gesellschaft entsprachen. Zwar liefert der gedruckte Briefwechsel Steins aus seiner russischen Zeit von 1812/13 für diese Hypothese noch keine konkrete Bestätigung, doch sind weitere Nachforschungen in dieser Hinsicht im Gange [23].

Allerdings war Steins Gesellschaft kein Publikumsverein im bürgerlichen Sinne, sondern eine Veranstaltung des deutschen Hochadels und der beim Frankfurter Bundestag vertretenen Gesandten, aus denen ihr Gründer auch ihre erste „Zentraldirektion“ bildete. Adel und patriotisch gesinnter Großgrundbesitz sollten nach dem Willen Steins auch die Kosten des gesamten Unternehmens tragen. Geschichtsforscher aus ganz Deutschland wurden um Mitarbeit bei der Quellensuche gebeten und zu korrespondierenden, jedoch nicht mitentscheidenden Mitgliedern der Gesellschaft ernannt. Von den ihm angebotenen Spenden reicher Frankfurter Bankiers und russischer Freunde, ja selbst des Zaren Alexander I., wollte Stein dagegen aus nationalem Stolz nichts wissen, was er freilich später bereute [24]. Außerdem fehlte seiner Gesellschaft der ursprünglich vorgesehene regionale Unterbau. Vergebens

[22] *Winter* 1928, 22. — Vgl. dazu auch *Hering*, Robert: Freiherr vom Stein, Goethe und die Anfänge der Monumenta Germaniae Historica. Jb. des Freien Deutschen Hochstifts (1907) 278—323.

[22a] *Erben* 1932, 151.

[23] Für freundliche Auskünfte in dieser Richtung danke ich meinem Kollegen, Herrn Dr. W. W. Ischutin von der Akademie der Wissenschaften der UdSSR in Moskau. In den Akten der Moskauer Gesellschaft, die für die Frühzeit freilich lückenhaft sind (1812 wurden sie beim Brande Moskaus völlig vernichtet), findet sich jedenfalls kein Hinweis auf den Freiherrn vom Stein; ebensowenig in dessen Korrespondenz aus der Zeit seines Aufenthalts in Rußland (1812). Möglicherweise kannte Stein die russische Gesellschaft aber auch durch seinen früheren Göttinger Lehrer August Ludwig v. Schlözer, dessen Vorschläge zu ihrer Gründung wesentlich beigetragen hatten, oder durch seinen Mitarbeiter und Freund, den russischen Vertreter im von Stein geleiteten „Zentraldepartement“ von 1813 Nikolai Iwanowitsch Turgenjew, dessen Bruder Alexander ein Mitglied der Moskauer Geschichtsgesellschaft war. *Ritter*, Gerhard: Stein. Eine politische Biographie. 3. Aufl. Stuttgart 1958, 463 und 643. — Zum Hilfsangebot des russischen Kaisers Alexander I. bei der Gründung der deutschen Gesellschaft vgl. unten Anm. 24.

[24] „Es wäre denn doch demütigend, wenn wir zu diesem unserem Plane der Ausgabe deutscher Geschichtsquellen die Hilfe eines Russen nötig hätten, und muß ich hiergegen feierlich protestieren“ schrieb Stein am 6. 12. 1819 an den Sekretär der Gesellschaft Lambert Bücheler. In seinem Brief vom 21. 5. 1831 an den Heidelberger Historiker F. Chr. Schlosser heißt es dagegen: „Welcher Tor war ich, auf den Sinn des deutschen Publikums für ein Nationalwerk zu vertrauen und die Anerbietungen des Kaisers Alexander und der hochseligen Königin von Württemberg abzulehnen!“ *Bresslau* 1921, 27 Anm. 2.

hoffte Stein, seine Gründung würde die regionaler Untergesellschaften in den einzelnen Teilen Deutschlands nach sich ziehen. Ursprünglich hatte der Freiherr nach dem Rat Savignys sogar einmal die Gründung einzelner Landesgesellschaften *anstelle* einer zentralen in Betracht gezogen, an deren Spitze, um ihre Bedeutung zu unterstreichen, jeweils ein Angehöriger des regierenden Fürstenhauses stehen sollte. So sollte der Erzherzog Johann das Präsidium der Wiener Gesellschaft übernehmen, der bayerische Kronprinz das der Münchner und der preußische das der westdeutschen, als deren Sitz Köln vorgesehen war [25]. Dazu ist es jedoch nie gekommen.

War die Steinsche Gesellschaft also im strengen Sinne kein Geschichtsverein, sondern eher eine Vorläuferin der heutigen Historischen Kommissionen, so hielt sie auch wenig Kontakt mit den aus privater Initiative nach ihr entstandenen regionalen Geschichtsvereinen. Zwar sahen diese die Gesellschaft für ältere deutsche Geschichtskunde allesamt als ihr Vorbild an, doch hat dies eigentlich niemals praktische Bedeutung gewonnen. Denn zur Bearbeitung und Herausgabe von Urkundensammlungen nach den streng wissenschaftlichen Prinzipien der Monumenta waren die nun entstehenden Vereine durchweg weder personell noch finanziell in der Lage. Es gab nicht einmal organisatorische Querverbindungen zwischen ihnen und der Gesellschaft, und die „Monumenta" entwickelten sich, was die Methode der Finanzierung angeht, nach dem Ausbleiben der von Stein erhofften Privatspenden zu Kostgängern der deutschen Bundesstaaten. Das ist auch heute noch so und galt übrigens, was die österreichischen Beiträge angeht, auch über das Ende des Deutschen Bundes 1866 hinaus.

Für das eigentliche Vereinswesen wichtiger sind deshalb die örtlichen und regionalen Geschichtsvereine, deren erster noch im selben Jahr wie die Gesellschaft für ältere deutsche Geschichtskunde entstand. Den Entschluß zur Gründung des „Thüringisch-Sächsischen Vereins für Erforschung des vaterländischen Altertums und Erhaltung seiner Denkmale", der als ältester Verein dieser Art in Deutschland gilt, faßten drei Gymnasialprofessoren aus Schulpforta 1819 bezeichnenderweise inmitten der romantischen Ruinen von Burg Saaleck [26], und auch spätere Vereinsgründungen gehen nicht selten auf solche Burgenwanderungen zurück. Rasch folgten der sächsischen Gründung weitere, so noch im gleichen Jahr der „Verein für Pommersche Altertumskunde" in Greifswald und nur wenig später der „Verein für Nassauische Altertumskunde und Geschichtsforschung" in Wiesbaden (1821), der „Verein für Geschichte und Altertumskunde Westfalens" in Paderborn und Münster (1824/25) [27], Altertumsvereine in Leipzig (1824) und Dresden (1825), der

---

[25] Stein an den Legationsrat J. A. F. Eichhorn in Berlin, seinen Mittelsmann zu Savigny, am 26. 3. 1816, gedruckt bei *Hering* 1907, 300 ff. — Schon bald nahm die neue Gesellschaft aber auch „Verbindung mit Böhmischen und Ungarischen Gelehrten" auf: Pertz an Heeren, Wien 11. 8. 1821 (Konzept), *ebenda* Nr. 27, S. 322.

[26] *Heimpel*: Geschichtsvereine 1972, 49 und bes. 55.

[27] Der Plan zu dieser Vereinsgründung entstand schon 1820 und läßt den Einfluß des Westfalen nahestehenden Freiherrn vom Stein deutlich erkennen. *Barmeyer* 1978/79, 133 f. sowie *Honselmann*, Klaus / *Hartlieb v. Wallthor*, Alfred: 150 Jahre Verein für Geschichte und Altertumskunde Westfalens. Westfäl. Zeitschr. 124/125 (1974/75) S. I bis XXXIII. — Zum hochentwickelten westfälischen Vereinswesen überhaupt vgl. *Kratzsch*, Gerhard: Vereine mit idealen Zwecken im 19. Jahrhundert. Ein Beitrag zur Vereins-

„Voigtländische Altertumsforschende Verein“ (1825) sowie 1827 als erste bayerische Vereine der „Historische Verein für Oberfranken“ in Bayreuth und der „Historische Verein für die Pfalz“ in Speyer [28]. Die große Welle der Gründungen setzte dann ab 1830 ein und erreichte um 1840, als die Vereinsfreudigkeit der Bürger ganz allgemein zur „Vereinsleidenschaft“ (Nipperdey) geworden war, auch im Bereich der Geschichtsvereine ihren Höhepunkt. Sie machte auch nicht an den Grenzen des Deutschen Bundes halt und führte beispielsweise 1834 zu entsprechenden Vereinsgründungen in Riga und 1842 in Hermannstadt. Um 1844 zählte der Tübinger Universitätsbibliothekar Karl August Klüpfel, dem wir diese Angaben verdanken, bereits 44 „deutsche Gesellschaften für vaterländische Geschichte und Altertumskunde“, von denen die meisten auch schon eine eigene Zeitschrift herausgaben [29]. Von ihnen waren acht in Bayern ansässig, sieben in Sachsen und Thüringen, vier in Württemberg, je zwei in Brandenburg und Baden, je eine in Nassau, den beiden Hessen, in Wetzlar, im Rheinland, an der Mosel, in Westfalen, Niedersachsen, Hamburg, Lübeck, Frankfurt, Schleswig-Holstein, Mecklenburg und Pommern. Hinzu kamen noch sechs Historische Gesellschaften in der deutschsprachigen Schweiz. Zweifellos ist diese Liste keineswegs vollständig; neben einigen kleineren Vereinen fehlen beispielsweise die schon 1823 bzw. 1833 gegründeten österreichischen Museumsvereine in Innsbruck und Linz sowie die Geschichtsvereine für Kärnten (seit 1839 in Klagenfurt) und für Innerösterreich (1843 in Graz). Franz Schnabel, der sich ebenfalls eingehend mit dem „Ursprung der vaterländischen Studien“ beschäftigt hat, kommt für die gleiche Zeit auf über 60 Vereine, eine Zahl, die nach dem Gesagten durchaus realistisch erscheint [30] und die Geschichtsvereine zahlenmäßig an die Spitze der wissenschaftlichen Vereine Deutschlands stellt [31].

Die Gruppe der „vormärzlichen“ Vereine, wie Heimpel die zwischen 1819 und 1848 entstandenen Gründungen nennt, umfaßte neben diesen aus romantischer Wurzel entstandenen Neuschöpfungen allerdings auch solche, die durch Umwandlung älterer patriotischer Gesellschaften oder durch Abspaltung von ihnen ent-

---

geschichte der Provinz Westfalen. In: *Dollinger*, Heinz u. a. (Hrsg.): Weltpolitik, Europagedanke, Regionalismus. Festschrift für Heinz Gollwitzer. Münster 1982, 193—217.

[28] Die bisher vollständigste Zusammenstellung der Gründungen und der Geschichte deutscher Geschichtsvereine bietet noch immer: Die deutschen Kommissionen und Vereine für Geschichte und Altertumskunde. Unter besond. Mitarbeit von Rudolf *Kötzschke* hrsg. v. Willy *Hoppe* und Gerhard *Lüdtke*. Berlin 1940 (Minerva Handbücher. 4. Abt.: Die Gelehrten Gesellschaften 1). — Ein Versuch des Göttinger Max-Planck-Instituts für Geschichte, nach dem Kriege nochmals ein solches Verzeichnis zusammenzustellen, ist leider an der Unübersichtlichkeit des Vereinswesens und an der Unvollständigkeit der eingesandten Vereinsberichte gescheitert. *Heimpel* im Vorwort zu: Geschichtswissenschaft und Vereinswesen 1972 (dort auch ein Verzeichnis der in Göttingen bereits vorliegenden Vereinsberichte).

[29] *Klüpfel*, Karl August: Die historischen Vereine und Zeitschriften Deutschlands. Zeitschr. für Geschichtswissenschaft 1 (1844) 518—559, bes. 519.

[30] *Schnabel* 1951, 20.

[31] Vgl. die zeitgenössischen Gesamtverzeichnisse deutscher Vereine und ihrer Veröffentlichungen bei *Müller*, Johannes: Die wissenschaftlichen Vereine und Gesellschaften Deutschlands im 19. Jahrhundert. Bibliographie ihrer Veröffentlichungen. 2 Bde. 1887/1917 (Neudruck Hildesheim 1965).

standen sind, wie den 1821 gestifteten Lübecker Geschichtsverein und den Verein für Hamburgische Geschichte von 1839. In ihnen lebte, sichtbar etwa an der Pflege des Museumsgedankens, noch immer ein Rest nüchterner Rationalität der Aufklärungszeit fort. Alle in dieser Zeit entstandenen Vereine waren jedoch, anders als die ökonomischen Sozietäten vor 1819, bereits reine Geschichtsvereine, die sich neben der selbstverständlichen Geselligkeitspflege ausschließlich mit Sammlung und Konservierung historischer Überreste sowie mit der Erforschung der Vergangenheit beschäftigten. Die naturkundlichen und merkantilistischen Interessen wurden in andere Vereine ausgegliedert oder ganz fallengelassen.

Geschichte — das war für die meisten dieser Vereine, die dies auch schon in ihrem Namen zum Ausdruck brachten, jedoch vor allem „Altertumskunde", d. h. germanische Frühgeschichte, im Westen und Süden Deutschlands auch römische Provinzialarchäologie, und Erforschung des Mittelalters, das der deutschen Romantik ohnehin als Höhepunkt der vaterländischen Geschichte galt. Die Beschäftigung mit jüngeren Epochen war in der Zeit des Biedermeier und der Reaktion nicht nur politisch unerwünscht, weil sie demokratische oder nationale Tendenzen fördern konnte, sondern auch durch bürokratische Hemmnisse wie jahrhundertelange Sperrfristen in den staatlichen Archiven erschwert. Der Sache nach lief das in den Vereinen neben der Sammlung von alten Bildern, Möbeln und Handwerkszeug auf eine vorwiegend archäologische und denkmalpflegerische Betätigung hinaus, zu der sich erst allmählich auch die Beschäftigung mit Urkunden und anderen schriftlichen Quellen gesellte. Fleißig wurden da in gemeinsamer Arbeit Hünengräber geöffnet, Artefakte gesammelt und Knochenreste gezählt. In ganz besonderem Maß hat deshalb auch die Existenz des römisch-germanischen Limes die Bildung von Geschichtsvereinen in den entsprechenden Landschaften angeregt und zur Spezialisierung der Vereinstätigkeit beigetragen [32]. Nicht zu Unrecht stand die Grabungstätigkeit der Geschichtsvereine jedoch lange Zeit in dem Ruf, eine Leidenschaft vor allem historischer Dilettanten oder, nach einer spöttischen Bemerkung des der Lokal- und Landesgeschichte wenig wohlwollenden Theodor Mommsen, der „pensionierten Landprediger und Kreisphysiker" zu sein [33]. Andere Historiker beklagten die Vernachlässigung der Urkundenforschung in den Vereinen, in der sie den eigentlichen Zugang zur deutschen Nationalgeschichte erblickten. „Auch das gefällt mir nicht", schrieb damals der als Sekretär der Monumenta vor allem an schriftlichen Quellen interessierte Johann Friedrich Böhmer, „daß so viele Altertumsfreunde immer nur Hacke und Grabscheit führen und die Asche in den Gräbern stören. Man sollte die Toten ruhen lassen und lieber Denkmälern des Lebens [d. h. schriftlichen Quellen, K. P.] sich zuwenden" [34].

Nur in wenigen Vereinen wurde, freilich auch meist von Laien, schon vor 1848 Urkundenforschung betrieben. Daß es zur Bearbeitung von Urkunden größerer historischer Fachkenntnisse bedurfte als zu archäologischen Grabungen, diese Auf-

---

[32] *Esch*, Arnold: Limesforschung und Geschichtsvereine. Romanismus und Germanismus, Dilettantismus und Facharchäologie in der Bodenforschung des 19. Jahrhunderts. In: Geschichtswissenschaft und Vereinswesen 1972, 163—191.

[33] *Heimpel*: Geschichtsvereine 1972, 63.

[34] Zit. nach *Kleinstück*, Erwin: Johann Friedrich Böhmer. Frankfurt/M. 1959, 210.

fassung setzte sich erst später unter dem Einfluß der Monumenta und der Rankeschen Schule durch. Das Abenteuer flüchtiger „Aufgrabung" war eben doch „vergnüglicher als die Entzifferung von Urkunden, deren Mühsal, nicht von jedermann zu leisten, notwendig die Ausbildung strengerer Maßstäbe beförderte". Dagegen blieb die Bodenforschung noch lange Zeit „die Domäne des Dilettanten, der seine Ergebnisse, wenn überhaupt, mit Phantasie ausdeutete" [35].

Auch für die Zeit des Mittelalters befaßten sich viele Vereine lieber mit gegenständlichen als mit schriftlichen Quellen. Alte Kirchen und Burgen weckten in besonderem Maß ihr Interesse, weshalb nicht nur das Sammeln beweglicher, sondern auch die Erhaltung und Konservierung baulicher „Altertümer" zum festen Programm der Vereine gehörte [36]. Gedruckte Urkundensammlungen wie die schleswig-holsteinische von 1839 oder das Lübecker Urkundenbuch von 1843 sind demgegenüber seltener; zumeist finden sie sich in den laufenden Zeitschriften der größeren Vereine. Doch sind die Altertumsvereine des frühen 19. Jahrhunderts so zugleich Wegbereiter der heutigen Natur- und Denkmalpflege geworden; ein Verdienst, das ihre von der modernen Archäologie oft verwünschte dilettantische Handhabung von Hacke und Spaten etwas aufzuwiegen vermag. Hier wäre etwa an die Tätigkeit des Bonner „Vereins der Altertumsfreunde im Rheinland" zu erinnern, der 1841, also im Vergleich ziemlich spät, als ältester rheinischer Geschichtsverein gegründet wurde und sich außer um die römischen Denkmäler auch um die Erhaltung mittelalterlicher Burgen am Rhein gekümmert hat [37]. Allerdings standen die Geschichtsvereine auf diesem Gebiet in Konkurrenz mit speziellen Bauvereinen wie dem Kölner Centraldombauverein oder dem Verein zur Restaurierung des Ulmer Münsters (beide 1841 gegründet), aus dem sich später ein echter, auch Urkundenbücher edierender Geschichtsverein entwickelt hat. Auch die Volkskunde (Lieder, Volkstrachten, Sitten und Gebräuche) und die Erforschung überkommener Rechtsaltertümer bezogen viele Vereine in ihre Arbeit ein, für die ein Zeitgenosse, der westfälische Arzt und Staatsarchivar Heinrich August Erhard, 1838 drei Hauptziele nannte: „1. allgemeinere Aufregung und Erhaltung der Teilnahme für geschichtliche Kenntnis, 2. Sammlung, Aufbewahrung und Nutzbarmachung der Materialien zur Geschichtsforschung und 3. eigene Bearbeitung größerer und kleinerer Partien der Geschichte selbst" [38].

Relativ unproblematisch war das Verhältnis der vormärzlichen Geschichtsvereine zu ihren Regierungen, obwohl diese das Vereinswesen insgesamt recht mißtrauisch zu beobachten pflegten. Zwar mochte von der Gründungszeit her auch in den vor-

---

[35] *Esch* 1972, 163.

[36] „Idealprogramme" älterer Geschichtsvereine etwa bei *Preusker*, Karl Benjamin: Über Mittel und Zweck der vaterländischen Altertumsforschung. Leipzig 1829. — *Erhard*, Heinrich August: Ideen über den Zweck und die Wirksamkeit eines geschichtsforschenden Vereins. In: Archiv für Geschichte und Altertumskunde Westfalens. Bd. 7. Lemgo 1838, 220—233. — Speziell rechtsgeschichtlich: *Jordan*, Sylvester: Über den Nutzen der Geschichtsvereine in Bezug auf Staats- und Rechtswissenschaft. *Ebenda* 285—293.

[37] *Braubach*, Max: Landesgeschichtliche Bestrebungen und historische Vereine im Rheinland. Übersicht über ihre Entstehung und Entwicklung. Düsseldorf 1954, 24 f. (Veröff. d. Histor. Vereins für den Niederrhein 8).

[38] *Erhard* 1838, 223.

märzlichen Geschichtsvereinen so mancher Liberale und Burschenschaftler stecken; im Gegensatz zu den als „demokratisch" verrufenen Turner- und Sängerbünden galten die historischen Vereine bei den Behörden jedoch als durchweg konservativ und staatserhaltend. „Mit Limes-Forschung", schreibt Heimpel, „konnte man Bezirksärzte, Landpfarrer und Gymnasiallehrer sich beschäftigen lassen, sie auch durch Abstellung von Forstbeamten, Genieoffizieren und Geometern unterstützen, ohne daß mit einer solchen Fortsetzung des humanistischen Gymnasiums im Gelände politisch-historisches Feuer angemacht worden wäre" [38a]. Auch die Beschäftigung mit dem frühen Mittelalter schien politisch noch ungefährlich, denn auch dabei konnte man „die Geschichte vor den Stufen des Thrones und den Büros der Verwaltung Halt machen lassen". Sammeln und Konservieren gingen deshalb nicht zuletzt aus politischen Gründen dem Forschen in Urkunden oder gar Akten vor. Dadurch und durch ihre häufige Beschränkung auf „Heimatforschung" im engeren Sinne trugen die Geschichtsvereine zu einer „politischen Verharmlosung" der Geschichte bei, die den Regierungen der Restaurationszeit sehr willkommen war. Die Mitgliederstruktur dieser Geschichtsvereine, in denen Beamte, Pfarrer und sonstige Honoratioren die überwiegende Mehrheit stellten, kam solchen Bestrebungen natürlich entgegen, wobei es noch nicht ausgemacht ist, ob diese Struktur eine Folge des Konservatismus dieser Vereine, oder umgekehrt die konservative Einstellung eine Konsequenz ihrer Mitgliederstruktur war.

Die Folgerungen, die die vormärzlichen Behörden aus dieser Einschätzung der Geschichtsvereine zogen, waren in den deutschen Bundesstaaten jedenfalls recht unterschiedlich. Während Preußen und die norddeutschen Länder überhaupt die Geschichtsvereine zwar mit Wohlwollen betrachteten, ihnen auch manch kleine Vergünstigung wie die Gewährung von Portofreiheit zukommen ließen, im übrigen aber ihren privaten Vereinscharakter und damit auch ihre Freiheit von staatlichen Auflagen respektierten, entdeckten die Regierungen im Süden, vor allem in Bayern und Württemberg, bald ihre Eignung zum Instrument der inneren Integration der noch recht frisch aus verschiedenen Landesteilen zusammengesetzten ehemaligen Rheinbundstaaten. Da diese damals noch kaum eigene Geschichte besaßen, sondern ihre Geschichte die Geschichte ihrer Teile war, erhoffte man sich von der — im partikularistischen Sinne — „vaterländischen" Geschichtspflege durch die historischen Vereine offensichtlich eine Kräftigung des Bewußtseins staatlicher Zusammengehörigkeit und dynastischer Loyalität. Es „gebe kein kräftigeres Bindungsmittel zwischen Volk und Dynastie, als eine recht nationale Geschichte", die außerdem „ein spezifisches Gegengift wider revolutionäre Neuerung und wider ungeduldiges Experimentieren sei", so schrieb der Leiter der Kultusabteilung im bayerischen Innenministerium Eduard von Schenk seinem ohnehin kunst- und geschichtsliebenden Freund und König Ludwig I. am 11. April 1827 in einem ausführlichen Memorandum zur systematischen Förderung der „Altertumspflege" in Bayern [39].

In seinem berühmten, auf Schenks Vorschlag zurückgehenden Kabinettsbefehl aus Villa Colombella bei Perugia vom 29. Mai 1827, der bis heute sozusagen als

[38a] *Heimpel*: Geschichtsvereine 1972, 63.

[39] *Stetter*, Gertrud: Die Entwicklung der Historischen Vereine in Bayern. Phil. Diss. München 1963, Anhang Nr. 7.

Geburtsurkunde der historischen Kreisvereine Bayerns gilt, obwohl sie darin überhaupt nicht erwähnt werden, machte der König daraufhin die Erhaltung und Katalogisierung historischer Denkmäler und Urkunden „zur Belebung des Nationalgeistes, zum Studium der vaterländischen Geschichte und zur Verbreitung der Kunde derselben unter dem Volke" dem Innenministerium zur Pflicht [40]. Historische Vereine unter bestimmendem Einfluß des Staates, zu deren Gründung es schon vorher Ansätze gegeben hatte, erschienen den höheren Beamten in der Provinz als ausgezeichnetes Mittel hierzu. Nach dem Vorbild des Rezatkreises, wo der geschichtsinteressierte Ritter Heinrich von Lang, freilich ohne die Absicht, daraus eine amtliche Einrichtung zu machen, 1830 in Ansbach den ersten historischen „Kreisverein" Bayerns gegründet hatte [41], entstand nun auf Drängen der Staatsregierung [42] sehr bald in jedem Verwaltungskreis ein solcher Verein, der die Erforschung vaterländischer Geschichte — und das hieß sowohl der regionalen wie der bayerisch-territorialstaatlichen Geschichte — zum Hauptpunkt seines Programms erhob. In manchen Kreisen gründeten die Regierungspräsidenten ihren Geschichtsverein auch gleich selber, übernahmen persönlich den Vorsitz und forderten ihre Beamten nebst den zivilen Honoratioren ihres Bezirks durch Rundschreiben zum Beitritt auf. Kein Wunder, daß die Mitgliederzahl solcher Vereine rasch bis auf 400—500 hochschnellte. In einigen dieser früheren Kreisvereine, die unter anderem Namen noch heute fortbestehen, wie in dem für Mittelfranken und in Speyer (ehemaliger Rheinkreis), hat der jeweilige Regierungspräsident traditionell noch heute den Vorsitz inne.

Manche der insgesamt neun Kreisvereine dieses neuen Typs entstanden nach 1830 auch durch Umgründung bereits bestehender lokaler Geschichtsvereine. In Bamberg regte der dortige Vereinsvorsitzende, der Staatsarchivar und spätere Prager Geschichtsprofessor Constantin Höfler, 1848 erstmals auch die Zusammenarbeit mehrerer Kreisvereine zur gemeinsamen Herausgabe fränkischer Geschichtsquellen im Sinne deutsch-nationaler Geschichtsschreibung an [43].

Von einem anderen Ansatz her, jedoch zu ähnlichen Zwecken wie die bayerischen Kreisvereine wurde auch der württembergische „Verein für Vaterlandskunde" schon 1822 durch königliche Entschließung gegründet und der Leitung des Finanz-

---

[40] *Stetter* 1963, 26; der volle Text des Befehls dort Nr. 8. Aus der Arbeit von Frau Stetter geht die führende Rolle Bayerns bei der Entwicklung einer staatlich geförderten Geschichts- und Denkmalpflege in Deutschland deutlich hervor. Vgl. hierzu auch *Spindler*, Max: Die Regierungszeit Ludwigs I. In: Handbuch der Bayerischen Geschichte. Bd. 4/1. München 1974, 132 f.

[41] *Stetter* 1963, 28 ff.; der erste Arbeitsplan des Vereins dort Nr. 9. — Vgl. auch *Spindler* 1974, 132 und *Heimpel*: Organisationsformen 1959, 202. — Ursprünglich hatte Lang eher an die Gründung eines kulturhistorischen „Museums", keinesfalls aber an einen bürokratisch organisierten Verein gedacht.

[42] Aufruf des Innenministeriums (Schenk) an die bayerischen Kreisregierungen vom 13. Mai 1830 zur Gründung historischer Kreisvereine nach dem Vorbild des Rezatkreises zwecks „Vorbereitung von Spezial-Geschichten und kräftige(r) Förderung des Nationalgeistes". *Stetter* 1963, Nr. 10.

[43] *Stetter* 1963, 68. — Nach *Heimpel*: Organisationsformen 1959, 210 f. scheiterte Höflers früher Versuch zur Gründung einer überregionalen Historischen Kommission jedoch am „Partikularismus" der übrigen fränkischen Vereine.

ministers unterstellt, der auch die Mitglieder ernannte. Denn dieser Verein, nach Klüpfel „nicht freier Zusammentritt von Freunden und Forschern der vaterländischen Geschichte, sondern förmliche Staatsanstalt", hing eng mit dem „statistisch-topographischen Bureau", dem späteren Amt für Landesbeschreibung zusammen, das bis heute eine württembergische Spezialität ist und ursprünglich der Kataster- und Steuerfestsetzung diente. 1822 wurde dessen Arbeitsgebiet einfach um „historische Vaterlandskunde" erweitert, deren Pflege und Verbreitung der neue Verein übernehmen sollte. Wie die späteren bayerischen verfolgte also auch der aus Staatsräson gegründete staatliche württembergische Notabelnverein den Zweck, dazu beizutragen, daß aus den seit kurzem in einem Staat zusammengewürfelten Alt- und Neuwürttembergern, aus Hohenzollern, Ellwangern, Vorderösterreichern und ehemaligen Reichsstädtern ein „württembergisches Volk" und „württembergischer Patriotismus" entstehen konnten [44].

Daß die Mitgliederstruktur dieser süddeutschen Vereine mit ihrem hohen Beamtenanteil durchaus ihrem gouvernementalen Charakter entsprach, wurde bereits gesagt. Aber auch die norddeutschen Geschichtsvereine waren ausgesprochene Honoratiorenklubs, in denen neben Beamten auch freie Juristen, Richter, Anwälte, Bürgermeister, Ärzte, Apotheker, Geistliche, Forst- und Baubeamte, vor allem Gymnasialprofessoren und nicht zuletzt aktive oder pensionierte Offiziere wirkten [45]. Die letzteren waren vor allem bei archäologischen Arbeiten willkommen, verstanden sie doch etwas von Kartographie, Geländebeschreibung und Befestigungsbau; Ärzte pflegten sich um Skelettfunde zu kümmern, und den Juristen war die Behandlung von Urkunden und Rechtsaltertümern nicht fremd. Dabei spiegelt sich im Mitgliederbestand der Geschichtsvereine nicht zuletzt auch die soziale Struktur ihrer Stadt oder Region. So überwogen in den Residenz- und Verwaltungshauptstädten fast immer die Staatsbeamten, während in vorwiegend ländlichen Gebieten Lehrer und freie akademische Berufe, bisweilen aber auch Pfarrer die Überzahl hatten, wie dies Erich Maschke für den Historischen Verein für Württembergisch Franken aufgezeigt hat [46].

Wider Erwarten selten finden sich dagegen Hochschullehrer als Mitglieder vormärzlicher Geschichtsvereine. Sie waren eigentlich nur dann vertreten, wenn der Verein in einer Universitätsstadt ansässig war, wie der Thüringisch-Sächsische seit 1826 in Halle, der Pommersche in Greifswald, Carl von Rottecks Freiburger „Gesellschaft zur Beförderung der Geschichtskunde" von 1826 oder auch der schon genannte „Verein der Altertumsfreunde" von 1841 in Bonn [47]. Doch das waren —

---

[44] *Klüpfel* 1844, 528. — *Pietsch*, Friedrich: Die Archivreisen des Geheimen Archivrats Lotter. In: Neue Beiträge zur südwestdeutschen Landesgeschichte. Festschrift für Max Miller. Stuttgart 1962, 338.

[45] Beispiele bei *Marwinski* 1979, 132 ff., *Maschke* 1980, 518 ff. sowie bei *Ditt*, Hildegard: Zur Entwicklung der Sozialstruktur des Vereins für Geschichte und Altertumskunde Westfalens, Abt. Münster. Westfäl. Zeitschr. 124/125 (1974/75) 61—91.

[46] *Maschke* 1980, 518 f.

[47] *Braubach*: Bestrebungen 1954, 24 betont geradezu, daß die Bonner Universität trotz ihrer Fachhistoriker nicht „Trägerin der Heimatkunde" in den Geschichtsvereinen geworden sei. Anders dagegen *Pauls*, Volquart: Hundert Jahre Gesellschaft für Schleswig-Holsteinische Geschichte. Neumünster 1933, 6 f. für die Universität Kiel (Vereinstätigkeit von F. Chr. Dahlmann und Georg Waitz).

wenn auch wissenschaftlich bedeutsame — Ausnahmen, denn im allgemeinen war die Atmosphäre der Universitätsstädte der Entstehung bürgerlicher Geschichtsvereine, wie es die meisten vormärzlichen waren, wenig günstig. Die Bürger scheuten wohl das große Wort der Professoren, und diese brauchten für ihre Arbeiten keinen Verein. Zwar waren die frühen Geschichtsvereine wie das ganze Bürgertum eine ausgesprochen städtische Erscheinung, doch entwickelten sie sich vor allem dort, wo Universitäten und Akademien fehlten, und übernahmen für diese häufig eine Ersatzfunktion. Umgekehrt blickte die national orientierte Geschichtswissenschaft der Universitäten zwischen 1830 und 1870 nicht selten ein wenig verächtlich auf die Landesgeschichte und ihre Vereinigungen herab, die ihr entweder als zu laienhaft oder als zu partikularistisch oder auch beides mißfielen [48]. Der schwäbische Pfarrer und Landeshistoriker Gustav Bossert hat darüber noch 1883 bewegt Klage geführt und die Vereine vom Vorwurf des Dilettantismus zu entlasten gesucht, indem er den Fachhistorikern der Hochschulen umgekehrt ihre Nichtbeteiligung an der Arbeit der historischen Vereine vorwarf [49].

Weit verbreitetes Interesse des Bürgertums und staatliche Förderung ließen viele dieser Geschichtsvereine schon vor 1848 in beträchtliche Größenordnungen hineinwachsen. Die Märzrevolution und ihre Folgen brachten dann aber fast überall einen starken Rückgang der Mitgliederzahlen und eine entsprechende Einschränkung der Vereinstätigkeit mit sich. Ob dies allein auf das Mißtrauen der Regierungen gegenüber jeglicher Vereinsarbeit zurückzuführen ist, wie Maschke annimmt [50], kann bezweifelt werden; es könnte ebensogut sein, daß den Geschichtsvereinen hier gerade ihr gouvernementaler und konservativer Ruf in den Augen des demokratischen Flügels im deutschen Bürgertum geschadet hat.

Erst in den fünfziger Jahren setzte danach wieder eine neue Gründungswelle historischer Vereine ein. Heimpel nennt sie etwas umständlich, aber zutreffend „die Gruppe der im liberalen Kompromiß erreichten konservativen Erholung, der Organisation der Wissenschaft" [51]. In dichter Folge entstanden jetzt historische Vereine zumeist für eine ganze Region oder ein historisches Territorium: so 1850 für die Steiermark, in Wien 1853, für den Niederrhein 1854, 1863 auch für das Bergische Land und 1868 für den Harz. Politisch-konstitutionelle Probleme stellten sich jetzt nicht mehr, dafür wurde aber das Problem der Verwissenschaftlichung und damit einer Zurückdrängung des Laienelements und das einer strafferen Vereinsorganisation um so deutlicher. Mit der üblichen Zeitverzögerung sickerten die wissenschaftlichen Methoden Rankes und der großen Diplomatiker jetzt auch in die Geschichtsvereine ein, und auch von ihnen erwartete die Wissenschaft jetzt immer dringender die Edition zuverlässiger Regesten- und Urkundenwerke. Notwendigerweise trat das Laienelement dadurch hinter die Fachleute in den Vereinen zurück, hinter Archivare und Geschichtslehrer vor allem, für die es nun auch eine spezielle

---

[48] *Keyser*, Erich: Deutsche Landesgeschichte. HZ 139 (1929) 252—272, hier 252 ff. — *Kötzschke* 1978, 23 f.

[49] *Bossert*, Gustav: Die historischen Vereine vor dem Tribunal der Wissenschaft. Heilbronn 1883, 8 f.

[50] *Maschke* 1980, 516.

[51] *Heimpel*: Geschichtsvereine 1972, 51 f.

Ausbildung an den neugeschaffenen historischen Seminaren der Universitäten gab. Das ging oft nicht ohne Spannungen ab; aber die „selige Zeit, in der man ... seiner Phantasie noch freien Lauf lassen konnte, ohne von bösen Kritikern zerrissen zu werden“ [52], ging für die geschichtsforschenden Juristen und Apotheker jetzt unwiderruflich zu Ende. In der Leitung der Vereine wurden die studierten Fachhistoriker unentbehrlich, und lediglich ihre aus Erfahrung, Menschen- und Ortskenntnis gewonnene Autorität verschaffte den Nichthistorikern gegenüber den ausgebildeten Fachleuten in den Vereinen auch weiterhin eine gewisse Autorität.

Noch deutlicher wurde diese Tendenz in der vierten Phase der Gründung historischer Vereine nach 1870, die Heimpel, um bei seiner Typologie zu bleiben, etwas farblos als „Gruppe der Selbstverständlichkeiten“ bezeichnet. Jetzt entstand fast in jeder Stadt, in der er noch fehlte, ein Geschichtsverein. Allein im Jahrzehnt zwischen 1890 und 1900 hat man über 30 Neugründungen solcher Vereine gezählt. Darunter sind allerdings auch recht bedeutende wie der Hansische Geschichtsverein mit dem Sitz in Lübeck (1870), der Aachener und der Düsseldorfer Geschichtsverein (1879 und 1880) und der 1881 wiederbelebte, auf eine ältere Gründung von 1839 zurückgehende Historische Verein für die Saargegend. Die größeren Vereine konnten es um 1900 durchaus auf 800 bis 1000 Mitglieder bringen (Hansischer und Bergischer Geschichtsverein); der Durchschnitt lag jedoch eher bei 150 bis 300. Auch im deutschen Osten, in Elbing, Danzig, Königsberg, Posen (1885) kamen jetzt vermehrt solche Vereine zustande, die sich im Rahmen der üblichen Vereinsarbeit zwar nur selten in aggressiver Form, aber doch deutlich spürbar auf die Hervorhebung des historisch und kulturell deutschen Charakters der preußischen Ostgebiete konzentrierten. Zum Teil entstanden diese Vereine auch als Reaktion auf ältere polnische Geschichtsvereine mit umgekehrter nationalpolitischer Zielsetzung, die sich schon früher in Posen (1857) und Thorn (1875) gebildet hatten [53].

In diesen neueren Vereinen standen meist schon von Anfang an Fachhistoriker, zumeist Archivare oder Gymnasialprofessoren, an der Spitze; aber auch in den älteren Vereinen, wo sie zuvor nur „Sprachrohr, nicht Sprecher“ der Laienvorstände sein sollten [54], besetzte diese Gruppe seit 1870 nach und nach alle Vorstandspositionen mit Ausnahme der des Schatzmeisters, der bis heute gewöhnlich ein Kaufmann, Buchhändler oder Bankdirektor ist. In 46 bayerischen Geschichtsvereinen hat Heimpel für das ausgehende 19. Jahrhundert 22 Fachhistoriker als erste Vorsitzende gezählt, dazu 24, allerdings sämtlich „studierte“ Laien [55]. Aber auch bei den letzteren Vereinen waren die übrigen Vorstandsämter mit Fachhistorikern besetzt, so daß die faktische Vereinsleitung praktisch doch immer bei den Archivaren, Bibliothekaren, Professoren und Museumsdirektoren lag. Unter den gewöhnlichen Mitgliedern behauptete das Laienelement dagegen seine Stellung oder nahm nach 1870 sogar zu. Im Historischen Verein für Niedersachsen waren am

---

[52] *Esch* 1972, 187.

[53] *Müller* I 1887, 749 und 771. — *Wajda*, Kazimierz: 1875—1916. In: *Biskup*, Marian (Hrsg.): Działacze Towarzystwa Naukowego w Toruniu 1875—1975. Bd. 1. Thorn 1977.

[54] *Heimpel*: Geschichtsvereine 1972, 56 (für Hamburg, 1823).

[55] *Ebenda* 62 Anm. 39.

Ende des Jahrhunderts nur noch etwa 20 Prozent der Mitglieder eigentliche Fachhistoriker, die übrigen dagegen „Geschichtsfreunde“ ohne historisch-fachliche Vorbildung [56]. Allerdings waren auch sie fast ausschließlich Akademiker; die nichtstudierten Mitglieder, vornehmlich Handwerksmeister, hatten mit 1—2 Prozent nur marginale Bedeutung. Anders sah es 1893 in Stuttgart aus: dort bezeichneten sich etwa 25 Prozent der Mitglieder als Kauf- oder „Gewerbsleute“, 22 als Künstler, Bautechniker oder Architekten, aber nur noch 19 als Beamte oder freie Juristen und 10 Prozent als Lehrer [57]. Daß, wer wollte, allerdings auch ohne sozialen Rang und abgeschlossene Bildung in einen solchen Geschichtsverein eintreten konnte, wenn ihn sein Interesse dazu trieb, bewies der berufslose ehemalige Realschüler Adolf Hitler, dessen Name zwei Jahre lang (1907—1908) im Mitgliederverzeichnis des Oberösterreichischen Musealvereins zu Linz an der Donau erscheint [58].

Die erwähnte Verwissenschaftlichung des Vereinslebens scheint im letzten Drittel des 19. Jahrhunderts tatsächlich ein großes Problem vor allem für die älteren Geschichtsvereine gewesen zu sein. Der Übergang von der Boden- zur Urkundenforschung, die Verfeinerung der historischen Arbeitsmethoden und die Aufspaltung der Geschichte in immer zahlreichere Spezialdisziplinen drängten die Laienmitglieder aus der aktiven Arbeit heraus und veränderten damit auch den Charakter der Vereine, deren Mitgliederbestand nun immer deutlicher in zwei Klassen zerfiel. Der Laieneinfluß wurde nicht nur durch die zunehmende Besetzung der Vorstandsämter mit Fachleuten zurückgedrängt, sondern auch durch die Einrichtung besonderer wissenschaftlicher Ausschüsse oder Beiräte, die neben den Vorständen amtierten und für die gesamte wissenschaftliche Tätigkeit, insbesondere für die Veröffentlichungen des Vereins verantwortlich waren. Die positiven Ergebnisse dieser Entwicklung zeigten sich vor allem im höheren Niveau der Vereinszeitschriften, die von Anfang an ein wesentliches Element des historischen Vereinslebens gewesen waren [59]. Ihre Herausgabe, die schon in der vormärzlichen Zeit eine Haupttätigkeit der Vereine gewesen war, wurde nach 1850 intensiviert und ganz allmählich auch auf anspruchsvollere wissenschaftliche Grundlagen gestellt. Noch um 1860 wurden auch viele Organe größerer Vereine, wie es später beim Historischen Verein für den Niederrhein hieß, oft noch „von Kräften bedient, die den Ritterschlag des geschulten Historikers nicht empfangen hatten“ [60]; um 1900 aber

[56] *Haase* 1968, 236.

[57] *Maschke* 1980, 518.

[58] Die deutschen Kommissionen 1940, 141 f. nach den Mitgliederlisten des Oberösterreichischen Musealvereins. Vgl. auch *Maser*, Werner: Adolf Hitler. Legende, Mythos, Wirklichkeit. München 1971, 73.

[59] *Klüpfel* 1844, 550 ff. — *Kirchner*, Joachim: Das deutsche Zeitschriftenwesen. Seine Geschichte und seine Probleme. Teil 2. Wiesbaden 1962, 15—22. — *Pabst*, Klaus: Geschichtszeitschriften und Geschichtsvereine im Rheinland seit 1815. In: *Düwell*, Kurt / *Köllmann*, Wolfgang (Hrsg.): Rheinland-Westfalen im Industriezeitalter. Bd. 1. Wuppertal 1983, 317—336.

[60] So der Vereinsvorsitzende Alexander Schnütgen beim 75jährigen Gründungsjubiläum 1929: Annalen des Historischen Vereins für den Niederrhein 116 (1930) 179. — J. F. Böhmer sprach in diesem Zusammenhang 1857 von „Maculaturdruckerei“: Joh. Friedrich Böhmer's Briefe. Hrsg. v. Joh. *Janssen*. Bd. 2. Freiburg 1868, 210. — *Klüpfel* 1844, 550 f. meinte drastisch: „Mit solch unnützem Krame, der aussieht wie Geschichte, aber

war das wenigstens in den Periodika der größeren Vereine unmöglich geworden. Gefördert wurde die Verwissenschaftlichung auch durch ein jetzt endlich zunehmendes Engagement der Universitätshistoriker in den Vereinen. Sozialhistoriker wie Karl Lamprecht und seine Leipziger Schüler, aber auch Rechtshistoriker wie die Bonner Hermann Hüffer und Hugo Loersch waren in dieser Richtung besonders aktiv. Außerdem war das von der kleindeutschen Geschichtsschreibung verhängte politische Verdikt gegen die Landesgeschichte, sie fördere partikularistische Tendenzen, seit der Reichsgründung von 1871 gegenstandslos geworden. Das „Vaterland" existierte ja nun und war kein politischer Diskussionsgegenstand mehr. Spätestens jetzt verschwand deshalb auch der Begriff „vaterländisch" weitgehend aus dem Wortschatz der Vereine, und die häufigen Namensänderungen von „Altertumsverein" über den „Geschichts- und Altertumsverein" zum reinen „Geschichtsverein" machten die Veränderungen der wissenschaftlichen Zielsetzung auch nach außen hin deutlich [61].

Zu den Vereinszeitschriften ist an dieser Stelle noch ein Wort einzufügen. Neben dem Sammeln und Bewahren von Altertümern, neben dem Schutz historischer Denkmäler und der Edition von Chroniken und Urkundenbüchern zählte auch die Herausgabe solcher Zeitschriften, deren Beiträge anfangs ganz überwiegend von Mitgliedern stammten, von Anfang an zu den wichtigsten Aufgaben jedes Geschichtsvereins; sie waren Vereinsforum, Diskussionsbühne und wissenschaftliches Publikationsorgan in einem. Es gehört zu den bedeutendsten Verdiensten solcher Vereine, über längere Zeit hinweg die Veröffentlichung langer Reihen derartiger Periodika ermöglicht zu haben, die trotz aller wissenschaftlicher Mängel zumindest als Quellensammlungen für die Orts- und Regionalgeschichte, als Belege heute vergessener Ereignisse und Zustände und nicht zuletzt auch als Maßstab für die Entwicklung der Landesgeschichte an sich auch für die Gegenwart noch von Bedeutung sind. Ihre Finanzierung aus den Beiträgen der Mitglieder sicherte ihnen nicht nur ein langfristig kontinuierliches Erscheinen, sondern auch ein interessiertes Lesepublikum, zumal sie gewöhnlich kostenlos an alle Vereinsmitglieder geliefert wurden. Überdies trugen die Zeitschriften auf dem Wege eines wohlorganisierten Austauschs wesentlich zum Aufbau der oft großen vereinseigenen Bibliotheken bei. Der Historische Verein für den Niederrhein beispielsweise, der um 1900 etwa 600 Mitglieder zählte, stand damals mit nicht weniger als 123 Institutionen und Vereinen für Landesgeschichte in ganz Europa und den Vereinigten Staaten im Tauschverkehr [62].

Ein weiteres wesentliches Element des historischen Vereinslebens war, wie schon ein Jahrhundert zuvor, auch am Ende des neunzehnten, die Geselligkeit, die sich mit steigendem Wohlstand freilich von den Stammtischen der Vormärzvereine auf wohlorganisierte Festveranstaltungen mit allem bürgerlichen Prunk der Jahrhundertwende verlagert hatte. Kaum eine Jahresversammlung oder histo-

---

es in der Tat nicht ist, werden häufig auch die Zeitschriften der historischen Vereine gefüllt".

[61] Beispiele bei *Heimpel*, Hermann: Aus der Geschichte der deutschen Geschichtsvereine. Neue Sammlung 1 (1961) 285—302, hier 300.

[62] AHVN 74 (1902) 202.

rische Exkursion, die damals nicht mit einem „Festmahl" abgeschlossen worden wäre, in dem wohl auch die Tradition des „Brudermahls" vorindustrieller Genossenschaften weiterlebte. In den Vereinszeitschriften wurde darüber meist ausführlich berichtet. So pflegte der schon öfters genannte Historische Verein für den Niederrhein trotz seines „katholisch gefärbten Fluidums", das ihm allgemein zugesprochen wurde [63], und trotz seiner latenten Abneigung gegen alles Ostelbische doch nach jeder Jahresversammlung zu den Klängen preußischer Militärkapellen zu tafeln, „ausnahmsweise sogar", wie dann eigens vermerkt wird, „mit einigen Damen" [64]. Beim Hansischen Geschichtsverein wurden bei gleicher Gelegenheit chorweise mittelniederdeutsche Lieder gesungen, die der Mitgründer Koppmann eigens für diesen Zweck gedichtet hatte. Ausländische Gäste wurden gebeten, dabei auch ein Lied aus ihrer Heimat zum besten zu geben. Auf der Pfingsttagung von 1881 im Danziger Artushof gab der wohl vom Genius loci beflügelte belgische Professor Frédéricq auf diese Weise ein flämisches Volkslied mit dem Text „Naar Oostland wollen wij rijden" zum besten, das seinen Zuhörern anscheinend noch unbekannt war, aber genau die Stimmung des Tages traf. Frédéricq wurde von den Damen des Vereins mit Blumensträußen belohnt und mußte seine Darbietung noch mehrfach wiederholen, und es scheint, als ob die Rezeptionsgeschichte dieses später sehr bedeutungsvollen Textes in Deutschland mit dieser Danziger Vereinsgeselligkeit begonnen hat [65]. Als das wohlhabende Bildungsbürgertum Deutschlands nach 1918 um sein soziales Überleben kämpfte, verschwand diese prunkvolle Geselligkeit jedoch wieder aus dem Vereinsleben und machte, zugleich auch im Zuge der weiteren Verwissenschaftlichung, dem „düsteren Ernst wissenschaftlichen Soll-Erfüllungswillens" moderner Arbeitstagungen Platz [66]. Die „arbeitende Geselligkeit" (Nipperdey) in Form lockerer und halb privater Stammtischrunden hat sich dagegen vor allem in kleineren Vereinen als wichtiges Element des Gedankenaustauschs erhalten.

Die regionale oder gar lokale Begrenztheit der Geschichtsvereine und ihrer Tätigkeit führte allerdings zu zwei Nachteilen, die schon im 19. Jahrhundert empfunden wurden: zum häufig vorkommenden Nebeneinander gleichartiger Arbeiten, der Beziehungslosigkeit der Geschichtsvereine untereinander und dadurch zur Unübersichtlichkeit und Organisationslosigkeit der Landesgeschichte insgesamt. „Man könnte sich freuen über diese rege Tätigkeit, diesen Eifer für Erkenntnis vaterländischer Vorzeit, der sich einen Reichtum von Organen schafft", so klagte Klüpfel schon 1844, „wenn nicht eben diese Mannigfaltigkeit ein Bild von Vereinzelung

---

[63] *Trippen*, Norbert: Die Gründung des Historischen Vereins für den Niederrhein in ihrem geschichtlichen Umfeld. AHVN 182 (1979) 25—45, hier 42. — Das betont protestantische „Gegenstück" auf der anderen Rheinseite war der 1863 in Elberfeld gegründete Bergische Geschichtsverein.

[64] AHVN 74 (1902) 195 (Generalversammlung am 14. 5. 1902). Über „Festmäler" mit „weit über 100 Personen" und Husarenkapelle, die „äußerst angeregt verliefen", berichten AHVN 84 (1907) 235 und 87 (1909) 193. Wie bei allen großen Regionalvereinen wechselten die Versammlungen jährlich den Ort innerhalb des Vereinsgebiets.

[65] *Brandt*, Ahasver v.: Hundert Jahre Hansischer Geschichtsverein. Ein Stück Sozial- und Wirtschaftsgeschichte. Hansische Geschichtsblätter 88 (1970) 20 f.

[66] *Ebenda* 19.

und Zersplitterung wäre, in der das nationale Leben in Deutschland seine besten Kräfte verzehrt, und bei allem guten Willen doch nichts Großartiges zustande bringt. Viele Vereine verdanken ihre Entstehung der Mode und dem Zeitgeist, der in allen Gebieten seine Arbeit durch Associationen auszuführen liebt, und häufig beruht die Sache nur auf dem guten Willen des Dilettanismus, der sich nicht immer mit günstiger Gelegenheit zu wichtigen Forschungen und dem rechten Takte verbindet" [67]. Was fehlte, war eine Zentralstelle, die die Arbeiten der Vereine koordinierte und ihnen beim Gedankenaustausch behilflich war. Die Monumenta, deren Arbeit sich in höheren Regionen der Wissenschaft und der Nationalgeschichte vollzog, konnten und wollten den örtlichen Vereinen jedoch nicht als solche dienen. Es bedurfte deshalb des Vorbilds der beiden Germanistentage von 1846 und 1847 (Frankfurt und Lübeck) und einer Initiative des Mainzer Altertumsvereins, bis sich die Mehrzahl der deutschen Geschichtsvereine 1852 in einem Dachverband unter dem Namen „Gesamtverein der deutschen Geschichts- und Altertumsvereine" zusammentat, um dort untereinander Verbindung zu halten und gemeinsame Probleme beraten zu können [68].

Schon auf der Gründungsversammlung in Dresden, die unter dem Vorsitz des Prinzen Johann von Sachsen stattfand, waren neben einem Dutzend Vereinen aus den deutschen Bundesstaaten einschließlich Österreichs auch Vertreter aus Kurland anwesend, überdies so bekannte Förderer der Geschichts- und Denkmalpflege wie der spätere Gründer des Germanischen Nationalmuseums Freiherr von Aufseß oder Constantin Höfler aus Prag. Der Gesamtverband stand also durchaus im Rahmen der nationaldeutschen Einigungsbewegung, und dies erklärt die Nichtteilnahme slawischer, wallonischer, dänischer und französischer Vereine aus Deutschland ebenso wie die Mitgliedschaft von Balten oder Siebenbürgern. Aber der Gesamtverein war nur als lockerer Dachverband konzipiert, der durch jährliche Versammlungen und die Herausgabe eines „Correspondenzblattes" — seit 1952 „Blätter für deutsche Landesgeschichte" — zwar für gegenseitige Information und Verbindung zwischen den Vereinen sorgte, deren Selbständigkeit im übrigen aber nicht antastete und ihnen in keinem Fall die wissenschaftliche Arbeit abnehmen konnte. Ein „Zentralbüro" zur straffen Koordination der Vereine sollte und wollte der Gesamtverein auf keinen Fall sein; er konnte es auch deshalb nicht werden, weil er keine Organisation besaß und seine Führung jährlich von Vorort zu Vorort wechselte. Damit blieb das wichtigste Problem der Vereine, das Zustandebringen größerer wissenschaftlicher Quelleneditionen aus dem Bereich der Orts- und Landesgeschichte, weiterhin offen. Mit den Methoden des Lübecker Geschichtsvereins etwa, wo sich die „rüstigen Mitglieder" seit 1836, „von Liebe zur Sache getrieben", regelmäßig zum Empfang der Urkunden versammelten, um dieselben dann später zusammen mit einer selbstgefertigten Abschrift zum Zwecke der Edition wieder abzuliefern [69], waren Publikationen von wissenschaftlichem Anspruch nicht zu schaffen.

---

[67] *Klüpfel* 1844, 519 f.

[68] *Hoppe*, Willy: 100 Jahre Gesamtverein. Blätter für deutsche Landesgeschichte 89 (1952) 1—38.

[69] *Heimpel*: Geschichtsvereine 1972, 56.

Auch die schon in den dreißiger Jahren in Bayern unternommenen Versuche, solche Veröffentlichungen durch vorhandene Akademien ausführen zu lassen, blieben ergebnislos, weil diese Akademien zwar regelmäßige Versammlungen von Gelehrten darstellten, mangels eigener Arbeitskräfte und vor allem mangels einer genügenden Anzahl fachkundiger Historiker aber nicht in der Lage waren, derartige Editionen durchzuführen. Als neuartige Lösung bot sich schließlich die „Kommission" an, sozusagen eine Fachakademie, wie sie nach einigen früheren, aber erfolglos gebliebenen Ansätzen mit der Gründung der „Historischen Kommission" bei der Bayerischen Akademie der Wissenschaften in München durch König Maximilian II. auf Vorschlag Heinrich von Sybels 1858 erstmals verwirklicht wurde [70]. Bei dieser Kommission handelte es sich um ein formal vom König berufenes Gremium nicht nur bayerischer Fachhistoriker, das der Akademie aus Gründen des wissenschaftlichen Ansehens angeschlossen war, um auf Kosten des Staates historische Quellenpublikationen und, nach den ursprünglichen Ideen des Königs, vor allem quellennahe Darstellungen der bayerischen Geschichte für den staatstreuen Gymnasialunterricht [71] entweder selbst durchzuführen oder unter seiner Aufsicht von anderen Wissenschaftlern erarbeiten zu lassen — ein Verfahren, das bei den kommissionsähnlich organisierten Monumenta zwar schon länger üblich, bei den Geschichtsvereinen aber noch unbekannt war. Die sieben Geschichts- und Altertumsvereine der preußischen Provinz Sachsen waren dann 1876 die ersten, die Namen und Aufgabenstellung der Münchner Kommission auch für ein landesgeschichtliches Publikationsinstitut übernahmen. Durch Zusammenfassung ihrer jeweiligen Quellenveröffentlichungen in den gemeinsam herausgegebenen „Geschichtsquellen der Provinz Sachsen" hatten diese Vereine schon zuvor miteinander gearbeitet; die neue „Historische Kommission für die Provinz Sachsen" bot dafür nun ein wissenschaftlich, organisatorisch und finanziell tragfähiges Fundament. Als Träger dieser „Provinzialkommission", zu deren Aufgaben auch noch die Unterhaltung eines Provinzialmuseums mit einem Jahresetat von ganzen 5000 Mark gehörte, fungierte übrigens nicht der sich ja noch lange unzuständig fühlende preußische Staat, sondern die Provinzialverwaltung und der Landtag der Provinz Sachsen, die beide keine staatlichen Einrichtungen, sondern wie in allen preußischen Provinzen lediglich ein Dachverband der kommunalen Selbstverwaltung waren. Es war denn auch ein historisch interessierter Kommunalpolitiker, der Quedlinburger Bürgermeister und Abgeordnete zum Provinziallandtag Gustav Brecht, der beim Zusammenschluß dieser ersten historischen Landeskommission als treibende Kraft und auch später noch als ihre eigentliche „Seele"

---

70 *Schnabel*, Franz: Die Idee und die Erscheinung. In: Die Historische Kommission bei der Bayerischen Akademie der Wissenschaften 1858—1958. Göttingen 1958, 7—69. — *Schieder*, Theodor: Organisation und Organisationen der Geschichtswissenschaft. HZ 237 (1983) 265—287. — Zur Vorgeschichte auch *Heimpel*: Organisationsformen 1959, 164 ff. — Auf frühere, erfolglose Versuche, u. a. zur Erstellung eines „Historisch-topographisch-statistischen Lexikons" für das Königreich Bayern eine enge Zusammenarbeit der Akademie mit den Geschichtsvereinen zu organisieren, verweist *Spindler* 1974, 133. — *Boehm*, Laetitia: Das akademische Bildungswesen 1800—1920. In: Handbuch der Bayerischen Geschichte IV/2 1975, 1022.

71 *Heimpel*: Organisationsformen 1959, 168.

wirkte [72]. Hier war es also nicht ein Monarch oder der Staat, sondern das historisch begründete Selbstbewußtsein einer Provinz, das erstmals bei der Schöpfung einer landesgeschichtlichen Forschungseinrichtung Pate stand.

Zu Mitgliedern dieser Kommission wurden satzungsgemäß je ein Vertreter aller sächsischen Geschichtsvereine, „die eine eigene wissenschaftliche Zeitschrift regelmäßig erscheinen lassen", sowie der jeweilige Staatsarchivar der Provinz, ein Geschichtsprofessor der Universität Halle, ein Vertreter der Provinzialverwaltung und fünf weitere, durch Kooptation zu wählende „Männer der Wissenschaft" bestimmt [73]. Damit war für eine zureichende wissenschaftliche Qualität und für die wirtschaftliche Absicherung der Publikationen gesorgt, ohne daß die Kommission dazu in das sonstige Leben der einzelnen Vereine einzugreifen brauchte. Die bloßen Liebhaber- und Heimatvereine ohne eigene Zeitschrift blieben jedoch von der Mitwirkung ausgeschlossen.

Unternehmungen zur „Aufhellung der Geschichte der Provinz" und zur „Belebung des geschichtlichen Sinnes insbesondere durch Herausgabe von Geschichtsquellen ohne Beschränkung auf das Mittelalter" — mit diesen Worten aus dem Programm des sächsischen Gründungsstatuts läßt sich grundsätzlich auch das Programm der übrigen Provinzialkommissionen beschreiben, die in der Folgezeit in fast allen deutschen Landesteilen gegründet wurden. Nach eigenem Verständnis sollten sie „gewissermaßen eine Vermittlerrolle übernehmen zwischen der allgemeinen und der provinziellen Forschung", nämlich, wie es hieß, „in Anlehnung an die allgemeine wissenschaftliche Richtung unserer ... Universitäten und an die größeren Centralstellen des geschichtlichen Materials ... die Grundlagen der provinziellen Forschung erweitern und sie unter voller Wahrung ihrer Besonderheit durch das Mittel der strengen historischen Kritik der allgemeinen zuführen" [74]. Ein Charakteristikum aus der alten Tradition der Geschichtsvereine, die Bearbeitung von Bodenfunden, die sich noch im Programm der provinzialsächsischen Kommission fand, wurde von späteren Gründungen jedoch nicht mehr übernommen, die sich nur noch auf die Herausgabe schriftlicher oder auch bildlicher Geschichtsquellen konzentrierten. Auch organisatorisch folgten sie nicht alle dem sächsischen Vorbild. Schon die nächste Gründung, die Gesellschaft für Rheinische Geschichtskunde 1881 in Köln, entsprang der Privatinitiative des Großkaufmanns Gustav von Mevissen und folgte insofern eher den älteren Vorstellungen des Freiherrn vom Stein, als ihre Finanzierung bis zur Inflation von 1923 ausschließlich aus Stiftungen und Beiträgen wohlhabender rheinischer Bürger erfolgte, zu denen lediglich noch ein Zuschuß des rheinischen Provinziallandtags trat [75]. Ihre wissenschaftlichen Mitglieder

---

[72] *Möllenberg*, Walter: Fünfzig Jahre Historische Kommission für die Provinz Sachsen und für Anhalt. Sachsen und Anhalt, Jahrbuch der Historischen Kommission für die Provinz Sachsen und für Anhalt 2 (Magdeburg 1926) 1—18, bes. 6.

[73] *Ebenda* 7.

[74] Eröffnungsrede des Marburger Professors Goswin Freiherr von der Ropp auf der Gründungsversammlung der Historischen Kommission für Hessen und Waldeck am 10. Juli 1897; nach *Heinemeyer*, Walter: 80 Jahre Historische Kommission für Hessen. In: *Ders.* (Hrsg.): Die Historische Kommission für Hessen 1897—1977. Marburg 1978, 6 f. (Veröff. der Histor. Kommission für Hessen 38).

[75] *Kallen*, Gerhard: 50 Jahre Gesellschaft für Rheinische Geschichtskunde. Nachrichten-

wurden wie in der sächsischen Kommission ausschließlich durch Kooptation berufen; aber auch die Stifter und Patrone, die einmalig 1000 oder jährlich 200 Goldmark zahlten, hatten bei der Planung der wissenschaftlichen Unternehmungen ein Mitspracherecht. Rechtlich handelte es sich in Köln also um einen privaten Verein, dessen aus Universitätsprofessoren, Archivaren und Vertretern der Stifter, später auch der beteiligten Behörden gebildeter Vorstand praktisch die Funktionen einer historischen Kommission für das Rheinland wahrnahm. Anders als in Sachsen wurden die „historischen Lokalvereine, die sich mehr oder weniger auf den üppigen Promenaden des Dilettantismus und seines Anhangs ergehen", als „Muster und Vorbilder" aber nicht zugelassen [76]. Eine korporative Mitgliedschaft von Geschichtsvereinen oder gar deren Mitspracherecht war nach der Satzung der Kölner Gesellschaft nicht möglich.

Einen dritten Weg der Organisation schlugen die Gründer der nächsten deutschen Kommission für Landesgeschichte, der Badischen Historischen Kommission von 1883, ein. Getreu der alten Rheinbundtradition Badens war sie von Anfang an als Staatskommission konzipiert; der Großherzog finanzierte ihre Arbeit und berief auch ihre Mitglieder aus den Reihen der Staatsarchivare und Universitätsprofessoren [77]. Da die Auswahl aber ebenso wie bei der Historischen Kommission in München auf Vorschlag der Kommission selbst getroffen wurde, lief auch dieses Verfahren de facto auf eine Kooptation hinaus.

Mit gewissen Abwandlungen gehören auch alle später erfolgten deutschen Kommissionsgründungen einem der hier geschilderten Organisationstypen an. Die meisten preußischen Provinzialkommissionen, so die für Thüringen und Westfalen 1896 oder die für Ost- und Westpreußen 1923, entstanden wie die sächsische als „Vereinskommissionen" durch einen Teilzusammenschluß der Geschichtsvereine unter dem Patronat der jeweiligen Provinzialselbstverwaltung. Die Kommission für Hessen und Waldeck (1897) und die Gesellschaft für Fränkische Geschichte in Würzburg (1905) waren vom Staat und von den Vereinen unabhängige „Stifterkommissionen" nach dem Vorbild Kölns. Allerdings beteiligte die hessische Kommission ihre Geschichtsvereine sachlich und finanziell, indem sie ihnen eine statuarisch gesicherte korporative Vertretung in ihrem Vorstand einräumte [78]. Dagegen folgte die 1891 gegründete Württembergische Kommission für Landesgeschichte den Beispielen Bayerns und Badens als Staatskommission; ebenso die Historischen Kommissionen für das Königreich Sachsen 1896 und für das Großherzogtum Hessen (Darmstadt) von 1907. Nicht selten gab es auch Zwischenformen von Verein, „Gesellschaft" und Kommission. Der Hansische Geschichtsverein war dank seiner

---

blatt für rheinische Heimatpflege 3 (1931/32) 128—131. — Vgl. auch die regelmäßigen Jahresberichte der Gesellschaft seit 1881. Eine ausführliche Darstellung der Geschichte dieser Gesellschaft wird vom Verf. vorbereitet.

[76] So der Vorsitzende der Gesellschaft, der Kölner Stadtarchivar Konstantin Höhlbaum, in einem Schreiben an seine Vorstandskollegen vom 24. 2. 1890. Histor. Archiv der Stadt Köln, Ges. für Rhein. Geschichtskunde 4, Bd. 1.

[77] 1883—1908. 25 Jahre der Badischen Historischen Kommission. Heidelberg 1909. — Festsitzung der Badischen Histor. Kommission am 14. 12. 1935. Zeitschrift f. d. Geschichte des Oberrheins N. F. 49 (1936) 517 ff.; die Satzung dort 552—555.

[78] *Heinemeyer* 1978, 10.

Größe und Finanzkraft, die sich auf eine Reihe großer Städte stützte, Kommission und Publikumsverein zugleich. Während sein von den Mitgliedern relativ unabhängiger, aus Wissenschaftlern und Senatoren der Hansestädte zusammengesetzter Vorstand zugleich als Kommission für Hansische Geschichte amtierte und — schon seit der Gründung — von angestellten wissenschaftlichen Mitarbeitern Publikationen wie das Hansische Urkundenbuch erstellen ließ, bot der Verein seinen zahlenden Mitgliedern mit Jahrestagungen, Exkursionen und einer regelmäßig erscheinenden Zeitschrift zugleich auch das übliche Programm eines populären Geschichtsvereins. Andere Vereine, vor allem Regionalvereine, verwandelten sich selbst in historische Kommissionen, auch wenn sie diesen Namen oft erst später übernahmen. Aus dem Verein für Geschichte der Mark Brandenburg wurde 1921 die Historische Kommission, die jedoch 1925 den alten Vereinsnamen wieder annahm, während die Kommissionsaufgaben von einer neuen Historischen Kommission für die Provinz Brandenburg und die Reichshauptstadt Berlin wahrgenommen wurden. Aus dem schon 1846 gegründeten Verein für Geschichte Schlesiens entstand 1921 die gleichnamige Historische Kommission. Überhaupt sind die meisten Kommissionen der deutschen Ostprovinzen erst nach dem Ersten Weltkrieg gegründet worden; zum größten Teil wurden und werden sie auch nach dem Zweiten Weltkrieg im Westen Deutschlands weitergeführt.

Zu den ursprünglichen Aufgaben der wissenschaftlichen Publikation historischer Quellen und Darstellungen sind bei den meisten Provinzialkommissionen im Laufe der Zeit noch weitere hinzugekommen: die Inventarisation von Bau- und Kunstdenkmälern etwa, die in Preußen auf staatliche Anordnung Mitte der siebziger Jahre begann und von den Provinzialverwaltungen, wenn möglich, den jeweiligen Kommissionen übertragen wurde; oder auch kunsthistorische Publikationen oder großzügig angelegte landesgeschichtliche Atlaswerke, wie sie im Rheinland, in Bayern und Österreich ausgeführt wurden [79]. Volkskunde, Mundartforschung und Dialektgeographie kamen später oft noch hinzu, als sich die Landesgeschichte alter Art unter Einbeziehung dieser Themengebiete zur geschichtlichen Landeskunde erweiterte [80]. Auf Betreiben Karl Lamprechts, der selbst maßgeblich an den Kommissionsgründungen in Köln und Leipzig (1896 für das Königreich Sachsen) mitgewirkt hatte, schufen sich die Historischen Kommissionen auch schon 1896 mit der „Konferenz landesgeschichtlicher Publikationsinstitute“ einen eigenen Arbeitskreis im Rahmen des Gesamtvereins der Geschichtsvereine. Lamprecht war es auch, der die landeshistorische Forschung in einer neuen, sozialgeschichtlich orientierten Form mit seinem Leipziger Seminar für Landesgeschichte und Siedlungskunde (1906) an den Universitäten heimisch machte [81], nachdem bereits 1898 in München unter

---

79 *Curschmann*, Fritz: Die Entwicklung der historisch-geographischen Forschung in Deutschland durch zwei Jahrtausende. Archiv für Kulturgeschichte 12 (1916) 129—163 und 285—325.

80 *Petry*, Ludwig: In Grenzen unbegrenzt. Möglichkeiten und Wege der geschichtlichen Landeskunde. In: *Fried*: Probleme und Methoden 1978, 280—304. — *Aubin*, Hermann: Aufgaben und Wege der geschichtlichen Landeskunde. *Ebenda* 38—52.

81 *Helbig*, H(erbert): Fünfzig Jahre Institut für Deutsche Landes- und Vorgeschichte (Seminar für Landesgeschichte und Siedlungskunde) an der Universität Leipzig. Be-

Sigmund Riezler erstmals ein Lehrstuhl für Bayerische Landesgeschichte eingerichtet worden war [82]. Erst nach dem Ersten Weltkrieg kam es jedoch zu weiteren Gründungen dieser Art, sei es an Universitäten wie in Bonn, wo das „Institut für geschichtliche Landeskunde" unter Hermann Aubin und Franz Steinbach für eine ganze Forschungsrichtung wegweisend geworden ist [83], oder als Forschungsinstitut der provinzialen Selbstverwaltung wie in Münster oder als staatliches „Landesamt für geschichtliche Landeskunde" wie in Hessen und einigen süddeutschen Ländern. Die Aufgabenbereiche dieser Institute decken sich zum Teil mit denen der Historischen Kommissionen und Geschichtsvereine, weshalb zwischen ihnen meist auch enge organisatorische und personelle Verbindungen bestehen. Mit dem „Verein für geschichtliche Landeskunde der Rheinlande" (1923) schuf sich das Bonner Institut gemeinsam mit dem rheinischen Provinzialverband sogar einen eigenen regionalen Geschichtsverein als Wirkungsraum in der Öffentlichkeit.

Auf diese Weise ist im Laufe von gut 150 Jahren in Deutschland ein „Dreiklang" von Geschichtsvereinen, Historischen Kommissionen und Instituten entstanden, der für die Organisation unserer landesgeschichtlichen Forschung charakteristisch ist. Er verbindet die Möglichkeiten wissenschaftlicher Forschung mit der Fähigkeit der Vereine, Geschichte vor Ort in der Öffentlichkeit zu vertreten, in breiten Schichten das Interesse an ihr zu wecken und durch oft opfervolle Kleinarbeit die Voraussetzungen für die Ergebnisse akademisch-wissenschaftlicher Geschichtsforschung zu schaffen. Nach wie vor bilden die Geschichtsvereine das Fundament jeglicher Beschäftigung mit lokaler und regionaler Geschichte. Zu ihren Verdiensten auf den Feldern der Archäologie, Urkundenforschung, der Museen, der allgemeinen Volksbildung und des Denkmalschutzes kommt für das 19. Jahrhundert noch ihre Bedeutung für die Entwicklung eines historisch fundierten partikularstaatlichen oder Reichsbewußtseins, für die gesellschaftlich-politische Emanzipation der bürgerlichen Mittelschichten und nicht zuletzt auch für die kulturelle Selbstbehauptung und innere Stärkung des Deutschtums ebenso wie der nationalen Minderheiten in den Grenzgebieten des damaligen Deutschen Reiches hinzu.

---

richte zur Deutschen Landeskunde 19 (1957) 55—77. — *Kötzschke*, Rudolf: Das Seminar für Landesgeschichte und Siedlungskunde an der Universität Leipzig. Ein Rückblick. Neues Archiv f. Sächs. Geschichte 57 (1936) 200—216.

[82] *Weis*, Eberhard: Bayerns Beitrag zur Wissenschaftsentwicklung im 19. und 20. Jahrhundert. In: Handbuch der Bayerischen Geschichte IV/2 1975, 1077.

[83] *Droege*, Georg: Aufgaben und Bedeutung des Instituts für geschichtliche Landeskunde der Rheinlande an der Universität Bonn. Rheinisches Jahrbuch 1 (1956) 126—131. — *Ennen*, Edith: Hermann Aubin und die geschichtliche Landeskunde der Rheinlande. Rhein. Vierteljahrsblätter 34 (1970) 9—42. — Besonderen Wert legte das Institut seit seiner Gründung darauf, durch Jahrestagungen, Kurse für Nichtfachleute und eine nicht nur fachwissenschaftlich beschränkte Publizistik landeshistorisches Interesse in einer möglichst breiten Öffentlichkeit zu pflegen.

Peter Burian

DAS VEREINSWESEN IN DEN BÖHMISCHEN LÄNDERN

Wer es unternimmt, in vergleichend-typologisierender Absicht das Vereinswesen in den böhmischen Ländern zu beschreiben und zu erklären, betritt wissenschaftliches Neuland. Gewiß sind wir nicht arm an überblicksartigen Darstellungen der Geschichte dieser Region, gewiß gibt es für viele der hier interessierenden Organisationen und Assoziationen kürzere oder längere Untersuchungen älteren oder vornehmlich auch jüngeren Datums [1], und das Vorhaben dieser beiden Tagungen soll, bezogen auf den speziellen Bereich der wissenschaftlichen und namentlich der historischen Gesellschaften und Vereinigungen, Zahl und Gewicht gerade solcher Studien in sehr wünschenswerter Weise vergrößern. Eine zusammenfassende Erörterung der Funktion aber, die Vereine für die Entwicklung des politischen, sozialen, ökonomischen, religiösen und nationalen Lebens in den böhmischen Ländern gehabt haben, fehlt bis heute. Mich bewahrt zwar dieser Befund der Forschungslage davor, bei der Beschäftigung mit diesen Zusammenhängen und ihrer Darlegung hier und heute bequeme und wohl auch schon ausgetretene Wege zu gehen, dieser Befund macht aber auch verständlich, daß ich in meinem Bericht weniger allseits gesicherte Erkenntnisse als vielmehr Fragen, Vermutungen, Überlegungen und Hinweise werden vortragen können. Auf jeden Fall müssen als erstes einige inhaltliche Erscheinungen und methodische Probleme geklärt werden.

I.

Unter Vereinen oder in einer älteren Sprachform: unter Assoziationen verstehen wir im allgemeinen organisatorisch und institutionell fixierte Verbindungen von Menschen, die gemeinschaftlich, eben durch ihre Mitarbeit in diesem Verein, bestimmte Zwecke anstreben. Wesentlich für einen Verein ist die Freiwilligkeit der Mitgliedschaft. Das bedeutet: Ein- und Austritt sind allein abhängig von den Wünschen und Erwartungen des einzelnen Mitglieds sowie von dessen Möglich-

[1] Etwa: *Hanuš*, Josef: Národní museum a naše obrození [Das Nationalmuseum und unsere Wiedergeburt]. 2 Bde. Prag 1921/23. — *Strauß*, Emil: Die Entstehung der deutschböhmischen Arbeiterbewegung (Geschichte der deutschen Sozialdemokratie Böhmens bis 1888). Prag 1925. — *Molisch*, Paul: Geschichte der deutschnationalen Bewegung in Oesterreich von ihren Anfängen bis zum Zerfall der Monarchie. Jena 1926. — *Kimball*, Stanley B.: Czech Nationalism. A study of the national theatre movement, 1845—1883. Urbana (Ill.) 1964 (Illinois studies in social sciences 54). — *Otcovský*, Ivan: Soupis učitelských a školských spolků v Čechách do roku 1900 [Verzeichnis der Lehrer- und Schulvereine in Böhmen vor 1900]. Prag 1977 (Práce oddělení novějších československých dějin 2/3). — *Garver*, Bruce M.: The Young Czech Party, 1874—1901, and the emergence of a multi-party system. New Haven (Conn.) 1978 (Yale historical publications. Miscellany 111). — *Heumos*, Peter: Agrarische Interessen und nationale Politik in Böhmen 1848—1889. Sozialökonomische und organisatorische Entstehungsbedingungen der tschechischen Bauernbewegung. Wiesbaden 1979 (Quellen und Studien zur Geschichte des östlichen Europa 11).

keiten, etwa finanzieller Art. Es steht aber nicht im Widerspruch zu dieser Freiwilligkeit, daß die Bestimmungen der jeweiligen Vereinssatzung für das Mitglied als verpflichtend gelten, sobald dessen Aufnahme in den Verein vollzogen ist.

Der Anspruch, sich in Vereinen zusammenschließen zu können, gehört zum Kernbereich der Grund- und Menschenrechte, und mit einer nur ganz leichten Überspitzung könnte man sogar sagen, der Kampf um Durchsetzen und staatsrechtliches Sichern von Grundrechten ist in der Regel der Kampf um Durchsetzen und staatsrechtliches Sichern der Vereinigungsfreiheit gewesen. Dieser enge Zusammenhang des Vereinswesens in seinem Ursprung mit dem neuzeitlich aufklärerischen Streben nach politischer und gesellschaftlicher Emanzipation hat von Anfang an den Verein als solchen in ein gewisses Konkurrenzverhältnis zum Staat gebracht, und deshalb muß bei einer jeden wissenschaftlichen Beschäftigung mit Wesen, Funktion und Geschichte von Vereinen der rechtlich gefestigte oder zumindest faktisch gegebene Einfluß staatlicher Organe auf die Vereine beachtet werden. In einem häufig vielgestaltigen Vereinsrecht sind die Normen festgelegt, nach denen Gründung und Tätigkeit von Vereinen zu geschehen haben, damit das, was die jeweilige Staatsführung für Ruhe und Ordnung hält, durch sie nicht gestört werden kann. Es versteht sich allerdings von selbst, daß unser wissenschaftliches Interesse grundsätzlich nicht nur eingetragenen Vereinen im Sinn von staatlich genehmigten Zusammenschlüssen dieser Art gilt, sondern auch, und in vor- oder unkonstitutionellen Zeiten eigentlich in erster Linie, den Vereinen, die außerhalb der staatlichen Ordnung, ja sogar gegen das bestehende politische System entstanden sind und tätig waren.

Aber nicht nur diese Art von regulärer oder eben auch irregulärer Beziehung zwischen Staat und Verein muß der Historiker in seinem Umgang mit dem Phänomen Verein stets im Blick behalten, auch eine zweite Eigenheit des Vereinswesens darf nicht übersehen werden. Ganz gleich, ob der Zweck, der von den Mitgliedern eines Vereins angestrebt wird, nach außen hin und also erklärtermaßen politischer oder unpolitischer Natur ist, in jedem Fall besteht die Wahrscheinlichkeit, daß die Vereinstätigkeit unmittelbar oder mittelbar, kurzfristig oder in einer länger dauernden Entwicklung auf die allgemeine politische Situation einwirkt. Dieser Zusammenhang liegt selbstverständlich bei solchen Vereinen offen zutage, die schon in ihrer Satzung die Absicht zu erkennen geben, auf die Bildung des staatlichen Willens Einfluß zu nehmen, vornehmlich durch Vorbereitung und Teilnahme an parlamentarischen Wahlen. Eher verdeckt, aber darum nicht weniger wirksam besteht ein solcher Zusammenhang auch bei von ihrem Vorhaben her unpolitischen Vereinen, sei es, daß deren Tätigkeit dem wirtschaftlichen, gesellschaftlichen oder kulturellen Fortschritt zugute kommen soll und eben dadurch Folgen für die politisch-staatliche Ordnung haben kann, sei es, daß in solchen vorgeblich unpolitischen Vereinen bestimmte Einsichten und Verhaltensweisen geweckt, eingeübt und entwickelt werden und dadurch absichtlich oder zumindest faktisch die Mentalität der Mitglieder verändert wird. Dieser prinzipiell politische Charakter des Vereins ist um so eher zu vermuten, je höher die Position ist, die die Vereinsmitglieder im sozialen Rangsystem einnehmen, denn um so größer wird ihr Einfluß sein. Und schließlich zeigt nicht nur diese Überlegung, wie notwendig es ist, uns auch zu interessieren für die gesellschaftliche Zusammensetzung der Vereinsmitgliedschaft und für die Art und Weise, wie die Vereinstätigkeit finanziert wird. Obwohl gerade die zuletzt genannte Einzelheit durch einige spektakuläre Vorgänge, Enthüllungen und Erörterungen in letzter Zeit bei uns eher dubios geworden ist, ist die Beschäftigung mit dem, was wir heute zusammenfassend Organisationsstruktur und deren Geschichte nennen, nach wie vor eine legitime Aufgabe der Vereinsforschung. Diese wenigen, nur skizzenhaft formulierten Andeutungen mögen genügen, um die Vielfalt der Verbindungen zwischen der im Staat vorgestellten öffentlichen Ordnung und dem Vereinswesen ins Gedächtnis zu rufen.

II.

Sollen nun diese allgemeinen Überlegungen auf das Vereinswesen in den böhmischen Ländern angewendet werden, so bedeutet das zunächst einmal, die gesetzlichen Voraussetzungen kurz vorzustellen, die hier für das Gründen und die Tätigkeit von Vereinen bestanden haben. Wenn ich eine solche Erörterung des Vereinsrechts an den Anfang meines Berichts setze, so folge ich damit bloß dem Vorbild einer Sektion des Deutschen Historikertags in Münster (1982): auch damals wurde die Darstellung des Vereinswesens in einem bestimmten Gebiet — Deutschland — mit der Erläuterung der rechtlichen Rahmenbedingungen eingeleitet [2].

So wie in den anderen europäischen Staaten, in denen zu ihrer inneren Organisierung im Lauf des 19. Jahrhunderts ein konstitutionelles System schrittweise in Kraft gesetzt wurde, war auch in der Habsburgermonarchie, genauer gesagt in ihrer westlichen Reichshälfte, also auch in den böhmischen Ländern, bis zur Proklamierung der Dezemberverfassung 1867 der staatliche Umgang mit dem Vereinswesen dadurch charakterisiert, daß die Bildung von Vereinen nur mit behördlicher Bewilligung zulässig war [3]. Gleichzeitig sollte durch polizeiliche Kontrolle und notfalls durch Unterdrückung jeder Versuch der Untertanen verhindert werden, im Wege von frei zustande gekommenen Assoziationen auf die Führung der inneren oder äußeren Politik des Staates einzuwirken; politische Parteien waren und blieben verboten. Eine Ausnahme von diesem generellen Verhalten des Staates zum Vereinswesen bildete lediglich die Revolution von 1848/49 und das unmittelbar daran anschließende allmähliche Eliminieren ihrer Errungenschaften in der Zeit zwischen oktroyierter Märzverfassung 1849 und Silvesterpatent 1851.

Nach dem bleibenden Inkrafttreten eines modernen Verfassungssystems im alten Österreich, also seit dem Ende des Jahres 1867, beruhte die Einstellung des Staates zum Vereinswesen auf der grundsätzlichen und damit auch grundrechtlich gesicherten Freiheit des einzelnen Bürgers zur Bildung von Vereinen und zur Beteiligung an ihrer Tätigkeit, wobei sich allerdings auch noch wesentliche Reste des vor-

---

2 *Hardtwig*, Wolfgang: Strukturmerkmale und Entwicklungstendenzen des Vereinswesens in Deutschland 1789—1848. In: Vereinswesen und bürgerliche Gesellschaft in Deutschland. Hrsg. v. Otto *Dann*. München 1984, 11—50, hier 11 (HZ Beiheft 9 N. F.).

3 Dafür und für das Folgende: *Tezner*, Friedrich: Vereinsrecht. In: Österreichisches Staatswörterbuch. Handbuch des gesamten österreichischen öffentlichen Rechtes. Hrsg. v. Ernst *Mischler* und Josef *Ulbrich*. 2. Aufl. Bd. 4. Wien 1909, 712—722.

konstitutionellen, obrigkeitsstaatlichen Umgangs mit Vereinen erhalten haben. Immerhin zeigt sich der von mir zu Beginn meines Berichts erwähnte enge Zusammenhang zwischen dem Durchsetzen von Grundrechten und der Vereinigungsfreiheit auch im österreichischen Fall sehr deutlich. Noch vor dem offiziellen Beginn der konstitutionellen Epoche, aber in unmittelbarer Verbindung mit der Vorbereitung der Dezemberverfassung, nämlich schon im November 1867, wurden durch ein spezielles Vereinsgesetz die Regeln wirksam, die von da ab Bildung und Arbeit von Vereinen bestimmt haben. Die wichtigsten Normen dieses Vereinsgesetzes waren: 1. Die Genehmigung der Vereinsbildung durch die zuständige politische Behörde, und zwar noch ehe der Verein selbst konstituiert war, 2. die Offenheit der Vereinssatzung, 3. das selbstverständliche Verbot, rechtswidrige oder staatsgefährliche Zwecke anzustreben, und 4. die laufende Überwachung der Vereinstätigkeit, namentlich der Mitglieder- und Vereinsversammlungen, durch einen behördlichen Kommissär. Besondere Vorschriften galten für die politischen Vereine, also für die politischen Parteien. Ihnen wurde unter anderem ausdrücklich verboten, Ausländer, Frauen und Minderjährige als Mitglieder aufzunehmen. Interessant ist, obwohl das gerade diesen Kreis nicht überraschen dürfte, daß dieses Vereinsgesetz vom November 1867 auch in der Ersten Tschechoslowakischen Republik weitergegolten hat [4]. Die einzige Ausnahme im Sinn einer Erleichterung war die Möglichkeit, daß entsprechend einer neuen Auslegung des Gesetzestextes, nicht aber nach dessen formaler Änderung jetzt auch Frauen Mitglieder von politischen Parteien werden konnten. Diese altösterreichischen vereinsrechtlichen Normen sind dann in der zweiten Hälfte des Jahres 1938 außer Kraft getreten: für die Einwohner der tschechoslowakischen Grenzgebiete, die im Oktober 1938 an das Deutsche Reich angegliedert wurden, im Wege der Angleichung an die vereinsrechtliche Ordnung in diesem Staat [5], und für die Tschecho-Slowakei erscheint dieses altösterreichische Vereinsgesetz zumindest als suspendiert durch die angeordnete Fusion oder gar Auflösung von politischen Parteien im Winter 1938/39 und die Errichtung des Protektorats Böhmen und Mähren im März 1939.

Was bedeuten nun diese auf die wichtigsten Prinzipien und Praktiken beschränkten Bemerkungen über das Verhältnis des Staates zum Vereinswesen in den böhmischen Ländern? Für mein Vorhaben sollte zweierlei daraus festgehalten werden: einmal die Tatsache, daß in vorkonstitutioneller Zeit die Gründung und die Tätigkeit von Vereinen, die politische Ziele im Sinn der einleitend gegebenen Definition hätten anstreben wollen, absolut gesetzwidrig waren, zum andern die Beobachtung, daß auch nach der Übernahme des üblichen Grundrechtekatalogs in das Verfassungssystem des alten Österreich die staatliche Aufsicht über die Ver-

---

[4] Dafür und für das Folgende: *Adamovich*, Ludwig: Grundriß des tschechoslowakischen Staatsrechtes (Verfassungs- und Verwaltungsrechtes). Wien 1929, 290—292.

[5] Dafür und für das Folgende: *Singbartl*, Hartmut: Die Durchführung der deutsch-tschechoslowakischen Grenzregelung von 1938 in völkerrechtlicher und staatsrechtlicher Sicht. München 1971, 90—106 (Veröffentlichung des Sudetendeutschen Archivs 5). — *Procházka*, Theodor: Die Zweite Republik 1938—1939. In: Geschichte der Tschechoslowakischen Republik 1918—1948. Hrsg. v. Victor S. *Mamatey* und Radomír *Luža*. Wien 1980, 275—291, hier 283 (Forschungen zur Geschichte des Donauraumes 3).

eine und ihre Tätigkeit umfassend ausgebildet war. Bestimmend dafür war offenkundig ein gehöriges Maß an obrigkeitlichem Mißtrauen vor eigenständigen Initiativen jeglicher Art der Staatsbürger. Diese polizeirechtlich fixierte Nähe des Vereinswesens zum Staat läßt vermuten, daß schon das Entstehen, vor allem aber dann die Tätigkeit von Vereinen wegen dieser ständigen behördlichen Kontrolle häufig hinter den Wünschen und Erwartungen der Bürger zurückgeblieben ist. Anders gesagt: die Vereinigungsfreiheit, die Spontaneität des Sich-Assoziierens erscheint von vornherein als durch die staatliche Überwachung gedämpft. Will man entscheiden, ob die Vereine, ihr Programm und ihre Mitgliedschaft als charakteristisch angesehen werden können für einen bestimmten Stand der politischen oder sozialen Entwicklung, den die Bevölkerung, zumindest im Kreis ihrer Führungsschicht, erreicht hat, so müssen auch im Verfassungsstaat Österreich bürgerliche Vorsicht, namentlich das Rücksichtnehmen auf die mögliche Einmischung von seiten des Staates, in unsere Urteile und Wertungen angemessen einbezogen werden.

Diese sachlich-informatorischen Vorbemerkungen sind noch um einige Hinweise zur Methode, vor allem über Fragestellung, Grundthese und Aufbau meines Berichts, zu ergänzen. Die Aufgabe, durch diesen historiographischen Versuch das Verständnis für das Vereinswesen in den böhmischen Ländern zu erleichtern, legt folgendes nahe: Im Rahmen der Beobachtung des Vereinslebens, die für die Habsburgermonarchie oder doch zumindest für ihren westlichen Teil zutreffend ist, soll das hervorgehoben werden, was für Entwicklung und Zustand in den böhmischen Ländern als wesentlich und eigentümlich beschrieben werden kann. Zum andern: Es ist nicht schwer, aus der vergleichenden Beschäftigung mit dem Vereinswesen die Einsicht zu gewinnen, daß die Gründung und der Zweck eines Vereins jeweils verstanden werden können als Reaktion auf eine bestimmte politische, soziale, ökonomische oder kulturelle Herausforderung oder wenigstens doch als Reaktion auf etwas, was man damals als eine solche Herausforderung empfunden haben konnte. Anders gesagt: ein Mangel, welcher Art auch immer, sollte durch gemeinsame Bemühungen der in einem Verein Zusammengeschlossenen behoben oder in seinen Auswirkungen zumindest gemildert werden. Ich werde mich deshalb auch mit der Frage beschäftigen müssen, was am Vereinswesen in den böhmischen Ländern aus einem solchen Gegenüber von Herausforderung und Antwort erklärt werden kann.

Niemand kann von einem solchen ersten historiographischen Versuch enzyklopädische Vollständigkeit erwarten, ganz abgesehen davon, daß diese sich im Rahmen eines üblichen Tagungsbeitrags ohnehin nicht erreichen lassen könnte. Ich werde statt dessen exemplarisch vorgehen, also ein Verfahren wählen, das sich in solchen Fällen immer wieder und hoffentlich also auch diesmal als günstig und sachentsprechend anbietet. Ich werde zwei solcher Vereine und Vereinskomplexe aus den böhmischen Ländern in der gebotenen Kürze vorstellen und diesen gegenüber die soeben thesenhaft erläuterte Fragestellung anwenden. Dafür habe ich den Verein zur Ermunterung des Gewerbsgeistes in Böhmen und die nationalen Schul- und Schutzvereine ausgesucht. Die Entscheidung gerade für diese Vereine ist eher zufällig. Sie war abhängig davon, welches Material mir in Köln zur Verfügung stand, sie war aber auch abhängig vom Tagungsprogramm selbst, soweit es mir in seinen Einzelheiten bekannt war, denn es hätte, zumindest vordergründig betrachtet, wenig Sinn, mit einigen Sätzen auf Vereinigungen aufmerksam zu machen, über die andere Referenten als die eigentlichen Kenner ausführlich und kompetent schon berichtet haben oder noch berichten werden.

III.

Wenn ich jetzt als erstes über den Verein zur Ermunterung des Gewerbsgeistes in Böhmen spreche, so tue ich das nicht nur deshalb, weil gerade dieser Verein eine wichtige, aber trotzdem vielleicht nicht allgemein bekannte Rolle im böhmischen Vormärz gespielt hat, sondern ich möchte damit zugleich auch auf einer Tagung, die sich speziell mit dem Vereinswesen beschäftigt, an die historiographischen Anfänge solcher Bemühungen erinnern. In den tschechischen Studien nämlich, die vor einem halben Jahrhundert, im Jahre 1934, über diesen Verein erschienen sind, wurde zum ersten Mal in unserer Wissenschaft der rundum geglückte Versuch unternommen, Geschichte nationaler Bewegungen nicht mehr, wie bis dahin allgemein üblich, als Ideengeschichte, also als Geschichte nationaler Vorstellungen, Wünsche und Forderungen zu schreiben, sondern als Geschichte nationaler Organisationen. Die immer wieder, vor allem in der englischsprachigen Forschung erhobene Behauptung, Organisationsgeschichte und speziell eben auch nationale Organisationsgeschichte sei erst nach dem Zweiten Weltkrieg als historiographisches Thema entdeckt worden, ist unrichtig; das Verdienst, die Bedeutung dieser Zusammenhänge als erste erkannt zu haben, gebührt vielmehr unseren tschechischen Kollegen Bedřich Mendl und Jan Klepl [6].

Die ersten Pläne zur Gründung eines Vereins zur Ermunterung des Gewerbsgeistes in Böhmen stammen bereits aus den späten zwanziger Jahren, doch konnte der Verein seine Tätigkeit erst nach einer langwierigen bürokratischen Genehmigungsprozedur im Jahre 1833 aufnehmen [7]. Der Zweck dieses Vereins war die Vermittlung und Verbreitung allgemeiner industrieller Bildung, was vornehmlich durch die Vorbereitung und Durchführung von Ausstellungen geschehen sollte. Die Initiative zu diesem Zusammenschluß ging vom noch immer landespatriotisch gesinnten, also national nicht geteilten böhmischen Adel aus, dessen Angehörigen als Gründungsmitgliedern auch gewisse statutarische Privilegien zustehen sollten. Über die patrimonial-merkantilistischen Motive dieser vereinsgründenden Aristokratie heißt es in der Denkschrift, die der erste Vorsitzende des Vereins, Graf

[6] *Mendl*, Bedřich: Český průmysl před sto lety a počátky Průmyslové Jednoty [Die böhmische Industrie vor 100 Jahren und die Anfänge des Gewerbsvereins]. In: Sto let Jednoty k povzbuzení průmyslu v Čechách 1833—1933 [100 Jahre Verein zur Ermunterung des Gewerbsgeistes in Böhmen]. Prag 1934, 7—168. — *Klepl*, Jan: Průmyslová Jednota a české úsilí před březnem 1848 [Der Gewerbsverein und die tschechischen Bestrebungen im Vormärz]. *Ebenda* 169—240.

[7] Dafür und für das Folgende: *Raupach*, Hans: Der tschechische Frühnationalismus. Ein Beitrag zur Gesellschafts- und Ideengeschichte des Vormärz in Böhmen. Essen 1939, 57—68 (Volkslehre und Nationalitätenrecht in Geschichte und Gegenwart 2/3); Nachdruck: Darmstadt 1969.

Dietrichstein, zuhanden der genehmigenden Behörde im Januar 1828 verfaßt hat:

... wenn auch unverkennbar in der ganzen Nation sich bei jeder Gelegenheit ein erfreulicher und kräftiger Gemeinsinn für nationale Unternehmungen offenbart, so hat auch gerade in Böhmen der höhere Adel durch Gründung vieler nützlicher Anstalten einen unbestrittenen Anspruch auf das schöne Vorrecht erworben, bei solchen Unternehmungen seinen Mitbürgern mit seinem Beispiel voranzugehen [8].

Zugute kommen sollten freilich die Bemühungen des Vereins allen sozialen Schichten und Persönlichkeiten im Land, die sich für die Entwicklung des industriellen Lebens hier einsetzten, den Fabrikbesitzern genauso wie den kleineren Gewerbetreibenden. Dazu heißt es in der Denkschrift:

Nicht allein die Fabrikanten sind es ..., zu deren Gunsten der Verein ins Leben gerufen werden soll. Bei der ihnen gewöhnlich eigenen höheren Bildung, verbunden mit gereifterer Erfahrung, unterstützt von ergiebigen pekuniären und anderen Hilfsmitteln, finden diese in sich selbst gewissermaßen schon Veranlassung, einen Gewerbsgeist in seiner höheren Bedeutung vorherrschen zu lassen. Nicht so der Gewerbs-, Handels- und Handwerksmann minderer Kategorie, der — all dieser Wohltaten entbehrend — bis jetzt sich selbst überlassen, den einseitigen Richtungen des augenblicklichen Interesses preisgegeben, größtenteils außerstand war, jene in ihm schlummernde Masse von Intelligenz zugunsten der vaterländischen Industrie zu entwickeln, deren Erweckung, Belehrung und Veredlung eine der vorzüglichsten Aufgaben ist, welche der Verein lösen soll und lösen wird, wenn die letzterwähnte Klasse die Überzeugung erlangt, daß der Verein nicht bloß aus den von ihnen oft mit Besorgnis und Mißtrauen angesehenen Fabrikanten und Inhabern größerer Etablissements besteht, sondern daß die hierbei größtenteils indifferenten stiftenden Mitglieder ein heilsames Gegengewicht und die Bürgschaft bilden, daß die höheren Interessen nicht bloß einzelner, größerer Industrieunternehmer, sondern jene des gesamten Gewerbs- und Handelsstandes durch den Verein gefördert werden sollen. ... In der Bestimmung des Vereins scheint es zu liegen, daß er als eine vermittelnde moralische Person des gesamten industriellen und kommerziellen Nationalinteresses alles hierzu Förderliche in steter Evidenz halte ... [9]

Charakteristisch für den Verein in den ersten Jahren seines Bestehens war: das Vorherrschen der Prager Gesellschaft, die Zusammensetzung des Vereinsvorstands zur Hälfte aus adeligen Standesherren und das Übertragen der meisten leitenden Funktionen an Deutsche, was mit dem damals noch offenkundigen technologischen Vorsprung der Deutschen hinreichend erklärt ist. Bei den Deutschen sah man darin allerdings noch nicht so sehr eine Art Bestätigung ihrer sozialen und politischen Überlegenheit über die andere im selben Land lebende Nation, sondern war nach wie vor beeinflußt von Vorstellungen des aufgeklärten Absolutismus und konnte deshalb den landespatriotisch gesinnten Adel in diesen Bemühungen bereitwillig unterstützen.

Das änderte sich aber nach einer Reform der Vereinsstatuten in den frühen vierziger Jahren. Damals, 1843, wurden die Mitgliedsbeiträge erheblich ermäßigt und

[8] Zitiert *ebenda* 58.

[9] Zitiert *ebenda* 59.

dadurch auch den Angehörigen sozial tieferstehender Schichten der Beitritt ermöglicht. Die reichen Industriellen, in der Mehrheit Deutsche, zogen sich aus der Mitarbeit im Verein zurück, weil durch die Satzungsänderung ihre Vorzugsstellung eingeengt worden war. Deshalb gelang es den neuen, ärmeren Mitgliedern, überwiegend Tschechen, die Vereinstätigkeit wesentlich zu beeinflussen, und diese Demokratisierung wirkte zugleich als Tschechisierung. In noch größerem Maß als diese Neufestsetzung der Beitragshöhe kam die Beseitigung ständischer Vorrechte und das jetzt in Geltung getretene Mehrheitsprinzip den Tschechen zugute. In Zukunft mußte alles, was das Vereinsleben betraf, in der Vollversammlung, in der die Tschechen bald eine große Minderheit waren, durch Abstimmung entschieden werden. Zwar stand auch der neue Vorstand noch unter deutscher Leitung, aber das sich damals entwickelnde tschechische Bürgertum konnte damit beginnen, seinen politischen Ehrgeiz an der einzigen demokratischen Institution des Landes zu erproben. In der Forschung wird deshalb dieser Verein in seiner neuen Gestalt als eine Art Wirtschaftsparlament bezeichnet. Für den politischen Aufstieg der Tschechen war die intensive Mitarbeit in diesem Verein vor allem deshalb wichtig, weil sich ihnen hier die Möglichkeit bot, neben der ihnen bereits vertrauten literarischen Form des nationalen Erwachens sich hier auch in der Mitarbeit in einer gesellschaftlich-politischen Organisation zu üben, eng verbunden mit dem wirtschaftlichen Fortschritt der Zeit und im Gefolge der Deutschen, die noch die technisch-wissenschaftliche Führung innehatten.

Schon den Zeitgenossen war diese wichtige Funktion des demokratischer gewordenen Vereins zur Ermunterung des Gewerbsgeistes in Böhmen für die tschechische nationale Renaissance klar bewußt. So wurde dieser Verein während der Märzrevolution völlig zu Recht als die „Wiege unserer parlamentarischen Bildung" bezeichnet. „Schon lange bevor noch die deutsch-tschechische Nationalitätsfrage die hohe Bedeutung gewonnen hatte, die sie jetzt besitzt, war der böhmische Gewerbeverein zum Kampfplatz für die nationalen Zweikämpfe geworden, in denen die tschechische Partei gewöhnlich den Sieg davontrug." [10] Und auch der bedeutendste tschechische Erwecker im Vormärz, der Journalist Karel Havlíček, bestätigt diese nationale Wirksamkeit des Gewerbsvereins. Havlíček hatte sich damals zwar vor allem mit der Modernisierung der tschechischen Sprache und der Sicherung ihres Gebrauchs beschäftigt. Trotzdem hat er sich im Mai 1847 in den von ihm seit einem Jahr herausgegebenen „Pražské noviny" mit Nachdruck dafür eingesetzt, daß möglichst viele „patriotisch gesinnte Männer" diesem Verein beitreten sollten. Er begrüßte es, daß der Verein jetzt nach der Änderung der Statuten sich auch um das tschechische Volk kümmern könne, und machte seine Leser auf die nationalpolitischen Konsequenzen dieser Neuerung aufmerksam:

Bisher haben wir nur ausschließlich unsere Sprache gepflegt, kindisch und ohne Notwendigkeit über Buchstaben gestritten, und überließen fremden Händen das volle, wirkliche Leben und Handeln. Statt daß wir auf den weiteren Fortschritt in wichtigen Dingen und im wirklichen Leben geachtet hätten, haben manche von uns es als größtes Verdienst angesehen, irgendeinen Schnörkel im

---

[10] Allgemeine Slawische Zeitung (Wien) v. 22. 8. 1848.

Alphabet und eine neue Rechtschreibregel sich auszudenken. So haben wir gespielt, und andere haben inzwischen unsere Ernte fortgeschafft, und sie rechneten dabei mit unserer Unerfahrenheit in praktischen Dingen. Fassen jetzt auch wir energisch die Sicheln und sammeln wir auch in unsere Scheunen! [11]

Wie vorteilhaft es in jeder Hinsicht ist, sich vereinigt zu haben, brauchen wir nicht erst nachzuweisen, jeder hat das schönste Beispiel in anderen Ländern; warum sollen wir aber diese Freiheit nicht dort genießen, wo es uns erlaubt ist, ja wo sogar schon ein Verein besteht unter dem besonderen Schutz Seiner Majestät des Kaisers unseres Königs? [12]

Die Frage, was sich aus dieser knappen Skizze über Programm, Organisationsstruktur und landesgeschichtliche Bedeutung dieses Gewerbsvereins für das Vorhaben meines Berichts gewinnen läßt, könnte etwa in folgender Weise beantwortet werden: Assoziationen zur Förderung des ökonomischen Fortschritts hat es hier wie auch anderswo in der Habsburgermonarchie oder im Ausland auch schon früher gegeben. Nach der Beunruhigung durch die napoleonischen Kriege war es seinerzeit von seiten des Staates geradezu zu einer patriotischen Pflicht der Landeseinwohner erklärt worden, sich in Vereinen zusammenzuschließen, die sich um die Hebung der Landeskultur kümmern sollten [13], wie man damals und auch noch später den Bereich der agrarischen Wirtschaft genannt hat. Für die böhmischen Länder neu war zwar die programmatische und organisatorische Hinwendung zum modernen wirtschaftlichen Bereich der frühen industriellen Produktion und deren Vorbereitung, aber schon die tonangebende Rolle des Adels am Beginn der Vereinstätigkeit entsprach noch durchaus dem sozialen und landespatriotischen Herkommen. Dafür sind die vorgetragenen Zitate ebenso ein Beleg wie für die damals bekundete Einsicht in die Notwendigkeit einer breiten und vor allem wissenschaftlich überlegten ökonomischen Modernisierung des Landes. Diese Einsicht könnte als die Herausforderung im Sinn des vorhin erläuterten Fragemusters gewertet werden, auf die dann die Vereinsgründung eine angemessene Antwort gewesen wäre, doch auch das würde ähnlichen Vorgängen etwas früher oder später in der Wirtschaft anderer europäischer Staaten entsprechen.

Neu aber und zugleich eine böhmische Besonderheit war die geschickte und durchaus erfolgreiche Instrumentalisierung des Vereins zugunsten der tschechischen Nationalbewegung, wobei freilich nicht übersehen werden darf, daß sich die Vereinstätigkeit, gerade auch in dieser nationalpolitischen Einzelheit, vornehmlich in der Landeshauptstadt Prag abgespielt hat [14]. Der Übergang eines gesamtböhmischen, noch ganz selbstverständlich als landespatriotisch konzipierten Unternehmens in ein Institut früher Auseinandersetzungen zwischen den beiden böhmischen Natio-

---

[11] Zřízení české jednoty průmyslové [Das Statut des böhmischen Gewerbsvereins]. In: Karla Havlíčka Borovského Politické spisy [Die politischen Schriften Karel Havlíček Borovskýs]. Hrsg. v. Zdeněk V. *Tobolka.* Bd. 1. Prag 1900, 186—193, hier 186 f.

[12] *Ebenda* 192.

[13] *Tezner* 1909, 712 f.

[14] Vgl. dazu die Böhmen betreffenden Nachweise bei *Hroch*, Miroslav: Das Erwachen kleiner Nationen als Problem der komparativen sozialgeschichtlichen Forschung. In: Sozialstruktur und Organisation europäischer Nationalbewegungen. Hrsg. v. Theodor *Schieder.* München 1971, 121—139 (Studien zur Geschichte des 19. Jahrhunderts 3).

nen kann als nützlicher Indikator für die Fortschritte in der Festigung der nationalen Lage in Böhmen angesehen werden. Daß man trotzdem von seiten der staatlichen Obrigkeit auf jegliche Unterdrückung verzichtet hat, belegt einmal mehr die uns auch sonst aus anderen Quellen bekannte Offenheit der habsburgischen Staatsführung in nationalen Fragen vor der Märzrevolution.

IV.

Ich komme zum zweiten Beispiel, den deutschen Schul- und Schutzvereinen. Konnte in dem soeben erläuterten Fall der Vereinszweck noch durchaus vornational oder auch anational verstanden werden und hatten sich deshalb die nationalen Konsequenzen eher zufällig ergeben, wenn sie zuletzt auch gezielt genutzt worden waren, so sah es jetzt, in den letzten Jahrzehnten des Jahrhunderts, wesentlich anders aus. Österreich war inzwischen ein Verfassungsstaat geworden mit freieren Möglichkeiten der Vereinsbildung. Mit der Auflösung des Deutschen Bundes hatten die habsburgischen Deutschen ihren politischen Zusammenhang mit den Nationsgenossen im neuen Deutschen Reich verloren, bei den Nichtdeutschen, hier also namentlich bei den Tschechen, hatte die Ausbildung einer durchgegliederten, möglichst schon alle Schichten umfassenden Gesellschaft deutliche Fortschritte gemacht, und der Kampf um das, was man den nationalen Besitzstand genannt hat, war offen ausgebrochen. Hinzu kam für die damals noch führende politische Gruppe der Deutschen, die Liberalen, das Ausscheiden aus der Staatsführung durch die Bildung des sogenannten Eisernen Rings unter dem Ministerpräsidenten Taaffe im Jahre 1879 [15].

In dieser Situation erschien im Juni des Jahres 1880 in zahlreichen deutschen Zeitungen der Monarchie folgender Aufruf:

Tausende und Tausende von Kindern deutscher Eltern an unseren Sprachgrenzen und in Gebieten von gemischtsprachiger Bevölkerung wachsen ohne deutsche Schule auf und gehen so dem deutschen Volke verloren. Dieser Vorgang, ebenso traurig für die dadurch betroffenen als beschämend für jeden Deutschen, vollzieht sich sowohl in Böhmen und Mähren als in Tirol und Krain. In vielen Gemeinden wehren sich noch die deutschen Minoritäten, aber ohne hinreichende eigene Geldmittel, verlassen und preisgegeben von ihren eigenen Stammesgenossen, sind sie gezwungen, den hoffnungslosen Kampf aufzugeben, ihre Kinder die Sprache der Mutter vergessen und sie zu Slawen oder Wälschen werden zu lassen.

Da haben wir Deutschen ohne Unterschied der Partei die Pflicht zu helfen, zu helfen nicht durch unwürdige Klagen und erfolglose Proteste, sondern durch frische Tat.

Wir fordern daher unsere deutschen Mitbürger auf, einem Deutschen Schulverein beizutreten, dessen Aufgabe es sein wird, in den Ländern mit gemischter Bevölkerung, an unseren Sprachgrenzen und auf unseren Sprachinseln, besonders dort, wo die Errichtung einer deutschen Schule auf öffentliche Kosten nicht erreicht werden kann, die Bestrebungen der Bevölkerung zur Errichtung deutscher Schulen zu för-

---

[15] *Jenks*, William A.: Austria under the Iron Ring 1879—1893. Charlottesville (Va.) 1965, 31—70.

dern und zur Erhaltung der bereits bestehenden Zuschüsse zu den Lehrerbesoldungen und Lehrmittelkosten beizutragen.

Mögen unsere Stammesgenossen, ohne Unterschied der politischen Parteistellung, durch ihren Beitritt zu unserem Verein, sowie durch Gründung von Sektionen, dieses Unternehmen unterstützen [16].

Auf der Grundlage dieses Programms, dessen Kernstellen auch in die Vereinssatzung selbst übernommen wurden, konnte der Deutsche Schulverein im Sommer des Jahres 1880 ins Leben treten. Die Initiative zu diesem Unternehmen war vom Deutschen Verein ausgegangen, einem informellen Zusammenschluß deutscher Linksliberaler, die in der Gründung eines solchen Vereins eine günstige Möglichkeit sahen, die Position des Deutschtums in der Monarchie zu sichern, wobei man vor allem um die deutsche Situation in den böhmischen Ländern besorgt war. Der Mitgliedsbeitrag des Deutschen Schulvereins war mit Absicht niedrig angesetzt worden (1 fl), nicht um den Beitritt an finanziellen Bedenken scheitern zu lassen, sondern um zu erreichen, daß der Verein als eine Veranstaltung des gesamten deutschen Volkes in der Habsburgermonarchie oder doch eines möglichst großen Teils von ihm vorgestellt werden konnte.

In der Tat war binnen weniger Jahre eine Mitgliedszahl von über 100 000 erreicht. Schwierigkeiten hat es freilich für diesen Verein schon von Anfang an durch die Auseinandersetzung um die Frage gegeben, wie es mit der Mitgliedschaft deutscher Juden und mit der Errichtung und Unterstützung von Schulen zu halten sei, die auch Kindern solcher deutscher Juden zugute kommen konnten. Eine Zeitlang hatte eine rein arische, antisemitische Konkurrenzgründung von Georg von Schönerer, der Schulverein für Deutsche, die Arbeit des Deutschen Schulvereins behindert und die Mitgliedszahl schrumpfen lassen [17]. Später aber, vor dem Ersten Weltkrieg, war der Deutsche Schulverein die größte derartige Assoziation Österreichs mit über 200 000 Mitgliedern.

Wie es schon im Gründungsaufruf und in der Satzung festgelegt worden war, durften Mittel des Vereins zur Errichtung und zum Unterhalt von Schulen erst dann eingesetzt werden, nachdem alle Möglichkeiten erschöpft waren, von der öffentlichen Hand entsprechende Unterstützungen zu bekommen. Ebenso wurde der nationale Charakter des Vereinszwecks konsequent beachtet. Gemeinden, deren Schulbauten vom Verein gefördert wurden, mußten sich verpflichten, die erhaltenen Gelder wieder zurückzuzahlen, wenn an dieser betreffenden Schule später nicht mehr in deutscher Sprache unterrichtet werden würde.

War dieser Deutsche Schulverein eine Organisation, die auf die deutsche Situation im alten Österreich als Ganzes hin ausgerichtet war, so gab es im einzelnen regionalen Bereich, zum Teil als ergänzende Unterstützung, zum Teil aber auch als Konkurrenzveranstaltung, eine Reihe von sogenannten Schutzvereinen. Ihr Pro-

---

[16] Zitiert bei *Weidenfeller,* Gerhard: VDA. Verein für das Deutschtum im Ausland. Allgemeiner Deutscher Schulverein (1881—1918). Ein Beitrag zur Geschichte des deutschen Nationalismus und Imperialismus im Kaiserreich. Bern 1976, 111 (Europäische Hochschulschriften 3/66). — Für das Folgende *ebenda* 111—130.

[17] *Whiteside,* Andrew G.: The Socialism of fools. Georg Ritter von Schönerer and Austrian Pan-Germanism. Berkeley (Calif.) 1975, 125—127.

gramm war bestimmt von der Auffassung, daß die Sicherung des Schulunterrichts in deutscher Sprache allein nicht genüge, um die Stellung der Deutschen in der Monarchie auch nur im Stand des status quo zu halten. Darüber hinaus müsse nämlich den deutschen Einwohnern, vornehmlich Landwirten und Kaufleuten, an der Sprachgrenze und in Sprachinseln eine solche finanzielle Unterstützung gegeben werden, daß sie in die Lage gebracht würden, auch in national gefährdeter Situation bestehen zu können. Aus dem Forschungsbereich des Collegium Carolinum sind hier vor allem der Böhmerwaldbund, der Bund der Deutschen Nordmährens und der Bund der Deutschen Böhmens zu nennen, alles Gründungen der achtziger und neunziger Jahre. Der Bund der Deutschen Böhmens war nach dem Deutschen Schulverein schließlich die zweitstärkste derartige Organisation im alten Österreich mit rund 100 000 Mitgliedern vor Ausbruch des Weltkriegs.

Durch diese Schutzvereine suchte man den soeben von mir wohl etwas zu global beschriebenen Vereinszweck im einzelnen dadurch zu erreichen, daß man Sparkassen und Kreditunternehmungen gründete, Arbeitsmöglichkeiten für deutsche Arbeiter und Handwerker finanzierte und, ergänzend zur Tätigkeit des Deutschen Schulvereins, Volksbüchereien ins Leben rief. Im Bund der Deutschen wollte man sich allerdings mit dem Gewährleisten ökonomischer Hilfe allein nicht zufrieden geben, sondern man versuchte die Position der Deutschen auch durch Verbreitung eines deutschnationalen und antisemitischen Programms zu festigen. Das bedeutete, daß zu den Voraussetzungen für die Tätigkeit dieses Vereins auch klare Feindbilder gehörten: neben dem tschechischen Volk auch das deutsche Besitz- und Bildungsbürgertum, soweit ihm auch Juden angehörten. Programm und Arbeit dieses Bundes der Deutschen Böhmens wurden in einem Aufruf treffend so beschrieben: es gehöre zu seinen Aufgaben, „wirtschaftlich schwächere deutsche Besitzer davor zu bewahren, durch Verschuldung im Ausdruck ihrer deutschnationalen oder antisemitischen Gesinnung beengt zu werden" [18].

Die Herausforderung im Sinn der einleitenden Fragestellung meines Berichts liegt bei diesen deutschen Schul- und Schutzvereinen offen zutage, ebenso auch die Vorstellung, daß durch die Gründung von Vereinen Aufgaben gemeinschaftlich gelöst oder zumindest mit einiger Aussicht auf Erfolg in Angriff genommen werden könnten, denen gegenüber der einzelne hoffnungslos unterlegen sei. Es war die Angst um die nationale Identität der Deutschen, die man sich nur dann als auf Dauer gesichert vorstellen konnte, wenn die Deutschen in ihrem Siedlungsgebiet in nationaler Hinsicht ungefährdet wohnen bleiben könnten, und als wichtige Voraussetzung für dieses Bewahren des nationalen Charakters wurde die schulische Ausbildung in deutscher Sprache gefordert. Zu beachten bleibt in diesem Zusammenhang, daß im Verfassungsstaat Österreich nicht nur die Vereinigungsfreiheit als Teil des üblichen Grundrechtekatalogs in Kraft stand, sondern auch als österreichische Besonderheit das Prinzip der nationalen Gleichberechtigung.

Vergleicht man das, was ich soeben skizziert habe, mit dem Havlíček-Zitat von vorhin, so wird man einen wesentlichen Unterschied erkennen können. Havlíček hat die philologische Kleinarbeit der nationalen Erwecker als Grundlage einer

[18] Zitiert bei *Weidenfeller* 1976, 130.

nationalen Schulbildung offen verspottet. Er wußte zwar sehr wohl, welche große Bedeutung die Sicherung des Sprachguts für das Nationalbewußtsein seines Volkes hatte, aber er wollte damals schon einen zweiten Schritt tun, nämlich den Tschechen helfen, unter Ausnutzen der besonderen vereinsrechtlichen Situation in Prag soziale, wenn nicht gar schon politische Positionen zu erwerben. Jetzt aber, 50 Jahre später, empfanden sich die Deutschen in der Situation einer offenkundigen Minderheit und suchten sich in ihrem nationalen Charakter dadurch zu sichern, daß sie sich gewissermaßen auf die erste Stufe im Havlíček-Konzept zurückzogen, nämlich auf ihre deutsche Schulbildung. Ich muß in diesem Kreis sicher nicht im einzelnen erklären, warum es zu dieser Lage für die Deutschen gekommen ist: das war eben nicht nur die Folge des schärfer und entschiedener gewordenen Nationalbewußtseins bei beiden Gruppen, sondern das war auch eine Folge der Wanderungsbewegung, die durch die Industrialisierung und die ökonomische Erschließung dieser Länder ausgelöst worden war.

Der zweite Teil der thematischen Fragestellung, nämlich die Bestimmung der böhmischen Besonderheit, zeigt sich im Fall der deutschen Schul- und Schutzvereine darin, daß man dieser Gefahr mit den eigenen, regionalen Mitteln nicht mehr begegnen zu können glaubte, sondern nur dann auf Erfolg der Vereinsarbeit hoffte, wenn man alle Deutschen in der Habsburgermonarchie sozusagen in einer großen Solidargemeinschaft zusammenfassen konnte.

V.

Was ließe sich nun als Ergebnis aus diesem exemplarischen Verfahren für das Vorhaben dieser Tagung ziehen? Ich möchte dazu zwei Überlegungen zur Diskussion stellen:

1. Die Geschichte der Vereine in den böhmischen Ländern kann als weiterer, noch viel zu wenig bekannter und eben deshalb um so beweiskräftigerer Beleg dafür gewertet werden, daß die Vereine und ihre Geschichte in doppelter Weise erforscht werden müssen. Einmal als eine allgemeine politische Erscheinung — Sichern der Vereinigungsfreiheit, Ausgestaltung des Organisationsrechts im einzelnen, Einbinden dieser Organisation in die auch anderswo vorhandenen sozialen und ideologischen Gegensätze — und zum andern als ein speziell nationaler Vorgang.

2. So zufällig die Entscheidung für die Organisationen war, über die ich hier berichtet habe, so dürfte doch auch nach einem derart abgekürzten Verfahren der von mir einleitend postulierte politische Charakter des Vereinswesens erkannt worden sein. Ich meine das jetzt nicht nur in dem allgemeinen Sinn, daß die Folgen der Vereinstätigkeit Wirkungen gehabt haben für das öffentliche Leben, sondern ich meine das ganz konkret im Hinblick auf den inneren Zustand der Monarchie und deren Zukunft. Beide Organisationen, die ich hier vorgestellt habe, waren keine politischen Organisationen in der gesetzlichen Bedeutung des Begriffs, trotzdem sind die Konsequenzen für den weiteren Verlauf der habsburgischen Geschichte nicht zu übersehen. Wieweit es sich dabei um eine neue Art von böhmischer Besonderheit gehandelt hat, müßte noch geklärt werden.

Walter Schamschula

VON DER SOCIETAS INCOGNITORUM ZUR BÖHMISCHEN GESELLSCHAFT DER WISSENSCHAFTEN

Die Entstehung der ersten Gelehrtengesellschaft auf dem Boden der Habsburgermonarchie, der in Olmütz beheimateten „Gesellschaft der Unbekannten", hat etwas mit dem Nachahmungstrieb zu tun, der Neigung der höheren Lebewesen, bestimmte Verhaltensmuster nachzuahmen, die in der vorintelligenten Phase der Menschheitsentwicklung die Funktion gehabt haben mag, die Überlebenschancen des einzelnen und der Gattung zu verbessern, die jedoch in der intelligenten Phase es ermöglichte, neue Schritte der Menschheitsentwicklung zu verbreiten und durchzusetzen.

Nur soviel soll von diesem Nachahmungstrieb hier gesagt werden, daß in der Zeit des Barock und des Spätfeudalismus, eines stark hierarchisch geordneten Gesellschaftsgefüges, ein starkes Bestreben vorherrscht, bewährte Modelle der fortgeschritteneren Kulturen nachzuahmen. Das Barock und die mit ihm zusammenhängenden Ordnungen hatten eine starke Tendenz, sich als System über ganz Europa und darüber hinaus durchzusetzen, und zwar nicht nur im Bereich des Ästhetischen schlechthin, also in dem der zweckfreien Künste, sondern in fast jeder menschlichen Betätigung, die ja mit dem vermittelten Wertsystem etwas zu tun hat. Mit anderen Worten: es gibt Perioden, in denen die Bereitschaft, modischen Richtungen zu folgen, stärker ausgeprägt ist als in anderen. Das Barockzeitalter ist eine Zeit mit einer unvorstellbaren Dynamik in der Expansion, in dem Streben, das System und die Wertvorstellungen, die sich in einem Territorium gebildet haben, in andere Länder und auf andere Lebensbereiche zu exportieren.

Zu diesen Modellen gehört, im Sinne des Absolutismus, eine Entfaltung des höfischen Prunks in der Schloßarchitektur und allem, was damit verbunden ist: Gartenarchitektur, das Feuerwerk als Kunstgattung, Musik als höfische Kunst, panegyrische Dichtung in der Literatur — alles dies als Reflex der strengen hierarchischen Gliederung der Gesellschaft. So ist es kein Zufall, daß die Leitgattung in der Architektur zu dieser Zeit die Schloßarchitektur mit ihrer vollen Entfaltung visuellen Prunks ist, die dann auch von anderen Bereichen der Baukunst übernommen wird, z. B. der Kirchen- und Klosterarchitektur mit ihrer optischen Ausrichtung, einer hierarchischen Orientierung in der Perspektive zum Höchsten hin (vgl. die Lichteffekte der Asamkirchen, die Anordnung des Hochaltars usf.).

Der absolute Herrscher in Mitteleuropa folgt den Modellen der Hofkultur Frankreichs, nachdem die Kunstform des Barock weitgehend von Italien ausgestrahlt war. Neben den zunächst zentral erscheinenden Momenten der spätfeudalistischen Wertvorstellungen gibt es eine Reihe von sekundären Phänomenen, die auf die Gestalt des absoluten Königs oder Fürsten zurückstrahlen. Wie z. B. Frankreich unter Ludwig XIV. große Macht nach außen entfaltete durch die Entwicklung seines Staatswesens und Militärs, so hat es auch ein Prestige als Vormacht der Aufklärung und des Geistes begründet. Hiermit hängt zusammen, daß die Wissenschaften eine Blütezeit erlebten, daß Frankreich als erstes Land begann, eine kritisch orientierte Geschichtswissenschaft auf der Grundlage von Jean Mabillons Diplomatik aufzubauen, daß es eine Reihe von illustren, aufgeklärten Wissenschaftlern aufzuweisen hatte und — damit nähern wir uns unserem Thema — daß sich die bedeutendsten der „Unsterblichen“ zu einer Gesellschaft, der Académie française (1635 unter Richelieu gegründet) zusammenfanden, die wiederum allein durch ihre Existenz dem König und der Herrschaft zu höherem Ansehen verhalf. Es lag somit in der Natur dieser expandierenden sozialen Modelle, daß Herrscher auch in anderen Ländern suchten, sich durch das Vorhandensein von Gelehrten- und Künstlergesellschaften zu Ansehen zu verhelfen. Das Vorbild der Académie, der 40 „Unsterblichen“, die besondere Ausrichtung auf die Nationalkultur und die Pflege und Reinerhaltung der Sprache, hat sich bei den Nachahmungen deutlich ausgewirkt.

Betrachten wir zunächst die Entstehungsgeschichte der Societas Incognitorum (S. I.): Das Monopol der Jesuiten im Bereich der Bildung und Wissenschaft, das das Zeitalter der Gegenreformation beherrscht hatte, kam in Österreich in den vierziger Jahren des 18. Jahrhunderts, also im Zeitalter der theresianischen Aufklärung, allmählich ins Wanken. Die Konkurrenz erwuchs den Jesuiten nicht von außerhalb, sondern zunächst aus der Kirche selbst. Während die Jesuiten noch in der Lage waren, den Jansenismus abzuwehren (in Böhmen ist er relativ früh mit dem Grafen Sporck Ende des 17. Jahrhunderts nachweisbar), und zwar mit der Kraft ihrer Argumente und mittels ihrer Machtstellung, taten sie sich bei der benediktinischen Aufklärung schon schwerer. Im Benediktinerorden war ihnen ein Konkurrent erwachsen, der aufgrund seiner Tradition zu einer unbefangeneren, gelösteren Einstellung zu den Wissenschaften tendierte. Dies gilt für die Einstellung gegenüber den Heiligenleben ebenso wie für die Einstellung zu den Geschichtsquellen allgemein. Die Schule Jean Bollands, der Bollandisten (der Jesuit Jean Bolland lebte von 1596 bis 1665), hatte zwar einen ersten Versuch unternommen, in der Gestaltung der Heiligenleben den Protestanten „den Wind aus den Segeln zu nehmen“, indem sie die üppigsten Auswüchse der Phantasie in den Viten preisgab und sich auf das Maß des Wahrscheinlichen zurückzog. Mit quellenkritischer Einstellung hat dies jedoch noch nichts zu tun. Die aufgeklärte Geschichtswissenschaft wird erst von Benediktinern der maurinischen Schule, und zwar von Jean Mabillon begründet, wobei ausgerechnet ein Rechtsstreit mit den Jesuiten um die zur Kongregation der Mauriner gehörende Abtei St. Denis bei Paris den Anlaß gab. In diesem Rechtsstreit stellte er die Prinzipien einer wissenschaftlichen Diplomatik auf, die in seinem Werk „De re diplomatica“ (1681) behandelt wurden, dem Grundlagenwerk, das bald für die Historiker der maurinischen Schule und die Benediktiner des süddeutschen Raumes richtungweisend wurde. Die Benediktiner hielten es im Unterschied zu den Bollandisten nicht für angebracht, etwas an den überlieferten Fakten zu manipulieren, da sie davon überzeugt waren, daß alles, was sich zugetragen hat, auch für die Überlegenheit des wahren Glaubens zeugen müsse.

Den Benediktinern wollte der oberste Burggraf des Landes Böhmen eine Bildungsanstalt für die Eliten des Landes, eine in Prag zu gründende „Academia nobilium“ anvertrauen (1743), und es ist besonders hervorhebenswert, daß er damit nicht die Jesuiten beauftragen wollte. Eine führende Rolle fiel hierbei dem in Zwiefalten in

Württemberg beheimateten Benediktiner Magnoald Ziegelbauer [1] zu, der in einem Schreiben an Abt Benedikt von Zwiefalten vom 29. Juli 1744 über den Fortgang der Verhandlungen berichtet. Weitere Benediktiner, die für dieses Projekt gewonnen werden sollten, waren Anselm Desing aus Amberg/Opf. — sein Heimatkloster war Ensdorf/Opf., doch war er auch in Salzburg und besonders in Kremsmünster tätig, wo er sich für den Bau des heute noch bestehenden astronomischen Turms einsetzte — ferner Uldarich Weiß aus dem Kloster Irsee und besonders Oliver Legipont aus Soiron bei Lüttich und im Kloster St. Martin in Köln beheimatet. Das Projekt der Ritter-Akademie wurde nicht verwirklicht, da noch im gleichen Jahr 1744 die Preußen in Böhmen einmarschierten, und es hat den Anschein, daß in der Zwischenzeit sich die Gegenkräfte bei Hofe so durchsetzen konnten, daß auch nach dem Abzug der Preußen die Akademie nicht verwirklicht werden konnte.

Dennoch hatten die Gespräche zur Bildung dieser Schule eine Wirkung: Es bildete sich dort ein Kreis von gleichgesinnten Gelehrten, hauptsächlich Vertretern der benediktinischen Aufklärung, der sich wenig später, nämlich 1746, in der Olmützer Gesellschaft wiederfindet. Hier allerdings bilden sie nur eines, allerdings ein sehr wichtiges Element. Der eigentliche Begründer der S. I. war ein Schöngeist: Josef Freiherr von Petrasch (1714—1772), und das Vorhandensein gerade dieses schöngeistigen Elements scheint mir ein Hinweis auf das Modell der Académie française zu sein (u. a. war auch Gottsched Mitglied des Kreises). Petrasch wurde in Slawonisch Brod als Sohn eines Generals geboren, der in Neuschloß/Mähren begütert war, studierte am Jesuitenkolleg in Olmütz, an der Universität Löwen und an deutschen Universitäten, unternahm zahlreiche Bildungsreisen und trat in den Dienst der Armee ein, wurde Adjutant des Prinzen Eugen von Savoyen und war Teilnehmer zahlreicher Feldzüge im Rheinland. Zurückgezogen widmete er sich dann in Olmütz den Wissenschaften, philantropischer Tätigkeit und dem Schreiben. Er war vielsprachig, und seine Bibliothek umfaßte neben deutschen auch lateinische, französische, italienische, spanische, griechische, hebräische, englische, ungarische, holländische und nicht näher definierte „slawische" Bücher. Als Dramatiker gab er sich den Beinamen „der slawonische Dichter". Als Autor hinterließ er einen Bildungsroman („Arbaces", der wohl von Fénelons „Télémaque" beeinflußt ist) im Manuskript, verschiedene Sammlungen deutscher Gedichte („Gedichte eines Slawoniers", Frankfurt/M. 1767 und 1768, „Dreißig Schauspiele zur Besserung der deutschen Schaubühne" in 3 Bänden, Nürnberg 1765), ferner einen Band Reden und Aufsätze (1747).

Die Geschichte der S. I. hat Johann Peter Cerroni geschrieben. Das Manuskript seiner Darstellung befindet sich im Mährischen Landesarchiv in Brünn, wo ich es einsehen konnte. Anhand seiner Materialien und von später gedruckten Untersuchungen [2] möchte ich nun einige der Wesensmerkmale der Sozietät hervorheben, ihre Geschichte darstellen und die wichtigsten Mitglieder aufzählen.

1746 ist, wie erwähnt, das Entstehungsjahr der Gesellschaft. Schon der Name *Societas Incognitorum Eruditorum* konnte als Provokation angesehen werden:

---

[1] Näheres bei *Schamschula*, Walter: Die Anfänge der tschechischen Erneuerung und das deutsche Geistesleben (1740—1800). München 1973, 44—57.

[2] Z. B. *Králík*, O.: Olomoucká Societas Incognitorum [Die Olmützer S. I.]. Olmütz 1947.

abgekürzt erschien er nämlich als S. I. wie die Societas Iesu. Man nannte sich Gesellschaft der *Unbekannten*, weil man ohne Ruhmbegierde, ohne Streben nach Profit den Wissenschaften dienen wollte. Das Organ der Gesellschaft, die „Monathlichen Auszüge alt- und neuer Gelehrten Sachen" (seit 1747), enthielten regelmäßig Literaturberichte, Forschungsüberblicke und Darstellungen, die anonym blieben.

Einer der wichtigsten Grundsätze der Gesellschaft war es, sich in ihren Disputationen jeder konfessionellen Polemik zu enthalten: nach Cerroni heißt es in den Statuten:

Es wird vornehmlich nicht allein in denen Zusammenkünften auf das schärfste untersagt, sondern auch in denen Schriften erinnert, sich in keine Religionsstrittigkeiten einzulassen, ja in denen ersteren darf weder von dieser, noch von denen Ansprüchen großer Herren und politischer Händler geredet werden [3].

Diese Toleranz ermöglichte es, daß der S. I. neben der katholischen Mehrheit auch Protestanten angehören konnten wie z. B. Gottsched oder die slowakischen Pietisten Matěj und Carl Andreas Bél. Sie verhinderte aber nicht, daß noch einige Vertreter des gegenreformatorischen Denkens, wohl aufgrund ihrer Bekanntheit und ihrer Leistungen, in die Gesellschaft aufgenommen wurden, wie z. B. der aus Eger gebürtige Wyschehrader Kanonikus Thomas Adalbert Berghauer, Verfasser einer weitverbreiteten Vita des Johannes von Nepomuk sowie eines polemischen Werks gegen die protestantischen Bibelübersetzungen und die modernen Richtungen in der evangelischen Theologie unter dem Titel „Bibliomachia". Auch Magnoald Ziegelbauer, obwohl Vertreter einer aufgeklärten Haltung in der Geschichtswissenschaft, ist in konfessionellen Dingen noch stärker im Denken der Gegenreformation verwurzelt.

Was die konfessionelle Problematik betrifft, so muß auch der Fall Gregorius Franz Rothfischer erwähnt werden, der als Benediktiner die Philosophie Christian Wolffs so gründlich rezipierte, daß er aus seinem Orden und der katholischen Kirche austrat, zum Protestantismus konvertierte und einen Ruf als Professor der Philosophie an die Universität Helmstedt erhielt.

Ein zweiter wichtiger Grundsatz der Gesellschaft war, daß man sich in den Verhandlungen und Schriften ausschließlich des Deutschen zu bedienen habe. In den Ankündigungen der „Monathlichen Auszüge" heißt es:

Die Sprache, der man sich bedienen wird, ist die deutsche, um so viel mehr als selbige alles vollkommen auszudrücken vermag, und wir in unserer Muttersprache uns zu üben für eine Nothwendigkeit erachtet haben, dem Beyspiel anderer Völker zu folgen, welche auch zu ihren Tagebüchern keine auswärtige Mundart zu entlehnen pflegen [4].

Damit hat sich die S. I. ein Prinzip der Académie française zueigen gemacht, die ja in erster Linie eine Institution zur Pflege der nationalen Sprachkultur war (und noch ist). Zugleich aber erhält diese Einrichtung einen wichtigen Stellenwert in der Entwicklung der Prestigerolle der Nationalsprache. Sie zu sprechen und auszubauen, wird als nationale Aufgabe bezeichnet — dies in Abwehr von Überfremdungstendenzen, der „welschen" Einflüsse, der Gallomanie etc.

---

[3] *Schamschula*: Die Anfänge 1973, 37.

[4] *Ebenda* 38.

Daß die Gesellschaft nun gerade das Deutsche als Muttersprache ihrer Mitglieder propagierte, wurde von tschechischen Historikern zum Teil mit Befremden registriert. Man hat nicht immer verstanden, daß die Geburt des neuzeitlichen Nationalismus sich in Wellenbewegungen vollzog und daß, wenn wir den Vergleich aus der Natur weiter benutzen wollen, die noch nicht erfaßten Nationen sich in einem Wellental befanden, in dem der Sog zu den sich herausbildenden Nationen besonders stark war. Der Sog der deutschen Nationalkultur hat zunächst auch landespatriotisch gesinnte Bürger Böhmens und Mährens sich zur deutschen Sprache und gegen die Nachahmung Frankreichs bekennen lassen. Dies bedeutet wiederum nicht, daß sie in ihrem Geschichtsbewußtsein nicht schon eine gewisse Neigung zum Slawentum bekundet hätten. Im Gegenteil: solche Mitglieder wie Matěj Bél, Franz Gregor Giannini, Johann Christoph Jordan und Ritter Taulow von Rosental haben sich wissenschaftlich mit der Geschichte der Slawen befaßt und auch Sympathien mit dieser Völkerfamilie bekundet. Graf Giannini z. B. hat als Weltgeistlicher die Verehrung der Slawenapostel Kyrill und Method in der St.-Moritzkirche in Olmütz durch einen Altar fest institutionalisiert, womit er auch an die altkirchenslawische Tradition anknüpfte.

Betrachtet man die Liste der Mitglieder der S. I., so fallen einige Personengruppen in die Augen: Eine starke Gruppe setzte sich aus gebildeten Schöngeistern, oft Offizieren, zusammen. Hierzu gehörten neben Petrasch Ritter von Baillou, Saingenois d'Anurcaut u. a. Sie scheinen Einfluß bei Hof besessen zu haben und konnten das kurze Überleben der Gesellschaft wenigstens bis 1751 gewährleisten. Die größte Gruppe sind zweifellos die schon genannten Benediktiner: Ziegelbauer, Legipont (ein besonders aktives Mitglied im Sinne der maurinischen Tradition), Anselm Desing, Uldarich Weiß, Marquart Hergott, Ignaz Gropp, Johann Baptist Kraus, der berühmte Melker Historiker Hieronymus Pez u. a. Vereinzelt fanden sich auch Mitglieder anderer Orden: die Jesuiten Erasmus Frölich und Joann Lewald, der Augustinerchorherr Raymund Duellius, der Zisterzienser Chrysostomus Hanthaler, ferner Weltgeistliche wie Graf Giannini und Berghauer. Schließlich finden wir noch eine größere Gruppe von höheren Staatsbeamten, die man als Repräsentanten der theresianischen Aufklärung bezeichnen konnte: Ritter Taulow von Rosental, Johann Christoph von Jordan, Hermann Lorenz von Kannegießer, Philipp Jakob Lambacher und Karl Gottlieb Windisch.

Die Gesellschaft pflegte auch internationale Kontakte durch Aufnahme ausländischer Mitglieder. Der italienische aufgeklärte Historiker Ludovico Antonio Muratori war Mitglied und das geradezu vergötterte Vorbild; aus Italien wurde ferner Dominico Passionei zum Mitglied gewählt, aus Leipzig Gottsched, aus München der Historiker Bayerns Andreas Felix Oefele. In den Statuten hieß es hierzu:

Die Akademie [!] wird suchen soviel möglich in allen sowohl einheimischen, als fremden Landschaften fähige Mitglieder sich zu erwerben, Briefe und Schriften wechseln emsig zu unterhalten, auf daß sie die österreichischen Erblanden sowohl ihres eigenen als fremden Lichts in denen schönen Wissenschaften, und freyen Künsten theilhaftig mache[5].

---

[5] *Cerroni*, Material (Landesarchiv Brünn).

So kommt auch hier wieder die patriotische Aufgabe der Pflege der schönen Wissenschaften (d. s. sowohl die Geisteswissenschaften als auch die Literatur) zur Sprache.

Über die Gegner der S. I. gibt es nur andeutungsweise Angaben. Bei Cerroni heißt es, daß ein Freiherr von Schubirz bei Hofe Anzeige wegen der libertinistischen Haltung der Gesellschaft erstattet habe. Daraufhin habe sich Petrasch des Schutzes bei Hofe versichert. Eine Hofentschließung vom 16. März 1747 erklärte die Sozietät für nützlich. Dennoch war die S. I. konstanten Überwachungen unterworfen. Die Zensur ließ die ersten vier Bände der „Monathlichen Auszüge" ungehindert passieren und in Olmütz 1747 und 1748 erscheinen. 1748 wurde jedoch die Zensur von seiten der Olmützer Geistlichkeit, besonders der Jesuiten, verschärft, so daß die folgenden Lieferungen in Leipzig und Frankfurt erscheinen mußten.

Über den Verfall und die Auflösung der Gesellschaft gibt es unterschiedliche Theorien. Ohne eindeutige Quellenbelege wird oft von Intrigen der Jesuiten gesprochen, und zwar schon in Darstellungen des 18. Jahrhunderts, z. B. bei dem mährischen Historiker Josef Vratislav Edler von Monse [6]. Ob dies die einzige oder hauptsächliche Ursache sei, wissen wir nicht. Nicht zu übersehen ist eine wichtige Tatsache: um 1750 starb eine Reihe ihrer aktivsten Mitglieder wie Ziegelbauer, oder verließ Olmütz wie Petrasch, der sich 1751 nach Neuschloß zurückzog, oder Legipont, der sich erneut auf Wanderschaft begab. Es kann also durchaus zutreffen, daß der natürliche Abgang das Ende der S. I. bewirkt hat.

Trotz ihrer kurzen Lebensdauer hinterließ die Gesellschaft Spuren im Geistesleben der böhmischen Länder. Besonders die Impulse auf dem Gebiet der Geschichtswissenschaft wirkten weiter. Von Ziegelbauer, dem Verfasser der ersten „maurinischen" historischen Arbeit mit einem böhmischen Thema (1740) über Legipont führt ein direkter Weg zu seinem Ordensbruder Bonaventura Piter aus dem Kloster Raygern, auf dessen umfangreichen, nicht im Druck erschienen Quellenarbeiten der Piarist Gelasius Dobner und Monse ihre nun schon viel fortgeschritteneren Arbeiten aufgebaut haben. Es gibt also eine Brücke zwischen der Olmützer Sozietät und diesem zunächst unorganisierten Kreis. Es handelt sich um eine Gruppe von Wissenschaftlern, besonders Historikern, die sich beim obersten Burggrafen von Böhmen, Franz Anton Nostitz (1725—1794), versammelten. Viele Teilnehmer an dieser anfangs noch offenen Gesprächsrunde standen in den Diensten des böhmischen Adels als Archivare, Familienhistoriker, Hofmeister usw. Die zu dieser Zeit herrschende antihabsburgische Gesinnung des böhmischen Hochadels, die dann unter Josef II. dazu führte, daß man in Wien, wenn auch schlecht, demonstrativ tschechisch sprach, übertrug sich auch auf viele Mitglieder des Nostitzkreises. Man interessierte sich besonders für die eigene Landestradition und arbeitete systematisch an einer Hebung der Schätze der Vergangenheit.

Zu dieser noch offenen Runde gehörten Franz Martin Pelzel, Dobner, Dobrovský, Fortunatus Durich (von dem es ebenfalls Verbindungslinien zur Olmützer Gesellschaft gibt) [7], Nikolaus Adaukt Voigt und besonders der sehr rührige Ignaz Ritter

---

[6] Infulae doctae Moraviae. Brünn 1779.
[7] Vgl. *Schamschula*: Die Anfänge 1973.

von Born. Dieser wiederum stand mit dem landespatriotisch gesinnten Franz Josef Graf Kinský in engem Kontakt, der der Verfasser der ersten Verteidigungsschrift für den Gebrauch der tschechischen Sprache, „Erinnerung über einen wichtigen Gegenstand" (1775), und wohl einer der Anreger der nun sich zusammenschließenden Gesellschaft in einem böhmischen patriotischen Sinne ist.

Born war ein Vertreter von Ideen der französischen Aufklärung. Er wurde wegen seiner antiklerikalen, antikirchlichen Haltung mit Voltaire verglichen. Sein Glaube an die Vernunft war unbegrenzt, sein Optimismus fußte auf dem Gedanken des Fortschritts der menschlichen Kenntnisse und Fähigkeiten. So gehörte Born auch zu den führenden Freimaurern der Monarchie. Eine Zeitlang war er Großmeister der Region der böhmischen Länder. Er begründete Logen in Prag und 1776 in Wien und warb mit Eifer neue Mitglieder. Es ist kein Zufall, daß die „Österreichischen Biedermanns-Chronik" von 1783, die wohl auch ein freimaurerisches Dokument ist, ihn als das Urbild eines „Biedermanns" feiert.

Als Wissenschaftler ist Born in erster Linie mit den Naturwissenschaften, Mineralogie und Bergbau, beschäftigt, was sich auch in den Publikationen der Gesellschaft niederschlägt. 1776 berief ihn Maria Theresia nach Wien, damit er dort ein mineralogisches Kabinett errichte.

Erstmalig fand man sich 1769 zu einer Gesprächsrunde zusammen. In den Jahren 1771/72 trat die Gesellschaft mit einer Publikationsreihe, den „Prager Gelehrten Nachrichten" an die Öffentlichkeit. Die darin erkennbare Haltung ließe sich als theistisch im religiösen Sinn umreißen. Im Vergleich zur S. I. hat sich also eine deutliche Verschiebung vollzogen. Politisch sind die Prager Gelehrten Nachrichten noch stark nach Österreich orientiert, ein böhmischer Partikularismus ist noch nicht klar zu erkennen. Inhaltlich handelt es sich um wissenschaftliche Berichte aus verschiedenen Disziplinen.

Den nächsten Schritt bildet die offizielle Gründung der Gesellschaft und das Erscheinen ihrer Publikationsreihe „Abhandlungen einer Privatgesellschaft in Böhmen" (1775—1784). Noch also hatte die Prager Gelehrtenschaft nicht das Privileg einer „königlichen" Gesellschaft der Wissenschaften. Der Begriff „Böhmen" ist jedoch schon mit einem nationalen Programm verbunden. Die Mitglieder sind böhmische Patrioten im Sinne eines regionalen Solidaritätsbewußtseins. Die Abhandlungen enthalten zahlreiche historische Arbeiten, die diese Gesinnung verraten.

1784 schließlich wurde die Privatgesellschaft in die „Königliche Böhmische Gesellschaft der Wissenschaften" umbenannt. Ihre Publikationsreihe hieß seit 1785 „Abhandlungen der Kgl. Böhmischen Gesellschaft der Wissenschaften" (1785—1788), zwischen 1791 und 1795 erschienen die „Neueren Abhandlungen der Kgl. Böhmischen Gesellschaft der Wissenschaften".

Im Laufe des Erscheinens der Abhandlungen, von den Prager Gelehrten Nachrichten bis zu den Neueren Abhandlungen, vollzog sich der entscheidende Schritt der nationalen Bewußtwerdung der Tschechen. Die Mitglieder des Nostizkreises nämlich sind die „národní buditelé", die nationalen Wiedererwecker der ersten Stunde, die selbst meist noch Deutsch schrieben, den Wunsch nach einer Erneuerung der schlummernden tschechischen Sprache aber schon vorbrachten. Insofern trafen die Impulse, die von dem Modell der Académie française herkamen, auf Bedingungen, die denen in Frankreich nicht vergleichbar waren. Eine ausgebildete tschechische Literatursprache war erst ein Wunschtraum und noch keine Realität.

Versuche, eine Institution ins Leben zu rufen, die entfernt auch die Funktionen der Académie übernehmen könnte, gab es auch, obwohl die Voraussetzungen nicht vorhanden waren. Nach den Angaben von Franz Martin Pelzel, der wie Born Freimaurer war, sollte Anfang der neunziger Jahre eine Gesellschaft unter dem Namen „Hromada" ins Leben gerufen werden (soviel wie Sammlung), die aus den älteren tschechischen Autoren den Wortbestand der Sprache verzetteln und reaktivieren sollte. Ihre Mitarbeiter waren die sprachbewußten unter den böhmischen Patrioten wie Dlabáč, Dobrovský, Hurdálek, Kramerius, Pařízek, Pelzel, Procházka, Rulík, Strnad, die Brüder Thám, Tomsa, Vydra und Zíma — also ein Teil der Mitglieder der Gesellschaft der Wissenschaften, man könnte sagen, der „nationaltschechische" oder, wie es damals hieß, „stockböhmische" Teil der Gesellschaft. Noch war die Zeit für solche Aktivitäten jedoch nicht reif. Offenbar gab es Widerstände, und das Vorhaben wurde abgeblasen [8].

Mir scheint aber, wenn wir die Entwicklung der Gesellschaften von der Mitte des 18. Jahrhunderts bis zur Jahrhundertwende betrachten, eine Tatsache sehr bedeutsam: Das Modell der Académie française als einer aufgeklärten, patriotisch gesinnten Gesellschaft der Auserwählten, das der Sprachkultur und damit der literarischen Kultur dient, ist der Nachweis einer verfeinerten Geisteskultur, und sei es auch nur einer Geisteskultur nicht der Gegenwart, sondern in erster Linie der Vergangenheit und der Zukunft.

---

[8] Vgl. *ders.*: Dobrovskýs und Pelzels Beiträge zu den ‚Lieferungen für Böhmen von Böhmen'. In: Aus der Geisteswelt der Slaven. Dankesgabe an Erwin Koschmieder. München 1967, 144—161.

Horst Glassl

MÄHRISCHES LANDESBEWUSSTSEIN AM BEISPIEL EINES HISTORISCHEN VEREINS

In der zweiten Hälfte des 18. Jahrhunderts vollzieht sich in der Entwicklung des Vereinswesens in der Markgrafschaft Mähren wie in allen kaiserlichen Erblanden ein grundlegender Wandel. Verfolgten die bisherigen Vereinigungen meist religiöse und humane Ziele, so kamen jetzt neue Aufgabengebiete dazu. Bisher handelte es sich meist um Bruderschaften, religiöse Kongregationen, geistliche Orden und andere ähnlich gestaltete Institutionen. Kaiser Joseph II. führte auf diesem Gebiet eine Flurbereinigung durch. Er hob viele dieser mehr oder weniger religiös ausgerichteten Institutionen auf und errichtete für diese Aufgaben an verschiedenen Orten „Institute der Liebe des Nächsten", die gemeinhin „Armen-Institute" genannt wurden [1].

Zusätzlich entstanden jetzt daneben eine ganze Reihe von Vereinigungen neuer Art. Dazu gehörten einmal Gesellschaften für Literatur und Meistergesang, dann Bünde für den Selbstschutz im Augenblick der Gefahr (Schützenvereine). Eine neue Art von Vereinen bemühte sich um die Hebung der Volksbildung, da es allmählich zu einer Lockerung bzw. Aufhebung der Bücherzensur unter Joseph II. kam. Der Buchhandel als Wirtschaftszweig nahm einen kräftigen Aufschwung. Staat und Untertanen wetteiferten bei der Gründung von Bildungseinrichtungen für Volksbildung und Kultur [2].

Die vorübergehende Lockerung der strengen Zensurvorschriften gegenüber Büchern und Druckereierzeugnissen ließ überall in den kaiserlichen Erblanden „Casino-Vereine" und „Lesecabinette" wie Pilze aus dem Boden schießen. Ähnliches vollzog sich auch in der Markgrafschaft Mähren, die auch in ihrer Bevölkerungsstruktur große Veränderungen hinnehmen mußte. Im Jahr 1754 wurden in diesem zentral gelegenen Kronland der Habsburger-Monarchie noch 867 222 Einwohner festgestellt. Bis 1771 stieg aber die Zahl seiner Bewohner bereits auf 1 188 373, die in 98 Städten, 165 Märkten und 2879 Dörfern lebten [3]. Diese plötzliche Bevölkerungsexplosion führte in erster Linie zu einem erhöhten Nahrungsmittelverbrauch. Joseph II. bemühte sich, diesen erhöhten Lebensmittelbedarf durch Steigerung der eigenen Produktion zu decken. Daher entschloß man sich wie in den anderen Kronländern der Monarchie — um die Produktion in der Landwirtschaft zu steigern —

---

[1] Notizen-Blatt der historisch-statistischen Section der k. k. mährisch-schlesischen Gesellschaft zur Beförderung des Ackerbaues, der Natur- und Landeskunde. Brünn. Jg. 1865, Nr. 8 und 10; 1871, Nr. 1.

[2] *Ebenda* 1865, Nr. 9; 1866, Nr. 1.

[3] *Elvert*, Christian Ritter d': Geschichte der k. k. mährisch-schlesischen Gesellschaft zur Beförderung des Ackerbaues, der Natur- und Landeskunde mit Rücksicht auf die bezüglichen Cultur-Verhältnisse Mährens und Österreichisch-Schlesiens. Brünn 1870, 35 (Schriften der historisch-statistischen Section der k. k. mährisch-schlesischen Gesellschaft zur Beförderung des Ackerbaues, der Natur- und Landeskunde 20).

zur Gründung einer „Agricultur-Gesellschaft“, aus der später zwei bedeutende historische Vereine hervorgehen sollten.

Schon 1765 gab ein Hofdekret Maria Theresias zu erkennen, daß die staatliche Obrigkeit in Mähren die Gründung einer „Agricultur-Gesellschaft“ für angebracht hielt [4]. Es sollte dann aber noch eine Reihe von Jahren vergehen, bis die Gründung einer derartigen Vereinigung ernsthaft ins Auge gefaßt wurde. Gerade im Gründungsjahr 1769 kam Kaiser Joseph II. auf seinen ausgedehnten Reisen nach Mähren. Dort, auf einem Acker bei Slawikowitz in der Nähe von Raußnitz, führte „Seine Kaiserliche Majestät“ selbst den Pflug, um zu demonstrieren, wie notwendig eine wesentliche Produktsteigerung in der Landwirtschaft war [5]. Zur neugegründeten Ackerbaugesellschaft in Mähren gehörten anfangs nur 16 elitäre Mitglieder, die sich ausschließlich mit der Verbesserung und Steigerung der Produktion in der Landwirtschaft beschäftigten, so wie es in ihren Statuten vorgesehen war. Die erste Hauptversammlung fand dann am 12. Juni 1770 statt, und deshalb wird häufig auch dieser Tag als Gründungsdatum angesehen. Zum Direktor der Gesellschaft wurde schließlich Christoph Graf von Blümegen gewählt. Zum hohen Protektor des Vereins wurde dann Ernst Graf von Kaunitz-Rittberg auserkoren, der als Landeshauptmann von Mähren ein hohes Ansehen genoß. Zum Kanzler der Gesellschaft bestellte die Mitgliederversammlung Johann Baptist Graf von Mitrowsky [6]. Ein ganzes Jahrzehnt hindurch bemühte sich dieser neuartige Verein um eine Verbesserung der Produktionsweise in der Landwirtschaft, besonders auf dem adeligen Gutshof. Nur manchmal wurden naturwissenschaftliche Probleme am Rande mitbehandelt. Im ganzen gesehen kam dieser mährischen Sozietät keine besondere Bedeutung zu. Für spätere Betrachter schien ihre Basis viel zu schmal und ihr angepeiltes Ziel nicht so erstrebenswert. Zeitweilig besaß die Gesellschaft lediglich 14 Mitglieder und Beisitzer. Sie beschränkte sich ausschließlich auf die Landwirtschaft. Es wurden nur wenig neue Mitglieder aufgenommen, so daß die geistige Mobilität bald versiegte. Selbst der Vereinsvorstand wies erhebliche Lücken auf, die nur zögernd oder überhaupt nicht geschlossen wurden. Ab 1787 blieb die Gesellschaft ohne Direktor und ohne Protektor, und ein Jahr zuvor war schon der Kanzler ausgeschieden. An seine Stelle wurde dann der Landesunterkämmerer von Mähren, Ignaz Schröfl Freiherr von Mannsberg, bestellt, der sein Amt nur unwillig antrat und ausübte [7]. Der „Provinzial Schematismus“ des Jahres 1786 zeigt dagegen noch ein optimistischeres Bild von der „Kaiserlich-Königlichen Gesellschaft des Ackerbaus und nützlicher Künste im Markgrafenthume Mähren“ mit Protektor, Direktor und Kanzler an der Spitze. Dazu werden noch sechs Beisitzer, 16 Mitglieder, ein Sekretär und ein Kanzlist ausgewiesen. Diese gute Besetzung der Vereinsspitze sollte sich schon in den nächsten Monaten ändern [8].

---

[4] *Ebenda* 33 und 35.

[5] Notizen-Blatt 1869, Nr. 8.

[6] *Elvert*: Geschichte 1870, 36—38.

[7] *Elvert*, Christian Ritter d': Die Functionäre der k. k. mährisch-schlesischen Gesellschaft zur Beförderung des Ackerbaues, der Natur- und Landeskunde. Notizen-Blatt 1891, Nr. 3.

[8] *Elvert*: Geschichte 1870, 73.

Um 1800 amtierten lediglich noch ein Protektor und ein Kanzler, während die Direktorenstelle vakant blieb. Dazu gab es noch acht Beisitzer und sieben auswärtige Mitglieder [9]. Die allgemeine Mittellosigkeit während der napoleonischen Zeit schränkte die Akivitäten der Sozietät noch weiter ein. Die Nachrichten über derartige Gesellschaften aus dem gesamten Kaisertum Österreich sind sehr spärlich. Die Gesellschaften arbeiteten nur auf behördliche Weisung hin. Es gab keine eigenen Aktivitäten. Selbst in den Jahren 1790 bis 1800 beschäftigte sich die mährische Gesellschaft lediglich mit Verwaltungsaufgaben des mährischen Guberniums.

Mit mehr Erfolg wirkten die gelehrten Vereine in Mähren, die sich bisher mit der stark vernachlässigten Pflege der Natur- und Landeskunde beschäftigten. Zur Gründung einer derartigen Gesellschaft kam es durch ein schriftliches Übereinkommen zwischen dem Bergwerksdirektor Karl Rudczynsky, dem Gärtner Heinrich Schott und dem Normalschuldirektor Meihofer in Brünn [10]. Bereichert wurde dieser Verein durch den Beitritt eines Botanikers, des Appellationspräsidenten Johann Baptist Graf von Mitrowsky, der die Gesellschaft durch eine Reihe von Mitgliedern erweiterte. Diese Vereinigung bildete die Gründungszelle für die spätere „K. K. Gesellschaft zur Beförderung des Ackerbaus, der Natur- und Landeskunde". Sie nannte sich seit 1796 „Mährische Gesellschaft der Natur- und Vaterlandskunde" und sah es als ihre vornehmste Aufgabe an, das Land und seine Geschichte zu erforschen. Zu dieser Gesellschaft stießen 1799 die „Freunde der Natur- und Vaterlandskunde". Daraufhin änderte die Sozietät ihren Namen und nannte sich fortan „Privat-Gesellschaft der vereinigten Freunde zur Beförderung der Natur- und Vaterlandskunde in Mähren". Auf behördliche Anweisung hin mußte sich diese Gesellschaft im Jahr 1804 mit der unter staatlichem Schutz stehenden mährischen Ackerbaugesellschaft vereinigen [11]. Auch diese Fusion führte zu einer Namensänderung. Der neue Name lautete jetzt auf „Gesellschaft zur Beförderung des Ackerbaus, der Natur- und Landeskunde". Die Aktivitäten auf dem Gebiet der Landeskunde blieben eng umgrenzt, denn die Angst vor einem gewaltsamen Umsturz ließ die von Joseph II. gewährten Freiheiten dahinschmelzen. Vorübergehende Gesellschaften, die sich am Rande auch mit Landesgeschichte beschäftigten, entstanden in Proßnitz, Leipnik und Olmütz, besaßen aber keine lange Lebensdauer [12].

Allein anhand der Liste der Mitglieder können viele slawische Namen festgestellt werden. Die historischen Themen, die im Rahmen dieser Vereinigungen behandelt wurden, besaßen keinerlei nationalen bzw. nationalistischen Hintergrund. Geschichte erschien damals noch unter der Sparte Landeskunde. In vielen Darstellungen wurde die Eigenständigkeit des Landes besonders hervorgehoben [13].

Auf einer Sitzung der Ackerbaugesellschaft kam es im Jahr 1806 zu einer Initiative, den historischen Sektor stärker auszubauen. Sie kam von einem Vorstands-

---

9 *Ebenda* 77.

10 *Ebenda* 77—78.

11 *Elvert*, Christian Ritter d': Die gelehrten Gesellschaften in Mähren und Österreichisch-Schlesien. Brünn 1853, 102—135, hier 125 (Schriften der historisch-statistischen Section der k. k. mährisch-schlesischen Gesellschaft zur Beförderung des Ackerbaues, der Natur- und Landeskunde 5).

12 *Elvert*: Geschichte 1870, 114—120.

13 *Elvert*: Die gelehrten Gesellschaften 1853, 133.

mitglied, dem Wirtschaftsinspektor Rudolf André, der vorschlug, zur Pflege der vaterländischen Geschichte ein Landesmuseum zu gründen. Im Jahr 1811 wies er noch einmal auf seinen vor Jahren vorgebrachten Antrag hin und schlug jetzt die Gründung von Kreismuseen in Mähren vor. André konnte dabei auf große Vorbilder in den benachbarten Kronländern verweisen. In Ungarn ging die Initiative vom Grafen Széchenyi, in Siebenbürgen vom Freiherrn von Bruckenthal und in Graz sogar vom Erzherzog Johann zur Gründung eines Landesmuseums aus. Selbst im abgelegenen Galizien gelang es dem Grafen Ossolinski, eine literarisch-artistische Sammlung zu eröffnen. Der Zweck dieser Gründungen blieb unumstritten: Förderung der Vaterlandsliebe und Vaterlandskunde. Als Haupthindernis für die Errichtung eines mährischen Landesmuseums blieb nur noch die Raumfrage. Schließlich erreichte man dank der Initiative des Gouverneurs von Mähren, des Grafen Mitrowsky, daß der Erzbischof von Olmütz und sein Metropolitankapitel den Brünner Bischofshof zur Verfügung stellten. Am 15. Oktober 1816 erteilte Kaiser Franz I. seine Zustimmung dazu, daß die „mährisch-schlesische Gesellschaft des Ackerbaus, der Natur- und Landeskunde" ein Museum unter dem Namen „Franzens-Museum" eröffnen durfte. Durch die Übernahme von zahlreichen Privatsammlungen erhielt das Museum eine ansehnliche Erstausstattung. Der Schwerpunkt der Sammlung lang sicher von Anfang an auf dem weiten Feld der Naturwissenschaften. Doch gab es bald auch eine beträchtliche Sammlung aus Mährens Vergangenheit [14].

Zu der reichhaltigen Sammlung gehörte auch eine für die damaligen Verhältnisse recht stattliche Bibliothek, die neben 3821 Büchern vor allem 549 Handschriften enthielt. Trotz des Anfangserfolgs, den das Museum bei seiner Eröffnung aufzuweisen hatte, fehlte ihm dann die kontinuierliche finanzielle Unterstützung. Die spärlichen Zuschüsse, die von der Ackerbaugesellschaft als „Trägerverein" kamen, reichten in keiner Weise, die laufenden Unterhaltskosten zu bezahlen oder gar die Sammlungen ständig zu erweitern. Selbst die mährischen Stände fanden sich nicht dazu bereit, durch eine jährliche großzügige Spende den Ausbau des Museums zu sichern. Die Stände wären nur dann zu regelmäßigen Unterstützungen bereit gewesen, wenn man ihnen die Leitung des Instituts übertragen hätte. Erst 1837 willigten sie ein, für den Unterhalt des Museums einen finanziellen Beitrag zu leisten [15].

Die für historische Studien vorgesehene Bibliothek des Franzens-Museums stammte ausschließlich aus Schenkungen. Der Katalog bestand aus drei Foliobänden. Ausgesprochene Kostbarkeiten waren in dieser Büchersammlung nicht enthalten. Die wenigen historischen Urkunden waren ja von der historischen Forschung längst bearbeitet und ediert. Auch war die finanzielle Unterstützung, die das Museum jetzt von den Landständen erhielt, alles andere als großzügig: für einen Zeitraum von 19 Jahren standen dem Museum lediglich 25 000 Gulden zur Verfügung. Nach zeitgenössischen Berichten fand das Franzens-Museum, das zur Pflege und Hebung der Vaterlandsliebe errichtet worden war, wenig Anklang in der Bevölkerung der Landeshauptstadt Brünn. Der Besucherstrom floß spärlich. Selbst gebildete Brünner

---

[14] *Elvert*: Geschichte 1870, 133.
[15] *Ebenda* 249—250.

Bürger kannten das Museum entweder überhaupt nicht oder hatten es vor Jahren einmal flüchtig besucht. Das geschäftige Brünn, das konnte man aus dem Verhalten seiner Einwohner folgern, besaß für beschauliche Dinge, wie sie in einem Museum dargeboten wurden, wenig Verständnis [16]. Die Leitung der k. k. Ackerbaugesellschaft lag, wie das bei ähnlichen Vereinigungen damals üblich war, letzten Endes bei der Mitgliederversammlung, denn die Vorstandschaft der Gesellschaft gab in der jährlichen Hauptversammlung den Mitgliedern einen Rechenschaftsbericht über die geleistete Arbeit. Für die Mitglieder erschienen diese Berichte als Sonderdrucke. Die Verbandszeitschrift „Mittheilungen" veröffentlichte neben landwirtschaftlichen und naturwissenschaftlichen Abhandlungen auch landeskundliche Beiträge. Zur Unterrichtung und Belehrung der bäuerlichen Bevölkerung erschien jährlich ein von der Gesellschaft herausgegebener Landwirtschaftskalender in zwei verschiedenen Ausgaben, eine davon in „slawischer" Sprache. Das Wort „böhmisch" oder „tschechisch" für die in Mähren gesprochene slawische Sprache wurde in Mähren vor 1880 kaum verwendet. Das änderte sich auch nicht nach den Ereignissen des Jahres 1848. Während der Unruhen des Jahres 1848 kam es in der Ackerbaugesellschaft zwar zu einigen unbefugten Beschlüssen durch drei korrespondierende Mitglieder, eine schnell einberufene Generalversammlung konnte aber darüber rasch Klarheit schaffen.

Teils waren es die Auswirkungen der revolutionären Ereignisse des Jahres 1848 selbst, teils war es das Ausscheiden des Direktors, des Grafen Sedlnicky, und des Kanzlers Braumüller im Jahr 1849, die zu einer Umgestaltung der Gesellschaft führten. Zunächst übernahm die Leitung der Gesellschaft der Prälat Napp, bald darauf der Wirtschaftsrat Rittersfeld. Später wurde der mährisch-schlesische Generalprokurator Cajetan Mayer zum Direktor gewählt [17].

Die Beratungen über neue Statuten der Ackerbaugesellschaft in der Mitgliederversammlung ergaben, daß man innerhalb der Gesellschaft eine sinnvolle Teilung in Sektionen anstrebte. Da man in Niederösterreich mit der Errichtung von Filialvereinen gute Erfahrungen gemacht hatte, sollten solche künftig auch in Mähren entstehen. In der Steiermark hingegen konnte auf gute Ergebnisse in der Sektionsarbeit verwiesen werden.

Die Mitgliederversammlung vom 17. Dezember 1849 wählte nicht nur ein neues Direktorium, sondern beschäftigte sich auch mit den künftigen Veröffentlichungen des Instituts. Es wurde entschieden, daß die „Mittheilungen" vom Jahr 1850 an als wissenschaftliche Quartalschrift in Großformat erscheinen sollten: Als „Correspondenzblatt" für die breite Öffentlichkeit wurde in deutscher Sprache die „Mährische Volkszeitung", in slawischer Sprache die „Moravské národní noviny" vorgesehen [18].

Die nächste Generalversammlung vom 5. Dezember 1850 verabschiedete endgültig die neuen Statuten. Demnach gliederte sich die Gesellschaft jetzt in einzelne Sektionen und Filialvereine an verschiedenen Orten. An die Spitze der Gesellschaft trat

---

16 *Ebenda* 406.
17 *Ebenda* 410—411.
18 *Ebenda* 412—413.

Hugo Carl Fürst zu Salm-Reifferscheid-Krautheim, zu seinem Stellvertreter wurde Prälat Napp gewählt. Die Gesellschaft bestand um 1850 nach dem Eintritt einiger prominenter Persönlichkeiten aus 28 Ehren-, 275 wirklichen und 65 korrespondierenden Mitgliedern. Den geschäftsführenden Vorstand („Central-Ausschuß") bildeten neben dem Direktor und seinem Stellvertreter weitere 15 gewählte Mitglieder. Dieser Museumssektion gehörten wiederum sowohl deutsche als auch slawische Mährer an, um den zeitgemäßen Wortschatz zu benutzen. Nach der Verabschiedung der Statuten von 1850 wurden als weitere Vereinsorgane Sektionen (Fachausschüsse) gebildet. Diese erlangten ein so hohes Maß an Selbständigkeit, daß sie die Tätigkeit der Gesellschaft zu beeinträchtigen drohten.

Für die bisher nur so nebenbei betriebene Landeskunde richtete man jetzt eine eigene Sektion ein. Schon einige Zeit vorher hatten allerdings Baron Christian d'Elvert und sein für die mährische Geschichtsforschung gewonnener Schulfreund Dr. Boczek die Bedeutung und Notwendigkeit der Gründung einer historischen Sektion in einem Memorandum dargelegt.

Da die staatliche Zensur der Publikation historischer Forschungsergebnisse enge Grenzen zog, lohnte es sich für die Historiker nicht, die „Gesellschaft" zu verlassen, um eine neue zu gründen. Damals mußte Graf Ugarte, der Gouverneur, vier Jahre warten, bis die Zensurbehörde die Erlaubnis zum Druck einer historischen Abhandlung über das Lehenswesen gab [19]. Trotz dieser Beschränkungen, der sich Historiker im Kaisertum Österreich offensichtlich unterziehen mußten, ließen sich Baron d'Elvert und Dr. Boczek nicht davon abhalten, weiterhin ihren historischen Forschungen nachzugehen.

Für die Öffentlichkeit veranstaltete die neugegründete Sektion monatliche Vortragsabende. Als wissenschaftliches Verbandsorgan gab die Sektion das „Notizenblatt" heraus, in dem historische Abhandlungen und Buchbesprechungen veröffentlicht wurden. Umfangreichere Manuskripte unterzog der Sektionsausschuß einer eingehenden Prüfung, bevor sie in der sektionseigenen Buchreihe erscheinen konnten. Als verantwortlicher Redakteur für Zeitschrift und Buchreihe übernahm Baron d'Elvert die wichtigste Stelle in der Sektion [20].

Auf Vorschlag von Baron d'Elvert erhielt der aus Mähren stammende Historiker Beda Franz Dudik von den mährischen Ständen den Auftrag, die in schwedischen Archiven vorhandenen recht zahlreichen Quellen zur mährischen Geschichte zu sichten und zu bearbeiten. Diese Dokumente waren am Ende des Dreißigjährigen Krieges durch die schwedische Armee als Kriegsbeute nach Schweden gekommen [21]. Die Sektion beteiligte sich auch an der Wanderausstellung der gesamten „Ackerbaugesellschaft" im Jahr 1854 [22]. Ihr gelang es schließlich, die Landesregierung zu einem allgemeinen Aufruf an die Städte und Gemeinden zu bewegen, in dem eine

---

19 *Elvert*, Christian Ritter d': Die Verfassung und Verwaltung von österreichisch Schlesien, in ihrer historischen Ausbildung, dann die Rechtsverhältnisse zwischen Mähren, Troppau und Jägerndorf, sowie der mährischen Enklaven zu Schlesien. Brünn 1854.

20 *Biermann*, G.: Christian Ritter d'Elvert. MVGDB 31 (1893) 303—304.

21 *Dudik*, Beda Franz: Forschungen in Schweden für Mährens Geschichte. Im Auftrag des hohen mährischen Landesausschusses unternommen und veröffentlicht. Brünn 1852.

22 *Elvert*: Geschichte 1870, 431.

Inventarisierung aller historischen Urkunden gefordert wurde. In der Folgezeit übergaben zahlreiche Gemeinden ihre Urkunden und historischen Dokumente der Sektion zur sachgemäßen Aufbewahrung [23].

Die historische Sektion erhielt damals noch eine ganze Reihe von Anregungen, von denen aber kaum eine verwirklicht werden konnte: Dazu zählten die vom Fürsten Salm vorgeschlagene populäre Darstellung der Geschichte Mährens anhand von biographischen Skizzen, die Erstellung eines statistischen Überblicks über die Entwicklung der Industrie und des Gewerbes, die Anlage von Gemeinde-Chroniken, die Einsetzung eines kunsthistorischen Komitees zum Schutz einheimischer Kunstdenkmäler, die Bearbeitung mährischer Stadtrechte sowie die Durchforschung der reichen Archivschätze des k. k. Ministeriums des Inneren und der fürstlich liechtensteinischen Registratur in Butschowitz [24].

Die Sektion befand sich durch Subventionen der Landesregierung, durch Geschenke von Korporationen und durch günstige Finanzoperationen in einer glänzenden finanziellen Situation. Die Zahl ihrer Mitglieder blieb zunächst gering: Sie betrug 1850 lediglich 44, doch 1865 stieg sie bereits auf 536 Personen, sank aber bis 1870 auf 380 Mitglieder. Mit 7652 Gulden im Jahr 1856 erreichte das Vermögen der Sektion seinen Höchststand [25].

Zu den hervorragenden aktiven Persönlichkeiten der historisch-statistischen Sektion zählte neben Baron Christian d'Elvert der Historiker Beda Franz Dudik, der 1815 im Städtchen Kojetein bei Kremsier geboren wurde und bis zum zehnten Lebensjahr nur „mährisch", also „slawisch" sprach. Das Gymnasium besuchte er in Kremsier und Brünn. Mit 20 Jahren trat Dudik in das Benediktinerkloster Raigern ein. 1840 verlieh ihm die Universität Olmütz die philosophische Doktorwürde. Dudik studierte damals historische Hilfswissenschaften. Bereits ein Jahr später erhielt er den Lehrstuhl für klassische Philologie an der Philosophischen Lehranstalt in Brünn. Bald darauf bekam er auch die „Venia" für allgemeine Geschichte. Mit besonderem Nachdruck widmete sich Dudik seiner Muttersprache, dem „Mährischen", und hielt darüber häufig öffentliche Vorträge. In bezug auf seine Sprachkenntnisse wurde Dudik nachgerühmt, daß er außer dem Magyarischen und Rumänischen alle Sprachen Europas beherrschte. Das selbständige Werk, mit dem sich Dudik 1848 in der Öffentlichkeit vorstellte, erschien unter dem Titel „Mährens gegenwärtigen Zustände vom Standpunkt der Statistik". Eines seiner Hauptwerke war die zweibändige „Geschichte des Benediktinerstiftes Raigern im Markgrafenthume Mähren", die im wesentlichen auf archivalischer Forschung beruhte. Wie Palacký arbeitete Dudik im Auftrag der mährischen Stände und gab in dieser Funktion die Sammlung „Mährens Geschichtsquellen" heraus. Die Ergebnisse seiner im Auftrag des Landesausschusses durchgeführten Schwedenreise veröffentlichte Dudik in der Buchreihe „Forschungen für Mährens Geschichte". Seine Forschungen in römischen Bibliotheken und Archiven erschienen unter den Titeln „Historische Forschungen" und „Päpstliches Regestenwesen". Aufgrund seiner

---

[23] *Elvert*, Christian Ritter d': Geschichte der historischen Literatur Mährens und Schlesiens. Brünn 1850.

[24] *Elvert*: Geschichte 1870, 446.

[25] *Ebenda* 503.

Forschungen in dem Archiv der „Vereinigten böhmischen Hofkanzlei" in Wien schrieb er das Buch „Des Herzogtums Troppau ehemalige Stellung zur Markgrafschaft Mähren".

Inzwischen genoß Dudik als Geschichtsschreiber einen so ausgezeichneten Ruf, daß er nach seiner Rückkehr aus Italien von dem Hoch- und Deutschmeister Erzherzog Maximilian in Wien den Auftrag bekam, für den Deutschen Orden ein Zentralarchiv anzulegen. Diese schwierige Aufgabe erledigte Dudik innerhalb von vier Jahren, wobei er 2500 Pergamenturkunden registrierte, 400 Codices beschrieb und 1169 Stammbäume deutscher Adelsfamilien ordnete. Schließlich wurde Dudik vom Hochmeister beauftragt, die Münz- und Antiquitätensammlung des Deutschen Ordens wissenschaftlich zu ordnen und zu beschreiben. Als Ergebnis dieser Tätigkeit erschien „Des hohen Deutschen Ritterordens Münzsammlung in Wien". Dieses Werk wurde wegen der Gründlichkeit des Verfassers zu einer Geschichte des Frankenlandes.

Dudiks Schrift „Über die Auffindung der Reliquien der heiligen Elisabeth" erschien ebenfalls während seiner Tätigkeit beim Deutschen Orden. Dort schlug er vor, die Gebeine der Heiligen nach Österreich oder Ungarn zu bringen, damit sie statt in der protestantischen Kirche in Marburg an der Lahn in einer katholischen Umgebung von den Gläubigen verehrt werden könnten. Obwohl Dudik in Wien eine hochdotierte Stelle innehatte, kehrte er 1859 als Landes-Historiograph nach Mähren zurück. In dieser Position schrieb er seine zehnbändige „Geschichte Mährens" [26].

*

Das Band zwischen der „Mährisch-schlesischen Gesellschaft zur Beförderung des Ackerbaus, der Natur- und Landeskunde" und ihrer historischen Sektion scheint sich aber im Laufe der Jahre allmählich gelockert zu haben. Auf der Jahresversammlung der Sektion am 20. März 1893 stellte Prof. Hans Stoklaska den Antrag, die Sektion in einen selbständigen historischen Verein umzuwandeln. Dadurch sollte sich diese Sektion freier bewegen können, um vor allem selbständig Mitglieder aufnehmen zu können. Der neue Verein sollte zwar mit der Ackerbaugesellschaft freundschaftliche Beziehungen unterhalten, aber völlig selbständig sein. Denn inzwischen war die Sektion fast gänzlich zu einer deutschen Vereinigung geworden, die keine neuen slawischen Mitglieder mehr aufnehmen wollte. Nach längerer Diskussion wurde der Antrag auf Verselbständigung fast einstimmig angenommen. Das Mitglied Dr. Prokop hatte als Alternative vorgeschlagen, daß die historische Sektion innerhalb der Ackerbaugesellschaft eine regere Tätigkeit entfalten solle. Erst nach dem Ausbau der Aktivitäten solle dann die Sektion ihre Unabhängigkeit anstreben. Daß die Sektion jetzt schon einseitig für die deutschen Angelegenheiten in Mähren Partei ergriff, zeigte sich 1894 deutlich bei der Enthüllung der Denkmäler für Kaiser Joseph II. und Franz Grillparzer; letzteres wurde auf Anregung des „Deutschen Journalisten- und Schriftstellervereins" auf-

---

[26] *Dudik*, Beda Franz: Mährens allgemeine Geschichte. 11 Bde. und 2 Reg.-Bde. Brünn 1860—1887.

gestellt. Auch die Liste der Veröffentlichungen zeigt eine Parteinahme zugunsten der deutschen Sache in Mähren. Ein Titel wie zur „Geschichte der Deutschen in Österreich-Ungarn“ spricht schon für eine Stellungnahme zugunsten des Deutschtums. Einem Bericht aus dem Jahr 1895 zufolge unterstützte die Sektion den deutsch-mährischen Volksbildungsverein, dessen Ziel es war, die geistige, sittliche und wirtschaftliche Bildung des deutschen Volkes in Mähren zu heben.

Die Beratungen über die Satzung des neu zu bildenden Vereins wurden dann einem Ausschuß der Sektion übergeben, der unter dem Vorsitz von Dr. Karl Schober tagte. Nach mehreren Sitzungen wurde die neue Satzung am 2. November 1895 von der Vollversammlung der Sektion nach einigen Änderungen angenommen.

Die eigentliche Umbildung der Sektion in einen selbständigen Verein ging dann doch ziemlich rasch vor sich. Am 14. Dezember 1895, anläßlich einer Sektionssitzung, teilte ihr Vorsitzender, der Landesschulinspektor Dr. Karl Schober, mit, daß die neuen Statuten des „Vereins für die Geschichte Mährens und Schlesiens“ behördlich genehmigt worden waren [27].

Mit dem Vereinsjahr 1896 trat der neue selbständige Verein ins Leben. Das bisherige Vereinsorgan, die wissenschaftliche Zeitschrift „Notizenblatt“, wurde ab 1896 in eine Vierteljahresschrift umgewandelt und erhielt den Titel „Zeitschrift des Vereins für die Geschichte Mährens und Schlesiens“ [28].

Bevor jedoch der neue Verein in seiner neuen Gestalt seine Tätigkeit entfalten konnte, starb am 28. Januar 1896 der langjährige Vorsitzende der Sektion, Hofrat Christian d'Elvert, im Alter von 93 Jahren. Sein Leben und Wirken wurde beim Begräbnis und in einigen darauffolgenden Vereinsversammlungen entsprechend gewürdigt [29].

Der Verein beschäftigte sich damals mit der Reichsunmittelbarkeit Mährens. Vorträge von Prof. Bretholz über das 12. Jahrhundert gingen auf dieses Thema ein. Die Erkenntnisse von Bretholz wurden schließlich in seiner „Geschichte Mährens“ schriftlich niedergelegt. Die Reichsunmittelbarkeit Mährens wurde von tschechischer Seite durch Jaroslav Demel bestritten. In der Zeitschrift „Matice Moravská“ bewies Demel, daß es ein Lehensverhältnis Mährens zu Böhmen, aber keine Reichsunmittelbarkeit gab [30].

Die Haltung der tschechischen und deutschen Historiker in den beiden nationalen Vereinen war typisch für die kommende Epoche der heftigen nationalen Auseinandersetzungen, in der man oft mit historischen Thesen nationale Politik betreiben wollte. Während man auf deutscher Seite auf eine möglichst enge Bindung Mährens an das „Reich“ hinzuweisen versuchte, wollte die tschechische Geschichtswissenschaft beweisen, daß derartige Bande überhaupt nicht, oder wenn schon, dann nur sehr locker vorhanden waren. Den tschechischen Historikern ging es darum zu zeigen, daß Böhmen und Mähren immer oder fast immer ein selbständiger Staat gewesen war. Eine selbständige Rolle Mährens als reichsunmittelbares Fürstentum paßte nicht in dieses Konzept, während von deutscher Seite gerne darauf verwiesen

---

27 *Notizen-Blatt* 1894, 20. — ZVGMS 1 (1897) H. 2, 78—79.
28 ZVGMS 1 (1897) H. 1, 114.
29 *Ebenda* H. 2, 79.
30 *Ebenda* H. 2, 80.

wurde. In dieser oder ähnlicher Form tauchte das Thema von Zeit zu Zeit immer wieder in den Publikationen der historischen Vereine auf [31].

Noch findet man in dieser Zeit in den Versammlungen des historischen Vereins, der zunehmend von deutschen Mitgliedern bestimmt wurde, auch Vortragsthemen, die in den Bereich des mährischen Landespatriotismus einzuordnen sind, wie z. B. ein Vortrag von Dr. Karl Wotke über „Augustinus Olomucensis, Mährens größten Humanist" [32]. Solche Vorträge blieben jedoch eher die Ausnahme. In immer stärkerem Maß betonte der „Verein für die Geschichte Mährens und Schlesiens" die deutsche Vergangenheit und noch mehr den deutschen Charakter des Landes.

So wurde denn auch der Tod der Kaiserin Elisabeth im Jahr 1898 entsprechend gewürdigt [33], und das fünfzigjährige Regierungsjubiläum Kaiser Franz Josephs fand im Vereinsleben lebhaften Widerhall. Diese und ähnliche Veranstaltungen, in denen die Dynastie der Habsburger im Mittelpunkt stand, deuteten auf eine „schwarz-gelbe" Einstellung des Vereins hin — damals bei deutschen Vereinen Österreichs durchaus keine Selbstverständlichkeit mehr [34].

Doch auch in diesem mährischen Geschichtsverein war die Entwicklung zu einem einseitigen Nationalismus nicht mehr aufzuhalten. Am 14. Oktober 1899 beschloß die außerordentliche Hauptversammlung des Vereins, durch eine entsprechende Statutenänderung sich künftig „Deutscher Verein für Geschichte Mährens und Schlesiens" zu nennen. Ein Vorstandsmitglied des Vereins, Dr. Moritz Grolig, trat daraufhin zurück [35]. Außerdem wurde in dieser Versammlung den Mitgliedern nahegelegt, in die deutsche Sektion der gemischtnationalen Museumsgesellschaft einzutreten [36].

Der „Geschichtsverein" war wohl 1896 selbständig geworden, doch gab es immer noch vermögensrechtliche Bindungen an die „Ackerbaugesellschaft". Als aber diese übernationale altehrwürdige Gesellschaft mit dem Jahr 1899 aufgelöst wurde, erlangte der „deutsche Geschichtsverein" auch in vermögensrechtlicher Hinsicht seine Selbständigkeit. Das führte zu Satzungs- und Namensänderungen. Der Verein wurde nun in verstärktem Maß zum Kampforgan der Deutschen in Mähren, mußte dabei freilich einen deutlichen Mitgliederschwund beklagen [37]. Der Verein steuerte dagegen: Um seine selbstgestellte Aufgabe erfüllen zu können, das historische Bewußtsein der Deutsch-Mährer zu stärken, bat er 1904 die deutschen Städte Mährens um finanzielle Unterstützung. Diese Entwicklung zeigt unter anderem deutlich, daß ein eigenes mährisches Landesbewußtsein verschwand und der deutsch-tschechische Gegensatz, wie er zunächst nur in Böhmen zu beobachten war, nun auch in Mähren immer mehr um sich griff.

---

[31] ZVGMS 3 (1899) 234—235.
[32] ZVGMS 2 (1898) 47—70 und 195.
[33] ZVGMS 3 (1899) 119.
[34] ZVGMS 15 (1911) 385—387; 16 (1912) 199—202.
[35] ZVGMS 4 (1900) 201.
[36] *Ebenda.*
[37] ZVGMS 8 (1904) 236—237.

Anna M. Drabek

MATICE ČESKÁ UND MATICE MORAVSKÁ

Ihre Bedeutung für die kulturelle und nationale Entwicklung der tschechischen Gesellschaft im 19. Jahrhundert

Die Bedeutung von Akademien, Museen, Lesegesellschaften und anderen Vereinigungen auf freiwillig-assoziativer Basis mit verschiedenster Zielsetzung — in unserem Zusammenhang sind hier vor allem die Museal- und Altertumsvereine sowie die sog. patriotisch-ökonomischen Gesellschaften zu nennen — für die Wissenschaftspflege im allgemeinen und die Pflege der Nationalliteratur und -geschichte in Deutschland und Österreich seit dem späteren 18. Jahrhundert im besonderen ist in der Forschung der letzten 25 Jahre in zunehmendem Maß in das Blickfeld des Interesses gerückt, wobei in der jüngeren Vergangenheit insbesondere auf die Rolle dieser Formen sozialer Organisation bei der Ausbildung der modernen, demokratisch orientierten bürgerlichen Gesellschaft hingewiesen wurde [1].

Bei den slawischen Völkern der Habsburgermonarchie, die politische Selbständigkeit und eigenes Staatswesen entbehrten, und deren Sprachen zum überwiegenden Teil um die Wende zum 19. Jahrhundert eben erst am Anfang der Entwicklung zur voll ausgebildeten und als solche akzeptierten Schrift- und Kultursprache standen, wurden beide Funktionen im vorigen Jahrhundert in ganz besonderer Weise von einer Kategorie sozialen Zusammenschlusses wahrgenommen, der im deutschen Sprachraum nichts Analoges an die Seite zu stellen ist, den sog. „Matice". Das Wort findet sich im Tschechischen wie auch in den südslawischen Sprachen (hier in der Form „matica") und bedeutet Gebärmutter oder auch Bienenkönigin. In

[1] Vgl. etwa *Heimpel*, Hermann: Über die Organisationsformen historischer Forschung in Deutschland. HZ 189 (1959) 155 ff. und 189 ff. — *Lhotsky*, Alphons: Geschichtsforschung und Geschichtsschreibung in Österreich. *Ebenda* 144 ff. — *Kraus*, Andreas: Vernunft und Geschichte. Die Bedeutung der deutschen Akademien für die Entwicklung der Geschichtswissenschaft im späten 18. Jahrhundert. Freiburg-Basel-Wien 1963, 206—316. — *Heimpel*, Hermann: Geschichtsvereine einst und jetzt. In: Geschichtswissenschaft und Vereinswesen im 19. Jahrhundert. Göttingen 1972, 45—73 (Veröffentlichungen des Max-Planck-Instituts für Geschichte 1). — *Nipperdey*, Thomas: Verein als soziale Struktur im späten 18. und frühen 19. Jahrhundert. *Ebenda* 1—44. — Lesegesellschaften und bürgerliche Emanzipation. Ein europäischer Vergleich. Hrsg. v. Otto *Dann*. München 1981, bes. die Beiträge von Otto *Dann*: Die Lesegesellschaften und die Herausbildung einer modernen bürgerlichen Gesellschaft in Europa (9—28), und von Günter *Mühlpfordt*: Radikale Aufklärung und nationale Leseorganisation. Die Deutsche Union von Karl Friedrich Bahrdt (103—122). — Nationale Bewegung und soziale Organisation. Bd. 1: Vergleichende Studien zur nationalen Vereinsbewegung des 19. Jahrhunderts in Europa. Hrsg. v. Theodor *Schieder* und Otto *Dann*. München-Wien 1978, S. XIII—XIX, Einleitung von Otto *Dann* (Studien zur Geschichte des 19. Jahrhunderts 9). — Vgl. ferner: Vereinswesen und bürgerliche Gesellschaft in Deutschland. Hrsg. v. Otto *Dann*. München 1984 (HZ Beiheft 9 N. F.).

der zweiten Bedeutung wurde es als Bezeichnung der genannten Vereine gewählt, um deren fruchtbaren, mütterlichen Charakter anzudeuten [2].

Die erste derartige Vereinigung war die „Matica srbska", 1826 von dem serbischen Rechtsanwalt Jovan Hadžić (Pseudonym Miloš Svetič) und einigen Gleichgesinnten als literarisch-gelehrte Nationalgesellschaft gegründet. Er hatte dabei das Vorbild der ein Jahr früher gegründeten Magyarischen Gelehrtengesellschaft (später Ungarische Akademie der Wissenschaften) vor Augen, bei der die Pflege der magyarischen Sprache im Mittelpunkt der Arbeit und des wissenschaftlichen Interesses stand. Hadžić und seine Freunde wollten mit ihrer Gründung Ähnliches für die serbische Sprache leisten: Die Matica Srbska gab eine eigene gelehrt-literarische Zeitschrift („Ljetopis") heraus, man plante die Finanzierung der Veröffentlichung von Büchern serbischer Autoren, um Illiteratentum und Rückständigkeit in der Bevölkerung zu bekämpfen, junge serbische Schriftsteller sollten durch die Ausschreibung von Preisen gefördert werden, und man begann auch mit der Anlegung einer Bibliothek und der Einleitung einer organisierten Sammlungstätigkeit, die schließlich nach den Plänen der Gründer in die Errichtung eines Museums einmünden sollte [3]. Alle diese Elemente finden sich später bei der „Matice Česká" wieder, die 1830 als „Komitee für die wissenschaftliche Pflege der tschechischen Sprache und Literatur" beim Böhmischen Museum in Prag ins Leben gerufen wurde.

Der Gedanke der Gründung einer der Wissenschafts- und Literaturpflege in tschechischer Sprache verpflichteten Institution ist allerdings viel älter. Schon in den achtziger Jahren des 18. Jahrhunderts hatten sich Pelcl, Dobrovský, Kramerius, F. F. Procházka und andere [4] in Prag um die Errichtung einer Gesellschaft

---

[2] Vgl. die Erklärung der Wortbedeutung durch František Palacký, den geistigen Vater der „Matice Česká", in einer Unterredung mit dem Oberstburggrafen Graf Karl Chotek und dem böhmischen Präsidialsekretär Ambrosi (s. u. Anm. 11). Zu den Matice-Organisationen bei Serben, böhmischen und mährischen Tschechen, Kroaten, Slowaken und Slowenen allgemein *Kimball*, Stanley B.: The Austro-Slav Revival: A Study of nineteenth-century Literary Foundation. Philadelphia 1973 (Transactions of the American Philosophical Society, n. s. 63/4). — Über verwandte Formen der Vereinsbildung bei den Slawen *Sziklay*, László: Lesegesellschaften und Akademien im Rahmen des nationalen Erwachens der Völker Ostmittel- und Südosteuropas. In: Lesegesellschaften und bürgerliche Emanzipation 1981, 213—220. — *Šimeček*, Zdeněk: Frühe literarische Gesellschaftsbildung in den böhmischen Ländern. *Ebenda* 221—238. — Beförderer der Aufklärung in Mittel- und Osteuropa. Freimaurer, Gesellschaften, Clubs. Hrsg. v. Éva H. *Balázs*. Berlin 1979 (Studien für Kulturbeziehungen Mittel- und Osteuropas 5).

[3] *Kimball* 1973, 12—15. — Über die Magyarische Gelehrtengesellschaft vgl. *Silagi*, Denis: Zur Geschichte der ersten Madjarischen Gelehrten Gesellschaft. Südost-Forschungen 20 (1961) 204—224. — *Szász*, Károly: Gróf Széchenyi István és az Akadémia megalapitása [Graf Stefan Széchenyi und die Gründung der Akademie]. Budapest 1880. — Und zuletzt *Pach*, Zsigmond Pál / *Vörös*, Antal (Hrsg.): A Magyar Akadémia másfél évszázada 1825—1975 [Eineinhalb Jahrhunderte Ungarische Akademie der Wissenschaften 1825—1975]. Budapest 1975.

[4] *Tieftrunk*, Karel: Dějiny Matice České [Geschichte der Matice Česká]. Prag 1881, 2 Anm. 2 nennt ferner Josef F. Hurdálek, Aleš Pařízek, Jan Rulík, Strnad, Bohumír Jan Dlabáč, Stanislav Vydra, Zíma, František Jan Tomsa und Karel und Václav

bemüht, die der Entwicklung und Pflege der Muttersprache dienen sollte. Sie planten damals u. a. die Herausgabe eines großen tschechisch-deutschen Wörterbuches. Ihre Pläne scheiterten aber zunächst am polizeilichen Verbot. Erst 1800 erfahren wir dann von einer um die genannten Persönlichkeiten gruppierten „Společnost česká" (Tschechische Gesellschaft), die in den Jahren 1806—1808 auch mit einem als Beilage zu der Zeitung des Kramerius erscheinenden eigenen publizistischen Organ, dem „Hlasatel literatury české" (Anzeiger der tschechischen Literatur), vor die Öffentlichkeit trat, das von dem Inhaber der Prager Lehrkanzel für tschechische Sprache und Literatur Jan Nejedlý herausgegeben wurde. In diesem Blatt stellte der Slawist Josef Jungmann in programmatischen Artikeln dem illusionären Ideal des Weltbürgertums und einer Universalsprache der Aufklärung die neue Idee der natürlichen Vielfalt von sprachlich bestimmten Nationen gegenüber und zog insbesondere gegen die seinerzeit Vorherrschaft des Deutschen und die mangelhafte Beherrschung der Muttersprache bei der tschechischen Bevölkerung zu Felde. Mit allem Nachdruck setzte er sich gegenüber Pessimisten und Gleichgültigen für die Reinigung, Entwicklung und Modernisierung der Muttersprache und ihre Verwendung in Literatur, Wissenschaft und Kunst ein [4a].

Nach dem Auftauchen ähnlicher Pläne in Wien und Mähren und dem Scheitern zweier Unternehmungen mit verwandter Zielsetzung in der Slowakei [5] griff Josef Jungmann die Idee einer Tschechischen Gesellschaft neuerlich auf, die literarisch und verlegerischen Zwecken dienen und Bücher und eine Zeitschrift in tschechischer Sprache herausbringen sollte, damit bereits wesentliche Programmpunkte der späteren Matice Česká vorwegnehmend [6]. Der Gedanke wurde nun nicht mehr fallengelassen, und als die böhmischen Stände nach der Eröffnung des steirischen Museum Joanneum (1812) an die Errichtung eines Böhmischen Museums nach dessen Vorbild gingen, trat Graf Friedrich Berchtold, beraten von Jungmann und dem Zoologen Jan Svatopluk Presl, mit einem Statutenentwurf hervor, der das Museum als Nationalinstitut konzipierte, das primär der Pflege der tschechischen Sprache und der Schaffung einer tschechischen Wissenschaftsliteratur dienen sollte, eine Zielsetzung, die sich aus der allgemeinen Auffassung von den Aufgaben eines Museums in dieser Epoche erklärt, bei der nicht so sehr das konservatorische als vielmehr das wissenschaftliche Interesse im Vordergrund stand, wodurch die Museen in ihrer Funktion den gelehrten Akademien nahekamen.

Berchtold konnte sich mit seinem Projekt allerdings gegenüber den Plänen des Grafen Kaspar Sternberg und des Chefs der böhmischen Landesverwaltung, Oberstburggraf Franz Anton Graf Kolovrat, nicht durchsetzen, und das Museum wurde

---

Thám. — *Schamschula*, Walter: Die Anfänge der tschechischen Erneuerung und das deutsche Geistesleben, 1740—1800, München 1973, 164 ff. betont, daß der ganze Gelehrtenkreis um Ignaz Ritter v. Born, aus dem die böhmische Gesellschaft der Wissenschaften hervorging und dem auch Pelcl, Dobrovský und Procházka angehörten, für die Wiederbelebung und Erneuerung der tschechischen Sprache eintrat.

[4a] Vgl. *Kočí*, Josef: Národní obrození. Prag 1978, 260—267.

[5] *Hanuš*, Josef: Národní Museum a naše obrození [Das Nationalmuseum und unsere Wiedergeburt]. Bd. 2. Prag 1923, 277 und 286 ff.

[6] *Tieftrunk* 1881, 3—6.

als „vaterländisches" begründet, als ein grundsätzlich landespatriotisch orientiertes also, das „alle in das Gebiet der Nationalliteratur und Nationalproduktion gehörigen Gegenstände in sich begreifen und die Übersicht alles dessen vereinen [sollte], was die Natur und der menschliche Fleiß im Vaterlande hervorgebracht haben" [7]. Freilich mußte diese Konzeption in einer Zeit des rapiden Wandels des Nationalbegriffs und seiner immer stärkeren Identifizierung mit dem sprachlichen Moment ebenso wie die Aufnahme der Projekte einer großen Literaturgeschichte Böhmens und einer Denkmälersammlung zur böhmischen Geschichte (Monumenta Boica) in das Arbeitsprogramm des Museums an prominenter Stelle in der Folge fast mit Notwendigkeit dazu führen, daß die Pflege der tschechischen Sprache und Literatur am Böhmischen Museum dennoch eine Heimstätte fand, eben in der Form der Matice Česká [8]. 1827 wurde die Museumszeitschrift gegründet, die in einer deutschen und einer tschechischen Reihe herauskam, und František Palacký zum Redakteur beider Reihen bestellt. Mit Hilfe des tschechischen Blattes, das nicht nur das wissenschaftliche Organ der Museumsgesellschaft bilden, sondern nach dem Willen seines Redakteurs auch von breiteren Volksschichten gelesen werden sollte, suchte Palacký bereits einiges von dem zu realisieren, was später das Programm der Matice werden sollte: nämlich die Erhaltung, Weiterentwicklung und Stabilisierung der wiedererwachten tschechischen Sprache, wobei das in der Museumszeitschrift verwendete Tschechisch auch als Vorbild und Kriterium bei den — damals offenbar immer wieder auftretenden — Differenzen und Streitigkeiten unter den tschechischen Schriftstellern und Wissenschaftlern über die formale Fixierung der Sprache dienen sollte, für die bezüglich Wortschatz, Grammatik usw. erst ein fester Kanon entwickelt werden mußte. Der „Časopis Společnosti vlasteneckého Musea v Čechách" (Zeitschrift der Gesellschaft des vaterländischen Museums in Böhmen), sollte zu *dem* Publikationsorgan der neuen tschechischen Dichtung und Wissenschaft schlechthin werden, die tschechische Literatur schaffen und tragen [9].

Palacký plante — ähnlich wie vor ihm schon Jungmann und sein Kreis — auch die Herausgabe einer großen tschechischen Enzyklopädie nach westeuropäischem Vorbild, durch die einerseits das tschechische Volk den Anschluß an das moderne Geistesleben finden sollte, die aber, ähnlich wie die Museumszeitschrift, auch dazu bestimmt war, eine tschechische Wissenschafts- und Fachterminologie für alle Wissensbereiche zu schaffen [10]. Um die bestehenden vereinsrechtlichen Bestimmungen zu

---

[7] So der Aufruf Kolovrats zur Gründung eines vaterländischen Museums vom 15. 4. 1818. Vgl. *Nebeský*, Wenzel: Geschichte des Museums des Königreiches Böhmen. Prag 1868, 7 f. — Dazu *Hanuš* II 1923, 27—39 und *Tieftrunk* 1881, 12—14.

[8] Die Museumsstatuten nannten im übrigen die Pflege der „böhmischen Nationalsprache" unter den Aufgaben des Instituts und enthielten auch die Bestimmung, daß sämtliche Mitglieder des Museums die tschechische Sprache zumindest verstehen, der Sekretär sie in Wort und Schrift perfekt beherrschen müsse. Vgl. *Palacký*, Franz: Gedenkblätter. Prag 1874, 86. — *Nebeský* 1868, 29—32. — Die Publikation von *Vrchotka*, J.: Matice Česká a Národní muzeum [Die Matice Česká und das Nationalmuseum]. Prag 1968, war mir leider nicht zugänglich.

[9] Vgl. *Hanuš* II 1923, 394 ff. — *Nebeský* 1868, 60 f. und 64 ff.

[10] In zwei Eingaben an den Oberstburggrafen von Böhmen, Graf Karl Chotek, vom 4. 10. und 21. 11. 1829 führt Palacký selbst dazu aus: „Das Bedürfnis eines böhmischen

umgehen und einer möglichen Verweigerung der behördlichen Genehmigung vorzubeugen (wir befinden uns in der Zeit des Vormärz!) und andrerseits dem geplanten Projekt entsprechendes wissenschaftliches Ansehen und eine feste organisatorische Basis zu sichern, suchten seine Initiatoren — neben Palacký wieder Jungmann und Presl — es an das Böhmische Museum anzuschließen und in dessen Organisation einzubinden, was mit Hilfe des Grafen Franz Sternberg auch gelang. Am 11. Jänner 1830 wurde ein Museumskomitee für die wissenschaftliche Pflege der tschechischen Sprache und Literatur gebildet, das aus Palacký, Jungmann und Presl bestand. Zur Finanzierung seiner Arbeiten sollte im Rahmen des Museums, das gemäß seinen Statuten berechtigt war, Geldspenden entgegenzunehmen, ein eigener Fonds errichtet werden, die Matice Česká. Kurator der Neugründung wurde Fürst Rudolf Kinský, Hofrat am Landesgubernium, der sich große Verdienste um ihr Zustandekommen erworben hatte [11].

---

realenzyklopädischen Werkes wird mit jedem Tag fühlbarer. [...] das Interesse für Wissenschaft, Kunst, Industrie und öffentliches Leben [ist] in neuerer Zeit so rege und das Bedürfnis mannigfaltiger, schneller Aufschlüsse darüber so allgemein, daß Werke, welche beiden entgegenkommen, überall als unentbehrlich für den Hausbedarf angesehen und gesucht werden. Den Beweis liefern die nun schon unzähligen französischen, englischen und deutschen enzyklopädischen Wörterbücher, welche überall einen reißenden Absatz finden. Auch der Böhme bedarf eines solchen literarischen Hilfsmittels. Es sind zwar die deutschen Werke dieser Art jedem Gebildeten unseres Volkes zugänglich, aber sie sind nicht nur sehr kostspielig sondern auch insgesamt von Ausländern für Ausländer, ohne Rücksicht auf Böhmen verfaßt." Und: „Wir haben keinen anderen Zweck als durch ein zweckmäßiges realenzyklopädisches Werk zur Aufklärung unserer Landsleute beizutragen, ihnen die Resultate wissenschaftlicher Forschungen in Europa, soviel als es möglich ist, bekanntzumachen, bisherige Mängel in der Pflege unserer vaterländischen Sprache und Literatur zu beheben und insbesondere auch etwaigen Mißgriffen durch unbefugten oder unnötigen Purismus und Neologismus vorzubeugen." *Palacký*: Gedenkblätter 1874, 77 f. und 82 f.

11 Vgl. *Hanuš* II 1923, 402—416. — *Tieftrunk* 1881, 18—25. — Die Arbeit von *Grund*, Antonín: Sto let Matice České [Hundert Jahre Matice Česká]. Prag 1931, war mir leider nicht zugänglich. — In der österreichischen Monarchie galt bis 1848 das Konzessionssystem, d. h. jeder Verein mußte behördlich angemeldet und genehmigt sein, wobei bei der Erteilung der Bewilligung entsprechend restriktiv vorgegangen wurde. Auch anderswo suchte man deshalb die behördliche Genehmigung nach Möglichkeit zu umgehen, so etwa bei der Errichtung eines Lesevereins am Grazer Joanneum, der im übrigen bei der Gründung der Matice Česká als Vorbild gedient haben dürfte. Vgl. *Lambauer*, Hannes: Der Leseverein am Joanneum. In: Erzherzog Johann von Österreich. Hrsg. v. Grete *Klingenstein* und Peter *Cordes*. Bd. 2. Graz 1982, 247—254. — Die Matice, deren Name das Mißtrauen der Behörde erweckte, geriet im zweiten Jahre ihres Bestehens (1832) tatsächlich in den Verdacht einer „geheimen Gesellschaft", d. h. einer Vereinigung, die vor der Obrigkeit verborgen gehalten wurde oder einen wichtigen Teil ihrer Statuten geheimhielt. Palacký mußte damals im Präsidialbüro des Guberniums eine Erklärung abgeben, der wir die Interpretation des Wortes „matice" verdanken. Er betonte darin, daß die Matice ja gar keine Gesellschaft sei, „sondern nur ein bei dem Museum mit Genehmigung des Verwaltungsausschusses gegründeter Fonds zur Erleichterung der Herausgabe guter böhmischer Bücher". Auf Anraten des dem Unternehmen wohlwollend gegenüberstehenden Oberstburggrafen Chotek verzichtete man dann, um weiteren Unannehmlichkeiten zu entgehen, einige Jahre auf den Namen „Matice" und bezeichnete sich statt dessen als „Pokladnice českého musea na vydávání knih českých" (Kasse des Böhmischen

Am 1. Jänner 1831 publizierte das Komitee in der tschechischen Museumszeitschrift einen Aufruf „An die unsere Nationalliteratur liebenden Patrioten" (im tschechischen Original: „Vlastencům národní literatury naší milovným"), in dem die Bevölkerung zu freiwilligen Spenden für die Errichtung eines Fonds zur Herausgabe von guten tschechischen Büchern allgemeinnützlichen, wissenschaftlichen oder literarischen Inhalts aufgefordert wird. Im besonderen wird dabei auf die Projekte eines großen Tschechischwörterbuchs und einer tschechischen Realenzyklopädie verwiesen. Wer mindestens 50 Gulden spendet, soll zu den Stiftern gerechnet werden und die Publikationen der Matice umsonst erhalten, wobei der Betrag auch in selbstgewählten Ratenzahlungen innerhalb eines Zeitraums von längstens fünf Jahren erlegt werden kann. Vereine und juristische Personen müssen den doppelten Betrag einzahlen, um denselben Status zu erlangen. Wichtig ist, daß nur die Zinsen des so zustandegekommenen Kapitals für die Finanzierung der Publikationsvorhaben verwendet werden sollen. Eine wörtliche deutsche Übersetzung des Aufrufes erschien in den Jahrbüchern des Museums [12].

Der Erfolg war zunächst nicht überwältigend: Es gingen nicht mehr als 40 Anmeldungen ein, davon zwar die überwiegende Mehrheit (35) als Stifter bzw. gründende Mitglieder, doch waren von diesen nur 18 in der Lage, den relativ hohen Beitrag von 50 Gulden gleich im ersten Jahr zu erlegen, die übrigen 17 machten von der Möglichkeit der Ratenzahlung Gebrauch. Von den Barzahlern wieder spendeten nur vier freiwillig mehr als den geforderten Grundbetrag, nämlich der Kurator Fürst Kinský 1000 fl und Graf Kaspar Sternberg, Graf Johann Kolovrat-Krakovský sowie der Fürsterzbischof von Prag Graf Alois Kolovrat-Krakovský je 100 fl. Drei weitere böhmische Adlige, Graf Franz Anton Thun, Graf Leo Thun und Graf Adolf Pötting, zu denen noch der polnische Vorkämpfer des nationalen Gedankens und eifrige Propagator der slawischen „Wechselseitigkeit" Graf Adam Rościszewski v. Rościszew kam, zahlten 50 fl ein. Die übrigen Gründungsmitglieder waren: Palacký, Jungmann und Presl selbst, ferner Jan Nepomuk Štěpánek, Direktor des Ständetheaters in Prag, sowie der auch als Schriftsteller hervortretende Pfarrer Antonín Marek, Dechant in Libuň, und Václav Pešina, Pfarrer in Blučina/Mähren, der sich einige Jahre zuvor selbst mit dem Gedanken der Gründung einer „Česká společnost" getragen hatte, durchwegs also geistig aktive Angehörige der bürgerlichen Intelligenz, die sich mit dem Anliegen der Matice identifizierten. Besondere Erwähnung verdienen auch der Beitritt eines Barmherzigen Bruders und eines Studenten des Akademischen Gymnasiums (an dem damals Jungmann als Professor wirkte!) als Gründungsmitglieder, sowie

---

Museums zur Herausgabe tschechischer Bücher). Vgl. *Palacký*: Gedenkblätter 1874, 90 ff.

[12] Der tschechische Aufruf bei *Tieftrunk* 1881, 264 ff. Beilage A, die deutsche Übersetzung mit der Überschrift „An die Freunde und Beförderer der vaterländischen Literatur" (unter dem offenbar irrigen Datum 4. März 1830) bei *Palacký*: Gedenkblätter 1874, 88 ff. Hier ist übrigens nur von der geplanten Publikation „wissenschaftlicher" und „gemeinnütziger Bücher in böhmischer Sprache" die Rede; der Hinweis auf literarische Werke fehlt. Auch das ist aber wohl nur ein Versehen, das bei der Aufnahme des Textes in Palackýs „Gedenkblätter" passierte. Vgl. auch *Tieftrunk* 1881, 26 ff. — *Hanuš* II 1923, 416 ff.

der kollektive Beitritt der Geistlichkeit, obrigkeitlichen Beamtenschaft und einiger Hintersassen („sousedé") der Kinskyschen Herrschaften Choceň und Heřmanoměsto.

Unter den 17 Stiftern, die im ersten Jahr nur einen Teil des Mitgliedsbeitrages einzahlten, waren neben Václav Hanka, dem berühmt-berüchtigten Bibliothekar des Böhmischen Museums, fünf Geistliche, vier Studenten, drei Beamte, ein Arzt und ein Gymnasialprofessor, weiterhin ein als solcher eingetragener „Prager Bürger" und ein „nicht genannter armer Sohn der böhmischen Heimat", der seinen Beitrag durch den Schloßkaplan von Vorlík einzahlen ließ. Spenden kamen ferner von einem Juristen, vom 3. Jahrgang der Jus-Studenten an der Universität Prag, von ihren Jahrgangskollegen an der Universität Wien, von drei Jahrgängen der Hörer der Medizinischen Fakultät Prag und von den Schülern einer Schule in Pacov/Böhmen [13].

Diese Übersicht zeigt, daß der Erfolg des Aufrufs vor allem bei den gehobenen, vermögenderen Schichten, wo noch vorwiegend deutsch gesprochen wurde, nicht sehr groß war. Palacký suchte deshalb diese Kreise gezielt anzusprechen und richtete Anfang 1832 persönliche Schreiben in deutscher Sprache, denen der Aufruf vom Jahr zuvor beigelegt war, an die Angehörigen des Adels, der hohen Geistlichkeit und des Großbürgertums [14]. Erst diese Aktion brachte den gewünschten Erfolg: Es meldeten sich 187 Neumitglieder, davon 155 Stifter. Der Adel war darunter aber mit sechs Mitgliedern — im Gegensatz zur seinerzeitigen Situation bei der Gründung des Böhmischen Museums — nur sehr geringfügig vertreten; hingegen meldeten sich 60 in der Mehrzahl niedere Geistliche, 52 Studenten (davon ein großer Anteil Theologen), 20 (subalterne) Beamte, zwölf Gymnasialprofessoren, neun Rechtsanwälte, acht Ärzte, ein Baumeister und ein Großkaufmann; der Rest waren nicht näher deklarierte „Bürger" (7), Buchhändler (4), Lehrer (3), Apotheker (2), ein Bauer und das Gymnasium von Königgrätz, das in seiner Gesamtheit beitrat [15].

---

[13] *Tieftrunk* 1881, 33 f. — *Hanuš* II 1923, 420 f.

[14] *Hanuš* II 1923, 417 f. — Der Text des Schreibens zeigt übrigens, daß Palacký und das Komitee zu diesem Zeitpunkt vom Erfolg der künftigen Wirksamkeit der Matice zugunsten der tschechischen Sprache noch keineswegs überzeugt waren. Es heißt hier: „Möge es immerhin über die Anstalten zur Erhaltung und Wiederbelebung der böhmischen Sprache verschiedene Ansichten geben: ihre zeitgemäße Notwendigkeit kann bei edlen Vaterlandsfreunden keinem Zweifel unterliegen. Von jeher war es ja zunächst die eigentümliche Sprache, welche die Böhmen zu einem besonderen Volke stempelte, einem Volke, das trotz seiner geringen Zahl dennoch durch seine geistige Tatkraft mehr als einmal ein weltgeschichtliches Interesse zu erregen wußte. Diese Sprache ist noch immer das unterscheidende Eigentum der Nation. Und sollte es auch in den Ratschlüssen der Vorsehung liegen, diese Sprache und somit auch die Nation aus der Reihe der Völker verschwinden zu lassen — was nach den seit fünfzig Jahren zur Germanisierung des Landes getroffenen Anstalten nicht unmöglich ist —, so wird doch diejenige Höhe, welche unsere Nationalliteratur jemals erstieg, für alle Zukunft stets den nächsten Maßstab zur Würdigung des Volkes selbst und seiner Kulturstufe bilden, wie sie ihn denn auch gegenwärtig schon bei dem Auslande bildet." *Ebenda.* Mit den letzten Worten spielt Palacký möglicherweise auf die Meinung Goethes und Sir John Bowrings über die tschechische Literatur an.

[15] Auch drei mährische Kapläne bzw. Pfarrer und der Slowake Jan Kollár traten der Matice Česká noch 1831/32 bei. *Hanuš* II 1923, 422 ff.

Eine genaue und umfassende Analyse der sozialen Zugehörigkeit der Matice-Mitglieder in den einzelnen Perioden des Bestehens des Vereines sowie ihrer Verteilung auf die großstädtische, mittel- und kleinstädtische sowie die dörfliche Bevölkerung steht noch aus, ebenso eine Untersuchung der Motive für den Beitritt. Schon die oberflächliche Sichtung des Mitgliederstandes der Jahre 1831—1833 zeigt jedoch den niederen Klerus und die Studentenschaft an führender Stelle, gefolgt von der sog. Intelligenz und Angehörigen des Mittelstandes, während der Anteil des Adels und des Großbürgertums auffallend gering ist [16]. Für das Interesse an Idee und Programm der Matice Česká in breiteren Schichten der Bevölkerung spricht auch der erwähnte Beitritt ganzer Schulen, ja der Bürgerschaft ganzer Städte und die rege Exzerpier- und Sammeltätigkeit, mit der weite Kreise der Bevölkerung das Zustandekommen von Jungmanns Wörterbuch unterstützten [17].

Organisation und Aufbau der Matice waren zunächst sehr einfach: Die drei Mitglieder des Komitees wechselten einander jährlich in der Geschäftsführung ab, alle Fragen hinsichtlich des Arbeitsprogramms und seiner Finanzierung wurden in Sitzungen des Komitees entschieden. 1832 begann man mit der wissenschaftlichen und literarischen Tätigkeit. Zunächst übernahm das Komitee die Redaktion der tschechischsprachigen Museumszeitschrift, die ja auch bisher schon in den Händen Palackýs gelegen war. Der „Musejník", so die bald übliche, von der Popularität des Blattes zeugende Kurzbezeichnung, wurde in der Folge zum Sprachrohr des jungen tschechischen Geisteslebens, in dem Autoritäten wie Pavel Šafařík, František Palacký und Ladislav Čelakovský zu Wort kamen, die nicht nur innerhalb des tschechischen Sprachraumes, sondern auch bei den Slawen jenseits der Landesgrenzen bekannt waren, aber auch der wissenschaftliche und schriftstellerische Nachwuchs.

Nachrichten aus der wissenschaftlichen Welt und aus der Tätigkeit der Matice vervollständigten das Programm der Zeitschrift. Der Aufbau eines funktionsfähigen kritischen Rezensionswesens über wissenschaftliche und literarische Neuerscheinungen wollte hingegen zunächst noch nicht gelingen [18].

---

16 Grundzüge einer umfassenden Analyse der sozialen Zugehörigkeit der tschechischen Patrioten bis 1848 und der Verteilung ihrer Herkunft auf den städtischen und ländlichen Bereich bei *Hroch*, Miroslav: Die Vorkämpfer der nationalen Bewegung bei den kleinen Völkern Europas. Prag 1968, 41—61, der seiner Untersuchung jedoch nicht ausschließlich die Matice-Mitglieder als Material zugrunde legt. Hrochs Ergebnisse decken sich übrigens in groben Zügen mit jenen von Hanuš für die ersten drei Jahre des Bestandes der Matice Česká.

17 Vgl. *Tieftrunk* 1881, 67. — Nach Erlaß des Gründungsaufrufs vom Jänner 1831 waren beim Matice-Komitee auch zahlreiche Zuschriften eingegangen, die die neue Vereinigung begrüßten. Eine davon, von Šimon Vrána, Pfarrer in Mitrovice, der der Matice auch sofort selbst als Mitglied beitrat, gibt der Hoffnung Ausdruck, daß die Matice durch ihre Wirksamkeit der Verunstaltung der tschechischen Sprache durch verständnislose und vom deutschen Sprachgebrauch beeinflußte Halbgebildete ein Ende machen und mit ihren Publikationen ein Muster richtigen Sprechens nach der Art der Bibel (!) bieten werde. Denn die Sprache sei das heilige Gut der ganzen Nation, mit dem der einzelne nicht nach Belieben verfahren, es nicht verderben dürfe, ohne sich am ganzen Volk zu versündigen ... *Tieftrunk* 1881, 29. — *Hanuš* II 1923, 418.

18 Einer der Gründe dafür lag sicherlich im strengen Zensurwesen des Vormärz, darüber

Zu den ersten Veröffentlichungen der Matice gehörten der „Přehled důstojníků a ouředníků zemských i dvorských ve království českém od nejstarších časův až do nynějška" (Übersicht über die Würdenträger und Beamten des Landes und Hofes im Königreich Böhmen von den ältesten Zeiten bis in die Gegenwart), ein wichtiges Hilfsmittel für die böhmische Geschichtsschreibung, und Josef Jungmanns großer, lange geplanter „Česko-německý slovník" (Tschechisch-deutsches Wörterbuch), dessen einzelne Bände 1834 in vierteljährlichen Intervallen zu erscheinen begannen. 1836 wurde mit der Publikation von Šafaříks „Slovanské starožitnosti" (Slawische Altertümer) begonnen, bekanntlich das erste wissenschaftliche Werk über die Frühgeschichte der Slawen, das diese in eine Reihe mit den alten Kulturvölkern Europas stellt. Beide Werke stießen auf enormes Publikumsinteresse und fanden reißenden Absatz; die erste Auflage der „Slawischen Altertümer" war bereits wenige Tage nach ihrem Erscheinen vergriffen [19]. Daß man auch an die praktischen Bedürfnisse der Bevölkerung dachte, beweist etwa die Publikation des volkstümlichen Heilkundebuches „Domácí lékař" (Der Hausarzt) in einer Auflage von 750 Stück.

Natürlich war man auch bemüht, Gunst und Aufmerksamkeit des Hofes zu gewinnen und widmete Kaiser Franz I. aus Anlaß seines vierzigjährigen Regierungsjubiläums 1832 und seinem Nachfolger Ferdinand I. bei seiner Thronbesteigung drei Jahre später Gedichtbände mit Beiträgen von František Ladislav Čelakovský, Josef Chmelenský, Karel Vinařický, Jungmann, Václav Hanka, Antonín Marek, Václav Kliment Klicpera, František Bohumil Tomsa u. a.

Die Wirksamkeit der Matice beschränkte sich aber nicht auf die Publikationstätigkeit. Bereits im April 1832, als sie noch nicht einmal einen Mitgliederstand von 200 erreicht hatte, trat sie mit einer „Denkschrift über den gegenwärtigen Zustand der böhmischen Sprache an den Lehranstalten Böhmens" hervor, die dem Oberstburggrafen Chotek überreicht wurde. Darin wird die Einführung des Tschechischen als Unterrichtssprache an den Trivial- und Hauptschulen und teilweise auch an den Mittelschulen gefordert. An der Universität sollte die Lehre künftig in zwei Lehrgängen, für Deutsche und Tschechen, erfolgen [20].

Interesse verdient vor allem auch die Begründung, die hier für die Erteilung des

---

hinaus waren aber offenbar die allgemeinen Voraussetzungen für ein solches Kommunikationsmittel unter den geistig Schaffenden tschechischer Sprachzugehörigkeit noch nicht gegeben.

[19] Die „Slovanské starožitnosti" erregten auch im Ausland Aufsehen: Sie erschienen 1838 in russischer, 1842 in polnischer und 1843/44 in Leipzig auch in deutscher Übersetzung. *Tieftrunk* 1881, 63 ff.

[20] *Tieftrunk* 1881, 41 ff. — Seit Maria Theresias Schulreform war der Unterricht in den Gymnasien ausschließlich, in den Haupt- und Normalschulen fast durchwegs deutsch, nur auf dem Land gab es noch einige tschechische Trivialschulen. 1788 verfügte Josef II., auch im tschechischen Sprachgebiet Deutsch als Unterrichtssprache zu verwenden. 1816 hatte zwar ein Dekret der Studienhofkommission für die Gymnasien in tschechischen und sog. „utraquistischen" Orten den Tschechischunterricht in bescheidenstem Umfang angeordnet, praktische Maßnahmen in dieser Richtung waren in der Folge jedoch nicht getroffen worden, eine Tatsache, auf die die Denkschrift ebenfalls hinweist. Vgl. *Fischel*, Alfred: Das österreichische Sprachenrecht. 2. Aufl. Brünn 1910, S. XXXII ff. und 54 Nr. 120. — *Burian*, Peter: Josef II. und die nationale Frage: Die Sprachenpolitik. ZfO 31 (1982) 197.

Unterrichts in der Muttersprache gegeben wird: Der übereilte Unterricht in Deutsch, wie er nunmehr bereits seit fast 60 Jahren praktiziert werde, sei der Grund, warum das Deutsche der Jugend keinen Nutzen bringe; die Kinder erlernten die deutsche Sprache nicht und gleichzeitig gerate das Tschechische immer mehr aus der Übung. Das habe einen Bildungsverfall bei der städtischen Bevölkerung zur Folge, ja sogar die Frömmigkeit leide darunter, da die Kinder den deutschen Darlegungen im Religionsunterricht nicht folgen könnten. So führe die Germanisierung zu einem allgemeinen intellektuellen und sittlichen Verfall, denn auch an der Universität böte sich den Gebildeten keine Gelegenheit, ausreichend Tschechisch zu lernen, so daß die Intelligenz bereits nicht mehr in der Lage sei, mit dem Volk in dessen Sprache zu reden.

Diese Argumentation ist in mehrfacher Hinsicht interessant: Sie vereint richtige pädagogische Überlegungen und eine realistische Einschätzung der Verhältnisse im Schulwesen und seiner Folgen auf das Sozialgefüge und den Zusammenhalt im Volk mit der für das Denken jener Zeit typischen Überschätzung der Bedeutung der Muttersprache für den religiös-sittlichen Bereich [21].

Die oben erwähnten Schwierigkeiten der Matice mit den Behörden fallen in die Zeit unmittelbar nach der Ausarbeitung dieses Memorandums. Ein direkter Zusammenhang damit läßt sich jedoch nicht nachweisen, es scheint außerdem auch eine Anzeige aus den Kreisen der Museumsleitung vorgelegen zu sein [22]. Jedenfalls mußte die Matice Česká nun neun Jahre lang (bis 1841) auf ihren Namen verzichten und als „Kasse des Böhmischen Museums zur Herausgabe tschechischer Bücher" firmieren.

Dieses erste Jahrzehnt war überhaupt eine Periode der Unsicherheit, in der es noch keineswegs feststand, ob der Verein überleben würde. Noch 1841 betrug die Gesamtzahl der Mitglieder — d. h. der Gründungs- und sonstigen Mitglieder — nur

---

[21] Auch die Gegner einer stärkeren Zulassung des Tschechischunterrichts bedienten sich übrigens den Ausführungen der Denkschrift zufolge des religiös-ethischen Arguments und behaupteten, daß durch Unterrichtserteilung auf Tschechisch Religion und Sitten verdorben würden. Jene Mittelschulprofessoren, die ihren Schülern freiwillig einige Tschechischstunden in der Woche erteilten, würden, wie das Memorandum ausführt, als Neuerer, Panslawisten und russische Agenten beschimpft (*Tieftrunk* 1881, 42). Auch in der obersten Zensurstelle galt Tschechisch als „Rebellensprache" (*Hanuš* II 1923, 331), wie überhaupt bei Hof und Behörden damals offenbar noch die Ansicht Sonnenfels' galt: „Die Sprache der Kultur und Bildung ist Deutsch". — Die Forderung des Tschechischunterrichts an höheren Schulen und der Universität wurde im übrigen ebenfalls mit dem Bedarf an tschechischsprechenden Seelsorgern für das Volk begründet; so in einem Antrag, der mit Dekret vom 20. 12. 1816 von der Studienhofkommission abgelehnt worden war, aber auch bereits in den Desiderien der böhmischen Stände unter Leopold II. (*Fischel* 1910, 55 Nr. 122 und S. XLIV). Tatsächlich hatte diese Überlegung schon bei der Ausbildung der nichttschechischen Jesuiten Böhmens in der tschechischen Sprache zur Zeit der Gegenreformation im 17. Jahrhundert eine praktische Rolle gespielt.

[22] Vermutlich durch den Deutschböhmen Professor Maximilian Millauer, Geschäftsleiter des Böhmischen Museums, der der Idee der Matice anfangs wohlwollend gegenübergestanden war, später aber wohl Palacký den Erfolg mit der tschechischen Museumszeitschrift und der Matice neidete. *Hanuš* II 1923, 425. — *Tieftrunk* 1881, 46.

466. Im folgenden Jahrzehnt stieg sie allerdings auf das Neunfache: Im Jahr 1851 zählte die Matice 3773 Mitglieder [23].

Dieser starke Aufschwung der Matice in den vierziger Jahren ist das Ergebnis eines Prozesses kulturell-politischer Bewußtseinsbildung in breiten Kreisen, bei dem eine Reihe von Faktoren mitspielte, nicht zuletzt wohl auch das Wirken der Matice und der von ihr publizierten Standardwerke und der Museumszeitschrift selbst [24]. Die Administration der Vereinigung wurde in dieser Zeit ausgebaut. 1841 wurden Pavel Šafařík und der Museumsbibliothekar Václav Hanka in das Führungskomitee aufgenommen, ein Jahr später Graf Leo Thun. Das neu geschaffene Schatzmeisteramt übernahm der Prager Advokat Dr. Josef Frič, der bis dahin nach Palackýs Schwiegervater Jan Měchura Rechtsberater der Organisation gewesen war. Šafařík, dem 1833 von Palacký die Übersiedlung aus Novi Sad nach Prag ermöglicht worden war, redigierte seit 1838 den „Musejník". Sein wissenschaftlicher Ruf und seine zahlreichen intensiven Verbindungen zu den geistigen Führern der slawischen Nationen aber auch zum übrigen Ausland bedeuteten für die Matice einen großen Gewinn. Überhaupt stellte deren Führungskomitee, dessen Mitgliederzahl im Dezember 1849 durch eine Geschäftsordnung mit zwölf festgelegt wurde, in diesen Jahren eine ausgesprochene Elite der tschechischen Geisteswelt dar. Es finden sich darunter der Schriftsteller Jan Erasmus Vocel, ab 1850 Professor der Archäologie an der Universität Prag, der Slawist und Dichter František Ladislav Čelakovský, der Historiker Václav Vladivoj Tomek, der auch als Historiker und Archivar der Stadt Prag tätige Dichter Karel Jaromír Erben, der Literarhistoriker Josef Jireček und sein Bruder, der Rechtshistoriker Hermenegild Jireček, Herausgeber des Codex juris Bohemici, ferner der aus Breslau an die Universität Prag berufene Naturwissenschaftler Jan Evangelista Purkyně. 1846 wurde das Amt eines Sekretärs des Geschäftsführers geschaffen und mit V. V. Tomek besetzt, 1848 das Amt eines Sekretär-Stellvertreters mit Josef Jireček. Kurator der Matice war seit Fürst Kinskýs Tod (1836) bis 1841 Graf Johann (Hanuš) Kolovrat-Krakovský, und nach diesem Jan Norbert Ritter von Neuberg (Neuberk), ein eifriger Patriot, der auch an der Ausarbeitung der berühmten „Deduktion" der böhmischen Stände von 1847 beteiligt war [25].

In ihrem *Publikationsprogramm* nahm die Matice in diesen Jahren, hauptsächlich auf Initiative Jungmanns, sehr wesentliche Veränderungen vor. Da sich die Realisierung der Edition einer Realenzyklopädie als bedeutend schwieriger erwies als ursprünglich angenommen und sich andrerseits immer deutlicher der Bedarf an

---

[23] *Tieftrunk* 1881, 83 f.

[24] Miroslav Hroch setzt die für die Ausbildung der modernen Nation entscheidende Phase (B), die durch eine rege nationale Agitation, zunehmende nationale Selbstbesinnung breiterer Schichten und die Konsolidierung der ökonomischen und kulturellen Verhältnisse gekennzeichnet sei, bei den Tschechen mit den dreißiger und vierziger Jahren an. Das Jahr 1848 ist für ihn bereits der Beginn einer neuen Phase (C), in der die nationale Bewegung zur Sache des gesamten Volkes wird (*Hroch* 1968, 24 ff. und 41 ff.). Hroch bezeichnet die Matice Česká als zentrales Organ der patriotischen Aktivität der Tschechen, ihre Mitgliederverzeichnisse als hervorragende Quelle für die Ermittlung der nationalen Einstellung bei den einzelnen Schichten der Bevölkerung.

[25] *Tieftrunk* 1881, 75 ff.

populärwissenschaftlich-allgemeinbildenden Werken und guter Unterhaltungsliteratur in tschechischer Sprache abzeichnete, beschloß das Komitee Ende 1840, in Zukunft auch belletristische Werke in das Verlagsprogramm der Matice aufzunehmen und die Veröffentlichungen künftig in vier Reihen herauszubringen:

1. *Bibliotheca staročeská* (Alttschechische Bibliothek): Werke aus den Anfängen der tschechischen Literatur bis zu ihrem Verfall im 17. Jahrhundert;
2. *Bibliotheca novočeská* (Neutschechische Bibliothek): Werke der neutschechischen Literatur und Wissenschaft;
3. *Bibliotheca klassikův* (Bibliothek der Klassiker): Klassiker der Weltliteratur in tschechischer Übersetzung;
4. *Bibliotheca domácí* (Hausbibliothek): einfache volkstümliche Schriften belehrend-moralischen Charakters.

In der „Alttschechischen Bibliothek" erschienen in diesen Jahren die „Knihy devatery o práviech a súdiech i o deskách země české" (Neun Bücher über die Rechte, Gerichte und Landtafeln des Landes Böhmen) des berühmten Rechtstheoretikers und tschechischsprachigen Humanisten Viktorín Kornel von Všehrd (1460—1521) in der Edition von Hanka, die dem Studium des altböhmischen Rechts und der alttschechischen Rechtssprache wichtige Impulse gaben [26]. Ferner Václav Březans (1580—1618) „Život Viléma z Rosenberka" (Leben des Wilhelm v. Rosenberg), eine wichtige Quelle für die böhmische Landesgeschichte des 16. Jahrhunderts. Von großer Bedeutung wegen seiner Auswirkungen auf die tschechische Sprachwissenschaft und Slawistik war auch ein „Výbor z literatury české" (Auswahl aus der tschechischen Literatur), dessen erster Band von Jungmann, Palacký, Šafařík und Hanka zusammengestellte Beispiele der tschechischen Literatur bis zum Beginn des 15. Jahrhunderts enthielt.

Für die Schaffung einer qualitativ hochwertigen tschechischen Gegenwartsliteratur, die in die Breite wirkte und eine dem Interesse entspringende, sozusagen spontane Volksbildung auf entsprechendem Niveau ermöglichte, waren aber die restlichen drei Veröffentlichungsreihen von größerer Bedeutung, dazu auch eine 1842 begonnene *Malá encyclopaedia nauk* (Kleine Enzyklopädie der Wissenschaften), die populäre Schriften aus den wichtigsten Wissensgebieten für den Gebrauch des einfachen Volkes herausbrachte, auch Kartenwerke zählten zu ihrem Programm. Dem Bildungsbedürfnis auf gehobenerem Niveau und der Literaturpflege diente die Serie der Neutschechischen Bibliothek, in der u. a. Jungmanns ausgewählte Schriften, Antonín Mareks „Základní filosofie" (Grundlage der Philosophie), Joseph Smetanas „Fisika" (Physik) und „Všeobecný dějepis občanský" (Allgemeine bürgerliche Geschichte) sowie J. S. Presls „Všeobecný rostlinopis" (Allgemeine Pflanzenkunde) erschienen. Die Klassikerbibliothek brachte u. a. die Werke

[26] Noch in den zwanziger Jahren war eine Drucklegung des Werkes von der Zensur mit dem Hinweis auf die angebliche Deutschfeindlichkeit des Verfassers und weil es in einem Geist geschrieben sei, der den gegenwärtigen staatlichen Verhältnissen in der Monarchie nicht entspreche, verboten worden. *Hanuš* II 1923, 333.

des Vergil in der Übertragung von Karel Vinařický (in einer Auflagenhöhe von 4000!), Jungmanns Übersetzung von Miltons „Verlorenem Paradies“ in 2. Auflage — die erste war schon 1811 erschienen — und eine Übersetzung von Shakespeares „Romeo und Julia“. Aus der reichen Produktion der vierziger Jahre seien hier außerdem noch Komenskýs Didaktik [27], die tschechische Fassung des zuvor deutsch erschienenen ersten Bandes von Palackýs böhmischer Geschichte, „Dějiny národu českého“ (Geschichte des tschechischen Volkes) [28], die zweite Auflage von Jungmanns tschechischer Literaturgeschichte, „Historie literatury české“ [29], und Tomeks „Dějepis university pražské“ (Geschichte der Universität Prag), Band 1 (Mittelalter) erwähnt.

Auch in theoretischen, die Sprachenentwicklung betreffenden Fragen ist die Matice um diese Zeit bereits eine Autorität, deren Entscheidung Gewicht hat, und sie macht von dieser Position auch Gebrauch. In der Sorge um die Reinerhaltung der tschechischen Sprache und dem Bestreben, die in Entwicklung befindliche Sprache der Gegenwart am Vorbild des Alttschechischen zu orientieren, ging man allerdings bisweilen auch zu weit. So etwa, als sich das Komitee in den vierziger Jahren einer Modernisierung der tschechischen Rechtschreibung widersetzte, oder mit dem Versuch, die Etablierung des Slowakischen als eigene Schriftsprache durch die Veröffentlichung von Stellungnahmen tschechischer und auch slowakischer Philologen, Schriftsteller und Publizisten zu verhindern [30].

Ein 1845 auf Anregung Jungmanns und Šafaříks ausgeschriebener Wettbewerb für die Abfassung einer wissenschaftlichen Untersuchung mit dem Titel „Brus jazyka českého“ (Schleifstein der tschechischen Sprache), die, von der spezifischen Eigenart des Tschechischen ausgehend, einen verbindlichen Sprachkanon als Hilfsmittel für den korrekten Sprachgebrauch erstellen sollte, fand keine Interessenten; ein Umstand, der ebenfalls darauf hindeutet, daß die führenden Köpfe der Organisation trotz ihres Bemühens um die Bildungsbedürfnisse des breiten Volkes mitunter doch allzusehr dem akademisch-theoretischen Bereich verhaftet blieben [31].

Das hinderte sie jedoch nicht, sich in den Jahren 1848/49 auch in der praktischen Politik zu engagieren, und zwar in einem Maße, daß die Publikationstätigkeit der Matice dadurch vorübergehend litt: Der Kurator Neuberg, Presl, Vocel, Tomek, Václav Nebeský, der Schriftsteller Karel Alois Vinařický, alles aktive Matice-Mitglieder, nahmen als Abgeordnete am konstituierenden Reichstag in Wien

---

[27] Auch die Herausgabe dieses Werkes war früher von der Zensur verboten worden. *Ebenda.* — Vgl. im übrigen *Tieftrunk* 1881, 91 ff.

[28] Auch die weiteren Bände dieses Werkes wurden später von der Matice Česká publiziert.

[29] Die Herausgabe einer Geschichte der böhmischen Literatur hatte bereits bei der Gründung des Museums zu dessen wissenschaftlichen Vorhaben gehört (*Nebeský* 1968, 7). Die erste Auflage seiner Literaturgeschichte hatte Jungmann 1825 im Eigenverlag herausgebracht.

[30] Im Jahr 1846 kam eine eigene Publikation „Hlasové o potřebě jednoty spisovného jazyka pro Čechy, Moravany a Slováky“ (Stimmen über die Notwendigkeit der Einheit der Schriftsprache für Tschechen, Mährer und Slowaken) heraus. Die spätere Entscheidung Thuns als Unterrichtsminister zugunsten des Tschechischen als Schriftsprache auch in der Slowakei mag von daher mitbeeinflußt gewesen sein.

[31] *Tieftrunk* 1881, 122.

und Kremsier teil, von der Rolle eines Palacký, Thun, Šafařík, Frič, Rieger, Štrobach und Karel Sabina in den Ereignissen des Revolutionsjahres ganz zu schweigen [32]. Der Versuch, die Matice-Organisation als solche in die Politik einzuschalten, wie Sabina und andere es wollten, fand jedoch keine Mehrheit.

Die im Gefolge der Ereignisse des Jahres 1848 und durch die Arbeit des Reichstages erreichte zumindest theoretische Anerkennung der Gleichberechtigung des Tschechischen mit dem Deutschen in den böhmischen Ländern stellte die Matice Česká vor neue Aufgaben.

Die böhmische Landesregierung sah sich durch die für das Gebiet der gesamten Monarchie getroffene Anordnung, die Reichsgesetze in die jeweils landesüblichen Sprachen zu übersetzen, überfordert und ersuchte die Matice um ihre Mitwirkung. Im November 1848 wurde eine vom Präsidium der Landesregierung und der Matice beschickte Kommission unter dem Vorsitz Šafaříks ins Leben gerufen, die im Laufe des Jahres 1849 die Gesetze auf der Grundlage des „Allgemeinen bürgerlichen Gesetzbuches" ins Tschechische übersetzte und dafür, soweit nötig, auch die entsprechende juristische Terminologie entwickelte. Die Kommission, deren bedeutendste Mitarbeiter der Prager Stadtarchivar Erben, Neubauer und Josef Jireček waren, stützte sich dabei auf Jungmanns Wörterbuch und auf die Patente aus der Zeit Ferdinands III. in ihrer tschechischen Fassung [33].

Auch neue Unterrichtsbehelfe für den tschechischen Unterricht an den Gymnasien wurden jetzt gebraucht. Die Matice hatte führenden Anteil an der Ausarbeitung von tschechischen Schulbüchern und suchte auch hier die Terminologie zu überwachen. Auch ein Teil ihrer eigenen Publikationen stellte sie für den Unterricht an Mittelschulen zur Verfügung.

Der Verein wirkte um diese Zeit aber auch längst über die Landesgrenzen hinaus. Schon seit seinen Anfängen zählte er nicht nur einzelne Slowaken und Südslawen zu seinen Mitgliedern, sondern auch Polen und Russen, wobei prominente „Erwecker" und Vertreter des nationalen Gedankens ebenso vertreten waren wie kleine protestantische Prediger (besonders in der Slowakei), katholische Priester, Lehrer usw. [34]. Namentlich seit Šafaříks Übersiedlung nach Prag und seiner Tätigkeit in der Matice wurde diese dank seiner intensiven brieflichen und persönlichen Kontakte zur gesamten slawischen Geisteswelt geradezu zu einem Zentrum slawischer „Wechselseitigkeit". Das kommt auch in ihrem weitgespannten Publikationsaustausch zum Ausdruck. So stand die Matice im Zeitschriften- und Bücheraustausch mit Altertums- und archäologischen Vereinen, den Redaktionen wissenschaftlicher Zeitschriften, Universitätsbibliotheken und anderen wissenschaftlichen

---

[32] Rieger und Štrobach gehörten der Matice bereits seit 1834 bzw. 1832 an. Rieger war zum Zeitpunkt seines Beitritts noch Schüler am Akademischen Gymnasium in Prag.

[33] *Tieftrunk* 1881, 127 f. — Vgl. auch *Slapnicka*, Helmut: Die Sprache des österreichischen Reichsgesetzblattes. ZfO 23 (1974) 440—454.

[34] Im einzelnen seien hier nur der Serbe Fürst Miloš Obrenović und der russische Kultusminister Sergej Semjonowitsch Uwarow genannt. Vgl.: Češi a jihoslované v minulosti [Tschechen und Südslawen in der Vergangenheit]. Hrsg. v. Československá akademie věd. Prag 1975, 239. — Vereinzelt traten aber auch Nichtslawen der tschechischen Matice bei, so z. B. 1847 der anglikanische Bischof Thierwall in Camarthon. *Hanuš* II 1923, 424.

Großbibliotheken, mit wissenschaftlichen Akademien und gelehrten Gesellschaften sowie nationalen Institutionen vor allem der slawischen und nordischen Länder. Das Nationalinstitut Ossolinský in Lemberg zählte dazu ebenso wie die Redaktion mehrerer polnischer Zeitschriften in Galizien und in Russisch-Polen, die Universitätsbibliothek Krakau ebenso wie die Altertumsgesellschaft in Kiew, die Kaiserliche Gesellschaft für Geschichte und Altertümer an der Universität Moskau oder der Archäologische Verein von St. Petersburg; aber auch die Altertumsgesellschaften in Kopenhagen und von Pommern, die Königliche Akademie in München und das Smithsonian Institute in Washington gehörten zu den Partnern der Matice Česká, ebenso selbstverständlich die Matice Illyrská, die sorbische Matice oder die ruthenische Matice in Lemberg. Auffallend ist in der Zeit vor 1860 das Fehlen von Verbindungen zu historischen und landeskundlichen Vereinen in den österreichischen Alpenländern. In Mähren war der einzige Tauschpartner die mährische Matice, die sog. „Národní Jednota sv. Cyrilla a Methoda" in Brünn. 1851 wurde ein Austausch der Periodika mit der kaiserlichen Akademie der Wissenschaften in Wien in die Wege geleitet. Vom selben Jahr an erhielten auch die Wiener Hofbibliothek und die Universitätsbibliothek Prag je ein Exemplar sämtlicher Publikationen der Matice Česká [35].

Die Ära des Neoabsolutismus war für die Matice eine Periode größter äußerer und innerer Schwierigkeiten, wobei in diesem Fall die Zäsur mit dem Vereinsgesetz von 1852 gegeben ist. In der Führung der Matice wußte man natürlich von Anfang an, was man unter den neuen politischen Verhältnissen zu erwarten hatte, und suchte ein mögliches Verbot von seiten der Behörden durch eine Statutenänderung abzufangen.

Der von Dr. Štrobach zu Beginn des Jahres 1852 ausgearbeitete Entwurf stellte zum einen die rein wissenschaftliche Absicht der Matice bei der Pflege der tschechischen Sprache und Literatur in den Vordergrund, zum andern ihre organisatorische Zugehörigkeit zum Böhmischen Museum und suchte gleichzeitig die Unabhängigkeit der wissenschaftlichen und literarischen Arbeit der Matice zu gewährleisten. Diese Vorsichtsmaßnahme erwies sich jedoch als ungenügend, denn auch das Museum selbst blieb jetzt vor dem Zugriff der Behörden nicht verschont: Es mußte, nunmehr unter dem Namen „Museum des Königreiches Böhmen", seine Arbeit ab Dezember 1854 in der neuen Organisationsform von Sektionen durchführen, deren Tätigkeit durch behördliche Verfügung stark eingeengt war und unter strengster Kontrolle stand. Das Komitee der Matice wurde in eine Museumssektion umgewandelt und gleichzeitig in seiner Kompetenz auf die rein wissenschaftlichen Angelegenheiten

---

[35] Auch Bücherspenden der Matice gingen damals bereits an die verschiedensten Stellen im Gebiet der österreichischen Monarchie, aber auch im Ausland: Ein tschechisches Regiment in Mainz erhielt auf Wunsch seiner Befehlshaber regelmäßig Büchersendungen; das Allgemeine Krankenhaus in Wien wurde auf Bitten eines Arztes zu Weihnachten mit einer Bücherspende bedacht; das evangelische Theologenseminar in Wien wollte sich eine „tschechoslawische" Bibliothek aufbauen und bat die Matice Česká um ihre Hilfe; aber auch die Bibliothek der damals zur Steiermark gehörigen slowenischen Stadt Cilli [Celje] erhielt auf Verlangen ihre Publikationen, ebenso wie Kalofer in Bulgarien, das der böhmischen Matice auch als Mitglied beitrat. *Tieftrunk* 1881, 129 ff. — Češi a jihoslované 1975, 238 f.

beschränkt. Die Vermögensverwaltung lag in Hinkunft beim Museumsausschuß. Diese Regelung galt zunächst nur als provisorisch, ein auf der Grundlage der geänderten Verhältnisse abgeänderter Statutenentwurf für die Matice Česká fand jedoch bis 1860 keine behördliche Genehmigung. Erst Staatsminister Goluchowski bestätigte dann auf Betreiben Thuns die in Anbetracht der neuen innenpolitischen Situation abermals abgeänderten Statuten: Die Matice blieb weiterhin organisatorisch ein Bestandteil des Museums, ihre arbeitstechnische und finanzielle Selbständigkeit war jedoch gesichert [36].

In diesen Jahren war der Handlungsspielraum der Matice stark eingeschränkt. Von November 1854 bis 1866 wohnte den Sitzungen des Komitees, die der Prager Stadthauptmannschaft jeweils vorher anzuzeigen waren, ein Museumskommissar bei, der den Gang der Sitzung überwachte und die Sitzungsprotokolle durch seine Unterschrift bestätigte. 1852 mußte das Komitee auf Aufforderung der Prager Stadthauptmannschaft bzw. des Polizeipräsidiums die Vermögensverhältnisse der Matice offenlegen. Sie waren bescheiden genug [37].

Seit 1853 war der jährliche Zuwachs an Neumitgliedern drastisch zurückgegangen, was auch einen ständigen Rückgang der Einnahmen bedeutete. 1852 waren es noch 332 Neumitglieder gewesen (327 Einzelpersonen und 5 Vereine), die Gesamtmitgliederzahl betrug in diesem Jahr 4105; 1853 (nach Erlaß des Vereinsgesetzes!) kamen nur mehr 131 Neumitglieder hinzu, und in den folgenden Jahren nahm ihre Anzahl laufend ab, bis auf 31 Neuanmeldungen im Jahr 1860; die Gesamtmitgliederzahl war zu diesem Zeitpunkt auf 3425 zurückgegangen. Die Gleichgültigkeit gegenüber der Matice und die Unzufriedenheit mit ihrem Programm zeigt sich auch darin, daß 1860 923 Mitglieder, also ca. ein Drittel, ihren Beitrag schuldig blieben [38].

Die Publikationstätigkeit der Matice entsprach in diesen Jahren nicht mehr den Wünschen und Erwartungen der Leser. Durch Regierungsdekret vom Dezember 1854 war sie auf rein wissenschaftliche Publikationen festgelegt worden, aber das Publikumsinteresse ging gerade jetzt in andere Richtungen und verlangte einerseits mehr unterhaltende Literatur, andrerseits praktisch-informatives Schrifttum mit einer neuen Tendenz zu Wirtschaft, Gewerbe und Industrie. Waren der Matice diese Wissensgebiete bereits von ihrer ursprünglichen Ausrichtung her fremd, so kam jetzt bei etlichen Titeln, die ihr zur Veröffentlichung angeboten wurden, hinzu, daß sie im Hinblick auf die nunmehr geltenden strengen Publikationsrichtlinien als nicht unbedenklich angesehen werden mußten, so z. B. František Ladislav Riegers als Habilitationsschrift für das Fach Nationalökonomie entstandene Untersuchung „Die Industrie und das Vordringen der industriellen Produktion in ihrer Auswirkung auf Wohlstand und Freiheit des Volkes, insbesondere der arbeitenden Klassen“ [39], deren Veröffentlichung das Komitee ablehnte. Aber auch die Anregung

---

36 *Tieftrunk* 1881, 145 ff.

37 Näheres *ebenda* 153.

38 *Ebenda* 155 f.

39 Tschechischer Originaltitel: „Průmysl a postup výroby jeho v působení svém k blahobytu a svobodě lidu, zvláště tříd pracujících“. *Ebenda* 173.

der böhmischen Industriellenvereinigung, ein technisches Tschechischwörterbuch auf der Grundlage eines soeben bei Haase erschienenen deutschen Werkes herauszubringen, wurde nicht aufgegriffen; ebensowenig der Vorschlag eines naturwissenschaftlichen, primär praktisch orientierten Lesebuchs für das Volk mit Beiträgen auch aus den Industrie- und Wirtschaftswissenschaften, der von dem bekannten Volksbildner und Redakteur der „Hospodářské Noviny" Dr. František Stanislav Kodym gekommen war.

Auch das alte Projekt einer tschechischen Realenzyklopädie bzw. eines tschechischen Konversationslexikons, an dessen Realisierung Palacký und ein dazu bestellter Ausschuß von Matice-Mitgliedern seit 1850 bereits konkret gearbeitet hatten — 700 Stichworte des Buchstabens A waren im Manuskript fertiggestellt und auch die Gesamtplanung und der Finanzierungsplan lagen vor —, fiel den geänderten politischen Verhältnissen zum Opfer. Nach dem Fehlschlagen der großen Hoffnungen des Jahres 1848 sollte dieses Werk nach den Vorstellungen Palackýs dem Bildungsbedürfnis vor allem der mittleren Schichten dienen und ihr nationales Selbstbewußtsein stärken [40]. Deshalb die Gewichtsverlagerung von einer wissenschaftlichen Enzyklopädie zu einem mehr den Erfordernissen des täglichen Lebens entsprechenden Nachschlagewerk, das nicht nur der Sprache sondern auch dem Inhalt nach „tschechoslawisch" ausgerichtet sein und primär die böhmischen Verhältnisse, sodann die Gegebenheiten in der österreichischen Monarchie und schließlich jene im vorwiegend slawischen Osteuropa berücksichtigen sollte. Gerade eine derartige Orientierung schien aber dem Führungskomitee der Matice im gegebenen Zeitpunkt nicht opportun, und es versagte der Drucklegung der ersten Lieferung des Lexikons seine Zustimmung [41]. In ihrem ursprünglichen Interessen- und Aufgabengebiet leistete die

---

[40] In einer Eingabe an das Führungskomitee der Matice vom 7. 2. 1852 führt Palacký aus: Bildung und Aufklärung seien zu einer Lebensfrage des tschechischen Volkes geworden, denn bei der gegenwärtigen Konkurrenz zwischen den Nationen gehe unter, wer nicht in diesen Wettkampf eintrete. Es sei an der Zeit, daß das tschechische Volk wieder erwache und sich am Geist eines neuen Zeitalters orientiere ... So brauche man insbesondere für die Bildung der Mittelklassen, die mit spezialisierten wissenschaftlichen Einzelwerken nichts anfangen können, aber ihrerseits das Volk bilden und führen sollen, für Priester, Lehrer, Beamte, Verwalter, Leiter von Fabriken und Gewerbebetrieben, ein billiges, handliches Nachschlagewerk ... *Dvořák*, Rudolf: Snahy Františka Palackého o vydání české encyklopedie [Die Bemühungen F. Palackýs um die Herausgabe einer tschechischen Enzyklopädie]. In: Památník na oslavu stých narozenin Františka Palackého. Prag 1898, 360 f. — Die Arbeit von *Smetana*, Vl.: František Palacký, průkopník českého naučného slovníku [F. P., der Vorkämpfer eines tschechischen Konversationslexikons]. Prag 1969, hatte ich leider nicht zur Verfügung.

[41] Es nützte auch nichts, daß Palacký sich daraufhin an den Museumsausschuß wandte, denn dieser stand damals mehr noch als die Matice selbst unter dem Druck der Regierung und wählte 1852 die „bekannten Führer der ultratschechischen Partei Palacký, Dr. Frič und Dr. Rieger" sowie den national-tschechisch gesinnten Ritter Jan Neuberg nicht mehr zu seinen Mitgliedern. Vgl. den Bericht des böhmischen Statthalters Freiherr Karl v. Mecséry über diese Wahl an Baron Kempen, den Leiter des österreichischen Polizeiwesens, wo auch von einem moralischen Sieg der Regierung „und einer entscheidenden Niederlage der ultranationalen Partei" die Rede ist, die „im böhmischen Museum bisher einen überwiegenden Einfluß behauptete und das Institut bei jeder

Matice aber auch in diesem Zeitabschnitt Beachtliches. In den fünfziger Jahren erschienen noch Werke wie Čelakovskýs „Mudrosloví národu slovanského v příslovích" (Weisheit der slawischen Nation in Sprichwörtern), Jan Ignác Hanušs „Rozbor filosofie Tomáše Štítného" (Analyse der Philosophie des Thomas Štítný), L'udovít Štúrs Werk über die slawischen Volkslieder und Sagen („O národních písních a pověstech slovanských"), Čelakovskýs Vorlesungen über vergleichende slawische Sprachlehre („Čtení o srovnávací mluvnici slovanské"), Palackýs „Dějiny národu českého" (Geschichte des tschechischen Volkes), Band 1/2, 4/1 und 4/2 sowie V. V. Tomeks „Dějepis města Prahy" (Geschichte der Stadt Prag), Band 1. Auf dem Gebiet der Naturwissenschaften wurden u. a. Werke zur Botanik und Chemie herausgegeben.

Die Zeitschrift der Matice bzw. des Museums erschien in diesen Jahren in einer Auflage von 4000 Stück. Den eben beschriebenen Zeittendenzen folgend wurde 1852 auf Initiative des Kurators und Vorsitzenden der naturwissenschaftlichen Sektion des Museums Purkyně ein eigenes naturwissenschaftliches Organ *Živa* (Ceres) gegründet, das vorwiegend populärwissenschaftlich ausgerichtet war und bald 1500 Abonnenten hatte. Zwei Jahre später entstanden außerdem die *Památky archaeologické a místopisné* (Archäologische und topographische Denkmäler), deren Beiträge auch eine Materialsammlung für eine künftige böhmische Topographie darstellten [42].

Die Tätigkeit der Matice nach der Wiederaufnahme des Verfassungslebens 1860/61 und während der letzten beiden Jahrzehnte der hier untersuchten Zeitspanne ist gekennzeichnet durch eine hohe Mitgliederzahl und eine voll ausgebaute und erneuerte Organisation bei starker Breitenwirksamkeit auf der einen, und den Rückgang der effektiven Bedeutung der Vereinigung für die Bildung und nationale Identitätsfindung des tschechischen Volkes auf der anderen Seite. Es gab jetzt nationale Vereine der verschiedensten Art, ebenso eine voll entwickelte tschechische Literatur und ein blühendes tschechisches Geistes- und Wissenschaftsleben. Pionierarbeit wie in den ersten Jahrzehnten der Existenz der Matice war jetzt nicht mehr nötig. Die Matice erfüllte zwar mit der Edition wichtiger Quellenwerke, Antologien usw. immer noch eine bedeutende Aufgabe, war aber in dieser Funktion im tschechischen Sprachraum weder allein noch unersetzlich. Die von ihr bereits in den vierziger Jahren aufgenommenen Übersetzungen von Klassikern der Weltliteratur ins Tschechische erschlossen dem heimischen Leser zwar immer noch bis dahin unzugängliche Bereiche des literarischen Schaffens, doch hätte diese Aufgabe jetzt auch ohne die Mitwirkung der Matice geleistet werden können.

Bei ihren Periodika folgte auf Jahre der Unsicherheit und des Experimentierens schließlich eine radikale Änderung im Programm des *Časopis Musejní* und seine

---

sich bietenden Gelegenheit ihren Parteitendenzen dienstbar gemacht" habe. *Volf*, Josef: Vyhazov Palackého z výboru Nár. Musea r. 1852 — morální vítězství vlády [Der Hinauswurf Palackýs aus dem Ausschuß des Nationalmuseums im Jahre 1852 — ein moralischer Sieg der Regierung]. Časopis musea království českého 93 (1919) 62 f. — Dazu auch *Dvořák* 1898 und *Tieftrunk* 1881, 145 f. — Palacký zog sich nach diesen Vorfällen gänzlich von der Matice und vom Museum zurück.

[42] *Tieftrunk* 1881, 158 ff.

Umwandlung in eine unterhaltend-allgemeinbildende Revue. Nur im Publikationsaustausch und durch Buchspenden für die jetzt immer zahlreicher werdenden tschechischen Mittelschulen, städtischen Büchereien und ähnliche Einrichtungen, zum Teil auch im slowakischen und südslawischen Bereich, dürfte die Matice in dieser Periode an Bedeutung noch gewonnen haben.

Die Mitgliederzahl nahm nach einer Stagnation in den späten sechziger und frühen siebziger Jahren — die Anmeldungen bewegen sich in diesem Zeitraum zwischen 14 und 22 jährlich! — ab 1874 wieder zu. Im Jahr 1880 war ein Gesamtstand von 5684 ordentlichen (bzw. Gründungs-) Mitgliedern erreicht, davon 5443 Einzelpersonen und 241 Vereine bzw. Körperschaften; von ihnen hatten aber nur 3843 (davon 187 Vereine) die Mitgliedsbeiträge voll eingezahlt, was wegen der daraus möglichen Rückschlüsse auf das Interesse der Mitglieder an der Vereinigung und ihrer Arbeit festgehalten zu werden verdient [43].

Um die Wirksamkeit der Matice außerhalb Prags zu intensivieren und arbeitstechnisch neue Zielsetzungen zu ermöglichen, war man 1862 dazu übergegangen, auf dem Land und in den Provinzstädten Böhmens, Mährens und Schlesiens, aber auch in Wien [44] und einigen deutschsprachigen Städten Böhmens korrespondierende Mitglieder zu ernennen, welche die Verbindung zu den ordentlichen Mitgliedern herstellten, Mitgliedsbeiträge und Spenden entgegennahmen, die Publikationen der Matice weiterleiteten usw. Sie sollten aber auch sprachliche und volkskundliche Eigenheiten, volkstümliche Ausdrücke und Redewendungen, Volkslieder und Sagen sammeln und so die wissenschaftliche Tätigkeit der Matice unterstützen. Darüberhinaus sollten sie nach wertvollen alten Handschriften und Drucken, literarischen Denkmälern u. ä. Ausschau halten, die den Sammlungen des Nationalmuseums zugeführt werden konnten. Insgesamt wurden 90 korrespondierende Mitglieder im Gebiet des Königreiches Böhmen und der Gesamtmonarchie ernannt und etliche weitere ehrenhalber im Ausland. Die Aktion brachte jedoch im wissenschaftlichen Bereich nicht den erwarteten Erfolg, besser war er auf administrativ-organisatorischem Gebiet [45]. Kurator der Matice war seit 1876 Josef Jireček, Unterrichtsminister im Kabinett Hohenwart (1871) und ab 1874 Mitglied des böhmischen Landtags. Als er 1879 in den Reichsrat nach Wien ging, folgte ihm V. V. Tomek als Kurator. Auch andere führende Männer der Matice finden sich in dieser Periode — in den wenigen Jahren, in denen er von den Tschechen überhaupt beschickt wurde — im österreichischen Reichsrat, so Rieger, Frič und Tomek; adelige Mitglieder wie Fürst Karl Schwarzenberg oder Graf Heinrich Jaroslav Clam-Martinic vertraten die tschechischen Interessen im böhmischen Landtag und im Herrenhaus des Reichsrats. Bezeichnend ist aber wohl, daß die radikaleren tschechischen Politiker wie Sladkovský und Edvard und Julius Grégr der Matice nicht angehörten.

Im Zeitschriftenwesen der Matice wurde 1860 eine Neuregelung durchgeführt: Der „Časopis“, in dessen wissenschaftlichem Programm neben der Philosophie

---

[43] *Ebenda* 202 ff.

[44] In Wien war Alois Vojtěch Šembera, der Begründer der Matice Moravská, damals für die Matice Česká tätig (vgl. u. S. 91).

[45] *Tieftrunk* 1881, 186 ff.

stets die Geschichtswissenschaft im Vordergrund gestanden war, mußte letztere an die „Památky“ abgeben, die jetzt vom Archäologischen Komitee des Museums mit finanzieller Unterstützung der Matice herausgegeben wurden. Ab 1865 wird der „Časopis“ wegen des geringen Publikumsinteresses überhaupt nicht mehr als wissenschaftliches Organ geführt, sondern bietet unterhaltenden Lesestoff auf gehobenem Niveau. Die „Živa“ war aus demselben Grund schon ein Jahr früher eingestellt worden. Wissenschaftliche Abhandlungen sollten jetzt in Form eines „Sborník“ (Sammelband) erscheinen, und zwar in unregelmäßigen Abständen, je nach Anfall der Manuskripte.

1868 erscheint schließlich der erste derartige Sammelband mit zwei Abteilungen, einer für Philologie, Geschichte und Philosophie und einer für Mathematik und Naturwissenschaften, welch letztere den Namen „Živa“ weiterführte. Diese Form wurde in Zukunft beibehalten [46].

Das Konzept der Buchproduktion der Matice ist in diesen Jahren im Gegensatz zu dem der Periodika von Kontinuität bestimmt. Früher begonnene Werke werden fortgesetzt oder abgeschlossen, so der „Výbor literatury české“, eine Auswahl tschechischer Literatur, deren erster Band bereits 1845 herausgekommen war: Sie wird jetzt mit einem weiteren Band bis zum Ende des 16. Jahrhunderts fortgeführt. Palackýs großes Geschichtswerk findet 1876 mit Band 2/2 seinen Abschluß. Aber auch Čelakovskýs „Čtení o počátcích dějin vzdělanosti a literatury národů slovanských“ (Vorlesungen über die Anfänge der Geschichte der Bildung und Literatur bei den slawischen Völkern), die Edition der Reimchronik Dalimils und alttschechischer Dramen durch Josef Jireček [47] oder ein griechisch-tschechisch-deutsches Wörterbuch folgen ganz der traditionellen Ausrichtung des Publikationsprogramms der Matice. 1876 kann auch endlich der schon lang geplante „Brus jazyka českého“ (Schleifstein der tschechischen Sprache) erscheinen. Er wird ein großer Erfolg und erlebt bereits 1880 eine Neuauflage.

Ein neuer Wirkungsbereich erschloß sich der Matice Česká mit der zunehmenden Liberalisierung des nationalen Lebens nach 1860 im Bereich des Mittelschulwesens und in der Volksbildung. Sie versorgte nicht nur die immer größer werdende Zahl tschechischer Gymnasien, Realschulen, Lyzeen usw. mit qualitativ hochwertigen Schulbüchern, ihre Veröffentlichungen gingen auch an die jetzt überall entstehenden wissenschaftlichen, volksbildnerischen und nationalen Vereine in sämtlichen slawischen Gebieten der Monarchie. Die Liste der wissenschaftlichen, kulturell-nationalen und nationalen Institutionen, mit denen die Matice in diesem Zeitabschnitt einen Austauschverkehr unterhielt, ist so lang, daß hier unmöglich auf sie eingegangen werden kann. Nur einige besonders interessante Partner im Ausland seien angeführt, so die Mickiewicz-Bibliothek und die Polnische Bibliothek in Paris,

---

[46] *Ebenda* 213 ff.

[47] Die „Rýmovaná Kronika Česká tak řečeného Dalimila“ und die „Staročeské divadelní hry“ erschienen als Band 2 und 3 der Reihe „Památky staré literatury české“ (Denkmäler der alttschechischen Literatur). Eine wichtige Handschrift des „Dalimil“ in der Universitätsbibliothek von Cambridge war für diesen Zweck übrigens von Prof. A. H. Wratislav, Gründungsmitglied der Matice seit 1849 und später Pfarrer in Manorbere, Wales, kopiert worden. *Tieftrunk* 1881, 238.

das Kensington-Museum in London, das Trinity-College in Cambridge und das naturwissenschaftliche Museum in Rio de Janeiro. Erwähnung verdient vielleicht auch, daß tschechische Emigranten in Wolhynien, die sich eine eigene Bibliothek aufbauen wollten, die Matice Česká 1880 durch ihren Pfarrer um eine Bücherspende baten [48].

*

In Mähren fehlte ein dem Böhmischen Museum in Prag vergleichbares geistiges Zentrum, bei dem eine national ausgerichtete Sprach- und Wissenschaftspflege hätte ansetzen können, in den dreißiger Jahren des vorigen Jahrhunderts noch völlig.

Das Museum Francisceum in Brünn, 1818 von Mitgliedern der „Mährisch-schlesischen Gesellschaft für den Ackerbau" zu Ehren Kaiser Franz I. begründet, war dem Museum in Prag in keiner Weise vergleichbar: Seine Tätigkeit war teils konservatorisch-historischer Art, zum überwiegenden Teil jedoch naturkundlich und auch praktisch orientiert [49].

Der tschechisch-nationale Gedanke war in Mähren um diese Zeit noch so gut wie nicht vorhanden. Es gab keinen einzigen Verlag für tschechische Bücher, kein einziges literarisches oder wissenschaftliches Journal in tschechischer Sprache und unter den geistig Tätigen niemand, der sich ernstlich um die Schaffung einer tschechischen Literatur bemüht hätte [50].

Als der junge Alois Vojtěch Šembera — er wirkte später an der ständischen Akademie in Olmütz und übernahm 1850 die Lehrkanzel für tschechische Sprache und Literatur an der Universität Wien — als kleiner Verwaltungsbeamter nach Brünn kam und hier mit einigen gleichgesinnten Freunden (darunter der Mediziner und Nationalökonom Jan Helcelet, damals Professor an der ständischen Akademie in Olmütz) einen Fonds mit der Bezeichnung „Matička moravská", zunächst als private Vereinigung, ins Leben rief, hatte er dabei immerhin das Vorbild der böhmischen Matice vor Augen, die er während seines Studiums in Prag kennengelernt hatte. Auch finden sich unter den Publikationen der mährischen Matice im ersten Jahrzehnt ihres Bestehens etliche Titel, die auch dem Programm der böhmischen Schwestervereinigung entsprochen hätten, so Šemberas „Geschichte der tschechoslawischen Sprache und Literatur" („Dějiny řeči a literatury československé"), sein Werk über die Frühgeschichte der Westslawen („Západní Slované v pravěku"), mehrere Abhandlungen über die alttschechische Literatur, ein Gedichtband („Lyrické básně") von František Matouš Klácel oder dessen Über-

---

[48] Während in der früheren Periode der Matice noch das völlige Fehlen von Kontakten zu den Landesmuseen und historischen Vereinen der österreichischen Alpenländer auffiel, fordert jetzt beispielsweise das Oberösterreichische Landesmuseum in Linz die Matice Česká zum Schriftenaustausch auf. Vgl. im übrigen *Tieftrunk* 1881, 252 ff.

[49] Bezeichnend sind die vier Sektionen, die 1850 hier eingerichtet wurden: für Geschichte, Apikultur (Bienenzucht), Naturgeschichte und Garten- und Ackerbau.

[50] *Kimball* 1973, 31 ff. — *Hýsek*, Miloslav: Literární Morava v letech 1849—1885 [Das literarische Mähren in den Jahren 1849—1885]. Mährisch-Ostrau 1911, 5 ff.

setzung persischer Fabeln („Bájky Bidpajovy") [51]. Doch bestehen zwei wesentliche Unterschiede zur Matice Česká: Obwohl es sich bei der mährischen Gründung ebenfalls um einen Fonds für die Veröffentlichung von tschechischen Büchern handelte, sollten es nach Šemberas eigenen Worten vor allem solche Werke sein, die „von Mährern über Mähren verfaßt wurden", ein Grundsatz also, in dem das Bewußtsein einer historischen und politischen Eigenständigkeit des mährischen Volkes zum Ausdruck kommt, das mit der gleichzeitigen starken Betonung des tschechisch-nationalen Moments ein Novum darstellt und sich von der bisher hier herrschenden sprachlich indifferenten Geisteshaltung, die wir als Landespatriotismus kennen, wesentlich unterscheidet. Die mährische Gründung hatte ferner, im Gegensatz zur tschechischen, keine weiterreichenden wissenschaftlichen Ambitionen; das volksbildnerische Moment — nicht nur im Sinne der Spracherziehung — stand bei ihr von Anfang an deutlich im Vordergrund [52].

1848/49, als die Errungenschaften der Revolution es zu erlauben schienen, stellte sich die damals von den tschechischen Abgeordneten Mährens zum konstituierenden Reichstag unter einem geänderten Namen als Verein mit Öffentlichkeitsrecht neu begründete Vereinigung noch eine weitere Aufgabe: die politische Erziehung und Bewußtseinsbildung des mährischen Volkes. In dem vom Zeitungsherausgeber und Wortführer des mährischen Reichstagsabgeordneten Jan Ohéral ausgearbeiteten ersten Statutenentwurf für die neue „Národní Jednota Moravská sv. Cyrilla a Methoda" (Mährische Nationalunion der heiligen Cyrill und Method) vom 5. März 1849 wird unter den Vereinszielen neben der Volksbildung und -erziehung auch die „Erweckung und Befestigung des bürgerlichen und nationalen Bewußtseins und Selbstgefühls" genannt, sowie die Erringung gesellschaftlichen Fortschritts und brüderlichen Verstehens zwischen den österreichischen Nationen und Bürgern [53]. In der unter der Assistenz von Karel Havlíček überarbeiteten und am 7. April (also bereits nach der Auflösung des Reichstages!) von der Gründungsversammlung beschlossenen Fassung des Statutenentwurfs heißt es dann kürzer und nüchterner: „Die Jednota ist ein Verein, der die Bildung des mährischen Volkes, die Erweckung und Festigung seines bürgerlichen und nationalen Bewußtseins und Selbstgefühls zum Ziel hat." [54]

---

[51] *Hýsek* 1911, 9 ff. — *Traub*, Hugo: Dějiny Matice Moravské [Geschichte der Matice Moravská]. ČMM 34 (1910) 197 ff.

[52] Typisch dafür sind Sachbücher für den praktischen Gebrauch wie Amerlings „Štěpařství pro lid" (Anleitung zum Baumveredeln für das Volk). Vgl. *Traub* 1910, 197 ff.

[53] „Jest to spolek, mající za účel vzdělávání lidu moravského, ušlechtění ducha i srdce, probuzování a upevnění občanského a národního vědomí a sebecitu, vymožení společenského prospěchu a bratrského porozumění mezi národy rakouskými a občany". *Traub* 1910, 203 f. — Führenden Anteil an der Gründung der „Národní Jednota" hatten ferner die Abgeordneten Viktor Brázdil, Dr. Alois Pražák und Antonín Kudla. *Ebenda.* — Zur Bedeutung der Cyrill-und-Method-Überlieferung für den nationalen Gedanken in Mähren vgl. die hochinteressante Studie von *Huber*, Kurt A.: Kirche in Mähren-Schlesien im 19. und 20. Jahrhundert — Strukturen, Probleme, Entwicklungen. Archiv für Kirchengeschichte von Böhmen-Mähren-Schlesien 5 (1978) 61.

[54] „Tato Jednota jest spolek, mající za účel vzdělávání lidu moravského, probuzování a upevňování občanského a národního vědomí a sebecitu jeho". *Traub* 1910, 206.

Als Mittel zur Erreichung dieses Zieles werden angegeben:

1. Die Herausgabe von Büchern, Zeitschriften und Kunstwerken.
2. Die Gründung von Bibliotheken und Lesevereinen; Hilfestellung für verdiente Lehrer; die Bemühung um die Gründung von Wirtschafts-, Gewerbe- und vor allem Handwerksschulen, von Gartenbauschulen und naturkundlichen Sammlungen.
3. Beratungen über die Bedürfnisse des mährischen Volkes im allgemeinen und über die Mittel zu deren Abhilfe.

Tatsächlich informierte die neue Vereinigung die Bevölkerung bereits laufend über die politischen Ereignisse. Zur Eröffnung des Reichstages in Wien am 26. Juni 1848 war ein Kommentar in Ohérals Wochenblatt „Tydenník" erschienen [55], und im Verlag der Jednota kam ein Werk Šemberas über die Gleichberechtigung der tschechischen und der deutschen Sprache in Mähren heraus [56].

Die ehrgeizigen politischen Pläne der neuen Vereinigung fanden freilich nicht die Zustimmung der Behörden. Um die staatliche Genehmigung zu erlangen, mußte die Jednota ihre Statuten völlig neu fassen und ausdrücklich auf jede politische Tätigkeit und Bildungsarbeit verzichten: „Die Národní Jednota ist ein wissenschaftlicher und humanitärer Verein", heißt es jetzt. „Ihr Zweck ist die Herausgabe von Büchern, die Unterstützung von Büchereien, Leseräumen, naturkundlichen Sammlungen und Kunstwerken. Die Vereinigung schließt jede politische Betätigung aus und wird sich nie mit der Belehrung über politische Angelegenheiten befassen oder Zeitungen, Blätter und Bücher politischen Inhalts herausgeben oder zu deren Verbreitung beitragen." Erst in dieser Form wurden die Statuten von der Landesverwaltung bestätigt und die „Národní Jednota" als neuer, unpolitischer Verein zugelassen [57].

In den folgenden Jahren entfaltete die Jednota, angespornt durch den verhältnismäßig starken Widerhall in der Bevölkerung, der sich u. a. in über 300 Mitgliedsbeitritten gleich im ersten Jahr ihres Bestehens äußerte [58], dennoch eine vielseitige und anspruchsvolle Tätigkeit. Obwohl vorwiegend volksbildnerisch orientiert, wollte man es doch in vielem der großen Schwester in Prag gleichtun. Das

---

[55] „Slovo o sněmu říšském ve Vídni, svolaném na den 26. června 1848". *Ebenda* 202.

[56] „O rovnosti jazyka českého a německého v Moravě". Noch im selben Jahr (1848) erschien auch eine deutsche Übersetzung: „Uiber die Gleichstellung der beiden Landessprachen in Mähren". *Ebenda* 203.

[57] Vgl. *ebenda* 210.

[58] Dabei machten den Hauptanteil die ordentlichen oder — wie sie in diesem Fall genannt wurden — „tätigen" Mitglieder mit einem Jahresbeitrag von nur fünf Gulden aus; außerdem gab es noch Gründungsmitglieder mit einem Jahresbeitrag von 100 Gulden und sog. beitragende Mitglieder, die nur zwei Gulden jährlich zu zahlen hatten. Gründungs- und ordentliche Mitglieder erhielten die Bücher und sonstigen Publikationen der Jednota umsonst, beitragende Mitglieder zum halben Preis. Die mährische Organisation suchte also auch in dieser Hinsicht stärker auf die Bedürfnisse breiter Bevölkerungsschichten Rücksicht zu nehmen als die Matice Česká. Dennoch gingen zahlreiche Klagen über die Höhe der Mitgliedsbeiträge ein. Vgl. *ebenda* 206, 211 und 220.

bisher fehlende geistige Zentrum Mährens sollte in der neuen „Národní Jednota" erstehen, wobei man zeitweilig an ein engeres Zusammenwirken mit der bis dahin deutsch dominierten „Mährisch-schlesischen Gesellschaft für den Ackerbau" dachte, die ja ihrerseits in enger Verbindung mit dem Museum in Brünn stand, so daß à la longue eine ähnliche arbeitsmäßige und rechtlich-organisatorische Konstruktion entstanden wäre wie in Prag.

Natürlich gründete man auch eine Zeitschrift, die 1851 erstmals erscheinende „Koleda", die schon in ihrem Namen die almanachartige, populär-praktische Ausrichtung erkennen läßt. Sie brachte vor allem Artikel zu Naturgeschichte, Ackerbau, Technologie und Geographie, ferner Reiseberichte, Biographien und auch Humoristisches und erfreute sich großer Beliebtheit. Ihre Auflagenhöhe lag anfangs bei 3000 Exemplaren [59].

Die Verwaltung der Jednota lag in den Händen eines 40köpfigen Gremiums, dessen Mitglieder aus Brünn und auch vom Land kamen; bemerkenswert ist, daß darunter 19 Kleriker waren [60]. Klácel, Šembera, Pražák, Brázdil und Helcelet waren in führender Position tätig, zu nennen ist ferner Graf Friedrich Sylva-Taroucca, ein Priester und Theologe, der es mit seiner Wirksamkeit für die Jednota den Grafen Sternberg und deren Tätigkeit für Museum und Matice in Prag gleichtun wollte.

Zu den Mitgliedern der Jednota gehörten jetzt auch gemäßigt national gesinnte Vertreter des mährischen Adels, wie Graf Egbert Belcredi (der Bruder von Richard Belcredi), Graf Emanuel Pötting-Persing, ein Priester, ferner der Historiker Ritter Peter v. Chlumecký u. a. Wichtig war für die Jednota namentlich auch die Erfahrung und tatkräftige Unterstützung eines Palacký, Havlíček, Purkyně und anderer Angehöriger der böhmischen Matice, die ebenfalls als Gründungsmitglieder beitraten. Publizistisch erhielt sie starke Unterstützung durch die von Klácel herausgegebenen „Moravské Noviny".

Trotzdem war ihr Erfolg auf lange Sicht gering. Zwar brachte man einige für das Programm der Vereinigung typische Publikationen heraus — darunter von Klácel ein „Wörterbuch für den Zeitungsleser, in dem Wörter fremden Ursprungs erklärt werden" [61] und Kudlas „Volkstümliche Auslegung des Gemeindegesetzes vom 17. März 1849" [62]. Man konnte einige kleine Schulbibliotheken aufbauen und

---

[59] *Ebenda* 224 ff. — Der Name der Zeitschrift spielt auf den früher üblichen Umgang von Haus zu Haus am Stefani- oder Dreikönigstag bzw. auf die bei dieser Gelegenheit ausgeteilten Gaben an.

[60] *Ebenda.* Auch bei der Gesamtzahl der Mitglieder scheint die Geistlichkeit einen unverhältnismäßig hohen Anteil gestellt zu haben. Die Sozialstruktur der Mitglieder der mährischen Matice ist noch weniger erforscht als die der böhmischen, doch weisen die in der Zeitschrift der Vereinigung in späteren Jahren veröffentlichten Mitgliederverzeichnisse schon bei oberflächlichem Besehen einen auffallend hohen Anteil an Geistlichen, Lehrern und Mittelschulprofessoren auf.

[61] Die starke Praxisbezogenheit dieses „Slovník pro čtenáře novin, v němž se vysvětlují slova cizího původu" wird durch die Tatsache unterstrichen, daß er vor seiner selbständigen Publikation als Beilage zu den „Moravské Noviny", Jg. 1849 Nr. 610 — Jg. 1850 Nr. 19, erschienen war. *Traub* 1910, 216.

[62] „Prostonárodní výklad zákona obecného od 17. března 1849".

nach dem Vorbild der böhmischen Matice einen Publikationsaustausch mit anderen Matice und diversen slawischen und slawistischen Gesellschaften sowie mit Großbibliotheken in Prag, Krakau, Lemberg, Wien und Graz in die Wege leiten [63]. Aber der Absatz der Zeitschrift ging immer mehr zurück, von informativer oder gar politischer Tätigkeit für das Volk konnte in der Bach-Ära keine Rede mehr sein, und schließlich kostete die Gegnerschaft, die Bischof Schaffgotsch von Brünn der Jednota wegen ihrer liberal-nationalen Ausrichtung entgegenbrachte, den Verein einen Großteil seiner geistlichen Mitglieder, die einen sehr erheblichen Anteil der Gesamtmitgliederzahl ausmachten. Auch Graf Sylva-Taroucca trat aus, und es kam zu einer katholischen Gegengründung, dem „Dědictví sv. Cyrilla a Methoda" (Hereditat der heiligen Cyrill und Method), das einen ungeheuren Zulauf hatte und nach wenigen Jahren schon über 10 000 Mitglieder zählte [64].

Der Erlaß des Vereinsgesetzes am 26. November 1852 ließ die Jednota vollends um ihren Weiterbestand zittern, man dachte zeitweise sogar an einen Anschluß an die Matice Česká als letzten Ausweg. Im März 1853 zog man dann aus all dem die Konsequenz, verzichtete auf die ehrgeizigen Pläne der letzten Jahre und machte aus der „Národní Jednota" wieder eine schlichte „Matice Moravská", die sich statutenmäßig auf die Förderung der tschechischen Literatur durch die Publikation oder Förderung von guten Schriften beschränkte, und zwar „unter besonderer Berücksichtigung der Bedürfnisse Mährens" [65].

Auch das Ende der neoabsolutistischen Periode ermutigte die mährische Matice später zu keinen neuen Aktivitäten: Eine neuerliche Statutenänderung Ende 1862 enthielt keine neuen Zielsetzungen [66]. Das einzige Ereignis in der weiteren Geschichte der Matice Moravská in dem von uns hier verfolgten Zeitraum, das noch Hervorhebung verdient, ist die Begründung einer wissenschaftlichen Zeitschrift nach dem Muster des böhmischen „Musejník" auf Initiative des neuen Kurators Graf Belcredi im Jahr 1869. Redakteur des neuen „Časopis Matice moravské" wurde Václav Royt, Schulinspektor und Professor an dem 1867 eröffneten tschechischen Gymnasium in Brünn, der ersten tschechischen Mittelschule Mährens überhaupt. Das neue Organ brachte Beiträge zur tschechischen Sprache und Literatur, zur Geschichte, Quellenkunde, Ortsnamenkunde, Topographie und Statistik Mährens, ferner zur Philologie, Philosophie und Religion. Es wurde ein großer Erfolg und bewirkte ein Hinaufschnellen der Mitgliederzahl der Matice innerhalb eines Jahres von 300 auf rund 700 [67].

---

[63] *Traub* 1910, 316 ff. und 322 ff. — Die Jednota leistete auch finanzielle Unterstützung für die tschechischsprachige Lehrlings- und Handwerksausbildung in Sonntags- und Abendschulen und suchte auch etwas für die Kunsterziehung der Bevölkerung zu tun. *Ebenda* 320 f.

[64] *Ebenda* 222 f. und 228 ff. — *Huber* 1978, 56 f., 60 f., 63 f.

[65] *Traub* 1910, 323 ff. — Mit der Auflassung der Kategorie der „beitragenden Mitglieder" und der Reduktion der Zahl der Vorstands- und Ausschußmitglieder auf insgesamt 15 Personen erfolgte damals organisatorisch eine gewisse Angleichung an die Matice Česká. Im selben Jahr beteiligte sich die Matice Moravská im übrigen an der Londoner Weltausstellung.

[66] Vgl. die Fortsetzung der genannten Arbeit von *Traub* 1910 in ČMM 35 (1911) 64 ff.

[67] *Ebenda* 70 ff.

Wenn wir zum Abschluß versuchen, Position und Stellenwert der böhmischen und der mährischen Matice nach ihrer geistigen Herkunft, Zielsetzung und Bedeutung für die in Entwicklung begriffene nationale Gesellschaft Böhmens und Mährens zu orten, so drängen sich zunächst frappante Parallelen zum Typus der vom Geist der Aufklärung getragenen Sozietäten des 17. und 18. Jahrhunderts in Europa auf, wie er vor kurzem von Ulrich Im Hof herausgearbeitet wurde [68]. Diese Sozietäten waren Vereinigungen zur Pflege der Landessprache, der Literatur und Wissenschaften in dieser Sprache wie die Akademien; zum Lesen und Kennenlernen der eigenen und der übrigen europäischen Literatur wie die Lesegesellschaften; aber auch Vereinigungen, die die Förderung des patriotischen Gemeinsinns, der „bürgerlichen" Gesinnung, und die Hebung der Wirtschaft im Auge hatten wie die gemeinnützigen, die ökonomisch-landwirtschaftlichen und die patriotisch-politischen Gesellschaften. Die Komponenten aller fünf genannten Gesellschaftstypen enthaltenden Matice des tschechischen Sprachraumes im 19. Jahrhundert scheinen so mit ihrer Konzentration auf das national-sprachliche Moment auf der einen und das bürgerlich-demokratische Moment auf der anderen Seite eine logische Fortentwicklung jenes von Im Hof beschriebenen, im Italien des 16. Jahrhunderts wurzelnden und sich später vor allem am französischen Vorbild orientierenden europäischen Assoziationstyps des Zeitalters der Aufklärung darzustellen.

Aufgrund ihrer ausschließlichen Eigenfinanzierung durch Mitgliedsbeiträge und Spenden gelang es den Matice Böhmens und Mährens auch in der Zeit des Vormärz und des Neoabsolutismus, ihre Existenz zu behaupten und sich von staatlichem Einfluß weitgehend freizuhalten. Durch ihr prinzipielles Offenstehen für alle Schichten der Bevölkerung und ihre Organisationsstruktur bildeten sie — wenn auch die Führung deutlich bei der sog. „Intelligenz", dem gehobenen Bildungsbürgertum lag, das auch durch Höhe und Art der Mitgliedsbeiträge und deren Verknüpfung mit der Zuteilung der Publikationen begünstigt war — einen wichtigen Integrationsfaktor der in Entstehung begriffenen demokratischen tschechischen Nationalgesellschaft.

In einem Land, wo die Volkssprache über zwei Jahrhunderte nur ein Schattendasein geführt hatte und wo andrerseits die feudalen Strukturen das gesamte politische, öffentliche, soziale und wirtschaftliche Leben bis 1848 in einem Maße prägten wie, von Ungarn abgesehen, nirgends sonst in Mittel- und Westeuropa, kommt so der Wirksamkeit der beiden tschechischen Matice in den frühen Jahrzehnten ihres Bestehens, mit denen wir uns hier befaßt haben, eine einzigartige Bedeutung zu.

---

[68] *Im Hof*, Ulrich: Das gesellige Jahrhundert. Gesellschaft und Gesellschaften im Zeitalter der Aufklärung. München 1982.

Heidrun Dolezel

HISTORICKÝ SPOLEK HISTORICKÝ KLUB [1]

Historický spolek

Am 15. April 1866 versammelten sich im Sitzungssaal des Altstädter Rathauses rund 30 tschechische Persönlichkeiten des Prager öffentlichen Lebens — vornehmlich Wissenschaftler —, um einen Verein zu gründen, dessen Aufgabe es sein sollte, „historisches Wissen zu verbreiten [und] Material zur Geschichtsschreibung des böhmischen Vaterlandes, hauptsächlich zur Geschichte der böhmischen Kunst zu sammeln" [2].

Es war dies mehr als nur ein zusätzlicher Verein in der hier um die Mitte des Jahrhunderts üppig angewachsenen Zahl von Vereinen verschiedenster Ausrichtung. Vor seiner Gründung existierte keine allein der böhmischen oder — wie eigentlich wohl gemeint war — der tschechischen Geschichtsforschung im engeren Sinne vorbehaltene wissenschaftliche Vereinigung [3]. Die in Frage kommenden etablierten Kulturvereine und wissenschaftlichen Gesellschaften waren in ihrer personellen Struktur und folglich auch in ihren Publikationen entweder mehrheitlich deutsch, oder sie hatten unter ihren Mitgliedern größtenteils nichtgeschichtswissenschaftlicher Fachrichtung einige Historiker, die böhmische Geschichte vorwiegend im Rahmen der habsburgischen betrieben, woraus resultierte, daß die Beschäftigung mit vorhabsburgischen Epochen der böhmischen Geschichte weithin unterblieb. Eine Geschichtswissenschaft, welche die Eigenständigkeit der tschechischen Geschichte zum Gegenstand gehabt hätte, war um die Mitte des 19. Jahrhunderts noch nicht etabliert. Es hätte ihr vor allem am wichtigsten handwerklichen Rüstzeug gefehlt, zum Beispiel an Quelleneditionen, hilfswissenschaftlichen oder auch terminologischen Grundlagen. Nicht zufällig hatte der Nestor der tschechischen Geschichtswissenschaft, František Palacký, seine „Böhmische Geschichte" 1836 in deutscher Sprache zu publizieren begonnen, 1848 erst in tschechischer [4].

---

[1] Eine eingehende Darstellung beider Vereine fehlt bislang. Einen kurzen Überblick bietet lediglich *Macůrek*, Josef: Sociétés historiques de Tchécoslovaquie. Leur histoire, organisation et activités. In: Bulletin d'Information des sciences historiques en Europe Orientale. Bd. 5. Warschau 1933, 48—51 und 71—78. — Auch die nachstehenden Ausführungen können keinesfalls Vollständigkeit beanspruchen, da der Verfasserin ungedruckte Quellen nicht, gedruckte nur unvollständig zugänglich waren.

[2] „... by šířil historické vědomí, sbíral materiály k dějepisectví české vlasti, zvláště materiály k dějinám českého umění". Památky archaeologické a místopisné 15 (1890) 297.

[3] „Böhmisch" im Sinne des ersten Teils von Palackýs tschechischem Titel seiner „Geschichte Böhmens": Dějiny národu českého v Čechách a na Moravě [Geschichte des tschechischen Volkes in Böhmen und Mähren]. 5 Bde. Prag 1848—1867. Mähren gehörte nicht zum Interessengebiet des Vereins.

[4] Zur Situation der tschechischen Geschichtswissenschaft um die Mitte des 19. Jahrhunderts siehe *Plaschka*, Richard: Von Palacký bis Pekař. Geschichtswissenschaft und Nationalbewußtsein bei den Tschechen. Wien 1955, 13 (Wiener Archiv für Geschichte des Slawen-

Die Gründung des Historický spolek im Jahre 1866 sollte nun Abhilfe schaffen. Daß die Anregung hierzu ursprünglich von Palacký selbst ausgegangen sein könnte, ist nicht auszuschließen. Hauptinitiator des Unternehmens war aber der Direktor des Prager Stadtarchivs, Karel Jaromír Erben. Dieser renommierte Schriftsteller und Gelehrte hatte zu Beginn der vierziger Jahre zusammen mit dem späteren Ordinarius für österreichische Geschichte an der Prager Universität, Václav Vladivoj Tomek, als Schüler Palackýs damit begonnen, Urkunden und Akten für das Diplomatar des Böhmischen Museums zu sammeln. Durch diese gemeinsame Arbeit mochte Erben frühzeitig die Notwendigkeit erkannt haben, daß die Voraussetzungen für eine eigenständige tschechische Geschichtsforschung erst durch breite Materialsammlungen geschaffen werden mußten [5]. In den 1866 im Altstädter Rathaus Versammelten hatte Erben einen Kreis tatkräftiger Mitarbeiter und bereitwilliger Förderer für ein solches Vorhaben gewonnen. Sofern sie nicht ohnehin beruflich mit dieser oder einer ähnlichen Aufgabe befaßt waren, widmeten sie sich ihr als Liebhaber oder Künstler. Mehrheitlich entstammten sie der tschechischen Mittelschicht, waren Akademiker in der ersten Generation. Fast ausnahmslos waren sie miteinander bekannt, wenn nicht sogar befreundet; eine ideale Basis für eine erfolgreiche Zusammenarbeit. Allen gemeinsam war ein romantisch-patriotisches Engagement.

Erben und die Mitbegründer sahen in Palacký ihren geistigen Vater, ihn hätten sie gerne zum Vorsitzenden gewählt. Doch der 68jährige hatte abgelehnt. So einigte man sich unschwer auf den 20 Jahre jüngeren Tomek, der zu diesem Zeitpunkt bereits ein angesehener Wissenschaftler war, und übertrug Palacký die Ehrenmitgliedschaft. Zu Tomeks Stellvertreter wurde Erben gewählt. Dem Adjunkten am Prager Stadtarchiv, Josef Emler, einem Schüler Tomeks, übertrug man das Amt des Schriftführers. Zu weiteren Vorstandsmitgliedern wählte die Gründungsversammlung den Gymnasialprofessor und Schriftsteller Karel Tieftrunk, den Redakteur der wissenschaftlichen Zeitschrift „Památky archaeologické a místopisné" Karel Zap und den Schriftsteller Antonín Vyšek, aber auch einen angesehenen Prager Brauereibesitzer und Stadtrat, Pavel Vnouček. Ihre Stellvertreter wurden der Historiker und Realschulprofessor František Zoubek, der pensionierte Kaplan und Geschichtsforscher František Tingl, sowie ein Historienmaler, Josef Scheiwl [6].

Der Name „Historický spolek v Praze", den sich der neue Verein gab, war so neutral wie möglich und sagte weder etwas über eine eventuelle ideologische Basis aus, noch über ein wissenschaftliches Programm. Mehr noch: Vergleicht man ihn mit dem Namen des vier Jahre zuvor gegründeten „Vereins für die Geschichte der

---

tums und Osteuropas 1). — Zur mangelnden Fachterminologie: Erinnert sei an die Mitwirkung K. J. Erbens in der von P. J. Šafařík geleiteten tschechischen Abteilung der Wiener Kommission zur Findung einer slawischen Rechtsterminologie für das Reichsgesetz (1849) und an Erbens spätere Tätigkeit auf diesem Gebiet für die Philosophie und Geometrie.

5 Zur Initiative Erbens: Ottův slovník naučný VIII 1894, 695 (zit. als OSN).

6 Zur Wahl des Vorsitzenden siehe *Tomek*, Václav Vladivoj: Paměti z mého života [Erinnerungen aus meinem Leben]. Bd. 2. Prag 1905, 114. — Bericht über die Gründungsversammlung und die Wahl des Vorstands: Památky archaeologické 7 (1868) 77—79 und 234 f.

Deutschen in Böhmen", fällt auf, daß sich der Spolek im Gegensatz zu diesem nicht etwa als „český" bezeichnete, sondern — zumindest nominell — niemanden in nationaler Hinsicht ausschloß, ja sich überhaupt in keiner Weise gegen den deutschen Verein abgrenzte.

Dennoch scheinen gerade aus dieser Richtung sofort Vorwürfe erhoben worden zu sein, gegen die sich Emler als Schriftführer zu Beginn seines ersten Rechenschaftsberichtes 1867 verwahrte: Der Historický spolek wolle sich keinesfalls mit dem deutschen Verein auf eine Ebene stellen. Im Gegensatz zu diesem, der sich nur um das deutsche Element in Böhmen zu kümmern beabsichtige, gehe es dem Spolek nicht nur um das tschechische Volk, sondern um die Kenntnis des ganzen Landes Böhmen. Der neue Verein wolle sich aller Kunstdenkmäler und historischen Quellen annehmen, mögen sie aus deutsch- oder tschechischsprachigen Gegenden Böhmens stammen. „Die Geschichte ist eine Wissenschaft, die der Wahrheit gewidmet ist. Diese schrieb unser Verein auf seine Fahne, und so es Gott zuläßt, wird es sich erweisen, wenn unser Verein so lange existiert, wie der andere schon besteht, welcher von beiden besser und eifriger in diesem Heiligtum gedient hat." [7]

Dies klingt nach verbaler Beteuerung, wie eine Formula pro foro externo, an die Adresse der Obrigkeit gerichtet, an die Zensur, den kaiserlichen Statthalter in Prag, das Kultusministerium in Wien, die alle gemeinsam jede neue Vereinsgründung beargwöhnten.

Ein Blick auf die führenden Persönlichkeiten und die geleistete Vereinsarbeit des Historický spolek dürfte zu einem differenzierteren Urteil führen.

Die Mehrzahl der Mitglieder des zehnköpfigen Vorstandes waren Wissenschaftler, zumeist in führenden Positionen, wie Erben, Tomek, Zap [8]. Sie alle waren bereits in den verschiedensten wissenschaftlichen oder literarischen Vereinen an maßgeblicher Stelle tätig. So sie nicht zum engeren Schülerkreis Palackýs gehörten, wie Tomek und Erben, waren sie mit ihm persönlich bekannt oder befreundet (Zap, Tieftrunk), teilten seine Auffassungen oder standen ihnen zumindest nahe. Die älteren von ihnen, die über 50jährigen, hatten fast alle an den Ereignissen des Revolutionsjahres 1848 aktiven Anteil genommen (Erben, Vyšek, Tomek, Zap), waren aber jetzt — fast zwei Jahrzehnte später — eher dem konservativen Lager zuzurechnen (Tomek), sofern sie sich überhaupt politisch — im engeren Sinne — betätigten. Andere, wie zum Beispiel Erben, hatten sich nach 1848 ganz von der Politik zurückgezogen.

Nach „Wissenschaft" und „Kunst" gehörte „Patriotismus" (vlastenectví) expressis verbis zu den Devisen des Historický spolek [9]. Beurteilt man den Patriotismus nach den Werken, welche die wichtigsten Vereinsmitglieder hervorbrachten, wird man konstatieren, daß die Orientierung an wissenschaftlichen Maximen nicht verlorenging.

---

[7] „Historie jest věda zasvěcena pravdě, tuto si napsal spolek náš na prapor svůj, a dá bůh, že ukáže se, až bude spolek náš trvati tak dlouho jako druhý spolek již trvá, který z nich lépe a horlivěji sloužil ve svatyni této". ČČM 41 (1867) 431.

[8] Zu den Personen im einzelnen: Ottův slovník naučný. 27 Bde. Prag 1888—1908.

[9] „... spolek historický za vědeckým, uměleckým a vlasteneckým svým cílem ...". Památky archaeologické 7 (1868) 458.

So hatte Tomek, ein nüchterner Positivist, als Ordinarius für österreichische Geschichte bekanntlich gegen den damaligen Usus polemisiert, die böhmische Geschichte vor 1526 aus dem Unterrichtskanon auszuklammern. Seine „synchronistische Methode der österreichischen Geschichtsschreibung" war auf dem Prinzip der Gleichberechtigung aller Landesgeschichten der Monarchie aufgebaut. In diesem Sinne hatte er in Kooperation mit Graf Leo Thun-Hohenstein, dem damaligen Unterrichtsminister, neue Schulbücher und zahlreiche Aufsätze verfaßt. Seine Loyalität gegenüber Thun, der ihn 1850 als einen der ersten Tschechen an die Prager Karl-Ferdinands-Universität berufen hatte, brachte ihm sogar Angriffe Palackýs ein, der in Tomek einen Opportunisten sah; das beiderseitige Verhältnis war dadurch zeitweise gespannt, letztlich aber nicht grundsätzlich gestört [10].

Erben, promovierter Jurist, sieben Jahre älter als Tomek und mit diesem befreundet, war als Archivar am Prager Stadtarchiv ebenfalls auf Betreiben Thuns ins Amt gesetzt worden. Mit seiner Sammlung tschechischer Volkssagen, Lieder und Märchen, nicht zuletzt aber mit seinem dichterischen Werk verband Erben wissenschaftliche mit künstlerischen Intentionen [11].

Josef Emler, als 30jähriger das jüngste Vorstandsmitglied, war bereits mit 23 Jahren als erster Tscheche Mitglied des Instituts für österreichische Geschichtsforschung in Wien geworden und galt mittlerweile als geschätzter Wissenschaftler. Wenngleich von ihm nicht bekannt ist, daß er sich prononciert politisch betätigt oder ein entsprechendes Amt innegehabt hätte, stufte ihn dennoch der Prager Polizeipräsident später als einen „nur scheinbar regierungsfreundlichen Stubengelehrten" ein. In Wahrheit sei dieser Schützling von Palacký und Rieger ein keineswegs inaktiver tschechischer Patriot [12].

Neben sechs Wissenschaftlern gehörten dem Vorstand vier Nichtwissenschaftler an. Sie könnte man am ehesten romantische Enthusiasten bezeichnen, die sich als Laien mit ihrer Arbeit oder ihren Mitteln dem Verein zur Verfügung stellten. Zu ihnen ist vor allem Antonín Dobroslav Vyšek zu rechnen, ein Amateur-Kunsthistoriker und Kunstliebhaber, Mitinitiator der Vereinsgründung und an der kunsthistorischen Ausrichtung des Spolek wesentlich beteiligt [13]. Der junge akademische Maler Josef Scheiwl war bereits durch seine erste Ausstellung von Historienbildern (1858) als Patriot ausgewiesen [14]. Eine herausragende Persönlichkeit in diesem Kreis war der Brauereibesitzer Pavel Vnouček, der seit 1846 als Förderer des tschechischen Vereinslebens in Prag galt; diesem engagierten Organisator der nationalen Erweckungsbewegung werden auch besondere Verdienste um die Wiederbelebung der tschechischen Sprache in dem ansonsten von Deutschen dominierten öffentlichen Leben Prags zugeschrieben [15].

---

[10] Zur Person Tomeks und zu seinem Verhältnis zu Palacký siehe *Plaschka* 1955, 28—35.

[11] Zur Persönlichkeit Erbens: *Grund*, Antonín: K. J. Erben. Prag 1935.

[12] *Kazbunda*, Karel: Stolice dějin na Pražské universitě [Der Lehrstuhl für Geschichte an der Prager Universität]. Bd. 2. Prag 1965, 177.

[13] *Wurzbach*, Constant von: Biographisches Lexikon des Kaiserthums Österreich. Bd. 52. Wien 1885, 36 schildert Vyšek, der 1848 zur nationalen Bewegung stieß, als seither „eifriges Mitglied fast aller nationalen Vereine".

[14] OSN XXII 1904, 482.

[15] Vnouček (auch Mnouček): OSN XVII 1901, 482.

Diese dem patriotisch engagierten, bewußt oder unbewußt eine Polarisierung des nationalen Lebens anstrebenden tschechischen Bürgertum zuzurechnende Gruppe blieb im Historický spolek jedoch recht klein; die Zahl der an sachbezogener Arbeit interessierten Wissenschaftler überwog.

Zu letzteren gesellte sich bereits ein Jahr nach der Gründung eine so besonnene Persönlichkeit wie der böhmische Landesarchivar Anton Gindely. Nicht zuletzt seiner deutsch-tschechischen Herkunft wegen vertrat Gindely eine in nationaler Hinsicht liberale Haltung. Zwar hatte er sich in Zeitungsartikeln und Memoranden mehrfach explizit für die Belange der Tschechen eingesetzt, doch lehnte er die harte Konfrontation nationaler Interessen kategorisch ab [16]. Gleichzeitig mit Gindely trat auch Jan Erasmus Vocel dem Verein bei, Professor für böhmische Altertumskunde und Kunstgeschichte und „Vater der tschechischen Archäologie". Auch er war ein enger Freund Tomeks, dessen konservative Haltung er vielfach teilte; beider Lebensläufe weisen viele Gemeinsamkeiten auf [17].

Neben den führenden tschechischen Historikern der Zeit, Universitätsprofessoren und Archivaren, befand sich unter den Mitgliedern eine große Zahl von Realschul- und Gymnasialprofessoren, Pfarrern und Ordensangehörigen, Konservatoren, Architekten, akademischen Malern und anderen Angehörigen des Bildungsbürgertums. Aber auch der patriotisch gesinnte Adel war hier vertreten. Eines der frühesten und prominentesten Mitglieder war Graf Franz Thun-Hohenstein, ein Bruder des Unterrichtsministers; ihn verband mit Tomek, der in seinen jungen Jahren Archivar auf dem Thunschen Besitz in Tetschen (Děčín) war, ein besonders enges Verhältnis.

Der Spolek zog auch früh junge tschechische Wissenschaftler an. Der 20jährige Jaromír Čelakovský wurde offenbar schon als Student Mitglied (1868) [18], Jaroslav Goll und Zikmund Winter traten mit 23 Jahren als eben erst ernannte Professoren bei (1874), Konstantin Jireček unmittelbar nach seiner Promotion, Antonín Rezek als junger Assistent am Museumsarchiv (1876). Auf diese Weise erfuhr der Historický spolek immer wieder eine Auffrischung [19].

Auch eine Zahl von Nicht-Pragern erwarb von Anbeginn an die Mitgliedschaft. Diese Externen stammten oft aus den entlegensten Gegenden Böhmens und konnten zweifellos kaum oder gar nicht am Vereinsleben teilnehmen, das ausschließlich in Prag stattfand. Es mag sich hauptsächlich um Mitarbeiter gehandelt haben, die vor

---

16 Zur Person Gindelys: *Plaschka* 1955, 35—44. — Kennzeichnend für Gindelys Haltung in der nationalen Auseinandersetzung sind seine an den ihm befreundeten Ritter von Chlumecký gerichteten Zeilen: „Inzwischen gestalten sich bei uns die Gegensätze immer schroffer; es gibt keine Versammlung, kein Institut, das nicht in kurzem seinen vermittelnden Charakter verlöre. Willst du turnen, mußt du entweder dem deutschen oder böhmischen Turnverein dich beigesellen; neben der böhmischen Ressource entsteht ein deutsches Casino; jetzt [1862] entsteht hier sogar ein deutscher historischer Verein gegenüber einem böhmischen [hiermit ist nicht der Historický spolek gemeint, der zu dieser Zeit noch nicht existierte]. Kurz, der Zeitpunkt nähert sich in der Tat, in welchem man, wenn man noch Atem schöpfen will, wird erklären müssen, ob man deutsche oder böhmische Luft atmen wolle." *Ebenda* 41.

17 *Kazbunda* II 1965, 41—45.

18 ČČM 43 (1869) 289.

19 Památky archaeologické 10 (1876) 172 und 598.

Ort für den Verein tätig waren. Mitglieder außerhalb der böhmischen Landesgrenzen hatte der Verein offenbar nicht.

Bereits innerhalb des ersten Jahrzehnts seines Bestehens konnte der Verein unter seinen Mitgliedern auch eine Reihe von Institutionen oder Organisationen verzeichnen. So trat die Archivverwaltung von Neuhaus (Jindřichův Hradec) 1876 bei [20]; es folgten 1894 das Gymnasium von Neuhaus sowie die Stadtmuseen von Pardubitz (Pardubice) und Pilsen (Plzeň) [21].

Ungeachtet der „vaterländischen" Appelle war der Historický spolek kein Verein, dem die tschechischen Patrioten — wie man dies offensichtlich erhofft hatte — mit Enthusiasmus und in hellen Scharen zuströmten. So hatte man beispielsweise damit gerechnet, daß eine größere Anzahl tschechischer Kommunen dem Verein beitreten würde, mußte aber ein Jahr nach der Gründung enttäuscht feststellen, daß „in einer Zeit, in der an jedem Ort vaterländische Worte erglühen", nicht eine einzige Kommune „aus unserm ganzen Königreich Böhmen" dem Verein beigetreten sei. Auch die öffentliche Unterstützung „von solcher Seite, die doch in anderen Ländern Wachstum und Erfolg eines solchen Vereins erleichtert", blieb aus. So mußte sich der Verein um die Vermehrung seiner Mitgliederzahl mit Nachdruck selbst bemühen, bedurfte er ihrer doch ganz dringend, um die selbstgestellten Aufgaben auch erfüllen zu können [22].

Der Spolek brauchte — bar jeder öffentlichen Zuwendungen — einerseits Mitglieder, die den Verein finanziell unterstützten, andererseits benötigte er solche Mitglieder, die in der Lage waren, an den gemeinsamen wissenschaftlichen Projekten mitzuarbeiten, und über eine entsprechende wissenschaftliche Ausbildung verfügten. Laien zog der Verein, der auf seine Wissenschaftlichkeit Wert legte, nur selten zur Mitarbeit heran.

Zunächst betrieb man Mitgliederwerbung mit Hilfe von Zeitungsaufrufen. Da diese offenbar ohne Resonanz blieben, schrieb man einzelne Persönlichkeiten an. Auch dies dürfte nicht den gewünschten Erfolg gebracht haben. Die persönliche Werbung, so einigte man sich schließlich, sei wohl die beste. Durch die Kriegsereignisse des Jahres 1866 wurde die Mitgliederwerbung in ihren Anfängen zusätzlich belastet. Doch zählte der Verein am Ende des ersten Jahres seines Bestehens immerhin 52 Mitglieder und brachte es im 25. Jahr auf über 100 [23].

Angesichts der doppelten Aufgabe, die sich der Spolek gestellt hatte — Sammeln von Quellen sowohl zur Geschichte als auch zur Kunstgeschichte Böhmens —, war er darauf bedacht, daß beide Fachrichtungen einander ergänzten und der Verein

---

[20] Wie Anm. 14.

[21] Památky archaeologické 16 (1893) 407.

[22] „Jeder gebildete Landsmann" (každý vzdělaný krajan) sollte dem Verein beitreten können: Památky archaeologické 7 (1868) 320. — „... můžeme se s bolestí slušné tomu podiviti, že za naší doby, kde skoro každé místo slovy vlastenectvím sálá, posud žádná obec z celého našeho království Českého ani co zakládající, ani co přispívající člen ku spolku historickému se nepřihlásila ... Bez hluku a bez zvláštního doporučování a hmotné podpory s těch stran, od nichž v jiných zemích vzrůst a zdar takových spolků se usnadňuje ...". *Ebenda* 458.

[23] Zur Mitgliederwerbung: ČČM 41 (1867) 432. Zum Mitgliederstand im Jahre 1890: Památky archaeologické 15 (1890) 300.

nicht etwa in zwei getrennte Sektionen zerfiel [24]. In der Gründungsversammlung hatte man noch die kunstgeschichtliche Quellensammlung zum Hauptprogramm erhoben, ungewöhnlich für einen Verein, der sich „historický" nannte. Vielleicht hatte sich der Vorstand von der impulsiven patriotischen Diktion des Kunst-Enthusiasten Vyšek beeinflussen lassen, der diese Idee bei der Vereinsgründung folgendermaßen propagierte: Das Schicksal eines Volkes spiegele sich in der Kunst; eine nationale Kunstgeschichte diene somit zum Kennenlernen eines Volkes, wie seine Geschichte zur Erkenntnis seiner Kunst beitrage [25].

Während der durch das Kriegsgeschehen von 1866 bedingten Unterbrechung der Vereinsarbeit hatte man Zeit, die Ziele näher zu definieren. In einer Reihe von nunmehr vier Großprojekten rangierte Vyšeks Vorschlag an dritter Stelle. Als vorrangig legte der Vorsitzende im November dieses Jahres einer neuen Vollversammlung zwei geschichtswissenschaftliche Programme vor. Unter der Leitung Tomeks sollte eine Materialsammlung für eine historische Topographie des Königreichs Böhmen angelegt werden, die selbst die kleinsten Orte bis ins letzte erfaßte. Tieftrunk schlug die Erstellung eines kompletten Archivrepertoriums Böhmens vor. Beide Arbeiten sah man als unerläßlich für spätere Detailforschungen zur Rechts-, Finanz-, Kunst-, Kultur-, Stadtgeschichte usw. an. Auf Vyšeks kunsthistorische Quellensammlung folgte als letztes Arbeitsprojekt eine von Erben konzipierte Materialsammlung zur Genealogie und Biographie herausragender Persönlichkeiten Böhmens. Alle diese Arbeiten sollten flächendeckend durchgeführt werden, mit einer Systematik und Präzision, für die man in den zeitgenössischen Naturwissenschaften ein Exempel sah. Der Vorstand war sich dessen bewußt, daß es sich um Großprojekte handelte, welche die Kraft des einzelnen bei weitem übersteigen mußten. Erst der Verein, so argumentierte er, könne in kollektiver Arbeit zu Resultaten kommen — gleichsam eine „arbeitsökonomische" Rechtfertigung der Vereinsgründung [26].

Sieht man von den Arbeiten an Tieftrunks Archivrepertorium ab, die erst 1875, fortan finanziert durch die Gesellschaft des Böhmischen Museums, von den Mitgliedern des Spolek in Angriff genommen werden konnten, so ging man sofort mit großem Elan an die Verwirklichung der Projekte. Bereits in seinem ersten Arbeitsbericht von 1867 konnte der Schriftführer erfreuliche Fortschritte melden (versäumte es aber dennoch nicht, beschwörend zu „aufrichtiger Mitarbeit" und „unermüdlichem Fleiß" anzuspornen) [27].

---

[24] ČČM 41 (1867) 433.

[25] „... p. Vyšek ... dokládaje, kterak poznávání dějin národu k porozumění dějinám umění platně a znamenitě napomáhá, poněvadž dobří i zlí osudové národu zároveň i umění se dotýkali, tak že umění bud' zdárně mohlo rozkvétati, nebo porušení a zkázu bralo". Památky archaeologické 7 (1868) 77. — Es war dies offenbar eine Lieblingsidee Vyšeks, die er bereits 1848 als Mitglied in der Kunstsektion der Slovanská lípa propagiert hatte. Damals hatte er die Gründung eines Vereins für vaterländische Kunst und ständige Kunstausstellungen vorgeschlagen, war aber damit in den Wirren jenes Jahres gescheitert. *Wurzbach* LII 1885, 36.

[26] Památky archaeologické 7 (1868) 319—321 und 455—459.

[27] „Kdyby z nás ze všech údů jen 12 pracovalo, a to jen jednu hodinu denně, a kdyby za tu hodinku učinilo se jen 10 výpisů, budeme míti za rok na 40 000 výpisů genealo-

Während die Bearbeiter der historischen Projekte in Prag oder an ihren jeweiligen Wohnsitzen tätig waren, bildeten die Kunstsachverständigen eine Kommission unter Vorsitz des bekannten Prager Architekten Antonín Baum, zu der ein Kunsthistoriker, drei Maler und ein Konservator gehörten. Sie begann mit ihrer Reisetätigkeit, bei der sie die Kunstdenkmäler im Lande aufzunehmen und zu begutachten hatte, im Jahre 1868 in Raudnitz (Roudnice). „Patriotische Studenten" wurden aufgerufen, dem Verein Nachrichten über entlegene Kunstdenkmäler oder Archive zukommen zu lassen. Die an den historischen Vorhaben beteiligten Mitarbeiter wurden gebeten, bei der Quellendurchsicht — hauptsächlich in den Archivbeständen von Adel, Kirchen und Klöstern — auch kunstgeschichtliche Fragestellungen mitzuberücksichtigen. Es erging sogar ein Aufruf an die breite Öffentlichkeit mit der Bitte um kunsthistorisch relevante Hinweise, begleitet durch eine vom Vorstand formulierte Instruktion, wie man Kunstdenkmäler erkennen könne; auf Anweisung des Grafen Franz Thun-Hohenstein wurde sie in allen Bezirken Böhmens verteilt [28].

Der Verein begann auch Sammlungen anzulegen: von Kunstgegenständen, Münzen, Büchern (unter ihnen eine Reihe von Gymnasialprogrammen) und Manuskripten. Da Vereinsgelder hierfür kaum zur Verfügung standen, handelte es sich meist um Schenkungen. Ein Vermächtnis besonderer Art war die topographisch-genealogische Materialsammlung Palackýs, die dieser dem Spolek noch 1866, gleichsam als „Grundstock", überließ [29].

Tätigkeitsberichte und Vorträge veröffentlichte der Spolek vorwiegend in der Zeitschrift „Památky archaeologické a místopisné", als deren Mitherausgeber er in ihrem Titel zwischen 1871 und 1892 erschien. Gelegentlich enthält auch die Hauszeitschrift des Böhmischen Museums, Časopis českého musea, seine Tätigkeitsberichte. Größere wissenschaftliche Arbeiten erschienen zum Teil im Selbstverlag des Vereins. Im Böhmischen Museum fanden auch die jährlichen Vollversammlungen sowie die Zusammenkünfte zu Vorträgen etc. statt; im Prager Stadtarchiv traf sich der Vorstand zweimal monatlich zu Arbeitsbesprechungen. Die überlieferten Exkursionen und geselligen Veranstaltungen bezeugen ein reges Vereinsleben.

Seine Arbeitsergebnisse konnte der Historický spolek der wissenschaftlichen Öffentlichkeit seit 1873 vorlegen; der Schwerpunkt lag eindeutig auf mittelalterlichen Themen. Mit dem in diesem Jahr erschienenen ersten Band der Fontes rerum Bohemicarum (Prameny Dějin Českých), der Palacký gewidmet war, gründete der Verein eine beachtenswerte Editionsreihe mittelalterlicher Quellenwerke, beginnend mit den von Emler herausgegebenen Lebensbeschreibungen böhmischer Heiliger, denen die Viten der Slavenapostel Cyrill und Method vorangestellt waren. Im Vorwort des ersten Bandes wies Emler auf die Besonderheiten dieser Reihe hin: Zu den in der Regel lateinischen Quellentexten sollte — ein Wunsch Palackýs — grundsätzlich eine tschechische Übersetzung und ein tschechischer wissenschaft-

gických, biografických a místopisných." ČČM 41 (1867) 435. Außerdem gab Emler genaue praktische Arbeitsanweisungen, z. B. sogar für das Papierformat der Exzerpte. ČČM 43 (1869) 292.

[28] ČČM 43 (1869) 290.

[29] ČČM 41 (1867) 436.

licher Apparat geliefert werden, damit „nicht nur der Gelehrte, sondern jeder gebildete Patriot" sich an diesen Schriften „erbauen und ergötzen" könne [30].

Nach der Jahrhundertwende folgten der Gründergeneration neue herausragende Historiker wie Václav Novotný, Josef Vítězslav Šimák und Otakar Odložilík an führender Stelle im Verein. Das Editionsprogramm und die Reihe berühmter Namen hatten den Historický spolek nur wenige Jahre nach seiner Gründung im In- und Ausland zu einer anerkannten Organisation der tschechischen Geschichtswissenschaft avancieren lassen. Die in seiner Anfangsphase zweifellos vorhandene Tendenz, sich von der anderen Nation auf geschichtswissenschaftlichem Gebiet zu emanzipieren, hatte schließlich zu einer sachlichen und fruchtbaren wissenschaftlichen Arbeit von beachtlichem Format geführt.

Historický klub

Während der Historický spolek noch auf dem Wege war, sich als eine Vereinigung von Fachleuten zu etablieren, entstand seit den frühen siebziger Jahren der Historický klub als eine studentische Vereinigung.

Seit 1848 war die Prager Universität dank der Thunschen Reformen zwar utraquistisch, doch aus Mangel an politisch genehmen tschechischen Lehrern und Lehrbüchern standen die angebotenen tschechischen Vorlesungen immer mehr im Mißverhältnis zur stetig steigenden Zahl tschechischer Studenten [31].

So gehörte denn die Forderung nach Einführung des Tschechischen als Vorlesungs- und Prüfungssprache und nach Errichtung von tschechischen Lehrstühlen seit der ersten Hälfte der sechziger Jahre zum Standardrepertoire nicht nur der tschechischen Studentenschaft, sondern vor allem auch der führenden tschechischen Politiker. 1863 hatten als erste die tschechischen Medizinstudenten an der Karl-Ferdinands-Universität eine Petition für die Errichtung eines Gerichtsmedizin-Lehrstuhls verfaßt; weitere Forderungen folgten [32].

In diesem steten Auf und Ab der nationalen Frage, die sich 1867 nach dem von den Tschechen abgelehnten österreichisch-ungarischen Ausgleich zuspitzte und 1869 mit der Zweiteilung des Prager Polytechnikums eine für die Tschechen positive Wendung erfuhr, um sich ab 1871 unter der Regierung Auersperg erneut zu ver-

---

[30] „... aby se nejen učenec ale i každý vzdělanější národovec těšiti a i baviti mohl ve spisech těchto". — Zum Editionsprogramm und zu den weiteren Veröffentlichungen des Spolek: *Macůrek* 1933, 73 sowie im einzelnen die Tätigkeitsberichte in den Památky archaeologické.

[31] Zur Universitätssituation: Die Teilung der Prager Universität 1882 und die intellektuelle Desintegration in den böhmischen Ländern. Vorträge der Tagung des Collegium Carolinum in Bad Wiessee 1982. Hrsg. v. Ferdinand *Seibt*. München 1984. Darin *Schmidt-Hartmann*, Eva: Die philosophische Fakultät der tschechischen Universität um 1882 (95—110) und *Neumüller*, Michael: Die deutsche philosophische Fakultät in Prag um 1882 und die Geschichtswissenschaft (111—126, bes. 115 f.).

[32] *Kučera*, Karel: Universita v revoluci a cesta k české universitě [Die Universität in der Revolution und der Weg zur tschechischen Universität]. In: Stručné dějiny university Karlovy [Kurze Geschichte der Karls-Universität]. Hrsg. v. František *Kavka*. Prag 1964, 199 f.

schärfen, konnten die Studenten keine öffentliche Unterstützung ihrer Belange erwarten und griffen daher verschiedentlich zur Selbsthilfe, indem sie sich zu vorerst privaten Klubs zusammenschlossen. Deren Hauptanliegen war es, in Vortragszyklen und Diskussionsrunden den Mangel an Vorlesungen in der Muttersprache auszugleichen, wobei man auf die Mitwirkung von Professoren angewiesen war. Nachdem 1867 das neue Vereinsgesetz Neugründungen erleichterte, wandelten sich die Klubs in Vereine mit festen Statuten: 1868 wurden aus dem studentischen Philologenkreis die Jednota českých filologů, 1869 gründeten die Mathematiker ihre Jednota, die Juristen folgten mit dem bekannten Všehrd, die Mediziner mit dem Spolek českých medicinů [33].

Die tschechischen Geschichtsstudenten an der Karl-Ferdinands-Universität schlossen sich 1872 zum Historický klub zusammen, nicht ohne vom Prager Polizeidirektor überprüft und beargwöhnt zu werden, „da solche, insbesondere tschechische Vereine unter dem Schilde der Wissenschaft gewöhnlich Politik und politische Zusammenkünfte mehr pflegen als die Wissenschaft" [34].

Der Klub setzte sich zum Ziel, die Ausbildung der Studenten der Geschichtswissenschaften und Hilfswissenschaften zu verbessern und für die Errichtung eines entsprechenden tschechischen Lehrstuhls und eines tschechischen Seminars einzutreten. Später gehörte zu den Forderungen auch die Errichtung einer — nach Prag — zweiten tschechischen Universität in Mähren. Zunächst aber traf man sich allsonntäglich zur gemeinsamen Quellendiskussion oder zu Vorträgen, sei es in Latein, Tschechisch oder einer anderen Slavine. Daneben gab es auch „geselliges" Leben.

Mit seiner Arbeit gewann der Klub bald Anerkennung in Professorenkreisen, ja sogar bei dem allseits verehrten über 70jährigen Palacký selbst, der die Ehrenmitgliedschaft des Klubs akzeptierte. Auch Tomek wurde die Ehrenmitgliedschaft übertragen, ihn wählte man überdies 1884 zum Schirmherrn des Klubs. Nach Tomeks Tod übertrug man diese auf Jaroslav Goll, den damaligen Inhaber des Lehrstuhls für Geschichte an der tschechischen Universität [35].

Alles, was irgendwie Rang und Namen innerhalb der Prager tschechischen Historikerschaft am Ausgang des 19. Jahrhunderts und zu Beginn des 20. hatte, stand mit dem Historický klub in Verbindung: sei es, daß man ihm einmal als Student angehört hatte, sei es, daß man als Dozent oder Professor die Ehrenmitgliedschaft erhielt. Dazu gehörten u. a. Josef Emler, Josef Kalousek, Josef Jireček, Vincenc Brandl, Antonín Rezek, Lubor Niederle, Čeněk Zibrt, Jaroslav Bidlo, Gustav Friedrich, Josef Šusta [36].

Durch diese Vergabe von Ehrenmitgliedschaften konnte der Klub offenbar die Vorschrift umgehen, daß ihm nur Geschichtsstudenten und Ehemalige bis zu drei Jahren nach ihrem Examen angehören durften.

---

[33] Zur Entwicklung und Entstehung der studentischen Klubs an der Prager Universität: *Kučera* 1964, 202 ff.

[34] *Kazbunda* II 1965, 241.

[35] Hier soll nicht unerwähnt bleiben, daß Goll 1886 entscheidend an der Klärung der Handschriftenfrage beteiligt war und damit in Gegensatz zu Tomek und Kalousek geriet. Das zeigt, daß innerhalb des Spolek und des Klub divergierende Meinungen durchaus toleriert wurden.

[36] *Macůrek* 1933, 50 f.

Dreißig Jahre blieb der Klub ein studentischer Verein. Die Hochschulsituation hatte sich in dieser Zeit gewandelt. Seit Einrichtung der Prager tschechischen Universität (1882) war die Lehrstuhlfrage gelöst und ein eigenes tschechisches historisches Seminar errichtet. Die ursprünglichen Ziele des Vereins waren somit erreicht. Gerne wäre man jetzt nach außen wissenschaftlich hervorgetreten, etwa mit einer eigenen Zeitschrift nach dem Muster der Jednota filologů. Dies war aber nicht möglich, solange der Verein praktisch den Charakter einer studentischen Fachschaft hatte, mit einer ständig wechselnden studentischen Vereinsspitze und ungenügenden Mitteln.

Schon 1892 war Josef Pekař, damals noch Student, hinzugestoßen, doch weigerte er sich standhaft, Mitglied zu werden, da er offenbar keinen Nutzen darin sah, ihm die gärende Vereinsstruktur nicht zusagte und sich kein Ansatz zu Reformen bot. Erst nach dem 30jährigen Vereinsjubiläum 1904 konnte Pekař, inzwischen Professor an der tschechischen Universität, den Verein — wiederum nach dem Beispiel der Jednota filologů — gemäß seinen Vorstellungen so umwandeln, daß hinfort Professoren und Lehrer ordentliche Mitglieder werden konnten. Die Führung lag fortan nur in nichtstudentischen Händen. Mit dieser Reorganisation erreichte Pekař einen großen Zustrom vor allem von Lehrern und Amateurhistorikern; die Mitgliederzahl verdoppelte sich rasch, die angestrebte Abonnentenbasis, die für die Herausgabe einer Zeitschrift unerläßlich war, wurde erreicht. 1905 übernahm der Klub die bereits seit 1895 bestehende, unter der Redaktion von Goll und Rezek von einem privaten Verlag herausgegebene Zeitschrift Český časopis historický in eigene Regie und betrieb deren Herausgabe fortan als seine Hauptaufgabe [37].

In den zehn Jahren ihres Bestehens bis zum Zeitpunkt ihrer Übernahme durch den Klub war diese Zeitschrift dank der Qualität ihrer Beiträge und des ausgezeichneten Rezensionsteils zur bedeutendsten tschechischen historischen Zeitschrift für das In- und Ausland geworden. Von Anbeginn war Pekař nicht nur einer ihrer wichtigsten Autoren (mit Ausnahme seines letzten Lebensjahres publizierte er alljährlich wenigstens einen Artikel in ihr), er war auch ein gewissenhafter Redakteur [38]. Vor allem aber formte er in seiner insgesamt 39 Jahre währenden Redakteurstätigkeit das Gesicht der Zeitschrift und damit in gewisser Weise auch das des Klubs, stets um eine Brückenfunktion zwischen Tschechen und Deutschen bemüht. Wenngleich Pekař seinen Patriotismus in so manchem seiner Aufsätze nicht verhehlte, so lehnte er es doch ab, „gegen den deutschen Chauvinismus mit tschechischem zu kämpfen" (so schon expressis verbis 1897 und wieder in seinem im ersten Jahrgang nach der Staatsgründung abgedruckten Festvortrag zum ersten Jahrestag der Republik) [39].

---

[37] Zu Pekař und seinem Verhältnis zum Klub siehe *Klik*, Josef: Josef Pekař a Historický klub [J. P. und der Historický klub]. ČČH 43 (1937) 253—260.

[38] Da Pekař den Umbruch oft auf Reisen zu lesen pflegte, ließ er so manche Korrektur von irgendeinem Bahnhof telefonisch oder telegraphisch nach Prag durchgeben. *Klik* 1937, 257.

[39] *Pekař*, Josef: Spor o individualismus a kollektivismus v dějepisectví [Der Streit um Individualismus oder Kollektivismus in der Geschichtsschreibung]. ČČH 3 (1897) 200. — *Ders.*: Říjen 1918. Slavnostní přednáška pronesená ve velké aule university Karlovy

Hatte der Klub die Herausgabe des ČČH als seine Hauptaufgabe betrachtet, soll doch zum Schluß nicht unerwähnt bleiben, daß er daneben — wiederum auf Anregung Pekařs — die Veröffentlichung von modernen Lehrbüchern für den Gymnasialunterricht besorgte. Zwischen 1910 und 1912 erschien die erste Auflage des von Bidlo, Hýbl und Šusta verfaßten dreibändigen „Allgemeinen Handbuchs für den Schulunterricht", das nach dem Ersten Weltkrieg noch viele Auflagen haben sollte [40]. 1915 publizierte Pekař sein bekanntes Handbuch für die oberen Gymnasialklassen [41]. Die Einnahmen aus diesen Publikationen dienten der weiteren finanziellen Absicherung des ČČH.

Auch besaß der Klub eine eigene Bibliothek, die in den dreißiger Jahren bereits 10 000 Bände umfaßte, so daß er zu einem Arbeitszentrum für so manchen Wissenschaftler wurde [42].

*

Die Geschichte beider Vereine, des Historický spolek und des Historický klub, ist naturgemäß zugleich auch eine Geschichte der tschechischen Historiographie. Während der Historický spolek von einer Generation gegründet worden war, die ihre Wurzeln noch im romantischen Patriotismus hatte, bei der sich wissenschaftlicher Elan mit pädagogischem Eifer mischte, wurde der Historický klub getragen von der nachfolgenden jüngeren Generation, die, gestützt auf die grundlegenden Arbeiten ihrer Vorgänger, eine methodische exakte Geschichtswissenschaft entwickeln konnte, welche mit Jaroslav Goll und seiner Schule ihr höchstes Niveau erreichte.

---

28. října 1919 [Oktober 1918. Festvortrag gehalten in der großen Aula der Karls-Universität am 28. Oktober 1919]. ČČH 25 (1938) 181—197.

40 *Bidlo*, Jaroslav / *Hýbl*, František / *Šusta*, Josef: Všeobecný dějepis pro vyšší třídy škol středních.

41 Dějiny naší říše.

42 *Macůrek* 1933, 76.

Peter Heumos

KRISE UND HUSSITISCHES RITUAL

Zum Zusammenhang von tschechischer Arbeiter- und Nationalbewegung in Böhmen in den sechziger und siebziger Jahren des 19. Jahrhunderts

Die folgenden Bemerkungen [1] zu den Anfängen der nationalen Bewegung in der tschechischen Arbeiterschaft Böhmens und zur Rezeption spezifischer Elemente des geschichtlichen Bewußtseins durch die Arbeiterschaft im Verlauf dieser Bewegung sind ein Versuch, den sozialgeschichtlichen Zusammenhang von Arbeiter- und Nationalbewegung herauszuarbeiten [2].

I.

Die gewerblich-industrielle Struktur der böhmischen Länder wurde noch an der Wende vom 19. zum 20. Jahrhundert in hohem Maße vom Kleingewerbe geprägt. Nach den Ergebnissen der reichsweiten Betriebszählung vom 3. Juni 1902 verteilten sich in den böhmischen Ländern (und speziell in Böhmen) Betriebsgrößenklassen und Beschäftigte in den Erzeugungsgewerben folgendermaßen:

Tabelle [3]

Betriebsgröße	Betriebe		Beschäftigte	
	absolut	%	absolut	%
bis 5	408 303 (182 895)	93 (91)	671 090 (348 457)	42 (36)
6—20	15 914 (12 337)	4 (6)	149 534 (115 620)	9 (11)
21—1000	6 788 (4 905)	1 (2)	672 182 (468 702)	42 (48)
1000—	67 (33)	0,01 (0,03)	95 908 (47 025)	6 (5)

[1] Dieser Beitrag ist eine erweiterte und überarbeitete Fassung des Referats auf der Tagung des Collegium Carolinum.

[2] Insofern ist das Folgende keine Aufarbeitung der gesamten einschlägigen Literatur, die ganz überwiegend organisations- oder ideologiegeschichtlich ausgerichtet ist, für sozialgeschichtliche Zusammenhänge aber wenig hergibt und — soweit tschechoslowakischer Provenienz — die hier vor allem behandelten Kleingewerbe-Arbeiter mit den Fabrikarbeitern unter dem Begriff des „Proletariats" undifferenziert zusammenzufassen pflegt.

[3] *Bednář*, Karel: Rozmístění průmyslu v českých zemích na počátku 20. století (1902) [Die territoriale Verteilung der Industrie in den böhmischen Ländern zu Beginn des 20. Jahrhunderts]. Prag 1970, 47. — Aus den Ergebnissen der gewerblichen Betriebszählung vom 3. Juni 1902 im Königreiche Böhmen. Prag 1907, XXXVII (Mitteilungen des Statistischen Landesamtes des Königreiches Böhmen 9).

Die großen Städte in Böhmen wichen von diesen Verhältnissen nicht oder nur geringfügig ab; das gilt auch für Prag, wo der Anteil der Kleinbetriebe und der dort Beschäftigten um die Jahrhundertwende dem Landesdurchschnitt entsprach [4].

Es gehört zu den Spezifika der Industrialisierung Böhmens und der böhmischen Länder im 19. Jahrhundert, daß dieser Prozeß vergleichsweise nur sehr langsam zur Verdrängung der kleingewerblich-handwerklichen durch die industrielle Produktion führte; in einigen Produktionszweigen fand die industrielle Expansion sogar als Expansion des Kleingewerbes statt, oft in der Form des Verlages, bei dem erheblich niedrigere Investitionskosten anfielen als bei der fabrikmäßigen Produktion [5]. Das Kleingewerbe selbst unterlag jedoch einem tiefreichenden Strukturwandel: Zwischen 1848 und 1918 (und darüber hinaus) ging die handwerkliche Produktionsform allmählich und von einem Gewerbezweig zum anderen in unterschiedlichem Ausmaß in eine zum Teil außerordentlich leistungsfähige kapitalistische Kleinproduktion über. Die produktionstechnischen, arbeits- und betriebsorganisatorischen Aspekte dieses Wandlungsprozesses sollen hier nicht in allen Einzelheiten dargestellt werden; hervorzuheben sind besonders die wachsende Arbeitsteilung [6], der Übergang zu maschineller Produktion, die in einigen lederverarbeitenden und Bekleidungsgewerben um 1900 schon sehr weit fortgeschritten war [7], die allmähliche Ablösung des Zeitlohns durch das Stücklohnsystem und damit der Verfall autonomer Zeitplanung durch die Gesellen [8], die Strukturveränderungen zahlreicher Handwerksbetriebe durch die Umstellung auf Reparatur- und Zulieferdienste für Großbetriebe [9], die Trennung von Produktion und kaufmännischer Leitung beim Übergang zum Verlag oder zunehmender Exportorientierung [10].

---

[4] Die Betriebe mit höchstens 5 Beschäftigten machten in Prag im Jahre 1890 knapp 92 Prozent der Gesamtzahl der gewerblich-industriellen Betriebe aus; auf sie entfielen 38 Prozent aller im gewerblich-industriellen Bereich Beschäftigten. In Betrieben mit über 500 Beschäftigten, deren Anteil weniger als ein Prozent betrug, arbeiteten rund 16 Prozent. Vgl.: Statistischer Bericht über die volkswirtschaftlichen Zustände im Bezirke der Handels- und Gewerbekammer in Prag in den Jahren 1886—1890. Prag o. J., 272—273.

[5] Im einzelnen hierzu *Heumos*, Peter: Zur Sozialstruktur von Kleingewerbe und Handwerk in Prag 1890—1910. In: Handwerker in der Industrialisierung. Lage, Kultur und Politik vom späten 18. bis ins frühe 20. Jahrhundert. Hrsg. von Ulrich *Engelhardt*. Stuttgart 1984, 165—183 (Industrielle Welt 37).

[6] Am Beispiel des Schuhmachergewerbes hierzu: Bericht der Handels- und Gewerbekammer in Prag über die volkswirtschaftlichen Verhältnisse ihres Bezirks im Jahre 1896. Prag 1897, 341 und 343.

[7] Nach der Betriebszählung des Jahres 1902 verfügten 91 Prozent aller Schneiderbetriebe in Böhmen über eine Nähmaschine, bei den Kürschnern waren es 72 Prozent, bei Schuhmachern und Handschuhmachern 67 bzw. 38 Prozent. Vgl.: Aus den Ergebnissen der gewerblichen Betriebszählung 1907, Tab. I, 2 ff. und Tab. IV, 90 ff.

[8] Die letzten Proteste und Widerstandsaktionen gegen die damit einhergehenden tiefgreifenden Veränderungen des Arbeitsrhythmus und gegen die Steigerung der Arbeitsintensität verzeichnen die Streikstatistiken zwischen 1889 und 1892. Vgl. u. a. *Šolle*, Zdeněk: Dělnické stávky v Čechách v druhé polovině 19. století [Arbeiterstreiks in Böhmen in der zweiten Hälfte des 19. Jahrhunderts]. Prag 1960, 289, 290, 325 und 331.

[9] Viele Beispiele und Hinweise bei *Vrbová*, Pavla: Hlavní otázky vzniku a vývoje

Eng verknüpft mit diesem Wandlungsprozeß war der zwar langsame, aber umfassende Niedergang der Handwerker- bzw. Gesellenkultur, d. h. des gesamten Normen- und Wertegefüges, in welches das Handwerk über Jahrhunderte hinweg eingebettet war; dieser Vorgang, der sich schon in den sechziger und siebziger Jahren des 19. Jahrhunderts belegen läßt, ist bisher allein für Prag und auch hier nur in ersten Ansätzen erforscht [11].

Ein deutlich erkennbares und verbreitetes Symptom des Niedergangs der Gesellenkultur in Böhmen nach der Auflösung der Zünfte im Jahre 1859 ist der Verfall rationalen Organisationsverhaltens der Gesellen auch dort, wo es sich um ihre gegenseitige Absicherung gegen existentielle Grundrisiken (Krankheit, Arbeitsunfähigkeit) handelte, die zuvor durch die Organisationsform der Bruderschaften oder Bruderladen geleistet worden war. So konnten beispielsweise die im Rahmen der kleingewerblichen Genossenschaften nach den Bestimmungen der Gewerbeordnung von 1859 eingerichteten Gehilfenkrankenkassen keine wirksame Tätigkeit entfalten; im Bezirk der Handels- und Gewerbekammer Prag wurden 1865 nur acht dieser Kassen gezählt [12]. Auch im Streikverhalten der Handwerksgesellen machte sich die Auflösung hochentwickelter Formen des vorindustriellen Arbeitskampfes als Rationalitätsverlust bemerkbar: Die überkommene Gruppensolidarität der Gesellen konnte entweder nur um den Preis von Gewalttätigkeiten aufrechterhalten werden, wie schon 1848 am Streik der Prager Schneidergesellen zu beobachten [13], oder sie wich — wie der gemeinsame Streik der Prager Schuhmacher- und Schneidergesellen im Herbst 1869 zeigt — einer Verhaltensunsicherheit, die sich in spontanem Aktionismus, kurzfristiger hoher Mobilisierung und unmotivierten Rückfällen in Apathie niederschlug und dem Arbeitskampf infolgedessen nur geringe Effizienz zu sichern vermochte [14]. Destabilisierend mußte auf die Situation der Gesellen bzw. Kleingewerbe-Arbeiter der Zerfall jener sozialintegrativen Normen der „moralischen Ökonomie“ [15] des 18. Jahrhunderts wirken, die für ihre Subsistenzsicherung im vorindustriellen Zeitalter von entscheidender Bedeutung gewesen waren: Bereits in den sechziger Jahren des 19. Jahrhunderts verlieren sich in Prag die letzten Spuren traditioneller Fürsorge der Handwerksmeister bei saisonaler

---

českého strojírenství do roku 1918 [Hauptfragen der Entstehung und Entwicklung der böhmischen Maschinenindustrie bis zum Jahr 1918]. Prag 1959.

10 *Heumos*, Peter: Bruderlade und proletarischer Tabor. Soziale Bedingungen von Organisations- und Aktionsformen tschechischer Kleingewerbe-Arbeiter in Böhmen 1850—1870. VSWG 69 (1982) 339—372, hier 345.

11 Vgl.: Stará dělnická Praha. Život a kultura pražských dělníků 1848—1938 [Prag als alte Arbeiterstadt. Leben und Kultur der Prager Arbeiter 1848—1938]. Prag 1981.

12 Statistischer Bericht der Handels- und Gewerbekammer in Prag für das Jahr 1865. Prag 1867, 37 ff.

13 *Heumos*: Bruderlade 1982, 350.

14 *Ebenda* 369.

15 Zu diesem Begriff und seiner Verwendung in der Sozialgeschichte s. *Thompson*, Edward P.: Die „moralische Ökonomie“ der englischen Unterschichten im 18. Jahrhundert. In: *Ders.*: Plebeische Kultur und moralische Ökonomie. Aufsätze zur englischen Sozialgeschichte des 18. und 19. Jahrhunderts. Frankfurt/M.-Berlin-Wien 1980, 66 ff. (Sozialgeschichtliche Bibliothek).

Arbeitslosigkeit und Verarmung der Gesellen [16]. Es gibt viele Hinweise darauf, daß gerade die Meister gegen das überlieferte System von Normen und symbolischen Handlungen vorgingen, auf denen Ehre und soziales Prestige der Gesellen beruhten; in Prag konnten die Gesellen im Kampf um die Behauptung ihres traditionellen Status andererseits in vielen Fällen auf Unterstützung durch die Magistratsbehörden zählen [17]. Die Blockierung der vertikalen Mobilität der Gesellen, d. h. ihre nach 1859 faktisch immer geringer werdenden Chancen, zum Meister aufzusteigen, muß zu den Faktoren gerechnet werden, die am stärksten zum Statusverlust der Gesellen beitrugen. Der behördliche Liberalismus bei der Konzessionserteilung bewirkte schon im Vormärz, daß die Zünfte und kleingewerblichen Korporationen ihre Ausbildungs-, Regulierungs- und soziale Schutzfunktion zu verlieren begannen [18], so daß die Prager Handels- und Gewerbekammer 1851 feststellen mußte, daß es u. a. für Zimmerleute, Bierbrauer, Maurer und Schneider keinen „natürlichen Aufstieg" mehr gebe [19]. Nach der Einführung der Gewerbefreiheit (1859) nahm die „Übersetzung" der meisten Gewerbe rasch zu; um die Mitte der sechziger Jahre war der Masse der Gesellen zumindest in den großen Städten wie Prag und Pilsen der Weg zum Meister verbaut [20]. Der allmähliche Übergang des Gesellen zum kapitalistischen Lohnarbeiter als Prozeß des Statusverfalls erreichte offenbar in den achtziger Jahren des 19. Jahrhunderts eine Phase, in der ihr Sozialprestige unter das eines Fabrikarbeiters absank; dies läßt sich beispielsweise am Heiratsverhalten der Mädchen in Prag gut ablesen, die in dieser Zeit einem Arbeiter in der Maschinenbauindustrie als Ehemann den Vorzug vor einem Handwerksgesellen zu geben begannen [21].

Zusammenfassend kann der Niedergang der Gesellenkultur folgendermaßen charakterisiert werden: In der ständischen Gesellschaft bzw. vor der Abschaffung der Zünfte wurde der Status des Handwerksgesellen im wesentlichen normativ, durch Ehre und Sozialprestige definiert; diese waren aufs engste mit der handwerklichen Produktionsform selbst verknüpft, da vorindustrielle Gesellschaften und der für sie kennzeichnende Typus der „embedded economy" keine systematische Trennung von Arbeit und Interaktion kennen, ein Sachverhalt, der u. a. durch den oben erwähnten Begriff der „moralischen Ökonomie" umschrieben wird [22]. Mit

---

16 Stará dělnická Praha 1981, 39 ff.

17 *Ebenda* 83 Anm. 99.

18 Vgl. dazu das Schreiben der Zünfte des südböhmischen Fleckens Winterberg an den Verein zur Ermunterung des Gewerbegeistes in Böhmen vom September 1848. In: Připojení Rakouska k německému celnímu spolku v roce 1848. Edice dokumentů shromážděných Jednotou pro povzbuzení průmyslu v Čechách [Der Anschluß Österreichs an den deutschen Zollverein im Jahre 1848. Edition der vom Verein zur Ermunterung des Gewerbegeistes in Böhmen gesammelten Dokumente]. Hrsg. v. Věra *Psotová*. Prag 1970, Dok. Nr. 151.

19 *Heumos*: Bruderlade 1982, 344.

20 Statistischer Bericht der Handels- und Gewerbekammer in Prag für das Jahr 1865. Prag 1867, 39 ff.

21 *Svobodová*, Jana: Dělnická rodina v mikrostruktuře sídelní jednotky [Die Arbeiterfamilie in der Mikrostruktur der Siedlungseinheit]. Etnografie dělnictva 8 (1977) 59 ff.

22 Ausführlich hierzu *Grießinger*, Andreas: Das symbolische Kapital der Ehre. Streikbewegungen und kollektives Bewußtsein deutscher Handwerksgesellen im 18. Jahrhundert. Frankfurt/M.-Berlin-Wien 1981, passim (Sozialgeschichtliche Bibliothek).

der Herausbildung der marktintegrierten Gesellschaft und der allmählichen Durchsetzung eines „normfreien" Produktionsprozesses wird der Status des Gesellen dysfunktional, Arbeit und Interaktion fallen — gemäß den Erfordernissen kapitalistischer Rationalität — auseinander. Die Auflösung der normenintegrierten Ökonomie und die Ausdifferenzierung eines vom interessegeleiteten Kalkül beherrschten ökonomischen Handlungsfeldes vollzogen sich in Böhmen besonders rasch im Müllergewerbe, das sich bereits in den sechziger Jahren einer erdrückenden industriellen Konkurrenz gegenübersah [23]. Die Prager Handelskammer unterstützte daher 1854 die Absicht der Pardubitzer Müller, für wandernde Müllergesellen eine Herberge zu errichten, weil sie darin ein Mittel erblickte, „dem müßigen Vagieren der Gesellschaft, welche nach einer alten, unzeitgemäßen Sitte in den Mühlen längere gänzliche Verpflegung erhielt und sich deshalb zum Müßiggange verwöhnte, zu begegenen" [24].

Der enge Zusammenhang von Arbeit und Normen in der handwerklichen Produktionsform sei hier ausdrücklich betont; auf ihn wird unten, in einem anderen Kontext, zurückzukommen sein. Im Hinblick auf die Integration der Arbeiterbewegung in die nationale Bewegung — und bis in die siebziger Jahre stellte die Arbeiterbewegung in Böhmen primär eine Bewegung der Kleingewerbe-Arbeiter dar — kann aufgrund der eben skizzierten Entwicklung vorweg schon soviel gesagt werden, daß die nationale Bewegung nicht pauschal als Prozeß der Aufstufung sozialen Selbstbewußtseins und Selbstwertes zu verstehen ist [25], so wenig damit ihr soziales und politisches emanzipatorisches Potential verkannt werden soll. Für den handwerklich-kleingewerblichen Bereich deckte diese Bewegung — trotz der insgesamt nicht ungünstigen wirtschaftlichen Situation des Kleingewerbes [26] — auch sozialen Statusverlust und kulturellen Verfall.

II.

Es ist eine allgemein bekannte Erfahrung, daß Statusverlust sozialer Gruppen zwei Reaktionen hervorzurufen pflegt: die Tendenz zur Statusüberbetonung, verbunden mit der Ausbildung einer gruppenspezifischen Sondermoral, andererseits das Bestreben, sich in der sozialen Hierarchie nach „unten" abzugrenzen. Für das eine wie das andere liefert die Entwicklung der kleingewerblich-handwerklichen Arbeiterschaft in Böhmen im hier behandelten Zeitraum reiches Anschauungsmaterial. Exemplarisch zum ersten Punkt ist hier die demonstrative Besonderung der Gesellen bzw. kleingewerblichen Arbeiter durch auffällige Kleidung zu nennen; im Gegen-

---

23 Vgl. *Purš*, Jaroslav: Die Entwicklung des Kapitalismus in der Landwirtschaft der böhmischen Länder in der Zeit von 1848—1879. Jahrbuch für Wirtschaftsgeschichte III/1968, 31—96.

24 Verhandlungen der Handels- und Gewerbekammer in Prag von ihrer Begründung am 18. November 1850 bis zum Schlusse des Jahres 1857. Prag 1859, 260.

25 So beispielsweise *Purš*, Jaroslav: The Situation of the Working Class in the Czech Lands in the Phase of the Expansion and Completion of the Industrial Revolution. Historica 6 (1963) 145—237.

26 Jedenfalls in langfristiger Perspektive. Vgl. *Heumos*: Zur Sozialstruktur 1984, 182.

satz zur ständisch-zünftlerischen Kleiderordnung und -symbolik der Handwerksgesellen handelt es sich dabei um einen außerordentlich schwankenden äußeren Habitus [27]. Phantasievoller Gestaltung waren hierbei keine Grenzen gesetzt; so trugen beispielsweise die Mitglieder des 1869 gegründeten Arbeiterbildungsvereins in Smichov, der sich zur Hälfte aus Kleingewerbe-Arbeitern zusammensetzte [28], „den Tschikosch [ungarische Husarenkappe — P. H.] mit weißer Feder, die hellblaue Sokol-Jacke mit schwarzen Tressen und graue Sokol-Hosen mit dem Vereinsmonogramm" [29]. Weite Verbreitung fand unter den Gesellen die polnische „čamara", ein auffälliger schwarzer Schnürrock mit niedrigem Stehkragen, mit dem „revolutionäre" Gesinnung ausgedrückt werden sollte [30]. Die Tendenz zur Statusüberbetonung spiegelte sich ferner im repräsentativen Konsum der Gesellen; hier sind vor allem die „Schmausereien" anzuführen, die nicht — wie traditionsgemäß im Zeitalter der Zünfte — montags auf der Herberge oder in der Handwerkerkneipe stattfanden, sondern unter der Woche in feinen Speiselokalen der Prager Neustadt und für die Gesellen ruinös gewesen sein müssen [31]. Das Konsumverhalten diente offensichtlich auch dazu, in der Öffentlichkeit feinere Lebensart als die Fabrikarbeiter zu demonstrieren [32].

Die Abrenzung der kleingewerblichen Arbeiter nach „unten" ist u. a. daran zu erkennen, daß sie — zumal in Notlagen — darauf pochten, vor anderen sozialen Gruppen einen besonderen Anspruch auf soziale Fürsorge und Unterstützung zu besitzen [33], dann an verschiedenen Formen des Distanzierungsverhaltens gegenüber den Unterschichten in alltäglichen Situationen [34]. Daß die Bruderschaften der Handwerksgesellen in der Prager Altstadt in den fünfziger Jahren zunächst nicht bereit waren, mit den Organisationen der Industriearbeiter zu kooperieren, die vor allem in den Fabrikvorstädten wie Smichov und Karolinenthal entstanden, gehört ebenfalls in diesen Zusammenhang [35].

---

[27] Zahlreiche Beispiele hierzu finden sich bei *Horáček*, Cyril: Počátky českého hnutí dělnického [Die Anfänge der tschechischen Arbeiterbewegung]. Prag 1896.

[28] *Heumos*: Bruderlade 1982, 362.

[29] *Horáček* 1896, 35.

[30] *Heumos*: Bruderlade 1982, 362.

[31] *Ebenda* 349. — Der durchschnittliche Taglohn im Kleingewerbe betrug in den sechziger Jahren in Prag etwa 60 Kreuzer. Ein Mittagessen in den Prager Bierkellern, deren Preisniveau erheblich unter dem der vornehmen Restaurants und Speiselokale lag, kostete bereits 40 Kreuzer. Vgl. *Šťastná*, Jarmila: Stravování pražského dělnictva a chudiny ve druhé polovině 19. a na počátku 20. století [Die Verpflegung der Prager Arbeiterschaft und der armen Leute in der zweiten Hälfte des 19. und zu Beginn des 20. Jahrhunderts]. Český lid 64 (1977) 9—22.

[32] *Heumos*: Bruderlade 1982, 349.

[33] *Ebenda* 350.

[34] Vgl. *Rezler*, J.: Ze života průkopníků sociální demokracie [Aus dem Leben der Vorkämpfer der Sozialdemokratie]. Prag 1954, 292.

[35] *Novotný*, Karel: Slučovací snahy pokladničních spolků pražských tiskařů kartounu ve 30.—50. letech 19. století [Die Bestrebungen zum Zusammenschluß der Kassenvereine der Prager Kattundrucker in den dreißiger bis fünfziger Jahren des 19. Jahrhunderts]. Etnografie dělnictva 9 (1977) 7—53, hier 26.

III.

Die Einbeziehung der Kleingewerbe-Arbeiter in die tschechische nationale Bewegung, die sich vor allem in den späten sechziger Jahren im Zuge der „tábor“-Bewegung auf breiter Front vollzog [36], kam offensichtlich aus Antrieben, die durch das eben umrissene kompensatorische Sozialverhalten bestimmt wurden: Die Gesellen begegnen ihrem sozialen Bewertungsverfall mit dem Versuch, symbolisches Kapital zu akkumulieren, und das hieß konkret: Wertorientierungen und Verhaltenskodex des Bürgertums zu übernehmen. Ein Blick auf die Szenerie der kleingewerblichen Arbeiter- und Nationalbewegung in Prag in den sechziger Jahren des 19. Jahrhunderts läßt dies sehr deutlich werden: Die Vergnügungsabende der Gesellen in den Häusern und Gärten wohlhabender Prager Bürger wie beispielsweise des Mälzers Schary, die Handwerkerbälle im Konviktsaal in der Prager Altstadt, Landpartien der Gesellen mit Gesang, Rezitationen und Trinksprüchen auf die Nationalhelden von Žižka bis Palacký sowie die zahllosen Festlichkeiten anläßlich der Gründung von Bildungs- und Unterstützungsvereinen, Konsumgenossenschaften und Sterbekassen mit ihren pathetischen Reden, ihren Ehrenjungfrauen, Pokalübergaben und Fahnenweihen — alle diese Aktivitäten trugen unverkennbar den Stempel der Demonstration von „Respektabilität“, des beflissenen Bemühens, die Qualifikation eines ehrenwerten Mitgliedes der nationalen Gesellschaft zu erwerben [37]. „Aufruhr, Streik und Fenstereinschlagen“ würden dem Arbeiter nicht zur Ehre gereichen, schrieb das Prager Arbeiterblatt „Dělník“ Ende 1868 [38]. Auch die Bildungsanstrengungen der kleingewerblichen Arbeiter [39] können nicht unabhängig von dem Versuch gesehen werden, die kulturellen Eingangsbarrieren zur liberalen Gesellschaft zu überwinden, mochten sie auch einem authentischen Bedürfnis der Arbeiterschaft insgesamt und den Traditionen der Gesellenbruderschaften entsprechen, die die Pflege „literärischer Bildung“ stets zu ihren Aufgaben gezählt hatten [40]. Die Beitrittsaufrufe der Kleingewerbe-Arbeiter zu ihren Bildungsvereinen zeigen überaus klar, daß Bildung ihnen die Aufnahme in die nationale Gesellschaft sichern sollte; ihr Ziel war, „treue Söhne des Vaterlandes“ zu werden, wie die stereotype Formulierung der Aufrufe lautete [41].

Die Anpassung an das Bürgertum und der Weg zu Nationalismus und Klassenfrieden, den die Gesellen oft genug mit der Feststellung bekräftigten, nur gegen das

---

[36] Ausführlich zu dieser Bewegung *Purš*, Jaroslav: Tábory v českých zemích 1868—1871 [Die Volksversammlungs-Bewegung in den böhmischen Ländern 1868—1871]. ČSČH 6 (1958) 234—266; 446—470; 661—690.

[37] Eine eindrucksvolle Darstellung dieses Milieus gibt *Horáček* 1896.

[38] Zit. nach *Horáček* 1896, 72.

[39] Zusammenfassend hierzu erstmals *Skalníková*, Olga: Úloha vzdělání v pražských dělnických spolcích. II. pol. XIX. stol. [Die Rolle der Bildung in den Prager Arbeitervereinen. 2. Hälfte des 19. Jahrhunderts]. Etnografie dělnictva 6 (1975) 78—152.

[40] Vgl. *Stölzl*, Christoph: Die Ära Bach in Böhmen. Sozialgeschichtliche Studien zum Neoabsolutismus 1849—1859. München 1971, 229 Anm. 33 (Veröffentlichungen des Collegium Carolinum 26).

[41] Vgl. dazu den von mehreren Handwerksgesellen unterzeichneten Aufruf zum Eintritt in den Verein der Gewerbs- und Handwerksgehilfen in Prag, abgedruckt in: Svoboda, 30. 10. 1864.

„fremde" und nicht gegen das „tschechische Kapital" kämpfen zu wollen [42], beschränkten sich nicht auf Formen des Agierens in der Öffentlichkeit; die Übernahme des bürgerlichen Normenkanons reichte weit in andere Lebensbereiche hinein, wie sich beispielsweise am Wandel von Sexualverhalten und -moral der Gesellen zeigen läßt. In den sechziger Jahren bewegten sich die Gesellen noch ganz außerhalb bürgerlicher Moralvorstellungen; ihre sexuellen Beziehungen waren Bestandteil einer „plebeischen" Kultur, die über ihre eigenen Normen und Wertorientierungen verfügte. Diese Kultur entfaltete sich u. a. bei den traditionsreichen böhmischen Wallfahrten, die sich bei den Gesellen deshalb großer Beliebtheit erfreuten, weil daran stets viele Frauen und Mädchen teilnahmen; da man im Freien übernachtete, wurde die Gunst der Stunde ausgiebig genutzt. „Jeder legt sich neben die, zu welcher ihn der ungezäumte Trieb lockt", schrieb 1868 der Bezirkshauptmann in Raudnitz über die Vorgänge bei einer Wallfahrt zum Georgsberg bei Raudnitz und stellte fest, es seien vor allem „Gesellen und Dienstleute, welche bei den Prozessionen sich in der Ausschweifung mit dem Weibsvolk hervortun" [43]. Die entrüsteten Kommentare aus tschechischen Honoratiorenkreisen zu diesem „schamlosen Treiben" [44] spiegeln den Abstand der Handwerksgesellen zum Moralkodex des Bürgertums in der Zeit. In den achtziger Jahren hatten die Kleingewerbe-Arbeiter diesen Kodex jedoch schon weitgehend zu ihrem eigenen gemacht; was an rigiden moralischen Lebensregeln und quasi-puritanischer Verzichtethik im Umgang mit dem anderen Geschlecht aus dem Prager Kleingewerbe für diese Zeit überliefert ist [45], scheint sogar teilweise auf Überanpassung an die herrschende Sexualmoral hinzudeuten [46].

IV.

Für das Jahr 1870 liegen Angaben zur territorialen Verteilung der tschechischen Arbeitervereine in Böhmen vor, nach denen die Topographie der nationalen Bewegung als Bewegung kleingewerblicher Arbeiter recht genau bestimmt werden kann. Die Masse der 160 Arbeitervereine mit tschechischer Verhandlungssprache, die in diesem Jahr außerhalb Prags bestanden und in rund 110 Fällen überwiegend Kleingewerbe-Arbeiter zu ihren Mitgliedern zählten [47], konzentrierte sich auf das Gebiet um Raudnitz, Welwarn, Schlan und Melnik nordwestlich von Prag (s. Karte) [48]. Mit den üblichen sozialwissenschaftlichen Erklärungsansätzen zur Ent-

---

[42] Dělník, 1. 6. 1868.

[43] Staatliches Zentralarchiv Prag. PM 1860—1870. 8/5/1/3, 802/1868.

[44] *Palacký*, Jan: Böhmische Skizzen. Von einem Landeskinde. Leitomischl 1860, 44.

[45] Stará dělnická Praha 1981, 45.

[46] Die „Zivilisierung" und „moralische Besserung" der Unterschichten wurde seit Beginn der fünfziger Jahre des 19. Jahrhunderts zu einem wichtigen Thema der bürgerlichen Presse; insbesondere der „Posel z Prahy" gehörte zu den Bannerträgern dieser Art Volkspädagogik.

[47] Staatliches Zentralarchiv Prag. PP 1870—1875. V/21/8, 5420/1870.

[48] Die Verteilung der Vereine nach dem in Anm. 47 zit. amtlichen Bericht; ferner nach *Bavorský*, J. / *Petr*, V.: Přehled činnosti dělnictva českého. Práce. Kalendář dělnický na rok 1871 [Übersicht der Tätigkeit der tschechischen Arbeiterschaft. Arbeit. Arbeiter-

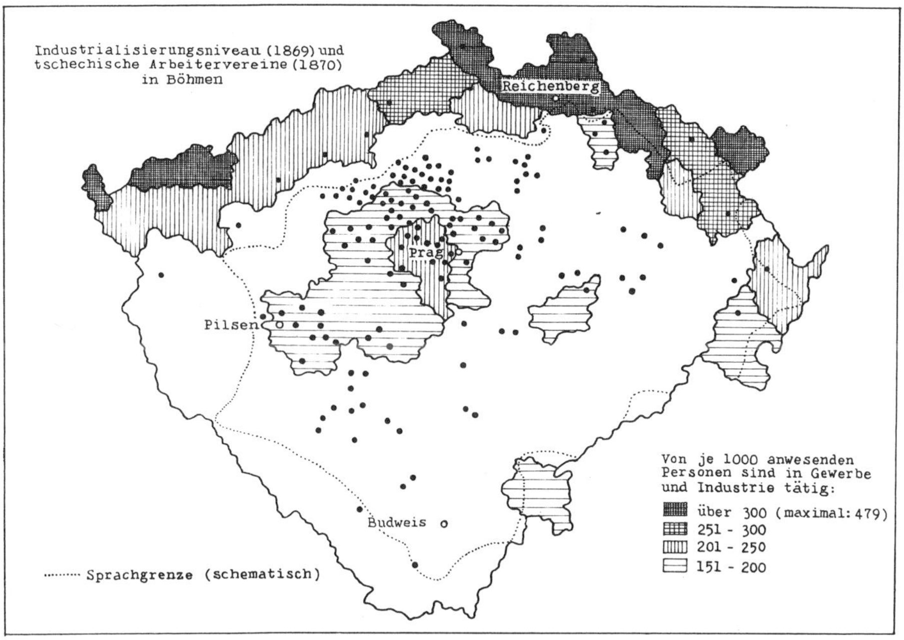

stehung und Verbreitung nationaler Bewegungen [49] kommt man im vorliegenden Fall nicht weiter: Weder nach gewerblich-industriellem und Urbanisierungsniveau, Dichte der Kommunikationsstrukturen, Alphabetismusrate etc. wies dieses Gebiet signifikante Unterschiede zu anderen Regionen Böhmens auf [50]. Als Spezifikum dieses Raums ist eine bis in die Zeit der Gegenreformation zurückreichende, zum Ende des 18. Jahrhunderts wiederbelebte antikatholische Tradition zu erkennen; sie ist jedoch keineswegs allein für die Handwerksgesellen, sondern auch und vor allem für die bäuerlichen Schichten dieser landwirtschaftlich relativ fortgeschrittenen Region vorauszusetzen [51].

In einer längeren organisationsgeschichtlichen Perspektive der tschechischen bzw. böhmischen Arbeiterbewegung muß die Massierung von Arbeitervereinen im nord-

kalender für das Jahr 1871]. Prag 1870, 121—142. — Die graphische Darstellung des gewerblich-industriellen Entwicklungsniveaus nach den Karten bei *Bednář* 1970.

49 Wie sie vor allem von Karl *Deutsch* entwickelt wurden; vgl. dazu insbesondere seine Untersuchung: Nationalism und Social Communication. An Inquiry into the Foundations of Nationality. Cambridge/Mass.-London 1966.

50 Dies ist näher ausgeführt bei *Heumos*, Peter: Agrarische Organisationen und nationale Mobilisierung in Böhmen im 19. Jahrhundert. In: Modernisierung und nationale Gesellschaft im ausgehenden 18. und im 19. Jahrhundert. Referate einer deutsch-polnischen Historikerkonferenz. Hrsg. v. Werner *Conze*, Gottfried *Schramm*, Klaus *Zernack*. Berlin 1979, 177—192 (Gießener Abhandlungen zur Agrar- und Wirtschaftsforschung des europäischen Ostens 99).

51 *Ebenda.*

westlichen Mittelböhmen zu Beginn der siebziger Jahre eher der Verfallsphase einer autonomen Gesellenbewegung als den Anfängen der Arbeiterbewegung zugerechnet werden, die in der Folgezeit politisch und organisatorisch durch die Sozialdemokratie integriert wurde. Zwar sind Kontinuitätslinien von kleingewerblichen Arbeiterbildungsvereinen bis zu sozialdemokratischen Gewerkschafts- oder Parteiorganisationen verschiedentlich nachweisbar [52]. Insgesamt besaß aber das Gebiet später, in den achtziger und neunziger Jahren des 19. Jahrhunderts, weder politisch noch organisatorisch irgendein erkennbares Gewicht im Rahmen der Arbeiterbewegung und der sozialdemokratischen Partei, wie man u. a. an der geringfügigen Zahl von Delegierten feststellen kann, die aus diesem Gebiet zu den Parteitagen der tschechoslowakischen oder österreichischen Sozialdemokratie entsandt wurden [53]. Die Schwerpunkte der Arbeiterbewegung hatten sich inzwischen längst in die industriellen Ballungszentren Pilsen, Prag, Mährisch-Ostrau und Reichenberg verlagert [54].

V.

Haben die Gesellen bzw. Kleingewerbe-Arbeiter im Verlauf der nationalen Bewegung der sechziger und siebziger Jahre spezifische Elemente der nationalen Tradition und Geschichte rezipiert? Es gibt genügend Hinweise darauf, daß sich ihre Aneignung nationaler Traditionsgehalte auf Hus und die großen Gestalten der hussitischen Ära konzentrierte. Im Vortragsangebot zur böhmischen Geschichte in den Bildungsvereinen, z. B. im Prager Kleinseitener Arbeiterbildungsverein, von dessen 193 Mitgliedern Ende 1869 mehr als 150 Handwerksgesellen waren [55], nahm die hussitische Bewegung einen herausragenden Platz ein [56]. Bei zahlreichen Vereinsgründungen führten die Kleingewerbe-Arbeiter hartnäckige Auseinandersetzungen mit den zuständigen Behörden um die Genehmigung, in die Vereinsembleme hussitische Symbole aufnehmen zu dürfen [57]. Die schwarze Hussitenfahne mit dem weißen Kelch beherrschte die Kundgebungen und Protestversammlungen der Kleingewerbe-Arbeiter; sie fanden vielfach an Plätzen und Orten statt, die mit der hussitischen Bewegung oder den hussitischen Kriegen verknüpft waren [58].

Es ist üblich geworden, diese „hussitische Orientierung" als unmittelbaren Ausdruck nationalen und sozialen Radikalismus zu verstehen und daran emphatische

---

[52] Das gilt vor allem für das Druckereigewerbe.

[53] Vgl. *Kodedová*, Oldříška: Vývoj organizační struktury sociální demokracie v českých zemích v 90. letech 19. století [Die Entwicklung der Organisationsstruktur der Sozialdemokratie in den böhmischen Ländern in den neunziger Jahren des 19. Jahrhunderts]. Sborník historický 12 (1964) 79—127, bes. 123.

[54] *Ebenda.*

[55] *Vrbová*, Pavla: Ke vzniku a charakteru tak zvaných dělnických besed v šedesátých letech 19. století v Praze [Zur Entstehung und zum Charakter der sogenannten Arbeiter-Besedas in den sechziger Jahren des 19. Jahrhunderts]. ČSČH 5 (1957) 108—136, hier 128.

[56] *Šolle*, Zdeněk: K počátkům dělnického hnutí v Praze [Zu den Anfängen der Arbeiterbewegung in Prag]. ČSČH 5 (1957) 664—687.

[57] *Vrbová*: Ke vzniku 1957, 129.

[58] Vgl. *Purš*: Tábory 1958, passim.

Behauptungen über die Aktualisierbarkeit vergangener Sinnhorizonte zu knüpfen; vor allem die tschechoslowakische Forschung neigt dazu, der tschechischen Arbeiterbewegung im 19. Jahrhundert durch die Verbindung mit dem Hussitismus ihre besondere Würde und historische Tiefe zu verleihen [59]. Diese geistesgeschichtlichen Brückenschläge zwischen den Jahrhunderten helfen indessen nicht, genauer zu erfassen, wie die kleingewerbliche Arbeiterbewegung Überlieferung rezipierte. Daher sei hier aus einem Statthalterei-Bericht des Jahres 1869 zitiert, der den typischen Verlauf einer Versammlung von Kleingewerbe-Arbeitern in Prag beschreibt [60].

„Am 12. d. Mts. haben die Gewerbsgehilfen auf der Invalidenwiese einen unbefugten Tabor abgehalten, an welchem 2—3000 Personen, insbesondere Schneider- und Tischlergesellen, ferner Maurer teilnahmen ... Die Versammlung, obschon durch andauernden Trommelschlag, durch den üblichen Gesang und das Zeigen hussitischer Fahnen aufgereizt, beobachtete anfangs eine mäßige Haltung, geriet aber in eine furchtbare Aufregung, nachdem über Aufforderung des zweiten Redners ein allgemeines Gebet gesprochen wurde, mit welchem der Beistand des Žižka für die nationale Sache erfleht werden sollte und derselbe Redner sodann erklärte, daß die Nation sich in einem reißenden Zeitstrome befinde, welcher schon bald in die nationale Erhebung und den Umsturz der bestehenden Ordnung einmünden werde. Weitere Reden, welche — soviel aus den bisher gepflogenen Erhebungen entnommen wird — die Frage: Wie wäre die Lage der Gewerbsgehilfen zu verbessern? behandeln sollten, wurden in der Folge des Ausbruches der wildesten Tumulte und des Einschreitens der k. k. Militär-Assistenz nicht gehalten."

Diese Beschreibung zeigt sehr deutlich, daß das Verhalten der Gesellen durch Weltbilder und Deutungsmuster noch ganz ungebrochen kanalisiert werden kann: Žižka als legendäre nationale Erlösergestalt wird gleichsam distanzlos erlebt, in einer unmittelbar verhaltenswirksamen Weise rezipiert. Verhalten, das Weltbildern folgt, die nicht als Glaube vorhanden sind, „an dem man zweifeln könnte, sondern als unmittelbar gelebte Lebensform" [61], ist als rituelles Verhalten zu bezeichnen; es muß im vorliegenden Zusammenhang in enger Verbindung mit der überkommenen rituellen Regulierung der Lebens- und Arbeitswelt der Handwerksgesellen gesehen werden, die bekanntlich — wie etwa die Stilisierung von Habitus, Gestus und Redeverhalten zeigen — bis in Details alltäglicher Situationen reichte.

An dieser Stelle ist noch einmal auf den oben angesprochenen Zusammenhang von handwerklicher Produktionsform und normativen Regelungen, von Arbeit und Interaktion zurückzukommen. Diese normativen Regelungen, die durchweg rituelle, magische oder symbolische Handlungsmuster darstellten, hatten primär den Sinn und die Funktion eines stabilitätsverbürgenden Deutungssystems: Der geringe Grad der Kontrolle über die äußere Natur in der handwerklichen Produktionsform, ihre geringe Komplexität und hohe Instabilität, das Fehlen eines selbstregulativen ökonomischen Mechanismus, der später, im industriellen Zeitalter, über

---

59 Einen erheblichen Beitrag zur Verbreitung dieses Interpretationsmusters leistete die programmatische Schrift von *Nejedlý*, Zdeněk: Komunisté — dědici velkých tradic našeho národa [Die Kommunisten — die Erben der großen Traditionen unseres Volkes]. Prag 1946.

60 Staatliches Zentralarchiv Prag. PP 1863—1869. V/5/74, 613/1869.

61 *Döbert*, R.: Systemtheorie und die Entwicklung religiöser Deutungssysteme. Zur Logik des sozialwissenschaftlichen Funktionalismus. Frankfurt/M. 1973, 347.

den Markt ausgebildet wird, all das verlangte nach „ideologischen“ Absicherungen gegen die bedrohlichen Unwägbarkeiten der materiellen Entwicklung; die rituelle Praxis errichtete gleichsam kognitive Barrieren vor der Wahrnehmung dieser Bedrohung [62]. Von daher ist es konsequent, daß die Handwerksgesellen auf ökonomische Krisen stets mit einer Forcierung ritueller Verhaltensweisen zu antworten pflegten, welche ihre normative Kompetenz über den Produktionsprozeß wiederherstellen sollten [63], eine Strategie, die ihre Logik auch daraus bezog, daß durch die enge Verkoppelung von Produktion und Normen das den Gesellen zur Verfügung stehende symbolische Kapital an Ehre und sozialem Prestige direkt in materielles Kapital konvertibel war [64]. Unter dem Gesichtspunkt der Forcierung rituellen Verhaltens in Phasen wirtschaftlicher und sozialer Destabilisierung sind die Protesthandlungen der Gesellen aufschlußreich: Die Gesellenstreiks in Böhmen in den sechziger und siebziger Jahren lassen sich nicht primär als Versuche der Interessendurchsetzung im ökonomischen Bereich begreifen, die nach Kosten-Nutzen-Kalkulationen geplant wären, sondern als aufwendige Rituale, vermittels derer die Gesellen in vielfältigen symbolischen Handlungen Ansehen und Bedeutung ihrer Gruppe öffentlich darstellen und emphatisch zu behaupten suchen [65]; der damit einhergehende Festcharakter der Gesellenstreiks ist vereinzelt noch in den neunziger Jahren des 19. Jahrhunderts zu beobachten [66].

Die These liegt somit nahe, daß die rituellen Verhaltensweisen und das Übermaß an „expressivem Symbolismus“, die keineswegs nur in dem oben zitierten Text, sondern in allen Phasen der kleingewerblichen Arbeiter- und Nationalbewegung der sechziger und siebziger Jahre festzustellen sind, eine *traditionelle* Reaktion der Gesellen auf die krisenhaften Umbrüche der handwerklichen Produktionsform darstellten. Diese Reaktion ist jedoch nun dysfunktional, da die Krise aufgrund der sich ausweitenden strukturellen Veränderung der Produktion nicht mehr wirksam mit den überlieferten Mitteln bearbeitet werden kann.

Dieser Sachverhalt, daß nämlich die Reaktionen der Handwerksgesellen auf die Krise ins Leere stoßen, sei an einem zweiten Beispiel erläutert, und zwar an dem Komplex des „alten Rechts“. Bis weit über die Mitte des 19. Jahrhunderts hinaus bildete das „alte Recht“ — wie in Prag besonders gut zu sehen — die Legitimationsbasis für das Protestverhalten der Kleingewerbe-Arbeiter. Es stellte — als Gewohnheitsrecht — eine Verschmelzung von Rechtsnormen, mythischen Weltbildern und Moralvorstellungen dar; wir sehen dies an seiner Definition als Einheit von „Recht und Gerechtigkeit“, an den Interpretationen von Übergriffen der Meister durch die Gesellen, die diese als „gegen Gott und alle Ordnung“ ge-

---

62 Zu diesem Zusammenhang von Ökonomie und rituellem bzw. magischem Denken in sogenannten normintegrierten Gesellschaften vgl. *Bourdieu*, P.: Entwurf einer Theorie der Praxis auf der ethnologischen Grundlage der kabylischen Gesellschaft. Frankfurt 1976.

63 *Grießinger* 1981, 452—453.

64 Ehre ist zugleich Garant und Artikulationsform für die Qualität der Arbeit, für ein spezifisches Leistungsvermögen etc.

65 *Heumos*: Bruderlade 1982, 350.

66 Vgl. für Prag: Bericht der k. k. Gewerbe-Inspektoren über ihre Amtsthätigkeit im Jahre 1895. Wien 1896, 186.

richtete Handlungen betrachteten, schließlich an der Berufung der Gesellen auf eine „gerechte" Ökonomie, die jedermann ein „gutes Leben" (im aristotelischen Sinne) gestatten sollte [67]. Es bedarf keiner Erläuterung, daß diese Erwartungen im Rechtssystem der bürgerlichen Gesellschaft keine Erfüllung finden konnten; das Beharren auf diesen Erwartungen wurde daher zunehmend wirklichkeitsferner. Daß die Gesellen in der Tat kognitiv blockiert waren und die neue Rechtsordnung nicht wahrzunehmen vermochten, zeigen die Anfänge des Arbeitsrechts in Böhmen, speziell die ersten gesetzlichen Initiativen zur Regelung von Konflikten aus dem Arbeitsverhältnis. Die in den achtziger Jahren im Kleingewerbe eingerichteten Schiedsgerichte blieben völlig unwirksame Institutionen; im Konfliktfall suchten die Gesellen vielmehr den Weg zum böhmischen Statthalter in der nicht immer unrichtigen Vermutung, daß die paternalistische Tradition der Behörden eine ihren Bedürfnissen angemessene Problemlösung gewährleisten würde [68].

VI.

Es liegt auf der Hand, daß Verhaltensweisen, Handlungsmuster und Weltbilder, die in der sozialen Wirklichkeit keinen Resonanzboden mehr finden und sozusagen leerlaufen, Frustrationen und Desorientierungen zur Folge haben, die einerseits zu Aggressionen führen können, andererseits zu der Bereitschaft, sich autoritären Verhältnissen zu unterwerfen. Für das eine stehen die Eruptionen elementarer Gewalt, die den Verlauf der kleingewerblichen Arbeiter- und Nationalbewegung begleiteten und die beflissen erlernten „ehrbaren" Verhaltensweisen immer wieder fortzuschwemmen pflegten. Das andere zeigt der geradezu devote Umgang der Gesellen mit den Führern ihrer Bewegung, beispielsweise mit Chleborád, den man als „Patriarch" und „unseren Vater" verehrte, dann die Tendenz, die Leitung der Arbeitervereine Adligen oder Großbürgern anzuvertrauen [69].

Für die Geschichtsschreibung der Arbeiterbewegung sind dies alles lediglich Symptome des frühkindlich-unreifen Entwicklungsstadiums der (proletarischen) Arbeiterbewegung [70]. In Wirklichkeit haben wir es jedoch hier mit den Artikulationsformen des Verlustes sozialer und kultureller Identität einer Gruppe zu tun, deren über Jahrhunderte tradierte Lebens- und Arbeitswelt zu verfallen begann. Dieser Verfall ging schon im hier behandelten Zeitraum tief genug, um die Gesellen daran

---

67 *Heumos*: Bruderlade 1982, 348 und 350.

68 *Waentig*, Heinrich: Gewerbliche Mittelstandspolitik. Eine rechtshistorisch-wirtschaftspolitische Studie auf Grund österreichischer Quellen. Leipzig 1898, 411 ff. — *Ctibor*, J.: Z mých pamětí. Počátky a vývin odborového hnutí českého dělnictva pekařského a odborů potravních [Aus meinen Erinnerungen. Anfänge und Entwicklung der Gewerkschaftsbewegung der tschechischen Bäckerei-Arbeiter und der Gewerkschaften der Nahrungsmittelgewerbe]. Prag o. J., 43.

69 *Heumos*: Bruderlade 1982, 363—364 und 367.

70 So schon aus der Sicht der frühen Chronisten der sozialdemokratischen Arbeiterbewegung im Habsburgerreich. Vgl. die 1908 verfaßte Studie von *Šmeral*, Bohumír: Národnostní otázka v sociální demokracii v Rakousku až do sjezdu hainfeldského [Die Nationalitätenfrage in der Sozialdemokratie in Österreich bis zum Hainfelder Parteitag]. In: Historické práce 1908—1940 [Historische Arbeiten 1908—1940]. Prag 1961, 56.

zweifeln zu lassen, daß ihre Situation in der gegebenen Gesellschaft überwunden werden könne. In ihren Zukunftsentwürfen rechneten sie jedenfalls mit der ganz anderen Welt; dafür steht vor allem die oft beschworene Vision „Amerika", das Symbol für Freiheit und Gerechtigkeit, für weniger Plackerei und besseren Lohn [71].

Die Vereinnahmung der Kleingewerbe-Arbeiter durch die tschechische Nationalbewegung vollzog sich unter den hier skizzierten Voraussetzungen relativ glatt. Den Verheißungen einer neuen kollektiven Identität und einer neuen Stabilisierung ihres Selbstwertes hatte die Masse der Gesellen je länger je weniger entgegenzusetzen. An Kritikern der nationalen Euphorie aus den Reihen der Gesellen fehlte es allerdings nicht ganz; zu ihnen gehörte beispielsweise der Goldschlägergeselle Kalivoda, der 1869 auf einer Volksversammlung in Prag erklärte, „daß der Arbeiter, ob böhmischer oder deutscher Zunge, zum Schlusse die Zeche stets bezahlen müsse. Die Annahme, daß durch die Erreichung der nationalen Unabhängigkeit der Kalamität des Arbeiters abgeholfen wäre, sei ganz irrig. Die nationalen Tonangeber Palacký und Rieger würden zwar die innige Verbindung der Nationalität mit der Humanität proklamieren, doch sei trotz der in jüngster Zeit gleich einer Epidemie um sich greifenden nationalen Tendenzen eine Verbesserung der Humanität in den Fabriken und Meisterwerkstätten keinesfalls zu beobachten" [72].

In der kulturellen Tradition der Handwerksgesellen lag der Nationalismus in der Tat nicht. Zwar wird im Rückblick auf die Handwerkskultur in der Forschung zumeist das zünftlerisch-bornierte Sonder- und Partikularbewußtsein der Handwerksgesellen hervorgehoben [73], aber ihre Sozialisation wurde unzweifelhaft durch universalistische Normen und Wertorientierungen geprägt; hier sind vor allem die Gesellenbruderschaften und die Erfahrung des Wanderns zu nennen, die den wichtigsten Beitrag zur Vermittlung eines nicht national begrenzten solidarischen Verhaltens und übernationalen Bewußtseins leisteten [74]. Es ist nicht recht einzusehen, weshalb dieses universalistische Einstellungs- und Verhaltensmuster in den einschlägigen Darstellungen der Geschichte der Arbeiterbewegung in den böhmischen Ländern und in Österreich-Ungarn bis heute als „naiver Kosmopolitismus" abqualifiziert wird [75]. Sein Realitätsgehalt — und das gilt in Böhmen bis in die sechziger Jahre des 19. Jahrhunderts — war möglicherweise größer als die spätere Lehre vom Internationalismus des industriellen Proletariats, die — gerade in Böhmen — bei Lichte besehen die Arbeitermassen selten erreicht hat.

---

71 *Heumos*: Bruderlade 1982, 372.

72 Staatliches Zentralarchiv Prag. PM 1860—1870. 8/5/22/8. 1018/1869.

73 Vgl. *Novotný*, Karel: K otázce kolektivního vědomí našeho dělnictva v období živelného dělnického hnutí [Zur Frage des kollektiven Bewußtseins unserer Arbeiterschaft in der Zeit der spontanen Arbeiterbewegung]. Časopis Matice Moravské 93 (1974) 69—79.

74 Zur Tätigkeit der Gesellenbruderschaften in Prag vgl. den bei *Šolle*: Dělnické stávky 1960, 159—160 im Auszug abgedruckten polizeilichen Bericht vom 6. 12. 1857. — Wandern ist für das Kleingewerbe in Prag noch gegen Ende der sechziger Jahre belegt, so u. a. für die Weißgerber. Vgl. Staatliches Zentralarchiv Prag. PP 1863—1869. R/3/76, 1892/1869.

75 Geprägt wurde diese Formulierung von *Bauer*, Otto: Die Nationalitätenfrage und die Sozialdemokratie. Wien 1907, 304 (Marx-Studien 2).

Claire Nolte

„OUR TASK, DIRECTION AND GOAL" THE DEVELOPMENT OF THE SOKOL NATIONAL PROGRAM TO WORLD WAR I

The Sokol (Falcon), the Czech gymnastic organization, was a key factor in the transformation of Czech nationalism into a mass movement [1]. The first unit was founded in Prague in 1862, during the nationalist resurgence which followed the end of the Bach era, and by time of its fiftieth anniversary in 1912, the movement it spawned boasted over 150 000 members in more than 1000 clubs [2]. The foundations of this success were laid by Miroslav Tyrš, the club's first Gymnastic Director (*náčelník*) whose articles and speeches on Sokol gymnastics and nationalism became required reading in the movement. Active for a while as a Young Czech politician, Tyrš brought to his interpretation of the Sokol program a democratic spirit and liberal thinking which appealed to the growing national constituency in the Czech Lands [3]. Unlike the older Czech clubs, such as the Museum Society or the Civic Association (*Měšťanská beseda*), the clubs founded in the 1860s rooted their membership in the *petite bourgeoisie* and working class, which were aspiring to social advancement and national self-assertion. A participant in Sokol activities in the 1860s recalled the club's initial popularity:

Of course, we had other national clubs, such as the Matice, *Museum Society, etc., but they were only scholarly and not understood by the majority of people ... The Sokol concept, accessible and comprehensible to the masses, fell like a spark into a slumbering Czech society, ...* [4]

The idea of nationalist gymnastics was not original to the Czechs. Fifty years before the founding of the Prague Sokol, a Berlin *gymnasium* instructor, Friedrich Ludwig Jahn, had pioneered in the use of gymnastics for national renewal and by the time Tyrš adapted Jahn's ideas to Czech circumstances, the *Turnverein* was an established institution in the German Lands. Although the Sokol over much of its style and practice from the *Turnverein*, its ideology was vehemently Czech and opposed to German influences in Czech society, a contradiction noted by T. G. Masaryk, in his anlysis of the national movement in *The Czech Question.* Critici-

---

[1] See the evaluations of the Sokol in *Kohn*, Hans: Pan-Slavism: Its History and Ideology. Notre Dame, IN 1953, 184. — *Prinz*, Friedrich: Die böhmischen Länder von 1848 bis 1918. In: Handbuch der Geschichte der böhmischen Länder. Ed. by Karl Bosl. Vol. 3: Die böhmischen Länder im Habsburgerreich 1848—1919. Stuttgart 1968, 86. — *Seton-Watson*, R. W.: A History of the Czechs and Slovaks. London 1943, 212.

[2] See Appendix.

[3] Tyrš' political activity is examined in *Havlíček*, Věnceslav: Tyršova činnost politická a jeho politické zásady [Tyrš' Political Activity and his Political Principles]. Tyršův Sborník 10 (1926) 1—110.

[4] *Nováková*, Teréza: Staré upomínky sokolské [Old Sokol Memories]. In: Vzpomínky na dr. Mir. Tyrše [Recollections of Dr. M. Tyrš]. Ed. by L. *Jandásek*. Prague 1934, 114.

zing the Young Czechs for their „shortsighted nationalism“ and „fantastic Slavism“, he declared:

With such Slavism and Czechism, it is no wonder, ... they took over from the Germans ideas and national institutions. The Sokol can serve as the best example of this: a purely German concept, of German origins, which was transferred to us and decked out with national eclecticisms [5].

Created out of the materials of Czech and Slavic tradition, these „national eclecticisms“ expressed the Sokol identity in the same way that the Germanic symbolism which Jahn introduced in the *Turnverein* served to convey the national mission of German gymnastics.

The first twenty years of the Sokol were its founding period, when Miroslav Tyrš developed the fundamentals of the Sokol's gymnastic and ideological program. Born as Friedrich Tirsch into a *petit bourgeois* German family, which had long forgotten any Czech antecedents they may have had, he graduated in philosophy from Charles University in 1861 and hoped to enter an academic career [6]. Frustration with his academic ambitions brought him into work in the Czech national movement, which was undergoing an exciting renewal in the early 1860s. With the help of his friend, the Young Czech politician Edvard Grégr, Tyrš secured a commission to write some entries on philosophy for the new encyclopedia being published by F. L. Rieger, the first such work in the Czech language. He also worked part-time as a trainer in a private gymnastic institute in Prague, where, in 1861, the concept of a Czech gymnastic club was born. Tyrš' academic credentials provided the prestige necessary to assume a leading position in the club, while his experience as a trainer qualified him for an active role in the implementation of the club's gymnastic system. His contacts with the leaders of the Czech cultural revival gave him an understanding of the goals and potential of the national movement and a conception of the Sokol that transcended its gymnastic and social function. His ability to translate this conception into organizational practice made the Sokol the most successful of the clubs founded in the 1860s and brought Tyrš to the center of the national movement. Although he was later active as an art critic and art historian and, in 1883, after the division of Charles University into Czech and German parts, became Professor Extraordinarius in Art History at the Czech University, his work in the Sokol remains his most enduring contribution and the basis for his claim to historical significance.

Venerated alongside Tyrš as the founder of Czech gymnastics is Heinrich (Jindřich) Fügner, a German businessman from Prague who, in the late 1850s, became an adherent of the Czech cause [7]. A personal friend of Tyrš, Fügner was

---

[5] *Masaryk*, Tomáš G.: Česká otázka [The Czech Question]. 2d ed. Prague 1908, 104.

[6] The most extensive biography of Tyrš was written by his wife, *Tyršová*, Renáta: Miroslav Tyrš, jeho osobnost a dílo [M. T., His Personality and His Work]. 3 Parts in 1 Vol. Prague 1923—24. — The most recent biography is *Pražák*, Albert: Dr. Miroslav Tyrš: osvobodenský smysl jeho díla [Dr. M. T.: the Liberating Purpose of His Work]. Prague 1946. — His work in the Sokol is emphasized in *Jandásek*, Ladislav: Život dr. Miroslava Tyrše [Life of Dr. M. T.]. Brno 1932.

[7] Fügner spoke Czech only haltingly and, although he was known in the Sokol by the Czech name Jindřich, he still used his German name Heinrich for business and other

little known in Czech national circles where his election as the Prague Sokol's first President (*starosta*), with Tyrš' enthusiastic backing, came as a surprise [8]. Having acquired a small fortune as Bohemian Director of a Trieste insurance company, Fügner was able to generously support the club in its early years and, by the time of his premature death at age 43 in 1865, had bequeathed them an impressive training hall that to a great extent secured the club's further existence. Fügner's conversion to the Czech national movement grew out of a romantic Bohemian patriotism, which was heightened by his impatience with the political regime of the Bach era. His daughter, Renáta, later the wife of Miroslav Tyrš, recalled how her father once explained his national identity to her: „I was never a German. I am a Praguer, a German-speaking Praguer [9].“ His vision of the Sokol was more paternalistic than nationalistic, as a remark about his role in the club in a letter to his brother-in-law, the Austrian *Staatsrat* Alexander von Helfert, reveals: „I have made it my goal to give our stunted craftsmen a bit of training and teach them confidence and it is going very well . . . [10]“

In 1861, after many restrictions on club life in the Empire were relaxed following the introduction of the so-called „constitutional era“, German and Czech gymnasts in Prague attempted to create an utraquist gymnastic club. The failure of their efforts resulted in the formation of separate national gymnastic organizations, and it was under these circumstances that the Sokol came into existence in February, 1862 [11]. The club in Prague soon had imitators in towns throughout the Czech Lands and by 1868, there were fifty Sokol units in the Empire, mostly in Bohemia, with over 5000 members [12]. In addition to practicing gymnastics, the clubs sponsored a variety of social events, participated in national celebrations and undertook outings to the countryside. The Sokol outings into the Czech countryside in the 1860s were occasions for the outpouring of national pride and helped to spread the Sokol idea. Members marched in uniform, carrying the flags of their units, and were

---

purposes. His life is the subject of *Bartoš*, Josef: Jindřich Fügner. Brno 1934. — His daughter, later the wife of Miroslav Tyrš, also wrote a memoir *Tyršová*, Renáta: Jindřich Fügner, paměti a vzpomínky na mého otce [J. F., Memories and Recollections of My Father]. 2 Parts in 1 Vol. Prague 1926—27. — His Sokol work is emphasized in *Jandásek*, Ladislav: Sokolství Jindřicha Fügnera [The Sokol Idea of J. F.]. Brno 1935.

[8] Upon hearing of Fügner's election as Sokol President, Karolina Světlá, the Czech writer, could not believe that it was the same Heinrich Fügner whom she had known in earlier years, since the Fügner family had no Czech sympathies. *Světlá*, Karolina: Jindřich Fügner v mé paměti [J. F. in My Memories]. In: Za praporem sokolským. Prague 1887, 16. — For a similar reaction, see *Červinka*, Václav: U kolébky Sokola [At the Cradle of the Sokol]. Prague n. d. (1920), 34—35.

[9] *Tyršová*: Fügner I 1926, 19.

[10] Fügner to Helfert, April 20, 1862. *Feyl*, Othmar: Die Entwicklung des Sokolgründers Heinrich Fügner im Lichte seiner Prager Briefe an den böhmendeutschen Konservativen Joseph Alexander von Helfert in den Jahren 1848 bis 1865. In: Deutsch-Slawische Wechselseitigkeit in sieben Jahrhunderten. Gesammelte Aufsätze. Berlin 1956, 571.

[11] The constitution of the new club was submitted to the authorities for approval in December 1861 and the club's first official meeting was held in February 1862.

[12] See Appendix.

greeted along the route with flowers, speeches and brass bands. These displays reinforced the club's popularity and contributed to its reputation as the „Czech national army" [13]. In 1871, after his attempts to found a Union of Sokol Units had been rejected by the government, Miroslav Tyrš began publication of a club journal called *Sokol*. Published by the Prague unit, it became the forum for his discussions of the gymnastic and national program of the movement. After the fall of the Hohenwart Cabinet ended the attempt to negotiate a Czech *Ausgleich*, the Czech national movement, and the Sokol, underwent a period of decline. The accession of the more Slavophile Taaffe government in 1879 brought better times for the movement and in 1882, Miroslav Tyrš presided over the first All-Sokol Slet, a mass gymnastic festival that brought together clubs from throughout the Empire to celebrate the Prague Sokol's twentieth anniversary. The first Slet, and Tyrš' death two years later, brought the founding period of the Sokol to an end. Franz Spina, writing in 1913, described the Sokol as going „from its Romantic Era into its Realist" after the first Slet [14]. Having emerged from the struggles of its early years as an established force in the Czech national movement, the Sokol after Tyrš faced the task of fulfilling his legacy to Czech gymnastics.

Tyrš' Sokol program was founded on the democratic and liberal beliefs which both he and Fügner shared. From its origins, the Prague club was closely associated with the left wing of the National Party, a group that later formed the Young Czech Party. Unlike the more conservative Old Czechs, the Young Czechs won their following by a democratic appeal to the masses, and they found an arena for their political message in the clubs founded in the 1860s [15]. Young Czechs dominated the Prague Sokol's first Executive Council and established a tradition of Young Czech leadership of the movement that lasted even after the party lost its mass political base at the end of the century. The club's constitution, which was written in the offices of the newly-founded newspaper, *Národní listy*, by such prominent Young Czechs as the paper's editor, Julius Grégr, his brother Edvard, and Rudolf von Thurn-Taxis, along with Tyrš and several gymnasts declared the purpose of the new organization to be „to cultivate gymnastics by common exercising, common outings, singing and fencing" [16]. Membership was open to any male, eighteen years of age or older, of good moral character. Each year, a meeting of all members elected the club's Executive Council and the two officers, the President and Vice-

---

[13] The Sokol outings in the early 1860s were closely monitored by the police and their reports are in Státní ústřední archiv v Praze [The State Central Archive in Prague; hereafter: SÚA]. Presidium místodržitelství [Collection of the Governor's Office; hereafter: PM]. 1860—70 8/6/20/2. — See also reminiscences in *Červinka* 1920, 39—54.

[14] *Spina*, Franz: Aus dem Bildungs- und Wirtschaftsleben der Tschechen. I: Das Sokolwesen. Deutsche Arbeit 13 (1913—14) 351.

[15] *Garver*, Bruce M.: The Young Czech Party 1874—1901 and the Emergence of a Multi-Party System. New Haven, CT 1978, 109—120.

[16] „Singing" was eventually dropped from the club's statement of purpose. See: První stanovy tělocvičné jednoty Pražské [The First Constitution of the Prague Gymnastic Unit]. In: Památník vydaný na oslavu dvacetiletého trvání tělocvičné jednoty Sokola Pražského [Album in Honor of the Twentieth Anniversary of the Prague Sokol Gymnastic Unit]. Prague 1883, 166—168.

President. When, in May 1862, the Trainers' Group was organized as an autonomous unit within the Prague Sokol, the office of Gymnastic Director was created as a salaried position, also elected at the club's annual meeting. Miroslav Tyrš, the first to receive this post, held it until just before his death in 1884. Members of the club expressed its egalitarian sentiment by using the familiar „thou“ (*ty*) and addressing one another as „brother“. While standard practice in the *Turnverein* since Jahn's day, these usages were regarded in the more conservative Czech society as daring innovations and heightened the Sokol's reputation as a progressive organization [17]. Even the club's uniform carried a democratic message in its red shirt, which was copied from the one worn by Garibaldi's legions. It had been introduced by Fügner, who had become an admirer of the Italian national movement during an apprenticeship in Trieste. The police in Prague regarded it as a „silent yet eloquent avowal of the political creed of this revolutionary leader“ and many Sokol members were reluctant, at first, to wear such colorful, and politically provocative, attire [18]. The rest of the uniform, created out of Slavic materials and based on the designs of the Czech artist, Josef Mánes, was less controversial [19]. Made of brown Russian linen, it included a jacket styled like those worn by Polish revolutionaries. *Čamara*, the embroidered Slavic button closures, were a symbol in the 1860s of adherence to the Czech cause and appeared on the Sokol uniform instead of buttonholes, scorned as „Austrian“ [20]. A hat with a falcon feather, that was modeled on South Slav styles, completed the ensemble.

The presence of prominent Young Czechs on the Prague Sokol's first Executive Council, while it greatly aided the initial popularity of the club, also brought about a controversy that divided its leadership. In the club's early months, a power struggle emerged between the Young Czechs in the Executive Council, who wished to mobilize the Sokol membership behind political slogans, and Tyrš, Fügner and the Trainers' Group who, fearing a confrontation with the authorities, emphasized the club's gymnastic purpose. By July 1862, six months after the club's founding, the gymnastic group managed to outmaneuver their rivals and the most vocal Young Czechs in the Executive Council, including Julius Grégr

---

17 A police report from July 1862 reported: „Im Vereine selbst ist das republikanische Princip eingeführt sich „Du“ zu nennen, und es macht sich possierlich, wenn der Schüler seinen Professor mit „Du“ anspricht und ebenso von ihm angeredet wird.“ SÚA, PM 1860—1870 8/5/20/2/1862/No. 1588. — The use of the familiar „ty“ was especially resisted in Sokol units in the Czech countryside, and Tyrš himself downplayed its importance in an 1872 comment, „To be sure, it is still gymnastics, and not the use of ‚ty‘ which is the main task of Sokol units.“ Editorial Comment. Sokol 2 (1872) 25. — See also *Červinka* 1920, 23—24.

18 SÚA, Police report, Nov. 14, 1863, PM 1860—1870 8/5/20/2/1863/No. 2635. — Because of the controversy, the Executive Council of the Prague Sokol recommended, but did not require, the wearing of the red shirt. See *Jandásek*: Sokolství Fügnera 1935, 57. — *Červinka* 1920, 21—22.

19 The uniform is described in *Tallowitz*, Ferd.: Dějiny kroje sokolského [A History of the Sokol Uniform]. In: Památník Sokola Pražského 1883, 180—187. — *Scheiner*, Josef E.: Dějiny Sokolstva v prvém jeho pětadvacetiletí [A History of the Sokol in its First Twenty-Five Years]. Prague 1887, 22—23.

20 On the popularity of *čamara* in the 1860s, see *Tyršová*: Fügner I 1926, 120—121.

and Rudolf von Thurn-Taxis resigned their posts [21]. The apolitical, all-national vision of the Sokol, which the gymnastic group established as an enduring Sokol tradition, was expressed in a May 1862 policy statement, that was issued over Fügner's signature: „Let us, as a steadfast unity, esteem *love of country* and *love of our cause*, let us be a club of *brothers, in harmony and undivided by political or religious* opinions [22]."

The suppression of political factionalism in the Sokol was invoked in the name of a national solidarity that, in accordance with Czech national tradition, was at the same time democratic and all-encompassing. These values inform Tyrš' articles in *Sokol* on the purpose of Czech gymnastics. Most prominent among them is „Our Task, Direction and Goal", which appeared as the lead article in the first issue of the journal in 1871, and became the „Sokol gospel" [23]. In it, Tyrš combined Darwinian concepts of constant struggle with the tradition of the Czech Awakening as a national renewal from a long period of backwardness and oppression. He argued that the Czechs, in order to attain to the cultural level of other, more advanced nations, must be motivated by the principles of „eternal activity" and „eternal discontent" [24]. Each individual must struggle for excellence and direct his accomplishments to benefit the nation, for only „when individuality is nothing . . ., the whole is everything", will the Czechs advance to cultural leadership [25]. It is the task of the Sokol to mobilize the nation in this vast struggle. In order to accomplish this, the club must bring all Czechs within its ranks, for „what all the people don't know, no one knows! What all the people have not yet accomplished, no one has accomplished! What has not happened to all the people, has happened to no one [26]!"

Tyrš' best-known Sokol slogan „Every Czech a Sokol!" embodied his belief that the small size of the nation necessitated the participation of all its members in the work of national renewal, a point he made succinctly in a *Sokol* essay: „The fewer we number, the more each of us must count [27]!" Because of this numerical weakness, Tyrš, in the tradition of the Czech Awakening, emphasized moral achievements as a means to ensure national survival and he made the moral renewal of the nation through the Sokol as important as its physical rejuvenation through gymnastics [28]. Tyrš argued his case with an almost religious fervor and his

---

21 This conflict is detailed in *Jandásek*: Sokolství Fügnera 1935, 82—99.

22 [Emphasis in original]. Proclamation of J. Fügner, May 14, 1862. SÚA, Prague Sokol Collection, Book 76.

23 The background to this essay is explored in *Dolanský*, Julius: Ediční poznámka [Editorial Note]. In: *Tyrš*, Miroslav: Náš úkol, směr a cíl. Prague 1971, 32—43. — *Chalupný*, Emanuel: Ke vzniku časopisu „Sokol" a stati „Náš úkol, směr a cíl" [On the Beginnings of the Journal „Sokol" and the Essay „Our Task, Direction and Goal"]. Tyršův Sborník 11 (1928) 13—43.

24 *Tyrš*: Náš úkol 1971, 10.

25 *Ibid.* 11.

26 *Ibid.* 17.

27 *Tyrš*, Miroslav: Hesla sokolská: I. Vytrvalost [Sokol Slogans: I: Perseverance]. Sokol 4 (1874) 2.

28 This is brought out in *Glettler*, Monika: Sokol und Arbeiterturnvereine (D. T. J.) der Wiener Tschechen bis 1914. Munich 1970, 65—66 (Veröffentlichungen des Col-

language captures the national absolutes, as well as the rhetorical excesses, of mid-nineteenth century Czech nationalism:

Whoever wants less, acts, as though he wants nothing at all: Do not lag behind, rather push bravely forward! Fail, or succeed! „All or Nothing“ must be the battlecry of our efforts [29].

Near the end of Tyrš' most famous Sokol essay is a brief call to arms: „Only a healthy nation is an armed nation. A weapon in every fist! Military organization [30]!“ Because of its uniforms, flags and precision marching drills, the Sokol was popularly regarded as the „Czech national army“ and feared by the police as a „school for future National Guardsmen“ [31]. These perceptions came closest to realization in 1866. With a Prussian invasion imminent, Tyrš and the Trainers' Group prepared a proposal to organize the club as a military unit „... to be prepared as soon as possible ... for the defense of our beloved homeland ... [32]“ The proposed Sokol brigades were to be a democratically organized force of volunteers similar to the 1848 National Guard, which was to fight alongside of the regular Habsburg army, but not under its command. All the officers were to be elected by their men, except for the overall commander, who was to be approved by the Emperor [33]. Predictably, the proposal was swiftly rejected by the Bohemian Governor and when the Prussians did invade the Czech Lands and occupied Prague, the Sokol saw action only as part of a night guard service that was hastily assembled by city authorities after the departure of imperial officials [34]. Although this activity was unpopular among Sokol members and caused club attendance to drop, it has entered the annals of official Sokol histories as the time when heroic Sokol troops saved Prague from anarchy [35]. From time to time after 1866, Tyrš, inspired by

---

legium Carolinum 23). — *Štoll*, Ladislav: Politický smysl Sokolství [The Political Meaning of the Sokol Idea]. Prague 1932, 17. — The moral energy of Czech nationalism in relationship to the size of the nation is analyzed in *Lemberg*, Eugen: Volksbegriff und Staatsideologie der Tschechen. In: Das böhmische Staatsrecht in den deutsch-tschechischen Auseinandersetzungen des 19. und 20. Jahrhunderts. Ed. by E. *Birke* and K. *Oberdorffer*. Marburg/Lahn 1960, 42—78.

29 *Tyrš*: Náš úkol 1971, 26—27.

30 *Ibid*. 30.

31 Police Report, Nov. 14, 1863. SÚA, PM 1860—1870 8/5/20/2/1863/No. 2635.

32 *Tyrš*, Miroslav: Přípis k výboru Sokola pražského ku zřízení dobrovolného sboru válečného r. 1866 [Letter to the Executive Council of the Prague Sokol Regarding the Formation of a Voluntary Military Corps]. In: *Tyrš*, M.: Úvahy a řeči [Essays and Speeches]. 3d ed. Vol. 1. Ed. by Josef *Scheiner*. Prague 1919, 54—55.

33 The Serbian General Stratomirović, a veteran of 1848 who sat in the Hungarian Diet, was approached to lead the proposed Sokol force. *Havlíček*: Tyršova činnost politická 1926, 11.

34 The Bohemian Governor's office rejected the Sokol proposal on the grounds that such projects were premature since war had not yet been declared. Minutes of the Executive Council Meeting, May 23, 1866. SÚA, Prague Sokol Collection, Box 5. — *Tyrš*, Miroslav: Doslov jednatelské zprávy o valné hromadě Sokola pražského dne 21. října 1866 [Postscript to the Secretary's Report to the General Assembly of the Prague Sokol on Oct. 21, 1866]. In: *Tyrš*: Úvahy a řeči I 1919, 55—56.

35 For an account of this activity see: Vzpomínky z roku 1866 [Recollections from 1866]. In: Památník Sokola Pražského 1883, 113—116. — For the problems with

his memories of the National Guard in the 1848 Revolution in Prague, which he had observed as a student in *gymnasium*, as well as by the more recent successes of Prussian arms, which he attributed to the *Turnverein* tradition, attempted to introduce military training into Sokol practice [36]. In the 1871 *Sokol*, he published an article entitled „How Gymnastic Training and Gymnastic Units Contribute to National Defense" which outlined his proposals. He described how marching drills and club outings could be adapted to military training and urged Sokol members to acquire weapons skills: „As the Arab with his noble stallion, let the true Sokol handle his gun ... [37]" But after the fall of the Hohenwart Cabinet in 1871, Czech hopes for greater autonomy in the Empire, and for a possible independent Czech military command, were ended and Tyrš abandoned this direction in his Sokol program. Although unrealized, Tyrš' concept of the Sokol as a national army remained a significant component of his legacy to Czech gymnastics.

A major historical reference point for Tyrš' Sokol ideology was the Hussite period, enshrined by Palacký at the center of Czech national consciousness. There was a widespread enthusiasm for the Hussites in the Czech national movement of the 1860s and its presence in the Prague Sokol caused Fügner to complain to his brother-in-law: „Everything full of Žižka and politics and I want to keep the club from all extravagances ... [38]" Tyrš, however, saw in the Hussite period a model for the Czech national struggle, and once remarked in a letter: „Truly, we are fighting a difficult battle, as long ago in the Hussite times, so today, almost all Western Europe — even if not with knife in hand — stands against us [39]." In the tradition established by Palacký, Tyrš portrayed the Hussites as religious idealists who, because of their belief in freedom, sacrificed wealth and glory for a simple life of duty. Just as *Turnvater* Jahn, under the influence of German Romanticism devised medieval symbolism to demonstrate the Germanic virtues of his gymnasts, Tyrš used Hussite imagery to convey the national mission of the Czech Sokol. Accounts of Hussite history appeared in the journal *Sokol*, copies of Hussite weapons decorated the walls of the Prague Sokol's training hall, and slogans such

---

Sokol attendance, see *Marek*, Jaroslav: Vývoj a obsah tělovýchovné činnosti Sokola v letech 1862—1871 [Development and Content of Sokol Training 1862—1871]. Acta Universitatis Carolinae, Gymnica 2 (1967) 95.

36 For an analysis, as well as a debate, on Tyrš' intentions, see *Chalupný*, Emanuel: Tyršův poměr k vojsku a sokolský program [Tyrš' Attitude to the Military and the Sokol Program]. Tyršův Sborník 11 (1928) 5—11. — *Havlíček*, Věnceslav: Tyršovy snahy vojenské [Tyrš' Military Efforts]. Tyršův Sborník 7 (1923) 3—24. — *Soukup*, F. A.: Idea národní armády [The Idea of a National Army]. 4th ed. Prague 1937. — *Pelikán*, Jan: Význam dr. Mir. Tyrše pro národní brannost [The Importance of Dr. M. T. for National Defense]. Brno 1935.

37 *Tyrš*, Miroslav: Pokud tělocvik a jednoty tělocvičné k brannosti národní přispívají [How Gymnastics and Gymnastic Units Contribute to National Defense]. Sokol 1 (1871) 30.

38 Fügner to Helfert, Apr. 20, 1862. *Feyl* 1956, 571.

39 Tyrš to V. Černý, Nov. 14, 1873, Státní museum československé tělesné výchovy a sportu, oddělení archivní dokumentace [Archive of the State Museum of Czechoslovak Physical Education and Sport; hereafter: MTVS]. Tyrš Papers, Folder 29. — Also partly quoted in *Tyršová*: Tyrš I 1923, 90.

as „Live like Žižka, die like Hus!“ entered Sokol life [40]. In an article on the appropriate décor for a Sokol training hall, Tyrš suggested that pictures of famous Czechs, whose lives or work were related to the Sokol program, be displayed and gave as examples Comenius, the Hussite educator who proposed regular exercise for schoolchildren, and Jan Žižka, the Hussite general [41]. Julius Grégr donated Přibyslav field, where, according to tradition, Žižka fell, to the Prague Sokol and the club erected a monument there, made from stones sent by Sokol units and other national clubs from throughout the Czech Lands [42]. In a similar fashion, the Prague Sokol came into possession of the family home of Jan Hus in Husinec and undertook fund-raising campaigns to restore and repair it. By emphasizing the Hussite tradition, Tyrš united the Sokol's moral, gymnastic and national programs, while offering a challenge to the Habsburg regime which, like the red shirt in their uniform, stopped short of direct provocation.

Ancient Greece, a culture which Tyrš, which his enthusiasm for art and physical culture, especially admired, was another historical source for the Sokol ideology. Among Tyrš' research projects on this period was his essay for admission to the university faculty, in which he analyzed the Laocoön statue [43]. His first work on a Greek theme for a Sokol audience was „The Olympic Games“, originally written as part of the historical introduction to his major work on gymnastics, *The Fundamentals of Gymnastics*, but published separately in 1868. In it, Tyrš interpreted the spirit of the Greeks as a model for the Sokol, declaring that the Greeks „strengthened themselves for the fatherland and won for it the Olympic crown“, and that „defense and security of the fatherland were, ultimately, the purpose and task of Greek gymnastics“ [44]. Tyrš claimed in *The Fundamentals of Gymnastics* that the Sokol gymnastic system was „according to its system and methods of instruction *original and independent*“ because, among other things, Sokol gymnastics followed Greek concepts of beauty and form, which *Turnverein* exercises lacked [45]. He developed this idea in more detail in an 1873 essay, „Gymnastics from an Esthetic Point of View“. In place of Jahn's emphasis on Germanic simplicity, Tyrš stressed a beauty of form in Sokol exercises and marching drills and sought to demonstrate, using rules drawn from Greek esthetics, that „our gymnastics at its best is also art“ [46]. Extending his analysis to the architectural style and interior decoration of Sokol training halls, he proposed that pictures or reproductions of

---

[40] The Hussite weapons are refered to in *Kožíšek*, F.: Z mých vzpomínek [From My Recollections]. In: Vzpomínky na Tyrše 1934, 87 and 92. — The slogan appears in a letter: Tyrš to B. Trojan, Sept. 18, 1869. MTVS, Tyrš Papers, Folder 93.

[41] *Tyrš*, Miroslav: Tělocvik v ohledu esthetickém [Gymnastics from an Esthetic Point of View]. Sokol 3 (1873) 26.

[42] *Hrdlička*, Alfred: Žižkův pomník u Přibyslavi [The Žižka Monument at Přibyslav]. In: Památník Sokola Pražského 1883, 131—134.

[43] *Tyrš*, Miroslav: Laokoon, dílo doby římské [Laocoön, a Work of Roman Times]. Prague 1873.

[44] *Tyrš*, Miroslav: Hod Olympický [The Olympic Games]. Prague 1968, 49 (orig. ed. 1868).

[45] *Tyrš*, Miroslav: Základové tělocviku [The Fundamentals of Gymnastics]. 2d ed. Prague 1912, unpaged introduction (Emphasis in original).

[46] *Tyrš*: Tělocvik v ohledu esthetickém 1873, 10.

Greek statues be displayed along with those of Hussite heroes to represent the esthetic goals of the movement [47]. For Tyrš, the Greek experience was especially relevant to the Czechs because the Greeks, a small nation like the Czechs, rose through disciplined effort to cultural leadership and, like the Hussites, stood united by an ideal of freedom that brought them victory over a larger enemy. For these reasons, Tyrš sought to make the historical example of the Greeks, through their gymnastic and esthetic heritage, a characteristic feature of the Czech gymnastic tradition.

After Tyrš' death in 1884, a new generation of Sokol leaders attempted to fulfill his program and make „the purpose of the Sokol ... the physical, and in part also moral, education of the whole Czechoslav nation, its upbringing to strength, courage, nobility and increased military preparedness ... [48]" This period in Sokol history, described by Spina in 1913 as its „realist" period, was characterized by greater stability and a steady growth of membership [49]. The Taaffe government finally permitted Sokol clubs to join together into district-level organizations, and from these efforts, the Bohemian Sokol Union (*Česká obec sokolská*, or Č.O.S.) was created in 1889. Headquartered in Prague and representing the Bohemian Sokol districts, the largest in the Empire, the Č.O.S. was closely tied to the Prague Sokol and to the Young Czech party circles which made up the traditional hierarchy of the organization. In 1896, the Č.O.S., the much smaller Moravian-Silesian Sokol Union and the Lower Austrian District, representing the six Viennese Sokol units, united to form the Czechoslav Sokol Federation which, among other projects, began publication of a second Sokol journal, *Věstník sokolský* (Sokol Bulletin). In 1904, the Č.O.S. absorbed the Sokol districts in Moravia and Lower Austria directly and the activities of the Czechoslav Sokol Federation ceased. The Č.O.S. was headed by a Board of Directors, which included a President and other officers, who were elected to three-year terms by representatives from the Sokol districts, often during a big Č.O.S. Congress in Prague. Together with the Executive Council, a larger body that met about twice yearly, the Board of Directors guided the activities of the rapidly expanding organization and set Sokol policy.

Among the projects launched by the newly unified movement was a foreign policy initiative that brought the Sokol into contact with French gymnastic circles and established it as the headquarters of a Pan-Slav gymnastic movement. The contacts with the French, which began when the Prague Sokol undertook an expedition in 1889 to participate in a gymnastic meet in Paris, reinforced the efforts of Czech national leaders to undermine the German direction in Habsburg foreign policy and gain a European forum for the Czech question. The Pan-Slav direction of Sokol foreign policy rested on older traditions. After the establishment of the Prague Sokol in 1862, similar clubs were founded in Ljubljana, Lvov and Zagreb [50].

---

[47] *Ibid.* 26.
[48] *Tyrš*: Náš úkol 1971, 17.
[49] See Appendix.
[50] Gymnastic clubs were established in Ljubljana in 1863, in Lvov in 1866 and in Zagreb in 1874.

Tyrš, who shared the vague enthusiasm of the Czech nationalists for Slavic reciprocity, maintained contact with these other Slavic clubs, and the first Sokol Slet in 1882 featured the participation of Slovene and Croat gymnasts [51]. Despite this, Tyrš was, like many Slavic enthusiasts of his day, relatively ignorant of conditions in the Slavic world. He never traveled in another Slavic land, offered no concrete proposals for the realization of Slavic unity and devoted no essays or speeches specifically to the theme of Slavic reciprocity. The Č.O.S., however, expanded Tyrš' general references to a common Slavic heritage into a vigorous Pan-Slav gymnastic polity that included dispatching Czech gymnastic teachers to Russia and other Slavic nations, participating in gymnastic meets in various Slavic capitals and, in 1908, leading the formation of the Federation of Slavic Sokols, an organization that united the gymnastic movements of several Slavic countries. While the Č.O.S. aspired in this way to be the mentor of other, gymnastically underdeveloped Slavic nations, it more often ended up as the mediator in the political and national disputes of the Slavic world that undermined their efforts for Pan-Slav gymnastic unity [52].

On the home front, the Č.O.S. attempted to realize Tyrš' slogan „Every Czech a Sokol!" by expanding gymnastic activity to broader sections of the population and developing non-gymnastic programs of national education as a part of club activities. Programs were begun to train teenagers, Sokol units were founded among Czech minorities in German areas, gymnastic training for women was introduced, Sokol libraries and reading rooms were established and patriotic lecture series were organized. Not all of these changes were new. In 1871, the Prague Sokol, at Tyrš' initiative, introduced monthly members' meetings, where gymnastic and national issues were discussed, a practice hailed as the birthplace of the Sokol's program of national education [53]. Also in 1871, a survey of Sokol units showed that of 114 clubs, 61 had libraries with a total of over 2800 volumes [54]. Under the influence of the Progressive movement in the 1890s, such activities were expanded in an effort to make the Sokol a place for all Czechs, not just gymnasts. The so-called St. Wenceslaus Resolution, named for the date of its passage at the 1895 Č.O.S. Congress, was the culmination of this Progressive trend. Composed by the Č.O.S. Secretary, a young lawyer and relative of Tyrš' widow named Josef Scheiner, it called for the expansion of gymnastic activity to all segments of the nation through the implementation of more accessible forms of training and the initiation of coordinated programs of national education [55]. A student of Tyrš,

---

[51] Tyrš' ideas on Slavic reciprovity are explored in *Jandásek*, Ladislav: Tyršovo slovanství [Tyrš' Slavism]. Prague 1947.

[52] These disputes were discussed in: Minutes of the Executive Council Meetings 1908—1915. MTVS, Collection of the Federation of Slavic Sokols, uninventoried.

[53] *Jandásek*, Ladislav / *Pelikán*, Jan: Stručné dějiny Sokolstva 1862—1912 [A Brief History of the Sokol 1862—1912]. Prague 1948, 19.

[54] *Kareis*, Karel, comp.: Srovnávací statistický výpis jednot sokolských ... počátkem ledna 1871 [A Comparative Statistical Account of Sokol Units ... at the Beginning of January 1871]. Prague 1871, 58.

[55] The resolution is in: Valný sjezd České Obce Sokolské [Congress of the Č. O. S.]. Sokol 21 (1895) 327—328.

Scheiner was also editor of *Sokol*, where he contributed articles on gymnastics in the Ancient World, the Hussite tradition and other topics. In order to ground the movement in the tradition of Tyrš, he edited the first collection of Tyrš' works and also wrote the first history of the movement [56]. In 1906, he became the Č.O.S. President and guided the club's policies until his death in 1932. As a result of his St. Wenceslaus Resolution, a variety of new projects was initiated throughout the organization. A survey of lecture activity in Sokol units in 1900 showed that out of 571 clubs, 465 had held a total of 1869 lectures. The most popular theme of these lectures was the Sokol itself, its history and ideology, followed by lectures on Czech history, with over 300 on aspects of the Hussite period, and discussions of Greek civilization, especially its gymnastic and esthetic contributions [57].

The Progressive program to bring all Czechs into the ranks of the Sokol ultimately fell victim to the *Interessenpolitik* that shattered the Czech national constituency at the end of the century. The Sokol program was based on the principles of liberalism and national solidarity that were characteristic of the national movement in Tyrš' day. The craftsmen and petty tradesmen who swelled the ranks of the Prague Sokol in its early years joined as much out of a desire for social improvement, as to advance the club's gymnastic and national program. Renáta Tyršová, in a description of her father, captured the assumptions that defined Czech society at mid-century: „It was almost strange, how the elegant Fügner, who never before had had the opportunity to mix with the broad masses, was able to win over the ‚little people' who at that time created the core of the Sokol [58]." The large number of Sokol members drawn from the lower classes concerned the authorities in the 1860s, and one police report concluded:

When one only considers that, the people ... who are being harangued with these maxims mostly are from the working class, lack a basic education and, because of their position in society, are very receptive to such doctrines, one can regard the Sokol in its present form only as a school for communism and socialism .... [59]

But the liberal philosophy of the founders of the Sokol did not extend to a revolutionary restructuring of society, and leadership of the club remained in the hands of members of the *Besitzbürgertum* and *Bildungsbürgertum*, such as Fügner and Tyrš. There were no craftsmen among the twenty-five Gymnastic Trainers in the Prague Sokol in 1862—1863, and when one Trainer, a composer, resigned his post, Fügner wrote in a letter to Tyrš, that „... it will be all the more difficult to find a cultivated person ... among the Trainers ... [60]". Leadership of Sokol units outside Prague was assumed by local notables, a policy supported by Tyrš in an 1879 *Sokol* article: „Let us see to it, that all classes, and especially all those

[56] See above: footnotes 19 and 32. The first edition of Úvahy a řeči appeared in 1894.

[57] *Kukaň*, Václav: Přednášková činnost českého Sokolstva r. 1900 [Lecture Activity of the Czech Sokol in 1900]. Sokol 28 (1902) 35—38.

[58] *Tyršová*: Fügner II 1927, 27—28.

[59] Police Report, Nov. 14, 1863. SÚA, PM 1860—1870 8/5/20/2/1863/No. 2635.

[60] Fügner to Tyrš, n. d. MTVS, Tyrš Papers, Folder 35. — A profile of the Trainers' Group is in: Přehled funkcionářů Sokola Pražského [A Survey of the Functionaries of the Prague Sokol]. In: Památník Sokola Pražského 1883, 196—197.

who rightly enjoy influence and weight in the community because of their education and character, take part in the club ... [61]“ An 1868 survey of Sokol units showed that, while the majority of members were craftsmen and tradesmen, most of those on the Executive Councils came from the educated or monied elite. Of the twenty-eight club presidents who reported their occupation in this survey, seven were officials of state or local government, four were factory owners, three lawyers, two doctors and the rest business or shop owners [62].

By the end of the century, a new, self-confident working class, a product of the industrialization of the Czech Lands, began to swell the ranks of the Sokol. The percentage of those among the active Sokol gymnasts who gave their occupation as „worker“ (dělník) rose from 30.3 % in 1887 to 59.8 % in 1897 [63]. No longer content to remain in the rank and file of the club, these workers challenged the patterns of deference that upheld the Sokol hierarchy and actively sought influence in the movement. As the Progressives in the organization called for the expansion of Sokol activity to all Czechs, regardless of class, a growing number of articles in club journals responded to the increasing influence of workers in the movement and urged that members from the educated classes be won over to the Sokol. In a similar fashion, the 1896 Sokol handbook, *Rádce sokolský* (Sokol Advisor), published by the Č.O.S., echoed Tyrš in its claim that, when selecting a club President: „It is further advantageous that the President is popular in the community and possesses a certain influence ... [64]“ In 1894, a new Sokol journal, *Borec* (Athlete), was founded. Independent of Č.O.S. control, it was to represent working-class opinion in the movement. In addition to attacking the policies of the Č.O.S. leadership, *Borec* defended Social Democracy, which was dismissed in the official Sokol press as „internationalist“ and harmful to national unity and concluded that both the Sokol and the Social Democratic movement were inspired by a similar purpose: „... the efforts of both are humane, the efforts of the Sokol have an additional foundation and scope that is more broadly cultural ... [65]“

---

[61] *Tyrš*, Miroslav: O příčinách upadání a o prostředcích k oživení jednot sokolských [About the Causes for the Decline of Sokol Units and Ways to Revive Them]. Sokol 7 (1881) 65.

[62] *Tyrš*, Miroslav / *Čermák*, F., comps.: Sborník sokolský pro rok 1868 [The Sokol Yearbook for 1868]. Prague n. d. (1869).

[63] There were three categories of Sokol membership. „Active members“ made up just over 50 % of the total membership at this time and were the only category of members permitted to participate in the club's gymnastic training. „Founding members“ and „contributing members“ paid dues or gave a contribution, but could not train with the club. The surveys of this period give occupational information only for the active members who were members of a gymnastic team, i. e. who trained regularly. This group made up 46.7 % of the active membership in 1887 and 43.4 % in 1897. Because of their involvement in the club, however, they were the most influential sector of its membership. *Kaizl*, E., comp.: Statistický výkaz o československých jednotách sokolských počátkem roku 1888 [Statistical Report on Czechoslav Sokol Units at the Beginning of 1888]. Prague 1888, 2. — *Kukaň*, Václav: Statistika svazu československého Sokolstva za rok 1897 [Statistics of the Czechoslav Sokol Federation for 1897]. Sokol 24 (1898) 225.

[64] Rádce sokolský [Sokol Advisor]. Prague n. d. (1896), 46.

[65] Sociální demokracie a Sokolstvo. Borec 3 (1896) 106.

The conflicts created by these differing interpretations of the Sokol program caused the Executive Councils of some clubs to expel members they considered dissident, a procedure praised in a lead article in the 1896 *Sokol* as an effective means to cleanse the ranks of the organization of undesirable elements [66]. Arguing that Sokol units were undertaking mass expulsions of Social Democratic members, the Czechoslav Social Democratic Party, at its congress in 1897, called for the creation of a new gymnastic movement and, in the following year, the first Workers' Gymnastic Club (*Dělnická tělocvičná jednota,* or D.T.J.) was founded. Claiming to represent the true legacy of Tyrš, the D.T.J. lured many progressive elements from the Sokol [67]. In 1902, a second split in Czech gymnastics occurred when the first Orel (Eagle) unit, a clerical organization with close ties to the Catholic trade union movement, was created in Moravia [68]. Neither of these new organizations approached the membership figures of the Sokol and, on the eve of World War I, the D.T.J. had just under 20 000 members, the Orel slightly more than 12 000 and the Sokol counted close to 120 000 adult members [69]. Nevertheless, the tensions of this gymnastic rivalry, which mirrored the divisions in Czech society, undermined the Sokol's Progressive program and led one Sokol writer to describe the club as engaged in a „war on three fronts" against their old enemy, the Germans, and their new enemies, the Social Democratic and clerical clubs [70]. The Sokol's more embattled position was expressed in a resolution passed by the 1910 Č.O.S. Congress. In contrast to the 1895 St. Wenceslaus Resolution that proposed to expand the Sokol to all Czechs, the Congress in 1910 voted to bar from membership all D.T.J. members as well as all those „of a clerical persuasion" [71].

In the early years of the new century, a more belligerent tone replaced the expansive spirit that had inspired the Sokol reforms of the 1890s. As the international situation in Europe worsened and the relationship between Czechs and Germans in the Empire further deteriorated, Tyrš' call for „A Weapon in Every Fist!"

---

[66] *Kukaň*, Václav: K očistě v našich řadách [About Cleansing Our Ranks]. Sokol 22 (1896) 37—40, 66—68, 97—98.

[67] A gymnastic club for workers called „Lassalle" was founded near Brno already in 1894, but remained isolated. For histories of the D. T. J. see *Mucha*, Vilém: Dějiny dělnické tělovýchovy v Československu [The History of Workers' Physical Education in Czechoslovakia]. 2d ed. Prague 1955. — *Silaba*, R.: Třicet let dělnické tělovýchovy [Thirty Years of Workers' Physical Education]. Prague 1928.

[68] The Orel was a result of the more activist approach of Czech Catholicism associated with the politics of Bishop Brynych. The beginnings of the movement are discussed in *Jiroušek*, Tomáš: Ke vzniku hnutí Orla československého u nás [About the Origins of the Czechoslovak Orel Movement]. Vlast 46 (1930) 560—563. — *Řezníček*, Josef: Vývoj československého Orla [Development of the Czechoslovak Orel]. Život 11 (1929) 6—10.

[69] Total adult membership of the D. T. J. in 1913 was 19,894. Překvapující číslice statistické [Surprising Statistical Figures]. Tělocvičný ruch: orgán svazu dělnických tělocvičných jednot československých [Gymnastic Action: the Organ of the Czechoslav Workers' Gymnastic Movement] 10 (1914) 162. — The Orel in 1914 had 12,068 members. *Řezníček* 1929, 9.

[70] *Vaníček*, Karel: Na tři fronty [On Three Fronts]. 1st pub. in Sokol 1909, reprinted in *Vaníček*: Sokolské epištoly. 4th ed. Prague 1923, 30—33.

[71] Valný sjezd Č. O. S. [Congress of the Č. O. S.]. Věstník Sokolský 14 (1910) 588—626.

assumed greater urgency. This spirit was evident in the larger and more elaborate Slets of the pre-war years, where historical imagery served to reinforce the Sokol's new militancy. The Fifth Slet in 1907 included a mass dramatic scene depicting the Hussite victory at Kutná Hora in the form of a giant chess game [72]. More than 3500 Slavic guests attended the Sixth Slet in 1912 and their display of Slavic solidarity inspired the English journalist, Henry Wickham Steed, to comment, „These are not gymnasts, these are an army [73]!“ The dramatic scene presented at this last pre-war Slet was based on the battle of Marathon, and the story of how the united Greek city-states were victorious over the Persian barbarians was readily understood as a metaphor for the Slavic struggle [74]. The Sokol's new „task, direction and goal“ was defined in a prophetic article in the 1902 *Sokol*:

The time is coming when there will be a need for muscles. Alas, if they are soft because of earlier inactivity. The time is coming inevitably, when we will be the central issue. Perhaps it will be in one year, perhaps in five, perhaps in ten, but [the time] is surely coming when we will have to make ourselves heard. Now it is still calm and nothing much can be done ... but, we suspect, it is the quiet before the storm ... When the lightening strikes and the nations rise up to defend their existence, let it be the Sokol units from which the cry for battle will resound. Let them give the first push that will bring the nation into action and carry it into the very center of European affairs [75].

With the formation of the Czech Legions in World War I, the Sokol found the opportunity to become the „Czech national army“ that Tyrš had forseen in 1866. At the same time, Tyrš' liberal and democratic spirit still inspired progressive forces in the movement, which remained influential despite the waning of their program in the pre-war years. Tyrš created the Sokol program „from the old spirit of the Taborites, from the youthful spirit of the Greeks and from the enlightenment of modern science“ [76]. Although variously interpreted according to the changing perspectives of a maturing Czech society, it continued to define the Sokol's mission even after World War I created a new context for Czech national development. The influence of this ideology on the national and historical consciousness of the countless Czechs who passed through the Sokol ranks make it fundamental to an understanding of Czech mass nationalism.

---

72 *Očenášek*, A.: Šachový turnaj [Chess tournament]. In: Pátý slet všesokolský pořádaný v Praze ... 1907 [Fifth All-Sokol Slet in Prague ... 1907]. Ed. by Josef *Scheiner*. Prague n. d. 25—41.

73 Steed, quoted in *Vyšný*, Paul: Neo-Slavism and the Czechs 1898—1914. London 1977, 215.

74 *Domorázek*, Karel: Marathón. In: Památník sletu slovanského Sokolstva roku 1912 v Praze [Album of the Slet of the Slavic Sokol Movements in 1912 in Prague]. Prague n. d. (1919), 153—177.

75 *Očenášek*, A.: Jak dál? [What Next?] Sokol 28 (1902) 247.

76 *Havlíček*, Věnceslav: Postavení Sokolstva v národě [The Position of the Sokol in the Nation]. Prague 1919, 22.

Appendix: Growth of the Sokol Movement to World War I

Year	Number of Sokol Units				Membership			
	Bohemia	Moravia-Silesia	Lower Austria	total	Bohemia	Moravia-Silesia	Lower Austria	total
1862	7	1	—	8	—[1]	—	—	—
1865	16	3	—	19	1,556[2]	156	—	1,712
1868	44	5	1	50	4,715	437	50	5,202[3]
1871	96	17	1	114	9,304	1,144	68	10,516
1875	61	10	1	72	6,205	898	88	7,191
1883	77	17	1	95	9,236	1,218	111	10,565
1888	142	28	1	171	17,315	2,302	200	19,817
1897	367	93	6	466	35,717	7,282	871	43,870
1902	453	143	9	605	37,868	10,973	1,397	50,238
1905	493	169	9	671	39,387	11,524	1,258	52,169
1910	636	265	15	916	68,032	25,389	2,082	95,077[4]
1912	717	359	15	1,091	83,040	33,742	2,401	119,183[5]

[1] In July 1862, membership in the Prague Sokol reached 1,000. See: Jednatelské zprávy [Secretary's Report]. In: Památník Sokola Pražského 1883, 69.

[2] The Prague Sokol accounted for a large percentage of Bohemian membership in the first few years of the club. In 1865, the Prague unit had 605 members and in 1868, 807 members.

[3] Membership increased dramatically in 1868 after Sokol units were allowed to have „contributing" members in addition to the „active" members. See above footnote 63.

[4] In 1910, women were counted in the Sokol membership for the first time and numbered 14,585 of the total.

[5] Including those under 18 years of age, total membership in 1912 was 168, 260.

Statistical Sources: *Bílek*, Rudolf et al., comps.: Statistika České Obce Sokolské za rok 1905 [Statistics of the Czech Sokol Union from 1905]. Prague 1906. — *Kaizl*, Ed., comp.: Statistický výkaz o československých jednotách sokolských počátkem roku 1888 [Statistical Report on Czechoslav Sokol Units at the Beginning of 1888]. Prague 1888. — *Kareis*, Karel, comp.: Srovnávací statistický výpis jednot sokolských ... počátkem ledna 1871 [Comparative Statistical Account of Sokol Units ... at the Beginning of January 1871]. Prague 1871. — Sokol 1875. 1883. 1898. 1903. 1911. 1914. — *Tyrš*, Miroslav, comp.: Statisticko-historický přehled jednot sokolských pro rok 1865 [Statistical-historical Survey of Sokol Units for the Year 1865]. Prague 1866. — *Tyrš*, Miroslav / *Čermák*, F., comps.: Sborník sokolský pro rok 1868 [Sokol Yearbook for 1868]. Prague n. d. (1869).

Robert R. Luft

DER „DEUTSCHE VEREIN ZUR VERBREITUNG GEMEINNÜTZIGER KENNTNISSE" IN PRAG 1869—1938

Ein Beitrag zur Volksbildung in Böhmen

„Die Geschäftssprache des Vereines ist die d e u t s c h e"[1], so wird in Paragraph 3 der Statuten des Deutschen Vereins zur Verbreitung gemeinnütziger Kenntnisse festgesetzt. Da das österreichische Vereinsgesetz vom 15. November 1867[2] weder die satzungsmäßige Vereinbarung einer Geschäftssprache verlangt, noch andere Regelungen zum Sprachgebrauch in Vereinen trifft, wurde dieser Passus bewußt in die Vereinsstatuten aufgenommen. Er folgt dem Abschnitt über die Mittel zur Erreichung des Vereinszwecks und steht noch vor den gesetzlich vorgeschriebenen Bestimmungen zur Vereinsorganisation. Die Ausrichtung auf das Deutsche wird bereits im Vereinsnamen sichtbar. Somit stellt sich die Frage, welche Gründe und Absichten zu dieser Festlegung führten und welche Bedeutung diese Orientierung in der Vereinsgeschichte hatte. Die Betonung der nationalen Identität, eine Abgrenzung von anderen Organisationen und ethnischen Gruppen oder ein bewußtes Ausschließen von Personen einer anderen Nationalität wären ebenso denkbare Motive wie die Betonung eines kulturellen oder nationalen Vorherrschaftsanspruchs, der verbunden mit Überlegenheitsgefühlen oder einem Überheblichkeitsdenken sich zu Missionierungs- oder Unterdrückungsabsichten steigern kann. Möglich wäre auch, daß einer befürchteten Änderung der Geschäftssprache und damit des Vereinscharakters vorgebeugt werden sollte. Daneben können der Gedanke einer Verständigungssprache, bestimmte werbewirksame Effekte oder die formale Anlehnung an Satzungen anderer Vereine eine Rolle gespielt haben. Eine Änderung der Geschäftssprache wurde im vorliegenden Fall durch den zweiten Teil des Paragraphen 3 grundsätzlich ermöglicht[3].

Die Tätigkeit und Wirkung des Deutschen Vereins zur Verbreitung gemeinnütziger Kenntnisse sollen im folgenden anhand der Vereinsschriften und soziologischer Aspekte untersucht werden, wobei insbesondere nationale und politische Positionen sowie das Geschichtsbild in verschiedenen Vereinsepochen betrachtet

---

[1] Statuten des Deutschen Vereines zur Verbreitung gemeinnütziger Kenntnisse, § 3 (Sperrung im Original). Text der bei Gründung 15 Paragraphen umfassenden Satzung in: Deutscher Volks-Kalender für 1872. Hrsg. v. Deutschen Verein ... durch Julius *Lippert*. Prag 1871, Rückumschlag. In den meisten Vereinsschriften berücksichtigt der abgedruckte „Auszug aus den Statuten" den dritten Paragraphen. — „Deutscher Verein zur Verbreitung gemeinnütziger Kenntnisse" wird im folgenden mit DtV, seine Schriftenreihe „Sammlung gemeinnütziger Vorträge" mit SgV abgekürzt.

[2] RGBl 1867, 134. Gesetz vom 15. November 1867 (§ 4 enthält die Bestimmungen für Vereinssatzungen).

[3] Siehe Anm. 1; ein Antrag auf Änderung oder Aufhebung dieses Passus wird wie ein Antrag auf Vereinsauflösung behandelt. In den „Auszügen" wird meist auch dieser Zusatz abgedruckt.

werden. Diese Studie will mit der ausführlichen Darstellung der Vereinsgeschichte nicht nur einen Beitrag zur Entwicklung der Volksbildung bzw. Erwachsenenbildung in Böhmen liefern, sondern auch Material für „die nahezu unerforschte Geschichte der Öffentlichkeit und des Organisationswesens in den Sudetenländern“ [4] bereitstellen.

Entstehung, Zielsetzung und Aufgaben des Vereins

Am 14. März 1869 versammelten sich 80 Prager Bürger im Deutschen Casino zur konstituierenden Versammlung des Deutschen Vereins zur Verbreitung gemeinnütziger Kenntnisse [5]. Die Anregung zur Gründung eines Bildungsvereins ging von dem aus Rheinhessen stammenden Pädagogen Josef Holzamer [6] aus, der an der Handelsakademie und dem Polytechnischen Institut lehrte und im Casino das Lesezimmer betreute. Holzamer, der bereits andere Formen volkstümlicher Bildungsarbeit probiert und in Deutschland, der Schweiz, England und Dänemark nach Vorbildern gesucht hatte, gelang es durch seine guten Verbindungen zum Casino und sein vielfältiges pädagogisches Engagement, zwei verschiedene Personenkreise für seine Vorstellungen zu gewinnen. Organisatorische und finanzielle Unterstützung fand er beim deutschen Großbürgertum Prags, das — vor allem tätig im Wirtschafts- und Verwaltungsbereich, aber auch Universitätsprofessoren und Abgeordnete umfassend — seit Ende der Ära Bach seinen gesellschaftlichen Mittelpunkt im Deutschen Casino gefunden hatte [7]. Erster Obmann des Vereins wurde einer der Gründer des Casinos, der Großindustrielle und Vizepräsident der Prager Handels- und Gewerbekammer Richard Ritter von Dotzauer [8], sein Stellvertreter der Advokat und Landespolitiker Franz Schmeykal, Kassierer der Fabrikant Salomon Goldschmidt. Dem Gründungsausschuß gehörten die Publizisten

[4] *Jaworski*, Rudolf: Vorposten oder Minderheit? Der sudetendeutsche Volkstumskampf in den Beziehungen zwischen der Weimarer Republik und der ČSR. Stuttgart 1977, 10.

[5] Obwohl die Vereinsgründung in einigen historischen Überblickswerken erwähnt wird — z. B. bei *Prinz*, Friedrich: Die böhmischen Länder von 1848 bis 1914. In: Handbuch der Geschichte der böhmischen Länder. Hrsg. v. Karl *Bosl*. Bd. 3, Stuttgart 1968, 192; oder *Münch*, Hermann: Böhmische Tragödie. Das Schicksal Mitteleuropas im Lichte der tschechischen Frage. Braunschweig-Berlin-Hamburg 1949, 446 —, fehlen wissenschaftliche Arbeiten, die die Vereinsgeschichte berücksichtigen. Zur vereinseigenen Historiographie gehören in erster Linie *Lippert*, Julius: 25 Jahre des Strebens für Volksbildung. Prag 1894 (SgV 185/6). — *Ders.*: Das Volksbildungswesen zur Zeit Franz Josefs I. (1848/1898). Prag 1898 (SgV 242/3). — *Hauffen*, Adolf: Die Geschichte des Deutschen Vereines zur Verbreitung gemeinnütziger Kenntnisse 1869—1919. Prag 1919 (SgV 484/5). — Über den Verbleib des Vereinsarchivs ist mir nichts bekannt. Der bei *Mandlerová*, Jana: Soupis odborných spolků a vědeckých institucí v českých zemích, 1860—1918 [Verz. d. Fachvereine u. wiss. Institutionen i. d. böhm. Ländern]. Prag 1973, 49 angegebene Bestand des Archiv Hlavního města Prahy (Sign. IX/23) war mir weder zugänglich, noch erhielt ich von der Archivverwaltung darüber nähere Auskünfte.

[6] (1832—1890), vgl. Biographisches Lexikon zur Geschichte der böhmischen Länder. Hrsg. v. Heribert *Sturm*. Bd. 1, München-Wien 1979, 674. — *Lippert*: 25 Jahre 1894.

[7] Der Vorläufer des Deutschen Casinos in Prag war 1848 der „Deutsche Verein“.

[8] (1816—1887), vgl. Biographisches Lexikon I 1979, 275—276. — *Schebek*, Edmund: Richard Ritter von Dotzauer. Prag 1895.

David Kuh und Franz Klutschak an. In seiner Tätigkeit wurde der Verein jedoch von einer jüngeren Generation — meist Ende der dreißiger Jahre geboren — bestimmt, zu der Julius Lippert, Ludwig Schlesinger, Karl Pickert, Philipp Knoll, Gustav Laube und Alexander Wiechovsky [9] gehörten. Pickert und Holzamer gaben seit 1867 die politische Wochenschrift „Deutsche Volkszeitung" heraus, und Wiechovsky gründete 1869 den Deutschen pädagogischen Verein sowie 1870 wiederum mit Unterstützung des Casinos den ersten Volkskindergarten Prags. Diese Gruppe junger Lehrer, Publizisten und Wissenschaftler kannte sich seit der gemeinsamen Prager Studienzeit, hatte zusammen in der Lese- und Redehalle der deutschen Studenten [10] erste organisatorische Erfahrungen gesammelt und 1862 die Gründung des Vereins für Geschichte der Deutschen in Böhmen [11] veranlaßt. Politisch gehörten sie zum linken Flügel der Liberalen, den „Jungen", die eine „volksthümliche Erweiterung der . . . Interessenvertretung" [12] forderten.

Die Gründung des Deutschen Vereins zur Verbreitung gemeinnütziger Kenntnisse gehört in die von G. Cohen beschriebene Formierungsphase des organisierten, liberal geprägten und ethnisch geschlossenen Gemeindelebens der deutschen Mittel- und Oberschichten Prags [13]. Die beginnende Ära des österreichischen Liberalismus, der besonders die Deutschen Prags beeinflußte, die nationale Aufspaltung der böhmischen Gesellschaft und ihrer kulturellen Institutionen — beispielsweise die Teilung des Polytechnischen Instituts in Prag 1868 — sowie die sich abzeichnende kleindeutsche Lösung bildeten das geistige und soziale Umfeld der Vereinsgründung. Den Anstoß gab die Diskussion über das Reichsvolksschulgesetz, das 1869 verabschiedet wurde. Im Aufruf an die „Deutschen Landsleute" vom 24. März 1869 [14] und in der ersten Publikation des Vereins über „Unser Volksschulgesetz vom 14. Mai 1869" [15], beide von Lippert verfaßt, wurden die Ziele und Aufgaben des Vereins dargelegt. Mit der Reform übernahm der Staat alleinige Verantwortung für die allgemeine, achtjährige schulische Grundbildung. Die Volksschule bedürfe

---

[9] Julius Lippert. Von ihm selbst. DA 5 (1905/6) 25—34, hier 25—26. — *Reinwarth*, Julius: Julius Lippert. Prag 1911, 67 (SgV 392). — Wiechovsky (1831—1883) war zwar älter, gehörte aber als Studienkollege zu dieser Generation. *Wurzbach*, Constant v.: Biographisches Lexikon des Kaiserthums Oesterreich . . . Bd. 55. Wien 1887, 282—286.

[10] Die 1848 gegründete Lese- und Redehalle gilt jedoch nicht als Vorbild für den DtV. — *Slavíček*, Antonín: Z dějin spolku „Lese- und Redehalle der deutschen Studenten in Prag" v období 1848—1892 [Aus der Geschichte des Vereins „. . ."]. Acta Universitatis Carolinae. Historia Universitatis Carolinae Pragensis 17 (1977) Teil 2, 48—72.

[11] *Oberdorffer*, Kurt: Der Verein für Geschichte der Deutschen in Böhmen 1862—1938. BohJb 3 (1962) 9—29, hier 10.

[12] Aus dem Programm der „Jungen" nach *Harrington-Müller*, Diethild: Der Fortschrittsklub im Abgeordnetenhaus des österreichischen Reichsrats, 1873—1910. Wien-Köln-Graz 1972, 26.

[13] *Cohen*, Gary B.: The Politics of Ethnic Survival: Germans in Prague, 1861—1914. Princeton 1981.

[14] Text z. B. bei *Tragau*, Karl: Die Wiesen und ihre Kultur. Prag 1883, 25—26 (SgV 90); zitiert: Aufruf 1869.

[15] Zwei Auflagen, Prag 1870 (SgV 1). — Zur politischen Diskussion des Gesetzes *Kolmer*, Gustav: Parlament und Verfassung in Österreich. Bd. 1. Wien-Leipzig 1902 (Neudruck Graz 1972), 375—378. — Gesetzestext: RGBl 1869, 62. Gesetz vom 14. Mai 1869.

jedoch der Unterstützung, um ihren Auftrag als Bildungseinrichtung für die gesamte Bevölkerung erfolgreich auszufüllen. Dazu gehöre auch die weitere Bildung der Erwachsenen, ein Bereich der völlig der privaten Initiative überlassen blieb. Lebenslanges Lernen war für Lippert zur Notwendigkeit geworden, da „die allgemeine Bildung nach dem Maßstabe der Zeit eine genügende" sein muß, „das Leben immer erhöhtere Anforderungen an die Leistungskraft des Einzelnen stellt" und „die fortschreitende Entwicklung der Menschheit nur durch die erhöhte Concurrenz der Geister gesichert wird" [16]. Dazu sollte der Verein beitragen mit seiner Zielsetzung, „wahrhaft gemeinnützige Kenntnisse zu verbreiten, vor Allem solche, die dazu dienen, die Wohlfahrt des Volkes zu befördern, die kleine Ackerwirthschaft, das kleine Gewerbe und den Arbeiterstand in mannigfacher Weise anzuregen und zu heben und das gesammte Volk zum Bewußtsein seiner Rechte und Freiheiten, seiner Bedürfnisse und Ziele zu leiten" [17]. In dieser Definition wie in den einzelnen Vereinsschriften zeigen sich verschiedene Formen der beabsichtigten Volksbildungsarbeit und ein unterschiedlicher Gebrauch der Begriffe Volk und Volksbildung [18]. Der vom Verein verwandte Volksbildungsbegriff umfaßte vier verschiedene Gesichtspunkte:

1. Volksbildung als allgemeine Bildung ist ein ethisches Ziel, das nicht nur den moralischen Wert des einzelnen erhöht, Rechthaberei, Streitsucht und Unnachgiebigkeit verhindert, sondern durch die größere Besonnenheit des einzelnen das gemeinschaftliche Leben den liberalen Vorstellungen einer idealen Gesellschaft näher bringt [19]. „Die Erziehung macht den Charakter der Völker" [20], ihr Ziel ist die „gesellschaftliche Sittlichkeit" [21].

2. Volksbildung als Erwachsenenbildung und als berufliche Weiterbildung, die die soziale und materielle Situation — vor allem der unteren Schichten — verbessern helfen soll. Bildung des einzelnen, verstanden als liberale Trias von Wissen, Wahrheit und Fortschritt, führt zu Wohlstand für den einzelnen wie für das gesamte Volk. Ein erster Schritt ist, Eltern, die teilweise selbst noch keine Volksschulbildung haben, vom Wert der Schule und der Bedeutung von Bildung zu überzeugen. Die Volksschule, das „Hauptmittel zur Verbreitung allgemeiner Volksbildung" [22], kann nur dann die grundlegenden Kenntnisse und Fähigkeiten vermitteln, wenn ein

---

[16] Aus *Lippert*, Julius: Ziele und Mittel der Volksbildung. Prag 1875, 2 (SgV 25) und *ders.*: Volkschulgesetz 1870, 5 (SgV 1).

[17] Aufruf 1869.

[18] Zur Begriffsgeschichte von Volk und Volksbildung im 19. Jahrhundert *Balser*, Frolinde: Die Anfänge der Erwachsenenbildung in Deutschland in der ersten Hälfte des 19. Jahrhunderts. Stuttgart 1959, 99—112. — *Wiese*, Leopold v.: Der Begriff und die Probleme der Volksbildung, soziologisch betrachtet. In: Soziologie des Volksbildungswesens. Hrsg. v. *dems.* München-Leipzig 1921, 3—45. — *Dräger*, Horst: Volksbildung in Deutschland im 19. Jahrhundert. Bd. 1. Braunschweig 1979, 26—49.

[19] *Lippert*: 25 Jahre 1894, 14, dort auch: „Der Gebildetere ist auch der Bescheidenere".

[20] *Lippert*, Julius: Germanen und Slaven. Geschichtliche Entwicklung der Gegensätze ihres Volkswesens. Prag 1885, 22 (SgV 100).

[21] *Ders.*: Die Bildungsbestrebungen im Vereinsleben. In: Die erste Wanderversammlung des DtV. Prag 1896, 4—12, hier 7 (SgV 219).

[22] *Ders.*: 25 Jahre 1894, 8.

regelmäßiger Unterricht nicht durch Kinderarbeit oder Gleichgültigkeit der Eltern verhindert wird. Die berufliche Weiterbildung von Erwachsenen soll zwar besonders die unteren Volksschichten betreffen, muß aber bei der beruflichen Fortbildung der Lehrer ansetzen, da sie die wichtigste Vermittlungsfunktion haben. Vor allem die schlecht ausgebildeten Volksschullehrer auf dem Lande bedürfen einer Unterstützung ihrer schulischen und außerschulischen Bildungsarbeit. Vordringlichste Aufgabe der Erwachsenenbildung muß daher die Erziehung der Erzieher (Eltern wie Lehrer) sein [23].

3. Volksbildung als „Volksaufklärung" im politischen Sinne. Da „dem Volke ... jede Schulung des Urtheils in Dingen, die das Gemeinwohl betrafen", fehlt, ist die „Hebung der allgemeinen Bildung unseres Volkes" für die gewünschte politische Partizipation der gesamten Bevölkerung an Gesetzgebung, Verwaltung und Jurisdiktion notwendig [24]. Zu Freiheit und Gerechtigkeit im staatlichen Rahmen kann sich nur ein „besonnenes gebildetes Volk" verhelfen [25]. Jede Volksbildungsarbeit hat damit eine demokratische Komponente.

4. Volksbildung als Gemeinschaftsbildung. Neben der Förderung des Gemeinwohls durch die Verbreitung gemeinnütziger Kenntnisse bedarf es der Ausbildung eines gesellschaftlichen Gemeinsinns, einer bewußten Volksgemeinschaft. Der einzelne Mensch muß den Zusammenhang mit dem Volksganzen erkennen lernen [26]. Der hier verwandte Volksbegriff, im Sinne der Gesamtheit aller durch Sprache, Geschichte und Tradition verbundenen Menschen, findet seine Begrenzung im Staatsbegriff, in der Gemeinschaft aller gleichberechtigten Staatsbürger. So bittet der Verein „das deutsche Volk in Oesterreich" [27] um Unterstützung bei seiner Tätigkeit, und Lippert stellt fest, daß „heute ein Unterschied zwischen ‚Volk' und ‚Bürgern' ganz unbekannt ist oder sein sollte" [28]. Den beiden Begriffen Staat und patriotisches Bewußtsein werden das Volk und das nationale Selbstbewußtsein gleichwertig gegenübergestellt. Zwischen dem deutschen Volk, das den Verein trägt, und dem Volk, was zum einen Staatsvolk, zum anderen Bevölkerung heißen soll, wird unterschieden. In der Vereinssatzung fehlt der Begriff Volk völlig. Auch das Wort „deutsch" kommt in den Statuten nur an den beiden genannten Stellen vor. P. Molischs Feststellung, daß die Satzungen demokratischer Vereine, die Ende der sechziger Jahre in der Habsburgermonarchie gegründet wurden, „zumeist keinen nennenswerten Hinweis auf die Pflege deutscher Interessen" [29] enthalten, trifft auch auf den Prager Volksbildungsverein zu. Mit der Verwendung der Begriffe Gemeinnutz und Gemeinwohl geht der Verein nicht nur der Abgrenzung des Volksbegriffs aus dem Wege, sondern umfaßt durch die Verbindung von geistigem, physischem und materiellem Wohl und Bildung weitere gesellschaftliche Bereiche als der Volks-

---

[23] *Ders.*: Volksschulgesetz 1870, 15—16.
[24] Alle Zitate *ders.*: 25 Jahre 1894, 4—5.
[25] Aufruf 1869.
[26] *Lippert*: 25 Jahre 1894, 3.
[27] Aufruf 1869.
[28] *Lippert*: Bildungsbestrebungen 1896, 7.
[29] *Molisch*, Paul: Geschichte der deutschnationalen Bewegung in Oesterreich von ihren Anfängen bis zum Zerfall der Monarchie. Jena 1926, 73.

bildungsbegriff im engeren Sinne. Gemeinnutz, Gemeinwohl und Gemeinsinn verbinden sich zu einem modernen Gesellschaftsverständnis, das sich sowohl am Staat wie an der Nation orientiert. Ziel der Volksbildung mußte daher sein, ein alle gesellschaftlichen Schichten verbindendes Gemeinschaftsgefühl zu schaffen, was als Bildung der unteren Schichten in das Bürgertum, die staatstragende Schicht, hinein verstanden wurde. Das Franz Leibing und der 1871 in Berlin gegründeten Gesellschaft für Verbreitung von Volksbildung zugeschriebene „Konzept einer loyalen, von einem kritischen Patriotismus getragenen Volksbildung, nicht aber aus der Perspektive des Staatstheoretikers entworfen, sondern von der Gemeinschaft selbst her" [30], gilt auch für das Programm des Prager Vereins. Pointiert ist Volksbildung in diesem Verständnis nicht nur Bildung für das Volk, sondern auch Bildung zu einem Volk.

Die späten sechziger Jahre des 19. Jahrhunderts gelten unbestritten als Umbruchzeit der Volksbildungsbewegung im deutschen Sprachraum. Uneinigkeit besteht in der Literatur über das Neue dieser „neuen" oder „freien" Volksbildungsrichtung. Als besondere Merkmale werden die überparteiliche und überkonfessionelle Stellung [31], der bürgerliche Charakter, der sie von älteren, ständisch geprägten Formen [32] oder den zeitlich parallel entstehenden Arbeiterbildungsvereinen [33] unterscheidet, werden neue Methoden (die direkte Belehrung) und die demokratische Tendenz [34] oder der nationale Gedanke [35] genannt. Die Bezeichnung liberale Volksbildung dürfte am sinnvollsten und eindeutig sein, wobei die jüngere Form des Liberalismus, die nationalliberale Richtung, die wichtigste Rolle spielte. In der Habsburgermonarchie war der Deutsche Verein zur Verbreitung gemeinnütziger Kenntnisse in Prag der erste bedeutende und repräsentative Verein mit diesem neuen Verständnis von Volksbildung als schichtenübergreifender Gemeinschaftsbildung [36]. Daß diese Bewegung zuerst in Böhmen Fuß faßte, erklärt sich aus der besonderen nationalen, ökonomischen und gesellschaftlichen Situation. Forschungen zur Geschichte der Volks- und Erwachsenenbildung in den böhmischen Ländern sind bislang jedoch noch sel-

[30] *Dräger*, Horst: Die Gesellschaft für Verbreitung von Volksbildung. Eine historisch-problemgeschichtliche Darstellung von 1871—1914. Stuttgart 1975, 34.

[31] *Bruck*, Adolf: Die Volksbildung in Österreich. In: Hundert Jahre Unterrichtsministerium 1848—1948. Festschrift. Hrsg. v. Egon *Loebenstein*. Wien 1948, 261—273, hier 263.

[32] *Thienen-Adlerflycht*, Christoph: Volksbildungssysteme im Übergang vom barocken Ständestaat zum modernen Industriestaat. In: Freundschaft und Bildung. Festschrift für Eduard Seifert. Hrsg. v. Ernst *Wenisch*, Aladar *Pfniß*, Walter *Sulzberger*. Salzburg 1982, 86—105, hier 87.

[33] *Buchwald*, Reinhard: Die deutsche Volksbildungsarbeit im Zeitalter des Liberalismus. Stettin 1932, 2.

[34] *Michel*, Ernst: Die geistesgeschichtliche Entwicklung der heutigen Erwachsenenbildung. Vierteljahresschrift für wissenschaftliche Pädagogik 7 (1931) 185—210. Ebenfalls in: Erwachsenenbildung zwischen Romantik und Aufklärung. Hrsg. v. Hans *Tietgens*. Göttingen 1969, 18—37, hier 25—26.

[35] *Dräger*: Gesellschaft 1975, 49.

[36] *Fischer*, Kurt Gerhard: Zur Geschichte und Theorie der Volksbildung. Linz 1961, 28. — Handbuch der sudetendeutschen Volksbildung. Kulturpolit. Handbuch. Hrsg. im Auftrage der „Gesellschaft für deutsche Volksbildung in der Tschechoslowakischen Republik" von Emil *Lehmann*. Reichenberg 1931, 285—288. — Der liberale Bildungsverein „Iserthal" wurde schon 1868 gegründet, bestand aber nur einige Jahre.

tener als für die österreichischen Teile der Monarchie [37]. Die historisch orientierte Volksbildungsliteratur von Volker [38] und Reyer [39] über Lampa [40] bis Langewiesche [41] erwähnt zwar Gründung und Bedeutung des Prager Volksbildungsvereins, geht aber nicht genauer auf seine Tätigkeit und Wirkung ein [42]. Dem Prager Verein folgten in Österreich 1870 der steiermärkische, 1872 der oberösterreichische, 1885 der niederösterreichische und 1887 der Wiener Volksbildungsverein. Die bedeutendste vergleichbare Organisation im Deutschen Reich war die Gesellschaft für Verbreitung von Volksbildung seit 1871. Obwohl der Deutsche Verein zur Verbreitung gemeinnütziger Kenntnisse mit seinem Namen an ältere Formen und Vorbilder, wie die Gesellschaft für Gemeinnützigkeit (gegr. 1810), den Verein zur Verbreitung guter und wohlfeiler Volksschriften (gegr. 1841), beide in Zürich, oder die zahlreichen Vereine zur Verbreitung (natur-)wissenschaftlicher Kenntnisse anknüpfte, muß er von seinen Intentionen und seinem Programm her eindeutig der neueren Art von Bildungsvereinen zugeordnet werden. Von den zur selben Zeit entstehenden Arbeiterbildungsvereinen unterschied er sich nicht nur durch ein größeres Spektrum der Themen und eine andere, weiter gefaßte Zielgruppe, sondern durch den anderen Ansatz. Arbeiterbildung wurde weniger vom Arbeiter aus gesehen, vielmehr sollte der Arbeiter in das Bürgertum integriert werden und damit zum Mitglied des Staates werden. Trotz dieser Unterschiede kam es zwischen beiden Richtungen in Böhmen selten zu Auseinandersetzungen, teilweise sogar zu begrenzter Zusammenarbeit [43].

Die Themenbereiche des Bildungsprogramms umfaßten beim Prager Volksbildungsverein „Weltgeschichte, Literatur- und Kulturgeschichte, Kunstgeschichte und Kunstgewerbe, Musik, Sprachwissenschaft, Rechts- und Volkswirtschaft, Medizin, Naturwissenschaft und Technik, Heimats- und Volkskunde, Land-, Forst- und Hauswirtschaft, Gartenbau, Gesundheitspflege, Jugendfürsorge, Schule und Er-

---

[37] Zum deutschböhmischen Volksbildungswesen *Fleischner*, Ludwig: Das deutsche Volksbildungswesen in Böhmen. DA 1 (1902) 470—486 und 542—549. — *Ders.*: Das Volksbildungswesen in Deutschböhmen von 1848—1908. DA 8 (1908) 142—150. — *Schenk*, Elisabeth M.: Zwanzig Jahre demokratische Erwachsenenbildung in den böhmischen Ländern 1918—1938. Vorgeschichte, Einrichtungen, Gesetze und Leistungen der deutschen öffentlichen Bildungspflege. München-Pullach 1972. Vgl. unten Anm. 42.

[38] *Volker*, H. S.: Handbuch der deutschen Volksbildungsbestrebungen. Zürich 1893, 110.

[39] *Reyer*, Eduard: Handbuch des Volksbildungswesens. Stuttgart 1896, 37 Anm. 1.

[40] *Lampa*, Anton: Beiträge über die Gestaltung des Volksbildungswesens in einigen Staaten des Auslandes. a) In den Ländern des früheren österreichischen Staates. In: Soziologie des Volksbildungswesens 1921, 441—454.

[41] *Langewiesche*, Dieter: Zur Freizeit des Arbeiters. Bildungsbestrebungen und Freizeitgestaltung österreichischer Arbeiter im Kaiserreich und in der Ersten Republik. Stuttgart 1980, 48.

[42] Zum Forschungsstand der Volksbildungshistoriographie in Deutschland und Österreich *Dräger*, Horst: Historiographie und Geschichte der Erwachsenenbildung. In: Enzyklopädie Erziehungswissenschaft. Bd. 11. Erwachsenenbildung. Hrsg. v. Enno *Schmitz*, Hans *Tietgens*. Stuttgart 1984, 76—92. — *Altenhuber*, Hans: Zur Geschichte der österreichischen Erwachsenenbildung. Situation und Probleme. In: Freundschaft und Bildung 1982, 74—85.

[43] Bereits im „Aufruf“ 1869 werden bestehende Organisationen sowie die „Arbeiter- und Bildungsvereine“ zur Unterstützung aufgefordert.

ziehung" [44]. Politische und konfessionelle Fragen blieben, wie für das liberale und „neutrale" Volksbildungswesen üblich, ausgeschlossen und waren zum Teil auch durch das Vereinsgesetz untersagt. Unter Politik wurde dabei jedoch Partei- und Tagespolitik verstanden. Weltanschauliche oder nationale Positionen, wie beispielsweise der liberal-nationale Standpunkt, fielen meist nicht unter diese Einschränkung. Während die Zusammenarbeit mit politischen und kirchlichen Organisationen damit nicht in Frage kam, existierte ein enger Kontakt zu den genannten und mehreren anderen Volksbildungsvereinen in Böhmen, Österreich und Deutschland sowie zu verschiedenen Fachvereinen. Neben dem Verein für Geschichte der Deutschen in Böhmen gehörten dazu der naturwissenschaftliche Verein Lotus in Prag (gegr. 1848), die Prager Urania (gegr. 1917), der Deutsche Fortbildungsverein in Smichov (gegr. 1881), der Prager Verein Frauenfortschritt (gegr. 1893) und die Gesellschaft zur Förderung deutscher Wissenschaft, Kunst und Literatur in Böhmen (gegr. 1891) [45]. Obwohl der Bildungsverein seinen Sitz und sein organisatorisches Zentrum in Prag konzentrierte, richtete er seine Tätigkeit von Beginn an auf Böhmen aus. Ein Netz von aktiv mitarbeitenden Vereinsmitgliedern, den „Vertretern", sollte helfen, den ländlichen Raum in das Wirkungsfeld des Vereins miteinzubeziehen. Mitglieder gab es außerhalb Böhmens vor allem in Mähren, Schlesien und dem slowenisch-deutschen Grenzgebiet, in der Bukowina und Siebenbürgen, in Niederösterreich und im Deutschen Reich, besonders in Sachsen. Die Resonanz in national gemischten Regionen zeigt, daß das nationale Selbstverständnis des Vereins ausgeprägter und ansprechender war, als Satzung, Programm und viele Publikationen vermuten lassen.

In der Satzung (§ 2) wurden drei große Aufgabenbereiche festgelegt:

1. die Errichtung von Volksbüchereien und Förderung bestehender Bibliotheken durch Geld- und Bücherspenden sowie Beratung und Empfehlung gemeinnütziger Schriften;

2. die Herausgabe und Verbreitung billiger, belehrender volkstümlicher Schriften;

3. die Veranstaltung von öffentlichen Vorträgen, die Bestellung von Wanderlehrern, der Aufbau und die Betreuung von Wanderversammlungen sowie die Veranstaltung von Wanderversammlungen in Böhmen.

Bereits im Jahr 1869 errichtete der Verein in Böhmen vier Freibüchereien und gab eine erste Liste empfehlenswerter Bücher heraus. Die Arbeit auf dem Bibliothekssektor brachte dem Verein relativ schnell Anerkennung und allgemeine Bekanntheit, da in der zweiten Hälfte des 19. Jahrhunderts in der Habsburgermonarchie der „nationale Bibliotheksbestand" zunehmend als ein Gradmesser des nationalen Entwicklungsniveaus bzw. des nationalen Besitzstandes angesehen wurde. Deshalb wurde versucht, ärmere und „völkisch besonders bedrohte Orte"

---

[44] *Hauffen*: Geschichte 1919, 9.

[45] *Mandlerová*, Jana: K založení Gesellschaft zur Förderung deutscher Wissenschaft, Kunst und Literatur in Böhmen v r. 1891 [Zur Gründung der ... i. J. 1891]. Dějiny věd a techniky 15 (1982) 13—27. — Ferner Josef *Hemmerle* in diesem Band.

und die deutschen Minderheiten in tschechischen Städten bevorzugt zu berücksichtigen [46]. Der Verein gründete etwa 100 kleinere Büchereien — häufig mit einem Anfangsbestand von weniger als 100 Büchern — in Landgemeinden, die meist vom dortigen Volksschullehrer betreut wurden. Bis 1923 wurden zusätzlich zu den eigenen Publikationen 80 000 Bände, die nach volksbildnerischen Kriterien ausgewählt worden waren, an etwa 1500 Bibliotheken verteilt. Unterstützt wurden in und außerhalb Böhmens Freibüchereien, Gemeinde- und Schul-, Krankenhaus-, Gefängnis- und Soldatenbibliotheken sowie verschiedene Vereinsbibliotheken [47]. Die Buchempfehlungslisten wurden mehrfach überarbeitet, und zur Organisation und Führung von Volksbüchereien veröffentlichte der Verein immer wieder Schriften (SgV 171, 427/8, 489/90).

Der öffentliche Vortrag wurde zwar als grundlegende Form der Volksbildung betrachtet, spielte aber nach den ersten zwei Jahren kaum mehr eine Rolle. Vor allem der Mangel an Referenten und die Schwierigkeiten, Böhmen flächendeckend mit Vortragsveranstaltungen zu versorgen, ließen diesen Tätigkeitsbereich zurücktreten. Auch die Institutionen des Wanderlehrers und der Wanderversammlung konnten sich, trotz einzelner Erfolge, nicht durchsetzen. Als Ausweg begann der Verein schon 1869, den Text von Vorträgen zu vervielfältigen und an interessierte Mitglieder zu versenden. Daraus entstand die Reihe der gemeinnützigen Vorträge. Die Herausgabe dieser Vorträge und anderer volkstümlicher Schriften wurde zum wichtigsten Tätigkeitsfeld des Vereins. Die Publikationen sollten nicht nur dem Mangel an gemeinnützigen Schriften abhelfen, sondern als Grundlage zum Selbststudium und für lokale Vortragsveranstaltungen durch Lehrer und andere Vereinsmitglieder dienen. Es sollten nur „auf wissenschaftlicher oder fachmännischer Grundlage aufgebaute Darstellungen in einem guten Deutsch und in einer volkstümlichen, anregenden und übersichtlichen Form" in das Verlagsprogramm des Vereins aufgenommen werden [48]. Drei Arten von Publikationen müssen unterschieden werden: die „Sammlung gemeinnütziger Vorträge", der „Deutsche Volks-Kalender" und die Monographien.

Die Sammlung gemeinnütziger Vorträge (SgV) erschien von 1870 bis 1938 mit jährlich 8 bis 12 Nummern. Die einzelnen Hefte umfaßten meist 12 bis 32 Seiten. In späteren Jahren kam es aus inhaltlichen, finanziellen und versandtechnischen Gründen zu Doppel- und Mehrfachheften, so daß statt der insgesamt 706 Nummern nur 505 verschiedene Titel vorliegen [49]. Jedes Mitglied und viele Büchereien

---

[46] *Schmidt*, Ernst: Errichtung und Verwaltung kleiner volkstümlicher Büchereien. Prag 1914, 20 (SgV 427/8).

[47] *Hauffen*: Geschichte 1919, 23 und ein Verzeichnis der unterstützten Bibliotheken nach Orten 49—54. — *Schultze*, Ernst: Freie öffentliche Bibliotheken. Stettin 1900, 215 erwähnt die Einrichtung von 623 Schulbibliotheken durch den DtV.

[48] *Hauffen*: Geschichte 1919, 8.

[49] Ein Gesamtverzeichnis der Nummern 1—619 und anderer Vereinsschriften in: Schriften-Verzeichnis der seit 1869 bis 1930 herausgegebenen Veröffentlichungen. Prag 1930 (SgV 620). — Vollständig in: Gesamtverzeichnis des deutschsprachigen Schrifttums [GV] 1700—1910. Bearb. v. Hilmar *Schmuck*, Willy *Gorzny*. Bd. 122. München-New York-London-Paris 1984, 329—333 (Heft 1—386). — GV 1911—1965. Hrsg. v. Reinhard *Oberschelp*. Bd. 111. München-New York-London-Paris 1980, 461—463 (Heft 387—

erhielten die Broschüren kostenlos zugesandt, die Hefte konnten aber auch beim Verein oder im Buchhandel preisgünstig erworben werden. Die Auflage begann mit 2000 Stück, stieg in den siebziger Jahren auf 20 000 und dürfte ansonsten bei etwa 10 000 Exemplaren pro Titel gelegen haben. Die systematische Auswahl der Themen berücksichtigte alle genannten Bildungsbereiche. Häufig wurden Vorträge veröffentlicht, die vor anderen Organisationen gehalten worden waren, so daß der Stil und Umfang eines direkten Vortrags erhalten blieben. Wissenschaftliche Originalbeiträge erschienen in dieser Sammlung vor allem im Bereich der Literatur- und Bildungsgeschichte sowie der Volkskunde. Dieser beispielgebenden Publikationsleistung verdankt der Verein einen großen Teil seines Erfolges und vermutlich sein relativ langes Bestehen, trotz der vielen materiellen Krisen und des methodischen Wandels der Volksbildung zu Beginn des 20. Jahrhunderts. Der niedrige Preis der Hefte und die hohen Auflagen sowie die bevorzugte Abgabe an Lehrer und Bibliotheken sicherten den Heften eine große Verbreitung. Andererseits erhielt jedes Mitglied für einen Jahresbeitrag von 1 Gulden bzw. 2 Kronen mit den Vorträgen einen konkreten, nutzbaren Gegenwert [50].

Der Volkskalender galt als die am gründlichsten und häufigsten gelesene Buchform [51]. Deshalb griff der Prager Volksbildungsverein dieses traditionelle Mittel zur Verbreitung von Bildung und zur Erschließung neuer Leserkreise auf. Für die Jahre 1871 bis 1898 erschien der Deutsche Volks-Kalender, bestehend aus einem umfangreichen Jahreskalender mit erläuternden Hinweisen und einem etwa 120 Seiten starken Textteil, der kurze belehrende, populärwissenschaftliche, aber auch unterhaltende Beiträge enthielt [52]. Die Aufsätze ähneln in Inhalt, Art und Zusammenstellung den gemeinnützigen Vorträgen und wurden meist vom selben Autorenkreis verfaßt. Ein besonderes Gewicht liegt auf den unterhaltenden Geschichten, die immer einen belehrenden Aspekt haben und vor allem über den in anderen Kalendern verbreiteten Kalenderaberglauben aufklären sollten. Hinweise auf spezielle landwirtschaftliche Fragen, ein ausführliches Verzeichnis der Markttage in den drei böhmischen Ländern und ein landwirtschaftlicher Beratungsteil, der teilweise vom landwirtschaftlichen Zentralverband redigiert wurde, zeigen, daß der Volkskalender vor allem die Landbevölkerung anzusprechen versuchte. Ähnlich wie bei den Vortragsheften stieg die Auflagenhöhe von 17 000 Exemplaren im ersten Jahr auf 32 000 in den folgenden, fiel aber durch die Konkurrenz von Kalendern der nationalen Schutzverbände — wie des Deutschen Schulvereins, des Bundes der

706). — Die SgV hat für einzelnen Jahrgänge eine durchlaufende Seitenzählung. 1914 begannen die „Beihefte zu der SgV", in denen bereits veröffentlichte Artikel anderer Zeitschriften nachgedruckt wurden. Es erschienen davon vier Nummern. — Vorbild der SgV war u. a. die von Rudolf *Virchow* und Fr. *Holtzendorff* seit 1861 in Berlin herausgegebene „Sammlung gemeinverständlicher wissenschaftlicher Vorträge", die aber einen engeren Themenkreis hatte.

[50] Der Beitrag blieb bis 1919 gleich und stieg bis 1938 auf 12 Kronen tschechoslowakischer Währung. Die Mitgliedschaft im VGDB, der keine Schriften kostenlos abgab, betrug 1870 4 Gulden.

[51] *Volker* 1893, 79.

[52] Der Textteil erschien in den ersten Jahren noch als Jahrbuch des Deutschen Volks-Kalenders.

Deutschen in Böhmen [53] oder anderer Organisationen — seit den achtziger Jahren kontinuierlich, so daß 1898 das Erscheinen eingestellt werden mußte. Herausgegeben wurde der Deutsche Volks-Kalender durchgängig von Julius Lippert, der hier besonders seine methodischen Vorstellungen zur Volksbildung zu verwirklichen suchte.

Zusätzlich zu diesen beiden Publikationsreihen veröffentlichte der Prager Volksbildungsverein noch insgesamt 33 Einzelwerke, die in Form von Hand- oder Lehrbüchern Grundwissen für Schule und Familie bereitstellen sollten. Die meisten dieser Bücher erschienen im ersten Jahrzehnt der Vereinsgeschichte, nach dem Ersten Weltkrieg beschränkte sich der Deutsche Verein auf die Herausgabe der Sammlung gemeinnütziger Vorträge. Auf ein vereinsinternes Mitteilungsblatt wurde ebenso verzichtet wie auf umfangreichere Jahresberichte oder größere Festschriften.

Mit diesen Tätigkeitsbereichen gehörte der Prager Volksbildungsverein zur extensiven Richtung der Volksbildung, die „vom Willen getragen war, eine möglichst große Zahl von Menschen anzusprechen und zugleich einen Zugang zu allen Wissensgebieten zu erschließen“ suchte [54]. Im Gegensatz zu anderen Institutionen lag der Schwerpunkt nicht in der direkten, persönlichen Vermittlung, sondern in der indirekten Form durch Schriften. Mit dieser Ausrichtung nimmt der Verein eine Sonderstellung unter den oben aufgeführten Volksbildungsorganisationen ein. Die Publikationen des Vereins, die in der modernen Volksbildungshistoriographie wie von der damaligen reichsdeutschen Volksbildung weitgehend unbeachtet blieben, sollen in den folgenden Abschnitten nach inhaltlichen und thematischen Gesichtspunkten im Wandel zwischen 1869 und 1938 untersucht werden [55].

Zur Periodisierung der Vereinsgeschichte

Unter vereinsinternen, inhaltlichen wie unter allgemeinhistorischen Gesichtspunkten läßt sich die Geschichte des Deutschen Vereins zur Verbreitung gemeinnütziger Kenntnisse in vier Perioden gliedern. Die erste Phase, die bis in die neunziger Jahre reicht, wird von einer sachlich-aufklärenden Grundtendenz bestimmt und kann als „klassisch liberale Volksbildungsepoche“ des Vereins bezeichnet werden. Die beiden Elemente liberal und national bilden die Grundlage des Vereinsbewußtseins, sind jedoch in den verschiedenen Phasen unterschiedlich ausgeprägt. Das nationale Moment ist in der ersten wie in jeder späteren Periode vorhanden, im Verein aber stets weniger aggressiv als z. B. in Schutzverbänden oder radikaleren Organi-

---

[53] Z. B. Deutscher Nationalkalender für 1896 (Jg. 1). Hrsg. v. Bund der Deutschen in Böhmen. Prag o. J.; ab 1900 als Deutschvölkisches Jahrbuch. — Deutscher Volkskalender für die Iglauer Sprachinsel. Jg. 1, 1887. Hrsg. v. Deutschen Vereine für Iglau und Umgebung. Iglau 1886.

[54] *Zdarzil*, Herbert: Lebendiger Geist. Ziel und Aufgaben der Erwachsenenbildung. Wien 1963, 37.

[55] Die Vereinspublikationen sind in keiner größeren Bibliothek der Bundesrepublik oder Wiens vollständig und lückenlos vorhanden. Die SgV wurde, soweit vorhanden, von mir im Collegium Carolinum benutzt, der Deutsche Volks-Kalender in der Prager Staats- und Universitätsbibliothek eingesehen. Der 1. Jg. des Kalenders war wie einige andere Schriften nicht nachweisbar.

sationen. Der allgemeine kulturhistorische Wandel führt in den neunziger Jahren zu einer neuen Phase, die durch eine stärkere Berücksichtigung von Volks- und Heimatkunde sowie von Kunst und Literatur charakterisiert ist. Gegenüber der ersten Periode ist eine stärkere Emotionalisierung feststellbar, die etwa um das Jahr 1907 zur dritten Vereinsepoche führt, die als „nationalistisch" bezeichnet werden muß und bis zum Ende des Ersten Weltkrieges reicht. Ähnlich wie in der liberalen Phase die nationale Komponente von Bedeutung war, blieb in dieser nationalistischen Phase das liberale Element erhalten. Mit der neuen Staatsbildung setzt 1918/19 ein grundlegender Wandel ein. Dieser letzte große Abschnitt in der Vereinsgeschichte kann aufgrund der sachlich-rationalen Positionen, die unbewußt an die erste Vereinsperiode anknüpfen, als „Neue Sachlichkeit" bezeichnet werden. Im Frühjahr 1938 bricht diese Phase und damit die Vereinsgeschichte ab.

Unterstützt wird diese Gliederung durch vereinssoziologische Aspekte. In der Vereinsführung vollzog sich ein Generationswechsel 1889/90 und 1911, wenn man die Positionen des Vorsitzenden und des Geschäftsführers betrachtet. Mitte der dreißiger Jahre deutet sich nochmals ein Wechsel an, der aber im Vorstand nicht mehr zum Tragen kam [56]. Dieser Wechsel an der Spitze wird begleitet von sozialen Umgruppierungen in der Mitgliederschaft, auf die noch einzugehen sein wird. Die Mitgliederzahl stieg direkt nach der Vereinsgründung auf 4000 an und erreichte um 1887 mit fast 6000 ihren Höhepunkt. Der Mitgliederschwund in der zweiten Periode wurde erst um die Jahrhundertwende gebremst. Kurz vor dem Weltkrieg konnten wieder fast 5000 Mitglieder gezählt werden. Nachdem 1919 mit 2200 Personen ein Tiefpunkt erreicht war, konnte der Verein sich in der ČSR relativ schnell stabilisieren und umfaßte 1928 nochmals 4600 zahlende Mitglieder. Auch die Schwankungen im Vereinshaushalt, der nur zu einem Teil von den Mitgliedsbeiträgen bestimmt wurde, passen zu dieser Periodenbildung [57]. Außerdem fügt sich die Gliederung in die politischen Entwicklungsphasen der Habsburgermonarchie und ihrer Nachfolgestaaten sowie in die allgemeine Periodisierung der deutschen Volksbildungsbewegung ein.

Die erste Vereinsepoche

Die erste Phase der Vereinsgeschichte, die mit dem Volksschulgesetz begann, aber über das Ende der liberalen staatlichen Bildungspolitik um 1880 hinausreichte, setzte sich bevorzugt mit Fragen der Volksschule (SgV 1, SgV 9, SgV 57, SgV 117),

[56] 1869—1890 waren Obmann: bis 1887 Richard R. v. Dotzauer (* 1816), bis 1890 Franz Schmeykal (* 1826) und Geschäftsführer: Josef Holzamer (* 1831); 1890—1911 waren Obm.: bis 1899 Philipp Knoll (* 1841), bis 1911 Josef Ulbrich (* 1843) und Geschf.: bis 1897 Alois Hruschka (* 1852), bis 1911 Franz Bardachzi (* 1849); 1911—1938 waren Obm.: bis 1923 Adolf Hauffen (* 1863), bis 1925 Johann Tschinkel (* 1872), bis 1936 Karl Kühn (* 1884), bis 1938 Adalbert Liebus (* 1876) und Geschf.: 1912 Ferdinand Matras (* 1878), bis 1916 Gustav Peters (* 1885), bis 1923 Tschinkel, dann Liebus, ab 1936 Alfred Loeb(e)l (* 1875).

[57] Nach Vereinsschriften und den Jahresberichten, die im Deutschen Volks-Kalender und später als lose Beilage zur SgV gedruckt waren, teilweise auch in Periodika erschienen, z. B. für 1903: DA 3 (1903/4) 616 oder Zentralblatt für Volksbildungswesen 4 (1904) 124; für 1910: Volksbildungsarchiv 2 (1911) 488.

der Volksbildung (SgV 25, SgV 185/6) und gewerblichen oder landwirtschaftlichen Fortbildungsschulen (SgV 141, SgV 190) sowie der Fortbildung von Mädchen [58] auseinander. Neben theoretischen Arbeiten veröffentlichte der Verein Handbücher für Schüler, Eltern und Lehrer, sowie einen Volksschulatlas, Ißleibs Geographie oder „Das Büchlein von den Jesuiten" [59]. Während der Verein sich bei diesen ersten Titeln auf vorhandene Werke stützen konnte, die überarbeitet und neu aufgelegt wurden, waren die herausgegebenen Katechismen, die Sammlung gemeinnütziger Vorträge und die von Lippert verfaßten Volkslehrbücher inhaltlich neue und eigenständige Arbeiten. Julius Lippert [60], bis in die neunziger Jahre die wichtigste Person neben Holzamer im Volksbildungsverein, obwohl er zwischen 1875 und 1885 im Deutschen Reich als Geschäftsführer der Gesellschaft für Verbreitung von Volksbildung wirkte, verkörpert das grundlegende liberale, pädagogisch-andragogische Konzept der ersten Vereinsepoche. Der Volks- und Bürgerschullehrer, Historiker und Politiker bestimmte inhaltlich und methodisch das Vereinsprogramm. Zu seinen vielseitigen Arbeiten gehören 18 Beiträge zur Sammlung gemeinnütziger Vorträge — unter anderem die Nummern 1, 25, 100 und 200 —, der Deutsche Volks-Kalender, für den er regelmäßig mehrere Aufsätze schrieb, acht Volkslehrbücher und andere Vereinsschriften wie der Aufruf vom 24. März 1869 [61]. Ausgehend vom Anschauungsunterricht, wie ihn der deutsche Volksschulreformer Karl Kehr vertrat, entwickelte Lippert eine didaktische Methode für das Volksbildungswesen, das Schüler und Erwachsene gleichermaßen einschloß. Er strebte die „möglichst größte Ausbildung und Schärfung des Denkvermögens" an und warnte ausdrücklich vor der Gefahr des reinen Stückwissens. Fähigkeiten und Gewandtheit, um „Wahrnehmungen zu machen, Begriffe zu fassen und richtige Urteile zu bilden", müssen vermittelt und geübt werden [62]. Kenntnisse sind nur dann sinnvoll zu erlangen, wenn neben der Sache auch der Weg der Wissenschaft, der zu ihr führt, erkannt wird. Jede „Erziehung muß auf Wahrheit beruhen" [63]. Bildung kann in Wort, Bild oder Schrift nur belehrend, entwickelnd und leicht verständlich verbreitet werden. Der

---

[58] *Zollikofer*, R.: Schema des Gesammtgebietes der Haushaltungskunde. Ein Handbuch für Lehrer und Lehrerinnen. Prag 1871. — *Kroder*, Johannes: Lehrbuch der Haushaltungskunde. Für die oberen Classen der Mädchenschulen und weibliche Fortbildungsschulen. Prag 1872.

[59] *Gätschenberger*, S.: Das Büchlein von den Jesuiten. Ein Volkskatechismus zur Beleuchtung der inneren Missionäre. München 1872. 2. Aufl. Prag 1875.

[60] *Tönnies*, Astrid: J. L. In: NDB 14. Berlin 1985, 658—659. Von Frau Tönnies wird zur Zeit eine Dissertation über Lippert vorbereitet. Vgl. Anm. 5 und 9. Weiterhin: *Ankert*, Heinrich: J. L. MVGDB 48 (1910) 361—384 und die interessante Biographie in: Ottův slovník naučný. Bd. 16. Prag 1900, 78.

[61] SgV 1, 3, 11, 25, 31, 46, 53, 57, 65, 74, 76, 88, 100, 134, 141, 185/6, 200, 242/3; die Lehrbücher erschienen alle zwischen 1874 und 1884 und erlebten meist mehrere Auflagen. Dazu *Reinwarth* 1911, 70—73 (SgV 392). Daneben gab Lippert in Berlin mehrere Monographien und die Zeitschrift „Der Bildungsverein" heraus und verfaßte die „Anleitung zur Errichtung und Verwaltung von Vereins- und Volksbibliotheken sammt Musterkatalog und Formular". Hrsg. v. d. Gesellschaft für Verbreitung von Volksbildung. Berlin 1877.

[62] Alle Zitate *Lippert*: Ziele 1875, 6.

[63] *Ders.*: Die Erziehung auf nationaler Grundlage. Prag 1882, 9 (SgV 74).

sachliche, belehrende Vortrag muß dem Zuhörer oder Leser das Thema schrittweise und anhand von Beispielen verdeutlichen [64]. „Selbst eine nur halbwegs gute Erzählung führt den im engeren Kreise lebenden Leser in einen weiteren hinaus und gibt ihm nicht selten einen brauchbaren Wink für die Einrichtung seines Lebens“ [65]. Die Vermittlung von Bildung muß bei der konkreten und bekannten Umwelt, der heimatlichen Umgebung ansetzen, um zu ferner liegenden und komplexeren Dingen vorzudringen und somit die Zusammenhänge stufenweise zu erhellen.

Diese Form des Unterrichts, die von den Gegebenheiten des Alltags ausgeht, führte Lippert in der systematisch aufgebauten Reihe der Volkslehrbücher vorbildlich vor. Beginnend mit der Tierkunde „Des Landmanns Gäste in Haus und Hof, in Wiese und Feld“ [66], die aus einer Einführung in ein Landesgesetz zum Schutz nützlicher Tierarten entstanden war, behandelte Lippert die Bereiche Zoologie, Botanik, Astronomie, Geologie, physikalische und politische Geographie sowie Kulturgeschichte. Die einfache, aber nicht simple Darstellung und die flüssige, leichtverständliche Sprache werden auch bei einem Vergleich zwischen dem Vortrag „Bei Einsiedlern und Mönchen“ [67] und dem inhaltlich entsprechenden Kapitel der fachhistorischen „Socialgeschichte Böhmens in vorhussitischer Zeit“ über „Die Verbreitung der Mönchsorden“ [68] deutlich. Der volkstümliche Vortrag verwendet eine einfachere Sprache, kürzere Sätze, strafft die Darstellung und fügt Beispiele ein, die in erzählender Form Bezüge zum alltäglichen Leben des Volkes herstellen. Das eigentliche Thema des Heftes ist aber nicht das Mönchtum, sondern der Genossenschaftsgedanke, der, wie das Vorwort verdeutlicht, als positive und grundlegende Form des gesellschaftlichen Lebens vorgestellt werden soll. Selbsthilfe zu fördern, war das Ziel des Liberalismus in verschiedenen Gesellschaftsbereichen. Das Eintreten für Selbstbildung und Genossenschaften war ein Grundgedanke der liberalen Volksbildung. Nicht zufällig waren die Gründer von ökonomischen Selbsthilfevereinen wie Schulze-Delitzsch oder Dotzauer gleichzeitig Förderer des liberalen Volksbildungswesens. Das umfangreiche pädagogische und andragogische Werk Lipperts ist von der Forschung bisher noch weniger beachtet worden als seine geschichtswissenschaftlichen Leistungen [69]. In beiden Bereichen war Lippert seiner Zeit nicht unbedingt voraus [70], sondern stand mit seinem Blickwinkel eher allein, so daß sich aus seinen Ansätzen weder in der Sozialgeschichte noch in der

[64] *Ders.*: Über Vorträge in Bildungsvereinen. Der Bildungsverein 9 (1879) Nr. 27, 1—3 und Nr. 28, 1—3. Neuerdings in: *Dräger*, Horst: Volksbildung in Deutschland im 19. Jahrhundert. Bd. 2. Bad Heilbrunn 1984, 119—125.

[65] *Lippert*: Bildungsbestrebungen 1896, 11.

[66] Prag 1874, 3. Auflage Prag 1900. — Dazu auch *ders.*: Zum Schutze der Vögel und Pflanzen. Prag 1870 (SgV 3).

[67] *Ders.*: Bei Einsiedlern und Mönchen. Prag 1895 (SgV 200).

[68] *Ders.*: Socialgeschichte Böhmens in vorhussitischer Zeit. Bd. 2: Der sociale Einfluß der christlich-kirchlichen Organisation und der deutschen Colonisation. Wien 1898 (Neudruck Aalen 1969), 42—77.

[69] *Seibt*, Ferdinand: In memoriam Julius Lippert. BohJb 10 (1969) 424—429, hier 429.

[70] *Bachmann*, Harald: Die deutschböhmische Geschichtsschreibung von Höfler bis Wostry mit Berücksichtigung der südböhmischen Heimatforschung. Informationsbrief für sudetendeutsche Heimatarchive und Heimatmuseen 17 (1979) 3—17, hier 7.

Bildungstheorie eine Tradition ergab. In den Vereinspublikationen wurde die von Lippert entwickelte und vorgeführte Bildungsmethode von einigen Autoren aufgegriffen, verlor aber nach dem Tod Holzamers, der alle Schriften für die Herausgabe vorbereitete, an Bedeutung.

Politik und Religion blieben offiziell vom Themenbereich der Volksbildungsschriften ausgeschlossen; trotzdem wurden gerade in der Vorträgen der ersten Jahre die liberalen Positionen stark betont. Klerikalismus und Feudalismus, als Feinde des Volkes, wurden immer wieder thematisiert. Anlaß gaben dazu vor allem Schriften zur Bauernbefreiung (SgV 11), zur Volksschule, den katholischen Casinos (SgV 6) und Joseph II. Der Pfarrer und der meist ortsfremde Großgrundbesitzer als Vertreter dieser politischen Kräfte versuchen, stets Freiheit, Gerechtigkeit und Fortschritt zu verhindern. Diesen alten Mächten wird die bürgerliche Gesellschaft gegenübergestellt, wobei Fortschritt wichtiger als Tradition ist [71]. Die Auseinandersetzung mit der katholischen Kirche um die „freie" oder „konfessionelle" Volksschule gehörte zu den zentralen Anliegen des Vereins und wurde in vielen Schriften angesprochen. Besonders die Jesuiten galten als gefährliche Gruppe [72]. Nach 1871 wurden das päpstliche Unfehlbarkeitsdogma und die rechtliche Stellung der Altkatholiken mehrfach behandelt [73]. Religion selbst war dabei kein Thema. Religiöse Gemeinschaften wurden nur dann zum Gegenstand der Vorträge, wenn der Machtbereich des Staates gefährdet war, die freie Bildung eingeschränkt werden sollte, oder wenn die rechtliche Gleichstellung einer Religionsgemeinschaft in Frage gestellt war. In diesem Zusammenhang müssen auch die rational argumentierenden Aufklärungsschriften gegen Hexenglauben und andere Formen des Aberglaubens oder Lipperts Schrift gegen den Antisemitismus von 1883 gesehen werden [74]. Die Autoren — wie der Verein — sahen sich als Träger der josephinischen Tradition von Aufklärung, Toleranz und säkularisiertem Staatsverständnis. Aus dieser Einstellung entstanden die Schriften zur „staatsbürgerlichen Erziehung" — im Sinne G. Kerschensteiners Erziehung zur sittlichen Staatsgesinnung [75] — der siebziger Jahre. Der „Katechismus der Staatsverfassung Oesterreichs" [76], ein „Katechismus der Volkswirthschaftslehre", der den rechtlichen Staatsbegriff im ökonomischen

---

71 U. a. *Kaiser*, W.: Aus der guten alten Zeit. Prag 1881, 1 (SgV 64).

72 *Gätschenberger* 1872. — *Grün*, Karl: Die Gegenreformation und die Jesuiten. Prag 1871 (SgV 7). — *Renner*, Karl: „Gebet dem Kaiser, was des Kaisers ist, und Gott, was Gott ist". Prag 1874 (SgV 16). — Zum „Jesuiten"-Topos der Liberalen *Vocelka*, Karl: Verfassung oder Konkordat? Der publizistische und politische Kampf der österreichischen Liberalen um die Religionsgesetze des Jahres 1868. Wien 1978, 132—134.

73 Das Büchlein von der Unfehlbarkeit. Für den Bürger und Landmann. O. O., o. J. (ca. 1872). — *Freimuth*: Unsere confessionellen Gesetze und ihre Bedeutung für die Kirche. Prag 1874 (SgV 17). Bereits 1872 wurde im Verein ein öffentlicher Vortrag über die rechtliche Stellung der Altkatholiken gehalten.

74 *Lippert*, Julius: Der Antisemitismus. Prag 1883 (SgV 88).

75 *Kerschensteiner*, Georg: Der Begriff der staatsbürgerlichen Erziehung (1910). 9. Aufl. München-Stuttgart 1961, 45.

76 Prag 1870, 8. Aufl. Prag 1904. Das Werk war nach einer Ausschreibung des Vereins anonym eingereicht worden, stammt aber vermutlich von Josef *Ulbrich*. — Weiterhin: Populäre Gesetzeskunde mit Ausschluß des Verfassungsrechtes. Prag 1881.

Bereich aufgreift[77], und die sachlich beschreibenden Vorträge von Vinzenz John über den Nutzen und Ablauf einer Volkszählung (SgV, 55, 56, 60) fallen in diesen Bereich. Gemeinsam ist all diesen Schriften, daß sie die Nationalitätenfrage des österreichischen Vielvölkerstaates unberücksichtigt lassen.

Entsprechend dem dargelegten Verständnis des Gemeinnutzes und des Volkswohls erschienen in der ersten Vereinsphase Vorträge zu medizinischen, hygienischen und sozialen Themen häufiger als in späteren Zeiten. Das Spektrum reicht von epidemischen Krankheiten (SgV 87, 96, 103), Kinderpflege (SgV 142), dem Heizen und Lüften von Wohnungen (SgV 32, 37), der Familie (SgV 21) und der Armenfürsorge (SgV 46) bis zum Alkoholismusproblem (SgV 49). Dabei stand vor allem die „Gesundheitspflege der Arbeiter" [78] und anderer sozial niederer Schichten im Vordergrund. Neben der Haushaltsführung wurden praktische Fragen aus dem ökonomischen Bereich, wie Versicherungs-, Kredit- und Bankwesen (SgV 24, 29, 68, 93), oder rechtliche Neuerungen, wie die Feuerpolizei-Ordnung für Böhmen von 1876 (SgV 30), berücksichtigt. Während die Berufsbereiche des Arbeiters und der Kleingewerbetreibenden kaum beachtet wurden [79], nahmen landwirtschaftliche Themen in den Jahren 1880 bis 1894 einen besonderen Rang ein. Ihr Anteil an den Vorträgen dieser Zeit liegt bei ungefähr einem Fünftel. Neben grundsätzlichen Schriften zu wirtschaftlichen Themen wie Krediten (SgV 128), Zusammenlegung von Grundstücken (SgV 133) oder der Landarbeiterfrage (SgV 195), und zu agrartechnischen Fragen wie Düngung (SgV 28), Weidewirtschaft (SgV 116, 207), Milchwirtschaft (SgV 66) und Milzbrand (SgV 75) finden sich viele Aufsätze zu landwirtschaftlichen Einzelbereichen wie Spargel-, Obst-, Gemüseanbau (SgV 169, 15, 135, 150, 41), Geflügelzucht (SgV 101, 106) und Bienenpflege (SgV 34). Da in diesem Zeitraum der Verein die höchsten Mitgliederzahlen erreichte, ist eine ländliche Leserschaft zu vermuten. Die Zusammenarbeit mit verschiedenen Agrarvereinigungen und dem Landeskulturrat sprechen ebenso dafür wie die Themenwahl und Ausrichtung des Deutschen Volks-Kalenders. Artikel über Kaninchen- und Bienenzucht oder Gartenbau deuten aber auch auf eine kleinstädtische Bevölkerungsschicht in industrialisierten Gebieten hin, die kleine oder nebengewerbliche Landwirtschaften betrieb. Das verstärkte eigene bildungspolitische Engagement der deutschen Agrarvereinigungen, deren Zusammenarbeit mit nationalen Schutzverbänden [80] und der allgemeine Niedergang des Liberalismus als politischer Kraft auf dem Lande ließen die landwirtschaftlichen Themen an Bedeutung für die Vereinsarbeit verlieren.

Historische Fragen wurden in den ersten beiden Vereinsdekaden verhältnismäßig selten aufgegriffen, obwohl das geringe „historische Bewußtsein" der Deutschen in Böhmen ständig beklagt wurde [81]. Vorträge über die Geschichte des Rechnens

---

[77] Prag 1878.

[78] Z. B. *Schwarz*, Robert: Die Gesundheitspflege der Arbeiter. Prag 1874 (SgV 18). — *Ascher*, Fr.: Das Kind des Arbeiters. Ein Volksbuch über Erziehung. Prag 1876. — *Rittershain*, G. Ritter v.: Die Gesundheitspflege des jüngeren Kindes. Prag 1878.

[79] Eine Ausnahme ist *Stamm*, Ferdinand: Des Handwerks goldener Boden. Prag 1876.

[80] Seit 1896 wurde vom landwirtschaftlichen Zentralverband ein landwirtschaftlicher Anhang im Deutschen Nationalkalender statt im Deutschen Volkskalender herausgegeben.

[81] U. a. *Lippert*: 25 Jahre 1894, 6. — *Ders.*: Erziehung 1882, 12.

(SgV 39, 40), des Kochens (SgV 53) und der Werkzeuge (SgV 33) fallen mehr in den Bereich des methodischen Anschauungsunterrichts. In die politisch-historische Sphäre gehören aus der ersten Vereinsepoche vor allem drei Titel:

Ludwig Schlesinger: Die Stellung der Deutschen in der Geschichte Böhmens. 1. und 2. Aufl. Prag 1870 (SgV 4).

Julius Ernst Födisch: Die deutschen Stämme in Böhmen. Prag 1873 (SgV 13).

Ludwig Schlesinger: Ueber die Abstammung der Deutschböhmen. Prag 1878 (SgV 44).

In diesen Aufsätzen wird die unterschiedliche Abstammung der Deutschen in den böhmischen Ländern und ihre Aufteilung in vier oder fünf Stämme hervorgehoben. Stamm wird dabei sprachlich definiert, da in Böhmen „ein vollständig gemischtes Blut" vorhanden ist [82]. Die historische Entwicklung von den Stämmen zum Volk, zur Gemeinschaft der Deutschböhmen gilt als noch nicht abgeschlossen. Zwar wird auf die Tradition deutschen Brauchtums durch fast zwei Jahrtausende seit den „deutschen" Markomannen hingewiesen, die deutsche Kolonisation des Mittelalters gilt aber als entscheidender Ausgangspunkt der deutschen Besiedlung Böhmens. Diese Tatsache rechtfertigt die Anwesenheit der Deutschen im Lande, aber diese Berechtigung müssen die Deutschböhmen durch neue Kulturleistungen stets neu beweisen. Das Geschichtsbild wird daher auf die deutschen Kulturleistungen in Böhmen eingeschränkt.

Die Kolonisationsfähigkeiten und die Kulturträgerfunktion des deutschen Volkes wurden auch in Vorträgen zu deutschen Minderheiten in Syrien (SgV 77), Brasilien (SgV 99), Rußland (SgV 102) und Siebenbürgen (SgV 114) dargestellt. Die Kenntnis der deutschen Leistungen soll die Gemeinschaftsbildung der Deutschböhmen fördern. „Daß er der Idee der Freiheit im Volke eine Gasse ebnete, daß er einen freien Mittelstand schuf" und „die unerträgliche Tyrannei des alleinherrschenden Adels zu brechen" im Stande war, wird als größtes Verdienst des Deutschböhmen dargestellt [83]. Er ist „der Hort des Fortschrittes und der Freiheit" [84]. Damit tritt der politische Charakter des Geschichtsbildes hervor [85]. Der Verzicht auf eine ganz Böhmen umfassende Darstellung, läßt die Slawen nur in Konfrontation mit den Deutschen erscheinen. Wenn Schlesinger sich im Dezember 1870 angesichts der aktuellen Ereignisse freut, „daß der deutsche Riese den wälschen Uebermuth gezüchtigt" hat und sich wie dem Leser versichert, daß es niemand wagen werde, die Deutschböhmen „angesichts der titanenhaften Aeusserung deutscher Urkraft dem slavischen Moloch zu opfern" [86], so ist eine solche Sprache für die Vereinspublikationen dieser Phase ungewöhnlich. Mehr kommt dem Födischs Angstbild vom „nationalen Elend unter junkerlicher Willkürherrschaft und dem klerikalen Krummstabe" [87] nahe. Das Vaterland Böhmen wird geographisch als Bestandteil Deutsch-

[82] *Schlesinger*: Abstammung 1878, 2.
[83] Alle Zitate *ders.*: Stellung 1870, 8.
[84] *Födisch* 1873, 10.
[85] *Schlegel*, Wolfgang: Geschichtsbild und geschichtliche Bildung als volkspädagogische Aufgabe. Weinheim 1961, 18 und 123.
[86] *Schlesinger*: Stellung 1870, 15.
[87] *Födisch* 1873, 16.

lands, als Mitte Europas und „ein versöhnendes Bindeglied zwischen Ober- und Niederdeutschland, zwischen dem Osten und Westen“ [88] gesehen. Politische und nationale Sicherheit wird aber von Österreich und nicht vom Deutschen Reich erwartet. Damit wird der Zwiespalt zwischen deutschnationaler Orientierung und liberaler Staatsloyalität zu Österreich, dessen „Culturmission“ die Deutschen Böhmens erfüllen halfen und weiter helfen sollen [89], deutlich. M. Neumüllers Feststellung, daß die deutschliberale Geschichtsideologie in Böhmen, der auch diese Aufsätze zuzuordnen sind, „seit den 1860er Jahren ausgesprochen bürgerlich-nationalliberal und der Ideenwelt der kleindeutschen Geschichtsschreibung verhaftet“ war [90], bestätigt sich hier und kann ergänzt werden um das staatsrechtlich und politisch unbestrittene Bekenntnis zum österreichischen Staat.

Wie Schlesinger geht Lippert davon aus, daß Muttersprache, Heimatkunde und Geschichte Kern jeder nationalen Erziehung sein müssen. Heimatgeschichte darf jedoch „nicht bloß Wetterschadenchronik, sondern [muß] wirkliche Volksgeschichte“ sein. Diese ‚Geschichte von unten‘ muß dem Bauern von seinesgleichem berichten und muß „jede eitle Prahlerei“ vermeiden. „Glänzende Heldengestalten“ verderben das geschichtliche Verstehen und schaden dem Nationalgefühl [91]. Fälschungen im Geschichtsbild schaden jedem Volk, in Böhmen belastet jedoch jede historische Verfälschung beide Völker und fördert „nationale Aufgeblasenheit“ statt „nationaler Thatkraft“ [92]. „Jener Schatz des nationalen Symbolums muß so gewählt sein, daß jedes Stück, an sich eine Perle, das Kind lediglich durch seine eigene Schönheit fesseln muß“ [93]. In diesem Sinne wurden mehrfach die Fragen des tschechischen Handschriftenstreits sachlich und ohne nationale Polemik dargestellt [94]. Die wenigen anderen Vorträge, die sich mit den Tschechen oder dem Slawentum ausführlicher befassen, stammen meist von Lippert [95]. Im Aufsatz „Von Germanen und Slaven. Geschichtliche Entwicklung der Gegensätze ihres Volkstums“ (SgV 100) spricht er zwar pathetisch vom immer heller leuchtenden „Deutschen Stern“, betont aber Gemeinsamkeiten und Gleichwertigkeit beider Völker, „die einst brüderlich gepaart in Einer Sprache sich verständigten, unter gleichen Lebensbedingungen gleichgeartet in ihrer Heimat dahinlebten“ und „aus ihrer asiatischen Heimat nur Eine und dieselbe gesellschaftliche Ordnung und Verfassung mitgebracht“ haben [96]. Die „na-

---

[88] *Schlesinger*: Abstammung 1878, 14.

[89] *Ders.*: Stellung 1870, 15.

[90] *Neumüller*, Michael: Zur deutschliberalen Geschichtsschreibung des 19. Jahrhunderts in Böhmen. ZfO 20 (1971) 441—465, hier 464.

[91] Alle Zitate *Lippert*: Erziehung 1882, 9—14.

[92] *Ders.*: Eine Geschichte von Fälschungen und ihren Einflüssen. In: Deutscher Volks-Kalender für 1879. Jg. 9. Prag 1878, 25—29, hier 28.

[93] *Ders.*: Erziehung 1882, 9.

[94] Neben den Schriften Lipperts *Knieschek*, Joh.: Der Streit um die Königinhofer und die Grüneberger Handschrift. Prag 1887 (SgV 125/7). — *Kisch*, Paul: Der Kampf um die Königinhofer Handschrift. Ein Beitrag zur Jahrhundertfeier. Prag 1918 (SgV 472/4).

[95] *Lippert*, Julius: Die altslavischen Gesellschaftsformen in ihrem Verhältnisse zur Colonisation Böhmens. Prag 1888 (SgV 134). — *Ders.*: Die tschechische Ursage und ihre Entstehung. Prag 1889 (SgV 141).

[96] *Ders.*: Germanen und Slaven 1885, 3, 22 und 6.

tionale Unterordnung eines der beiden Stämme unter den anderen" [97], ist für ihn in den böhmischen Ländern indiskutabel, da „— wenigstens bei uns — die slavische Gesellschaftsordnung auf gleichem Fuße steht mit der deutschen" [98].

Lipperts Vorstellungen der gesellschaftlichen Organisation im Habsburgerreich richten sich auf eine nationale, staatlich unbeeinflußte Selbstverwaltung, die nationales Selbstvertrauen und nationale Selbstachtung, gegenseitige Achtung der Völker, aber auch kulturelle und ökonomische Konkurrenz der Nationalitäten voraussetzt. Die traditionelle kulturelle Überlegenheit der Deutschen wird durch die gesellschaftlich und bildungsmäßig erfolgreiche Entwicklung der Tschechen in Frage gestellt. Aus dieser Bedrohung suchen Lippert und andere Autoren des Vereins [99] Antrieb für neue Aktivität der „bequemen" Deutschen in Böhmen zu gewinnen [100]. Trotz dieser nationalpolitischen Einstellung mußten der Verein und Lippert sich häufig einer härteren Kritik erwehren. 1876 forderte das Ausschußmitglied David Kuh, der Verein solle stärker auf die „für die besonderen Umstände der Deutschen in Böhmen vorgezeichnete nationale Bahn" Rücksicht nehmen [101], und 1887 verteidigte sich Lippert gegen den Vorwurf, sein Volkskalender sei „weniger national als andere auswärts erscheinende Veröffentlichungen dieser Art", mit dem Hinweis, daß der Jahrgang 1886 wegen einiger „in nationalem Sinn gehaltenen Artikel confisciert" worden sei [102].

Zwischen Lippert und Schlesinger muß, trotz ihrer engen freundschaftlichen Beziehung und ihrer politischen Zusammenarbeit, hinsichtlich der nationalen Sichtweise ein gewisser Dualismus konstatiert werden. Wenn F. Seibt das nationale Prinzip in Schlesinger Weltbild hinter das liberale stellt [103], so steht für Lippert der gesellschaftliche Aspekt noch vor dem nationalen. Für Lippert war die Föderalisierung der Monarchie denkbar, während seine Partei an Staatseinheit und der Gemeinbürgschaft aller Deutschen innerhalb des Habsburgerreiches festhielt [104]. Offensichtlich wurden diese Differenzen anläßlich des von Lippert unterstützten Pfersche-Ulbrichschen Sprachengesetzentwurfs 1897, der von Schlesinger und seinen Parteifreunden unter dem Druck der radikalen deutschen Parteien verworfen wurde und den Rücktritt Lipperts als Oberlandmarschall-Stellvertreter von Böhmen und seinen Rückzug aus dem politischen Leben zur Folge hatte [105]. Da Schlesinger im Ver-

---

97 Von ihm selbst. 1905, 33.

98 *Lippert*: Germanen und Slaven 1885, 22.

99 Z. B. „unser Bruder im Lande, der Tscheche, dessen Bildungsfähigkeit und Bildungseifrigkeit uns alle Achtung abgewinnen muß". *Schelmerding*, Ernst: Errichtet Fortbildungsschulen! Prag 1888 (SgV 131).

100 *Lippert*: Erziehung 1882, 8 und 13. — *Ders.*: Volksbildungswesen 1898, 12—13.

101 *Ders.*: 25 Jahre 1894, 26.

102 Deutscher Volks-Kalender für 1888. Jg. 18. Prag 1887, 127.

103 *Seibt*, Ferdinand: Der Nationalitätenkampf im Spiegel der sudetendeutschen Geschichtsschreibung 1848—1938. Stifter-Jahrbuch 6 (1959) 18—38, hier 23.

104 *Kolmer*, Gustav: Parlament und Verfassung in Österreich. Bd. 6. Wien-Leipzig 1910 (Neudruck Graz 1978), 130.

105 *Harrington-Müller* 1972, 115—117. — *Sutter*, Berthold: Die Badenischen Sprachenverordnungen von 1897. 2 Bde. Graz-Köln 1960/65; hier II, 280, der Text: 446—454. — Ulbrich wurde 1899 Obmann des Bildungsvereins. — *Mischler*, Ernst: Josef Ulbrich. Ein Lebensbild. Prag 1912 (SgV 400).

ein für Geschichte der Deutschen in Böhmen eine dominierende Stellung einnahm und sich in den siebziger Jahren aus dem Volksbildungsverein zurückgezogen hatte, Lippert aber das Programm des Deutschen Vereins zur Verbreitung gemeinnütziger Kenntnisse bestimmte, läßt sich der Dualismus zwischen beiden Personen in Grenzen auf die Vereine übertragen. Beide Organisationen gehörten trotz dieser unterschiedlichen Perspektiven derselben politischen Richtung an, hatten einen größtenteils gleichen Mitarbeiter- und Mitgliederkreis und arbeiteten häufig zusammen. Dies und der Einfluß der „volkserzieherischen Kräfte" [106] im Geschichtsverein dürften den gemeinnützigen Verein veranlaßt haben, historische Themen dem Geschichtsverein zur Behandlung zu überlassen. Lippert stellte 1882 dazu fest, daß der Verein für Geschichte der Deutschen in Böhmen „schon mancherlei gutes Material" erarbeitet habe, ergänzt aber: „Leider läßt man noch vielfach den wahrhaften Kern bei Seite liegen und greift nach dem Flitter" [107]. Gemeinsam war beiden Vereinen, daß die Universitätshistoriker bis zur Jahrhundertwende geringen Anteil an den Arbeiten hatten.

Eine Sonderstellung unter den historischen Publikationen des Volksbildungsvereins nimmt in mehrfacher Hinsicht die 1886 herausgegebene „Geschichte der österreichisch-ungarischen Monarchie" des Wiener Publizisten Johannes Emmer ein [108]. Dieses einzige historische Überblickswerk des Vereins reicht von der Vorgeschichte bis ins Jahr 1884 und gehört zur Reihe der Katechismen und Handbücher. Ausgangspunkt des Werkes ist, daß die Entstehung des österreichischen Staates „kein Werk des Zufalls oder der Hauspolitik von Dynastien" ist, sondern „durch den althistorischen Zusammenhang der verschiedenen Stämme, welche im Bereich des mittleren Laufes der Donau saßen," bedingt wurde [109]. Die böhmische Geschichte wird nicht kontinuierlich dargestellt, sondern als Teil der Entwicklung des Gesamtreiches verstanden. Betont werden der deutsche Charakter der Monarchie und die deutsche Kulturleistung [110]. Insgesamt ist die Darstellung sachlich und vermeidet weitgehend nationalen Zündstoff, wie es auch für die damaligen Schulbücher üblich war [111]. Bei Emmer wie in anderen Schriften des Vereins nimmt Kaiser Joseph II. eine besondere Stellung ein. Joseph wird — im Gegensatz zu späteren Vereinsepochen — weniger als Förderer des Deutschtums oder gar einer Germanisierung, sondern mehr als Reformer, vor allem im Rechts- und Bildungsbereich, und als Verkörperung von „Aufklärung, Cultur und Fortschritt" verstanden [112].

---

[106] *Oberdorffer* 1962, 12—13.

[107] *Lippert*: Erziehung 1882, 14.

[108] *Emmer*, Johannes: Geschichte der österreichisch-ungarischen Monarchie mit besonderer Berücksichtigung der Culturgeschichte. Für das deutsche Volk bearbeitet. Prag 1886.

[109] *Ebenda* Vorwort III—IV.

[110] *Ebenda* 347: „die Monarchie [soll] ihre geschichtliche Stellung als Vormacht und Trägerin deutscher Cultur im Osten wahren".

[111] *Langer*, Adalbert: Böhmen in den Geschichtslehrbüchern des alten Österreich. In: Deutsch-tschechische Beziehungen in der Schulliteratur und im populären Geschichtsbild. Hrsg. v. Hans *Lemberg* und Ferdinand *Seibt*. Braunschweig 1980, 69—77, hier 74.

[112] *Promber*, Adolf: Des großen Kaiser Josefs II. Leben und Wirken. Prag 1880, 77 (SgV 61). — *Wiltschko*, Josef: Kaiser Joseph II. Prag 1870 (SgV 2). — *Rulf*, Friedrich: Kaiser Josef II. der Reformator des Strafrechtes in Oesterreich. Prag 1882 (SgV 73).

Sowohl Joseph II. als auch Schiller wurden zu allen Zeiten Vorträge gewidmet. 1886 begann der Verein eine Unterreihe der Sammlung gemeinnütziger Vorträge mit der Biographie der Brüder Grimm (SgV 110). Es wurden vor allem die „Größen der deutschen Kultur" wie Walter von der Vogelweide, Dürer, Mozart, aber auch Jahn oder Uhland dargestellt. Diese Reihe, die bis 1914 fortgesetzt wurde, sollte anläßlich von Jubiläen oder Denkmalsenthüllungen „patriotische und nationale Erinnerungsfeiern zur Stärkung des Gemeinsinns" unterstützen oder anregen [113].

Auf die naturwissenschaftlichen, technischen oder medizinischen Vorträge, die ein fester Bestandteil des Programms in allen vier Vereinsphasen waren und stets einen Anteil von etwa 15 Prozent hatten, kann nicht weiter eingegangen werden. Sie zeichnen sich durch ihre sachliche, meist leicht verständliche Darstellungen aus und enthalten vor allem in den wichtigsten Gebieten, Geographie und Geologie, wissenschaftliche Originalarbeiten [114].

Zusammenfassend für die erste Phase der Vereinsgeschichte kann festgestellt werden, daß Bildung, soziale Fürsorge und landwirtschaftliche Fragen, aber nicht die Geschichte im Mittelpunkt stehen. Dies ist für Volksbildungsvereine dieser Zeit nicht untypisch. Das Bewußtsein, angesichts der industriellen Revolution und ihrer sozialen Folgen in einer radikal neuen Situation zu leben, führte zu einer gegenwartsbezogenen und ahistorischen Orientierung der Volksbildner [115]. Anders als im Deutschen Reich verlangte die historisch geführte nationale Diskussion, der Nationalitätenkampf in der Habsburgermonarchie, eine stärkere Einbeziehung der Vergangenheit in das deutschböhmische (wie in das tschechische) Volksbildungsprogramm. Die deutsche Kulturträger-Ideologie wurde im Deutschen Verein zur Verbreitung gemeinnütziger Kenntnisse durch Lipperts sozialhistorisch geprägtes Geschichtsverständnis modifiziert. Insgesamt blieb die Funktion der Geschichte auf didaktische und politische Zielsetzungen beschränkt. Die ahistorische Einstellung der Volksbildung des Prager Vereins zeigt sich besonders bei sozial-, rechts- und bildungspolitischen Themen. Auf ältere Formen der Volksbildung in Böhmen findet sich in den Vereinsschriften kein Hinweis. Anstatt sich auf die verwandten Volksbildungs- und Erwachsenenbildungskonzeptionen von Bolzano oder Stifter zu beziehen [116], konstatiert der Prager Volksbildungsverein für die Zeit vor seiner Gründung eine „Todtenstille" [117] im böhmischen und österreichischen Volksbildungswesen und versteht sich selbst als etwas völlig Neues. Sowohl von der Themenstellung, der Art der Darstellungen und der sozialen Ausrichtung als auch vom

---

113 *Lippert*: Bildungsbestrebungen 1896, 7 (SgV 219).

114 Vor allem *Laube*, Gustav C.: Der geologische Aufbau von Böhmen. Prag 1891 (SgV 155/6); 2. Aufl. Prag 1905 (SgV 321/3); 3. Aufl. Prag 1912 (SgV 404/6); 4. Aufl. Bearb. v. Bruno *Müller*. Prag 1923 (SgV 534/6).

115 *Dräger*: Historiographie 1984, 80.

116 *Fischer*, Kurt Gerhard: Die Pädagogik des Menschenmöglichen. Adalbert Stifter. Linz 1962, 429. — Weder die Biographie von *Schindler*, Fr. St.: Bernhard Bolzano. Prag 1912 (SgV 401) noch die Vereinsschriften zu Stifter, vor allem *Weyde*, Johann: Adalbert Stifter als Erzieher. Prag 1907, 101—120 (SgV 346/7) gehen auf die Volksbildungsüberlegungen ein.

117 *Lippert*: Volksbildungswesen 1898, 10.

Selbstverständnis und der gesamten Tätigkeit her muß die erste Phase der Vereinsgeschichte als klassische Zeit der bürgerlichen, deutschliberalen Volksbildung bezeichnet werden.

Die Perioden von Heimatorientierung, Volkskunde und Nationalismus

Mit Beginn der neunziger Jahre wandelte sich das Themenspektrum der Vereinspublikationen grundlegend. Aus der Sammlung gemeinnütziger Vorträge sind beispielhaft zu nennen:

Adolf Hauffen: Leben und Fühlen im deutschen Volkslied. Prag 1890 (SgV 143).

Alfred Klaar: Franz Grillparzer. Prag 1890 (SgV 151).

Josef Neuwirth: Böhmens Kunstleben unter Karl IV. Prag 1891 (SgV 153).

Ferdinand Skalla: Rudolf von Habsburg. Prag 1891 (SgV 157).

Karl Pröll: Adalbert Stifter, der Dichter des deutschen Böhmerwaldes. Prag 1891 (SgV 161).

Adolf Hauffen: Das deutsche Haus in der Poesie. Prag 1892 (SgV 163).

Die bildenden Künste, Musik, Literatur und Volkskunst wurden in großem Umfang behandelt. Die aufkommende neuromantische Geistesbewegung beeinflußte die Volksbildungskonzeption im deutschen Raum und ließ die traditionelle belehrende Wissensvermittlung zurücktreten [118]. Kunst und Dichtung wurde ein direkter erzieherischer Wert zu gesprochen. Stifters Ausspruch: „Durch nichts wird ein Volk so schnell und so edel gehoben und gebildet, als durch nachhaltige Anschauung wahrer Kunst" wurde zur häufig zitierten Maxime [119]. In den Vereinspublikationen sollen „Deutsche Dichter und Künstler aus Böhmen" — so der Titel einer Unterreihe seit 1901 — nicht mehr nur in Biographien vorgestellt werden, sondern mit ihren Werken direkt zur Volksbildung beitragen. Neben Arbeiten der böhmischen Schriftsteller Uffo Horn (SgV 268/9), Karl Egon von Ebert (SgV 273/5), Hugo Salus (SgV 280/1) und Moritz Hartmann (SgV 343/4) werden Dichter wie Stifter (SgV 161, 295/6, 346/7), Josef Rank (SgV 168) oder die Volksschriftsteller Peter Rosegger (SgV 340) und Ludwig Anzengruber (SgV 352/3) bevorzugt in biographischen Beschreibungen dargestellt. Die Literaturgeschichte verbunden mit einem volkskundlichen Aspekt nimmt in diesem Kulturverständnis eine dominierende Stellung ein. In Prag sind mit dieser Richtung vor allem zwei Namen zu verbinden: August Sauer und Adolf Hauffen. Beide seit Ende der achtziger Jahre an der Prager Universität für deutsche Literatur und Volkskunde tätig, beeinflußten nicht nur die gesamte deutschböhmische Volksbildung, sondern arbeiteten im Prager Bildungsverein aktiv mit [120]. Der damaligen Philologie, die sich nicht nur als Wissen-

---

[118] *Flitner*, Wilhelm: Die Theorie des freien Volksbildungswesens seit 75 Jahren. In: Bildungsfragen unserer Zeit. Hrsg. v. Franz *Arnold*. Stuttgart 1954, 36—64, hier 39.

[119] Z. B. *Weyde* 1907, 111.

[120] Dazu *Schroubek*, Georg R.: Wissenschaftsgeschichte und regionale Besonderheiten der Volkskunde an der deutschen Prager Universität bis 1934. In: Volkskunde als

schaft von Sprache und Literatur, sondern auch von der Nation oder Nationalität verstand [121], trat die Volksunde als wichtigste Hilfswissenschaft zur Seite. Volkskunde sollte, die „wissenschaftliche Formel für den Begriff Volksseele ... finden" und „die sorgsamste und liebevollste Pflege unseres angestammten Volkstums" betreiben [122]. Mit diesem Ziel verbanden sich die Aufgabenbereiche von Volksbildung und Volkskunde. Dementsprechend veröffentlichte der Prager Volksbildungsverein mehrere Sammlungen und Aufsätze zu böhmischen oder allgemein deutschen Volksliedern, Märchen, Volksfesten und anderem Brauchtum [123]. Obwohl Hauffen dem volkskundlichen Interesse in Böhmen einen deutlichen Impuls verliehen hatte, verfolgte der Prager Verein volkskundliche Themen schon, bevor Hauffen nach Prag kam. Schon in den ersten Jahren gab es Vorträge zur Sprach- und Namenforschung (SgV 50, 82) und seit 1885 bereiteten Alois Hruschka und Wendelin Toischer mit Unterstützung des Vereins die erste wissenschaftliche Sammlung deutschböhmischer Volkslieder vor [124]. Auch Lippert hatte in seinen letzten Volkslehrbüchern volkskundliche Themen behandelt [125]. Ein Vergleich zwischen Vorträgen aus den siebziger und den neunziger Jahren über Aberglaube und Hexen zeigt nicht nur den Übergang von der Aufklärungsschrift zur volkskundlich-wissenschaftlichen Darstellung, sondern auch die emotional andere Bewertung von Brauchtum. „Der ethische Werth des Nationalgefühls" (SgV 167) wurde hervorgehoben, dagegen blieben die Vergleiche zwischen deutscher und tschechischer Kultur in den Ansätzen stecken [126].

Im Gegensatz zur landeskundlich orientierten Literatur-, Kunst- und Musikgeschichte finden sich unter den Publikationen der zweiten Vereinsepoche keine

---

akademische Disziplin. Studien zur Institutionenausbildung. Hrsg. v. Wolfgang *Brückner* und Klaus *Beitl*. Wien 1983, 51—62, hier 59—60 (Sitzungsberichte d. Österr. Akad. d. Wiss. Phil.-hist. Klasse, Bd. 414). — *Ders.*: Isolation statt Kommunikation. Forschungsinteressen der deutschen und tschechischen Universitäts-Volkskunde in Prag. In: Die Teilung der Prager Universität 1882 und die intellektuelle Desintegration in den böhmischen Ländern. Hrsg. v. Ferdinand *Seibt*. München 1984, 127—146, hier 135 (Bad Wiesseer Tagungen des Collegium Carolinum).

121 *Behland*, Max: Nationale und nationalistische Tendenzen in Vorreden zu wissenschaftlichen Werken. In: Nationalismus in Germanistik und Dichtung. Hrsg. v. Benno v. *Wiese* und Rudolf *Henß*. Berlin 1967, 334—346, hier 344.

122 *Sauer*, August: Literaturgeschichte und Volkskunde. Rektoratsrede ... Prag 1907, 17 und 22.

123 Darunter die Liedersammlungen von Oskar Wiener (SgV 304, 329, 348/9, 368/9, 388/9, 413) und *Hauffen*, Adolf: Über das Höritzer Passionsspiel. Prag 1894 (SgV 192).

124 Deutsche Volkslieder aus Böhmen. Hrsg. v. DtV. Bearb. v. Alois *Hruschka* und Wendelin *Toischer*. Prag 1891. Das Unternehmen hatte 1863 der VGDB begonnen und 1885 der DtV wiederaufgenommen.

125 *Lippert*, Julius: Deutsche Festbräuche. Prag 1884. — *Ders.*: Das Leben der Vorfahren. Das Wesentlichste aus der deutschen Kulturgeschichte. Prag 1882.

126 Z. B. bedauern *Hruschka* und *Toischer*, daß ein Vergleich mit den tschechischen Volksliedern vorläufig unterbleiben muß; Deutsche Volkslieder aus Böhmen 1891, S. XVI. — *Hellmessen*, Anton: Die Kunstgewerbeschule in Prag und ihre Lehrziele. Prag 1894, 17 f. (SgV 190) begnügt sich mit der Feststellung, daß in Böhmen „zwei außerordentlich intelligente und arbeitsfähige Volksstämme" wohnen. — Allein *Weyde*, Johann: Über die Beziehungen der deutschen und der tschechischen Sprache. Prag 1904 (SgV 310) unternimmt einen Vergleich zwischen beiden nationalen Kulturen.

landesgeschichtlichen Arbeiten im engeren Sinne. Trotz einzelner Vorträge zur Vorgeschichte (SgV 206, 222) und zur Alten Geschichte (SgV 172, 232) erschien in dieser Zeit die geringste Anzahl an historischen Aufsätzen im Vergleich mit allen anderen Vereinsphasen. Die historisch orientierte Kulturträger-Ideologie war in ihrer politischen Bedeutung von einem gegenwartsbezogenen Kulturverständnis abgelöst worden [127]. Nationale Identität wurde nun in Volkskultur und Kunst gesucht. Das Schlagwort der Zeit „Kunst fürs Volk" [128] meinte vor allem die Verbreitung von zeitgenössischer Kunst, einer Kunst, die als Motive das Dorf, das Landleben, Heimat und Natur entdeckt hatte. Aufgabe der Volksbildung war es, durch heimatbezogene und volkskundliche Themen das Verständnis für diese Kunstrichtung in der gesamten Bevölkerung zu fördern [129]. Damit verbunden war die Aufwertung von Kunstgewerbe (SgV 190, 239/40), Volkskunst und Heimatkunst. Der Heimatbegriff der ersten Phase, der das Bekannte, der die Geborgenheit und Sicherheit im materiellen Sinne gewährleistete, und das patriotische Bewußtsein meinte [130], hatte sich gewandelt. Lipperts Heimatkunde diente als Ausgangspunkt jeder Erziehung und sollte durch allmähliche Erweiterung der Kenntnisse zur allgemeinen und universalen Bildung führen.

Diesem funktionalen Verständnis steht in den neunziger Jahren ein stärker ideologisierter und mythologisierter Heimatbegriff gegenüber. Die Thematisierung und Idealisierung von Dorf, Heimat und Volksbrauchtum ist ein Teil der Reaktion auf Naturalismus und Großstadtkultur, die in den heimat- und volkskundlichen Vorträgen des Vereins als verderblich geschildert wird [131]. Damit fand nicht nur eine Verbrämung und Überstilisierung heimatkundlicher Themen statt, vor der Lippert gewarnt hatte, sondern Heimat wurde nun zum Unbekannten oder zumindest Vergessenen, das erst wiederentdeckt und aufgedeckt werden mußte. Statt Bildung für die Heimat sollte nun Bildung über die Heimat gefördert werden. In der nationalen Auseinandersetzung, die sich in den neunziger Jahren verschärfte, wurde die historische Argumentation durch das volkskundliche Heimatverständnis ergänzt. Eine Fortsetzung und Steigerung dieser Strömung fand in der dritten Vereinsepoche statt. Als Zielsetzung des Prager Volksbildungsvereins formulierte Hauffen Anfang 1914: „Erst wenn wir ... die dringendsten Bedürfnisse, welche die genauere Erschließung der Heimat und der nationale Stolz heischen, gedeckt haben, können wir daran denken, auch andere abseits liegende Fragen des allgemeinen Wissens in den Kreis unserer Veröffentlichungen zu ziehen und unsere Wirksamkeit erweitern" [132].

Trotz dieser Feststellung geriet im Vereinsprogramm der zweiten wie der dritten Epoche die Verbindung von „Volksbildung und Volkswohlfahrt" [133] nicht in

[127] *Kraus*, Oskar: Die Kulturaufgabe der Gegenwart. Prag 1898 (SgV 233).
[128] *Wiese* 1921, 36.
[129] *Dräger*: Gesellschaft 1975, 121.
[130] Siehe oben und *Stamm*, Ferdinand: Die Heimath. Prag 1877 (SgV 36).
[131] Z. B. *Bachmann*, Johann: Das Egerland und seine Bewohner. Prag 1905, 139 (SgV 325).
[132] Dem fünfundzwanzigsten Jahrgang zum Geleit! In: *Steinhard*, Erich: Andreas Hammerschmidt. Prag 1914, 1—4, hier 3 (SgV 424/5).
[133] *Fleischner*, Ludwig: Volksbildung und Volkswohlfahrt am Ausgang des 19. Jahrhunderts. Prag 1901 (SgV 271).

Vergessenheit. Der Genossenschaftsgedanke (SgV 251, 257, 258/9) oder die staatsbürgerliche Erziehung (SgV 193, 316/7) finden sich weiterhin als Themen. Im traditionellen liberalen Sinne und als Gegengewicht zur ländlich orientierten Volkskunde müssen Vorträge gesehen werden, die das Großstadtleben positiv behandeln und Hilfestellungen zu sozialen und hygienischen Fragen des Stadtlebens geben (SgV 238, 246/7, 250). Die „Arbeiterfrage" wurde nicht mehr nur als soziales Fürsorge- und Bildungsproblem gesehen, sondern auch der rechtliche, gesellschaftliche und politische Rahmen in die Darstellungen einbezogen [133a].

Ein Bereich, der für das Selbstverständnis des Vereins in allen Phasen von Bedeutung war, ist die Mädchen- und Frauenbildung. Bereits im ersten Vereinsabschnitt war die Mädchenbildung in der Volksschule und in Fortbildungsschulen fester Bestandteil des Bildungsprogramms des Prager Vereins gewesen. Vor allem die wirtschaftliche Bedeutung der Frau im erzieherischen, gesundheitspflegerischen und im hauswirtschaftlichen Bereich wurde hervorgehoben (SgV 111). Und Felix Dahn erklärte, „die Stellung des Weibes ist ein Maßstab für den Nationalcharakter und Kulturgrad" [134]. Die Frau wird als Mitglied, Leserin und Autorin in die Arbeit des Prager Volksbildungsvereins von Anfang an einbezogen, wie dies auch bei anderen bürgerlichen, liberalen Volksbildungsorganisationen dieser Zeit üblich war [135]. Die große Zahl von Lehrern an Mädchenschulen im Verein dürfte dies gefördert haben. Allein am Prager Mädchenlyzeum waren von den führenden Vereinsmitarbeitern Schlesinger, Hruschka, Bardachzi und Tschinkel tätig gewesen. In den neunziger Jahren wurden Beiträge der modernen bürgerlichen Frauenbewegung, die nicht mehr nur Haushalts- und Bildungsfragen behandelte, veröffentlicht. So erschien 1898 eine Biographie über die russische Mathematikerin und Frauenrechtlerin Sofia Kowalewski [136], und Käthe Schirmacher beschrieb 1904 „Die Frauenbewegung, ihre Ziele und Mittel" (SgV 311). Zu dem 1893 gegründeten „Deutschen Verein zur Förderung des Wohles und der Bildung der Frauen" — später Verein Frauenfortschritt genannt — bestanden enge personelle, organisatorische und inhaltliche Verbindungen. Die besondere Stellung der Frauenbildung im Volksbildungsverein fand, unterbrochen von einigen Schriften im Ersten Weltkrieg, ihre Fortsetzung in der Zwischenkriegszeit.

Obwohl seit Anfang der neunziger Jahre über die mangelnde Volkstümlichkeit der Vorträge und anderer Publikationen geklagt wurde [137], mußte nicht nur das

---

[133a] *Rosenberg*, Wilhelm: Entwicklung und Stand der Arbeiterfrage. In gemeinfaßlicher Darstellung. Prag 1892. — *Hergel*, Carl M.: Die Arbeiternot auf dem Lande und die Verbesserung der ländlichen Arbeitsverhältnisse. Prag 1894 (SgV 195). — *Kahler*, Felix: Der Arbeitsnachweis. Prag 1902 (SgV 286).

[134] *Dahn*, Felix: Das Weib im altgermanischen Recht und Leben. Prag 1881, 1 (SgV 71).

[135] *Hauffen*: Geschichte 1919, 9. — *Langer-Ostrawsky*, Gertrude: Erziehung und Bildung — Eine Untersuchung zum Schulwesen für Mädchen 1848—1920. In: Die Frau im Korsett. Wiener Frauenalltag zwischen Klischee und Wirklichkeit 1848—1920. Hrsg. v. Hist. Museum d. Stadt Wien. Wien 1984, 54—60.

[136] *Zednik*, Jelle (Gabrielle): Sophie Kowalewsky. Prag 1898 (SgV 237) — bis heute die letzte Biographie in deutscher Sprache.

[137] Z. B. Deutscher Volks-Kalender für 1893. Jg. 23. Prag 1892, 108. — Auch für den VGDB ist dies festzustellen. *Oberdorffer* 1962, 19.

volkserzieherische Vorbild, der Volkskalender, eingestellt werden, auch Sprachgebrauch, Darstellung und Inhalt der Vorträge wurden zunehmend schwieriger. Anstelle der allgemeinen Bildung wurde die allgemeine höhere Bildung in den Vordergrund gerückt [138]. Die Berücksichtigung von Gymnasium oder Kunstgewerbeschulen im Volksbildungsprogramm zeigt die Auflösung der ursprünglichen Verknüpfung von Volksschule und Volksbildung, wie dies auch im damals neuen Begriff der Volkshochschule deutlich wird. Begleitet wurde diese Entwicklung durch ein stärkeres Engagement von Mittelschullehrern in der Vereinsspitze. Die Jahre 1889/90 brachten nicht nur thematisch einen Wandel, sondern auch soziologisch. Auf die politischen Honoratioren Dotzauer und Schmeykal folgten in der zweiten Vereinsphase die Universitätsprofessoren Knoll und Ulbrich als Vereinsvorsitzende. Im Jahr 1889 starb Holzamer, und gleichzeitig wechselte Hauffen von Graz nach Prag. Insgesamt ergab sich dadurch eine stärkere Akademisierung und Professionalisierung der Bildungsarbeit des Vereins. Diese Tendenz und ein Generationswechsel in der gesamten Mitgliederschaft ließen den Verein trotz des inhaltlichen Programms, das mit seiner Heimatorientierung und volkskundlichen Themenwahl eine größere Volksnähe beabsichtigte, Mitglieder — vermutlich vor allem auf dem Lande — verlieren.

Die jüngere Generation wurde von anderen, neuen Volksbildungsformen und den nationalen Schutzverbänden, die andere finanzielle und organisatorische Mittel für Wanderlehrer oder Bibliotheksgründungen einsetzen konnten und zudem die Geselligkeit förderten [139], angezogen. Obwohl zwischen dem Prager Volksbildungsverein und den Schutzorganisationen Zusammenarbeit und Schriftenaustausch stattfanden, blieb es bei der üblichen Distanz zwischen deutschliberalen und deutschnationalen Vereinen, die eher im Politischen als im Nationalen oder Gesellschaftlichen begründet lag. Zwar schrieben auch deutsche „Nationalpolitiker" wie Karl Pröll und Anton Ohorn für den Verein Aufsätze, doch charakterisiert die Aufmerksamkeit, die national-deutsche, assimilierte jüdische Schriftsteller wie Friedrich Adler und Hugo Salus fanden, die Vereinslinie besser [140]. 1891 wurde auf Initiative Knolls und unter Mitwirkung vieler Vereinsmitglieder die „Gesellschaft zur Förderung deutscher Wissenschaft, Kunst und Literatur in Böhmen" gegründet. Sie war von der Zielsetzung wie von der Themenstellung sowohl Ergänzung wie Konkurrenz zum Prager Volksbildungsverein. Vor allem die seit 1901 erscheinende deutschböhmische Kulturzeitschrift „Deutsche Arbeit" verfolgte Themen der Volksbildung und Kulturvermittlung und war den Vereinspublikationen in mancher Hinsicht überlegen. Die vom Prager naturwissenschaftlichen Verein Lotus seit Ende der neunziger Jahre geförderte „university-extension-Bewegung" beeinflußte dagegen die Vereinstätigkeit kaum. Trotzdem suchte der Deutsche gemeinnützige Verein seit 1896 mit jährlich in einer böhmischen Stadt abzuhaltenden Wan-

[138] *Tschinkel*, Hans: Die Gymnasialfrage — eine nationale Frage. Prag 1903, 163 (SgV 303).

[139] *Kraus*, A.: Volksbildung und nationale Schutzvereine in den Sudetenländern. In: Volksbildungsarbeit in Österreich. Referate ... 8. dt.-österr. Volksbildungstag. Wien 1911, 13—25.

[140] (SgV 254, 280, 365). — *Mühlberger*, Josef: Geschichte der deutschen Literatur in Böhmen 1900—1938. München-Wien 1981, 187—192.

derversammlungen seine Wirkungsmöglichkeiten außerhalb Prags auszuweiten [141]. Obgleich sich diese Institution, die auch andere Prager Vereine wie der Geschichtsverein kannten, nicht durchsetzte, wurden die Versammlungen genutzt, um im Bereich des jeweiligen politischen Bezirks eine unpolitische Dachorganisation für alle Volksbildungsaktivitäten zu schaffen. Ausgehend vom klassisch liberalen Bildungsgedanken, daß Volksbildung das ganze Volk zu umfassen habe, sollten die lokalen Bildungsorganisationen aller Klassen und Interessengruppen zusammengeschlossen werden. In den beiden einzigen realisierten Beispielen, dem Teplitzer und dem Aussiger Volksbildungsverband, arbeiteten bürgerliche, kirchliche und Arbeiter-Bildungsvereine, nationale Schutzverbände, Schul-, Lese- und Fortbildungsvereine aller Art zusammen [142]. Dem Wiener Zentralverband deutsch-österreichischer Volksbildungsvereine trat der Prager Verein 1895 bei und beteiligte sich seit 1901 an der Herausgabe des „Zentralblattes für Volksbildungswesen" [143]. Mit diesem Netz von Verbindungen mit anderen Vereinen und der Koordinationstätigkeit im Volksbildungswesen hatte der Verein — nach der Förderung des Bibliothekswesens und der Herausgabe volksbildender Schriften — einen dritten erfolgreichen, aber satzungsmäßig nicht vorgesehenen Tätigkeitsbereich gefunden.

Zwischen 1907 und 1912 kann der Übergang zur dritten Phase der Vereinsgeschichte angesetzt werden. Mit Hauffen als Obmann und Matras, Peters und Tschinkel als Schriftleiter, übernahm wieder eine jüngere Generation die Vereinsführung [144]. Organisatorisch erreichte der Verein seine größte Anerkennung, als ihm im 1911 von Hauffen und Sauer gegründeten „Deutschen Landesverband für Volksbildung in Böhmen" die Geschäftsführung übertragen wurde, da er „ältester und größter deutscher volksbildender Verein in Böhmen" war [145]. Inhaltlich war der Einschnitt weniger markant, die Themenschwerpunkte der zweiten Phase wurden fortgeführt. Kennzeichnend wurde dagegen der aggressivere und nationalistische Ton in vielen Veröffentlichungen der Jahre 1907 bis 1918. Die nationale Radikalisierung im politischen Leben, die beispielsweise die deutschfortschrittlichen Abgeordneten zwang, sich dem Deutschen Nationalverband anzuschließen, spiegelte sich auch hier wider. Im Zusammenhang mit der nationalen Frage in Schleswig führte Harpf 1910 aus: „uns Deutschen in Österreich ist nach deutschvölkischer Auffassung eine höhere Aufgabe zu teil geworden"; „wir halten für den zu erwartenden großen Existenzkampf des Deutschtums in Europa die Vor-

---

[141] 1896 fand in Leitmeritz, 1897 in Teplitz-Schönau und 1900 in Aussig eine Wanderversammlung statt. Vgl. Die erste Wanderversammlung 1896 (SgV 219). — Die II. Wanderversammlung des Deutschen Vereines ... Prag 1897 (SgV 227). — *Hauffen*: Geschichte 1919, 36—39.

[142] Zu den Aufgaben: Die II. Wanderversammlung 1897, 2. — *Himmelbaur*, Isidor: Das Volksbildungswesen in Österreich. In: Archiv für das Volksbildungswesen aller Kulturvölker. Hrsg. v. Ernst *Schultze* und G. *Hamdorff*. Hamburg 1907, 187—211, hier 190. — *Langewiesche* 1980, 76—77.

[143] Der Zentralverband ist noch eine völlige Forschungslücke. *Altenhuber* 1982, 77.

[144] Im VGDB kündigte sich 1913 ein Generationswechsel an. *Oberdorffer* 1962, 23.

[145] *Hauffen*: Geschichte 1919, 41. Die Entstehung muß im Zusammenhang mit der Gründung des tschechischen zentralen Volksbildungsverbandes „Svaz osvětový" 1906 gesehen werden.

postenkette"; „wir bewachen den Wall, welcher das große Deutsche Reich und damit das gesamte Deutschtum Mitteleuropas vor slawischer Überflutung aus dem Osten und Süden schützt"[146]. In solchen kämpferischen Aufsätzen wie auch in anderen wird Böhmen stets als Vorposten, als „äußerste Grenze"[147] und nicht mehr als Zentrum Europas oder gar als Bindeglied gesehen. Mutterschutz und Jugendfürsorge wurden häufig unter dem Gesichtspunkt des nationalen Besitzstandes behandelt. Die liberale Tradition der Verbreitung von „Aufklärung und Bildung" wurde von den nationalistischen Schriften nicht völlig verdrängt. Die Meinungsvielfalt in den Vorträgen dieser Zeit reicht von Ohorn über Günther Saalfeld, den Leiter des Werbeamtes im Allgemeinen Deutschen Sprachverein, oder den Schweizer Pazifisten Leopold Katscher bis zu Ernst Schmidt, der 1914 in der Broschüre über die Organisation von Volksbibliotheken feststellt: „Gleich unfruchtbar für Bildungsbüchereien sind vaterländische und nationale Machwerke, religiöse Tendenz- und einseitige Parteischriften"[148].

Aktuelle Rechtsfragen wurden von Adolf Bachmann und Ludwig Spiegel zum Anlaß von historischen Beiträgen genommen, die den politischen Standpunkt offensichtlich werden ließen. Spiegel behandelte die Rechtmäßigkeit der Obstruktion unter Koerber[149], und Bachmanns Geschichte der inneren deutschen Amtssprache in Böhmen, die als wissenschaftliche Arbeit gedacht war und deshalb mit Beginn des 19. Jahrhunderts abbricht, stand im Zusammenhang einer Auseinandersetzung mit dem jungtschechischen Abgeordneten Josef Herold[150]. Dies war Bachmanns einzige Veröffentlichung im Verein, danach folgten aber mehrere Arbeiten von anderen Universitätshistorikern. Die historischen Artikel der Ordinarien Ottokar Weber (SgV 444/5, 447/8, 450/1) und Raimund Kaindl (SgV 459/60, 462/3) aus den Kriegsjahren sind Beispiele für die im Ersten Weltkrieg übliche Verbindung von Patriotismus, Nationalismus, Geschichtsschreibung und Propaganda, wie G. Ramhardter dies für deutschösterreichische Historiker nachweisen konnte[151]. Die Verbindung von Patriotismus und Nationalismus fiel um so leichter, da die innere nationale Frage der Monarchie an Bedeutung zu verlieren schien. Außerdem wurden alle Äußerungen dazu zensiert[152].

Während des Krieges zeichnete der Verein mehrfach Kriegsanleihen und wählte die Themen der „Kriegshefte" besonders aus. Hauffen legte zwei Sammlungen „Kriegslieder deutschböhmischer Dichter" (SgV 434, 452/6) vor, der Krieg wurde

146 *Harpf*, August: Die Dithmarschen und ihre Geschichte. Prag 1910, 37 (SgV 378).
147 U. a. *Krattner*, Karl: Josef von Führich. Prag 1903, 111 (SgV 300/1).
148 *Schmidt* 1914, 7.
149 *Spiegel*, Ludwig: Geschichtliche Entwicklung des österreichischen Staatsrechtes. Prag 1905 (SgV 316/7).
150 *Bachmann*, Adolf: Einführung und Geltung der inneren deutschen Amtssprache in Böhmen. Prag 1908 (SgV 357). — Dazu *Bachmann*, Harald: Adolf Bachmann. Ein österreichischer Historiker und Politiker. München 1962, 91—92.
151 *Ramhardter*, Günther: Geschichtswissenschaft und Patriotismus. Österreichische Historiker im Weltkrieg 1914—1918. München 1973. Die deutsche Universität in Prag wurde in dieser Arbeit leider nicht berücksichtigt.
152 Vor allem die südslawische, wohl auch die böhmische Nationalitätenproblematik wurde von der Kriegszensur betroffen; vgl. die Zensurlücken in *Weber*, Ottokar: Balkanprobleme. Prag 1916 (SgV 450/1).

unter verschiedenen Aspekten analysiert und „Deutschösterreichische Grüße ins Feld“ wurden zweimal monatlich gedruckt. Dem Nachdruck von Ullmanns Artikel „Welche Früchte soll uns der Krieg bringen?“ in den Beiheften der Vortragsreihe [153], stehen aber wiederum sozial und medizinisch beratende Schriften gegenüber. Ab 1917 wurden in einzelnen Schriften Gedanken für die staatliche Neuordnung, zuerst die Frage der Abtretung Galiziens, später die Möglichkeit eines Anschlusses Deutschösterreichs an das Deutsche Reich erörtert, die Situation in Böhmen blieb dagegen unbehandelt.

Die Zwischenkriegszeit

Nach der staatlichen Neuordnung begann im Herbst 1919 unter grundlegend veränderten Bedingungen die letzte Vereinsepoche. In einer Festschrift zum 50jährigen Bestehen (SgV 484/5) wurden Entwicklung und Erfolge des Vereins hervorgehoben und vom Obmann Hauffen die liberal-demokratische Tradition beschworen. Zur neuen Aufgabe sollte die Förderung der Volksbildung der deutschen Bevölkerung innerhalb der Tschechoslowakischen Republik werden. Schule und Volksbildung sollten „organisch durch den Volksbürger hindurch zum Staatsbürger erziehen“ [154], zur Selbsterziehung und zur „Anpassung in geänderte Verhältnisse“ anleiten [155]. Damit wurde am Volksbildungskonzept Lipperts angeknüpft, ohne sich auf ihn direkt zu beziehen. Im Mittelpunkt standen die „Erziehung der Volksgenossen zu ganzen Kulturmenschen“ [156] und die Pflege des Gemeinschaftsgefühls. Methodisch sollte wieder an Vertrautes und Geläufiges angeknüpft werden und von der heimatlichen Umgebung ausgehend „der Kreis alles Wissens und Könnens, alles Fühlens und Wollens immer weiter gezogen werden“. Zum Aufgabenbereich des Volksbildners gehört auch, „neue schätzbare Gefühlswerte zu schaffen“ und „den Niedergeschlagenen und Hoffnungslosen“ neue Kraft zu geben [157].

Der Rahmen, in dem diese Volksbildungsvorstellungen zu verwirklichen waren, wurde in der Republik grundlegend, aber nicht einschränkend geändert. Zwei 1919 von der Revolutionären Nationalversammlung beschlossene Gesetze zur öffentlichen Bildungspflege beeinflußten die weitere Tätigkeit des Deutschen Vereins zur Verbreitung gemeinnütziger Kenntnisse in Prag. Die Gesetze über „die Organisierung volkstümlicher Lehrgänge für staatsbürgerliche Erziehung“ und über „die Errichtung von öffentlichen Gemeindebüchereien“ gehörten zu den modernsten in Europa und berücksichtigten in vorbildlicher Art die nationale Autonomie im Volksbildungsbereich [158]. Da die Errichtung und Betreuung von Volksbüchereien den

---

[153] *Ullmann*, Hermann: Welche Früchte soll uns der Krieg bringen? Mehr Menschen oder mehr Güter? Von den Kolonisationsaufgaben des Deutschtums. Prag 1915 (Beiheft der SgV 3). Zuerst DA 14 (1914) 74—83.

[154] *Preißler*, Gottfried: Kulturaufgaben der Mittelschule. Prag 1930, 14 (SgV 616).

[155] *Hauffen*: Geschichte 1919, 45.

[156] *Eisenmeier*, Josef: Volksbücherei und Volksbildung. Prag 1920, 12 (SgV 489/90).

[157] *Ebenda* 11—12.

[158] Deutsche Fassung in: Die Volksbildungsgesetze der Tschechoslowakischen Republik. Hrsg. im Auftrag der Geschäftsstelle für das deutsche Volksbildungswesen in der Tschechoslowakischen Republik. Reichenberg 1920. — *Schenk* 1972, 52—103. — *Lip-*

Gemeinden übertragen wurde, konnte der Verein seine Tätigkeit im Bibliotheksbereich auf Spenden und Beratung konzentrieren. Der Deutsche Verein befürwortete diese Gesetzgebung ebenso wie andere deutsche Volksbildungsorganisationen und setzte sich für ihre Durchführung konsequent ein, während breite sudetendeutsche Kreise die Regelungen aus finanziellen Gründen und aus Opposition gegen einen tschechischen Zentralismus ablehnten [159]. In der Vortragssammlung erschienen Schriften zum Volksbüchereiwesen (SgV 489/90), daneben wurden andere Bildungsformen wie Museen (SgV 580/1, 706) oder die Volksbühne (SgV 531) und neuen Medien wie Film (SgV 521/2) und Radio (SgV 558/9) vorgestellt. Josef Blaus Schrift über das Führen der Gemeindegedenkbücher (SgV 517), die mit einem dritten Volksbildungsgesetz 1920 eingeführt worden waren, mußte mehrfach nachgedruckt werden. Im Bildungsbereich blieben die Mittelschule (SgV 616, 639/40), die Mädchenerziehung (SgV 584) und das Zeitungswesen (SgV 541/2, 653/6) bevorzugte Themen.

Zeigt sich schon hier die positive Einstellung zum Staat, so wird die Bereitschaft zur Mitarbeit in der Tschechoslowakischen Republik am Beispiel der staatsbürgerlichen Erziehung deutlicher. Der „neue Volksstaat" wird als demokratische Republik begrüßt, da die politische Macht nun von breiten Volksschichten getragen wird. Das Ziel der staatsbürgerlichen Erziehung, die in ihren Zielen der nationalen wie der sozialen Erziehung nahesteht, muß sein, den einzelnen wie das Volk in den Gebrauch der neuen Freiheit einzuführen. Die „politische Erziehung ist jedem Volke nötig, doppelt nötig aber dem deutschen Volke", stellte Heinrich Rauchberg 1920 in einer Schrift zur staatsbürgerlichen Erziehung fest und schließt mit dem Aufruf: „Arbeiten und nicht verzweifeln" [160]. 1921 folgte in diesem Zusammenhang Ludwig Spiegels „Die Entstehung des tschecho-slowakischen Staates" (SgV 504/5), 1922 Rudolf Slawitscheks „Die staatlichen Einrichtungen der Tschecho-slowakischen Republik" (SgV 520) und 1928 Josef Blaus „Vom richtigen Gemeindevorsteher" (SgV 591/2). Der Rahmen der vom Gesetz festgelegten politischen Erziehung als Teil der allgemeinen Volksbildung umfaßte auch die unparteiische Darstellung von Parteiprogrammen, doch verfolgte der Verein diesen Bereich gemäß seinem Selbstverständnis nicht weiter [161].

---

scher, Ladislav: Das öffentlich organisierte Volksbildungswesen und die nationalen Minderheiten. In: Kultur und Gesellschaft in der Ersten Tschechoslowakischen Republik. Hrsg. v. Ferdinand *Seibt*. München 1982, 191—197 (Bad Wiesseer Tagungen des Collegium Carolinum).

159 *Brügel*, Johann Wolfgang: Tschechen und Deutsche 1918—1938. München 1967, 128—129. — *Gregor*, Helena: Die öffentlichen Bibliotheken in der Tschechoslowakei und ihre Förderung durch den Staat 1919—1938. Vortrag vor der III. Jahrestagung des Wolfenbütteler Arbeitskreises für Bibliotheksgeschichte (Mai 1984); erscheint in: Wolfenbütteler Schriften zur Geschichte des Buchwesens, ca. 1986. — *Schenk* 1972, 44.

160 Alle Zitate in: *Rauchberg*, Heinrich: Staatsbürgerliche Erziehung. Prag 1920, 4—5, 11—12 (SgV 498/9).

161 Dazu *Hartmann*, Eva: Politische Bildung im Rahmen der Volksbildung in der Ersten Tschechoslowakischen Republik. In: Kultur und Gesellschaft 1982, 163—178. — *Lehmann*, Emil: Die deutsche Volksbildung in der Tschechoslowakei. DA 20 (1920/21) 232—235, hier 234. — Als Ausnahme unter den Vereinsschriften könnte nur gelten: *Amonn*, Alfred: Sozialismus und Sozialisierung. Prag 1922 (SgV 514/5).

Die Einbindung des Vereins in das staatlich geförderte Volksbildungswesen zeigen auch die zahlreichen Druckkostenzuschüsse des Ministeriums für Schulwesen und Volkskultur, anderer Ministerien oder der Landesbehörde für Böhmen. Eine Anerkennung der Vereinsarbeit war die 20 000-Kronen-Spende aus dem Volksbildungsfond anläßlich Masaryks Geburtstag 1930, ein Betrag, dem wenige Jahre später der gesamte Vereinsetat entsprechen sollte. Die staatlich unterstützte Unterreihe „Beiträge für Volksgesundheit" mit Aufsätzen über Alkoholismus (SgV 676/8) oder Geschlechtskrankheiten (701/2) führte die Arbeit im Bereich der sozialen Fürsorge fort. Als 1937 die Durchführung eines Gesetzes über die Wehrerziehung in der ČSR dem öffentlichen Volksbildungswesen übertragen wurde, publizierte der Deutsche Verein eine Schrift über „Luftkrieg und zivilen Luftschutz" (SgV 691/6). Die Loyalität zum bestehenden Staat, die bereits in der Doppelmonarchie kennzeichnendes Element der Vereinstätigkeit gewesen war, wurde in der Tschechoslowakischen Republik — trotz der nationalen Spannungen — durch die liberal-demokratische Orientierung des Vereins und die modernen Volksbildungsgesetze erleichtert [162].

Während biographische und volkskundliche Vorträge in der Zwischenkriegszeit seltener waren als in der zweiten und dritten Vereinsperiode, finden sich nun mehr Arbeiten zur böhmischen Geschichte, zur alten und Vorgeschichte und ein Zyklus zur Literaturgeschichte. Der Prager Historiker Weber formulierte das neue Geschichtsverständnis 1925 in einem Beitrag zu Böhmen in der Weltgeschichte: „Der Historiker muß zu diesen Ereignissen und ihren Folgen eine andere Stellung einnehmen, als der Politiker. Während der letztere um jeden Fußbreit verlorenen nationalen Bodens, um jede aufgelassene Schulklasse, jeden entlassenen deutschen Beamten klagen und trauern d a r f , kann der Erstere nur feststellen, wie es gewesen und warum es geschehen ist" [163]. Die Wahl der historischen Themen durch den Verein orientierte sich offensichtlich an den Vorgaben der staatlichen Volksbildung, die im Bereich Geschichte den Werdegang des selbständigen tschechoslowakischen Staates, die Geschichte des 19. Jahrhunderts und die Weltgeschichte zu Schwerpunkten erklärt hatte [164]. Neben Webers Schriften (SgV 500/1, 560, 563) ist die von Karl Beer überarbeitete Neuauflage von Schlesingers Broschüre „Die Stellung der Deutschen in der Geschichte Böhmens" [165] aufschlußreich. Die weitgehenden Änderungen machen den Wandel im Geschichtsbild deutlich. Statt von „deutscher Vorzeit" wird von der Frühzeit „germanischer Stämme" in Böhmen gesprochen. Betont werden weiterhin die deutschen Kolonisationsleistungen, besonders daß Prag „als Stadt ein Werk deutscher Männer" ist [166]. Obwohl Bretholz' Gegenthese zur Kolonisations-

---

[162] Dazu *Franzel*, Emil: Die Politik der Sudetendeutschen in der Tschechoslowakei. 1918—1939. In: Die Deutschen in Böhmen und Mähren. Hrsg. v. Helmut *Preidel*. Gräfelfing 1950, 333—372, hier 358—359.

[163] *Weber*, Ottokar: Böhmen in der Weltgeschichte der Neuzeit von 1618—1918. Prag 1925, 3 (SgV 560, Sperrung von mir).

[164] *Lehmann* 1920/21, 234.

[165] *Schlesinger*, Ludwig: Die Stellung der Deutschen in der Geschichte Böhmens. Umgearbeitet von Karl *Beer*. Prag 1922 (SgV 518); in Linz und nicht in Prag gedruckt! Vgl. *Schlesinger*: Stellung 1870.

[166] *Schlesinger/Beer* 1922, 7 und *Schlesinger*: Stellung 1870, 8.

theorie Erwähnung findet, wird sie verworfen [167]. Neu ist bei Beer beispielsweise der Hinweis, daß das Strafgericht Ferdinands II. "an den rebellischen Ständen, zu denen Tschechen und Deutsche gehörten", verübt wurde [168]. Während Schlesinger von tausend Bändern spricht, die „Böhmen an das deutsche Vaterland" fesseln, betont Beer 1922 nur die geographische Zusammengehörigkeit und schwächt die begrenzenden Gebirge zu mäßigen Erhebungen mit ruhigen sanften Kämmen ab [169]. Die nationalistischen Aufwallungen Schlesingers anläßlich des deutsch-französischen Krieges sind verschwunden, dafür wird die erzieherische Funktion des Nationalitätenkampfes zum „Bewußtsein engster Zusammengehörigkeit", zur „Schicksalsgemeinschaft" hervorgehoben [170]. Anders als bei Schlesinger hat der historische Rückblick keine politische Beweisfunktion mehr, sondern soll zur psychologischen Beruhigung dienen: „Kraft mögen die Deutschböhmen auch schöpfen aus ihrer eigenen großen Geschichte" [171].

Während Beer noch von den Deutschböhmen spricht, wird Ende der zwanziger Jahre der Begriff sudetendeutsch konsequent in den Schriften verwandt. Ab 1927 erschienen in Zusammenarbeit mit der Anstalt für sudetendeutsche Heimatforschung die „Vorträge zur Kunde des Sudetendeutschtums". Die sieben Beiträge dieser Unterreihe von Ernst Schwarz (SgV 582), Rudolf Wolkan (SgV 586), Ernst Wahle (SgV 593), Wilhelm Weizsäcker (SgV 596/7), Karl Essl (SgV 603/4), Gustav Pirchan (SgV 621) und Oskar Schürer (SgV 666) beschäftigen sich mit archäologischen, vorgeschichtlichen und literaturgeschichtlichen Themen. Nur Weizsäckers „Geschichte des Bergbaues in den Sudetenländern" und „Böhmen und das Reich" von Pirchan sind der allgemeinen Geschichte gewidmet. Berücksichtigt werden stärker als früher die Minderheiten in der deutschböhmischen Geschichte und die tschechische Entwicklung. Beim Mittelalter verschiebt sich das Interesse von Karl IV. auf Wenzel. In allen Arbeiten dieser Reihe tritt die frühere Betonung der vier unterschiedlichen deutschen Stämme gegenüber der Einheit der Sudetendeutschen zurück. Eine Ausnahmestellung nehmen die drei literarhistorischen Beiträge ein, die einen Überblick über das sudetendeutsche Schrifttum vom Mittelalter bis zur Gegenwart bieten. In diesen wie in anderen Vorträgen ist von der in der damaligen deutschböhmischen Literatur verbreiteten „irrationale[n] Agrarromantik des Bauern- und [der] Blutmystik des nationalen Grenzlandromans" [172] wenig zu merken, vielmehr erschien 1934 eine Sammlung „Deutscher Großstadtlyrik" (SgV 657/9), die besonders den Expressionismus berücksichtigte. Die Volkskunde war in dieser Zeit durch siedlungsgeschichtliche Arbeiten (SgV 545/6, 547/8) vertreten. Auf die gegenseitigen Beziehungen und Verflechtungen zwischen Deutschen und Tschechen in den böhmischen Ländern wird mehrmals hingewiesen, auch wenn

---

[167] Vgl. *Neumüller* 1971, 452—456. — *Seibt*, Ferdinand: Geschichtswissenschaft in der Tschechoslowakei 1918—1938. In: Kultur und Gesellschaft 1982, 269—287, hier 278—279.

[168] *Schlesinger/Beer* 1922, 11.

[169] *Schlesinger*: Stellung 1870, 5 und *Schlesinger/Beer* 1922, 1.

[170] *Ebenda* 11.

[171] *Ebenda* 12.

[172] *Schroubek*, Georg R.: Regionalismus und Nationalismus in der deutschsprachigen Literatur 1918—1938. In: Kultur und Gesellschaft 1982, 63—77, hier 71.

diese Fragen niemals in größerem Umfang behandelt werden [173]. In seiner Literaturgeschichte betont Essl: „Nicht auf das Nationale kommt es ... an, sondern ganz im klassischen Sinne auf das Allgemein-Menschliche" [174], und im Zusammenhang mit den Zielen der deutschen Volksbildungsarbeit erklärt Pirchan: „Es geht dabei vor allem um Festigung und Vertiefung des eigenen Volkstums, nicht um die Gefährdung eines anderen" [175].

Die dargestellten Positionen in den Vereinspublikationen lassen es mir angebracht erscheinen, diese Vereinsperiode als „Neue Sachlichkeit" zu bezeichnen [176]. Unter den veränderten Umständen wird an die klassisch-liberale Orientierung des Vereins in den siebziger und achtziger Jahren angeknüpft und die nationalistische Phase abrupt beendet, obwohl sich kein Generationswechsel vollzog. Dieser Wandel wurde jedoch nicht als eine Renaissance empfunden, sondern als Modernisierung des Volksbildungsprogramms, bedingt durch die Demokratisierung der Gesellschaft. Daher fehlen außer der Festschrift von 1919 alle Arbeiten zur Vereinsgeschichte oder zur Geschichte der Volksbildung [177]. Entsprechend der alten Formel „Volksbildung erzeugt Volkswohlstand und Volksreichtum" [178] wurden technische und ökonomische Zusammenhänge in den Vorträgen wieder häufiger behandelt. Die Vereinsaufgabe, „aufklärende Beiträge zu bringen, wichtige Fragen des praktischen und wirtschaftlichen Lebens zu behandeln und für die Weiterentwicklung geistige Anregung" zu geben, soll helfen, „die ernste Zeit, welche über unser deutsches Volk hereingebrochen ist, und die harte Notwendigkeit, dasjenige durch wirtschaftliche Überlegenheit zu ersetzen, was in politischer Hinsicht verloren wurde," zu bewältigen [179]. Nicht mehr die Landwirtschaft, sondern die Volks- und Finanzwirtschaft der ČSR (SgV 617/9), die Funktion von Geld, Handel und Konjunktur (SgV 571/2, 573/4, 606/7, 612/3), von Messen (SgV 523/4, 525/6) und Reklame (SgV 564) wurden nun aufgegriffen. Unter dem Eindruck der Wirtschaftskrise der dreißiger Jahre wurde die berufliche Bildung wieder stärker berücksichtigt und 1936 der Bericht einer Berufsberatertagung über „Arbeitsmarkt und beruflicher Nachwuchs" (SgV 682/3) publiziert.

---

[173] Z. B. *Schwarz*, Ernst: Das sudetendeutsche Schrifttum des Mittelalters. Prag 1927, 17 (SgV 582).

[174] *Essl*, Karl: Das sudetendeutsche Schrifttum vom 17. Jahrhundert bis zur Gegenwart. Prag 1929, 5 (SgV 603/4).

[175] *Pirchan*, Gustav: Böhmen und das Reich. Prag 1931, 15 (SgV 621).

[176] „Die Neue Sachlichkeit erscheint als der Versuch, in einer welthistorischen Stunde der Unsicherheit, nach den Zerstörungen eines Krieges, inmitten politischer, ökonomischer, sozialer und intellektueller Krisen, der augenscheinlichen Gestalt der Dinge aufs neue habhaft zu werden und sich an sie zu halten." Definition bei *Schmied*, Wieland: Die neue Wirklichkeit — Surrealismus und Sachlichkeit. In: Tendenzen der Zwanziger Jahre. 15. Europäische Kunstausstellung. Berlin 1977, Teil 4, 1—36, hier 25.

[177] Dies zeigen auch die kurzen Berichte, z. B.: Festbericht anläßlich des sechzigjährigen Bestandes, 4 Blatt, eingebunden vor: *Liebus*, Adalbert: Das erste Auftreten des Menschen auf der Erdoberfläche. Prag 1929 (SgV 601/2). — Sechzig Jahre heimischer Volksbildungsarbeit. Der „Deutsche Verein ...". Heimatbildung, Monatsblätter f. heimatliches Volksbildungswesen 10 (1929) Heft 7, 183—186.

[178] *Eisenmeier* 1920, 12.

[179] Aufruf des DtV „Volksgenossen!" z. B. in: *Wiesner*, Erhard R.: Wesen und Bedeutung der künstlichen Forellenzucht. Prag 1934, Umschlaginnenseite (SgV 664/5).

Der Verein blieb in der Zwischenkriegszeit Teil des kulturellen Prager Vereinslebens. Auf die schon im 19. Jahrhundert sich anbahnende, nach 1918 zunehmende Verlagerung der deutschen kulturpolitischen Tätigkeiten von Prag nach Reichenberg, die im Volksbildungsbereich mit der Gründung der „Bücherei der Deutschen" 1923 und der „Gesellschaft für deutsche Volksbildung in der Tschechoslowakischen Republik" 1925 vollzogen wurde, reagierte der Verein durch die Kooptierung von Beiräten zum Vereinsausschuß. Zu diesen Beiräten, die nicht wie die Ausschußmitglieder in Prag wohnen sollten, gehörte unter anderem Emil Lehmann. Erstmals war in dieser Zeit eine Frau im Vorstand vertreten. Durch seine demokratische Position und seine inhaltliche Orientierung stand der Verein der staatspolitischen Haltung der „aktivistischen" deutschen Parteien nahe.

Das Aprilheft des Jahres 1938 von Leonhard Franz über „Vorgeschichtsmuseen als Volksbildungsstätten" (SgV 706) war die letzte Publikation des Vereins; sie enthielt einen Aufruf zur geplanten Feier des 70jährigen Jubiläums 1939. Betont wurden die unpolitische, aber nationale Einstellung, die Bedeutung der Vereinstätigkeit „im heutigen Existenzkampfe" und die Notwendigkeit der Mitgliederwerbung. Die letzten Zeilen lauteten: „Unser Verein ist eine alte und gut bewährte Einrichtung für unser sudetendeutsches Volk und es gilt, diese Einrichtung vor jedem Schaden zu bewahren und damit ihr weiteres Bestehen zu sichern" [180]. Da somit weder eine Vereinsauflösung geplant war, noch finanzielle Gründe — trotz der schwierigen Situation — in Frage kommen, steht zu vermuten, daß die unerwartete Einstellung der Publikationen unter dem Druck der Gleichschaltungsbestrebungen der Sudetendeutschen Partei Konrad Henleins erfolgte. Ob der Verein sich auflöste oder nur zur völligen Passivität überging, läßt sich nicht sagen [181]. Obwohl im Mai 1938 in Prag noch der zweite allnationale gesamtstaatliche Kongreß für Volksbildung stattfand und das vom Ausschußmitglied Moucha geleitete demokratische „Institut für deutsche Volksbildung" in Prag allen Widrigkeiten bis Oktober 1938 standhielt, scheiterte die weitere Herausgabe der Sammlung gemeinnütziger Vorträge — möglicherweise am Boykott der Reichenberger Druckerei [182]. Die liberal-demokratische Ausrichtung des Vereins und seiner führenden Mitglieder, die finanzielle Unterstützung und die enge Zusammenarbeit mit dem tschechoslowakischen Staat [183] und die unvoreingenommene Einbeziehung jüdischer Gelehrter in den Vereinsausschuß und den Autorenkreis dürften genügend Gründe für eine Unterdrückung der Vereinsaktivitäten durch die Sudetendeutsche Partei gewesen sein. Spätestens die nationalsozialistische Besetzung Prags beendete die Vereinsgeschichte. Die „kulturelle Säuberung" von Büchereien, besonders von

---

[180] Aufruf „An unsere P. T. Mitglieder!" in: *Franz*, Leonhard: Vorgeschichtsmuseen als Volksbildungsstätten. Prag 1938, 15 (SgV 706).

[181] *Brügel* 1967, 433. — *Mandlerová* 1973, 49 nennt 1950 als Auflösungsdatum des Vereins, dies kann jedoch nur einen juristischen Endpunkt bedeuten. Leider konnte ich keine Informationen von Zeitgenossen über das Ende des Vereins erhalten.

[182] *Brügel* 1967, 434. — *Schenk* 1972, 110—111.

[183] Zum Wandel des staatlichen Volksbildungsprogramms 1933: *Hartmann* 1982, 174. — Der Vortrag Nr. 706 wurde noch mit Unterstützung des Ministeriums für Schulwesen und Volkskultur und der Landesbehörde für Böhmen gedruckt.

Volksbibliotheken, die nach entsprechenden Empfehlungen der NSDAP sowohl „sachlich veraltete Schriften“ als auch die „Werke und Schriftsteller des Liberalismus und des Judentums“ betraf, dürfte auch zahlreichen Vereinspublikationen gegolten haben [184].

Zur Sozialstruktur und Wirkung des Vereins

Eine Betrachtung verschiedener Personengruppen, die die Vereinsgeschichte beeinflußten, soll abschließend helfen, Bedeutung und Wirkung des Vereins zu beurteilen. Ein Verein kann in seinen inneren Beziehungen und in seinen Außenbeziehungen analysiert werden, wobei jeweils die gesamtgesellschaftlichen Wandlungsprozesse und ihre Rückwirkungen auf den Verein von Interesse sind [185]. Innerhalb der Vereinsorganisation des Prager Volksbildungsvereins können drei Personenkreise unterschieden werden: die Vereinsführung, bestehend aus Vorstand, dem 15—18 Personen umfassenden Ausschuß und später noch den vier Beiräten, die Vertreter des Vereins außerhalb Prags und die Mitglieder. Grundsätzlich war die Organisationsstruktur des Prager Vereins einfach. Abgesehen von der Jahreshauptversammlung und den Wanderversammlungen existierten keine vereinsinternen geselligen Veranstaltungen. Auch die Tätigkeit der von den Vertretern geleiteten Ortsgruppen war nicht besonders geregelt, sondern blieb der Initiative des einzelnen überlassen. Die Hauptaufgaben des Vereins, Herausgabe und Verbreitung von Schriften und Betreuung von Bibliotheken, konnten von einem kleinen Kreis von Mitarbeitern ohne persönlichen Kontakt mit den Mitgliedern erfüllt werden.

Dem Vereinsausschuß als wichtigstem Organ gehörte vor allem das Prager Groß- und Bildungsbürgertum an. Die Bereiche Hochschulen und Schulen stellten in allen Phasen etwa die Hälfte der Ausschußmitglieder. Während aber im konstituierenden Ausschuß 1869 nur ein Universitätsprofessor, dafür aber sieben Volks- oder Bürgerschullehrer waren, nahm die Anzahl der Universitätsprofessoren in den achtziger Jahren zu und erreichte um die Jahrhundertwende ein Drittel der Ausschußmitglieder. In den dreißiger Jahren waren unter den 18 Personen acht Hochschullehrer. Die Zahl der Lehrer ging dementsprechend zurück, die Funktion des Geschäftsführers wurde aber stets von einem Mittelschulprofessor übernommen. Diese Professionalisierung und Akademisierung in der Vereinsspitze unterscheidet den Prager Verein vom niederösterreichischen und vom Wiener Volksbildungsverein, in denen Lehrer dominierten [186]. Publizisten waren nur in den ersten Jahren

---

[184] *Andrae*, Friedrich: Volksbücherei und Nationalsozialismus. Materialien zur Theorie und Politik des öffentlichen Büchereiwesens in Deutschland 1933—1945. Wiesbaden 1970, 156—159. — Empfehlungsliste für den Grundbestand sudetendeutscher Büchereien. Hrsg. v. d. Staatlichen Landesfachstelle für Büchereiwesen Sachsen, dem Gauschulungsamt der NSDAP Sachsen und dem Schulungsamt Sudetengau. Dresden-Reichenberg 1938.

[185] *Wurzbacher*, Gerhard: Die öffentliche Vereinigung als Faktor soziokulturellen, insbesondere emanzipatorischen Wandels im 19. Jahrhundert. In: Zur soziologischen Theorie und Analyse des 19. Jahrhunderts. Hrsg. v. Walter *Rüegg* und Otto *Neuloh*. Göttingen 1971, 103—122, hier 118.

[186] *Gerstenmayr*, Erika: Das Volksbildungswesen in Niederösterreich mit besonderer Rück-

vertreten. Bis in die neunziger Jahre hatte — ähnlich wie im Deutschen Casino — das Prager Wirtschaftsbürgertum im Ausschuß mehr Gewicht als Angehörige des Verwaltungssektors. Großhändler und Industrielle waren im Ausschuß seit den neunziger Jahren, als die Position des Vorsitzenden an die Universitätsprofessoren überging, kaum mehr beteiligt [187]. Eine Ausnahme bildeten die Direktoren der Böhmischen Sparkasse/Česká spořitelna, die jeweils durch mindestens eine Person vertreten waren. Die Böhmische Sparkasse in Prag, die bis zum Ende der Republik utraquistisch organisiert war, förderte durch Zuschüsse — ebenso wie andere Sparkassen — Volksbildungsvereine und andere Organisationen [188]. Der Deutsche Verein erhielt aus dem Überschuß, der nach dem Sparkassenregulativ von 1844 zum Teil für „wohltätige und gemeinnützige Lokalzwecke" zu verwenden war, eine jährliche Spende, die von 100 Gulden 1873 auf 1500 Kronen 1919 stieg und sich 1935 auf 600 Kronen belief [189]. Mitglieder der Landesverwaltung und des Oberlandesgerichts von Böhmen gehörten dem Vereinsgremium seit der zweiten Periode an.

Im 19. Jahrhundert finden sich viele Abgeordnete und Politiker der deutschen Fortschrittspartei unter den Ausschuß- und Vereinsmitgliedern, von denen nur Dotzauer, Lippert, Schlesinger, Pickert, Schmeykal und Knoll genannt seien. Die Verbindung von politischer Tätigkeit und Mitarbeit im Verein war damit stärker als bei anderen „neutralen" Volksbildungsorganisationen wie zum Beispiel beim Wiener Verein [190]. Entsprechend der liberalen Grundeinstellung reichte die Mitwirkung jüdischer und assimilierter Persönlichkeiten Prags vom Textilindustriellen Sigmund Mauthner bei der Gründung über den Versicherungsdirektor Philipp Falkowicz [191] bis zu Professor Emil Starkenstein, der in den dreißiger Jahren Ausschußmitglied wurde.

Die Beziehungen dieser Personenkreise zur liberalen Partei gingen mit vielfältigen Verflechtungen zu anderen Prager Organisationen einher. Knoll war im Deutschen Verein wie in der Gesellschaft für Förderung deutscher Wissenschaft, Kunst und Literatur Ende der neunziger Jahre Vorsitzender, Peters in der Kriegszeit für beide Organisationen Schriftleiter und Liebus in der Zwischenkriegszeit Obmann des Volksbildungsvereins und des Vereins Lotus. Die engen Verbindungen zum

---

sicht auf den „Allgemeinen niederösterreichischen Volksbildungsverein" (1886—1938). Maschschr. Diss. Wien 1962, 35.

187 Diese Entwicklung stellt *Cohen* 1981, 67 auch für das Casino in den neunziger Jahren fest.

188 Auch das Deutsche Casino oder der VGDB erhielten Spenden von der Böhmischen Sparkasse. *Cohen* 1981, 163. — *Fleischner* 1908, 148.

189 Nach den Jahresberichten, vgl. oben Anm. 57. — Zu den Spenden der Sparkassen *Fritz*, Hedwig: 150 Jahre Sparkassen in Österreich. Bd. 1: Geschichte. Wien 1972, 225 und 687—692.

190 Ein Leben für Kunst und Volksbildung. Eduard Leisching 1858—1938. Erinnerungen. Hrsg. v. Robert A. *Kann* und Peter *Leisching*. Wien 1978, 59. — Im niederösterreichischen und Wiener Volksbildungsverein sollten eine leitende Funktion und ein politisches Mandat, z. B. Reichsratsabgeordneter, nicht miteinander verbunden sein.

191 Zum Engagement beider im liberalen wie im jüdischen Vereinswesen Prags *Cohen*, Gary B.: Jews in German Society. Prague, 1860—1914. In: Jews and Germans from 1860 to 1933. The problematic symbiosis. Hrsg. v. David *Bronsen*. Heidelberg 1979, 306—337, hier 320.

Deutschen Casino und zum Verein für Geschichte der Deutschen in Böhmen wurden schon genannt.

Verzeichnisse über die Vertreter des Vereins aus den zwanziger Jahren, die neben der Orts- auch die Berufsangabe enthalten, zeigen, daß diese Funktion zu mehr als der Hälfte von Volks-, Bürger- und Fachschullehrern bzw. Schulleitern wahrgenommen wurde [192]. Ein Siebtel waren Mittelschulprofessoren. Daneben finden sich Juristen, Mediziner, Bibliothekare, Beamte, Apotheker und verhältnismäßig viele Post- oder Sparkassenbeamte. Die Zusammensetzung von zwei Drittel Lehrern und einem Drittel Honoratioren oder Beamten dürfte im 19. Jahrhundert ähnlich gewesen sein.

Über die Mitglieder läßt sich noch weniger sagen. In der Zwischenkriegszeit kamen 10 Prozent aus Prag und 80 Prozent aus anderen Teilen der böhmischen Länder, wobei der Anteil der korporativen Mitglieder seit den neunziger Jahren zugenommen hatte. Aus verschiedenen Aufrufen und der Zusammensetzung der Vertreterschaft kann ein hoher Anteil der Lehrberufe angenommen werden. Auch wenn die meisten Mitglieder wohl eher bürgerlichen Mittelschichten als den unteren Schichten angehört haben, erreichte der Verein beachtliche Mitgliederzahlen, wie Vergleiche mit anderen Organisationen zeigen. Mitte der achtziger Jahre hatten an Mitgliedern: der Deutsche Verein zur Verbreitung gemeinnütziger Kenntnisse ca. 5600, der oberösterreichische Volksbildungsverein ca. 2800, der steiermärkische ca. 1400, der 1885 gegründete niederösterreichische Volksbildungsverein 1888 fast 6000 [193] und 1884 die Gesellschaft für Verbreitung von Volksbildung in Berlin 2620 persönliche und 650 korporative, was ein Tiefpunkt in ihrer Entwicklung bedeutete [194]. 1911 dagegen hatte der Prager Volksbildungsverein ca. 4700, der niederösterreichische Volksbildungsverein ca. 12 000 [195] und die Gesellschaft für Verbreitung von Volksbildung 5698 persönliche und 7979 korporative Mitglieder [196].

Somit hatte der Prager Verein relativ früh eine große Mitgliederzahl erreicht, konnte aber seit den neunziger Jahren, als die Volksbildungsbewegung einen großen Zulauf erlebte, im Gegensatz zu den nationalen Schutzverbänden daran nicht mehr partizipieren.

Anders als die drei beschriebenen Personengruppen sind aufgrund der Herausgebertätigkeit des Vereins zwei weitere Gruppen von Interesse, in denen nicht notwendig Mitglieder sein mußten: die Mitarbeiter bzw. Autoren und die Leser. Die 505 Titel der Sammlung gemeinnütziger Vorträge verteilen sich auf 315 verschiedene Verfasser, die überwiegend auch die Beiträge für den Deutschen Volks-Kalender lieferten. Ein Stamm von 37 Autoren schrieb ein Drittel aller Hefte, dazu

---

[192] Z. B. Verzeichnis der Ortsgruppen des DtV. In: *Hauser*, Otto: Der gegenwärtige Stand der Urgeschichtsforschung. Prag 1923, 14—16 (SgV 530).

[193] *Gerstenmayr* 1962, 21—22 und 47.

[194] *Tews*, Johann: Freiwillige Bildungsarbeit in Deutschland. Berlin 1896, 11.

[195] *Gerstenmayr* 1962, 47.

[196] *Tews*, Johann: Volk und Bildung. Festschrift zum 60jährigen Bestehen der Gesellschaft für Verbreitung von Volksbildung. Berlin o. J. (1931), 29. — Zum Vergleich mit anderen deutschen Vereinen in Prag: 1901 hatte der DtV ca. 4400, der VGDB 1150 und Lotus 376 Mitglieder.

gehörten Lippert, Hauffen, der Historiker Weber, der landwirtschaftliche Fachmann Tragau und Oskar Wiener. Fast alle Mitarbeiter dieses engeren Kreises, die drei oder mehr Vorträge vorlegten, lebten entweder in Prag oder waren volkserzieherisch besonders tätig wie Josef Blau, Günther Saalfeld oder Walter Simon. Eine Auswertung der Angaben in den Schriften und verschiedener biographischer Nachschlagewerke ergibt für die Autoren folgendes Bild [197]:

Berufe (in Prozent)	
Hochschullehrer	40
Lehrer	20
andere (wie Publizisten, Juristen, Beamte)	20
unbekannt	20

Wohnort (in Prozent)	
Prag	49
Böhmen, Mähren	17
Wien	7
Deutsches Reich	11
andere oder unbekannt	16

Ein Drittel der Mitarbeiter waren Prager Hochschullehrer, worunter Assistenten und Professoren beider deutscher Hochschulen zusammengefaßt sind. Die relativ hohe Fluktuation in diesem Bereich ließ viele von ihnen, die nur zum Teil aus den böhmischen Ländern stammten, auch bei einem Wechsel an andere Hochschulen dem Prager Verein verbunden bleiben. Insgesamt müssen drei Viertel der Autoren den böhmischen Ländern zugeordnet werden. Von anderen Teilen der Monarchie kamen fast nur aus Wien Beiträge. Da sowohl von Wien wie aus dem Deutschen Reich in fast allen Vereinsphasen annähernd gleich viele Aufsätze eingereicht wurden, ist keine besondere Ausrichtung zum Deutschen Reich festzustellen. Mindestens 35 Verfasser von Vorträgen für den Volksbildungsverein arbeiteten zwischen 1863 und 1922 auch an den Mitteilungen des Vereins für Geschichte der Deutschen in Böhmen mit, Ähnliches dürfte für die Deutsche Arbeit gelten [198].

Die Leserschaft der Vereinspublikationen kann nicht rekonstruiert werden. Vom Programm und Schriftenangebot des 19. Jahrhunderts her sollten die unteren Schichten und die ländliche Bevölkerung bevorzugt angesprochen werden. Die hohen Auflagen, die vielseitige Themenwahl und die gute Lesbarkeit der meisten Beiträge bei einem begrenzten Umfang machen es wahrscheinlich, daß diese Schichten zumindest teilweise erreicht wurden. Dabei dürften die vielen beteiligten Volksschullehrer und die Abgabe der Schriften an Schulbüchereien und andere Bibliotheken ein nicht zu unterschätzender Faktor gewesen sein, der durch den hohen Alphabetisierungsgrad in den böhmischen Ländern zur Wirkung kommen konnte. Im städtischen Bereich dürfte der Hauptteil der Leser wie der Vereinsmitglieder aus den Mittelschichten und dem Kleinbürgertum gekommen sein, ein größerer

[197] Grundsätzlich ist der Wohnort im Erscheinungsjahr des Vortrags gemeint; wurden mehrere Beiträge an verschiedenen Orten geschrieben, fand die Zuordnung unter den möglichen Angaben der Reihenfolge Prag, böhm. Länder, Habsburgerreich, Deutsches Reich nach statt. Lippert z. B. wurde trotz seiner Berliner Jahre Prag zugezählt.

[198] Nach: Inhaltsverzeichnis zu Band 1—60 der MVGDB und zu den Festschriften 1871 und 1902. Zusammengestellt v. Adalbert *Schmidt.* Prag 1927.

Einfluß in der städtischen Arbeiterschaft ist unwahrscheinlich. Andererseits wurden die Beiträge wegen ihres Informationsgehalts und der Sachlichkeit auch von Tschechen gelesen [199].

Zusammenfassung

Der Deutsche Verein zur Verbreitung gemeinnütziger Kenntnisse in Prag war der erste größere deutsche liberale Volksbildungsverein der Habsburgermonarchie, der als Ziel neben Aufklärung, Wissensvermittlung und Förderung des Wohlstands die Bildung einer bürgerlichen Staats- und Volksgemeinschaft verfolgte, die die gesamte Bevölkerung umfassen sollte. Die Gründung war sowohl eine Reaktion auf die nationale wie auf die soziale Frage. Die tschechischen Bemühungen ließen ein tschechisch-nationales Selbstbewußtsein in breiten Schichten entstehen, das als Bedrohung für „national nicht gefestigte Deutsche" in Böhmen empfunden wurde. Der Verein blieb jedoch in allen Abschnitten der Vereinsgeschichte im Vergleich zu anderen Organisationen gemäßigt. Die Tschechen wurden als Konkurrenten, aber nicht als Feinde gesehen; das Feindbild bildeten Klerikalismus und Feudalismus. Die Abgrenzung von der politischen Arbeiterbewegung gehörte ebenso zum Volksbildungsprogramm des Vereins wie die Einbeziehung der Frauenbildung oder des deutschorientierten Judentums.

Schwerpunkte der Vereinstätigkeit waren die Herausgabe und Verbreitung gemeinnütziger, volkserzieherischer Schriften, die Förderung und Betreuung von Bibliotheken sowie die Koordination von volksbildnerischen Aktivitäten. Der Verzicht auf eine umfangreiche Vereinsstruktur, auf Vereinsgeselligkeiten und Veranstaltungen [200], sowie eine sozial abgestufte Wirkungshierarchie, die von der Finanzierung durch das Prager Bürgertum und die inhaltliche Gestaltung durch die Prager Hochschullehrerschaft und Volksbildner über die lokale Vermittlungstätigkeit der deutschböhmischen Lehrerschaft bis zu den Lesern aus den unteren und mittleren Schichten auf dem Lande und in den Städten reichte, waren wesentliche Faktoren des Erfolges der Vereinstätigkeiten. Die Vereinsgeschichte wurde von der Entwicklung des Bildungswesens und den allgemeinen gesellschaftlichen, kulturellen und politischen Tendenzen in der Habsburgermonarchie beeinflußt und weicht daher von der reichsdeutschen Entwicklung ab. Die kulturell-nationale Bindung zu Deutschland wurde stets eindeutig von der politisch-administrativen Identität, die vor dem Kriege dem Staatsgedanken und danach der Staatsform galt, und von der gesellschaftlich-regionalen Identität begrenzt [201]. Weder national- noch parteipolitisch war der Verein neutral, sondern erkennbar deutsch-bürgerlich, liberal-national

---

[199] So hatte der tschechische Nationalpolitiker und Parlamentarier Václav Šílený (1848—1911) zwei landwirtschaftliche Schriften des Vereins aus den frühen neunziger Jahren (SgV 160, 169) in seinem Nachlaß. Státní oblastní archív Brno [Staatl. Gebietsarchiv Brünn], Nachlaß Václav Šílený G 68, Karton 59.

[200] *Lippert*: 25 Jahre 1894, 32: „Vielleicht erlebt doch endlich die nächste Generation die Zeit, in der sämmtlicher Bedarf an Vereinsfahnen gedeckt sein wird."

[201] Vgl. *Jaworski* 1977, 35 (wie Anm. 4).

orientiert. Wegen der vielfältigen personellen und organisatorischen Verflechtungen mit anderen kulturellen und politischen Institutionen und der deutschen Prager Gesellschaft hat der Verein keine spezifische nationale Linie oder ein eigenes Geschichtsbild entwickelt, allein dem Volksbildner Julius Lippert kommt hier in verschiedener Hinsicht eine Sonderstellung zu.

Michael Neumüller

DER VEREIN FÜR GESCHICHTE DER DEUTSCHEN IN BÖHMEN EIN DEUTSCHLIBERALER VEREIN

(von der Gründung bis zur Jahrhundertwende)

I.

Die Gründung des Vereins für Geschichte der Deutschen in Böhmen [1] 1862 fiel in die Zeit der neubelebten Nationalbewegungen in Mittel- und Südeuropa, die auf das Jahrzehnt der Reaktion und des Neoabsolutismus folgte. In Frankfurt am Main war 1859 der Deutsche Nationalverein ins Leben gerufen worden, der sich für die Lösung der deutschen Frage im kleindeutschen Sinn einsetzte, und im selben Jahr erschien in München das erste Heft der Historischen Zeitschrift, dem der Herausgeber Heinrich von Sybel ein klares politisches Programm bürgerlich-liberaler und nationaler Prägung voranstellte. Ebenfalls in München entstanden 1859 die Historische Kommission [2] und der liberale Lehrerverein.

In Österreich demonstrierten die Niederlagen im Italienischen Krieg (Magenta, Solferino) und der daraus resultierende Verlust der Lombardei die Erfolglosigkeit

---

[1] Da das Vereinsarchiv verschollen ist, bilden die „Mitteilungen des Vereines für Geschichte der Deutschen in Böhmen" (1862/63 ff., zit. MVGDB) die wichtigste Quelle. Für die Organisation des Vereins sind besonders heranzuziehen die „Geschäftlichen Mitteilungen" oder „Mitteilungen der Geschäftsleitung", mit den Statuten, den Jahresberichten und den Angaben über die Mitgliederzahlen. Wichtige Informationen enthält der im 61. Jahrgang publizierte Abriß der Vereinsgeschichte zur 60-Jahr-Feier: *Pirchan*, Gustav: Der Verein für Geschichte der Deutschen in Böhmen im Wandel der Zeitgeschichte. MVGDB 61 (1923) 69—116. — Ferner *Weber*, Ottokar: Zur 60jähr. Gedenkfeier des Vereines für Geschichte der Deutschen in Böhmen. *Ebenda* 9—25. — Einen gedrängten Überblick gibt auch *Oberdorffer*, Kurt: Der Verein für Geschichte der Deutschen in Böhmen 1862—1938. BohJb 3 (1962) 9—29. — Die Geschichte des Vereins im 20. Jahrhundert behandelt Hans Lemberg in diesem Band (dort weitere Literaturangaben). — Ansonsten wurde der Verein wegen seiner Bedeutung für die deutschböhmische/sudetendeutsche Geschichtsforschung und das Geschichtsbewußtsein der Deutschen in Böhmen in jenen Darstellungen mitberücksichtigt, die sich mit dem „Nationalitätenkampf" in der Wissenschaft beschäftigen. Zu nennen sind hier: *Seibt*, Ferdinand: Der Nationalitätenkampf im Spiegel der sudetendeutschen Geschichtsschreibung 1848—1938. Stifter-Jahrbuch 6 (1959) 18—38. — *Lemberg*, Hans: Selbstbeurteilung und Geschichtsbewußtsein der Sudetendeutschen. In: Sudetendeutsches Geschichtsbild in Vergangenheit und Gegenwart. München 1954, 14—37. — *Neumüller*, Michael: Zur deutschliberalen Geschichtsschreibung des 19. Jahrhunderts in Böhmen. ZfO 20 (1971) 441—465. — Diese Darstellungen sind primär geistes-/ideengeschichtlich und ideologiekritisch. — Das deutsche Vereinswesen in Prag ist neuerdings in vorbildlicher Weise untersucht von *Cohen*, Gary B.: The Politics of Ethnic Survival: Germans in Prague 1861—1914. Princeton, New Jersey 1981. Allerdings kommt darin unser Verein nur im Abkürzungsverzeichnis vor. — Eine neuere Gesamtdarstellung zum Verein für Geschichte der Deutschen in Böhmen existiert nicht.

[2] Vgl. den einleitenden Beitrag von Klaus Pabst in diesem Band S. 13—38, insbes. 34.

des neoabsolutistischen Kurses, der mit den Namen Alexander Freiherr von Bachs verbunden war [3]. Die außenpolitische Isolation und die Staatsschulden waren der Anlaß, das System politisch zu reformieren. Reichsritter von Schmerling trat im Dezember 1860 an die Spitze des Ministeriums, und durch das Februarpatent von 1861 bekam der Gesamtstaat eine Verfassung: Österreich war nun ein konstitutioneller Staat. Die Wahlgesetze begünstigten das deutsche Element, speziell das freisinnige (liberale) Bürgertum. Von 1861 bis 1879 beherrschte die deutschliberale Verfassungspartei mit kurzer Unterbrechung den Ministerrat.

Von den neuen Gesetzen sind vor allem das Pressegesetz (freie Meinungsäußerung) und das Gesetz zum Schutz der persönlichen Freiheit, beide 1862, von Bedeutung geworden: sie waren Voraussetzung und Anlaß für eine Welle von Vereinsgründungen (ein eigentliches Vereinsgesetz folgte erst im Herbst 1867) [4]. Einer der ersten deutschböhmischen Vereine war der Verein für Geschichte der Deutschen in Böhmen, nahezu gleichzeitig entstand das Deutsche Casino in Prag, das unter den deutschen Vereinen und Verbänden der böhmischen Hauptstadt alsbald eine führende Position einnahm und — später zusammen mit dem Deutschen Verein — das Hauptquartier der liberalen Partei in Böhmen bildete.

Die deutschen Vereinsgründungen in Prag seit Beginn der sechziger Jahre waren, wie Cohen [5] dargestellt hat, eine Antwort auf das zunehmende tschechische Übergewicht in den ursprünglich utraquistischen Gesellschaften, Berufsverbänden und Vereinen. Wo es den Deutschen nicht gelang, den Einfluß der Tschechen in den Vereinen und Verbänden zurückzudrängen, schritt man zu Neugründungen. Derselbe Vorgang spielte sich auch umgekehrt ab: so bei der Gründung des Prager Sokol (1861) und eines eigenen tschechischen Ärzteverbandes (1862) [6]. Dementsprechend fühlten sich die Deutschen — vor allem durch das erfolgreiche Wirken und die einflußreiche Position Palackýs — auch in der landesgeschichtlichen Forschung in die Defensive gedrängt, was das vorrangige Motiv für die Gründung des „deutschhistorischen Vereins" war, wie der Verein für Geschichte der Deutschen in Böhmen kurz genannt wurde. Die Vereinsgründer gehörten, wie Oberdorffer betonte, jener Generation an, „die seit etwa 1862, nach der Gründung der tschechischen ‚Sokolbewegung', die Lösung einzelner Kreise der tschechischen bürgerlichen Gesellschaft aus gemeinsamen Einrichtungen erlebte und vor allem in Prag den Ausbau eines eigenen tschechischen Vereinslebens im kuturellen, eigener Körperschaften im wirtschaftlichen Leben vor Augen hatte". Charakteristisch für diese Gründergeneration — z. B. Schlesinger, Pickert, Wiechovsky — war ein „enges Verquicken der Vertretung [liberal-] nationaler Aufgaben und Rechte mit einer wissenschaftlichen Geschichtsschreibung" [7].

Das Prager deutsche Vereinswesen wurde, was die Sozialstruktur [8] betrifft,

---

[3] *Stölzl*, Christoph: Die Ära Bach in Böhmen. Sozialgeschichtliche Studien zum Neoabsolutismus 1849—1859. München-Wien 1971 (Veröff. des Collegium Carolinum 26).
[4] Vgl. oben den Beitrag von Peter Burian S. 39—51, hier 41 ff.
[5] *Cohen* 1981, Kap. 2: A German Community Emerges, 1861—1879 (52—85).
[6] *Ebenda* 63 f.
[7] *Oberdorffer* 1962, 18.
[8] *Cohen* 1981, 73 ff.

von der bürgerlichen Mittelschicht (Besitz und Bildung) beherrscht, wobei insbesondere auch das Kleinbürgertum, wie kleine Kaufleute, Angestellte etc., stark vertreten war. Man findet in den deutschen Vereinen kaum Aristokraten — allenfalls bei festlichen Gelegenheiten — und keine Industriearbeiter oder Arbeiter der Handwerksbetriebe. In den deutschen Vereinen — eine Ausnahme waren die Turnvereine — mußte man im allgemeinen nicht nur deutsch, sondern auch bürgerlich sein. Demgegenüber hatten die entsprechenden tschechischen Zusammenschlüsse eine sehr viel breitere Basis.

Eine weitere Besonderheit des Prager deutschen Vereinslebens ist, wie Cohen besonders präzise herausgearbeitet hat, das starke jüdische Element [9]. Die große Mehrheit der Prager Juden übernahm im Zuge ihrer Emanzipation die Sprache und Kultur des deutsch-österreichischen Mittelstandes. Ihr Anteil im Deutschen Casino lag 1879/80 bei 38 und 1898/99 bei 45 Prozent, was in etwa dem Anteil der deutschen Juden Prags an der deutschsprachigen Prager Bevölkerung entsprach. Dementsprechend verwarf die liberale Partei jeglichen Antisemitismus bis in die späten achtziger Jahre [10].

Seit 1879 expandierte das Vereinswesen in Prag aufgrund der veränderten politischen Lage. Ein Jahrzehnt vor dem Ersten Weltkrieg gab es, wie Ottokar Weber berichtete [11], in Prag über 300 deutsche Vereine. Den deutschen Liberalen entstand ein neuer Gegner in den deutsch-völkischen Schutzvereinen (Deutscher Schulverein, Böhmerwaldbund) [12].

Die beherrschende Figur des deutschen politischen und gesellschaftlichen Lebens in Prag war Landesadvokat Dr. Franz Schmeykal, bis zu seinem Tode 1894 Präsident des Casinos und des Deutschen Vereins und selbstverständlich auch Mitglied des Vereins für Geschichte der Deutschen in Böhmen.

Der deutsch-historische Verein ist in mehrfacher Hinsicht ein Prager Verein. Er hat seinen Sitz in Prag und steht seit seiner Gründung in Verbindung mit Universitätslehrern und Studenten. In Prag erscheinen seine „Mitteilungen", dort befinden sich die Bücherei und die Sammlungen. In den frühen Jahren wohnen fast ein Viertel seiner Mitglieder in der böhmischen Hauptstadt, später sind es knapp 20 Prozent [13]. Im übrigen aber stammen seine Mitglieder aus ganz Böhmen, aus Mähren und Schlesien und der übrigen Monarchie (oder sind dort tätig). Insofern ist der deutsch-historische Verein sehr viel mehr als nur ein Prager Verein, wenn auch Prag sein Geburtsort war.

Die Idee einer solchen Vereinsgründung geht auf drei Prager Studenten — Ludwig Schlesinger, Julius Lippert und Alexander Wiechovsky — zurück (Mai 1861) [14]. In das provisorische Komitee zur Gründung eines „Vereins zur Erforschung der Geschichte der Deutschböhmen" wurden drei weitere Kommilitonen aufgenommen:

---

[9] *Ebenda* 80 ff.
[10] *Ebenda* 160 ff. und 177 f.
[11] *Weber* 1923, 11.
[12] Vgl. oben Burian S. 48 ff.
[13] Siehe unten Tabelle: Regionale Verteilung der Vereinsmitglieder (S. 192).
[14] *Weber* 1923, 10 f. — *Pirchan* 1923, 70 f. — *Oberdorffer* 1962, 10 ff. — MVGDB 1/1 (1862/63).

Hallwich, Kohl und Karl Pickert [15]. Unterstützung fanden sie bei ihren akademischen Lehrern, dem Philosophen Wilhelm Volkmann, dem Juristen Aloys Brinz und dem Historiker Konstantin von Höfler, bei letzterem nach einigem Zögern, da er zu eben dieser Zeit zusammen mit Prof. Schulte die Gründung eines Vereins für böhmische Kirchengeschichte ins Auge faßte. Die Gründungsversammlung fand — nachdem der Statutenentwurf von der Statthalterei die Bestätigung erhalten hatte — am 27. Mai im Prüfungssaal des Klementinums unter dem Vorsitz des Landesadvokaten Dr. Franz Pelzel statt. Die Festrede hielt Höfler. Im Juni 1862 hatte der Verein bereits 201, im Juli knapp 1000 Mitglieder. Neben Prag waren vor allem Leitmeritz, Trautenau, Kaaden, Brüx, Böhmisch-Leipa, Tetschen, Pilsen, Reichenberg und Eger vertreten.

Der Zweck des Vereins ist in den Statuten kurz und bündig umschrieben:

§ 1. Dieser Verein hat zum Zwecke die Aufhellung der Geschichte der Deutschen in Böhmen und Verbreitung der Kenntniß derselben, sowie die Sammlung und Erhaltung der bezüglichen Quellen [16].

Dagegen kamen in Höflers Festrede ganz andere Vorstellungen zum Ausdruck. Er knüpfte an den alten Reichsgedanken an, den er mit der österreichischen Staatsidee und der Forderung nach Erneuerung der böhmischen Krone verband: „der Vereinsgedanke sollte" — wie G. Pirchan 60 Jahre später schrieb — „seiner tiefsten Wirkung nach jener großen gemeindeutschen Zukunft dienen, wie Höflers Sinn sie erträumte. Er sah im Geiste ein vom katholischen Hause Habsburg wiederaufgerichtetes, das Erbe Karls IV. erneuerndes Kaiserreich [...]" [17]. Diese „Traumbilder" [18] des großdeutschen Romantikers dürften ein Grund dafür gewesen sein, daß nicht Höfler, sondern der Prager Landesadvokat Franz Pelzel als erster Präsident an die Spitze des Vereins trat. Höfler wurde sein Stellvertreter. Als Schriftleiter der „Mitteilungen" gewann der Verein Anton Schmalfuß, der schon 1851 mit seiner Schrift über „Die Deutschen in Böhmen" hervorgetreten war [19]. Geschäftsleiter wurde Alexander Wiechovsky.

Die führende Persönlichkeit der ersten Jahre war — wenn auch nicht unbestritten — Konstantin von Höfler [20]. Der stellvertretende Präsident war zugleich der Vorsitzende der Sektion für allgemeine Landesgeschichte und er redigierte die auf seinen Vorschlag hin geschaffene Literarische Beilage der „Mitteilungen". Dort, in den „Mitteilungen", suchte er den Einfluß aktueller politischer — kleindeutscher, großdeutscher, föderalistischer — Strömungen zurückzudämmen, indem

[15] Biographische Angaben finden sich in: Biographisches Lexikon zur Geschichte der böhmischen Länder. Bd. I und II (A—M). Hrsg. im Auftrag des Collegium Carolinum v. H. *Sturm*. München 1979/84. Bd. III, Lfg. 1 (N—Ob.). Hrsg. v. F. *Seibt*, H. *Lemberg* und H. *Slapnicka*. München 1985. — Soweit die Personen dort noch nicht vorkommen: Biographische Sammlung des Collegium Carolinum.

[16] MVGDB 1/1 (1862/63) 13.

[17] *Pirchan* 1923, 76.

[18] *Ebenda* 77.

[19] *Schmalfuß*, F. Anton: Die Deutschen in Böhmen, geschildert in geographisch-statistischer, staatswirtschaftlicher, volkstümlicher und geschichtlicher Beziehung. Prag 1851. — Dazu *Wostry*, Wilhelm: Das erste Heimatbuch der Deutschböhmen. Sudetendeutsches Jahrbuch (Eger 1929) 12—25. — *Neumüller*: Geschichtsschreibung 1971, 449.

[20] *Pirchan* 1923, 78 ff.

er überhaupt politische Artikel entschieden ablehnte. Dabei machte er selbst aus seinen großdeutsch-östereichischen Idealen keinen Hehl.

Die junge Generation dagegen vertrat die Forderung nach deutschböhmischer Geschichte und wurde darin von Pelzel unterstützt. Der Gegensatz zwischen ihr und Höfler war einerseits politisch begründet — im Widerspruch zwischen Höflers Idealen und dem politischen Engagement der Jüngeren für die liberale Partei —, andererseits war es ein Gegensatz zwischen den wissenschaftlichen Prinzipien der Hochschule und den bürgerlich-liberalen Idealen der Volksbildung und Volkserziehung. Es ist bezeichnend, daß Julius Lippert sich 1868 angesichts des Streites zwischen Höfler und Palacký dagegen verwahrte, daß letzterer die Mitarbeiter der „Mitteilungen" zur „Schule Höfler" zählte [21].

Der Konflikt konnte nicht ausbleiben. Als Höfler im Mai 1865 einmal mehr eine großdeutsch-katholische Bekenntnisrede hielt, wurde in der Vereinsleitung schärfster Widerspruch laut. Höfler gab daraufhin die Leitung der Literarischen Beilage, deren umfangreiche Besprechungen zur allgemeinen und gesamtösterreichischen Geschichte ebenfalls kritisiert wurden, ab. 1870 zog er sich auch vom Vorstand zurück und hat daraufhin 17 Jahre lang nichts mehr für die „Mitteilungen" geschrieben. Bei der Feier zum 25jährigen Bestehen des Vereins für Geschichte der Deutschen in Böhmen wurde Höfler zum Ehrenmitglied des Vereins gewählt. Karl Pickert, einer der Initiatoren des Vereins, pries diesen zum zehnjährigen Gründungsfest „als Pflegestätte echt deutschen und freiheitlichen Sinnes, entgegen allen klerikalen und sonstigen reaktionären Bestrebungen, die eine Zeit lang, jedoch vergebens, innerhalb seines Gebietes einen Tummelplatz suchten" [22].

Damit war deutlich zum Ausdruck gebracht, welche politischen Strömungen im Verein vorherrschten. Daß Geschichtswissenschaft politisch, ja selbst tagespolitisch wirksam zu sein habe, das war im Zeitalter der nationalen Emanzipation in allen „Lagern" eine Selbstverständlichkeit. Umgekehrt, so Pirchan, „galt die Tätigkeit im Geschichtsverein als die beste Empfehlung für ein erfolgreiches Wirken auf dem Gebiete der Tagespolitik [...]" [23]. Die Gründer des Vereins — Schlesinger, Lippert, Pickert, Hallwich — vertraten im Landtag und im Wiener Reichsrat deutschböhmische Wahlkreise. Politisches Wirken, Lehrbetätigung, historische Forschung und Vereinsarbeit gingen bei den führenden Liberalen Deutschböhmens recht oft Hand in Hand. So gab Karl Pickert die unter der Landbevölkerung sehr verbreitete Deutsche Volkszeitung heraus. Lippert [24] engagierte sich in der Volksbildung und war mehrere Jahre als Wanderlehrer unterwegs. Neben seinen streng wissenschaftlichen Arbeiten, mit denen er wie im Falle der „Socialgeschichte Böhmens" (2 Bde. 1896/98) bei seinen deutschböhmischen Kollegen nicht die gebührende

---

[21] *Schlesinger*, L. / *Lippert*, J.: Würdigung der Angriffe des Dr. Franz Palacký auf die Mittheilungen des Vereines für Geschichte der Deutschen in Böhmen. I. II. Sonderdruck aus der literarischen Beilage der MVGDB 6 (1868) Heft 7.

[22] *Pirchan* 1923, 99.

[23] *Ebenda* 98.

[24] Vgl. *Seibt*, F.: In memoriam Julius Lippert. BohJb 10 (1969) 424—429. — Lippert spielte eine führende Rolle im Deutschen Verein zur Verbreitung gemeinnütziger Kenntnisse (Prag), in dem auch Schlesinger, Pickert, G. Laube und A. Wiechovsky aktiv mitarbeiteten. Vgl. oben Robert R. Luft S. 139 ff.

Anerkennung errang, verfaßte er populärwissenschaftliche Darstellungen über die Religionen, die Geschichte des Priestertums und die Geschichte der Familie. Im Reichsrat, wo er seit 1889 saß, trat er insbesondere für die Volksschulgesetzreform ein. Er war 1871/72 und 1889—1898 Abgeordneter im böhmischen Landtag und — zugleich eine späte Ehrung — seit 1895 stellvertretender Oberstlandmarschall in Böhmen. Schlesinger, der eigentliche Initiator des deutsch-historischen Vereins, Schriftleiter der Mitteilungen seit 1870, Vizepräsident seit 1877 und Präsident seit 1892, wurde nach dem Tode Franz Schmeykals (1894) zum Vorsitzenden der liberalen Partei gewählt. Er verfaßte die vom Verein in Auftrag gegebene populäre „Geschichte Böhmens", deren erste Auflage (1869) in wenigen Monaten vergriffen war und die eindeutig deutschböhmisch-bürgerlich-liberalen politischen Bekenntnischarakter trug.

Die enge Verflechtung des Vereinslebens mit den nationalpolitischen Bestrebungen dieser Zeit kam ganz besonders in den Wanderversammlungen des Geschichtsvereins zum Ausdruck, die seit Ende der sechziger Jahre zunächst jährlich in einer Reihe deutschböhmischer Städte — Leitmeritz, Trautenau, Leipa, Teplitz, Karlsbad, Warnsdorf, Krumau, Eger, Brüx, Saaz, Aussig — stattfanden und die das erklärte Ziel hatten, den Zusammenhang des in Prag residierenden Vereins mit den Deutschen in ganz Böhmen zu pflegen. An diesen Versammlungen nahmen immer wieder liberale Abgeordnete teil, die, wenn auch nicht bei den Vorträgen, so doch „bei den feuchtfröhlichen Sitzungen, die der Wissenschaft folgten, das Wort ergriffen" [25]. Die Wanderversammlungen der siebziger Jahre waren so sehr politische Kundgebungen, daß Ernst von Plener in seinen Erinnerungen im Zusammenhang mit der Egerer Versammlung (1879) von einem deutschböhmischen Parteitag sprach [26]. Auf die Brüxer Versammlung von 1881 folgte eine längere Pause, die mit den neuen parteipolitischen Gegensätzen, welche man nicht in der Öffentlichkeit demonstrieren wollte, zusammenhing. Unter diesen Umständen litt auch die wissenschaftliche Arbeit des Vereins, es war, wie O. Weber 1922 rückblickend feststellte, „doch eine Zeit, in der verhältnismäßig am wenigsten geleistet wurde während der 60jährigen Lebenszeit des Vereines" [27]. Die Wiederaufnahme der Wanderversammlungen in Saaz 1895 und Aussig 1896 war auch ein Zeichen für eine vorübergehende Stärkung der Deutschliberalen. Zugleich ist aber, im ausgehenden 19. Jahrhundert, der beginnende Rückzug des Vereins aus der Öffentlichkeit und die Wendung zu stiller, politisch unbelasteter und daher auch stärker wissenschaftlicher Forschungsarbeit festzustellen [28].

In den Wanderversammlungen hat sich der politische Charakter des Vereins am deutlichsten manifestiert. Dort feierte man die leitenden Männer des Geschichtsvereins „als Streiter für Freiheit und Fortschritt, für Verfassung und Wahlreform" und forderte sie auf, politische Vereine in den Landstädten zu gründen [29]. Eine solche Einstellung hatte natürlich auch eine ausschließende Wirkung. Man verlor

---

[25] *Weber* 1923, 16.
[26] *Ebenda.*
[27] *Ebenda* 23.
[28] *Ebenda* 25.
[29] *Pirchan* 1923, 100.

damit den Kontakt zu jenen Schichten, die ihre politische Heimat nicht in der liberalen Partei hatten, da sie anderen — z. B. klerikalen, später völkischen — Richtungen anhingen. Als die liberale Partei die Alleinherrschaft verlor, ging auch, seit Mitte der siebziger Jahre, die Zahl der Vereinsmitglieder zurück [30].

Die Beziehungen zur Universität waren angesichts der starken Politisierung des Vereins durchaus nicht ungetrübt, wie bereits am gespannten Verhältnis zwischen Prof. Höfler einerseits und der jungen Generation — vor allem Schlesinger und Lippert — andererseits deutlich gemacht wurde [31]. Der Deutschböhme Adolf Bachmann, der seit 1880 in Prag auf dem Lehrstuhl für österreichische Reichsgeschichte saß, wurde erst 1892 in den Ausschuß des deutsch-historischen Vereins gewählt. Er hat des öfteren Kritik an den „Mitteilungen" geübt: am Übergewicht der ortsgeschichtlichen Darstellungen und an der seiner Ansicht nach ungenügenden historischen Ausbildung der Mitarbeiter [32]. Als sich ab Mitte der neunziger Jahre (Badeni-Krise, Eintritt tschechischer Parteien in die Regierung, Niedergang der Liberalen) neue politische Konstellationen abzeichneten, kam es allmählich zu einem Wandel im Vorstand, wodurch sich auch das Verhältnis zur Universität änderte. Der Germanist Hans Lambel, seit 1890 stellvertretender Obmann, übernahm 1911 das Amt des Obmanns, das er bis 1919 innehatte. Die Schriftleitung kam 1899 in die Hände von Ottokar Weber, Professor für neuere Geschichte; ihm stand der Gymnasiallehrer Dr. Adalbert Horčička zur Seite. Der Verein bekam somit in seiner Spitze ein ganz anderes Gesicht: „Der Einfluß der Professoren brachte es mit sich, daß der Verein den Eindruck einer Institution der philosophischen Fakultät zu machen schien." [33]

II.

Die Statuten des Vereins wurden mit Allerhöchster Entschließung vom 16. April 1862 (mit einigen Ergänzungen und Änderungen, über die nichts Genaueres bekannt ist) genehmigt; die entsprechende Mitteilung erfolgte als „Gesuchserledigung" am 8. Mai durch den Vizepräsidenten Kellersperg [34].

Statuten des Vereines für Geschichte der Deutschen in Böhmen

Zweck

§ 1. Dieser Verein hat zum Zwecke die Aufhellung der Geschichte der Deutschen in Böhmen und Verbreitung der Kenntniß derselben, sowie die Sammlung und Erhaltung der bezüglichen Quellen.

---

[30] *Ebenda.*

[31] *Neumüller*, M.: Die deutsche philosophische Fakultät in Prag um 1882 und die Geschichtswissenschaft. In: Die Teilung der Prager Universität 1882 und die intellektuelle Desintegration in den böhmischen Ländern. Hrsg. v. F. *Seibt*. München 1984, 111—126, hier 121 ff.

[32] *Ebenda* 122. — *Bachmann*, Harald: Adolf Bachmann. Ein österreichischer Historiker und Politiker. München 1962, 68.

[33] *Oberdorffer* 1962, 20.

[34] MVGDB 1/1 (1862/63) 13—15.

Mittel

§ 2. Zur Erreichung dieses Zweckes wählt er folgende Mittel:

a) Versammlungen der Vereinsmitglieder,

b) Verkehr mit ähnlichen Vereinen des In- und Auslandes zum gegenseitigen Austausche bezüglicher Forschungen und Druckwerke,

c) Anlegung eines Archivs, eines Antiquariums und einer Bibliothek,

d) wissenschaftliche Vorlesungen; sofern diese öffentlich sein sollen, wird zur Veranstaltung derselben der Verein von Fall zu Fall die behördliche Bewilligung einholen und überhaupt alle für dergleichen Vorlesungen bestehenden allgemeinen Vorschriften beobachten,

e) Herausgabe einer periodischen Zeitschrift, welche nebst Nachrichten über innere Vereinsangelegenheiten, auch Aufsätze über einzelne Resultate der Forschung enthält,

f) besondere Herausgabe von Urkunden und größeren Werken.

Mitglieder

§ 3. Die Aufnahme der Mitglieder geschieht durch den Ausschuß, welcher durch Stimmenmehrheit darüber entscheidet. Jeder Unbescholtene darf aufgenommmen werden.

§ 4. Die Mitglieder sind: a) ordentliche, b) stiftende, c) Ehren-Mitglieder.

Pflichten und Rechte der Mitglieder

§ 5. Die ordentlichen Mitglieder haben die Pflicht, den in § 1. angegebenen Zweck des Vereines nach den im § 2. bezeichneten Mitteln zu fördern, und einen jährlichen Beitrag von 4 fl. österr. Währ. zu leisten.

§ 6. Die ordentlichen Mitglieder haben das Recht:

a) bei den allgemeinen Versammlungen zu stimmen,
b) Anträge zu stellen,
c) in den Ausschuß gewählt zu werden,
d) die Hilfsmittel des Vereines zu benützen,
e) Einsicht zu nehmen in die Vereinsverwaltung,
f) Gäste einzuführen.

§ 7. Stiftende Mitglieder sind jene, welche einen Betrag von 100 fl. öst. W. dem Vereine schenken. Diese haben dieselben Rechte wie die ordentlichen Mitglieder.

§ 8. Zu Ehrenmitgliedern werden auf Vorschlag durch Majorität der General-Versammlung Männer gewählt, welche sich auf dem Gebiete der Geschichte Verdienste erworben haben. Die Wahl von Ausländern zu Ehrenmitgliedern ist der Genehmigung der k. k. Statthalterei zu unterziehen.

§ 9. Mitglieder, welche der Aufforderung zur Leistung ihres Jahresbeitrages nicht nachkommen, werden als ausgetreten betrachtet. Über den Ausschluß eines Mitgliedes entscheidet die Generalversammlung.

Leitung des Vereines

§ 10. Zur Leitung des Vereines, zur Vertretung seiner Rechte nach Außen und zur Ausführung der von dem Vereine gefassten Beschlüsse werden von der Generalversammlung alljährlich ein Präsident, ein Vicepräsident, welche beide großjährig sein müssen, und 5 Ausschußmitglieder gewählt. Der gesammte Ausschuß erwählt aus seiner Mitte den Schriftführer, Kassier und Hausverweser. Die Ämter des Bibliothekars, des Custos des Antiquariums und Custos des Archivs sind Ehrenämter und werden von der Generalversammlung verliehen.

§ 11. Dem Präsidenten steht die Oberaufsicht über die ganze Geschäftsführung und die Leitung der Vereinsverhandlungen zu. — Urkunden, durch welche der Verein Verpflichtungen auflegt oder Rechte für denselben erworben werden, Empfangsbestätigungen, Zahlungsanweisungen, Eingaben an Behörden und wichtigere Actenstücke überhaupt sind vom Präsidenten und demjenigen Ausschußmitgliede zu unterzeichnen, in dessen Geschäftskreis der Gegenstand gehört. — Im Verhinderungsfalle des Präsidenten übernimmt der Vicepräsident dessen Geschäfte.

Versammlungen

§ 12. Alle 14 Tage ist eine Sitzung des Ausschusses, jedes Vierteljahr eine Plenarversammlung. Der Präsident hat das Recht, den Ausschuß zu außerordentlichen Ausschußsitzungen und die Mitglieder zu wissenschaftlichen Versammlungen zusammen zu berufen. Eine außerordentliche Plenarversammlung kann durch Beschluß des Ausschusses stattfinden.

§ 13. Die durch öffentliche Einladungen in der „Prager Zeitung" zu berufende Generalversammlung fordert zur Beschlußfähigkeit die Anwesenheit von 20 Mitgliedern; ihr sind alle wichtigeren Fälle zur Entscheidung vorbehalten, insbesondere: Wahl des Präsidenten und der Ausschußmitglieder, Beschlüsse über allfällige Statutenänderungen, Auflösung des Vereines, wichtigere Vermögensangelegenheiten, Entscheidung über Streitigkeiten, die aus den Vereinsverhältnissen entspringen. — Auswärtigen Mitgliedern ist es gestattet, ihre Anträge und Abstimmung bei Wahlen brieflich einzusenden. — Anträge wegen Auflösung des Vereines können nur durch ²/₃ Majorität sämmtlicher Mitglieder zum Beschlusse erhoben werden. — In allen anderen hier nicht angegebenen Fällen hat der Ausschuß das Recht der Entscheidung.

§ 14. Der Ausschuß ist der Plenarversammlung für die Vereinsverwaltung verantwortlich.

Auflösung des Vereines

§ 15. Im Falle der Auflösung des Vereines übergeht die Bibliothek, das Archiv und das Antiquarium an die k. k. Akademie der Wissenschaften in Wien. Eben derselben wird das aus dem übrigen Besitzthum des Vereines gelöste Capital mit der Bedingung übergeben, daß sie die Interessen davon zu Preisen für Abhandlungen über deutsche Geschichte, insbesondere über die Geschichte der Deutschen in Böhmen verwende.

In der Generalversammlung vom 17. Juni 1862 wurde dann beschlossen, den Ausschuß auf 10 Mitglieder zu erweitern und 5 Ersatzmänner zu wählen, welche Änderung von höchster Stelle genehmigt wurde [35]. Die Wahlen dieser Versammlung und die Ergänzungswahlen vom 2. Dezember ergaben folgende Zusammensetzung der Vereinsspitze:

Präsident	Franz *Pelzel*, J. U. Dr. und Landesadvokat,
Vizepräsdent	Konstantin *Höfler*, Ph. Dr. und k. k. Univ.-Professor,
Ausschußmitglieder	Anton *Banhans*, J. U. Dr., Josef *Bayer*, Prof. a. d. höh. Handelslehranstalt, Ludwig *Chevalier*, k. k. Gymn.-Professor, Rudolf *Haase*, J. U. Dr., Edmund *Konrad*, J. U. Dr. und Landesadvokat, Hermann *Marbach*, Fabrikant, Bern. *Scheinpflug*, Prof. a. d. k. k. d. Oberrealschule, Ludwig *Schlesinger*, Ph. Dr., Wilh. *Volkmann*, Phil. Dr. u. k. k. Univ.-Professor, Alexander *Wiechovsky*, Ph. Cand.,
Ersatzmänner	A. L. *Hickmann*, Statistiker, Franz *Klutschak*, Redakteur, Julius *Lippert*, Gymn.-Lehramtskandidat, P. Salesius *Mayer*, Th. Dr. und k. k. Univ.-Professor, Anton *Schmalfuß*, Redakteur,
Bibliothekar	Rudolf *Glaser*, Ph. Dr. und Scriptor a. d. k. k. Univ.-Bibliothek,
Kustos d. Antiquariums	Franz *Krause*, Historienmaler,
Kustos d. Archivs	Ludwig *Schlesinger* (s. oben).

In der ersten Ausschußsitzung vom 15. Dezember 1862 wurden schließlich die Stellen des Schriftführers (A. Wiechovsky), Kassiers (H. Marbach) und Hausverwesers (Prof. Scheinpflug) besetzt. Die Vereinskanzlei befand sich in der Brennte-gasse 96 [36].

Anfang 1863 werden in den „Mitteilungen" zum erstenmal Vertreter genannt, allerdings noch nicht unter diesem Namen: es sind Mitglieder, die es übernommen haben, „in jenen Orten, wo der Verein eine größere Anzahl von Mitgliedern hat, die Jahresbeiträge zu Händen des Vereins einzukassieren und die Vereinsschriften zu verteilen" [37]. Zu diesem Zeitpunkt gibt es bereits 30 Vertreter, 1869 sind es dann 55.

1864 tauchen im Ausschuß einige neue Namen auf, so Universitätsprofessor und Reichsrat Alois Brinz und der zum Gründungskomitee gehörende Hermann Hall-

---

[35] MVGDB 1/2 (1862/63) 46; 1/3 (1862/63) 43.
[36] MVGDB 1/3 (1862/63) 44.
[37] *Ebenda.*

wich; 1865 wurde ein anderer Initiator des Vereins, Karl Pickert, in den Ausschuß gewählt [38]. Nach dem Tod von Anton Schmalfuß (1865) übernahm Virgil Grohmann die Schriftleitung der Mitteilungen. Im folgenden Jahr starb der erste Präsident des Vereins Franz Pelzel [39]. Der aus der Generalversammlung vom 29. Mai 1867 hervorgegangene Ausschuß wählte daraufhin Landesprälaten Dr. Hieronymus Freiherr von Zeidler zum neuen Präsidenten und Prof. Höfler wieder zum Stellvertreter. Pickert wurde Geschäftsleiter, Grohmann als Redakteur der Vereinszeitschrift, Schlesinger als Kustos des Archivs bestätigt [40].

Nach dem Rückzug Höflers aus der Vereinsführung wählte der Ausschuß 1870 einen neuen Vorstand: mit Graf Edmund Hartig als Präsidenten und Wiechovsky als Stellvertreter [41]. Schlesinger wurde Redakteur der „Mitteilungen", die Literarische Beilage betreute jetzt Landesschulinspektor Karl Werner, der später von Gustav C. Laube abgelöst wurde. Ab Jahrgang 17 (1879) redigierte Schlesinger die Beilage selbst. Er war seit Juli 1877 auch Vizepräsident des Vereins, nachdem Wiechovsky seine Wiederwahl nicht angenommen hatte [42]. Als Schriftleiter der „Mitteilungen" und als Vizepräsident war Schlesinger über zwei Jahrzehnte die führende Gestalt des Vereins, wenngleich er erst 1892 als Obmann die Leitung offiziell übernahm. Die letzten drei Jahrzehnte des 19. Jahrhunderts können daher — wie Oberdorffer schrieb — zurecht als „Ära Ludwig Schlesingers" bezeichnet werden [42a].

Nach knapp einjährigem Bestehen legte der Vereinsausschuß im April 1863 eine Geschäftsordnung vor, die die näheren Bestimmungen über die Sektionen, die Plenarversammlungen und die Generalversammlungen enthielt [43]. Hierdurch wurden die §§ 12—14 der Statuten genauer geregelt.

Die Sektionen des Geschichtsvereins haben rein wissenschaftliche Aufgaben, wobei jedes Mitglied den Sitzungen beiwohnen und auch Anträge stellen kann. Stimmberechtigt sind aber nur die Mitglieder, die sich in die Sektion eingeschrieben haben. Der jeweilige Obmann, der die Sektion im Vereinsausschuß vertritt, sein Stellvertreter und der Schriftführer werden von der Sektion für die Dauer des Vereinsjahres gewählt.

Die Plenarversammlungen, die in der Regel vierteljährlich gehalten werden sollen, bestehen aus der Vereinigung aller Sektionen, ihre Tätigkeit ist also ebenfalls rein wissenschaftlich. Stimmberechtigt sind die eingeschriebenen Sektionsmitglieder. In der Plenarversammlung, die spätestens drei Tage vorher öffentlich (Presse) bekanntgegeben wird, berichten die Obmänner über die Tätigkeit der Sektionen.

Die Generalversammlungen finden in der Regel nur einmal, und zwar am Schluß des Vereinsjahres statt. Sie werden drei Wochen zuvor angezeigt, das Programm

---

[38] MVGDB 3 (1865) 30 f.; 4 (1866) 30 f.

[39] Nachruf in MVGDB 5 (1867) 37. — Lebenslauf: MVGDB 7 (1869) 166—173. — Pelzel starb am 28. 10. 1866.

[40] MVGDB 6 (1868) 67.

[41] MVGDB 9 (1871) 62.

[42] MVGDB 16 (1878) 8.

[42a] *Oberdorffer* 1962, 16.

[43] MVGDB 1/4 (1862/63) 42 f.

wird acht Tage vorher veröffentlicht. Auf den Generalversammlungen wird ein wissenschaftlicher Vortrag gehalten.

Den Generalversammlungen sind folgende Aufgaben und Kompetenzen vorbehalten:

a) Wahl des Präsidenten, des Vizepräsidenten, der Ausschußmitglieder und Ersatzmänner sowie des Bibliothekars, Antiquars und Archivars;
b) Prüfung und Genehmigung der Vereinsausgaben;
c) Entscheidung über Streitigkeiten in Vereinsangelegenheiten, die nicht durch den Ausschuß geregelt werden;
d) Änderung der Statuten und etwaige Auflösung des Vereins.

Die Generalversammlung ist beschlußfähig, wenn mindestens 20 Mitglieder an ihr teilnehmen. Alle anwesenden Mitglieder sind stimmberechtigt. Auswärtige können für die oben genannten Wahlgänge ihre Stimme schriftlich einreichen. Die Auflösung des Vereins kann nur mit Zweidrittelmehrheit aller eingeschriebenen Vereinsmitglieder beschlossen werden.

Der Ausschuß ist der Generalversammlung für die Vereinsleitung und Vermögensgebarung verantwortlich. Er hat daher der Generalversammlung, die aus ihrer Mitte drei Revisoren wählt, den Geschäftsbericht und den Vermögensausweis vorzulegen.

Die vom Ausschuß erarbeitete Geschäftsordnung schließt mit einer etwas kurios anmutenden Redebeschränkung, mit der offensichtlich allzu langen Rededuellen ein Riegel vorgeschoben werden sollte:

Um über denselben Gegenstand in derselben Versammlung öfter als einmal zu sprechen, bedarf man der Genehmigung der Versammlung. Dem Antragsteller bleibt das Schlußwort vorbehalten.

Über die Generalversammlung wird in den „Mitteilungen" jährlich kurz berichtet. Dabei werden wichtige Beschlüsse sowie das von der Versammlung genehmigte Budget mitgeteilt. Es folgt das Resultat der Vorstandswahl (Präsident, Vizepräsident, Ausschußmitglieder, Ersatzmänner, Antiquar, Archivar, Bibliothekar) und der ersten Ausschußsitzung, in der die Ämter des Schriftführers, des Hausverwesers und des Kassiers vergeben werden. Ab 1867 wurden der Präsident und Vizepräsident nicht mehr direkt von der Generalversammlung, sondern vom neugewählten Ausschuß gewählt [44].

III.

In den ersten Jahren — den „Flitterwochen der Vereinstätigkeit" (Ottokar Weber) — stiegen die Mitgliederzahlen in einem Maße, das schon fast an eine geometrische Progression erinnert: die erste Liste vom Juni 1862 enthielt 201 Namen, die Juliliste 988. 1863 zählte der Verein doppelt soviel (1874), zehn Jahre

---

[44] MVGDB 6 (1868) 67.

später erreichte er seinen Höhepunkt mit 2020 Mitgliedern. Danach ist ein Rückgang zu verzeichnen, der auch mit einer Überprüfung und Berichtigung der Mitgliederlisten zusammenhängt [45]. Von der Mitte der siebziger bis Mitte der achtziger Jahre pendelt sich der Stand um 1600 ein, im Jahrzehnt von 1893 bis 1903 hat der Verein nur noch an die 900 Mitglieder, seinen Tiefstand erreicht er im Ersten Weltkrieg (1917) mit 823 Mitgliedern [46].

Die führende Stellung der Prager Deutschen im Verein wird zunächst dadurch deutlich, daß von den 18 stiftenden Mitgliedern des ersten Mitgliederverzeichnisses 16 Prag als Wohnort angaben. Unter ihnen war auch der erste Präsident des Vereins Dr. Franz Pelzel. Die beiden Nicht-Prager waren Reichsrat Johann Liebig aus Reichenberg und Landesprälat Johann Nepomuk Rotter, Abt von St. Margareth und Braunau/Břevnov [47]. Von den ersten rund tausend Mitgliedern (Juni 1862) entfielen auf Prag allein 373, das sind ca. 38 Prozent. Es folgten Leitmeritz mit 97 Mitgliedern (10 %), Trautenau mit 59 (6 %) und Kaaden mit 50 (5 %). In Prag war damit das Reservoir fast erschöpft, bis April 1863 konnte man nur noch einen Zuwachs von 56 Mitgliedern verbuchen. Durch den stärkeren Zulauf aus anderen Orten bzw. durch eine allmählich breitere Streuung der Mitglieder ging, wie die Tabelle [48] zeigt, der prozentuale Anteil Prags zurück und pendelte sich in den ersten Jahren um 23—24 Prozent ein. 1876 ist dann bereits ein allgemeiner Rückgang zu verzeichnen (gegenüber 1863 um 10,3 %), von dem Prag aber besonders betroffen ist (28,2 %), so daß der Anteil der Hauptstadt auf 18,5 Prozent der Gesamtmitgliederzahl sinkt. In den folgenden 15 Jahren bis 1890 nimmt die Mitgliederzahl in Prag wie auch im Gesamtverein noch einmal um 19—20 Prozent ab.

Diese Beobachtungen lassen sich auf weitere wichtige Vereinszentren ausdehnen. Beim Vergleich der Spalten I (Juni 1862) und II (Oktober 1862) der Tabelle zeigt sich erwartungsgemäß, daß in diesen ersten Monaten nach der Vereinsgründung die Phase des spontanen Beitritts noch anhält, so daß ein Ort wie Budweis, der im

[45] MVGDB 15 (1877) 2: „Der Ausschuß glaubte nämlich, in den Mitgliederlisten endlich einmal alle diejenigen Namen streichen lassen zu sollen, deren Träger mitunter Jahre lang die Vereinsschriften annahmen, ohne jetzt, wo sie um die endliche Begleichung ihrer Jahresbeiträge freundlich ersucht wurden, ehrenhafter Weise dieselben auch zu bezahlen."

[46] *Weber* 1923, 11.

[47] MVGDB 1/1 (1862/63) 15.

[48] Die Werte in der Tabelle sind aus folgenden Übersichten entnommen bzw. ermittelt: Zahlenangabe der Mitglieder nach Orten (6. 7. 1862), MVGDB 1/1 (1862/63) 41 f. — Mitgliederzahl nach Orten (22. 10. 1862), MVGDB 1/2 (1862/63) 43. — Mitgliederzahl nach Orten (30. 4. 1863), MVGDB 1/4 (1862/63) 45. — Verzeichnis der Mitglieder (1. 8. 1876), MVGDB 15 (1877) 10—37. — Mitglieder-Verzeichnis des Vereins für Geschichte der Deutschen in Böhmen. 1890 (31. 1. 1890). 28 S. (dem 29. Jahrgang der MVGDB 1891 beigebunden — Bibliothek des Collegium Carolinum).
Bei den in der Tabelle angegebenen Zahlen, insbesondere bei den Ab- und Zunahmen ist zu beachten, daß die Vereinsstruktur in der Provinz — vor allem bei kleineren Orten — durch Zusammenlegungen bzw. Abspaltungen von Ortsgruppen, Bildung größerer Gemeinden etc. Schwankungen unterworfen war, die sich natürlich in den Mitgliederzahlen niederschlagen. Insofern sind die Zahlen nicht unproblematisch und müßten im einzelnen genauer untersucht und interpretiert werden.

Tabelle: Regionale Verteilung der Vereinsmitglieder 1862—1890

	I. 6. Juli 1862 (988 Mtgl.)		II. 22. Oktober 1862 (1686 Mtgl.)			III. 30. April 1863 (1853 Mtgl.)			IV. 1. August 1876 (1663 Mtgl.)			V. 31. Januar 1890 (1342 Mtgl.)		
	Ort	Zahl	Ort	Zahl	(Zu-/Abnahme)	Ort	Zahl	(Zu-/Abnahme)	Ort	Zahl	(Zu-/Abnahme)	Ort	Zahl	(Zu-/Abnahme)
1	Prag	373	Prag	394	(+ 21)	Prag	429	(+ 35)	Prag	308	(—121)	Prag	247	(— 73)
2	Leitmeritz	97	Leitmeritz	101	(+ 4)	Reichenberg	99	(+ 7)	Reichenberg	87	(— 12)	Wien	66	(— 15)
3	Trautenau	59	Reichenberg	92	(+ 69)	Leitmeritz	98	(— 3)	Wien	75	(+ 30)	Reichenberg	57	(— 30)
4	Kaaden	50	Trautenau	81	(+ 22)	Trautenau	83	(+ 2)	Teplitz	53	(+ 29)	Saaz	48	(+ 24)
5	Brüx	41	Budweis	76	(+ 76)	Budweis	77	(+ 1)	Trautenau	42	(— 41)	Trautenau	30	(— 12)
6	B.-Leipa	30	Kaaden	57	(+ 7)	Kaaden	57	(—)	Budweis	35	(— 42)	Budweis	30	(— 5)
7	Tetschen	29	Lobositz	53	(+ 39)	Lobositz	54	(+ 1)	Steinschönau	35	(+ 17)	Teplitz	29	(— 24)
8	Pilsen	24	Wien	53	(+ 37)	Karlsbad	52	(+ 10)	Leitmeritz	32	(— 66)	Brüx	27	(— 5)
9	Reichenberg	23	Brüx	44	(+ 3)	Wien	45	(— 8)	Aussig	32	(+ 11)	Karlsbad	24	(— 2)
10	Schönlinde	21	Karlsbad	42	(+ 40)	Brüx	44	(—)	Brüx	32	(— 12)	Tetschen	22	(— 7)
11	Eger	17	Landskron	39	(+ 36)	Landskron	37	(— 2)	Tetschen	29	(+ 1)	Tannwald	22	(+ 4)
12	Arnau	17	B.-Leipa	31	(+ 1)	B.-Leipa	33	(+ 2)	Pilsen	29	(+ 1)	Leitmeritz	21	(— 11)
13	Wien	16	Saaz	30	(+ 28)	Saaz	31	(+ 1)	Friedland	29	(+ 20)	Braunau	20	(+ 7)
14	Aussig	15	Tetschen	28	(— 1)	Tetschen	28	(—)	Karlsbad	26	(— 26)	B.-Leipa	19	(— 6)
15	Lobositz	14	Pilsen	26	(+ 2)	Pilsen	26	(—)	B.-Leipa	25	(— 8)	Aussig	19	(— 13)
16	Elbogen	13	Hohenelbe	26	(+ 26)	Hohenelbe	26	(—)	Saaz	24	(— 7)	Friedland	19	(— 10)
1—16	Zus.	839	Zus.	1073	(+234)	Zus.	1219	(+146)	Zus.	893	(—326)	Zus.	620	(—285)

Anteil Prags an der Gesamtmitgliederzahl

I. (1862) 37,8 %
II. (1862) 23,4 %
III. (1863) 23,2 %
IV. (1876) 18,5 %
V. (1890) 18,4 %

Gesamtrückgang 1863—1876:	190 (10,3 %)
Rückgang der ersten 16	326 (26,7 %)
Rückgang in Prag	121 (28,2 %)

Gesamtrückgang 1876—1890:	321 (19,2 %)
Rückgang der ersten 16	273 (30,6 %)
Rückgang in Prag	61 (19,8 %)

Juni noch gar nicht vertreten war, im Oktober gleich mit 76 Mitgiedern den fünften Rang einnimmt, bzw. Karlsbad, das zunächst nur zwei Mitglieder aufwies, jetzt mit 42 Eintragungen auf Platz 10 zu stehen kommt. Diese auffälligen Verschiebungen finden im folgenden (vgl. Spalte III, 1863) nicht mehr statt; ganz im Gegenteil: die Zahlen haben sich nun im Vergleich zur Gründungsphase stabilisiert. Durch den allgemeinen Rückgang und die Bereinigung der Mitgliederlisten geraten sie 1876 wieder durcheinander. Trautenau verlor fast die Hälfte seiner Vereinsmitglieder, Budweis sogar über die Hälfte und Leitmeritz, das dadurch von Platz 2 auf Platz 8 abrutscht, sogar gute 65 Prozent. Andere Orte legen im selben Zeitraum aber noch zu, wie z. B. Teplitz von 24 auf 53 Mitglieder, so daß es auf den vierten Rang vorrückt. Vergleicht man den Gesamtrückgang von 1863 bis 1876 (10,3 %) mit dem der jeweils ersten 16 Orte (26,7 %), so ergibt sich, daß der allgemeine Mitgliederschwund mit einer sehr viel breiteren Verteilung der Vereinsmitglieder über das ganze Land einherging.

Ein Blick auf die Zahlen von 1876 und 1890 bestätigt dies. Auch hier ist der Rückgang bei den ersten 16, also den mitgliederstärksten Orten (30,6 %) deutlich höher als der Gesamtrückgang (19,2 %). Insgesamt geht der Mitgliederanteil der 16 größten Ortsvereinigungen von 63—66 Prozent in der ersten Hälfte der sechziger Jahre auf 53,5 Prozent 1876 und nur noch 44,3 Prozent im Jahre 1890 zurück. Die Gesamtzahl der in den Verzeichnissen aufgeführten Orte entwickelt sich im selben Zeitraum wie folgt:

Zeitpunkt	Zahl der genannten Orte	Zahl der Ortsgruppen	Mitglieder pro Ort (pro Ortsgruppe)
Juli 1862	88	·	11,2
Okt. 1862	192	·	8,7
Apr. 1863	228	·	8,1
Aug. 1876	322	232	5,2 (7,2)
Jan. 1890	243	205	5,5 (6,5)

Eine Reihe von kleineren Gemeinden ist größeren Orten, die eine Ortsgruppe (mit Vertreter) bilden, angegliedert. So gehören 1890 zu Falkenau (Vertreter: Bürgermeister und Apotheker Eduard Janota) auch die Orte Davidsthal, Hartenberg, Reichenau, Veitsmühle und Zwodau mit jeweils einem Mitglied.

Anfang der achtziger Jahre fanden verstärkte Werbeaktionen statt, mit dem Ziel, deutschböhmische Gemeinden zum Eintritt in den Verein zu bewegen. So werden im Nachtrag vom 24. März 1881 zum Mitgliederverzeichnis folgende Gemeinden als Neuzugänge genannt: Gablonz, Karlsbad und Reichenberg als Stiftende Mitglieder sowie Arnau, Aussig, Böhmisch-Kamnitz, Braunau, Friedland, Gabel, Kaaden, Karbitz, Kratzau, Lobositz, Marienbad, Plan, Schluckenau, Tepl und Tetschen als Ordentliche Mitglieder. Bis zum August desselben Jahres treten bei: als Stiftendes Mitglied die Stadtgemeinde Teplitz und als Ordentliche Mitglieder die Gemeinden Auscha, Bodenbach, Elbogen, Görkau, Haida, Hohenelbe, Kladrau, Krumau, Schönlinde und Tachau [49]. Unter den Stiftenden Mitgliedern des Jahres 1890

[49] MVGDB 19 (1881) 327 f.; 20 (1882) 102 ff.

befinden sich auch die Bezirksvertretungen Gablonz, Lobositz, Saaz und Teplitz. In der Liste der Ordentlichen Mitglieder sind über 30 Orte lediglich durch die Bezirksvertretung bzw. den Bezirksausschuß, die Stadtgemeinde, das Gemeindeamt oder das Bürgermeisteramt vertreten.

So konnte der Mitgliederschwund seit Mitte der siebziger Jahre teilweise — zumindest in der Statistik — wieder aufgefangen und zugleich eine größere Präsenz des Vereins vor allem in kleineren Städten und Gemeinden erreicht werden. Von den 1342 Mitgliedern des Jahres 1890 sind:

Bezirksvertretungen und -ausschüsse	52
Stadtgemeinden	58
Gemeindeämter	20
Bürgermeisterämter	8

1876 waren erst 13 Stadtgemeinden im Verein als Mitglieder eingeschrieben. Geographisch gesehen überwiegen die nördlichen und westlichen deutschböhmischen Städte, wobei sich auch Einwohner kleinerer Orte wie Kaaden, Lobositz und Landskron besonders stark im Verein engagieren. Die Stellung von Reichenberg — in den sechziger und siebziger Jahren an zweiter Stelle hinter Prag — entspricht der Bedeutung dieser Stadt als größtem deutschen Zentrum und wichtigstem Industrieort des Landes. Auch gemischtsprachige Städte wie Budweis und deutsche Minderheiten überwiegend tschechischer Städte (Pilsen) waren im Verein vertreten. Bei der Mitgliederwerbung dürften persönliche Beziehungen oft eine wichtige Rolle gespielt haben, so bei Leitmeritz, wo Julius Lippert, einer der ersten Initiatoren des Vereins, seit 1863 als Gymnasiallehrer tätig war und eine Geschichte der Stadt verfaßte, die 1871 als Publikation des Vereins erschien.

Zu den Orten, die während des allgemeinen Rückgangs an Mitgliedern eine Zunahme verbuchen konnten, zählt insbesondere auch die Reichshauptstadt Wien, die sich damit vom achten bzw. neunten Rang (53 bzw. 45 Mitglieder 1862/63) auf die dritte Stelle vorschiebt (75 Mitglieder) und 1890 trotz eines Verlusts von 15 Mitgliedern sogar den zweiten Platz einnimmt. Dies dürfte nicht zuletzt darauf zurückzuführen sein, daß viele Vereinsmitglieder im Laufe ihrer beruflichen oder politischen Karriere nach Wien (Reichsrat, Verwaltung, Universität) gezogen sind.

Dasselbe gilt für alle anderen inner- oder außerhalb der Monarchie gelegenen Städte, die in den Verzeichnissen auftauchen, vor allem (nach dem Stand von 1876) die österreichischen Universitätsstädte Graz (5 Universitätsprofessoren, 2 Professoren der Technischen Hochschule und 3 Gymnasial- und Oberrealschulprofessoren), Innsbruck und Czernowitz (mit den Universitätsprofessoren Friedrich Kleinwächter und Johann Loserth). Ferner findet man Bozen, Brixen, Fünfkirchen sowie München (Universitätsprofessoren A. Brinz und A. Geyer), Zürich (W. Fiedler, Professor am Polytechnikum), Erlangen (Universitätsprofessor F. Makowiczka), Dresden (S. Ruge, Professor am Polytechnikum) und Berlin mit dem Gründungsmitglied Julius Lippert, der dort als Redakteur der Zeitschrift „Der Bildungsverein" tätig war.

Als Vereinsmitglied traten nicht nur Einzelpersonen, sondern auch — nach dem Stand von 1876 — insgesamt 46 Gemeinden, Institutionen und Organisationen auf, darunter die Stadtgemeinde Eger als Stiftendes Mitglied! Genannt seien als Beispiele: in Asch der Geselligkeits-Verein „Harmonie“, in Bodenbach der Fortbildungs-Verein „Eintracht“, in Böhmisch-Leipa das k. k. Obergymnasium, in Budweis die Bibliothek des k. k. deutschen Staatsgymnasiums und die der k. k. Lehrerbildungsanstalt, in Eger neben der Stadtgemeinde ein Lehrerverein und ein Turnverein und allein in Reichenberg, das mit 87 Mitgliedern hinter Prag an zweiter Stelle stand, der Lese- und Unterstützungs-Verein, die Altstädter Volksschul-Bibliothek, der Geselligkeits-Club, die Harmonie-Gesellschaft, der Industrielle Bildungsverein, der Kaufmännische Verein und der Lehrer-Verein! Dies wirft nicht nur ein Schlaglicht auf das Vereinswesen in Böhmen überhaupt, sondern speziell auch auf die oft intensiven Verbindungen der Vereine untereinander und auf die sozialen Schichten und beruflichen Gruppen, die in den Vereinen vertreten waren. Lediglich einmal (Rumburg) ist im deutsch-historischen Verein ein Arbeiter-Fortbildungs-Verein aufgeführt, und auch dieser dürfte von bildungsbürgerlichen Bemühungen getragen worden sein.

Für die 1876 im deutschen Geschichtsverein als Mitglieder aufgeführten Gemeinden, Institutionen, Vereine etc. ergibt sich folgende Verteilung:

Stadtgemeinden		13
Vereine		
Gesellige Vereine	10	
Bildungsvereine, Lesehallen	9	
Lehrervereine	9	
Turnvereine	1	
Konsumvereine	1	
andere	1	
insgesamt	31	31
Öffentliche und andere Einrichtungen		
Schulen	8	
Schulbibliotheken	2	
andere Bibliotheken	2	
Lehrkörper	2	
Klöster	1	
insgesamt	15	15
Summe		59

Schulen, Lehrkörper und Lehrervereine stellten zusammen 21 korporative Mitglieder, also über ein Drittel der insgesamt 59 nicht-persönlichen Mitglieder des Jahres 1876!

Zur Herkunft und beruflichen wie sozialen Gliederung der Einzelmitglieder können hier nur tendenzielle Aussagen gemacht werden bzw. einige Beispiele angeführt werden. Aufschlußreich ist die Herkunft der jungen Vereinsgründer, die überwiegend aus einfachen Verhältnissen stammten. Schlesinger wuchs in einer Handwerkerfamilie auf, Lippert und Wiechovsky kamen aus nordböhmischen Tuchmacher- bzw. Tuchschererfamilien. Aus nichtstädtischem Milieu kam von der Gründergeneration nur Karl Pickert, welcher der Sohn eines Landwirts war. Einer Bauernfamilie entstammte auch Anton Schmalfuß, der erste Schriftleiter der „Mitteilungen“ [50].

Die starke Vertretung des Lehrerberufs, die schon bei den Institutionen und Vereinen, die im deutschen Geschichtsverein Mitglieder waren, beobachtet werden konnte, zeigt sich ebenso bei den Vertretern des Vereins außerhalb Prags. Die erste Vertreterliste weist einen Reallehrer (Brüx), einen Haupt- und Gewerbeschuldirektor (Karlsbad), zwei Professoren an Oberrealschulen (Innsbruck, Reichenberg), einen Gymnasialdirektor (Komotau) und zwei Gymnasialprofessoren (Pilsen, Saaz) auf, das sind sieben von insgesamt 30 Vertretern (23,3 %) [51]. Ferner finden sich — nach einer Übersicht von 1869 — Hauptschullehrer, Bürgermeister, Stadträte, Post- und andere Beamte, Apotheker, Ärzte, Landesadvokaten und Notare, Gastwirte, Buchhändler, Ingenieure. Wenn Geistliche auftauchen, sind sie meist im Lehrberuf tätig [52].

Das Bild, das die Gesamtheit der Einzelmitglieder bietet, gleicht einem repräsentativen Querschnitt durch den bürgerlichen Mittelstand, wobei Lehrer (einschließlich Hochschulprofessoren), Amtsinhaber und Angestellte („Beamte“), Fabrikanten sowie Handel- und Gewerbetreibende überwiegen. Selbstverständlich spielt dabei die Sozialstruktur des jeweiligen Ortes eine erhebliche Rolle. In nebenstehender Tabelle sind daher außer den aus dem Jahrgang 15 (1877) der „Mitteilungen“ entnommenen Zahlen für den Gesamtverein zum Vergleich auch die von mir ermittelten Werte für Prag und Reichenberg eingetragen [53].

Erwartungsgemäß zeigt sich eine merkliche Differenzierung bei der Gruppe der Fabrikanten, Kaufleute und Gewerbsleute, wo der Anteil der Reichenberger Mitglieder mit 30,9 Prozent um 6 Punkte über dem Durchschnitt von 24,8 Prozent liegt. In Prag wird in dieser Dreiergruppe der weitaus geringere Anteil an Fabrikanten und Gewerbetreibenden durch die überdurchschnittliche Vertretung des Handels (16,9 %) wettgemacht. Über dem Durchschnitt liegen in Prag außerdem die Prozentanteile für Advokaten und Notare, Lehrer, Studenten, Ingenieure, Privatiers, Schriftsteller und Buchhändler, was durchaus dem Bild einer großen Hauptstadt entpricht. Auch Reichenberg weist einen überdurchschnittlichen Lehreranteil auf, was sicherlich mit der Größe und Bedeutung der Stadt zusammenhängt, hat aber dafür geringere Anteile an Advokaten/Notaren und „Beamten“.

---

50 *Oberdorffer* 1962, 11.

51 MVGDB 1/2 (1862/63) 14 f.

52 Mitglieder-Verzeichnis des Vereins für Geschichte der Deutschen in Böhmen. Geschlossen am 28. Mai 1869. 25 S. (dem 7. Jahrgang der MVGDB 1869 beigebunden — Bibliothek des Collegium Carolinum).

53 MVGDB 15 (1877) 2 und 10—37. — Die hier verwendete Berufsgruppeneinteilung ist aus der Übersicht der „Mitteilungen“ übernommen. Hochschulprofessoren wurden von mir unter der Gruppe „Lehrer“, nicht unter ihrer Fachrichtung (z. B. Arzt) aufgezählt. Wenn ein bürgerlicher Beruf und eine öffentliche Funktion vorliegt, wurde nach der letzteren zugeordnet. Unter privaten Beamten sind im heutigen Sinn Angestellte zu verstehen (z. B. Bankdirektor, Domänenverwalter etc.). Grundbesitzer habe ich nur dann als solche aufgenommen, wenn keine weitere Bezeichnung vorlag.

Tabelle: Berufliche Verteilung der Vereinsmitglieder im Jahre 1876

Berufsgruppe	Gesamtverein			Prag			Reichenberg		
Advokaten und Notare	135	8,1 %		39	12,7 %		6	6,9 %	
Ärzte und Apotheker	123	7,4 %		9	2,9 %		7	8,0 %	
Priester (ohne Lehrer)	61	3,7 %		5	1,6 %		2	2,3 %	
Lehrer (Hoch-, Mittel-, Volksschule)	288	17,4 %		63	20,5 %		18	20,7 %	
Studenten und Kandidaten	8	0,5 %		7	2,3 %		1	1,1 %	
Militärs	10	0,6 %		2	0,6 %		—	—	
Zivilingenieure	7	0,4 %		3	1,0 %		—	—	
Beamte (öff. und private)	366	22,1 %		68	22,1 %		16	18,4 %	
Fabrikanten	184	11,1 %		18	5,8 %		13	14,9 %	
Kaufleute	149	9,0 %	24,8 %	52	16,9 %	25,6 %	7	8,0 %	30,9 %
Gewerbsleute	78	4,7 %		9	2,9 %		7	8,0 %	
Großgrundbesitzer	36	2,2 %		4	1,3 %		—	—	
Kleingrundbesitzer	75	4,5 %							
Privatiers	18	1,1 %		11	3,6 %		—	—	
Künstler	17	1,0 %		3	1,0 %		—	—	
Schriftsteller, Buchhändler, -drucker	38	2,3 %		14	4,5 %		2	2,3 %	
Frauen	5	0,3 %		1	0,3 %		—	—	
Gemeinden	13	0,8 %		—	—		—	—	
Vereine und Anstalten	46	2,8 %		—	—		8	9,2 %	
Summe	1657	100,0 %		308	100,0 %		87	100,0 %	

Auffällig ist, daß die „Beamten“ in Prag keinen höheren Prozentsatz stellen als im Durchschnitt des Vereins (22,1 %). Diese Gruppe muß also auch in anderen Orten einen Anteil von über 20 Prozent und mehr haben, was auf den mittelständischen Honoratiorencharakter des Vereins im ganzen Land — nicht nur in Prag — hinweist.

IV.

Es ist der eigentliche Sinn eines Vereins, daß alle seine Mitglieder zu den Aufgaben beitragen, die in der Satzung niedergelegt sind. Um die Mitglieder zur Vereinsarbeit anzuregen und ihnen entsprechende Hinweise zu geben, erschien im zweiten Heft der „Mitteilungen“ vom November 1862 ein programmatischer Beitrag von Oberrealschulprofessor Bernard Scheinpflug: „Andeutungen über die Art, wie einzelne Mitglieder zweckmäßig für unseren Verein wirken können.“ [54] Scheinpflug nennt zwei Möglichkeiten, die Vereinszwecke zu fördern: Mitteilungen der Mitglieder und Beiträge für die Sammlungen (Geschenke).

An erster Stelle werden Mitteilungen zur deutschböhmischen Ortsgeschichte erbeten, und zwar durch Übermittlung von handschriftlichen Monographien (Ortsgeschichten und -chroniken) oder von Abschriften; als Beispiel wird ein Memorabilienbuch über Trautenau und eine handschriftliche Beschreibung des Städtchens Karbitz erwähnt — beide hatte der Verein bereits erhalten. Spezielles Interesse gilt den deutschen Sagen, soweit sie von literarischem oder historischem Wert sind. Gewünscht werden ferner biographische Notizen über das Leben und Wirken berühmter Deutscher in Böhmen. Scheinpflug weist besonders auch auf die Pfarrgedenkbücher und auf ihre Bedeutung für die Geschichte des Protestantismus und der Gegenreformation in Böhmen hin. Der Verein ist daran interessiert, Mitteilungen über Archive, ihren Inhalt und ihren Zustand, und auch Mitteilungen aus den Archiven zu erhalten. Darüber hinaus bittet er um Berichte über für die historische Forschung wichtige Vorkommnisse, d. h. vor allem über Funde wie Gräber, Münzen, Waffen und Baureste.

Hervorgehoben wird die Bedeutung der Dialekte für die Erforschung der Abstammung und Einwanderung der deutschen Bewohner Böhmens. Mitteilungen authentischer Dialektproben besonders aus alten Volksliedern werden daher vom Verein ebenso erbeten wie Aufzeichnungen von „Provinzialismen oder landschaftlicher Ausdrücke“, desgleichen Schriftproben aus vergangenen Jahrhunderten und insbesondere Inschriften von Gebäuden und Denkmälern, Kirchen und Grabsteinen. Schließlich wird auf das Interesse des Vereins an Gebräuchen und Festen, an Trachten und auch am Aberglauben hingewiesen.

Die Beiträge (Geschenke) zu den Sammlungen sollen dem Archiv, dem Antiquarium und der Bibliothek zugute kommen. Große Bedeutung wird einer Urkundensammlung beigemessen, wobei an Originale und Abschriften gedacht ist. Ferner will man eine Münz- und Medaillen- sowie eine Wappen- und Siegelsammlung aufbauen. In einer Antiquitätensammlung sollen alle weiteren Gegen-

---

[54] MVGDB 1/2 (1862/63) 15—25.

stände aus alter Zeit, die einen historischen oder Kunstwert haben, Platz finden. Auch Kunstsammlungen sollen mit Hilfe der Mitglieder entstehen, wobei nicht nur das Historische, sondern auch die Gegenwart der Nachwelt überliefert werden soll. Hingewiesen wird auf Ansichten von Städten, Burgen, Klöstern, Kirchen und anderen Gebäuden sowie auf Porträts berühmter Deutscher in Böhmen. Auch hier ist an die Dokumentation der Gegenwart gedacht: „Die gegenwärtig so sehr in Schwung gekommene Photographie scheint geeignet, auch in dieser Hinsicht eine nicht unwichtige Rolle zu spielen." [55]

Abschließend wird an die Autographen- und die Büchersammlung des Vereins erinnert. Die Bibliothek soll zweierlei Sammelgebiete haben: erstens Werke zur Geschichte Böhmens und über die wichtigsten Hilfswissenschaften, d. h. allgemeine Landesgeschichte, Kulturgeschichte einschließlich Religions-, Literatur-, Kunst- und Wirtschaftsgeschichte, Ortsgeschichte, Biographien, geographische Darstellungen, Beschreibung einzelner Städte, Burgen, Klöster und Baudenkmäler, numismatische und heraldische Abhandlungen u. a. m. — Werke also über Böhmen, insbesondere über die deutschen Bewohner und die von ihnen bewohnten Gebiete, ohne Rücksicht auf die Sprache, in der sie verfaßt worden sind (die bekannten tschechischen Historiker Palacký, Erben und Tomek werden ausdrücklich erwähnt). Zweitens soll die Bibliothek die Gesamtliteratur der Deutschen in Böhmen repräsentieren.

Einen Einblick in den Erfolg dieser Bemühungen des Vereins bieten — im Rahmen der geschäftlichen Mitteilungen — die ausführlichen „Verzeichnisse der Geschenke, welche dem Verein gemacht worden sind und für welche hiemit der geziemende Dank ausgesprochen wird". Die „Chronik der Geschenke", wie sie in späteren Heften der Vereinszeitschrift erscheint, zählt zum 11. Dezember 1868 bereits knapp 14 000 Nummern, größtenteils Bücher, Zeitschriften und Broschüren [56]. Der Verein weist in diesem Zusammenhang ausdrücklich auf seine Sammlung von Zeitungen hin und bittet um Vervollständigung [57].

Während der Vereinsausschuß sich vornehmlich administrativen Aufgaben widmete, fand die wissenschaftliche Arbeit des Vereins in den Sektionen ihren Niederschlag, deren monatliche Sitzungen im Oktober 1862 einsetzten [58]. Die Arbeitsgebiete des Vereins wurden auf vier Sektionen aufgeteilt:

1. Allgemeine Landesgeschichte — Obmann: Prof. Dr. K. Höfler; Stellvertreter: Prof. Dr. B. Scheinpflug; Schriftführer: Ph. Dr. H. Hallwich.
2. Rechtsgeschichte — Obmann: Prof. Dr. F. Schulte; Stellvertreter: J. U. Dr. F. Pelzel.
3. Sprache, Literatur, Kunst — Obmann: Prof. Dr. W. Volkmann; Stellvertreter: Prof. J. Bayer; Schriftführer: Ph. Dr. L. Schlesinger.

---

55 *Ebenda* 24.

56 Chronik der Geschenke (mit eigener Seitenzählung), Nr. 1—8 (dem 4. Jahrgang der MVGDB 1865/66 beigebunden) und Nr. 8—15 (dem 7. Jahrgang beigebunden — Bibliothek des Collegium Carolinum).

57 MVGDB 3 (1865) 192.

58 Vgl. die ersten Berichte über die Arbeit der Sektionen in MVGDB 1/3 (1862/63) 41—43; 1/4 (1862/63) 40 f.; 2 (1864) 28—30 und 128 f.

4. Geographie, Statistik, Gewerbe, Handel — Obmann: Prof. Dr. P. Mischler (dann Dr. A. Banhans); Stellvertreter: Prof. Th. Böhme; Schriftführer A. L. Hickmann.

In den Monatsversammlungen wurden wissenschaftliche Vorträge gehalten — vor allem Prof. Höfler tat sich hierin hervor — und es wurde über Publikationen, insbesondere auch über die Aufnahme von Beiträgen für die Vereinszeitschrift beraten. Anschließend debattierten die Teilnehmer über mündlich oder schriftlich eingereichte Anträge und Vorschläge [59]. In einzelnen Sektionen wurden alsbald Zettelkataloge (Literatur, Sachkataloge) angelegt, so für deutschböhmische Literatur in Sektion III und für den Bereich der vierten Sektion. Über die Tätigkeit der Sektionen erschienen in den „Mitteilungen" Kurzberichte.

Zu diesen Sektionen kam noch eine über Anthropologie dazu. In der Ausschußsitzung vom 17. Februar 1881 wurde beschlossen, die bisherigen Sektionen II und IV zu vereinigen zur neuen Sektion II für Rechts- und Wirtschaftsgeschichte, die sich auch sofort ein Programm zulegte [60]. Diese neue Sektion machte sich vor allem die Bekanntmachung und Bearbeitung wichtiger Rechtsquellen (Stadtbücher, Stadtprivilegien, Statuten und Stadtrechtsbücher, Weistümer, Dorfrechte und Dorfweistümer) und wirtschaftsgeschichtlicher Quellen (Urbare, Rechnungen, Wirtschaftsordnungen, Zunftstatuten) zur Aufgabe.

Zusätzlich bildete sich 1863 ein Komitee, das sich vornahm, die „Geschichte der deutschen Orte in Böhmen" planmäßig zu betreiben. In diesem Ausschuß fand sich die Gruppe der „Heimatforscher" — eine Bezeichnung, die erst später gebraucht wurde — zusammen. Es sind vor allem die Initiatoren des Vereins — Schlesinger, Lippert, Wiechovsky — sowie Anton Schmalfuß und Virgil Grohmann [61].

V.

Aus diesen Arbeitsgruppen gingen so zahlreiche wissenschaftliche Veröffentlichungen hervor, daß der Verein schlechthin zum Mittelpunkt der deutschböhmischen Geschichtsschreibung wurde. Auf diesem Gebiet wurde auch am meisten geleistet: „Als L. Schlesinger im Jahre 1899 im 61. Lebensjahr starb, hinterließ er einen Verein, der als Publikations-‚Institut' eine beachtliche Bibliothek zur böhmischen Landesgeschichte herausgegeben hatte." [62]

An erster Stelle standen die „Mitteilungen" selbst. Das erste Heft erschien bereits wenige Wochen nach der Vereinsgründung am 12. Juni 1862 mit einem Umfang von 42 Seiten. Der Redaktionsschluß des 4. Heftes und somit des 1. Jahrgangs war der 30. April 1863. Damit wurden die Jahrgänge der „Mitteilungen" an das Vereinsjahr angeglichen, das am 15. Mai begann. Dieser Rhytmus wurde beibehalten: Jahrgang 2 (1863/64), Jahrgang 3 (1864/65). Zitiert wird im allgemeinen meist nach dem Jahr, in dem der Jahrgang abgeschlossen wurde: also

[59] Vgl. oben S. 189 zur Geschäftsordnung.
[60] MVGDB 19 (1881) 326 f.
[61] *Oberdorffer* 1962, 13.
[62] *Ebenda* 18.

2 (1864), 3 (1865) usw. Ab dem 2. Jahrgang wurden die Jahrgänge durchpaginiert, die sog. Literarische Beilage, d. h. der Rezensions- und Anzeigenteil hatte eine eigene Seitenzählung.

In den ersten Jahren war die Anzahl der Hefte eines Jahrgangs recht unterschiedlich: der zweite und dritte Jahrgang hatte je 6 Hefte, Band 4 bestand aus 7 Heft, Band 5 wieder aus 6 und die Jahrgänge 7—9 aus jeweils 8 Heften, worunter allerdings auch Doppelnummern waren. Ab dem 14. Jahrgang bestehen die „Mitteilungen" dann einheitlich aus 4 Heften pro Jahr.

Nach dem Tod von Anton Schmalfuß (1. 6. 1865) übernahm Virgil Grohmann die Redaktion der „Mitteilungen", ab Jahrgang 8 (1869/70) dann Ludwig Schlesinger [63], der die Vereinszeitschrift bis 1890 betreute. Seine Nachfolger in der Schriftleitung wurden Gymnasialdirektor Dr. Biermann und der Historiker W. Hieke, der im Verein auch als Bücherwart fungierte. Ab 1899 wurde die Zeitschrift von Prof. Ottokar Weber — zusammen mit A. Horčička — redigiert.

Die Jahresbände wurden im Lauf der Zeit immer umfangreicher. Jahrgang 2 zählte 180 Seiten und 40 Seiten Beilage, Jahrgang 17 (1879) bereits 392 Seiten (ohne Beilage), Jahrgang 22 (1884) hatte als erster über 400 und Jahrgang 38 (1900) sogar 456 Seiten. Im Weltkrieg und in den ersten Nachkriegsjahren mußte der Umfang drastisch reduziert werden: der 61. Jahrgang von 1922/23 bestand nur mehr aus 4 Nummern in einem Heft, das ganze 128 Seiten zählte.

Die ersten Beiträge hatten oft programmatischen Charakter, wie etwa die Festrede Höflers anläßlich der Vereinsgründung, die freilich nicht im Sinne der Mehrheit der Vereinsgründer war [64]. Es erschien eine ganze Reihe von Aufsätzen über die Nationalitätenverhältnisse, das deutsche Element und die deutsche Sprache in Böhmen, wobei die enge Verquickung von historischem und politischem Interesse meist schon in den Titeln zum Ausdruck kommt. Als Beispiele seien hier zitiert:

A. L. Hickmann: Das deutsche Sprachgebiet in Böhmen. Jg. 1/1, S. 8—15.

K. Höfler: Was ist deutsch? Fragment einer größeren Abhandlung. Jg. 1/2, S. 16—22.

P. Felix: Über das Vordringen des deutschen Elementes bei Pilsen im 17. Jahrhundert. Jg. 1/4, S. 24—27.

W. Weber: Die Ausbreitung der deutschen Nationalität in Böhmen. Jg. 2, S. 1—16 und 50—63.

(ohne Verf.): Haben die Deutschen in Böhmen eine Geschichte? Jg. 2, S. 35—38.

A. S. (A. Schmalfuß): Die deutschen Bauern-Colonien in Böhmen und ihr Einfluß auf das Land und die Landwirtschaft. Jg. 2, S. 99—105.

K. Höfler: Über die historische Entwicklung des Nationalitätsprinzips. Jg. 2, S. 165—176.

A. S. (A. Schmalfuß): Das deutsche Städtewesen und sein politischer und socialer Einfluß auf Land und Volk in Böhmen und seinen Nachbarländern. Jg. 3, S. 1—22.

---

[63] Vgl. oben S. 189.

[64] MVGDB 1/1 (1862/63) 5—12.

W. Z. Ressel: Bemerkungen über die allmählige Gestaltung der Bevölkerungsverhältnisse Böhmens in nationaler Beziehung. Jg. 3, S. 69—82.

L. Schlesinger: Die Deutschböhmen und die přemyslidische Regierung. Jg. 5, S. 1—19 und 38—48.

J. Lippert: Die Čechisierung der böhmischen Städte im XV. Jahrhundert. Jg. 5, S. 174—195.

L. Schlesinger: Die Deutschböhmen und die Luxemburger. Jg. 6, S. 1—21 und 9, S. 97—102.

L. Schlesinger: Drangsale der deutschen Sprache in Böhmen (Vortrag auf der 3. Wanderversammlung in Böhmisch-Leipa am 5. 6. 1870). Jg. 9, S. 30—40.

K. Renner: Die Deutschen als Kulturträger im Osten (Vortrag auf der 5. Wanderversammlung in Karlsbad am 28./29. 9. 1872). Jg. 11, S. 129—134.

Vorträge wie der letzte entsprachen so ganz der deutsch-liberalen bzw. -nationalen Kulturträgertheorie und dem bürgerlichen Leistungsbilanzdenken, die mehr oder weniger in all diesen Beiträgen zum Tragen kommen. Einen ganz aktuellen Kommentar zur nationalen und zur Sprachenfrage lieferte

Joseph Winter: Das böhmische Sprachengesetz vom Jahre 1865. Jg. 6, S. 116—130, 173—184, 229—242.

Einen zweiten Schwerpunkt bildeten die Aufsätze zur — meist lokalen — Wirtschaftsgeschichte, so u. a.:

J. Ermer: Industrie des Braunauer Bezirkes. Jg. 2, S. 117—123.

L. Schlesinger: Zur Geschichte der Industrie in Oberleutensdorf. Jg. 3, S. 87—92 und 133—148.

J. A. Hegenbart: Zur Geschichte des böhmischen Glashandels. Jg. 4, S. 111—116 (mit einem Zusatz des Berichterstatters der Sektion).

K. Feistmantel: Die Industrie bei Radnitz. Jg. 5, S. 48—55.

J. Lippert: Notizen über das Brauwesen der böhmischen Städte im Mittelalter. Jg. 8, S. 43—50.

Von besonderem Interesse im Zusammenhang dieser Tagung und symptomatisch für das Interesse am Vereinswesen in dieser Zeit ist der Beitrag (mit Tabelle) von V. John: Zur Vereins-Statistik Böhmens. Jg. 7, S. 202—243 und 8, S. 144—207.

Eine dritte Themengruppe bilden die Abhandlungen zur Volkskunde in Böhmen, über das deutsche Volkslied, Bauernhochzeiten, Weihnachtsspiele, Sprachaltertümer, Sittenbilder und Bräuche wie z. B. das Pfingstreiten (Autoren u. a.: V. Grohmann, B. Scheinpflug, A. Thurnwald, J. Stocklöw, H. Gradl und E. Födisch). Eine Übersicht der Themenbereiche, die in den ersten 30 Jahrgängen vertreten sind, enthält das Inhaltsverzeichnis zu den Bänden 1—30 [65].

[65] Inhaltsverzeichnis zu den Mittheilungen des Vereines für Geschichte der Deutschen in Böhmen. Band I—XXX. Bearb. v. Ad. *Horčička*. Prag 1892. Dieses Verzeichnis ist nach Sach- und Themengruppen geordnet und mit einem Personenregister (Mitarbeiter) versehen. — Alphabetisch nach Autoren geordnet und mit einem Sachregister aus-

Dabei sind die Darstellungen zur böhmischen Geschichte („Bearbeitungen") wie folgt aufgeschlüsselt:

1. Rechts- und Verfassungsgeschichte			25
2. Urgeschichte			14
3. Landesgeschichte			66
a) früheres Mittelalter	—1306	19	
b) späteres Mittelalter	—1526	22	
c) Böhmen seit 1526		25	
4. Ortsgeschichte			72
5. Adel			15
6. Burgen			13
7. Kunst und Künstler			67
			272 Titel

Die Abhandlungen zur deutschen Sprache und Literatur umfassen 27 Titel.

Unter der Rubrik „Land und Leute" sind 151 Beiträge wie folgt aufgegliedert:

1. Ethnographie, Nationalität, Statistik	25
2. Mundartliches, Ortsnamen	14
3. Sagen	20
4. Sitte, Brauch, Aberglauben	46
5. Bodenproduktion, Industrie, Handel	46
	151 Titel

Außerdem enthalten die Bände 1—30 insgesamt 119 Quelleneditionen, 6 Arbeiten zu den Hilfswissenschaften, 35 Biographien und Nekrologe sowie 1306 Buchanzeigen und Besprechungen.

Hieraus ergeben sich die Schwerpunkte Landesgeschichte, Ortsgeschichte, Kunstgeschichte, Ethnographie und Volkskunde sowie der wirtschaftliche Bereich. Sprach- und Literaturgeschichte treten dagegen deutlich zurück. Gegenüber 41 Aufsätzen über das Mittelalter ist die Neuzeit (ab 1526) mit 25 Abhandlungen klar unterrepräsentiert, was mit dem geringen Interesse für die habsburgische Zeit zusammenhängt. Das geradezu verschwindende Interesse für den Adel und seine Rolle in der böhmischen Geschichte ist ebenfalls symptomatisch für die historisch-politische Ideologie des bürgerlich-liberalen (nationalen) Mittelstandes des 19. Jahrhunderts.

Höfler lieferte bis zu seinem Rückzug aus dem Verein über ein Dutzend Aufsätze für die „Mitteilungen", namentlich seine „Kritischen Wanderungen durch die

---

gestattet ist das: Inhaltsverzeichnis zu Band 1—60 der Mitteilungen des Vereines für Geschichte der Deutschen in Böhmen und zu den Festschriften 1871 und 1902. Zusammengestellt v. Adalbert *Schmidt*. Prag 1927.

böhmische Geschichte" in den Jahrgängen 7 und 8 (1870/71), die zahlreiche Angriffe auf Palacký enthielten. Nach langem Intervall hat er dann erst wieder seit 1887 kleinere Beiträge veröffentlicht.

Schlesinger ist bis 1895 in fast allen Bänden mit Beiträgen vertreten, sowohl zur allgemeinen böhmischen Geschichte als auch zur Lokal- und Rechtsgeschichte (Städte und Dörfer) — auch mit Quelleneditionen. Lippert schrieb bis 1870 etwa ein Dutzend Aufsätze über Stadt- (Leitmeritz), Rechts-, Wirtschafts- und Sozialgeschichte und hat dann erst wieder seit 1888 — nach seiner Rückkehr aus Deutschland — weitere Abhandlungen verfaßt. Nur acht Beiträge veröffentlichte Adolf Bachmann in den Mitteilungen, darunter die Nachrufe auf Höfler und Schlesinger [66].

Der produktiveste auswärtige Mitarbeiter war Johann Loserth, seit 1875 Professor an der Universität Czernowitz, 1893—1917 an der Universität Graz, der mit Arbeiten über Hus und Wyclif bekannt wurde. Er verfaßte bis zur Jahrhundertwende über 40 Aufsätze und ein weiteres Dutzend bis 1919.

Die zahlreichen für die Entwicklung der deutschböhmischen Geschichtswissenschaft beispielhaften Monographien und Editionen des Vereins setzten mit der Ausgabe des Homiliars des Bischofs von Prag (saec. XII.) von Ferdinand Hecht ein (1863). Höfler edierte „Die Krönung Kaiser Karls IV. nach Johannes dictus Porta de Avonniaco" (1864) und die „Chronik des Heinrich Truchseß von Dießenhoven 1342—1362" (1865). Die Reihe der Stadtgeschichten eröffnete Lippert mit seiner „Geschichte der königlichen Leibgedingstadt Trautenau" (1863), auf die er 1871 seine „Geschichte der Stadt Leitmeritz" folgen ließ.

Die große Bedeutung der Stadtgeschichtsforschung in der Arbeit des Vereins wird vor allem in den Editionsreihen deutlich. In der Reihe der „Deutschen Chroniken aus Böhmen", die Schlesinger im Auftrag des Vereins herausgab, betreute er selbst „Die Chronik der Stadt Elbogen" (1879) und „Simon Hüttels Chronik der Stadt Trautenau" (1881). Heinrich Gradl gab „Die Chroniken der Stadt Eger" (1884) heraus.

In der von Schlesinger begründeten und von Adalbert Horčička fortgeführten Reihe „Städte- und Urkundenbücher aus Böhmen" erschienen das „Stadtbuch von Brüx bis zum Jahre 1526" (Schlesinger 1876), das „Urkundenbuch der Stadt Saaz" (Schlesinger 1892) und das „Urkundenbuch der Stadt Aussig" (W. Hieke/A. Horčička 1896) sowie, nach 1900, der erste Halbband des „Urkundenbuchs der Stadt Budweis in Böhmen (1251—1391)" (K. Köpl 1901) und zwei Bände des „Urkundenbuchs der Stadt Krummau" (V. Schmidt/A. Picha 1908/10). Als Einzelpublikation kam „Das Stadtbuch von Falkenau (1483—1528), ein Beitrag zur Geschichte des deutschen Stadtrechtes in Böhmen" (K. F. Rietsch 1895) heraus.

In den neunziger Jahren veröffentlichte der Verein mehrere Bände der „Beiträge zur Geschichte der deutschen Industrie in Böhmen", die Ottokar Weber betreute: Untersuchungen zur Porzellan- und Steingutindustrie (O. Weber 1894), zur Reichenberger Tuchindustrie (J. Grunzel 1898) und über „Das böhmische Commerzcollegium und seine Tätigkeit" (A. Pribram 1898), ferner zwei Firmengeschichten.

---

[66] MVGDB 36 (1898) 381—410; 38 (1900) 345—352.

Eine weitere Editionsreihe war für die deutschböhmische Literatur bestimmt: die „Bibliothek der mittelhochdeutschen Literatur in Böhmen", von Ernst Martin begründet, die es auf vier Bände brachte, darunter als Band 2 „Der Ackermann aus Böhmen, herausgegeben und mit dem tschechischen Gegenstück verglichen von Johann Knieschek" (1877).

Im letzten Jahr des alten Jahrhunderts begannen die „Beiträge zur Kenntnis deutschböhmischer Mundarten" (ab Band 3/1926 in „Beiträge zur Kenntnis sudetendeutscher Mundarten" umbenannt) mit einer Untersuchung von Josef Schiepek über den „Satzbau der Egerländer Mundart". Bereits 1864 brachte J. Virgil Grohmann seine Sammlung „Aberglauben und Gebräuche aus Böhmen und Mähren" heraus.

Eine weitere Publikationsreihe galt der Kunstgeschichte, die „Studien zur Geschichte der Gotik in Böhmen" unter der Leitung von Josef Neuwirth, in fünf Bänden bis 1899 (ein sechster Band folgte 1918). Von 1901 bis 1904 erschienen vier Hefte der „Studien zur Geschichte der Musik in Böhmen" (R. Batka und E. Rychnovsky).

Der Verein konnte damit um die Jahrhundertwende — trotz mancher Rückschläge — auf eine reiche Ernte zurückblicken. Er war durch seine Publikationen dem gerecht geworden, was Schlesinger, damals Vizepräsident, in seiner Festrede [67] zur 25-Jahr-Feier als Zweck des Vereins formuliert hatte:

Nach zwei Richtungen hin hatte sich im Allgemeinen unsere Vereinsarbeit zu erstrecken. Es galt einerseits die Geschichte unseres Volksstammes nach den strengen Gesetzen der Wissenschaft zu erforschen, anderseits aber wurde das Ziel ins Auge gefaßt, die gewonnenen Ergebnisse durch volksthümliche Darstellungen zum Gemeingute unseres Stammes zu erheben und in die Herzen von Jung und Alt zu verpflanzen. Denn nicht eine ausschließlich gelehrte Gesellschaft, lediglich eine Vereinigung von Meistern und Jüngern der Wissenschaft zu bilden, lag in den Absichten der Gründer, sondern das von kundigen Männern des Faches aus den Tiefen der Forschung zu Tage geförderte Edelmetall sollte als gangbare Münze geschlagen und in die Hände aller Volksgenossen zur verständnißvollen Aufnahme gebracht werden.

Schlesinger selbst bekam im Jahre 1866 vom Verein den Auftrag, eine „populäre Geschichte Böhmens" zu schreiben, das erste deutschböhmische Geschichtswerk, mit dem er das Ziel verfolgte, das nationale Bewußtsein seiner deutschen Landesgenossen zu heben. Die „Geschichte Böhmens" erschien 1869 in erster, 1870 in zweiter Auflage im Verlag des Vereins und in Kommission bei Brockhaus in Leipzig [68].

Wie Schlesinger in seinem Vorwort zur ersten Auflage betont, legt er besonderen Wert auf die „Kulturverhältnisse", denn, so argumentiert er gegen die „offizielle tschechische Landeshistoriographie", „mit der Vernachlässigung der kulturgeschichtlichen Momente verbindet sich daselbst [in Böhmen] zugleich die vollständige

---

[67] MVGDB 26 (1888) 2—10, hier 3.

[68] *Schlesinger*, Ludwig: Geschichte Böhmens. Zweite vermehrte und verbesserte Auflage. Hrsg. v. Vereine für Geschichte der Deutschen in Böhmen. Prag 1870.

Unterdrückung der Geschichte des deutsch-böhmischen Stammes". Dementsprechend hat der Verfasser „bei seiner Einteilung in jeder Periode einen Abschnitt für die Kulturverhältnisse und einen zweiten für die Geschichte der Deutschböhmen aufgenommen" [69]. Es ist bezeichnend für Schlesingers nationalpädagogische Grundtendenz, daß diese Abschnitte fast die Hälfte der gesamten Darstellung ausmachen. Hiermit wurde freilich auch der historischen Tatsache Rechnung getragen, daß die Deutschböhmen für sich keine eigene politische (staatliche) Geschichte beanspruchen konnten — wie es auf der anderen Seite die Tschechen taten. Umsomehr wurde die kulturelle und rechlich-soziale Leistungsbilanz (Städte, Stadtrecht, Bürgertum) der Deutschböhmen hervorgehoben.

In der behandelten Zeit (bis 1848) überwiegt das Interesse für das Mittelalter und die frühe Neuzeit bis zur Schlacht am Weißen Berg. Während hier jedem Jahrhundert ca. 100 Seiten gewidmet sind, hat der Autor die Zeit von 1620 bis 1848 (mit der Kapitelüberschrift „Böhmen eine Provinz Österreichs") auf nur 120 Seiten abgehandelt. Die „Zweihundert Jahre Absolutismus" (1648—1848) werden auf ganzen 19 Seiten abgetan [70]. Nicht nur die deutschböhmische, sondern vor allem auch die bürgerlich-liberale Wertung der neueren Geschichte kommt hier überdeutlich zum Ausdruck: vornehmlich die bei allen liberalen Historikern Europas zu beobachtende negative Grundeinstellung gegenüber dem aristokratischen oder absolutistischen Fürstenstaat und dem Barock als seiner Kulturform [71].

Gegenüber Palackýs „Geschichte von Böhmen", die ihren ideologischen Schwerpunkt in der Zeit der alten Slawen und in der demokratisch-sozial und national verstandenen hussitischen Revolution hatte, legte die deutschliberale Historiographie Böhmens einmal ein komplementäres Hauptgewicht auf die deutsche Kolonisation und die progressive Rolle des deutschen Bürgertums in der böhmischen Geschichte, zum anderen ein negatives Gegengewicht auf die böhmische Revolution des 15. Jahrhunderts. Schlesinger — wie später auch Bachmann [72] — bemühte sich um die Beweisführung, daß Böhmen in Macht und Blüte gestanden, daß dort Freiheit und Ordnung und Wohlstand geherrscht haben, solange Königtum und freies Bürgertum zusammengingen: so etwa unter Ottokar II. und Karl IV. Die negative Bewertung der hussitischen Revolution wird dementsprechend mit der Zurückdrängung und Entmachtung des Bürgertums, vornehmlich des deutschen, begründet.

---

[69] *Ebenda* Vorwort zur ersten Auflage.

[70] *Ebenda* Inhaltsverzeichnis.

[71] Die katholische, barock geprägte, multinationale Habsburgermonarchie bildete — wenn man vom differenzierter bewerteten Josefinismus absieht — schlechthin das Feindbild des deutsch-protestantischen Liberalismus. So hatte schon Schmalfuß 1851 dem Böhmen, das im 18. Jahrhundert „noch im Zustand geistiger Lethargie, in welche es die Jesuitenwirtschaft im vorigen Jahrhundert gebracht hatte", sich befand, das nördliche protestantische Deutschland gegenübergestellt, in dem sich „der durch die Reformation frei gewordene Geist [...] nun nach allen Richtungen zu entfalten" begann. *Neumüller*: Geschichtsschreibung 1971, 450. — Vgl. dazu *Heer*, Friedrich: Der Kampf um die österreichische Identität. Wien-Köln-Graz 1981, bes. 265 ff.

[72] *Bachmann*, Adolf: Geschichte Böhmens. 2 Bde. Gotha 1899/1905.

Mit liberalem Pathos beruft sich Schlesinger auf die Idee der Freiheit. In seinem Ausblick auf die eigene Zeit ist in wenigen Sätzen die deutschliberale Geschichtsideologie des 19. Jahrhunderts in Böhmen, wie sie in erster Linie vom deutschhistorischen Verein vertreten und verkündet wurde, umrissen:

Obwohl die Deutschböhmen darauf bedacht sind, alle Gefahren, die ihrer Nationalität drohen, abzuwehren, stehen sie doch nicht ausschlüßlich auf dem Standpunkte der Nationalität. Von echt konstitutionellem Geiste durchdrungen, halten sie vor Allem das Banner der Freiheit hoch und suchen die in der Verfassung gelegenen freisinnigen Keime zur Entwicklung zu bringen. Nicht so die Tschechen. Sie kämpfen nur für Eine, nur für die nationale Idee und opfern derselben sogar die Freiheit des Volkes. Es erinnert dieser Unterschied nur zu lebhaft an den Gang der böhmischen Geschichte überhaupt. Die Deutschböhmen haben im Lande den dritten Stand gegründet und demselben im Mittelalter neben dem Feudaladel eine politische Stellung erobert. Sie haben den Kampf mit den Baronen, welche keinen freien Stand neben sich dulden wollten, zu Zeiten der Přemysliden und Luxemburger mit aller Tapferkeit geführt, sie haben in der neuen Zeit, als die Verfassung es ermöglichte, ihren Gesinnungen Ausdruck zu verleihen, abermals Stellung genommen gegen die feudalen Bestrebungen der zeitgenössischen Junkerpartei. In diesem zu allen Zeiten mit großer Hartnäckigkeit geführten Kampfe zwischen dem freien deutschen Bürgerthume und dem reaktionären Feudaladel haben weise Regierungen sich immer mit dem Bürgerthume vereinigt; denn die Gelüste des Adels richteten sich gerade so gut gegen die Macht der Krone, wie gegen die Autonomie des Städters. Andererseits suchte der Adel seine Macht zu verstärken durch Weckung und Ausbeutung der nationalen Idee des tschechischen Volkes. [...] Die Deutschböhmen aber mögen, wie auch immer die Verhältnisse sich gestalten, ihrem Jahrhunderte lang festgehaltenen Programme, die Freiheit des Bürgerthums zu entwickeln, treu bleiben! Für die Erhaltung ihrer Nationalität bürgt diese politische Konsequenz eben so sehr, wie der geistige und geographische Zusammenhang mit der großen Mutternation! [73]

Die historische Legitimation der Deutschböhmen beruht hier, neben allen kulturellen Leistungen, auf ihrer progressiv verstandenen, im liberalen Fortschrittsglauben verankerten politischen Mission als Dritter Stand. Damit aber haben sie in Geschichte und Gegenwart auch eine besondere Aufgabe — im Sinne der bürgerlichliberalen Geschichtsideologie vom „natürlichen Bündnis“ zwischen Bürgertum und Monarchie — für den ganzen böhmischen Staat, für seine Gesellschaft und deren politisch-soziale Gesamtentwicklung. Bei aller Betonung des deutschen Elements in Böhmen war Schlesingers liberal-nationale Haltung noch weit entfernt von einer sudetendeutschen Geschichtsauffassung — auch wenn diese die Tradition und die Leistungen des deutsch-historischen Vereins später für sich vereinnahmen wollte —, einer Geschichtsauffassung nämlich, die nicht mehr vom gemeinsamen historischen Rahmen des böhmischen Staates ausging, sondern in letzter Ausprägung eine eigene,

[73] *Schlesinger* 1870, 655 f.

eine „sudetendeutsche Geschichte" (Pfitzner)[74] postulierte und damit der großdeutschen Irredentabewegung in die Hände spielte.

---

[74] *Seibt*, Ferdinand: Geschichtswissenschaft in der Tschechoslowakei 1918—1938. In: Kultur und Gesellschaft in der Ersten Tschechoslowakischen Republik. Hrsg. v. K. *Bosl* und F. *Seibt*. München-Wien 1982, 283 f.

Hans Lemberg

DER VEREIN FÜR GESCHICHTE DER DEUTSCHEN IN BÖHMEN IM 20. JAHRHUNDERT

„Eingedenk der Väter, unerschütterlich treu unserem Volke" — dieser Wahlspruch zierte seit dem ersten Heft des 41. Jahrgangs (Herbst 1902) die Titelseite der „Mitteilungen" [1] jenes Vereins, über den für den Zeitraum des 20. Jahrhunderts hier zu berichten ist. Genauer gesagt: für die ersten etwa vier Jahrzehnte, denn nach den Wirren der vierziger Jahre hat der Verein zu bestehen aufgehört.

Als der Ausschuß des „Vereins für Geschichte der Deutschen in Böhmen" 1902, kurze Zeit vor der Feier seines vierzigjährigen Jubiläums, diesen Wahlspruch für sich erkor [2], und als der Geschäftsführer, der als Polarforscher berühmt gewordene Paläontologe Gustav Laube, am Schluß des feierlichen Rückblicks während der Jubiläumsfeier dieses Motto als die „Richtschnur" herausstellte, der man „allezeit treu und unverbrüchlich folgen" wolle, konnte niemand wissen, daß sich der Verein in diesen Monaten buchstäblich in der Mitte seiner Wirkungsdauer befand. Wenn Laube damals gelobte, den Wahlspruch „unseren Nachkommen als theueres unveräußerliches Vermächtnis [zu] überweisen", das sich „in hellglänzender Reinheit forterben" möge, „zu Nutz und Heil unseres Volkes von Geschlecht zu Geschlecht bis in die spätesten Tage" [3], dann ahnte er nicht, daß jüngere Mitglieder des Vereins dessen Ende in nationalsozialistischer Gleichschaltung und Vertreibung der Deutschen aus Böhmen noch miterleben würden. Erst wenige Wochen vor diesem Gelöbnis aber war das letzte lebende Gründungsmitglied, Ludwig Schlesinger, gestorben [4].

Ein Blick auf den Verein im 20. Jahrhundert

Stellen wir uns zunächst die Frage: Was war das für ein Verein [5], wie war er aufgebaut?

Der „Verein für Geschichte der Deutschen in Böhmen" (im folgenden: VGDB) wurde wegen seines umständlichen Titels meist kurz als „deutsch-historischer

---

1 Mitteilungen des Vereines für Geschichte der Deutschen in Böhmen (im folgenden: MVGDB) 41 (1902/03), ab Heft 1. — Die Datierung der Jahrgänge der MVGDB ist uneinheitlich, da das Geschäftsjahr jeweils Mitte Mai begann; also: Jg. 41 (1902/03) oder Jg. 41 (1903). — Das genannte Motto hat sich bis Jg. 79 (1941/42) gehalten; im Jg. 80 (1943) ist sein Abdruck wohl vergessen worden.

2 Vgl.: Die Festversammlung zur Feier des Gedenktages des vierzigjährigen Bestandes des Vereines am 27. Mai 1902. MVGDB 41 (1903) 136—144, hier 144.

3 *Laube*, Gustav: Rückblick auf die Geschichte des Vereines für Geschichte der Deutschen in Böhmen [im folgenden: VGDB, auch wenn in den zitierten Literaturtiteln ausgeschrieben] in dem Zeitabschnitt 1886/87—1901/02. In: Festschrift des VGDB, seinen Mitgliedern gewidmet zur Feier des 40jährigen Bestandes. Prag 1902, 3—16, hier 16.

4 24. 12. 1899. Siehe *Bachmann*, A.: Ludwig Schlesinger. MVGDB 38 (1900) 345—352.

5 Hinweise auf den Verein sowie Quellen und Literatur dazu und zu anderen deutschen und tschechischen Vereinen der böhmischen Länder (leider nur bis 1918, aber mit

Verein"[6] bezeichnet. Er hatte im Jahre 1901 1167 Mitglieder, diese Zahl sank in der Folgezeit stetig bis auf 790 (1919), dann stieg sie wieder bis auf 1273 (1929), sank jedoch dann bis Ende der dreißiger Jahre unter 900 ab[7]. Ein großer Verein also, der einen entsprechenden Apparat erforderte: Der Ausschuß, der neben dem Vorstand die Vereinsgeschäfte führte, hatte 15 Mitglieder; diese Zahl steht auch in der neuen Satzung[8] von 1921, die am bisherigen Ziel und an der überkommenen Struktur des Vereins wenig änderte, sondern nur eine Anpassung an die neuen Rechtsverhältnisse in der Tschechoslowakischen Republik brachte.

Nach wie vor gab es vier Kategorien von Mitgliedern (Ehrenmitglieder, stiftende, ordentliche und außerordentliche, d. h. Studenten). Die ersten drei Kategorien wählten in den Hauptversammlungen den Ausschuß mit dreijähriger Amtszeit, der aus seiner Mitte Obmann, Geschäftsführer und Zahlmeister sowie deren Stellvertreter wählte. Der Ausschuß bestimmte ferner den Leiter der Vereinszeitschrift, der nur ein Vereinsmitglied sein mußte; Zugehörigkeit zum Vorstand oder Ausschuß war nicht nötig. Tatsächlich sind aber die Herausgeber der „Mitteilungen" des VGDB im Berichtszeitraum stets auch Ausschußmitglieder gewesen: Adalbert Horčička, Ottokar Weber, Wilhelm Wostry; die beiden letztgenannten waren sogar Obleute des Vereins[9].

Der Hauptversammlung oblag neben den üblichen Vereinsformalitäten auch die Errichtung besoldeter Stellen; die Anstellung und Entlassung der „Vereinsbediensteten" besorgte der Ausschuß. Hier handelte es sich vor allem um den jeweiligen Bücherwart mit Kanzleiaufgaben, eine Person, die in den Rechenschaftsberichten

---

darüber hinaus reichenden Angaben) finden sich bei *Mandlerová*, Jana: Soupis odborných spolků a vědeckých institucí v českých zemích 1860—1918 [Verzeichnis der Fachvereine und wissenschaftlichen Institutionen in den böhmischen Ländern 1860—1918]. Prag 1973 (Práce oddělení novějších československých dějin, Reihe 2, Bd. 1). — Einen zeitgenössischen Überblick auch über verwandte Organisationen der Geschichtspflege in der ČSR bietet *Macůrek*, Josef: Sociétés historiques de Tchécoslovaquie — leur histoire, organisation et activité. Bulletin d'Information des sciences historiques en Europe orientale 5 (Warschau 1933) 42—94.

[6] Ein früher Beleg für diese Benennung: ein Exemplar der MVGDB 10 (1872), das jetzt der Bibliothek des J.-G.-Herder-Instituts in Marburg a. d. Lahn gehört, enthält auf dem zeitgenössischen Einband den Rückenaufdruck „Deutsch histor. Verein 10". Ein Vorbesitzer des Bandes war der VGDB. — Ein später Beleg für den Kurznamen des Vereins: Zeitschrift für Geschichte der Sudetenländer 7 (1944) 1.

[7] Die Zahlen sind den in den MVGDB publizierten jährlichen Rechenschaftsberichten entnommen.

[8] Satzungen des Vereines für Geschichte der Deutschen in Böhmen. MVGDB 59 (1921) 168—172 („Genehmigt durch Erlaß der politischen Landesverwaltung Zahl 63 534 vom 25. Feber 1921").

[9] Einen Überblick über die Geschichte des VGDB aus der Sicht des Vertreibungs-Exils nach 1945 gibt *Oberdorffer*, Kurt: Der VGDB 1862—1938. BohJb 3 (1962) 9—29. — Zeitgenössisch, d. h. vor allem das 19. Jahrhundert betreffend: *Pirchan*, Gustav: Der VGDB im Wandel der Zeitgeschichte. MVGDB 61 (1923) 69—115. Pirchan konnte dazu das Vereinsarchiv als Quelle benutzen, dessen Verbleib nach 1945 dem Verf. unbekannt ist. — Weniger informativ dann: *Ders.*: 75 Jahre! In: 75-Jahr-Feier des VGDB am 16.—18. Okt. 1937 in Prag. Zusammengestellt von Kurt *Oberdorffer*. MVGDB 76 (1938) Heft 1, 50. — Die Geschichte des VGDB von seiner Gründung 1862 bis zum Ende des 19. Jahrhunderts behandelt Michael *Neumüller* im vorliegenden Band.

des Vereins nur sporadisch auftaucht: bis 1901 ein Dr. Richard Batka, dann Julius Reinwarth [10]; 1918 stirbt ein Vereinskanzlist namens Wenzel Urmann [11]; 1920 und 1921 ist vom „bewährten“ Ministerialarchivs-Offizial Adalbert Schmidt als Büchereiwart die Rede, dem späteren Verfasser des Gesamtregisters der „Mitteilungen“ des Vereins [12]. Eine offensichtlich positive Rolle spielte Oberleutnant a. D. Bistricky, der seit Anfang der 30er Jahre als „Bücherei- und Kanzleiverweser“ mit einer großen Agenda (jährlich allein 2000—3000 Briefe) mehr als ein Jahrzehnt lang ein Element der Ordnung bildete [13].

Der Verein besaß Sammlungen, von denen außerhalb der Bibliothek noch ein „Antiquarium“ mit Handschriften, Münzen und Medaillen, Gemälden, Siegeln und Kuriositäten existierte [14]; das Antiquarium tauchte jedoch in den Rechenschaftsberichten des 20. Jahrhunderts immer weniger auf, statt dessen das darin früher inkorporierte Vereinsarchiv mit Urkunden, Nachlässen usw. [15]. Moderner und quasi der ständige Mittelpunkt des Vereins war jedoch die Bücherei im sogenannten Vereinsheim. Sie war an einigen Tagen der Woche nachmittags von 3 bis 6 Uhr geöffnet [16]. Teils durch Kauf, teils aber auch durch recht beträchtliche Schenkungen und Nachlässe wuchs sie rasch an: Zu Beginn unseres Jahrhunderts waren es schon über 20 000 Bände [17], kurz vor dem Ersten Weltkrieg war der dreißigtausendste Band erworben [18], irgendwo bei 33 000 wurde dann Anfang der zwanziger Jahre zu zählen aufgehört [19] — wahrscheinlich stimmte die Zahl ohnedies wegen der ständig beklagten schlechten Ausleihmoral nicht mehr (jährlich wurden z. B. in den dreißiger Jahren immerhin zwischen 3000 und 5000 Bände entliehen!) [20]. Der Bücherzuwachs betrug in den zwanziger und dreißiger Jahren durchschnittlich 300 bis

---

[10] Bericht [. . .] 1901 [. . .] Hauptversammlung des VGDB. MVGDB 40 (1902) 162—167, hier 163.

[11] Bericht über das 56. Vereinsjahr 1917/18. MVGDB 57 (1919) 110—113.

[12] Bericht über die Vereinstätigkeit [. . .] 1920 und 1921. MVGDB 60 (1922) 381 und 384.

[13] Vgl. Bericht über die Tätigkeit [. . .] im 69. Vereinsjahre (1931). MVGDB 70 (1932) 117—120. — Von da an jährliche Erwähnung.

[14] Den Zuschnitt des Antiquariums in seiner klassischen Zeit spiegelt eine Beschreibung wider in: 13. Jahresbericht des VGDB für 1874—1875. Prag 1875, 5—7. — Siehe auch die „Chronik der Geschenke“, die eine Zeit lang publiziert wurde. Ein Exemplar (Nr. 10, Dez. 1866 — Apr. 1867, mit eigener Seitenzählung) ist dem unten Anm. 65 beschriebenen Marburger Exemplar von MVGDB 6 (1868) beigebunden (nach Heft 3) und enthält neben Wichtigem (Büchern, Archivalien) auch ausgesprochene Kuriositäten.

[15] Siehe unten S. 215.

[16] Auszug aus den Satzungen und der Büchereiordnung des VGDB. In: Inhaltsverzeichnis zu Bd. 1—60 der MVGDB und zu den Festschriften 1871 und 1902. Zusammengest. v. Adalbert *Schmidt.* Prag 1927, 138.

[17] Z. B. 1901: 23 245. Bericht [. . .] 1901 [. . .] Hauptversammlung des VGDB. MVGDB 40 (1902) 126—167, hier 162. — Noch erstaunlicher ist, daß davon fast drei Viertel schon 12 Jahre nach Vereinsgründung vorhanden waren (über 15 000 Bde.). 13. Jahresbericht 1875, 7.

[18] Bericht über die [. . .] 1912 abgehaltene Vollversammlung des VGDB. MVGDB 51 (1913) 138—143, hier 139.

[19] Bericht über die 57. ord. Hauptversammlung des Vereines. MVGDB 58 (1920) 113—117, hier 114 (32 716 Bde.).

[20] Bericht über die Tätigkeit des VGDB [. . .] 1936/37. MVGDB 76 (1938) 75—77.

500 Bände pro Jahr; es konnten aber auch, wie 1937, über 1600 Bände sein [21]. Deshalb wird man den gedankenlos von Heft zu Heft der „Mitteilungen" übernommenen Vermerk auf dem vorderen Innendeckel nicht zu ernst nehmen dürfen, die Bücherei habe „rund 40 000 Bände [und] 265 wiss. Zeitschriften"; dieser Vermerk findet sich gleichlautend schon im Jahrgang 62 (1924), aber auch noch im Jahrgang 78 (1940).

Bei solch großen, ständig wachsenden Sammlungen des Vereins kann man sich vorstellen, daß periodisch der Raum knapp wurde. Zu Beginn des Jahrhunderts war als Adresse des „Vereinsheims" an der Stelle des Umschlags der Mitteilungen, die ab 1902 der Wahlspruch zierte, das Haus „Liliengasse 219-I (neu 7)" [22] angegeben; es lag in der Nähe des früheren Heimes in der Annengasse, unweit des Clementinums in der Prager Altstadt. Im Ersten Weltkrieg zog der Verein in „schöne, lichte Räume" [23] in der Spornergasse um, die man damals auch im deutschen Sprachraum schon Nerudagasse zu nennen begann. Das Haus Nerudagasse 19, gegenüber der Theatiner- oder Redemptoristenkirche, ist eines der Barockhäuser auf der — aufwärts gesehen — linken Straßenseite [24].

Dieses Haus war das Zentrum des Vereinslebens; nur größere Veranstaltungen wie z. B. Jubiläumsfeiern fanden im Deutschen Haus am Graben statt [25]. Offensichtlich wurde auch das Domizil des Vereins in der Nerudagasse so eng, daß der Ende der dreißiger Jahre ins Auge gefaßte und nach einiger Verzögerung auch — wieder einmal während eines Weltkriegs — verwirklichte Umzug zum Smetanaplatz als ersehntes Verlassen einer zu engen, ja sogar unwürdigen Behausung begrüßt wurde [26]. So rasch ändern sich die Maßstäbe!

Die Tätigkeit des Vereins

Wie hat man sich nun die Aktivitäten des Vereins — abgesehen von den formalen Vereinsgeschäften — vorzustellen? Der Verein verfolgte ja, wie sein Wahlspruch andeutet, zwei einander ergänzende, ja miteinander konkurrierende Ziele:

— „Eingedenk der Väter" — das bezog sich auf das Element der Geschichte, ihrer Erforschung und Darstellung;

---

[21] *Ebenda.*

[22] Die Zeile lautet: „Die Vereins-Localitäten befinden sich Liliengasse 219-I (7 neu)". So zuletzt: MVGDB 40 (1902). Dieser Hinweis fand sich fortan auf dem Rückendeckel der Hefte.

[23] Bericht über das 55. Vereinsjahr 1916/17. MVGDB 56 (1917/18) 231—233.

[24] *Hlavsa*, Václav: Praha. Plán kulturních památek [Prag. Plan der Kulturdenkmäler]. Prag 1960, 66. — Vgl. auch *Rokyta*, Hugo: Die böhmischen Länder. Handbuch der Denkmäler und Gedenkstätten europäischer Kulturbeziehungen in den böhmischen Ländern. Salzburg 1970, 87.

[25] Z. B. 1902 „im Spiegelsaale des deutschen Kasino": Die Festversammlung zur Feier des Gedenktages des vierzigjährigen Bestandes des Vereines am 27. Mai 1902. MVGDB 41 (1902/03) 136—148, hier 136. — 1937 im „großen Festsaal des Deutschen Hauses": 75-Jahr-Feier (wie Anm. 9) 50.

[26] Heute: Náměstí Krasnoarmějců. — Hinweis auf den Umzug (Transport, Finanzierung): Zeitschrift für sudetendeutsche Geschichte (im folgenden: ZsdtG) 6 (1943) 240.

— „unerschütterlich treu unserem Volke" — das sprach die nationale Komponente, den apologetischen Charakter des quasi im ideologischen Bereich wirkenden nationalen Schutzvereins an. Tatsächlich wurde der Verein zum 75. Jubiläum als „ältester deutscher Volksschutzverein" apostrophiert, und zwar vom „Bundesführer der sudetendeutschen Volkstumsverbände" Pfarrer Wehrenpfennig [27].

Als Vereinszweck definiert die Satzung von 1921: „die Geschichte der Deutschen in Böhmen zu pflegen, sie zu erforschen, ihre Kenntnis zu verbreiten, ihre Quellen zu sammeln und herauszugeben" [28].

Als „Mittel zur Erreichung dieses Zweckes" [29] werden genannt: a) „Versammlungen der Vereinsmitglieder". Diese Versammlungen fanden, wenn es nicht gerade die Hauptversammlung oder die später noch zu nennenden Wanderversammlungen waren, in Sektionen statt, wenn auch längst nicht mehr so oft wie noch einige Jahrzehnte vorher. Von den ursprünglich vier Sektionen des 19. Jahrhunderts waren im frühen 20. nur noch die I. und die III. Sektion übriggeblieben. In der ersten beschäftigte man sich mit „Allgemeiner Landesgeschichte" im eigentlichen Sinne, in der dritten mit „Sprache, Literatur und Kunst". Die anderen Sektionen, z. B. eine vierte „für Geographie, Statistik, Handel und Gewerbe", eine für Recht und eine für Anthropologie [30], waren längst eingeschlafen bzw. hatten ihre Tätigkeit gar nicht erst aufgenommen [31]. Als Grund dafür ist freilich weniger die Inaktivität der Sektionsmitglieder, als vielmehr die zunehmende Spezialisierung der betreffenden Wissenschaftsdisziplinen und deren Herauswachsen aus einem historischen Verein zu vermuten, dessen Tätigkeitsfeld im immer engeren Sinne der Geschichtswissenschaft als „historisch" verstanden wurde.

In den Sitzungen der Sektionen, die man seit den zwanziger Jahren „Abteilungen" nannte, wurden meist zur Publikation in den „Mitteilungen" bestimmte Vorträge gehalten und diskutiert. 1925, als von der I. und III. Sektion gar nicht mehr die Rede war, kam eine neue, überaus aktive Abteilung zum Verein hinzu, die sich mit Archiven und Museen beschäftigte und zunächst unter Leitung des Prager Universitätsprofessors Theodor Mayer Tagungen und Kurse (z. B. den Egerer Archivtag) veranstaltete, bei denen die uns heute noch gut bekannte Generation sudetendeutscher Archivare als junge Teilnehmer oder Referenten beteiligt war: Dr. Sturm, Dr. Oberdorffer, Dr. Fitz usw. Die Archivabteilung eroberte sich in den „Mitteilungen" sogar einen eigenen Anhang [32]. Gerade diese Abteilung hat auch auf dem Gebiet der Tschechoslowakei weit über Böhmen hinaus gewirkt, da die jungen Archivare eben im ganzen Staatsgebiet eingesetzt wurden. Als eine Parallele

---

[27] 75-Jahr-Feier (wie Anm. 9) 56.
[28] § 1 (s. oben Anm. 8).
[29] § 2 der Satzungen.
[30] So *Pirchan*: VGDB 1923, 92.
[31] In den ersten Jahrgängen der MVGDB wurden noch „Berichte über die Thätigkeit der Sectionen" veröffentlicht, z. B. MVGDB 6 (1868) 257—260.
[32] [*Wenisch*, R.]: Die Archivabteilung des VGDB 1925—29. Komotau 1930.

dazu erscheinen die Archivkurse des „Historický spolek" [33]. In dieser Tradition steht sicher noch die Betreuung der im Exil der Vertreibung gegründeten „Heimatstuben" [34].

Als weiteres Mittel zur Erzielung des Vereinszwecks wird b) der „Verkehr mit wissenschaftlichen Vereinen des In- und Auslandes zum gegenseitigen Austausch von Forschungen und Druckwerken" genannt.

Inland — das war vor 1918 auch Wien und Gesamtösterreich. Gerade in Wien hatte der Verein eine ganze Anzahl prominenter Mitglieder; selbst der Herausgeber der Vereinszeitschrift, Adalbert Horčička, war Gymnasialprofessor in Wien [35]. Man braucht sich jedoch nur die Listen derjenigen Vereine und Personen anzusehen, deren briefliche oder „Drahtgrüße" zu Jubiläumsveranstaltungen des Vereins einlangten, dann wird deutlich, daß Kontakte zum ganzen deutschen Sprachgebiet bestanden, von Ansbach über Berlin, Dorpat, Jena, Klagenfurt, Stettin und Worms bis Zwettl (so 1902) [36]; an der 75-Jahr-Feier 1937 nahmen u. a. Universitätsrektor und Oberbürgermeister von Frankfurt am Main und reichsdeutsche und österreichische Historiker vom Range Srbiks, Brackmanns und Kötzschkes teil, aus dem Baltikum überbrachten die jungen Historiker Reinhard Wittram und Georg von Rauch Grüße [37].

Doch ganz abgesehen von den Festveranstaltungen: Es genügt, in die Mitgliederzugangslisten und die Aufzählungen der gelegentlich erwähnten Tauschpartner zu blicken, um die verschiedensten Städtenamen aus dem Deutschen Reich und Österreich zu finden. Wie stark der Schriftenaustausch gewesen sein muß, kann man aus den Versandzahlen der „Mitteilungen" ablesen: 1934 z. B. hatte der Verein 1028 Mitglieder, es wurden aber 2416 Hefte versandt. Da in diesem Jahr zwei Doppelhefte erschienen sind, müssen also 260 Hefte, d. h. 130 Jahrgangsexemplare an Nichtmitglieder, wohl meist Bibliotheken bzw. Tauschpartner abgeschickt worden sein [38]. Die Zahl der Tauschpartner wird jedoch wesentlich höher anzusetzen sein, da der Verein zahlreiche korporative Mitglieder hatte (auch im Reich, z. B. die Universitätsbibliothek Marburg an der Lahn), die aber in der Zahl der Mitglieder enthalten waren.

Daß der Verein eine bedeutende Kommunikationsfunktion über die Grenzen der böhmischen Länder bzw. der Tschechoslowakei hinaus hatte, wird daraus deutlich, daß der Kontakt mit der Wissenschaft im Deutschen Reich, der Besuch von deutschen

---

[33] Zum Historický spolek s. hier den Beitrag von Heidrun *Dolezel*.

[34] Vgl.: *Kuhn*, Heinrich: Sudetendeutsche Heimatsammlungen. München 1983. — Informationsbrief für sudetendeutsche Heimatarchive und Heimatmuseen 1 (1971) ff. — Eine Aufnahme des Bestandes vor 1945: *Wünsch*, Franz J.: Deutsche Archive und deutsche Archivpflege in den Sudetenländern. München 1958 (Wissenschaftliche Materialien und Beiträge zur Geschichte und Landeskunde der böhmischen Länder 2).

[35] *Weber*, Ottokar: Adalbert Horcicka [sic]. Ein Nachruf. MVGDB 52 (1914) 343—348.

[36] *Horčička*, Adalbert: Die Feier des fünfzigjährigen Bestandes des VGDB. MVGDB 51 (1913) 127—136, hier 134.

[37] *Oberdorffer*, Kurt: Der festliche Abend. MVGDB 76 (1938) Heft 1, 51.

[38] Bericht über die Tätigkeit des Vereines im 72. Vereinsjahre (1934). MVGDB 73 (1935) 101—104, hier 102.

Historikertagen, Archivtagen und dergleichen nicht von der Prager deutschen Universität oder von Archivorganisationen aus veranstaltet wurde; ein Nationalkomitee der Historiker gab es für die Deutschen in der ČSR auch nicht: Man konnte solche ausländischen Treffen aber eben als Vereinsmitglied besuchen.

Zu den Außenkontakten des Vereins zählten auch die zum benachbarten „Deutschen Verein für Geschichte Mährens und Schlesiens": Hier war lange Zeit der mit Bretholz geführte Streit recht hinderlich [39]; erst 1933 wurde eine „lebhaftere Zusammenarbeit" zwischen beiden Vereinen „angebahnt" [40].

Nicht nur im Bereich der Bibliothek, auch hinsichtlich der Beobachtung in Rezensionen und in der bibliographischen Erfassung (z. B. in der Zeitschriftenschau) wird in den späten zwanziger und dreißiger Jahren zunehmend erkennbar, daß auch tschechische Publikationen genannt und rezipiert werden. Unter den Namen der Bücherspender findet sich z. B. Otakar Odložilík [41], und das Druckbild der Mitteilungen enthält in dieser Zeit immer mehr Partien, die in Antiqua gesetzt sind (ab 1937 werden dann freilich die „Mitteilungen" überhaupt nicht mehr in Fraktur, sondern nur noch in Antiqua gedruckt). Heißt es, solche Anzeichen für vermehrte Kontakte zur tschechischen Wissenschaft zu überinterpretieren, wenn man sie als ein Aufeinanderzugehen deutet [42]?

Unter c) wird in der Satzung als Aufgabe des Vereins die „Anlegung einer Bücherei und eines Archives" genannt. Von dem Wachstum der Bibliothek war schon die Rede (es war übrigens nicht zu ermitteln, wo die Bibliothek nach 1945 geblieben ist); das Gleiche gilt für das sogenannte Archiv, das zahlreiche Urkunden, Handschriften, Siegel und dergleichen enthalten hat, aber auch persönliche Nachlässe verstorbener Mitglieder [43]. Es war sinnvoll und lag im Zuge der Zeit, daß diese aus den Anfängen historischer Vereine stammende Sammeltätigkeit von Antiquaria aller Art, darunter auch von Archivalien und Kunstgegenständen [44], jetzt teilweise durch Übergabe an Stadtarchive und Museen abgebaut wurde [45].

Schließlich werden unter d) und e) als Mittel zur Erreichung des Vereinszwecks genannt: wissenschaftliche Vorträge und die Herausgabe einer Zeitschrift und selbständiger Werke.

---

39 Vgl. *Oberdorffer*: VGDB 1962, 26. — Polemik gegen Bretholz: MVGDB 55 (1916/17) 79 f.

40 Bericht über das 71. Vereinsjahr (1933). MVGDB 72 (1934) 113—116, hier 115. — *Weizsäcker*, Wilhelm: Zur Organisierung der heimischen Geschichtsforschung. MVGDB 71 (1933) 158 f.

41 MVGDB 72 (1934) 114.

42 Dazu auch *Oberdorffer*: VGDB 1962, 28.

43 Zum „Antiquarium" s. oben S. 211. — Zum Zustand der Vereinssammlungen s. u. a. *Horčička*, Adalbert: Über eine im Besitze des Vereines befindliche Handschrift I. Kant's. MVGDB 41 (1903) 57—60; ferner passim in den Jahresberichten des Vereins.

44 Vgl. *Heimpel*, Hermann: Über Organisationsformen historischer Forschung in Deutschland. [Erstabdruck: HZ 189 (1959)]. In: Beiträge zur Organisation der Historischen Forschung in Deutschland aus Anlaß des fünfundzwanzigjährigen Bestehens der Historischen Kommission zu Berlin [. . .] 1984. Berlin 1984, 47—136, hier 127 f.

45 So wurden nach Einsetzung eines Stadtarchivars in Brüx „eine Reihe wertvoller Brüxer Stadtbücher, Urkunden und Akten" dem Brüxer Stadtarchiv übergeben, „die seit mehr als 50 Jahren einen Bestandteil des Vereinsarchives gebildet" hatten. Bericht über die Tätigkeit des Vereines im 62. Vereinsjahre (1924). MVGDB 63 (1925) 99—103, hier 103.

Die traditionelle Zeitschrift des Vereins waren die „Mitteilungen". Die MVGDB sind bis zum 81. Jahrgang (1944) (seit Jahrgang 77/1939 allerdings unter dem Titel „Mitteilungen des Vereines für Geschichte der Sudetenländer") gediehen; jährlich erschienen normalerweise vier Hefte, je nach Finanzlage in den zwanziger Jahren meist als Doppelhefte [46]. Der Rang der Mitteilungen, denen stets der im Titel bezeichnete Charakter anhaftete, konnte sich im 20. Jahrhundert keinesfalls mehr mit dem aus ähnlicher Wurzel entstandenen Český Časopis Historický messen, der zur zentralen tschechischen bzw. tschechoslowakischen historischen Zeitschrift geworden war.

Bemerkenswert ist freilich für die Aktivität des Vereins, daß den „Mitteilungen", die ja satzungsgemäß den Mitgliedern unentgeltlich zustanden, weitere umfangreichere Periodika an die Seite gestellt wurden. Ein solches war zunächst das „Jahrbuch" des Vereins, das 1926 zu erscheinen begann, den in seinem Namen liegenden Anspruch der Periodizität aber nicht ganz einlöste. Die drei publizierten Bände hatten einen Abstand von mehreren Jahren und wurden nach dem dritten „Jahrgang" (1930—1933) nicht mehr fortgeführt [47]. Statt dessen fand man eine bemerkenswerte Lösung: Seit 1937 erschien die „Zeitschrift für sudetendeutsche Geschichte", die zu den MVGDB in einem eigenartigen Überschneidungsverhältnis stand: Es gab fortan zwei Gruppen von Mitgliedsbeiträgen: Wer (so 1937) 24 Kč Jahresbeitrag zahlte, erfüllte seine Mitgliedspflicht und erhielt dafür die MVGDB, jährlich vier Hefte. Wer aber 60 Kč zahlte, der bekam die „Zeitschrift für sudetendeutsche Geschichte", deren Schriftleitung ebenso wie die der „Mitteilungen" der Obmann Wilhelm Wostry innehatte [48]. Die Zeitschrift für sudetendeutsche Geschichte (nach der „Gleichschaltung" ab Jahrgang 6/1943 unter dem Titel: Zeitschrift für Geschichte der Sudetenländer) enthielt den Inhalt der jeweils parallelen „Mitteilungen" von der ersten bis zur letzten Seite, wenn auch in ganz anderer Reihenfolge, und zusätzlich bis zu einem Mindest-Gesamtumfang von 20 Bogen jährlich weitere wissenschaftliche Aufsätze [49].

---

46 Eine „Übersicht über Erscheinungsjahr und Umfang" der MVGDB vom Anfang bis Jg. 60 (1922) findet sich in: Inhaltsverzeichnis 1927, 148 f.

47 Zur Umgestaltung der Veröffentlichungen des VGDB. MVGDB 64 (1926) 1—7. — Jahrbuch des VGDB, geleitet von Wilhelm *Wostry*, Prag 1 (1926), 2 (1929), 3 (1930—1933, ersch. 1934). — Der dritte Band hatte außer der Funktion einer Festschrift für Emil Werunsky auch die einer Erinnerung an das 50jährige Vereinsjubiläum, das sonst nicht feierlich begangen wurde. Siehe *ebenda* 5 f. das Vorwort von Wilhelm *Wostry.*

48 So in den Innendeckeln der MVGDB 75 (1937).

49 Das Nebeneinander der beiden Publikationen war von bibliographisch kaum zu überbietender Unübersichtlichkeit. Die in den MVGDB (bzw. nach der Umbenennung ab Jg. 77/1939: Mitteilungen des Vereines für Geschichte der Deutschen in den Sudetenländern, im folgenden: MVGDSldr) erschienenen Aufsätze, Vereinsmitteilungen usw. wurden von den gleichen Druckstöcken, aber mit veränderter Reihenfolge und Paginierung in die ZsdtG (ab Jg. 6/1943: Zeitschrift für Geschichte der Sudetenländer) aufgenommen. Die Anzeigen aus der ZsdtG erscheinen meist in den MVGDSldr, die Zeitschriftenschau nur in Auswahl, Rezensionen gar nicht. Auch von der Regel, daß die „Zeitschrift" alles enthält, was in den „Mitteilungen" gedruckt ist (und zusätzlich einiges mehr), gibt es Ausnahmen: Über die 75-Jahr-Feier des VGDB findet sich in der ZsdtG 1 (1937) 302—304 nur ein kurzer Bericht, er steht in den MVGDB 75 (1937) 123—125. Die MVGDB 76 (1938) 1—63 bringen jedoch darüber hinaus ein Sonderheft aus diesem

Über die „Herausgabe einer Zeitschrift" hinaus sah § 2 der Satzung von 1921 als eines der üblichen Mittel zur Erreichung des Vereinszweckes die Publikation „selbständiger Werke" vor. Besonders hervorgehoben war innerhalb der Veröffentlichungstätigkeit freilich die Sammlung und Publikation von Quellen. Hierbei handelt es sich um eine der frühesten, traditionellen Aufgaben, die sich Geschichtsvereine gestellt haben [50]. Tatsächlich sind auch im VGDB bis zum Ende des 19. und gelegentlich noch zu Beginn des 20. Jahrhunderts Urkundenbücher in rascher Folge erschienen, z. B. von Saaz (1892), Aussig (1896), Budweis (Bd. 1, 1, 1901) und Krummau (Bd. 2, 1911), ferner nach langer Pause Teplitz-Schönau (1929); hinzu kamen die Stadtbücher von Falkenau (1895), von Böhmisch Kamnitz (1915) und später von Dux (1941), ein Urkunden- und Regestenbuch des Klarissinnenklosters Krummau (1915), Egerer Quellen usw. [51].

Die Themen der vom VGDB veröffentlichten Monographien wie auch der Zeitschriftenaufsätze erstreckten sich im 19. Jahrhundert — entsprechend den ausgedehnten Interessengebieten der Vereinssektionen — zunächst über ein sehr breites Spektrum; für volkskundliche Arbeiten war dabei ebenso Platz wie für literaturgeschichtliche, für sprachwissenschaftliche wie für musikalische und — im eigentlichen Sinne — landesgeschichtliche. In diesem Rahmen konnten, wie schon in einem früheren Referat dieser Tagung erwähnt, weniger „feine" historische Arbeiten — also solche, die nicht im akademischen Bereich der großen Haupt- und Staatsaktionen in der Ära des Primats der Außenpolitik angesiedelt waren — in Geschichtsvereinen betreut werden.

Hierzu gehörte vor allem die zunächst noch nicht akademisch etablierte Lokal- und Regionalgeschichte sowie ein weiteres Gebiet, das heute im Forschungs- und Lehrbetrieb der Universitäten fest verankert ist: die Wirtschaftsgeschichte. Es hat im VGDB eine Reihe mit dem Titel „Beiträge zur Geschichte der deutschböhmischen Industrie" gegeben. Sie ist freilich schon in den neunziger Jahren des vorigen Jahrhunderts erschienen und nach sechs Bänden (mit Biographien, Firmen- und Behördengeschichten) 1898 abgebrochen worden. Der Grund für dieses recht plötzliche Versiegen wird wohl in der Rückkehr des Initiators und Mitherausgebers August Fournier 1900 nach Wien zu suchen sein, der in den achtziger und neunziger Jahren einen Lehrstuhl in Prag bekleidet hatte [52].

Anlaß, aus dem freilich (nur) der Aufsatz von Wilhelm *Wostry*: Die geschichtlichen Grundlagen des Sudetendeutschtums (13—42) auch in der ZsdtG 2 (1938) 1—30 abgedruckt wurde.

50 *Heimpel*: Organisationsformen 1984, 127 f.

51 Vgl. die Veröffentlichungslisten des VGDB auf den Deckeln der MVGDB; ferner: Verzeichnis der im Verlage des VGDB erschienen Veröffentlichungen. In: Inhaltsverzeichnis 1927, 139—147.

52 Beiträge zur Geschichte der deutsch-böhmischen Industrie. Hrsg. v. August *Fournier* und Ottokar *Weber*. Bd. 1—6. Prag 1893—1898. — Zu A. Fournier und anderen in diesem Beitrag genannten Personen vgl.: Biographisches Lexikon zur Geschichte der böhmischen Länder. Hrsg. v. Heribert *Sturm*. Bd. 1 (A—H), 2 (I—M). München-Wien 1979/1984, hier I, 372. — Zur Situation an der Universität siehe die Beiträge in: Die Teilung der Prager Universität 1882 und die intellektuelle Desintegration in den böhmischen Ländern. Hrsg. v. F. *Seibt*. München 1984 (Bad Wiesseer Tagungen des Collegium

Die Edition von Quellen, aber auch die Publikation selbständiger Monographien durch den VGDB ist seit dem Ersten Weltkrieg stark zurückgegangen. Dies ist aus dem Vergleich der Publikationslisten des Vereins zu ersehen, die in den Deckeln der „Mitteilungen" abgedruckt waren und sich im Laufe des Berichtszeitraums kaum verändert haben. Hingegen stieg die Annotierung von Fachpublikationen in den „Mitteilungen" des Vereins in den dreißiger Jahren erheblich an, was freilich zum Teil durch die Verlagerung der Rezensionen aus der nach dem Ersten Weltkrieg eingestellten „Literarischen Beilage" [53] in die „Mitteilungen" selbst bedingt war.

Ein Grund für die Einschränkung der Publikationstätigkeit des deutsch-historischen Vereins ist in dem langsamen Austrocknen derjenigen seiner Tätigkeitsfelder zu erblicken, die nicht „historisch" im engeren Sinn der Geschichtswissenschaft waren, wie Volkskunde, Geographie, Kunst oder Literatur; ein anderer Grund liegt in der Konkurrenz durch die neue Historische Kommission der „Gesellschaft zur Förderung deutscher Wissenschaft, Kunst und Literatur in Böhmen" (kurz „Förderungsgesellschaft" genannt, auch nach der Umbenennung 1924 zur „Deutschen Gesellschaft für Wissenschaften und Künste für die Tschechoslowakische Republik") [54]. Diese Kommission, die den Verein „ergänzen und entlasten" sollte [55], hat seit den zwanziger Jahren im Editionsbereich und an anderen Stellen dem Verein weithin das Wasser abgegraben. Den Leitern des Vereins wird das nicht sehr weh getan haben, waren doch damals schon die keineswegs zahlreichen Mitglieder der Historischen Kommission mit dem Establishment des Geschichtsvereins identisch.

Dem organisationsgeschichtlichen Ansatz dieser Untersuchung entsprechend sollen die Publikationen des Vereins hier nicht inhaltlich und methodisch analysiert werden. Eine solche Untersuchung liefe weitgehend auf eine Analyse der deutschböhmischen bzw. sudetendeutschen Historiographie insgesamt hinaus, wie sie bereits in einigen Ansätzen vorliegt [56].

Carolinum). — Zur deutschböhmischen Geschichtswissenschaft Ende des 19. Jahrhunderts *ebenda* 111—126 der Aufsatz von Michael *Neumüller.*

[53] Literarische Beilage zu den MVGDB (ohne Jahrgangszählung, mit eigener Seitenzählung innerhalb der Jahrgänge der MVGDB). Die letzte Beilage erschien m. W. zum Jg. 52 (1914).

[54] Dazu: *Schreiber*, Rudolf: Werdegang und Ziele der Historischen Kommission der Sudetenländer. ZfO 4 (1955) 108—129. — Siehe auch unten den Beitrag von Josef *Hemmerle. — Mandlerová* 1973, Nr. 99.

[55] *Ebenda* 111 Anm. 9.

[56] Z. B.: *Seibt*, Ferdinand: Der Nationalitätenkampf im Spiegel der sudetendeutschen Geschichtsschreibung 1848—1938. Stifter-Jahrbuch 6 (1959) 18—38. — *Lemberg*, Eugen: Selbstbeurteilung und Geschichtsbewußtsein der Sudetendeutschen. In: Sudetendeutsches Geschichtsbild in Vergangenheit und Gegenwart. München 1954, 14—37. — *Ders.*: Das Geschichtsbewußtsein der Sudetendeutschen. Eine kritische Überprüfung. Stifter-Jahrbuch 4 (1955). — Die ältere Entwicklung behandelt *Neumüller*, Michael: Zur deutschliberalen Geschichtsschreibung des 19. Jahrhunderts in Böhmen. ZfO 20 (1971) 441—465. — Ein zeitgenössischer Forschungsbericht mit zahlreichen Titelnennungen: *Wostry*, Wilhelm: Sudetendeutsche Geschichte. 1918—1938. Forschung und Darstellung. In: Deutsche Ostforschung. Ergebnisse und Aufgaben seit dem ersten Weltkrieg. Hrsg. v. Hermann *Aubin* u. a. Leipzig 1943, 488—530.

Die Struktur der Mitgliederschaft

Seit Hroch — man erlaube diese altväterisch klingende Formulierung für einen Forscher in der Lebensmitte — ist die Auswertung von Mitgliederlisten patriotischer Vereine hinsichtlich der darin enthaltenen Merkmale der Mitglieder (v. a. Beruf und Wohnort, mehr ist meist nicht vorhanden) eine probate Methode, die Trägerschichten nationaler Bewegungen zu ermitteln und dadurch mit einem wenn auch primitiven Instrumentarium immerhin sozialhistorisch Konkreteres auszusagen, als es die Nationalismusforschung bis dahin mit der geistesgeschichtlichen Methode vermocht hat [57]. Leider sind dem sozialgeschichtlichen Vorgehen hinsichtlich des VGDB für das 20. Jahrhundert Grenzen gesetzt, da die „Mitteilungen" trotz allem Schematismus, der in den Berichten über die jeweiligen jährlichen Hauptversammlungen obwaltet, doch in der Auswahl und Dichte dessen, was mitgeteilt wird, im hier referierten Zeitraum erheblichen Schwankungen unterliegen.

Das gilt schon für die vorhin nur nach Trends und Hoch- bzw. Tiefpunkten referierte Anzahl der Mitglieder:

Für die ersten sechs Jahre unseres Jahrhunderts können wir (z. B. 1904) ausführliche Angaben finden: 20 Ehrenmitglieder, 98 Stiftende, 1023 ordentliche, 2 außerordentliche Mitglieder, zusammen 1143; gestorben 20, Zuwachs, Abnahme, und schließlich Gesamtabnahme des Mitgliederbestandes [58]. Die Ausführlichkeit dieser Angaben riß — da die Gesamtmitgliederzahl kurz davor stand, die 1000-Mitgliedermarke zu unterschreiten — im Jahre 1907 ab [59]; man hatte ja zu gut noch den stolzen Bestand von 2000 Mitgliedern [60] im Gedächtnis!

Um 1910 können wir dann nur noch folgende Angaben finden: Ordentliche Mitglieder (881), Zuwachs an ordentlichen (18) und außerordentlichen Mitgliedern (9), Gesamtzahl (999). Die Anzahl der Stiftenden und Ehrenmitglieder wird nicht mitgeteilt und kann ab jetzt auch nicht mehr aus den MVGDB ermittelt werden; hingegen wird bei den Abgängen erstmalig zwischen verstorbenen und ausgetretenen Mitgliedern unterschieden [61]. Das bleibt so bis zum Ersten Weltkrieg, dann wird es ganz lakonisch: 1915 erfährt man nur noch die Gesamtzahl von 838 Mitgliedern — mehr nicht [62]. Seit Anfang der zwanziger Jahre gibt es folgende Angaben: Zugänge — Abgänge — Gesamtzahl [63]. Erst seit Beginn der dreißiger Jahre wird dieses Schema für sechs Jahre hinsichtlich der verlorenen Mitglieder erfreu-

---

[57] *Hroch*, Miroslav: Die Vorkämpfer nationaler Bewegung bei den kleinen Völkern Europas. Eine vergleichende Analyse zur gesellschaftlichen Schichtung der patriotischen Gruppen. Prag 1968 (Acta Universitatis Carolinae. Philosophica et Historica. Monographia 24).

[58] Bericht über die [...] 1904 [...] Hauptversammlung des VGDB. MVGDB 43 (1905) 135—140, hier 135.

[59] Bericht über die [...] 1907 [...] Hauptversammlung des VGDB. MVGDB 46 (1908) 100—105, hier 100.

[60] 1873 sollen es 2020 gewesen sein. *Weber*, Ottokar: Zur 60jähr. Gedenkfeier des VGDB. MVGDB 61 (1923) 9—25, hier 11. — *Pirchan*: VGDB 1923, 100 (wie Anm. 9).

[61] Bericht über die [...] 1910 [...] Hauptversammlung des VGDB. MVGDB 49 (1911) 96—102.

[62] Bericht über die [...] 1915 [...] Hauptversammlung des VGDB. MVGDB 54 (1916) 189—192.

[63] Z. B. Bericht über die 58. Hauptversammlung des Vereins. MVGDB 59 (1920/21) 1—3.

licherweise aufgeschlüsselt: 1935 etwa sind von den „verlorenen“ 100 Mitgliedern zum Glück nur 12 gestorben, hingegen 38 ausgetreten; 50 aber wurden gemäß der etwas brutal klingenden Formulierung der Satzung „als ausgetreten erklärt“ — sie hatten zwei Jahre keinen Beitrag gezahlt und waren dreimal gemahnt worden [64]. Ähnliche Bereinigungen der Kartei hat es auch im 19. Jahrhundert immer wieder gegeben.

Genug der Auswahldaten aus den in den MVGDB veröffentlichten statistischen Angaben. Solange wir also nichts über den Verbleib des Vereinsarchivs wissen, können wir nur von Periode zu Periode unterschiedliche Angaben machen.

Nun läßt sich, wenn man bereit ist, Einzelpersonen zu verfolgen, doch noch — wenn auch ebenfalls in unterschiedlicher Dichte — einiges an „personenbezogenen Daten“ finden: Für die ersten Jahre des Jahrhunderts gibt es in den „Mitteilungen“ des Vereins ein- bis dreimal jährlich sogenannte „Mittheilungen der Geschäftsleitung“ mit „Nachträgen zum Verzeichniß der Mitglieder“. Diese Mitgliederverzeichnisse selbst, deren aus dem 19. Jahrhundert erhaltene Exemplare [65] in erfreulicher Vollständigkeit Ort, Name, Titel und Beruf der jeweiligen Mitglieder enthalten, waren dem Verf. für das 20. Jahrhundert nicht zugänglich [66]. Immerhin haben wir wenigstens in den Zugangslisten die entsprechenden Daten für die neu aufgenommenen Mitglieder; z. B.:

Neu eingetreten als stiftendes Mitglied: „Herr Eduard Ritter von Daubek, Großgrundbesitzer in Prag“ (freilich, der Großgrundbesitz wird nicht in Prag liegen!); oder als ordentliche Mitglieder: „Herr Götz Otto, k. k. Statthalterei-Konzeptspraktikant in Teplitz“, „die Löbl. Handelsakademie, deutsche, in Pilsen“, „Herr Pirchan Gustav, Phil. Dr., Praktikant im Statthalterei-Archiv in Prag“, „Herr Spina Franz, Phil. Dr., k. k. Gymnasial-Professor in Prag“, aber auch „Frau Thorsch Luise, Private in Prag“ usw. [67]

Bei den verstorbenen Mitgliedern kann man — in der Zeit, als deren Verzeichnis noch genau veröffentlicht wurde — sehr viel besser erkennen, wie weit es Vereinsmitglieder im Leben gebracht haben, beispielsweise: „Herr Sickel Friedrich Adolf

[64] Bericht über die Tätigkeit des Vereins im 73. Vereinsjahre. MVGDB 74 (1936) 77.

[65] Diese Verzeichnisse wurden offensichtlich gedruckt den Mitgliedern außerhalb der MVGDB zugestellt. In einigen überkommenen Exemplaren, deren Erstbesitzer Privatpersonen (wohl Mitglieder) waren, sind diese Listen, die eine eigene Paginierung haben, den MVGDB beigebunden. In der Bibliothek des J.-G.-Herder-Instituts in Marburg finden sich davon zwei Exemplare für 1867 und 1868 (z. B.: Mitglieder-Verzeichnis des VGDB. Geschlossen am 12. Mai 1868. 23 S., in einem — glücklicherweise! — ganz chaotisch gebundenem Exemplar der MVGDB 6/1868 mit dem Rückentitel „Geschichte der Deutschen in Böhmen. 1867“). In mindestens einem Fall ist das Mitgliederverzeichnis in die Paginierung der MVGDB integriert und daher in allen vorhandenen Exemplaren überliefert: MVGDB 15 (1876/77) 10—37.

[66] Gedruckte Mitgliederverzeichnisse muß es auch bis in den Beobachtungszeitraum des vorliegenden Beitrags gegeben haben; vgl. den Hinweis auf „Irrungen“ in dem „neugedruckten Mitglieder-Verzeichniß“ des VGDB, „das mit dem III. Hefte versendet wurde“: MVGDB 38 (1900) 465. — Vielleicht kann ein Leser den Verfasser auf ggf. erhaltene Mitgliederlisten aus dem 20. Jh. aufmerksam machen?

[67] Diese und die folgenden Angaben: Mitteilung der Geschäftsleitung. Nachtrag zum Verzeichnis der Mitglieder. Geschlossen am 30. Mai 1908. MVGDB 46 (1907/08) 417.

Theodor Ritter von, Phil. Dr., k. k. Sektionschef, o. ö. Professor der Geschichte und der histor. Hilfswissenschaften i. R., Herrenhausmitglied in Wien".

Diese Mitteilungen der Geschäftsleitung brechen freilich nach einiger Zeit ab, und um die Mitte der zwanziger Jahre erfahren wir über die obligate jährliche Liste der Verstorbenen hinaus — soweit sie dem Verein bekannt geworden sind — nur, wer neu in den Verein eingetreten ist.

So lassen sich doch immerhin aufgrund des vorliegenden und zugänglichen Materials einige Zählungen veranstalten, die nicht ohne Erkenntniswert sind. Als Beispiel sei eine Zusammenstellung der Berufe der neu in den Verein für Geschichte der Deutschen in Böhmen eingetretenen Mitglieder vorgestellt (Angaben in %) [68]:

Berufe	Eintritt 1900—1905 (Gesamt: 101 Mtgl.)	Eintritt 1923—1925 (Gesamt: 174 Mtgl.)
Juristen	17	4
Mittelschulproff.	14	2,8
Univ.-Proff.	8	2,8
sonst. Beamte	12	7
Ärzte	8	3
Private	8	—
Geistliche	9	2
Kaufleute	6	3,8
stud./cand. phil.	1	26
Lehrer bis zur Bürgerschule	3	35
Summe (%)	85	86,4
Sonst. Berufe (%)	15	13,6

Hier ließe sich also eine quantitativ bedeutsame Verlagerung konstatieren: weg vom Honoratiorenverein [69], hin zu einem Verein der — sozusagen — Basis-

[68] Zusammengestellt aus den betreffenden Jahresberichten des VGDB in den MVGDB unter dankenswerter Mitwirkung von Frau Angelika Girsig, Marburg/L.

[69] Das ältere Bild des Honoratiorenvereins geht aus dem „Bericht über den Stand und die Thätigkeit des Vereines während des 14. Vereinsjahres [1875/76]", MVGDB 15 (1876/77) 2, hervor, in dem der damalige Vorstand die 1657 Vereinsmitglieder nach Berufen aufgeschlüsselt hat (im folgenden der Gruppengröße nach geordnet):

366 Beamte (öffentliche und private)
288 Lehrer (aller Schulgattungen)
184 Fabrikanten
149 Kaufleute
135 Advocaten und Notare
123 Ärzte und Apotheker
78 Gewerbsleute
75 Kleingrundbesitzer
61 Priester (sofern nicht gleichzeitig Lehrer)
38 Schriftsteller, Buchhändler und Buchdrucker
36 Großgrundbesitzer
18 Privatiers
17 Künstler
10 Militärs
8 Studenten und Candidaten
7 Civil-Ingenieure
5 Frauen (im Original gesperrt)

ferner:

46 Vereine und Anstalten
13 Gemeinden.

Intelligenzija, die meist außerhalb Prags beheimatet war, wenn auch, wie die Studenten, meist in Prag studierend.

Freilich — es muß gleich etwas Wasser in die Suppe der Vereinsstatistik gegossen werden. Es sind nämlich in den zwanziger Jahren auch diejenigen vermerkt, die neue Mitglieder geworben haben [70]: Darunter sind schon die Professoren, die ihre Studenten — vielleicht mit subtiler Pression — zum Eintritt animieren, oder lokale „Vereinsmonarchen" [71] irgendwo in Nordböhmen, die bis zu Beginn der zwanziger Jahre „Vertreter" des Vereins (auf lokaler Ebene) genannt worden sind [72]; meist sind es Schuldirektoren gewesen. Nach dieser Zeit ist das „Vertreter"-Amt wohl eher informell verwaltet worden. Ein konkret bekannt gewordenes Beispiel ist ein Großvater, der seinen Enkel, den stud. iur. Adalbert Langer eingeschrieben hat [73]. Es ist nicht von der Hand zu weisen, daß die (u. a. auf solche Weise erzielten) Masseneintritte der mittzwanziger Jahre sich in den „Ausgetreten"-Erklärungen der dreißiger wiederfinden.

Für das Gesicht eines Vereins, auch des unseren, ist die Vereinsspitze wichtig: der Vorstand, der Ausschuß. Hier läßt sich — überblickt man den Zeitraum seit 1900 — eine deutliche „Professionalisierung" feststellen, und zwar im Sinne einer Übernahme solcher Ämter durch Fachhistoriker.

Der 1901 gewählte Vorstand bestand aus dem Obmann Schindler (Professor der Theologie, Domkapitular), seinem Vertreter Hans Lambel, der zehn Jahre später das Amt von Schindler für mehrere Jahre übernehmen sollte; Lambel war Germanist und Stifterforscher. Geschäftsleiter (Schriftführer) war der schon erwähnte Paläontologe Laube, sein Vertreter immerhin ein Archivar, Karl Köpl. Auch der sogenannte Zahlmeister (Kassenwart) war Historiker: Ottokar Weber, Fachmann für internationale Beziehungen seit dem 18. Jahrhundert, auch für böhmische Geschichte, 1906 Dekan, 1916 Rektor, der spätere Leiter der Historischen Kommission der Förderungsgesellschaft, Mitherausgeber der Mitteilungen, von 1920 bis zu seinem Tod 1926 Obmann des Vereins. Sein Vertreter war der Advokat und Landtagsabgeordnete Johann Kiemann [74].

Dieser nach Fachrichtung und Beruf sehr heterogene Vorstand geriet in der Folgezeit mehr und mehr in die Hände von Berufshistorikern: 1933 standen an der Spitze des Vereins der Obmann Wilhelm Wostry und sein Stellvertreter Otto Peterka, der Geschäftsleiter Gustav Pirchan (ein Archivar) mit seinem Stellvertreter, dem Landeskonservator Rudolf Hönigschmid, und als Zahlmeister Karl

---

[70] Z. B. MVGDB 61 (1923) 126.

[71] *Heimpel*, Hermann: Geschichtsvereine einst und jetzt. In: Geschichtswissenschaft und Vereinswesen im 19. Jahrhundert. Göttingen 1972, 63 (Veröffentlichungen des Max-Planck-Instituts für Geschichte 1). Für den Hinweis darauf danke ich Herrn Dr. Klaus Pabst, Köln.

[72] In der Satzung von 1921 werden „Vertreter" nicht erwähnt; in den Rechenschaftsberichten kommt der vorher obligate Dank an die Vertreter m. W. letztmalig 1920 vor: Bericht über die 58. Hauptversammlung des Vereins. MVGDB 59 (1920/21) 1—3.

[73] Für die Mitteilung (im November 1983) danke ich Herrn Dr. Adalbert Langer, Leinfelden-E.

[74] Bericht über die [...] 1901 [...] Hauptversammlung des VGDB. MVGDB 40 (1902) 162—167. — Zu O. Weber s. Anm. 78.

Kühn, ebenfalls Landeskonservator, sowie dessen Stellvertreter, der Rechtshistoriker Wilhelm Weizsäcker [75].

Ein ähnlicher Trend zur Übernahme der Führung im Verein durch Berufshistoriker war in seinem Ausschuß zu beobachten; so war beispielsweise 1901 der Ausschuß mit zahlreichen Honoratioren, Germanisten usw. besetzt [76], 1933 waren neben dem bereits erwähnten Vorstand mindestens folgende Historiker Mitglieder des Ausschusses: Josef Bergel, Anton Blaschka, Anton Ernstberger, Kurt Oberdorffer, Josef Pfitzner, Heribert Sturm, Eduard Winter und Heinz Zatschek [77].

Die großen Mitgliederverluste der dreißiger Jahre sind beobachtet und beklagt worden. Der neue Obmann Wostry hat in einem Nachruf auf seinen verstorbenen Vorgänger Ottokar Weber schon 1927 schlechthin ein „Desinteresse unserer Volksgenossen am VGDB" diagnostiziert [78], und dabei hatte der Verein doch gerade erst die Ära von Masseneintritten hinter sich! Als Ende der dreißiger Jahre erstmals wieder ein leichter Mitgliederanstieg zu verzeichnen war, vermerkte Oberdorffer in seinem Bericht erleichtert, die Talfahrt des Vereins sei zum ersten Mal aufgehalten worden [79].

Dieser Mitgliederschwund, das „Desinteresse", mag verschiedene Gründe gehabt haben:

1. Eine Rolle spielten sicher die allgemeinen Existenzsorgen in der Zeit der Wirtschaftskrise, die in der ČSR im Jahr 1933 ihren Höhepunkt erreicht hatte [80].

2. Was die Förderung der Landesgeschichte anlangt, war inzwischen viel geschehen: Sie war an der Universität institutionalisiert, die Historische Kommission der Förderungsgesellschaft war eingerichtet worden (auch hier wurde der Trend zur Landesgeschichte seit den zunächst rein universalgeschichtlich orientierten Anfängen stärker) [81], dann sind aber auch weitere Kommissionen gegründet worden, die dem Verein Arbeit abnahmen: eine Kommission für das Sudetendeutsche Wörterbuch, das zunächst im Verein betreut worden war, ein Ausschuß zur Vorbereitung einer Geschichte der Karls-Universität zum Universitätsjubiläum von 1948 (1938 gegründet) usw. [82].

3. Die zunehmende Professionalisierung der Geschichtswissenschaft und damit die schon von Zeitgenossen beobachtete „Verfachlichung" des Geschichtsvereins schreckte die Laien ab und ließ ihren Mut zur Mitarbeit sinken.

---

[75] Bericht über die Tätigkeit des Vereines im 70. Vereinsjahre (1932). MVGDB 71 (1933) 159—164.

[76] Siehe Anm. 74.

[77] Siehe Anm. 75.

[78] *Wostry*, Wilhelm: [Nachruf auf] Ottokar Weber. MVGDB 65 (1927) 9. — Der Mitgliederschwund ging Hand in Hand mit einem „katastrophalen" Rückgang der Finanzen des Vereins. *Wostry*: Sudetendeutsche Geschichte 1943, 489 und 519.

[79] Bericht über die Tätigkeit des VGDB im 74. und 75. Vereinsjahre 1936/37. MVGDB 76 (1938) 75—77.

[80] Dazu überblicksweise *Lemberg*, Hans: Die Tschechoslowakei im Epochenjahr 1933. BohZ 25 (1984) 313—332.

[81] Dazu *Schreiber*: Werdegang 1955, 111 f.

[82] *Ebenda* 114.

4. Schon vor der Verlagerung der Trägerschicht des Vereins von Honoratioren zur jüngeren bzw. breiteren Intelligenzija (vielleicht nur eine Scheinblüte?) haben mehr Mitglieder des Vereins in der böhmischen Provinz, d. h. „auf dem Lande" gewohnt als in Prag [83]. Das verweist auf eine tiefgreifende Spannung: Wie konnte der Verein, der in gewisser Hinsicht hauptstädtisch, also als Prager Verein konzipiert war, in der räumlich weit entfernten und von Prag getrennten sudetendeutschen Provinz wirksam sein? Hier handelt es sich um ein generelles Problem, das mit der Verbreitung des national-politischen Bewußtseins zu den bekannten Spannungen zwischen den Randgebieten Deutschböhmens und der Hauptstadt geführt hat [84], unter anderem auch zu den ernsthaft erwogenen Plänen, die deutsche Universität aus Prag nach Reichenberg zu verlegen. (Eine Prager Gegenposition vertrat vehement August Sauer, dessen Spuren m. W. im Verein nicht festzustellen sind: war er mehr in der Universität und in der Förderungsgesellschaft engagiert? [85] Der Verein hat in dieser speziellen Frage — wohl aus Rücksicht auf seine unterschiedlichen Mitglieder — keine Stellung bezogen, wohl aber hat die Vereinsleitung die Notwendigkeit empfunden, „das Band, das Prag mit den außerhalb Prags lebenden Deutschen in Böhmen verband", nicht locker werden zu lassen [86], und immer wieder „Wanderversammlungen" oder „Wandervorträge" in der Provinz veranstaltet. Dennoch haben die in den zwanziger Jahren gegründeten sogenannten „Reichenberger Kulturstätten" [87] mit der „Bücherei der Deutschen", der „Deutschen wissenschaftlichen Gesellschaft", der „Anstalt für sudetendeutsche Heimatforschung", einer eigenen Historischen Kommission und zahlreichen Volksbildungsaktivitäten vieles von dem, wofür sich früher der Geschichtsverein zuständig glaubte, an sich ziehen können.

---

[83] 1868 war weniger als ein Viertel der Mitglieder in Prag ansässig. Mitglieder-Verzeichniß [...] 1868 (s. Anm. 65). — Dennoch wurde der Verein auch „Prager Geschichtsverein" genannt, wie das Zitat durch den langjährigen Obmann Wilhelm Wostry bezeugt. *Wostry*: Sudetendeutsche Geschichte 1943, 518.

[84] *Lemberg*, Hans: Zur Kulturgeschichte der Ersten Tschechoslowakischen Republik. Einige Diskussionsergebnisse. In: Kultur und Gesellschaft in der Ersten Tschechoslowakischen Republik. Hrsg. v. K. *Bosl* und F. *Seibt*. München-Wien 1982, 331—337, hier 335 f. (Bad Wiesseer Tagungen des Collegium Carolinum). — Siehe auch *Schroubek*, Georg R.: Regionalismus und Nationalismus in der deutschböhmischen Literatur 1918—1938. *Ebenda* 63—77.

[85] *Sauer*, August: Die deutsche Wissenschaft und Volksbildung in der Tschechoslowakei. Bedürfnisse und Wünsche. Oesterreichische Rundschau 17 (1921) 1. Aprilheft: Der tschechoslowakische Staat und die Deutschen, 390—397.

[86] Daß dieses Band sich „in den letzten Jahrzehnten der Gährung [sic] und Unruhe" gelockert habe und daß dies „vielleicht ein Fehler" des Vereins gewesen sei, bekennt Obmann Ottokar Weber in seinem Jubiläumsrückblick. *Weber*, O.: Zur 60jähr. Gedenkfeier des Vereines für Geschichte der Deutschen in Böhmen. MVGDB 61 (1923) 9—25, hier 25.

[87] Begründung und Aufbau der Reichenberger Kulturstellen. Hrsg. v. Rudolf *Lochner*. Reichenberg 1931. — *Lehmann*, Emil: Die „Gesellschaft für deutsche Volksbildung in der Tschechoslowakischen Republik", ihr Ziel, ihr Aufbau, ihre Arbeit. 2. Ausgabe. Reichenberg 1930 (Ratgeber für Volksbildner). — *Herr*, Arthur: Die Aufgaben der „Gesellschaft für deutsche Volksbildung". Heimatbildung 18 (1937) 81—87. — Zum Verhältnis der Prager und Reichenberger Geschichtskommissionen s. *Schreiber*: Werdegang 1955.

5. Als weiterer Grund ist die Entfaltung des politischen Spektrums anzusehen. Es gab nicht mehr die eine, vom liberalen Bürgertum getragene nationale Bewegung, weder unter den Tschechen, noch unter den Deutschen der böhmischen Länder. Der Verein hat das schon in den achtziger und neunziger Jahren zu spüren bekommen, als seine Wanderversammlungen mit ihrem großen nationalen Pomp vom Publikum gar nicht mehr so einhellig bejubelt wurden wie früher; nicht jeder, der sich für den Verein interessierte, brachte auch gleich die nationalliberale Begeisterung eines Schlesinger auf. Der Rückgang des Interesses am Geschichtsverein ist schon von Zeitgenossen recht einhellig mit dem Niedergang des Liberalismus in Beziehung gesetzt worden [88].

6. Für den langjährigen Mitgliederschwund seit den verheißungsvollen Anfängen der sechziger Jahre des 19. Jahrhunderts hat 1922 Ottokar Weber die wachsende Konkurrenz der vielen anderen Vereine verantwortlich gemacht: Vor dem ersten Weltkrieg habe es allein in Prag über 300 deutsche Vereine gegeben [89]. Während sich der deutsch-historische Verein nach 1918 immer unpolitischer gerierte und „aus der Öffentlichkeit zurückzog" [90], hat damals zunächst die „Böhmerlandbewegung" als Teil der Jugendbewegung die nationalen Impulse in neuen Formen weitergeführt; die spätere „sudetendeutsche Einheitsbewegung" [91] lief dem Verein dann in nationaler Hinsicht vollends den Rang ab.

7. Vieles von den volkserzieherischen Aufgaben des Vereins im Sinne des „Schutzvereins" wurde in der Zeit der Ersten Tschechoslowakischen Republik von der organisierten Bewegung der „Heimatbildung" übernommen [92].

Exkurs: Die Wanderversammlungen

Es ist bereits von „Wanderversammlungen" die Rede gewesen. Sie waren wegen der verbrannten Finger, die man sich damit im späten 19. Jahrhundert geholt hatte, zunächst suspendiert worden: Obmann Lambel hat in seinem Rückblick auf das 50jährige Bestehen des Geschichtsvereins davon gesprochen, es sei bei der Wanderversammlung von 1896 in Aussig „in dem politischen Verhalten des eigenen Volkes ein Auseinandergehen, ja Gegeneinanderstehen eingetreten und das drohte unseren Verein auch wohl selbst in das Getriebe der politischen Parteien hineinzuziehen"; daraufhin hätten die Wanderversammlungen „seitdem geruht" und seien durch Wandervorträge ersetzt worden [93].

---

[88] *Pirchan*: VGDB 1923 (wie Anm. 9), sowie andere, bereits oben genannte Jubiläumsaufsätze.

[89] *Weber*: Zur 60jähr. Gedenkfeier 1923, 11.

[90] *Ebenda* 25. — „Unser Verein ist kein politischer, er darf es nicht sein und will es nicht sein." *Ebenda* 13.

[91] Dazu neuerdings *Nittner*, Ernst: Hitlers Machtergreifung und die Sudetendeutsche Einigungsbewegung. BohZ 25 (1984) 333—361. — *Lemberg*, Hans: La question allemande à l'intérieur de la Tchécoslovaquie. Revue des études slaves 52 (1979) 169—177.

[92] So der Titel der Zeitschrift „Heimatbildung", Jg. 1 (1919) ff. — Siehe auch: Handbuch der sudetendeutschen Volksbildung. Kulturpolitisches Handbuch in Selbstdarstellung der sudetendeutschen Verbände. Reichenberg 1931.

[93] *Lambel*, Hans: Rückblick auf den 50jährigen Bestand des VGDB. Festrede, gehalten bei

Immerhin: Wanderversammlungen waren auch noch in § 15 der Satzung von 1921 verankert; sie sollten außerhalb Prags stattfinden und „rein wissenschaftlichen Charakter“ haben [94]. Solche Veranstaltungen wurden tatsächlich noch bis in die dreißiger Jahre abgehalten; eine der wichtigsten davon im Zusammenhang mit der Sechzigjahresfeier des Vereins 1922 in Gablonz: der ganze 61. Jahrgang der „Mitteilungen“, einer der interessantesten, war den Vorträgen dieser Wanderversammlung gewidmet [95]. Eine neue Generation machte sich im Verein bemerkbar, mit Gustav Pirchan, Ernst Schwarz, Wilhelm Wostry; neue Themen waren da, z. B. Ortsnamen und Landesgeschichte, die beiden Landeskonservatoren Kühn und Hönigschmidt behandelten einen damals wie heute aktuellen Themenbereich, der schon 1913 als neu in die Arbeit des Vereins vom Kunsthistoriker Josef Neuwirth eingeführt wurde: „Heimatschutz“ [96]; vieles davon hat in den letzten Jahren erst wieder — wenn auch unter anderer Bezeichnung (Umweltschutz, Erhaltung der Bausubstanz u. ä.) — neue Beachtung gefunden. Der Geschichtsverein konnte sich freilich für dieses Thema infolge der inzwischen eingetretenen Historiker-Professionalisierung nie so recht erwärmen, obwohl Kühn und Hönigschmidt sogar in den Vereinsvorstand aufrücken sollten [97].

Die Vereinsgeschichte behandelten Obmann Ottokar Weber und der Privatdozent und Archivar Pirchan — diesmal sogar auf der Grundlage von Vereinsquellen [98]. Bemerkenswert war auch das Schlußwort des Bürgermeisters von Gablonz zu dieser Wanderversammlung, Karl R. Fischer, der — sicherlich zu Recht im Folgejahr zum Ehrenmitglied des Vereins gewählt — einer der so wichtigen Promotoren des Vereins „auf dem Lande“ war [99]. Die Wanderversammlungen und -vorträge bedurften solcher Förderung wie aber auch des Engagements des reisefreudigen Prager Establishments.

Auch das letzte große Jubiläum von 1937 war mit einer Reise der Teilnehmer nach Nordböhmen verbunden: Wenn auch die repräsentativen Hauptfeierlichkeiten in Prag stattfanden, wovon die im Jubiläumsheft abgedruckten Bilder und Reden Zeugnis geben, so unternahmen doch viele Teilnehmer im Anschluß daran eine Reise zum Besuch der Gräber der Vereinsgründer nach Leitmeritz [100].

Der Stil solcher Jubiläumsveranstaltungen war — ungeachtet aller Feierlichkeiten — im Laufe der Jahrzehnte viel nüchterner geworden. 25 Jahre vorher, 1912, zur Feier des 50. Jubiläums, war der Verein ebenfalls nach Leitmeritz gezogen. Damals hatte es sich so gelesen:

---

der feierlichen Vollversammlung in Leitmeritz am 27. Mai 1912 von dem Obmanne. MVGDB 51 (1913) 1—14, hier 11 ff.

94 Siehe Anm. 8.

95 MVGDB 61 (1923).

96 *Neuwirth*, Josef: Denkmalpflege und Heimatschutz als neue Aufgaben der Geschichtsvereine. MVGDB 52 (1914) 179—206.

97 Von 1933 an.

98 *Pirchan*: VGDB 1923.

99 *Fischer*, Karl R.: Geschichtsforschung und Heimatkunde. Ein Schlußwort. MVGDB 61 (1923) 116—118. — Siehe auch *ebenda* 122 f.

100 *Wostry*, Wilhelm: Wanderversammlung und Abschluß des Gründungsfestes in Leitmeritz. MVGDB 76 (1938) 58—61.

„Die Stadt prankte [sic!] aus diesem Anlasse in reichem Flaggenschmucke. Von vielen Häusern wehten Fahnen in den Stadt- und Reichsfarben, auf dem Marktplatz waren eigene Flaggenbäume aufgestellt, auch zahlreiche Fahnen in den Farben schwarz-rot-gold flatterten lustig von den giebeligen Dächern im Winde. Es herrschte bei ziemlich gutem Wetter freudige Feststimmung. Im Verlaufe des Vormittags kamen die Festgäste aus den verschiedenen Gegenden. Die mit dem Frühzuge aus Prag anlangende stattliche Zahl der Festgäste wurden auf dem Stadtbahnhofe von dem Bürgermeister der Stadt Herrn Hermann Anton und dem Stadtarchivar Herrn Heinrich Ankert empfangen und durch die Stadt in den Gasthof ‚zum Schwane' geleitet, wo um halb 12 Uhr die Versammlung ihren Anfang nahm." Nach ausführlicher Nennung der anwesenden Honoratioren und der Schilderung des „nachhaltigen Eindrucks", den die „wohlüberdachte, ganz frei gehaltene Rede, in welcher" der Obmann Lambel „seine Rednergabe auch formvollendet zur Geltung brachte", sowie der Niederlegung eines Kranzes mit schwarz-rot-goldener Schleife am Grabe Schlesingers und des Rückwegs heißt es, dies sei eine „würdevolle Feier" gewesen, „welche als ein echt deutsches Fest in vollster Harmonie verlief, gemütlich" gewesen sei „und lange in freudigem Angedenken der Teilnehmer fortleben" werde [101].

Hier findet sich also noch das bürgerliche Pathos, die prunkvolle Behäbigkeit der nationalen Selbstdarstellung in und durch den Verein, den Geschichtsverein. — 25 Jahre später, 1937, fand nationale Selbstdarstellung weitgehend außerhalb des Geschichtsvereins statt; sie hatte schon ganz andere Artikulationsformen: Massenkundgebungen der SdP etwa, Aufmärsche, Uniformen . . .

Ein Verein unter verschiedenen Staatssystemen

Die veränderte Rolle des Vereins, sein gewandelter und doch traditionell gebliebener Stil scheint auf den ersten Blick damit zusammenzuhängen, daß schließlich seit 1918 ein neues Regime in Böhmen herrschte. Doch hier bietet sich eher das Bild einer überraschenden Kontinuität:

Der Staat — ob Österreich, die Tschechoslowakische Republik oder der Reichsgau Sudetenland bzw. das Protektorat Böhmen und Mähren — hat den Verein gefördert, wenn auch nicht ganz regelmäßig und nicht so üppig, wie dieser es gern gesehen hätte. Anlaß zur Klage gab es vor 1914: Wien zahlte selten, meist nur der böhmische Landtag; wir nennen das heute „Mischfinanzierung". Schwierigkeiten gab es bei den Landtagsauflösungen oder wenn kein Landesbudget zustandekam [102], oder bei der sogenannten Revolution von 1918: Damals wurde ein halbes Jahr wegen der Umstellung des Haushaltsjahres kein Zuschuß angewiesen [103]. In den frü-

[101] *Horčička*, Adalbert: Die Feier des fünfzigjährigen Bestandes des VGDB. MVGDB 51 (1913) 127—136, hier 128—133.

[102] Z. B.: Bericht über die am 18. Dezember 1913 abgehaltene Hauptversammlung [. . .]. MVGDB 52 (1914) 619—622, hier 621.

[103] Bericht über die 57. ordentliche Hauptversammlung [. . .]. MVGDB 58 (1920) 113—117, hier 114 f.

hen zwanziger Jahren war das Geld knapp, danach ging es aber wieder besser; eine namhafte Spende steuerte der Staatspräsident Masaryk bei [104].

Entscheidender war schon die Zäsur von 1938/39: Zwar wurde die Zerstörung der Tschechoslowakischen Republik und die Einverleibung der böhmischen Länder in Hitlers Großdeutsches Reich von einigen Exponenten des Vereins lauthals begrüßt [105] — dann trat jedoch sehr rasch ein empfindlicher Bruch in der Vereinsgeschichte ein: Wie alle Vereine wurde auch der „deutsch-historische" zunächst sistiert; die juristischen Vereinsgeschäfte übernahm ein „Stillhaltekommissar"; erst nach geraumer Zeit wurde der Verein wiederbelebt — aber in anderer Form, verschmolzen mit dem mährischen Verein zu einem „Verein für Geschichte der Deutschen in den Sudetenländern mit dem Sitz in Prag"; die Satzung wurde „gleichgeschaltet"; in ihr waren das Führerprinzip und die Arisierung verankert [106]. Die letztere war manchen, etwa Pfitzner, ganz recht [107], anderen, beispielsweise Wostry, weniger; im ganzen war sie aber offensichtlich nicht mehr sehr relevant für den Verein: die in früheren Jahren zahlreichen jüdischen Vereinsmitglieder — man braucht sich nur einmal die älteren Mitgliederverzeichnisse durchzulesen! — waren inzwischen kaum mehr vorhanden; zum Teil waren sie um 1930 in den entsprechenden, 1928 gegründeten jüdischen Geschichtsverein abgewandert [108]. Gemäß dem „Führerprinzip" in der neuen, vorgeschriebenen Satzung [109] gab es keinen Vorstand mehr, sondern einen „Vereinsführer". Immerhin: dieser war identisch mit dem früheren Vorsitzenden; er hieß wiederum Wostry. „Unter verschiedenen Vorwänden" [110] war es gelungen, den alten Vorstand in den neuen „Vereinsbeirat" hinüberzuretten: Kurt Oberdorffer war nicht mehr stellv. Ob-

---

[104] 100 000,— Kčs aus dem Sonderfonds zum 80. Geburtstag Masaryks: *Pirchan*, Gustav: Bericht über die Tätigkeit [...] im 69. Vereinsjahre (1931). MVGDB 70 (1932) 117—120, hier 118.

[105] Symptomatisch in dieser Hinsicht ist der Vergleich der beiden Auflagen der Festschrift, die sich der VGDB zum 75. Vereinsjubiläum gewidmet hat: Das Sudetendeutschtum. Sein Wesen und Werden im Wandel der Jahrhunderte. Hrsg. v. Gustav *Pirchan*, Wilhelm *Weizsäcker*, Heinz *Zatschek*. Brünn-Prag-Leipzig-Wien. 1. Aufl. 1937 (Vorwort datiert „im Februar 1938"), 2. Aufl. 1939 (Vorwort datiert „im Juli 1939"). Im letztgenannten Vorwort heißt es: „Manches, was früher bloß angedeutet war, kann nun frei und offen gesagt werden." Während einige Beiträge unverändert in die zweite Auflage übernommen wurden, haben die Autoren anderer Beiträge, so besonders H. Cysarz, J. Pfitzner, G. Pirchan und W. Weizsäcker die Gelegenheit genutzt, „frei und offen" die neuen Zustände zu bejubeln.

[106] *Wostry*, Wilhelm: Zur Umgestaltung des VGDB. ZsdtG 3 (1939) 283 f.

[107] Vgl. die Rezension von Josef *Pfitzner* über R. Wolkan: Geschichte der deutschen Literatur in Böhmen und in den Sudetenländern, MVGDB 63 (1925) 114—117, hier 116. — *Ders.*: Erich Gierach und der sudetendeutsche Volkstumskampf. In: Wissenschaft im Volkstumskampf. Festschrift für Erich Gierach. Reichenberg 1941, 9—24.

[108] Vgl. *Lemberg*, Hans: Juden und Nichtjuden in der Geschichte der böhmischen Länder. Resümee einer Tagung. In: Die Juden in den böhmischen Ländern. Hrsg. v. F. *Seibt*. München-Wien 1983, 313—320, hier 320 (Bad Wiesseer Tagungen des Collegium Carolinum). — Siehe auch in diesem Band den Beitrag von Helmut *Teufel*.

[109] *Oberdorffer*: VGDB 1962, 28 f. (wie Anm. 9).

[110] Die neuen Satzungen des Vereins für Geschichte der Deutschen in den Sudetenländern. ZsdtG 4 (1940) 217 f.

mann, sondern „stellv. Vereinsführer" usw.; im Beirat fanden sich allerdings auch von den Protektorats- und NS-Gaubehörden ernannte Mitglieder, z. B. H. Raschhofer [111].

Selbst in dieser Phase finanzierte der Staat wieder mit, schlecht und recht. Wie die verschiedenen aufeinanderfolgenden Staaten den Verein förderten, so gab dieser auch „dem Kaiser, was des Kaisers ist": Die Mitteilungen enthalten zwar im Verlauf der Jahrzehnte zahlreiche Nekrologe — sie gelten aber ausschließlich Vereinsmitgliedern. Es gibt nur drei Ausnahmen: Die Nachrufe auf Franz Josef I. [112], den Staatspräsidenten T. G. Masaryk [113] und Reinhard Heydrich [114].

Die 1938/39 eingeleitete, aber noch verschobene Katastrophe trat 1945 ein. Sie traf selbstverständlich auch den Verein, ob nun seine Mitglieder politisch auf der Seite des Nationalsozialismus mehr engagiert waren wie Pfitzner, ob weniger wie die Vorstandsmitglieder Kühn, Peterka und Pirchan [115] — die vier Genannten wurden in den Prager Wirren ums Leben gebracht, Pfitzner durch öffentliche Hinrichtung.

Andere — viele andere Vereinsmitglieder, die den Krieg überlebt hatten, wurden vertrieben oder konnten nach der Entlassung aus der Kriegsgefangenschaft nicht mehr nach Hause zurückkehren. Wer in die sowjetische Besatzungszone des Deutschen Reiches kam, wie etwa der Obmann Wostry, nahm an der späteren Entwicklung in den Westzonen nicht mehr teil; Eduard Winter ging über Österreich in die sowjetische Zone bzw. die DDR und machte dort Karriere — ein Sonderfall. Das quasi Normale war aber das Sich-Wiederfinden in den deutschen Westzonen. Die Neuorganisation der deutschen Historiker aus den böhmischen Ländern in der jungen Bundesrepublik ist nicht mehr unser Thema [116]. Als wichtig bleiben hier nur einige Perspektiven festzuhalten:

Das in München gegründete Collegium Carolinum [117], dessen Gründungsmitglieder sämtlich früher dem VGBD angehört hatten, hat in seinen Anfängen vor allem die aktive Traditionspflege der Prager Deutschen Universität zum Ziel gehabt. Spezifischer als Nachfolgeorganisation des deutsch-historischen Vereins wäre die 1954 neugegründete Historische Kommission der Sudetenländer zu betrachten, enthielt sie in ihrem auf 25 ordentliche Mitglieder beschränkten Bestand doch einige der Mitglieder des Vorstandes und des Ausschusses von 1938: Josef Blau, Anton Ernstberger, Kurt Oberdorffer, Ernst Schwarz, Heribert Sturm und Wilhelm

---

111 Aus dem Verein für Geschichte der Deutschen in den Sudetenländern. ZsdtG 4 (1940) 335 f.

112 MVGDB 55 (1917) 101—110.

113 Ganzseitiges Trauerblatt am Anfang von Heft 3 der ZsdtG 1 (1937), zwischen S. 160 und 161. — Gleichlautend: MVGDB 75 (1937) zwischen S. 64 und 65 (Anfang von Heft 3).

114 *Buntru*, [Alfred]: Ansprache anläßlich [...] Trauerfeier [...] Reinhard Heydrich. ZsdtG 5 (1942) Beilage zu Heft 4.

115 *Oberdorffer*: VGDB 1962, 29.

116 Dazu *Schreiber*, Rudolf: Die Historische Kommission der Sudetenländer. Stifter-Jahrbuch 3 (1953) 239—244. — *Ders.*: Werdegang 1955.

117 25 Jahre Collegium Carolinum München 1956—1981. Bearb. v. Michael *Neumüller*. München 1982 (im Selbstverlag).

Weizsäcker [118]. Die Leitung, d. h. die Obmannschaft der Historischen Kommission lag jedoch bei Rudolf Schreiber, der weder im Vorstand, noch im Ausschuß des Vereins gewesen war. Das scheint symptomatisch zu sein: Zwar wurde die Tradition der historischen Vereine — hier auch des mährischen — in die Satzung der Historischen Kommission aufgenommen, aber es ist eben doch mehr die Universitätshistorie, es ist die Gruppe der Archivare und in geringerem Maße die der Geschichtslehrer, die sich hier wieder zusammengefunden hat, ohne Rücksicht auf frühere Mitgliedschaft im Geschichtsverein.

Vielmehr hat sich die Historische Kommission der Sudetenländer zunächst und vor allem als Weiterführung der Prager und der Reichenberger Geschichtskommissionen verstanden; bis zur genannten Höchstzahl sollten ordentliche Mitglieder „alle jene heute in Westdeutschland lebenden ehemaligen ordentlichen Mitglieder beider Kommissionen" sein, „die sich zur weiteren Mitarbeit bereit erklärten". Die „ehedem ordentlichen Mitglieder" der genannten Kommissionen, die „in Ostdeutschland, Österreich oder sonst im Ausland" lebten, sollten zu korrespondierenden Mitgliedern werden, allerdings sollten in diesen Kreis auch „durch Zuwahl aktiv in der Forschung über die Sudetenländer arbeitende Persönlichkeiten in Westdeutschland" einbezogen werden können. Erst in einem dritten Kreis sollten sich, um die Tradition der beiden deutschen Geschichtsvereine der böhmischen Länder „nicht der Vergessenheit anheimfallen" zu lassen (!), beitragende oder fördernde Mitglieder gruppieren [119]. Im Laufe des seit der Konstituierung der Historischen Kommission der Sudetenländer vergangenen Menschenalters haben sich bis heute diese Grenzen verwischt; in die Kommission ist eine neue Generation nachgewachsen, die erst nach 1945 ihren wissenschaftlichen Werdegang begonnen hat oder gar nach 1945 geboren ist. In der Gegenwart ist die Historische Kommission — dieser Tradition entsprechend — ein Arbeitskreis von nahezu ausschließlich Berufshistorikern; das schon seit den ersten Jahrzehnten unseres Jahrhunderts im VGDB immer schwächer gewordene Element der — im besten Sinn des Wortes — Dilettanten, der Geschichtsliebhaber, wie es die Reihen des deutsch-historischen Vereins ehedem gefüllt hatte, fehlt in der jetzigen „Kommission" fast ganz.

Die Frage, wann der Verein für die Geschichte der Deutschen in Böhmen zuende gegangen ist, muß schließlich offenbleiben: 1938/39 mit der Gleichschaltung? Oder 1945 mit der Vertreibung? Offiziell ist der Verein nie liquidiert worden; er hat aber auch seine Tätigkeit nach 1945 nicht wieder aufgenommen.

---

[118] Die erste Mitgliederliste der Historischen Kommission der Sudetenländer ist abgedruckt bei *Schreiber*: Historische Kommission 1953, 241 f.

[119] *Ebenda*. Dieser Aufsatz von R. Schreiber ist vor der Abfassung der ersten Satzung der Historischen Kommission der Sudetenländer veröffentlicht worden und hat daher in besonderem Maße programmatischen Charakter.

Josef Hemmerle

DIE GESELLSCHAFT ZUR FÖRDERUNG DEUTSCHER WISSENSCHAFT, KUNST UND LITERATUR IN BÖHMEN

Als im Dezember 1941 die „Deutsche Akademie der Wissenschaften in Prag" ihre Satzungen genehmigt erhielt und somit als wissenschaftliche Institution formell ihre Arbeiten unter den neuen politischen Gegebenheiten aufnehmen konnte, bezeichnete sie sich in der Präambel der Satzung ausdrücklich als Rechtsnachfolgerin der „Gesellschaft zur Förderung deutscher Wissenschaft, Kunst und Literatur in Böhmen", später „Deutsche Gesellschaft der Wissenschaften und Künste für die Tschechoslowakische Republik", jetzt „Deutsche Gesellschaft der Wissenschaften und Künste in Prag" [1]. Diese Gesellschaft wurde 1891 als Ersatz für die im Jahre 1774 gegründete „Königliche Böhmische Gesellschaft der Wissenschaften" ins Leben gerufen [2].

Wer die hier aufgezählten Titel dieser wissenschaftlichen Institution liest, wird vorerst wohl mit einer zeitlichen Einordnung der jeweiligen Wirkungsperioden schwer zurechtkommen. Und doch bezeichnet der jeweilige Titel eine spezielle wissenschaftliche Ausrichtung und Tätigkeit auf literarischem und künstlerischem Gebiet. Die Zäsuren, die diese Benennungen abgrenzen, fallen immer in politisch relevante Zeitabschnitte. Seit der Gründung im März 1891 bis 1924, dem Zeitpunkt, an dem die Gesellschaft nach einer erzwungenen Stagnation ihre Arbeit in der neuen Tschechoslowakischen Republik wieder voll aufnehmen konnte, nannte sie sich „Gesellschaft zur Förderung deutscher Wissenschaft, Kunst und Literatur in Böhmen". Seit Juli 1924 weitete die Gesellschaft ihre Tätigkeit durch eine Satzungsänderung auf den Gesamtbereich der deutschen Bevölkerung in der ČSR aus, was sich im neuen Namen „Deutsche Gesellschaft der Wissenschaften und Künste für die Tschechoslowakische Republik" widerspiegelte.

Mit der Eingliederung der Sudetengebiete in das Deutsche Reich ab 1. Oktober 1938 wurden die Deutschen und ihre wissenschaftlichen Bildungsstätten in der Resttschechoslowakei vom deutschen Mutterboden abgeschnitten. Die anfängliche Hoffnung, daß die Deutsche Universität nach Reichenberg verlegt werden könnte, wurde durch höchsten Befehl zerstört [3]. Unsere Institution mußte sich auf den Titel „Deutsche Gesellschaft der Wissenschaften und Künste in Prag" beschränken. Daß diese dann mit Wirkung vom 29. Dezember 1941 in eine „Deutsche Akademie der

---

[1] Satzung der „Deutschen Akademie ...". Jahrbuch der Deutschen Akademie der Wissenschaften in Prag (1939/41) 7—13 (ersch. 1943).

[2] *Kalousek*, J.: Geschichte der königlichen Böhmischen Gesellschaft der Wissenschaften, 1784—1884. Prag 1884. — *Prokeš*, J.: Počátky české společnosti nauk do konce XVIII. století, 1774—1789 [Die Anfänge der Böhmischen Gesellschaft der Wissenschaften zum Ende des 18. Jhs.]. Prag 1938. — *Hemmerle*, J.: Der Josephinismus und die Gründungsmitglieder der Gelehrten Gesellschaft der Wissenschaften in Prag. ZfO 31 (1982) 208—222.

[3] *Hemmerle*, J.: Die Prager Universität in der neueren Zeit. In: Bohemia Sacra. Das Christentum in Böhmen 973—1973. Hrsg. v. Ferdinand *Seibt*. Düsseldorf 1974, 426.

Wissenschaften in Prag" umgewandelt wurde, hatte für die Ausweitung ihrer wissenschaftlichen Bestrebungen keine weiteren Auswirkungen.

Die Gesellschaft, in den folgenden Jahrzehnten kurz „Förderungsgesellschaft" genannt, entstand 1891 [4]. Die Gelehrten deutscher Nationalität in Böhmen waren bis dahin im Verband der „Königlichen Böhmischen Gesellschaft der Wissenschaften" eingegliedert gewesen. Wer einmal in den „Abhandlungen der böhmischen Gesellschaft der Wissenschaften" den Personalstatus, z. B. zum Jahre 1868, studiert, wird sehen, daß unter den 19 ordentlichen Mitgliedern, deren Präsident František Palacký war, je nach nationaler Zuordnung höchstens fünf bis sechs Deutsche erscheinen [5]. Mit den Jahren wurde die böhmische Gesellschaft eine ausschließlich tschechisch-nationale Einrichtung, die 1890 zur „Tschechischen Kaiser Franz Josef-Akademie der Wissenschaften, Kunst und Literatur in Prag" umgewandelt wurde. Die deutschen Gelehrten in Prag mußten sich nun selbst helfen. Der erste Rechenschaftsbericht der Gesellschaft von 1892 spricht dies mit folgenden Worten aus: „Hervorgegangen ist unsere Gesellschaft aus dem Gefühle der Verpflichtung, Fürsorge zu tragen, daß deutsche Wissenschaft, Kunst und Literatur nicht zu Stiefkindern in Böhmen werden. Nach mannigfachen Vorbereitungen in den Kreisen unserer Universität, in welcher dieses Gefühl am lebhaftesten erwacht war, wurde ein aus den Professoren: Adler, v. Czyhlarz, Heering, Jodl, Kell, Knoll, Krasnopolski, Mach und Schindler bestehender Ausschuß mit der Aufgabe betraut, die Form für diese Fürsorge zu finden." [6]

Die einzelnen Fakultäten der Universität und das Deutsche Polytechnikum wählten damals aus ihren Gremien die ersten 25 Mitglieder, die dann noch durch Zuwahl auf 40 ergänzt wurden. Die durch die k. k. Statthalterei in Prag am 4. März

---

[4] Über die Geschichte, das Wirken und die Arbeitsvorhaben der „Förderungsgesellschaft" geben Nachricht in erster Linie die „Rechenschaftsberichte der Gesellschaft zur Förderung der deutschen Wissenschaft, Kunst und Literatur in Böhmen" 1891—1923, die „Rechenschaftsberichte" seit 1929: „Jahresberichte der Deutschen Gesellschaft der Wissenschaften und Künste für die Tschechoslowakische Republik" im Verlag der Gesellschaft in Prag 1924—1937. — Kurze Berichte veröffentlichte das „Sudetendeutsche Jahrbuch", hrsg. von Otto *Kletzl*, Bd. 1 ff., Augsburg 1925 ff. — *Wostry*, W.: Die Deutsche Gesellschaft der Wissenschaften und Künste für die Tschechoslowakische Republik in Prag. Heimatbildung 18 (1937) 217—221. — *Schreiber*, R.: Werdegang und Ziele der Historischen Kommission der Sudetenländer. ZfO 4 (1955) bes. 108—117. — Im Auftrag der historischen Kommission der Sudetenländer hat Frau Prof. Maria Kaulfersch, die Sekretärin der Förderungsgesellschaft seit 1915, archivalisches, bibliographisches und literarisches Material über diese bedeutendste wissenschaftliche Institution der Sudetendeutschen gesammelt. Ihr Nachlaß kam nach ihrem Tode (29. 12. 1971) an die Historische Kommission. Über M. Kaulfersch: Sudetenland 14 (1972) 149 und Biographisches Lexikon zur Geschichte der böhmischen Länder II 1980, 120. — Allgemein wird die Gesellschaft behandelt in *Mandlerová*, J.: Soupis odborných spolků a vědeckých institucí v českých zemích v letech 1860—1918 [Verzeichnis der Fachvereinigungen und wissenschaftlichen Institutionen in den böhmischen Ländern 1860—1918]. Prag 1973, 62—63. — *Dies.*: K založení „Gesellschaft zur Förderung deutscher Wissenschaft, Kunst und Literatur in Böhmen" v r. 1891. Dějiny věd a techniky 15 (1982) 13—27.

[5] 6. Folge, Bd. 2, Prag 1869, 24—29.

[6] Rechenschaftsbericht i. J. 1891. Prag 1892, 3.

1891 genehmigten Statuten umreißen in 17 Paragraphen Ziel, Organisation und Arbeitsweise der Gesellschaft [7]. Einige Abschnitte seien hier hervorgehoben: § 1: Zum Zwecke der Förderung deutscher Wissenschaft, Kunst und Literatur in Böhmen bilden die Unterfertigten eine Gesellschaft. Diese Gesellschaft besteht aus vierzig in Prag oder dessen nächster Umgebung wohnenden ordentlichen Mitgliedern, hat ihren Sitz in Prag und führt die Bezeichnung „Gesellschaft zur Förderung deutscher Wissenschaft, Kunst und Literatur in Böhmen". § 2: Die Gesellschaft ergänzt sich durch Wahl in ihren Vollversammlungen und gliedert sich in je eine Abteilung für Wissenschaft, Kunst und Literatur. § 3: Eine Abteilung zählt wenigstens fünf Mitglieder und gliedert sich erforderlichen Falls nach ihrem Ermessen in Unterabteilungen. Jedes ordentliche Mitglied der Gesellschaft hat einer Abteilung anzugehören. § 5: Die Erreichung ihrer Zwecke erstrebt die Gesellschaft insbesondere: a) Durch Unterstützung deutschböhmischer oder in Böhmen wohnender deutscher Forscher, Künstler oder Schriftsteller behufs Ausführung bestimmter Werke. b) Durch Zuerkennung von Preisen für Werke, welche unter a) genannten Personen ausgeführt wurden. c) Durch Unterstützung der Drucklegung, Vorführung oder Ausstellung von Werken, welche von unter a) genannten Personen ausgeführt wurden. d) Durch Zuerkennung von Stipendien zu Studienzwecken aller Art an Deutschböhmen oder in Böhmen lebende Deutsche. e) Durch Herausgabe eines Jahrbuches, welches eine Übersicht über die Leistungen der deutsch-böhmischen oder in Böhmen wohnenden deutschen Forscher, Künstler oder Schriftsteller bietet. — Unter den 40 Unterschriften der Satzung finden sich außer den bereits vorher genannten Antragstellern noch die von Adolf Bachmann, Wenzel Frind, Gustav Laube, Josef Neuwirth, August Sauer, Ludwig Schlesinger und Julius Lippert.

In der ersten, konstituierenden Sitzung am 18. April 1891 im Senatssaal der Deutschen Universität wurde zum Vorsitzenden der aus Lobositz stammende Hofrat Karl Ritter von Czyhlarz, Professor für römisches Recht, zum Stellvertreter Dr. Ludwig Schlesinger und die ersten korrespondierenden Mitglieder gewählt. Nach der Berufung von Czyhlarz an die Wiener Universität wählten die Mitglieder in der Vollversammlung vom 2. Juni 1892 Philipp Knoll, Professor für Pathologie, zum Vorsitzenden, der schon von Anfang an das geistige Haupt der Gesellschaft gewesen war. Sein Stellvertreter wurde ab 1893 Dr. Julius Lippert, Oberstlandmarschall-Stellvertreter von Böhmen und Historiker. Als auch Knoll einem Ruf nach Wien folgte, übernahm 1898 Friedrich Freiherr von Wieser, Professor der Nationalökonomie, die Vorstandsgeschäfte. Sein Nachfolger an der Spitze der Gesellschaft wurde 1903 Hofrat Gustav Laube, Professor für Geologie, sein Stellvertreter Weihbischof Prof. Dr. Wenzel Frind. Hofrat Laube trug die Verantwortung für die Gesellschaft bis Februar 1918 [8].

Aus dem „Rechenschaftsbericht" der Gesellschaft über das Jahr 1909 erhält man ein Bild der organisatorischen Gliederung, Arbeitsweise, Subventionierung und personellen Zusammensetzung. Die Gesellschaft bestand damals aus 39 ordent-

---

[7] Ein Druck als Beilage bei den Prager Statthaltereiakten. Abschrift im Nachlaß Kaulfersch.

[8] Nachruf auf Laube in: Rechenschaftsbericht i. J. 1923. Prag 1924, 16—18; und in: Sudetendeutsche Lebensbilder II 1930, 248—250.

lichen und 139 korrespondierenden Mitgliedern. Die Abteilung Wissenschaft umfaßte 32 Mitglieder, an der Spitze stand als Obmann Hofrat Dr. Ferdinand Lippich, Professor für mathematische Physik. Die Abteilung für bildende Kunst, bestehend aus 16 Mitgliedern, führte der Kunstmaler Karl Krattner, seit 1910 Professor an der Akademie für bildende Künste in Prag. Die Abteilung für Literatur arbeitete mit elf Mitgliedern unter der fachkundigen Leitung August Sauers, des hervorragenden Germanisten der Universität. Die kleinste Abteilung, die für Tondichtung mit nur sechs Mitgliedern, führte Prof. Dr. Heinrich Rietsch.

Die Gesellschaft ließ ihre Projekte ausschließlich in den Kommissionen durchführen, auf die der größte Teil der finanziellen Mittel aufgeteilt wurde. Als solche erschienen vorrangig: 1. die Kommission für die Sammlung der Volksüberlieferungen, 2. die für die Herausgabe der Forschungen zur deutschen Kunstgeschichte Böhmens, 3. die Geologische Kommission, 4. der Redaktions-Ausschuß für die Monatsschrift „Deutsche Arbeit", 5. die Kommission für den nationalen Kataster, 6. die Kommission für die Publikation zur deutschböhmischen Wirtschaftsgeschichte, 7. die Prähistorische Kommission und 8. die Kommission für die Herausgabe der Bibliothek deutscher Schriftsteller aus Böhmen. Nach dem Ersten Weltkrieg wurden diese noch vermehrt, 1918 durch die Historische Kommission, 1920 durch die Wörterbuch-Kommission und 1922 durch die Biologische Kommission.

Seit 1893 residierte die Gesellschaft, die bisher von der Deutschen Universität den kleinen Sitzungssaal für ihre Sitzungen zur Verfügung bekommen hatte, in eigenen Räumen im Clam-Gallas-Palais. Dieser feste lokale Mittelpunkt für Kanzlei, Bibliothek und Sammlungen war für die Arbeitsvorhaben von großer Bedeutung. Im Österreichischen Hof- und Staatshandbuch rangierte die Gesellschaft hinter den Akademien. Obgleich ihre Tätigkeit voll der einer Akademie entsprach, hatte die Vorstandschaft der Gesellschaft damals keinen Antrag an den Kaiser gestellt, der Gesellschaft den Rang und Titel einer Akademie zu verleihen. Denn durch eine solche Auszeichnung hätte die Gesellschaft ihre Subventionstätigkeit gerade für deutsch-böhmische Künstler, Kunstschüler und Literaten einstellen müssen. Freilich drängte ein Teil der Mitglieder immer wieder auf eine Umwandlung, da man mit der Tschechischen Kaiser Franz Josef-Akademie gleichgestellt werden wollte. Erst 1917 erhielt das ordentliche Mitglied, der Physiker Anton Lampa den Auftrag, einen Antrag auf Umwandlung der Gesellschaft in eine Akademie auszuarbeiten [9]. Der seit Februar 1918 neugewählte Präsident Professor August Sauer überreichte die Akademie-Denkschrift im September 1918 der Wiener Regierung mit der Bitte, die Gesellschaft in eine „Deutsche Kaiser Karl-Akademie der Wissenschaften und Künste" umzuwandeln.

Doch die Pläne und Bemühungen, den Akademiestatus zu erreichen, scheiterten schließlich infolge der Zerschlagung der alten Donau-Monarchie und der Ausrufung

[9] Denkschrift über die Umwandlung der „Gesellschaft zur Förderung deutscher Wissenschaft, Kunst und Literatur in Böhmen" in eine „Deutsche Akademie der Wissenschaften und Künste in Böhmen". Mit einer Übersicht über die Leistungen der Gesellschaft in den Jahren 1891—1917. Prag 1918. — *Sauer*, A.: Eine Deutsche Akademie der Wissenschaften und Künste für die Tschechoslowakische Republik. In: August Sauers kulturpolitische Reden und Schriften. Reichenberg 1928, 192—194.

der Tschechoslowakischen Republik am 28. Oktober 1918. Die Gesellschaft bangte damals überhaupt um ihre Existenz, um ihr Weiterbestehen. Finanzielle Mittel waren von den neuen Herrschern nicht zu erwarten. Tschechische Dienststellen beschlagnahmten die Diensträume im Clam-Gallas-Palais. Als Professor Sauer als Präsident protestierte, drohte man mit einer Zwangsräumung. Die Gesellschaft fand für die Kanzlei und Bibliothek nur Notunterkünfte und Magazine. Erst 1923 erhielt sie dann durch die Intervention von Professor Franz Spina in dem ehemaligen deutschen Gymnasium in den Weinbergen in der Budečgasse 6 neue Arbeitsräume. Im Juni 1940 wurden der Gesellschaft repräsentativere Räumlichkeiten im Haus der Deutschen Hochschulen zugewiesen.

Trotz der veränderten politischen Gegebenheiten nahm die Gesellschaft ihre Pläne einer Umwandlung in eine Akademie 1920 wieder auf. Da aber damals die Verhandlungen aus rein politischen Gründen sabotiert wurden, stellte man dieses Vorhaben vorerst zurück. Um aber für die ganze deutsche Bevölkerung des Staates eine kulturelle und wissenschaftliche Repräsentanz zu schaffen, entschlossen sich die Mitglieder 1924 zu einer Satzungsänderung. Durch den Erlaß des Innenministeriums vom 25. Juni 1924 wurde die geänderte Satzung genehmigt. Der Wirkungskreis der Gesellschaft erstreckte sich jetzt auf die ganze Republik, so daß in Zukunft Gelehrte, Künstler und Schriftsteller auch aus Mähren und Sudeten-Schlesien sowie aus der Slowakei als Mitglieder gewählt werden konnten. Dieses erweiterte Wirkungsfeld kam auch in der neuen Bezeichnung „Deutsche Gesellschaft der Wissenschaften und Künste für die Tschechoslowakische Republik" zum Ausdruck. Die Zahl der wirklichen Mitglieder wurde von 45 auf 60 erhöht, die Gruppe der Ehrenmitglieder und Förderer neu eingeführt und die wissenschaftliche Abteilung in eine philosophisch-historische und in eine mathematisch-naturwissenschaftliche geteilt. In der Vollversammlung vom 5. November 1924 wurde die Zahl der Mitglieder der einzelnen Abteilungen festgelegt, und zwar für die beiden wissenschaftlichen Abteilungen auf je 22, für die Abteilung für bildende Kunst auf sechs, für die Abteilung für deutsche Dichtkunst und die Abteilung für Tonkunst auf je fünf [10].

Infolge des Todes der beiden führenden Persönlichkeiten, nämlich August Sauers [11] und Karl Krattners [12] im Jahre 1926, wurde in der Vollversammlung am 1. März 1927 Otto Großer, Professor für Anatomie, zum neuen Präsidenten gewählt. Dieser hat die Gesellschaft und später die Akademie „mit zielstrebiger Energie und

---

[10] Rechenschaftsbericht i. J. 1924. Prag 1925, 3 f. — Sudetendeutsches Jahrbuch 2 (1926) 139—141.

[11] Über August Sauer siehe *Hauffen*, A. in: Sudetendeutsche Lebensbilder II 1930, 263—272. — Über sein Wirken in der Gesellschaft *ders.* in: Rechenschaftsbericht i. J. 1926. Prag 1927, 13—21. — Über sein Wirken an der Universität Prag *Pfitzner*, J.: August Sauer als Kulturpolitiker. In: August Sauers kulturpolitische Reden und Schriften. Reichenberg 1928, S. VI—LIV.

[12] Den Organisator der deutschböhmischen Kunst würdigte *Grünwald*, A. in: Rechenschaftsbericht i. J. 1926. Prag 1927, 14—17; und in: Sudetendeutsche Lebensbilder II 1930, 148—151. — Ferner *Kletzel*, O.: Karl Krattners Lebenswerk. In: Sudetendeutsches Jahrbuch 3 (1927) 64—72.

strenger Sachlichkeit in nie versagender Pflichterfüllung" bis 1945 geführt [13]. Großer verfolgte die Akademie-Angelegenheit weiterhin mit konsequenter Zielstrebigkeit. Er erreichte, daß im Prager Parlament am 25. April 1930 von vier sudetendeutschen Abgeordneten ein Gesetzesantrag eingebracht wurde, der die Umwandlung der Gesellschaft in eine Akademie zum Ziele hatte. Das inzwischen umgearbeitete Akademiestatut wurde 1931 dem Schulministerium vorgelegt, aber politische Schwierigkeiten, vor allem auch das Fehlen einer entsprechenden staatlichen Dotation blokkierten immer wieder die Verhandlungen. Da das neue Statut nur eine Kunstabteilung vorsah, wurden die bisher selbständigen Abteilungen für bildende Kunst, deutsche Dichtkunst und Tonkunst 1933 in eine einzige Arbeitsgemeinschaft zusammengeschlossen. Einen neuen Anlauf nahm man 1936 durch Übergabe eines Memorandums an den Staatspräsidenten. Ein Jahr später gab es Differenzen wegen eines veröffentlichten Regierungsentwurfs, der überhaupt nicht den Vorstellungen der Gesellschaft entsprach. Der Präsident der Gesellschaft erhob gegen diesen Entwurf Einspruch und ließ eine neue Fassung des Gesetzesentwurfs vorlegen.

Nach der Eingliederung des Sudetenlandes in das Deutsche Reich und der Bildung des Protektorats Böhmen und Mähren verhandelte Präsident Großer mit der Berliner Akademie und den Reichsbehörden. Vorerst ging es um das Überleben der Gesellschaft, denn der vom Reich eingesetzte Stillhaltekommissar für die Organisationen hatte das Vermögen der Gesellschaft gesperrt. Großer erreichte, daß ein Teil des Kapitals, kaum die Hälfte des Stiftungsvermögens, freigegeben wurde. Im November 1940 setzte er durch, daß die Aufnahme der „Deutschen Gesellschaft der Wissenschaften und Künste in Prag" in den Reichsverband der Deutschen Akademien der Wissenschaften erfolgte. Die Krönung der unermüdlichen Bemühungen Otto Großers war 1941 die Umwandlung der Gesellschaft in die „Deutsche Akademie der Wissenschaften in Prag", die durch den Reichsminister für Wissenschaften, Erziehung und Volksbildung am 31. Oktober und durch den Reichsprotektor von Böhmen und Mähren am 8. Dezember genehmigt worden war [14].

Die Satzung der neuen Akademie, die vom Berliner Reichsministerium denen der übrigen Akademien angeglichen worden war, bestimmte im § 1 den Wirkungsbereich der gelehrten Institution: „Die Akademie pflegt die Wissenschaft. Es ist insbesondere ihre Aufgabe, in enger Zusammenarbeit mit den deutschen Hochschulen in Prag und Brünn die deutsche Forschung im mittleren Ostraum im Dienst von Volk und Reich zu fördern, die deutsche Kulturleistung in diesem Raume in allen Lebensbereichen zu erforschen und zu weiterer Erschließung des Raumes für das Deutsche Volk nach Kräften beizutragen." [15] Den hier umschriebenen Wirkungskreis, den mittleren Ostraum, hatte man sehr unklar definiert. Die ehemaligen sudetendeutschen Gebiete Böhmens waren damit kaum bewußt angesprochen worden. Im Reichsgau Sudetenland hatte nämlich die „Sudetendeutsche Anstalt für

---

[13] *Watzka*, M.: Otto Großer. Ein Forscher von großem Format. Sudetendeutscher Kulturalmanach 4 (1962) 169—173. — *Kaulfersch*, M.: Otto Großer als Präsident der Deutschen Akademie der Wissenschaften in Prag. *Ebenda* 173—175.

[14] Dazu der Bericht des Präsidenten Großer in der Eröffnungssitzung der Akademie am 16. Februar 1942. Jahrbuch der Deutschen Akademie (1934/41) 19 ff.

[15] Die Satzung *ebenda* 7 ff.

Landes- und Volksforschung", die von Erich Gierach 1925 zu neuem Leben erweckte Reichenberger „Wissenschaftliche Gesellschaft", die bislang von der Förderungsgesellschaft betreuten Forschungsunternehmungen wie das Ortsnamenbuch, die Herausgabe der sudetendeutschen Geschichtsquellen und die kunstgeschichtlichen Publikationen übernommen [16].

Nach § 3 der Akademiesatzung gliederte sich die Akademie nur noch in zwei Klassen: die mathematisch-naturwissenschaftliche und die philosophisch-historische. Die bislang geförderten Künste wurden völlig aus dem Arbeitsbereich eliminiert, sie fielen fortan in das Ressort der Reichskulturkammer. Die Zahl der Mitglieder wurde in den beiden Klassen auf je 30 begrenzt. Die neugewählten ordentlichen und korrespondierenden Mitglieder mußten vor der Publikation ihrer erfolgten Wahl erst durch den Reichsprotektor und Reichsminister für Wissenschaften bestätigt werden. Nach § 6 wurden der Präsident, Vizepräsident und die beiden Obmänner der Klassen zwar von der Akademie vorgeschlagen, aber dann vom Reichsprotektor und Reichsminister auf die Dauer von vier Jahren ernannt [17]. Nachdem die Akademie im Haushalt des Reichsfinanzministeriums etatisiert war, konnte sie praktisch ohne das Wohlwollen der Bürokratie dieser Oberbehörde kaum irgendwelche Aktivitäten entfalten oder gar neue Projekte aufgreifen.

In Prag war der Deutschen Akademie der Wissenschaften in der sogenannten Reinhard Heydrich-Stiftung ein gefährlicher Konkurrent entstanden. Die „Reichsstiftung für wissenschaftliche Forschung", die erst nach Heydrichs Tod dessen Namen erhielt, trachtete danach, alle wissenschaftlichen Einrichtungen in ihren Einflußbereich einzubeziehen und vor allem mit reichlich dotierten Stellen begabte junge Wissenschaftler abzuwerben. Die Machenschaften der Heydrich-Stiftung, die darauf abzielten, ihre hauptamtlichen Mitarbeiter zu wirklichen Mitgliedern der Akademie wählen zu lassen, schlugen dank der entschiedenen Haltung des Präsidenten Großer, der sich gegen eine politisch zweckgelenkte Wissenschaft verwahrte, fehl. Freilich weiß man nicht, wie die Fehde zwischen diesen beiden Institutionen ausgegangen wäre. Der 5. Mai 1945 hat dieses schwelende Problem radikal gelöst.

*

Wenn man sich heute die Frage stellt, was die Gesellschaft gewirkt und bewirkt hat, welche Tätigkeiten und Förderungen sie auf dem Gebiete der Wissenschaften, Kunst und Literatur entfaltet hat, so kann man bei der Beantwortung nur einige wenige Schwerpunkte herausgreifen, soweit sie in den Rechenschaftsberichten erscheinen. Die Gesellschaft sollte ja der Mittelpunkt des geistigen und künstlerischen Lebens der Deutschen in Böhmen sein. Sie mußte ihre Mittel dahingehend einsetzen, daß im „deutschböhmischen Volksstamm alle Kräfte zu einem auch weltbürgerlichen bedeutsamen geistigen Schaffen angespannt werden" [18]. Die jährlichen Be-

---

[16] Über das Wirken Erich Gierachs bes. *Schier*, B. in: BohJb 3 (1962) 571—576; ferner in: Blätter der Deutschen Gildenschaft 22 (1980) 168—174; und in: Jahrbuch für ostdeutsche Volkskunde 24 (1981) 284—293.

[17] Jahrbuch der Deutschen Akademie (1939/41) 9.

[18] Rechenschaftsbericht i. J. 1892. Prag 1893, 20.

richte geben Aufschluß über die Arbeiten, Projekte und Subventionen. Für wissenschaftliche, literarische und künstlerische Arbeiten wurden finanzielle Beihilfen nach dem Votum der in den jeweiligen Kommissionen tätigen ordentlichen Mitglieder gewährt. Aber auch wissenschaftliche Expeditionen wurden in den beiden ersten Jahrzehnten gefördert, so eine von Dr. Eduard Glaser durchgeführte Forschungsreise nach Arabien, die von Dr. Viktor Schiffner geleitete botanische Erforschung der Insel Java oder die 1903 von Prof. Patsch veranstaltete archäologische Durchsuchung Dalmatiens und der Herzegowina nach römischen Siedlungen.

Eine bedeutsame Aufgabe bot sich der Förderungsgesellschaft durch die Herausgabe der „Bibliothek deutscher Schriftsteller aus Böhmen, Mähren und Schlesien", die August Sauer initiiert und bis zu seinem Tode 1926 betreut hatte. Von 1894 bis 1939 wurden 49 Bände herausgegeben, zwei Bände waren bei Kriegsende noch im Druck. Von den Werken deutschböhmischer Dichter und Schriftsteller erschienen u. a. die Sonntagsevangelien von Nikolaus Hermann, ausgewählte Schriften von Johannes Mathesius, die Erinnerungen von Josef Rank, Werke des Grafen Kaspar von Sternberg, Goethes Briefwechsel mit Joseph Sebastian Grüner und Joseph Stanislaus Zauper, Moritz Hartmanns gesammelte Werke, Briefe aus dem Vormärz, vor allem aber eine kritische Gesamtausgabe von Adalbert Stifter, die August Sauer, Adalbert Horčička, Franz Hüller, Josef Nadler und Gustav Wilhelm bearbeiteten und herausgaben, insgesamt 25 Bände [19]. Der Arbeit an der Stifterausgabe kam zugute, daß seit 1902 die Gesellschaft ein Stifterarchiv aufgebaut hatte, das Manuskripte, Briefe und Dokumente Stifters verwahrte. Neben der Stifterausgabe sollten die gesammelten Werke von Charles Sealsfield-Karl Postl in der „Bibliothek deutscher Schriftsteller" erscheinen. Diese Bearbeitung wurde Professor Erich Trunz übertragen. Von den vorgesehenen zwölf Bänden und zwei Ergänzungsbänden konnten aber bis 1945 nur zwei Bände in Druck gehen [20].

Die „Beiträge zur deutschböhmischen [seit 1926: sudetendeutschen] Volkskunde", betreut durch die Kommission für die Sammlung der Volksüberlieferungen, erschienen von 1896 bis 1940 in 26 Bänden. Durch die Industrialisierung weiter Teile der deutsch bewohnten Gebiete Böhmens bestand die Gefahr, daß die alten und volkstümlichen Traditionen mit der Zeit in Vergessenheit geraten könnten. Adolf Hauffen, Gustav Jungbauer und Josef Hanika — um nur wenige Autoren herauszugreifen — haben hier wertvollste Pionierarbeit geleistet. Die Bände enthalten Bibliographien zur Volkskunde, Volksschauspiele, Studien zu deutschböhmischen Hausbauten, Sitten und Gebräuche, Volksglauben, Volksdichtung, Volkslied, Sagen und Schwänke, Volkskunst und Volkstrachten.

Die Kommission für die Herausgabe der Forschungen zur deutschen Kunstgeschichte ließ in den Jahren 1895—1912 sechs Bände veröffentlichen, drei Bände allein von Josef Neuwirth über die mittelalterlichen Wandgemälde auf der Burg Karlstein und im Emauskloster in Prag. Die Topographie der historischen und Kunstdenkmäler wurde seit 1914 gemeinsam mit der Tschechischen Kaiser Franz Josef-Akademie bearbeitet. Die Gesellschaft gab die Bände 43, 50 und 51 in

---

[19] Darüber ein ausführlicher Bericht in: Jahrbuch der Deutschen Akademie (1939/41) 45 f.
[20] *Ebenda* 34.

eigener Verantwortung heraus; es waren dies die Kunstdenkmäler des politischen Bezirks Elbogen 1927 und der Bezirke Tepl und Marienbad 1932, beide Bände von Anton Gnirs erstellt, sowie die des Bezirks Reichenberg von Karl F. Kühn 1934. Die kunstgeschichtliche Kommission blühte seit 1939 unter der Leitung von Karl Maria Swoboda auf. Im Rahmen der „Beiträge zur Geschichte der Kunst im Sudeten- und Karpathenraum" wurden sieben Bände gedruckt, davon allein drei Abhandlungen über die staufische und Parler-Kunst von Erich Bachmann, und in der neuen Reihe „Prager Forschungen zur Kunstgeschichte" 1940 eine kunstgeschichtliche Analyse über das Czernin-Palais in Prag von Johann Joseph Morper.

Das Anliegen der seit 1900 bestehenden prähistorischen Kommission lag in der Durchforschung der deutschen Teile Böhmens hinsichtlich der Existenz frühhistorischer Siedlungen. In dem Teplitzer Museumskustos Robert Ritter von Weinzierl hatte die Gesellschaft eine hervorragende Fachkraft gewonnen, die durch planmäßige Grabungen und Besichtigungen von prähistorischen Fundstätten in Nord- und Nordwestböhmen systematische Arbeit leistete. Da die Gesellschaft wegen Platzmangel die Funde in den Prager Magazinen nicht verwahren konnte, wurde das Teplitzer Museum als Depot mitbestimmt. Mit dem Tode Weinzierls 1909 stagnierten die Arbeiten, und erst mit der Berufung von Leonhard Franz zum ordentlichen Professor an die Universität 1936 wurde die Kommission für Urgeschichte neu belebt. Während des Zweiten Weltkrieges hat Professor Lothar Zotz die vorgeschichtliche Forschung besonders in Südböhmen aufgenommen.

Der Geologischen Kommission nahm sich der an der Tetschen-Liebwerder-Hochschule lehrende Josef Emanuel Hibsch an. Er erforschte die geologischen und petrographischen Verhältnisse des böhmischen Mittelgebirges und veröffentlichte die Ergebnisse von 1896—1928 auf 14 Karten im Maßstab 1 : 25 000 mit den dazugehörenden Erläuterungen, die bei manchen Karten mehr als 130 Seiten umfaßten.

Die 1922 gegründete Biologische Kommission war eigentlich die Nachfolgerin der Kommission für die naturwissenschaftliche Erforschung des Hirschberger Großteiches, die 1907 zur biologischen Untersuchung dieses wegen seines Fischreichtums berühmten Teiches von Prof. Dr. Robert Ritter von Lendenfeld eingesetzt worden war. Die Kommission erfreute sich dabei der finanziellen und materiellen Unterstützung des Besitzers des Teiches, des Grafen Waldstein. Die Ergebnisse wurden in drei Abhandlungen publiziert.

Auf der Grundlage der Daten der Volkszählung des Jahres 1900 ließ der damalige Vorsitzende Freiherr von Wieser das Werk „Der nationale Besitzstand in Böhmen" durch Prof. Heinrich Rauchberg erarbeiten. Zuerst erschien 1904 die „Sprachenkarte von Böhmen" mit den entsprechenden statistischen Angaben über den Anteil der deutschen und tschechischen Bevölkerung [21] und 1905 das dreibändige Werk von Rauchberg, das im ersten Band den Text, im zweiten die erläuternden Tabellen und im dritten die graphischen Anlagen bot [22].

Schon bei der Gründung der Förderungsgesellschaft hatte man angeregt, ein Jahrbuch als „Übersicht über die Leistungen der Deutschen Böhmens auf dem Gebiete

[21] Auf Grund der Volkszählung vom 31. Dezember 1900 über die Umgangssprache, entworfen von Heinrich *Rauchberg*, Wien 1904.

[22] Das umfangreiche Werk erschien 1905 in Leipzig.

der Wissenschaft, Kunst und Literatur" herauszugeben. Dieses Jahrbuch sollte nicht nur die Kulturschaffenden in Böhmen selbst, sondern auch die geistig bedeutenderen Deutschböhmen außerhalb der böhmischen Grenzen würdigen. Man dachte an eine Art Ehrenbuch des deutschen Volkes in Böhmen. Von diesem Jahrbuch erschienen von 1893—1900 fünf Bände. Auf der Festsitzung anläßlich des zehnjährigen Bestehens der Gesellschaft am 4. März 1901 beschlossen die Mitglieder, an Stelle des Jahrbuches eine kulturelle Monatsschrift mit dem Titel „Deutsche Arbeit" herauszugeben. Die Zeitschrift erschien mit ihrem ersten Heft im Oktober 1901 und war gedacht als Zentralorgan für das gesamte Kultur- und Geistesleben der Deutschen in Böhmen, wobei jede Tagespolitik ausgeschlossen sein sollte. Erbeten wurden von den Mitarbeitern schöngeistige, geschichtliche, naturwissenschaftliche, volkskundliche, national- und staatsökonomische Aufsätze. Nach einem Werbeblatt sollten die Aufsätze „die Leistungen der Heimat stärken, den Ehrgeiz wecken, die geistige und kulturelle Arbeitslust, aber auch die sachliche Kritik beleben sowie den ganzen vollen Strom der Deutschen Geisteskultur in unser Land leiten". Durch Kunstbeilagen erhielt die Zeitschrift Verbindung mit den kunstfördernden Bestrebungen. Die reich und für die damalige Zeit glänzend illustrierte Monatsschrift repräsentierte die Förderungsgesellschaft nach außen. Nach einem vierjährigen Bestand bewies ihr Erfolg, daß es der Gesellschaft durch diese Publikation gelungen war, „mit ganz Deutschböhmen in unmittelbare Beziehung zu treten, ihre Ziele und Absichten weiteren Kreisen zu verdeutlichen und ihre Ideen zu vertreten" [23].

Einzelne Hefte der „Deutschen Arbeit" waren bestimmten Persönlichkeiten gewidmet, wie Bernard Bolzano, Adalbert Stifter, Franz Metzner, Wolfgang Amadeus Mozart, oder besonderen Themen wie der Mundartdichtung, der Technischen Hochschule Prag, dem Zeitalter Kaiser Franz Josefs I. — oder auch Städten wie Leitmeritz, Brüx, Reichenberg, Prachatitz und Friedland. Hier wurde von August Sauer versucht, durch einen Brückenschlag „die beiden Nationen zurück zu jener liberalen Humanität zu führen, die einen „Bohemismus neuer Prägung tragen könnte" [24]. Wie wirkungsvoll die Zeitschrift war, beweist die Tatsache, daß 1906 die Tschechische Akademie der Wissenschaften mit der „Tschechischen Revue", einer in deutscher Sprache redigierten Zeitschrift, nachfolgte, die sich das Ziel setzte, Österreich und Deutschland über die tschechische Kultur zu unterrichten.

Wie sehr August Sauer, der Spiritus rector und Herausgeber der „Deutschen Arbeit", sich mit seiner Zeitschrift identifizierte und in ihr eine kulturelle Brücke sah, kommt in seiner Rede anläßlich seines 60. Geburtstages zum Ausdruck: „Bis dahin waren wir eine rein gelehrte Gesellschaft, die mit der Bevölkerung des Landes kaum eine Berührung hatte und so manchen feindlichen Angriffen ausgesetzt war. Die Gesellschaft hing gewissermaßen in der Luft. Erst durch die ‚Deutsche Arbeit'

---

[23] Rechenschaftsbericht i. J. 1904. Prag 1905, 9. — Über die Zeitschrift vgl. die bisher ungedruckte Dissertation von *Treppesch*, Franz: „Deutsche Arbeit", Monatsschrift für das geistige Leben der Deutschen in Böhmen. Werden und Wirken einer kulturpolitischen Zeitschrift im Sudetenraum. Phil. Diss. München 1945.

[24] *Oberdorffer*, K.: Die Deutsche Universität in Prag. Herkunft und Schicksal. In: Die deutsche Schule in den Sudetenländern. Hrsg. v. Theodor *Keil*. München 1967, 292.

änderte sich das, wir wurden mit einem Schlage bekannt und volkstümlich. Durch die Zeitschrift haben wir aber auch unser Deutschböhmen entdeckt, für uns selbst, für die anderen österreichischen Länder und für das Deutsche Reich. Unsere zerstreuten und zersplitterten Kräfte begannen wir zu sammeln. Auf die reichen geistigen und künstlerischen Begabungen wiesen wir hin." [25] 1912 stellte es sich leider heraus, daß die Gesellschaft nach dem 12. Jahrgang die Weiterführung ihres kulturellen Organs nicht mehr verkraften konnte, da damals sämtliche Landessubventionen ausfielen. Dr. Hermann Ullmann übernahm die Redaktion und führte die Zeitschrift mit eigenem Programm weiter, bis auch er sie im September 1918 einstellen mußte.

Die Historische Kommission wurde innerhalb der Gesellschaft verhältnismäßig spät gegründet, nämlich erst 1918, und zwar mit der Auflage, den bis dahin für geschichtliche Fragen zuständigen „Verein für Geschichte der Deutschen in Böhmen" zu entlasten [26]. Die Landesgeschichte, die Edition von Geschichtsquellen, der historische Atlas, die Ortsnamenforschung, die Bibliographie, die Stadtrechtsforschung u. a. m. fiel nunmehr in den Bereich der Historischen Kommission. Publikationsreihen der Historischen Kommission waren die „Quellen und Forschungen aus dem Gebiete der Geschichte" mit insgesamt 17 Bänden von 1922—1942 und das „Sudetendeutsche Historische Archiv" mit sechs Bänden, publiziert in den Jahren 1934—1943. Die Organisation dieser Kommission lag zuerst in den Händen des Althistorikers Heinrich Swoboda, ab 1926 bei Samuel Steinherz und Wilhelm Wostry. Eng verbunden mit der Historischen Kommission war die Kommission für die Herausgabe der „Sudetendeutschen Lebensbilder". Unter der Leitung von Erich Gierach wurden 1926—1934 drei Bände der Öffentlichkeit übergeben [27].

An dieser Stelle sollen auch die unter der wissenschaftlichen Leitung von Ernst Schwarz durchgeführten Arbeiten zur sprachwissenschaftlichen Erforschung des Sudetendeutschtums genannt werden. Das Sudetendeutsche Mundartenwörterbuch, das mit der Deutschen Akademie in München vor allem durch den Einsatz der sudetendeutschen Lehrer bearbeitet wurde, basierte auf über einer Million Einzelbeantwortungen und Mundartübertragungen aus 2783 Schulorten. Nach dem Bericht von Ernst Schwarz [28] lagen bis 1942 insgesamt 512 346 Verzettelungen vor, dazu 885 mundartgeographische Karten. Die erste Lieferung des Mundartenwörterbuchs war für 1943 geplant. Eine Frucht dieser Sammlungen war Ernst Schwarz' Werk „Sudetendeutsche Sprachräume", München 1935 [29], und eine Reihe

---

[25] Aus Nachlaß „Sauer" im Wiener Stadtarchiv JN146. 157 (Abschrift im Nachlaß Kaulfersch).

[26] *Schreiber*, R.: Werdegang und Ziele der Historischen Kommission der Sudetenländer. ZfO 4 (1955) 111 ff.

[27] Dieser Anfang einer sudetendeutschen Biographie ging auf Gedanken August Sauers zurück, der zuerst in der „Deutschen Arbeit" 1905 „Eine Deutsch-böhmische Biographie" (abgedruckt in seinen „Kulturpolitischen Reden und Schriften", Reichenberg 1928, 10—15) angeregt hatte. Diese könne nur durch das Zusammenwirken vieler Forscher unter der Leitung einer Kommission durchgeführt werden.

[28] Jahrbuch der Deutschen Akademie (1942) 29.

[29] Erweiterte Auflage neu aufgelegt vom Collegium Carolinum als Bd. 2 des „Handbuches der sudetendeutschen Kulturgeschichte", München 1962.

von „Arbeiten zur sprachlichen Volksforschung in den Sudetenländern“, seit 1937 sieben Hefte. Das Sudetendeutsche Flurnamenbuch, 1929 vorerst als Materialsammlung gedacht, dann aber von einer besonderen Kommission betreut, fußte auf dem Namenschatz des Theresianischen und Josefinischen Katasters aus dem 18. Jahrhundert. Eine Reihe von sprachkundigen Sammlern, wobei hier wieder die Lehrervereine wertvolle Hilfe leisteten, erfaßte in Orten und Fluren noch fortlebende Flurnamen. Bis 1942 waren 234 388 Namen in 3773 Orten kartiert worden [30].

Auf dem naturwissenschaftlichem Sektor dürfen die Arbeiten der seit 1925 ins Leben gerufenen Kommission für die Förderung der wissenschaftlichen Arbeiten des meteorologischen Observatoriums auf dem Donnersberg sowie der 1928 für die anthropologische Aufnahme der deutschen Bevölkerung in der ČSR gegründeten Anthropologischen Kommission und der Kommission für Hirnforschung nicht übersehen werden. Die Veröffentlichungen dieser Kommissionen waren im Zweiten Weltkrieg angelaufen.

Mit der Konstituierung der Gesellschaft zu einer Akademie 1941 begann die Herausgabe der „Abhandlungen der Deutschen Akademie der Wissenschaften in Prag“, eine Reihe der philosophisch-historischen Klasse und eine der mathematisch-naturwissenschaftlichen Klasse. In der ersten Reihe erschienen von 1941 bis 1944 insgesamt 18 Monographien von verschiedenem Umfang, Arbeiten von Ernst Schwarz, Wilhelm Wostry, Otto Peterka, Eduard Winter und Heinz Zatschek, in der zweiten Reihe 13 Hefte u. a. von Otto Großer, Rudolf Spitaler, Friedrich Niethammer und Wilhelm Vortisch. Die Gesellschaft gab in eigenem Verlag ihre Rechenschafts- bzw. Jahresberichte heraus, 1939—1941 zwei Bände des „Jahrbuchs der Deutschen Akademie der Wissenschaften in Prag“. In den 15 Jahren ihres Bestehens gab die Gesellschaft „Mitteilungen“, Einzeldrucke über ihre Arbeit und über Forschungsreisen sowie Denkschriften heraus. Am bekanntesten wurde die Museumsdenkschrift, die an alle deutsche Städte geschickt wurde [31].

Eine Haupttätigkeit der Gesellschaft bestand neben der Arbeit in den Kommissionen in der Förderung der Kunst, Literatur und Tonkunst. Dieser Zweck ist im § 1 der Statuten fest verankert worden. Im Rechenschaftsbericht zum Jahre 1892 wird eigens darauf hingewiesen, daß die Förderung begabter, Deutschböhmen entsprossener Jünger der Kunst ein Hauptanliegen der Gesellschaft sein müsse [32]. Die Unterstützung erfolgte durch Zuwendungen, Vergabe von Aufträgen an Maler und Bildhauer und Stipendien an Malerschüler. 1894 kamen elf Personen, 1898 bereits 22 in den Genuß der Kunst-Fördermittel. 1910 z. B. wurden diese Zuwendungen auf 17 bildende Künstler und 25 Kunstschüler aufgeteilt, wobei auch Kunstgewerbeschüler berücksichtigt wurden. Unter den Geförderten befanden sich Künstler, die später einen angesehenen Ruf erlangten, wie Ernst Hegenbarth, Karl Krattner, Heinrich Hönich, Alfred Kubin, Ferdinand Staeger und Emil Orlik. Unter der Rubrik „Vergabe von künstlerischen Aufträgen“ fand man: die Ausmalung des

---

[30] Ausführlich über das Orts- und Flurnamenbuch *Schwarz*, E.: Sudetendeutsche sprachwissenschaftliche Forschungen. ZfO 4 (1955) 84—95.

[31] Denkschrift über die zweckmäßigste Art und Weise der Einrichtung und Ausgestaltung der Museen deutsch-böhmischer Städte und mit ihnen verwandter Anstalten. Prag 1899.

[32] Prag 1893, 4.

Kaiserbades in Karlsbad, die Errichtung von Denkmälern zu Ehren des Badearztes Franz Ambros Reuss in Bilin 1898, des Kurgastes J. W. Goethe in Franzensbad 1903, Kaiser Franz Josefs I. in Gablonz 1910, Kaiser Josefs II. in Teplitz und W. A. Mozarts für das Deutsche Landestheater in Prag. Mäzene und Präsidenten, die sich um die Gesellschaft verdient gemacht hatten, wurden durch Porträts ausgezeichnet. Um Künstler bekannt zu machen, wurden Kunstaustellungen durchgeführt, 1902 in Wien, 1903 in Aussig und 1906 die große Darstellung deutschböhmischer Kunst mit 298 Exponaten in Reichenberg. Zu letzterer ließ die Gesellschaft durch ihr Mitglied, den Architekten Josef Zasche das „Haus der Kunst" errichten, in dessen Halle der Kaiser empfangen wurde [33].

Für die Anerkennung der deutschen Künstler aus Böhmen erwies sich die vom Kaiser 1902 gestiftete Kunstgalerie in Prag von besonderem Wert. Sie gewährte die volle paritätische Berücksichtigung der deutschen Kunst [34]. Im Etat dieser Galerie wurden zur Hebung des heimischen Kunstmarktes auch Mittel für den Ankauf von Werken deutscher Künstler ausgewiesen. 1902 wurde der erste deutsche Professor an die Kunstakademie berufen, es war das Mitglied Franz Thiele. Karl Krattner und August Brömse erhielten ihre Professuren an der Akademie erst 1911. Die Gesellschaft versuchte immer höhere Subventionen gerade für die Kunstschaffenden mit folgender Begründung durchzudrücken: „Da in unserer deutsch-böhmischen Heimat die Kunst sich nicht der Förderung unserer begüterten Bevölkerung erfreut und daher die Künstler entweder landflüchtig oder ständige Bittsteller bei der Gesellschaft werden müssen." [35] Die Lage der bildenden Künstler verschlechterte sich besonders kraß im Ersten Weltkrieg. Der Erwerb von Kunstwerken hatte völlig nachgelassen, auf einen beträchtlichen Teil der Subventionen hatte die Gesellschaft aus vaterländischen Erwägungen heraus verzichtet, und selbst das Eigenkapital war als Kriegsanleihe gezeichnet worden.

Nach der Errichtung der Republik wurde durch die Initiative des Obmanns der Kunstabteilung, Prof. Karl Krattner, 1921 der Metznerbund gegründet, der alle deutschböhmischen Künstler und Kunstfreunde im neuen Staat vereinte. Durch den Tod Professor Krattners 1926, dessen Hauptanliegen die Errichtung einer deutschen Kunstakademie gewesen war, erlitt die Abteilung einen herben Rückschlag. Zu allem Unglück war August Brömse schon 1925 verschieden. Eine besondere Leistung vollbrachte noch einmal die Kunstabteilung mit der Bearbeitung und Organisation der sehr repräsentativen Ausstellung „Deutsche Kunst aus der Tschechoslowakei" im Germanischen Nationalmuseum in Nürnberg, die am 22. Februar 1931 mit einer Ansprache des bayerischen Kultusministers und des Präsidenten der Gesellschaft, Professor Otto Großer, eröffnet worden war [36]. Die Wirtschaftskrise der dreißiger Jahre wirkte sich auf die Kunstförderung geradezu lähmend aus,

---

[33] *Günther*, R.: Josef Zasche. Lebensbild eines Architekten. München 1971, 23.

[34] In der durch Kaiser Franz Josef am 13. April 1901 errichteten Neuen Galerie in Prag wurde durch einen eigenen Stiftungsbrief vom 6. August 1902 der deutschen Kunst ein gleichberechtigter Anteil an Kunstwerken zuerkannt. Dazu: Rechenschaftsbericht i. J. 1902. Prag 1903, 4.

[35] Rechenschaftsbericht i. J. 1912. Prag 1903, 4.

[36] Jahresbericht i. J. 1931. Prag 1932, 10.

lediglich dem künstlerischen Nachwuchs vermochte man noch mit bescheidenen Stipendien zu helfen. Die Zusammenlegung der drei Kunstabteilungen — bildende Kunst, deutsche Dichtkunst und Tonkunst — in eine Arbeitsgemeinschaft war schließlich durch diese finanzielle Notlage bedingt. Durch die administrative Eingliederung des Sudetenlandes in das Deutsche Reich 1939 war die Beibehaltung der Kunstabteilung unmöglich geworden, da die Kulturkammergesetzgebung des Reiches die Kulturpflege einheitlich organisierte.

Die Abteilung für deutsche Dichtkunst hatte sich besonders des dichterischen Nachwuchses angenommen. Sie förderte Literaten mit finanziellen Zuwendungen und Ehrengaben und wies für die Herausgabe ihrer Werke Druckzuschüsse zu. Unter den Geförderten befand sich von 1898 bis 1911 Rainer Maria Rilke, der später auch korrespondierendes Mitglied der Gesellschaft wurde. Jährlich erhielten acht bis elf Dichter finanzielle Förderungen. In Würdigung ihrer literarischen Tätigkeit und ihres dichterischen Niveaus wurde eine Reihe deutschböhmischer Schriftsteller zu ordentlichen und korrespondierenden Mitgliedern der Gesellschaft gewählt — wie Hugo Salus, Franz Karl Ginzkey, Rudolf Haas, Erwin Guido Kolbenheyer, Robert Michel und Hans Watzlik. Im Jahre 1920 zählten zu den Geförderten Gustav Leutelt, Karl Franz Leppa, Johannes Urzidil und Johannes Thummerer. Kein Geringerer als August Sauer stand dieser Abteilung vor. Dieser bedeutende Inhaber der Lehrkanzel für neuere deutsche Literaturgeschichte an der Prager Deutschen Universität erkannte schon frühzeitig die dichterischen Talente. Die Literatur-Abteilung beschloß 1925, unter dem Namen „Adalbert Stifter-Preis" alle zwei Jahre einen Literaturpreis für schöngeistiges Schrifttum in Höhe von 5000 Kč zu vergeben. Erster Preisträger war 1926 Erwin Guido Kolbenheyer für seinen Roman „Das dritte Reich des Paracelus" [37]. 1928 wurde der Preis Robert Michel und 1930 Ernst Weiß zuerkannt. Die Dichter publizierten ihre Arbeiten seit 1928 vorwiegend in der von Josef Mühlberger redigierten, der Literatur- und Kunstforschung gewidmeten Zeitschrift „Witiko" und ab 1933 im „Ackermann aus Böhmen".

Die deutschböhmischen Komponisten wurden von der Abteilung für Tondichtung betreut. Schon in den neunziger Jahren wurden unter den Geförderten genannt: Camillo Horn, Emil Nikolaus Frhr. von Reznicek und Gustav Mahler. Die erste Symphonie des letzteren wurde mit Unterstützung der Gesellschaft uraufgeführt, für die zweite wurde ein Druckkostenzuschuß gewährt. Von anderen Komponisten wurden Werke angekauft, erstaufgeführt oder zum Druck gebracht. Unter den jährlich fünf bis zehn Geförderten erscheint auch der Erzgebirgssänger Anton Günther, der mit seinen Versen und Melodien erzgebirgische Lebensformen und Volksbräuche weitergab. 1919 bemühte sich die Gesellschaft um die Errichtung eines deutschen Konservatoriums in Prag, dessen Gründung 1920 Wirklichkeit wurde. Für diese Anstalt hat die Gesellschaft in den folgenden Jahren namhafte Geldbeträge aufgewendet.

*

[37] Rechenschaftsbericht i. J. 1925. Prag 1926, 7.

Die Mitglieder der Gesellschaft sind in den Rechenschafts- bzw. Jahresberichten namentlich aufgeführt. Die ersten Gründungsmitglieder wurden schon eingangs genannt, manche Obmänner der Abteilungen fanden im Laufe dieser Ausführungen Erwähnung. Von den auch noch heute bekannten Wissenschaftlern gibt z. B. das Mitgliederverzeichnis zum Jahre 1920 Aufschluß [38]. Damals zählte die Gesellschaft 44 ordentliche und 135 korrespondierende Mitglieder, unter den ordentlichen Christian von Ehrenfels, Anton Elschnig, Wenzel Frind, Otto Großer, Adolf Hauffen, Gustav Laube, Fritz Machatschek, August Naegle, August Sauer, Ludwig Spiegel, Samuel Steinherz, Ottokar Weber, ferner die Schriftsteller und Künstler Friedrich Adler, August Brömse, Karl Krattner, Franz Thiele und Josef Zasche. Unter den korrespondierenden Mitgliedern müssen hervorgehoben werden: Josef Maria Baernreither, Alois Bernt, Josef Blau, Alphons Dopsch, Anton Gnirs, Emanuel Hegenbarth, Gilbert Helmer, Franz Jesser, Walter Klemm, Erwin Guido Kolbenheyer, Primus Lessiak, Gustav Leuteld, Josef Nadler, Emil Orlik, Rainer Maria Rilke, Karl Siegl und Hans Watzlik.

Das Mitgliederverzeichnis der Deutschen Akademie der Wissenschaften in Prag vom 31. Dezember 1942 führt 26 ordentliche und 69 korrespondierende der philosophisch-historischen Klasse sowie 16 ordentliche und 15 korrespondierende der mathematisch-naturwissenschaftlichen Klasse an. Unter der philosophisch-historischen Klasse sind viele ordentliche Mitglieder, die einst als akademische Lehrer einen hervorragenden Ruf hatten, wie Herbert Cysarz, 1930 gewählt, das einzige 1984 noch lebende ordentliche Mitglied, Theodor Hopfner, Ernst Otto, Otto Peterka, Josef Pfitzner, Eduard Winter, Wilhelm Wostry und Heinz Zatschek, unter den korrespondierenden Mitgliedern findet man namhafte Forscher, Künstler und Dichter wie Josef Blau, Erich Gierach, Josef Hanika, Walter Hensel, Erwin Guido Kolbenheyer, Alfred Kubin, Theodor Mayer, Josef Nadler, Kurt Oberdorffer und Heribert Sturm.

Jede Institution ist erst fähig, ihre Arbeit aufzunehmen, wenn sie ein festes Budget, ein finanzielles Polster oder gebefreudige Mäzene aufzuweisen hat. Die in manchen Publikationen verbreitete Behauptung, daß die Förderungsgesellschaft lediglich mittels Spenden der Deutschen in Böhmen ihre kulturellen Aufgaben erfüllen konnte, entspricht nur zu einem geringen Maß den Tatsachen. Im ersten und zweiten Gründungsjahr war man freilich auf Spenden angewiesen, so muß z. B. der Prager Verlagsbuchhändler Friedrich Tempsky genannt werden, der sofort 4000 Gulden stiftete, anschließend die erste Forschungsreise Dr. Glasers nach Arabien mit 5000 Gulden finanzierte und auch in seinem Testament der Gesellschaft ein Legat von 20 000 öK zuwendete [39]. Das testamentarische Vermächtnis des Prager Zuckerfabriksdirektors Friedrich Schmidt ließ der Gesellschaft ein Vermögen an Staatspapieren von 100 000 Gulden zukommen, freilich waren die Zinserträge vorerst jahrelang nicht frei.

Der Vorstand bemühte sich, von der öffentlichen Hand entsprechende Mittel zugeteilt zu erhalten, wobei immer die Zuwendungen an die Tschechische Akademie

---

[38] Rechenschaftsbericht i. J. 1920. Prag 1921, 14—16.
[39] Rechenschaftsbericht i. J. 1902. Prag 1903, 15.

als politisches Druckmittel dienten. Die Subventionsgelder aus dem Unterrichtsministerium und dem Land Böhmen flossen erst 1893, damals 4000 Gulden, während die Tschechische Akademie mit 20 000 Gulden bedacht wurde. Allmählich wurden die Subventionen des Staates und des Landes Böhmen erhöht. 1902 betrugen die Staatssubventionen 30 000 öK, die Landessubventionen 20 000 öK, mit Spenden und Zinsen standen der Gesellschaft insgesamt 102 321 öK zur Verfügung [40]. Die öffentlichen Subventionen erreichten ihren Höchststand mit 70 000 öK im Jahre 1908. Wegen Arbeitsunfähigkeit des Böhmischen Landtages verlor 1909 die Gesellschaft gerade ihre Haupteinnahmequelle. Die Finanzmisere war damals auch der Grund, warum die Zeitschrift „Deutsche Arbeit", die einen jährlichen Zuschuß von 20 000 öK brauchte, von der Gesellschaft nicht mehr weitergeführt werden konnte [41].

Im Ersten Weltkrieg versiegten alle Geldquellen. Aus ihrem Stammvermögen hatte die Gesellschaft überdies noch für 225 000 öK Kriegsanleihen gezeichnet, die 1919 annulliert wurden. Die neue Republik, die ČSR, zahlte der Gesellschaft erst 1920 eine bescheidene öffentliche Unterstützung von 35 000 Kč, die sich freilich schon im Jahre 1925 auf 198 000 Kč erhöhte [42]. Freilich muß man hier bemerken, daß die öK den zehnfachen Kaufwert der Kč besaß. Durch die unermüdlichen persönlichen Vorsprachen des Präsidenten der Gesellschaft konnten 1927 wieder alle Kosten der Forschungsarbeiten bestritten werden. Durch eine Zuweisung von 2 Millionen Kč aus dem sogenannten Jubiläumsfond des Präsidenten T. G. Masaryk, die Präsident Großer und sein Stellvertreter, der damalige Minister Prof. Dr. Franz Spina erreicht hatten, konnte ein angemessenes Stammkapital für die geplante Akademiegründung geschaffen werden [43]. Einen Rückschlag bedeutete die Wirtschaftskrise 1932, die Einnahmen sanken im Jahre 1933 auf den Tiefstand von 212 635 Kč, auf ein Drittel des bisherigen Budgets [44]. Der wissenschaftliche und künstlerische Nachwuchs erhielt nur mehr geringe Stipendien, lediglich aus den Erträgnissen der Zinsen, die die Stiftungen abwarfen. Wie schon erwähnt, hatten der Verleger Tempsky und der Fabrikant Schmidt die ersten Stiftungen gemacht, im Laufe der Zeit waren der Gesellschaft weitere sieben Stiftungen zugeflossen, so u. a. die von Prof. Dr. Seegen, bestimmt für Reisestipendien junger Naturwissenschaftler, die von Dr. Kanka für schaffende Künstler oder die von Herrn von Portheim für Musikstudenten [45]. Mit dem Anschluß des Sudetenlandes hat sich die finanzielle Lage der Gesellschaft keineswegs schlagartig zum Besseren gewandelt. Nach Errichtung des Protektorats wurde durch Beschluß des Stillhaltekommissars das Stiftungsvermögen in Höhe von 303 163 Kč eingezogen und lediglich das Vermögen der ausdrücklich für wissenschaftliche Zwecke bestimmten Stiftungen in Höhe von 144 712 Kč der Gesellschaft belassen. Für die Freigabe des Vermö-

---

[40] *Ebenda* 10.
[41] *Sauer*, A.: An unsere Leser. Deutsche Arbeit 9 (1912) 715.
[42] Rechenschaftsbericht i. J. 1925. Prag 1926, 34.
[43] Jahresbericht i. J. 1931. Prag 1932, 5.
[44] Jahresbericht i. J. 1933. Prag 1934, 48.
[45] Übersichten über die Zinserträge der einzelnen Stiftungen befinden sich in fast allen Rechenschafts- bzw. Jahresberichten.

gens mußte die Gesellschaft im Juni 1940 eine Befreiungstaxe von 80 000 Kč entrichten. Unterstützungen des Landes Böhmen, des Schulministeriums und der Hauptstadt Prag halfen die budgetlose Zeit überbrücken. Erst 1941 wurde die Akademie in den Reichshaushalt eingegliedert; nun erhielt sie Mittel zugewiesen, die etwa den Beträgen der Jahre um 1930 entsprachen [46].

Die hier zum Teil nur andeutungsweise geschilderten Ziele und Tätigkeiten der Förderungsgesellschaft vermögen ihre Stellung und Bedeutung in der gesamten Kulturlandschaft der Deutschen in Böhmen und später auch in Mähren-Schlesien keineswegs voll zu umschreiben. Sie war das eigentliche Forum der Wissenschaftspflege, der Kunst-, Literatur- und Musikförderung; sie hat die gelehrten und wissenschaftlich aktiven Persönlichkeiten der Prager Deutschen Universität, der deutschen Hochschulen, Kunsteinrichtungen und sonstigen kulturellen Institutionen zusammengefaßt und im Rahmen ihrer Abteilungen eine gezielte Wissenschafts- und Kunstförderung betrieben. Diese Wissenschafts- und Kunstförderung war zuvörderst ein soziales Handeln und Tun für den individuellen Menschen. Durch das Wirken der Förderungsgesellschaft wurde den Deutschböhmen zunehmend bewußt, daß sie nicht unbedeutende wissenschaftliche, literarische und künstlerische Potenzen besaßen, die es galt im Lande festzuhalten und die zur Identitätsbildung der Deutschböhmen ihren Beitrag zu leisten hatten. Durch die rege wissenschaftliche und literarische Produktivität konnte sich die Förderungsgesellschaft auch im Ausland, besonders in Deutschland, als kulturelles und geistiges Zentrum der Deutschböhmen präsentieren und gewann auch dort Beachtung und Anerkennung.

---

[46] Dazu der Bericht des Präsidenten in: Jahrbuch der Deutschen Akademie (1939/41) 20.

Helmut Teufel

DIE „GESELLSCHAFT FÜR GESCHICHTE DER JUDEN IN DER ČECHOSLOVAKISCHEN REPUBLIK"

I.

Am 20. Juli 1948 griff ein Beamter des Zemský národní výbor (Landesnationalausschuß) in Prag in seinen Schreibtisch, zog ein gelbes Blatt im Format A 5 heraus, dessen Rückseite mit dem Schluß eines Zirkulars aus der Zeit des Protektorats bedruckt war. Die bürokratische Hinterlassenschaft der Jahre 1939 bis 1945 wurde auch auf diese Weise aufgearbeitet. In jenem Rundschreiben hatte „im Auftrage" ein Polizeirat festgesetzt:

Die Hinterbliebenen sind über das Ableben in Kenntnis zu setzen und zu verständigen, bei welchem zuständigen Standesamte oder Matrikenamte sie eine Sterbeurkunde ausstellen lassen können. Weiterhin sind zwecks Vornahme eines Eintrages in die zuständigen Matrikenamtvermerke die Personaldaten überprüfen und ergänzen zu lassen [1].

Der tschechische Beamte hielt auf der unbedruckten Seite des Rundschreibens Folgendes fest:

Zemský národní výbor [...] dne 15. 6. 1948 č. 1—8—1950/A 1948 bere na vědomí, že „Společnost pro dějiny židů" se dobrovolně rozešel a zánik jeho se má býti vyznačen ve spolk[ovém] *katastru* [2].

Damit war das endgültige Aus gesprochen über eine geschichtsforschende Gesellschaft, die in ihrer Blütezeit nicht nur recht fruchtbar, sondern auch von ihrer Struktur her für das Vereinsleben einigermaßen atypisch war: die „Gesellschaft für Geschichte der Juden in der Čechoslovakischen Republik".

Die Bemühungen um eine Bearbeitung jüdischer Geschichte in Böhmen, Mähren und Schlesien gehen bis ins 19. Jahrhundert zurück. Und ebenso alt sind die bis heute fortdauernden Klagen über das Defizit an historischen Arbeiten zu diesem Themenbereich [3]. Einiges leistete die tschechisch-jüdische Bewegung, die in ihrem „Česko-židovský kalendář" immer wieder historische Fragestellungen aufgriff;

---

[1] Archiv hlavního města Prahy [Archiv der Hauptstadt Prag] (AHMP), Signatur: S.K. IX/658, Společnost pro dějiny židů v ČSR, 1928—1948.

[2] AHMP S.K. IX/658. „Der Zemský národní výbor nimmt am 15. 6. 1948, Aktenzeichen 1—8—1950/A 1948, zur Kenntnis, daß sich die ‚Společnost pro dějiny židů' freiwillig aufgelöst hat und ihr Erlöschen im Vereinsregister zu vermerken ist."

[3] Zur Problematik jüdischer Historiographie in den böhmischen Ländern vgl. *Bretholz*, Bertold: Geschichte der Juden in Mähren im Mittelalter. Erster Teil: Bis zum Jahre 1350. Brünn 1934, 6—30. — *Kisch*, Guido: Jewish Historiography. In: The Jews of Czechoslovakia. Bd. 1. New York-Philadelphia 1968, 1—11. — *Lipscher*, Vladimír: Die Juden im Habsburgerreich des 17. und 18. Jahrhunderts, vor allem in Böhmen und Mähren. Philos. Diss. Zürich 1983, 1—9. — *Teufel*, Helmut: Zur politischen und sozialen Geschichte der Juden in Mähren vom Antritt der Habsburger bis zur Schlacht am Weißen Berg (1526—1620). Philos. Diss. Erlangen 1970, 7—10.

weit weniger befaßten sich deutschsprachige Historiker mit jüdischer Problematik in den Historischen Ländern, und nur vereinzelt finden sich in Zeitschriften einschlägige Aufsätze [4]. Das erste große Unternehmen auf diesem Feld, die 1906 erschienene zweibändige Materialsammlung „Zur Geschichte der Juden in Böhmen, Mähren und Schlesien 906—1620", von dem Prager Industriellen Gottlieb (Bohumil) Bondy angeregt und selbst begonnen und von dem böhmischen Landesarchivar Franz (František) Dworsky (Dvorský) fortgesetzt, mußte ein unbefriedigender Torso bleiben, da beiden Herausgebern die Voraussetzungen für die Realisierung eines derartigen Projekts fehlten. Immerhin ist diese Edition die erste umfassendere Materialsammlung und zudem das erste Werk zur jüdischen Geschichte, das in zwei Parallelausgaben erschien: in einer deutschen und einer tschechischen [5].

Ein Gutes hatte diese Dokumentensammlung in jedem Fall: Seit ihrem Erscheinen und dem Erkennen ihrer Unzulänglichkeit rissen die Forderungen nicht mehr ab nach einer exakten wissenschaftlichen Aufarbeitung der Geschichte der Juden nicht nur in Prag, sondern darüber hinaus in Böhmen, Mähren und Schlesien. Diese Problematik überstand unverändert auch das Jahr 1918 und fast das ganze erste Jahrzehnt der Existenz der Tschechoslowakischen Republik bis 1927. In jenem Jahr erschien ein Werk, das zu einer Art Initialzündung werden sollte. Die Loge Praga der B'nai B'rith gab aus Anlaß ihres 25jährigen Bestehens „Die Juden in Prag. Bilder aus ihrer tausendjährigen Geschichte" [6] heraus.

In der Einleitung dieses Sammelbandes, „Anlaß und Zweck" überschrieben, wird kurz und präzise die Problematik jüdischer Historiographie in den böhmischen Ländern geschildert:

Fast alles bisher im Drucke Erschienene ist entweder eine Wiedergabe von Archivalien, lückenhaft und unverarbeitet, oder es sind Darstellungen von Dilettanten, bei welchen die Unterscheidung von Wahrheit und Dichtung sehr schwer ist. Jeder von uns, der sich für ein Ereignis oder für eine Epoche aus der Geschichte der Juden in Prag interessierte, stand vor der Schwierigkeit, aus einem wissenschaftlichen Werke eine verläßliche Auskunft zu schöpfen.

Der Hintergedanke bei der Herausgabe der „Juden in Prag" war demnach folgender:

Vorläufig ist kein Historiker in der Lage, eine Geschichte der Juden in Prag zu schreiben, denn es fehlt die unerläßliche wissenschaftliche Grundlage. Es muß daher

---

[4] Register der Jahrgänge 1 bis 50 des „Česko-židovský kalendář" vgl. *Rokycana*, Jaroslav: Půl století Českožidovského kalendáře. Ročenka Společnosti pro dějiny židů v Československé republice 2 (1930) 489—518. Deutsche Version: Ein halbes Jahrhundert Českožidovský kalendář. Jahrbuch der Gesellschaft für Geschichte der Juden in der Čechoslovakischen Republik 2 (1930) 501—532.

[5] *Bondy*, Gottlieb / *Dworsky*, Franz: Zur Geschichte der Juden in Böhmen, Mähren und Schlesien 906—1620. Band 1: 906—1576. Band 2: 1577—1620. Prag 1906. Tschechische Ausgabe: *Bondy*, Bohumil / *Dvorský*, František: K historii židů v Čechách, na Moravě a v Slezsku. 906 až 1620. Prag 1906.

[6] Die Juden in Prag. Bilder aus ihrer tausendjährigen Geschichte. Festgabe der Loge Praga des Ordens B'nai B'rith zum Gedenken ihres 25jährigen Bestandes. Prag 1927.

vorerst die wissenschaftliche Bearbeitung der Archive und aller übrigen Quellen in die Wege geleitet werden. Dies kann, da ein Verleger für solche Arbeiten nicht zu finden wäre, nur in der Weise geschehen, daß Körperschaften aus uneigennütziger Liebe zur Sache derartige Arbeiten fördern. Sind dann alle Epochen durch wertvolle Einzeldarstellungen bearbeitet, dann wird — vielleicht nach Dezennien! — der Historiker kommen, welcher die Geschichte der Prager Juden schreiben und das lange vorbereitete Werk krönen wird.

Und mit reichlich Pathos heißt es schließlich:

Die Förderung von Kunst und Wissenschaft gehört zu den vornehmsten Aufgaben des Ordens B'nai B'rith. So glaubt denn die Loge Praga dieses Ordens, ihr Gründungsfest nicht erhebender feiern zu können, als durch den ersten herzhaften Schritt zu diesem Ziele. Diesen Schritt haben wir gewagt, die Bahn ist frei.

Vivant sequentes! [7]

Auch der Herausgeber der „Juden in Prag", Samuel Steinherz, geht in seinem Vorwort auf die bisherige Misere jüdischer Geschichtsschreibung ein. Und auch er versetzt den Dilettanten einen Seitenhieb.

Auch wenn diese mit dem redlichsten Willen an dieser Aufgabe sich versucht haben, ist es doch nur bei einem unzulänglichen Versuch geblieben.

Sein uneingeschränktes Lob gilt der Initiative der Loge Praga:

Sie hat einen mächtigen Anstoß gegeben, die Forschungen zur Geschichte der Juden in Prag aufzunehmen, und fast alle Mitarbeiter an der Festschrift haben weitere Beiträge in Aussicht gestellt. Das ist ein Verdienst der ‚Praga', das nicht nur die Juden dieser Stadt, sondern auch alle Freunde der Geschichtswissenschaft dankbar anerkennen werden [8].

Bei ihrer Jubiläumsfeier am 9. April 1927 schlug die Loge Praga dann offiziell die Gründung einer Gesellschaft für Geschichte der Juden in der ČSR vor, ein Plan, der von der Tschechoslowakischen Großloge der B'nai B'rith bereitwillig angenommen wurde, die ihrerseits die „Společnost pro dějiny židů v Československé republice" ins Leben rief — wohlgemerkt unter diesem tschechischen Namen [9]. Die B'nai B'rith zählten damals in der ČSR etwa 1700 Mitglieder in 13 Logen [10]. Der Entwurf einer Satzung datiert vom 7. Januar 1928 und trägt u. a. die Unterschriften von Dr. Josef Popper und Adolf Illing als Vertreter der Großloge für den Čechoslovakischen Staat X. J. O. B. B. Am 29. Februar 1928 teilte die Zemská správa politická (Politische Landesverwaltung) dem Rechtsanwalt JUDr. Rudolf Eisner, der neben dem Historiker Prof. Dr. Samuel Steinherz und

---

[7] *Ebenda* 1—2.

[8] *Ebenda* 3—5.

[9] Über die Beratungen der B'nai B'rith zur Gründung der Společnost pro dějiny židů v Československé republice vgl.: B'nai B'rith. Monatsblätter der Großloge für den čechoslovakischen Staat X.J.O.B.B. 7 (1928) 212—216 und 8 (1929) 230—235.

[10] Zu den B'nai B'rith in der Tschechoslowakei vgl. *Färber*, Meir: Jewish Lodges and Fraternal Orders prior to World War II. In: The Jews of Czechoslovakia II 1971, 229—242. — *Fleischmann*, Gustav: The Religious Congregations, 1918—1938. In: The Jews of Czechoslovakia I 1968, 267—329.

dem als „Hauptinitiator" bezeichneten Prager Großindustriellen Dr. Bohumil Stein eine der treibenden Kräfte an der Wiege der Gesellschaft war, mit, daß die „Společnost pro dějiny židů v Československé republice" mit Sitz in Prag nach dem Vereinigungsgesetz vom 15. November 1867 als unpolitischer Verein (spolek) genehmigt ist [11]. Die Satzung erlangte Rechtskraft am 15. Mai 1928 [12]. Die offizielle Gründungsversammlung kündigten Steinherz, Eisner und Stein der Prager Polizeidirektion unter dem 14. April für 22. April, 11.00 Uhr, im Sitzungssaal der Prager Loge B'nai B'rith in der Neustädter Růžová 5 [13] an. Auf der Tagesordnung standen u. a. eine Einführung von Samuel Steinherz über Ziele und Zweck der Gesellschaft, die eigentliche Gründung der Gesellschaft auf der Grundlage der von der Zemská správa politická genehmigten Satzung, die Wahl des Vorstandes auf drei Jahre und die Besetzung eines neunköpfigen Schiedsgerichts [14].

Einen repräsentativen Querschnitt der Träger der jüdisch-historischen Gesellschaft zeigt die Ergebnisliste der ersten Wahlen in die Vereinsgremien an diesem 22. April 1928. Danach wurden Oberrabiner Dr. Jindřich Brody, Prag V, Jáchymova 3, Mitglied des Ausschusses; Lektor Dr. Isidor Hirsch, Karlín, Vítkova 20, Archivar; Rechtsanwalt Dr. Egon Horner, Prag II, Krakovská 18, Protokollführer (zapisovatel); der Industrielle Alfred Glaser, Prag II, Na Florenci 15, stellvertretender Kassier; Dr. Joseph Popper (Großpräsident der Großloge B'nai B'rith), Prag I, Dlouhá třída 18, stellvertretender Vorsitzender; Prof. Dr. Emil Starkenstein, Prag II, Ječná 43, stellvertretender Schriftführer; der Großindustrielle Dr. Bohumil Stein, Prag II, Bolzanova 1, Kassier; der pensionierte Magistratsrat Dr. August Stein, Prag I, U obecního dvora 7, Mitglied des Ausschusses; Prof. Dr. Samuel Steinherz, Prag II, Jungmannova 14, Vorsitzender; Prof. Bedřich Thieberger, Prag I, Kaprova 13, Ausschußmitglied; Rechtsanwalt Dr. Hugo Rindler, Benschau (Benešov), Vize-Archivar; Dr. Jindřich Kohn, Prag II, Národní třída 24, Vize-Bibliothekar; Regierungsrat Dr. E. Wiesmeyer, Vinohrady, Nerudova 18, Bibliothekar; Rechtsanwalt Dr. Rudolf Eisner, Prag II, Vodičkova 31, und Universitätsprofessor Dr. Oskar Engländer, Vinohrady, Mánesova 66, Ausschußmitglieder. Von diesen waren z. B. Popper (Großpräsident), Bohumil Stein (Schatzmeister), Thieberger (Herausgeber des monatlichen Bulletins) und Wiesmeyer aktive B'nai-B'rith-Funktionäre.

Die Satzung der „Společnost pro dějiny židů v Československé republice" geht in ihrer Präambel ausdrücklich auf die Vorgeschichte ihrer Entstehung ein:

U příležitosti oslavy 25letého trvání dala „Lože Praga X. J. O. B. B." v Praze svým usnesením ze dne 9. dubna 1927 podnět k založení „Společnosti pro dějiny židů v Československé republice" a učinila příslušný návrh Velkoloži pro Česko-

---

[11] AHMP S.K. IX/658.

[12] AHMP S.K. IX/658.

[13] Zur Geschichte dieses Gebäudes, des Geburtshauses von Jindřich Fügner, vgl. *Rychnovsky*, Ernst (Hrsg.): U.O.B.B.IV.430. Der isr[aelitische] Humanitätsverein „Bohemia" 1893—1913. Festschrift anläßlich des zwanzigjährigen Bestandes [...] Prag 1913, 199—205.

[14] AHMP S.K. IX/658.

slovenský stát X. J. O. B. B. v Praze. Podle tohoto návrhu usnesla se zmíněná Velkolože na zřízení této společnosti [15].

Die enge Bindung an B'nai B'rith kommt noch in einigen weiteren Bestimmungen der Satzung zum Ausdruck. So regelt § 15:

Die Ernennung des Redaktionskomitees und seine Ergänzung auf mindestens 4 und höchstens 6 Mitglieder obliegt der Großloge für den Čechoslovakischen Staat X. J. O. B. B. in Prag. Das Redaktionskomitee hat der Großloge die erforderlichen Anträge vorzulegen [16].

§ 20 bestimmt:

Im Falle der Auflösung der Gesellschaft verfügt die letzte Hauptversammlung über das gesamte Vermögen der Gesellschaft unter Wahrung seiner Bestimmungen für die im § 2 bezeichneten Zwecke. Kommt ein solcher Beschluß aus welchem Grunde immer nicht zustande, so geht das Vermögen der Gesellschaft an denjenigen Verein über, welchen die Großloge für den Čechoslovakischen Staat X. J. O. B. B. bestimmt [17].

Der hier angesprochene § 2 legt den Zweck der Gesellschaft fest:

Zweck der Gesellschaft ist, die Geschichte der Juden in der Čechoslovakischen Republik wissenschaftlich zu erforschen, die Kenntnisse dieser Geschichte zu verbreiten und ihre Quellen zu sammeln und herauszugeben, ferner Forscher zu fördern und Wettbewerbe auszuschreiben (§ 15). Diesem Vereinszweck darf das Vermögen der Gesellschaft in keinem Fall entfremdet werden.

§ 3. Die Mittel zur Erreichung des Zweckes der Gesellschaft sind:
a) die Veröffentlichung selbständiger wissenschaftlicher Arbeiten;
b) Anlegung einer Bücherei und eines Archives;
c) Förderung von Forschern auf dem im § 2 bezeichneten Gebiete durch Bewilligung von Stipendien und Subventionen für wissenschaftliche Reisen und Druckkosten;
d) Abhaltung von Vorträgen;
e) Ausschreibung von Wettbewerben für die einschlägigen historischen Arbeiten (§ 15).

§ 4. Die Geldmittel erwirbt die Gesellschaft durch die Beiträge ihrer Mitglieder und durch Spenden.

---

[15] AHMP S.K. IX/658. „Anläßlich ihrer 25-Jahr-Feier gab die Loge Praga in Prag mit ihrem Beschluß vom 9. April 1927 den Anstoß zur Gründung der ‚Společnost pro dějiny židů v Československé republice' und machte der Großloge für den tschechoslowakischen Staat einen entsprechenden Vorschlag. Auf Grund dieses Vorschlags beschloß die genannte Großloge die Gründung dieser Gesellschaft."

[16] JbGGJČ 1 (1929) 450. Hier wurde die Satzung auszugsweise in Deutsch veröffentlicht. Der komplette (tschechische) Text erschien gedruckt unter dem Titel: „Společnost pro dějiny židů v Československé republice. Stanovy" (AHMP S.K. IX/658).

[17] JbGGJČ 1 (1929) 450.

§ 5. Die Mitglieder der Gesellschaft sind:

a) Ehrenmitglieder,
b) stiftende,
c) ordentliche [18].

Ehrenmitglieder wählte nach § 6 der Satzung die Hauptversammlung. Stiftendes Mitglied konnte werden, wer einmalig einen Beitrag von 5000 Kč spendete, wobei die Zahlung in fünf Jahresraten möglich war. Der Jahresbeitrag für vom Vorstand aufzunehmende ordentliche Mitglieder betrug 20 Kč (§ 7).

§ 15 bestimmt:

Die Arbeiten, welche auf die Pflege der Wissenschaft der Geschichte der Juden in der Čechoslovakischen Republik sowie auf die Publikation und Förderung von Arbeiten auf diesem Gebiet gerichtet sind, besorgt ausschließlich ein Redaktionskomitee mit einer Funktionsdauer von 3 Jahren. Dasselbe besteht aus mindestens 4 und höchstens 6 Mitgliedern. Auch der Gesellschaft nicht angehörende Personen können in das Redaktionskomitee berufen werden. In den Vorstand der Gesellschaft können auch Mitglieder dieses Redaktionskomitees gewählt werden, wenn sie Mitglieder der Gesellschaft sind.

[...]

Dem Redaktionskomitee ist insbesondere vorbehalten, in Anwesenheit von mindestens drei Mitgliedern mit einfacher Stimmenmehrheit über nachstehende Angelegenheiten Beschluß zu fassen:

a) die Historiker auszuwählen, welchen es wissenschaftliche Arbeiten übertragen will, sowie die Themen und das Honorar zu bestimmen;
b) Wettbewerbe für historische Arbeiten auszuschreiben und die Preise festzusetzen;
c) die eingelaufenen Arbeiten zu zensurieren und über ihre Veröffentlichung zu entscheiden;
d) zu beschließen, welche Forscher zu fördern sind und in welcher Weise dies geschehen soll;
e) die Veranstaltung wissenschaftlicher Vorträge;
f) die allfällige Herausgabe einer Zeitschrift.

Die administrative und finanzielle Durchführung der unter c), e) und f) bezeichneten Beschlüsse des Redaktionskomitees obliegt dem Vorstande, vorbehaltlich der Genehmigung der Hauptversammlung [19].

Über die finanziellen Möglichkeiten der Gesellschaft entschieden also im Endeffekt die stiftenden Mitglieder und die Großloge, über die wissenschaftliche Tätigkeit das Redaktionskomitee.

Die Liste der Stifter wird 1929 angeführt von Herrn Dr. Julius und Frau Bertha Petschek, gefolgt von Herrn Alfred Glaser. Weitere stiftende Mitglieder waren die Großloge für den Čechoslovakischen Staat X. J. O. B. B., außerdem alle 13 damaligen Logen „Union" (Pilsen), „Bohemia" (Prag), „Karlsbad"

---

[18] *Ebenda* 449.
[19] *Ebenda* 450.

(Karlsbad) „Philantrophia" (Reichenberg), „Moravia" (Brünn), „Silesia" (Troppau), „Praga" (Prag), „Allianz" (Budweis), „Freundschaft" (Teplitz), „Veritas" (Saaz), „Fides" (Preßburg), „Ostravia" (Mährisch-Ostrau) und „Humanitas" (Prag), der Oberste Rat der jüdischen Kultusgemeinde-Verbände in Böhmen, Mähren und Schlesien, die örtlichen Kultusgemeinden Prag, Saaz, Karlsbad, Pilsen, Trautenau und Preßburg [20]. Weitere Geldmittel standen mit der von Miloš, Vladimír und Karel Bondy ins Leben gerufenen und mit einem Kapital von 10 000 Kč ausgestatteten „Gottlieb-Bondy-Stiftung", die allein schon durch die Namensgebung an die 1906 edierte Materialiensammlung anknüpfte, zur Verfügung [21]. Insgesamt verfügte die Gesellschaft 1929 allein von ihren stiftenden Mitgliedern und der Gottlieb-Bondy-Stiftung her über ein Kapital von mindestens 130 000 Kč. Über deren satzungsgemäße Verwendung wachten als Rechnungsprüfer der Oberfinanzrat Dr. Friedrich Karl Pick, Prag-Letná, Čechova 20, der Advokat Dr. Karl Rix, Prag II, Jindřišská 25, und der Ingenieur Paul Schmolka, Prag XII, Koperníkova 794.

Die zweite, die wissenschaftliche Stütze der Tätigkeit der Gesellschaft war das Redaktionskomitee. Bis 1939 gehörten ihm insgesamt sieben Persönlichkeiten an, die allesamt allererste Namen auf dem Gebiet jüdischer bzw. böhmisch-mährischer Geschichte hatten. Die ganze Zeit über waren Mitglieder Prof. Samuel Steinherz, der nichtjüdische Staatsarchivar Josef Bergel, der Brünner Prof. Alfred Engel, Prof. Guido Kisch (der sich 1938 allerdings bereits in New York aufhielt) und der Gründer und Leiter des Prager Jüdischen Museums, Prof. Salomon Hugo Lieben. Bis 1932 wirkte der damalige Privatdozent Bedřich Mendl im Redaktionskomitee mit. Sein Nachfolger wurde der nichtjüdische spätere Vorstand des Archivs des Innenministeriums, Prof. Jaroslav Prokeš.

Gerade in diesem Bereich war die übernationale Zusammenarbeit mit anderen historischen Gesellschaften und Einrichtungen der damaligen Tschechoslowakei gegeben. So war etwa Josef Bergel Leiter des Archivs der Deutschen Universität in Prag gewesen, außerdem war er Mitglied der Deutschen Akademie der Wissenschaften und der Vorstandskommission des Vereins für Geschichte der Sudetendeutschen. Salomon Hugo Lieben war nicht nur Leiter des Jüdischen Museums in Prag, er wirkte auch als Obmann der Chewra Kadischa [22] und der Altneu-Synagoge. Bedřich Mendl schließlich war u. a. Direktor des Staatlichen historischen Instituts. Allein schon ex officio beteiligt waren wohl die Archivare Bedřich Mendl, Jaroslav Prokeš, Josef Bergel und František Roubík. Alfred Engel, der an der Wiege des 1936 eröffneten „Jüdischen Zentralmuseums für Mähren und Schlesien" in Nikolsburg [23] stand, repräsentierte Mähren. Im Vorstand vertrat darüber hinaus Jindřich Kohn als führender Ideologe der jüdischen Assimilation die tschechisch-jüdische Bewegung.

---

20 *Ebenda* 452.

21 *Ebenda.*

22 Beerdigungsbrüderschaft.

23 Vgl. *Engel*, Alfred (Hrsg.): Památník Židovského ústředního musea pro Moravsko-Slezsko [Gedenkbuch des Jüdischen Zentralmuseums für Mähren-Schlesien]. Nikolsburg (Mikulov) 1936.

Die ersten beiden Jahre firmierte die Gesellschaft ausschließlich unter ihrem tschechischen Namen. Dies war nicht unbedingt ein Ausdruck dafür, daß sie unter ausschließlich tschechisch-jüdischen Aspekten arbeitete. Die Publikationsreihe der „Společnost" sollte von Anfang an (1929) in zwei Ausgaben erscheinen: einer deutschsprachigen, in der alle Beiträge in Deutsch zu lesen waren, unter dem Titel „Jahrbuch der Gesellschaft der Geschichte der Juden in der Čechoslovakischen Republik", und einer tschechischen, „Ročenka společnosti pro dějiny židů v Československé republice", in der die Beiträge deutschsprachiger Autoren deutsch und die tschechischsprachiger Autoren tschechisch erschienen [24]. Es war wohl eher ein Versehen, daß die geschichtsforschende Gesellschaft, die sich keineswegs jüdisch-national, und wenn schon nicht jüdisch-supranational, so doch zumindest sowohl deutsch als auch tschechisch geben wollte, nur eine tschechische Bezeichnung führte. 1930 wurde dieses Manko beseitigt. Unter dem 6. Februar 1930 stimmte der Zemský úřad in Prag einer Änderung des § 2 der Satzung zu, wonach die Bezeichnung

Společnost pro dějiny židů v Československé republice nebo v jazyce německém
Gesellschaft für Geschichte der Juden in der Čechoslovakischen Republik
lautet [25].

1931 ging die Amtszeit des ersten Vorstandes zu Ende. Am 16. November fanden Neuwahlen statt, die folgendes Ergebnis brachten:

Vorsitzender blieb Samuel Steinherz, sein Stellvertreter Joseph Popper, Kassier Bohumil Stein, dessen Stellvertreter Alfred Glaser. Geschäftsführer (jednatel) ist Oberinspektor Hugo Slonitz, Prag II, Klimentská 50, der diese Funktion bereits Anfang 1930 ausgeübt und sie bis zum ersten Ende der Gesellschaft im Protektorat innehatte. In den Ausschuß wurden gewählt: Prof. Oskar Donath, Advokat JUDr. Rudolf Eisner, Universitätsprofessor Dr. Oskar Engländer, Lektor Dr. Isidor Hirsch, Advokat Dr. Jindřich Kohn, Universitätsprofessor Dr. Emil Starkenstein, Magistratsrat Dr. August Stein, Universitätsprofessor Dr. Otto Stein, Prof. Dr. Friedrich [!] Thieberger, Prof. Dr. M. Winternitz [26].

Die Vorstandswahlen drei Jahre später am 10. November 1934 bestätigten die Spitze der Gesellschaft mit Steinherz, Popper, Bohumil Stein und Slonitz. Der Ausschuß setzte sich aus Oskar Donath, Oskar Engländer, Isidor Hirsch, Jindřich Kohn, Alfred Glaser, August Stein, Oskar Stein (ředitel), Universitätsprofessor Otto Stein, Bedřich Thieberger, M. Winternitz und Hugo Rindler zusammen [27].

Auch bei der Wahl am 2. Dezember 1937 wurde das bisherige Präsidium bestätigt, Vize-Kassierer wurde Alfred Glaser. Den Ausschuß bildeten Prof. Oskar Donath, Rabbiner Dr. Isidor Hirsch, Dr. Tobias Jakobovits, Direktor Dr. Kamil

---

[24] Zur Publikationstätigkeit und zur Verbreitung des Jahrbuchs bzw. der Ročenka vgl. den „Bericht über die Tätigkeit der Gesellschaft für Geschichte der Juden in der Čechoslovakischen Republik". „B'nai B'rith" 8 (1929) 230—235.

[25] AHMP S.K. IX/658.

[26] AHMP S.K. IX/658.

[27] AHMP S.K. IX/658.

Kleiner, Universitätsprofessor Dr. Emil Starkenstein, Direktor Oskar Stein, Universitätsprofessor Otto Stein und Prof. Dr. Bedřich Thieberger [28].

Zu den alljährlichen Hauptversammlungen, die ab 1930 stets im Gebäude der Großloge in der Růžová 5 stattfanden, wo auch die Geschäftsräume der „Gesellschaft für Geschichte der Juden in der Čechoslovakischen Republik" untergebracht waren, gehörten mindestens ab 1930 wissenschaftliche Vorträge. Am 1. Dezember 1930 sprachen Dr. Kamil Kleiner zum Thema „My laici a ‚Společnost pro dějiny židů' " [29] und Tobias Jakobovits über „Judenabzeichen in Böhmen". Am 4. Dezember 1933 sprachen Oskar Donath zum Thema „Bádání o Siegfriedu Kapperovi" [30] und Samuel Steinherz über „Ein Kapitel aus der Geschichte Prags" — also jeweils ein tschechisches und ein deutsches Referat. Am 16. November 1931 referierte Dr. S. H. Lieben über „Die ländliche Judengemeinde im 18. Jahrhundert", am 14. November 1932 Dr. Bernhard Heilig über „Aufstieg und Verfall des Hauses Ehrenstamm 1752—1852, am 30. November 1936 Universitätsprofessor Dr. Reiter über „Antisemitismus und Philosemitismus in der griechisch-römischen Welt" und am 29. September 1937 Dr. J. Kahan „Zur Geschichte der Juden in Mähren im 17. Jahrhundert" [31].

Die Ereignisse der Jahre 1938 und 1939 bahnten das langsame, aber sichere Ende der Gesellschaft an.

Am 16. Mai 1939 schrieben Steinherz und Slonitz der Prager Polizeidirektion folgenden Brief:

Spolek „Společnost pro dějiny židů" sídlem v Praze, zastoupený předsedou univ. prof. dr. S. Steinherzem, bytem Praha V, Josefovská 6, a jednatelem Hugonem Slonitzem, bytem Praha II, Klimentská 50, oznamuje ve smyslu vládního nařízení ze dne 31. března 1939 č. 97 Sb. z. a. n., že hodlá dále vyvíjeti svou činnost.

Účelem spolku je dle pragarfu [!] 2. jeho stanov probádati vědecky dějiny židů, šířiti znalost těchto dějin, sbírati a vydávati jejich prameny, jakož i podporovati badatele a vypisovati soutěže.

Jmenovaný spolek nesleduje žádných účelů politických.

Žádáme zdvořile, aby nám bylo ve smyslu uvedeného vládního nařízení vydáno písemné potvrzení o podaném oznámení.

Znamenáme v dokonalé úctě [32].

---

[28] AHMP S.K. IX/658.

[29] „Wir Laien und die ‚Gesellschaft für Geschichte der Juden in der Čechoslovakischen Republik'."

[30] „Forschungen über Siegfried Kapper."

[31] AHMP S.K. IX/658.

[32] AHMP S.K. IX/658. „Der Verein ‚Společnost pro dějiny židů' mit Sitz in Prag, vertreten durch Universitätsprofessor Dr. S. Steinherz, wohnhaft Prag V, Josefská 5, und Geschäftsführer Hugo Slonitz, wohnhaft Prag II, Klimentská 50, zeigt entsprechend der Regierungsverordnung vom 31. März, Nr. 97 Gesetz- und Verordnungsblatt, an, daß er seine Tätigkeit weiter auszuüben sich entschieden hat. Zweck des Vereins ist gemäß § 2 seiner Satzung, die Geschichte der Juden wissenschaftlich zu erforschen, die Kenntnis dieser Geschichte zu verbreiten, ihre Quellen zu sammeln und zu edieren, wie auch Forscher zu unterstützen und Wettbewerbe auszuschreiben. Der genannte Verein verfolgt keine politischen Zwecke. Wir ersuchen höflich, daß uns gemäß der angeführten

Die Gesellschaft war damals bereits praktisch in Auflösung. Nach einer Mitteilung von Slonitz an die Abteilung I. der Prager Polizeidirektion vom 20. Juni 1939 waren Kassier Dr. Bohumil Stein, sein Stellvertreter Alfred Glaser, Direktor Dr. Kamil Kleiner und Universitätsprofessor Dr. Emil Starkenstein bereits ausgewandert. Eine deshalb nötig gewordene Hauptversammlung, auf der die freigewordenen Sitze im Präsidium wieder besetzt und die Satzung den neuen Verhältnissen angepaßt werden sollten, mußte aus nicht mehr zu klärenden Gründen vom 20. auf den 30. Juni verlegt werden. Sie fand im Jüdischen Rathaus statt. Das Gebäude in der Růžová 5 war längst von der Gestapo beschlagnahmt [33].

Zu der Satzungsänderung kam es wirklich noch, über eine Ergänzungswahl haben sich keine Akten erhalten. Am 29. Januar 1940 schreiben Steinherz und Slonitz in dieser Angelegenheit an die Prager Polizeidirektion:

Vyhovujeme nařízení Zemského presidenta v Praze ze dne 29. prosince 1939 číslo 77 065 pres., předkládáme 5 opisů/výtisků (stejnopisů) [!] *dosud platných stanov, v nichž jsou názvy uvedené v § 1 ve smyslu 2 cit. nařízení, odstraněny.*

Oznamujeme, že názvy uvedené v § 1 cit. nařízení byly z organisačních a jiných řádů a zevních označení spolkových odstraněny. Podotýkáme, že nemůžeme předložiti jiné stejnopisy neb výtisky stanov, protože veškeré naše tiskoviny, včetně výtisku stanov, byly v místnostech v Praze II, Růžová 5, které byly německou státní tajnou policií zapečetěny a dosud neuvolněny, uloženy [34].

Bei der am 6. Februar 1940 rechtskräftig gewordenen Satzungsänderung entfallen im Namen der Gesellschaft der Zusatz „v Československé republice" beziehungsweise „in der Čechoslovakischen Republik" — es handelt sich also nur noch um eine „Gesellschaft für Geschichte der Juden" — und in den entsprechenden Paragraphen die Hinweise auf die Bindungen an die B'nai B'rith [35].

Aber all dies waren nur noch rein juristische Spiegelfechtereien. Dem faktischen Ende folgte bald auch das rechtliche. Im Prager Vereinsregister liest sich das so:

Výpis z č. j. 18 790 s. II.-Z. S. — 1.173

Židovská náboženská obec v Praze přípisem ze dne 22. května 1940 č. 8745 oznamuje, že z příkazu Ústředny pro židovské vystěhovalectví byla podle nařízení Reichsprotektora in Böhmen und Mähren ze dne 5. března 1940 provedena likvidace spolku „Společnost pro dějiny židů".

Regierungsverordnung eine schriftliche Bestätigung der abgegebenen Anzeige erteilt wird. Wir zeichnen mit vorzüglicher Hochachtung."

33 AHMP S.K. IX/658.

34 AHMP S.K. IX/658. „Wir entsprechen der Verordnung des Landespräsidenten in Prag vom 29. Dezember 1939, Nr. 77 065, und legen 5 Abschriften [...] der bisher gültigen Satzung vor, in der in § 1 gemäß Nr. 2 der zitierten Verordnung die entsprechenden Begriffe entfernt sind. Wir zeigen an, daß die in § 1 der zitierten Verordnung genannten Begriffe aus organisatorischen und anderen Ordnungen und äußeren Vereinsbezeichnungen gestrichen wurden. Wir weisen darauf hin, keine anderen Abschriften oder Drucke der Satzung vorlegen zu können, da unsere sämtlichen Druckschriften einschließlich der Satzungen in den Räumen in Prag II, Růžová 5, lagen, die von der deutschen Geheimen Staatspolizei versiegelt und bisher noch nicht freigegeben wurden."

35 AHMP S.K. IX/658.

Zánik spolku byl ve spolkovém rejstříku vyznačen.
odd. I. — 3. červ. 1940 [36].

Dieses Trauerspiel sollte nach der Wiedererrichtung der Tschechoslowakei 1945 eine makabre Neuauflage finden. Am 15. Dezember 1945 schreiben Oberrabbiner Dr. Aladár Deutsch, Prag I, Veleslavínova 10, „nadpor[učík] duch[ovní] sl[užby]" Dr. Hanuš Rebenwurzel, Prag XII, Stalinova 122, und der Beamte Dr. Ota [!] Muneles, Prag VII, U smaltovny 22, als Mitglieder des Präsidiums an die Direktion der Národní bezpečnost:

Na základě dekretu presidenta republiky ze dne 25. září 1945 o některých opatřeních v oboru spolkovém č. 81 Sb. [...] oznamujeme, že hodláme dnem 1. lednem 1946 obnoviti činnost spolku
Společnost pro dějiny židů,
zapsaného do spolkového katastru pod číslem Sk IX 658 [37].

Bei der Wiederbelebung verzichtete man also auf den von den Nazis gestrichenen Zusatz „v Československé republice". Von einem deutschen Vereinsnamen konnte sowieso keine Rede mehr sein. Am 12. Juni 1946 teilte der Zemský národní výbor Dr. Aladár Deutsch die Zur-Kenntnis-Nahme der Wiederbelebung mit [38]. Am 7. Juni 1948 fand im Sekretariat der jüdischen Gemeinde die letzte Hauptversammlung statt. Vorsitzender der „Společnost" war Dr. Hanuš Rezek, Maislova 18, Protokollführer Dr. Ota Muneles, Jáchymova 3. Die Agenda führte „vorübergehend" die Židovská náboženská obec [39]. Das zweite, diesmal endgültige Aus ließ aber nicht mehr lange auf sich warten. Es kam zu der eingangs zitierten Aktennotiz vom 20. Juli 1948 über die „freiwillige" Auflösung der Gesellschaft [40].

II.

Was blieb nun von der „Gesellschaft für Geschichte der Juden in der Čechoslovakischen Republik"? Da ist vor allem die stattliche Reihe von neun Bänden der „Jahrbücher der Gesellschaft für Geschichte der Juden in der Čechoslovakischen Republik", von der, wie bereits erwähnt, einige auch in einer gemischt deutsch-tschechischen Ausgabe unter dem tschechischen Titel „Ročenka společnosti pro dějiny židů v Československé republice" erschienen.

---

[36] AHMP S.K. IX/658. „Die Jüdische Gemeinde in Prag zeigt mit Zuschrift vom 22. Mai 1940, Nr. 8745, an, daß auf Anordnung der Jüdischen Zentralstelle für Auswanderung gemäß Verordnung des Reichsprotektors in Böhmen und Mähren vom 5. Mai 1940 die Liquidation der ‚Společnost pro dějiny židů' durchgeführt wurde. Das Erlöschen wurde im Vereinsregister vermerkt."

[37] AHMP S.K. IX/658. „Auf Grund des Dekrets des Präsidenten der Republik vom 25. September 1945 über einige Maßnahmen im Vereinswesen, Nr. 81 Gesetzblatt, zeigen wir an, daß wir entschlossen sind, mit dem 1. Januar 1946 die Tätigkeit des Vereins ‚Společnost pro dějiny židů', eingetragen im Vereinsregister unter der Nummer Sk IX/658, wiederaufzunehmen."

[38] AHMP S.K. IX/658.

[39] AHMP S.K. IX/658.

[40] AHMP S.K. IX/658.

In seinem programatischen Vorwort zum ersten „Jahrbuch" hatte Steinherz ausgeführt, Ziel der Reihe sei die (satzungsgemäß vorgeschriebene) „Verbreitung der Kenntnis der Geschichte der čechoslovakischen Juden und Förderung von Forschern auf diesem Gebiet". Weiter schreibt er:

Es [das Jahrbuch] *will die Ergebnisse der wissenschaftlichen Forschung nicht dem engen Kreise der Fachgelehrten vorbehalten, sondern die Ergebnisse allen, die sich für Geschichte der Juden interessieren, vermitteln; deshalb sollen die Beiträge, die hier veröffentlicht werden, in Darstellung und Sprache allgemein verständlich sein. Andererseits soll das Jahrbuch den Forschern Gelegenheit geben, ihre wissenschaftlichen Arbeiten zu veröffentlichen. Man sieht aus dem vorliegenden Buche, aus der Zahl der Mitarbeiter, daß es einem wissenschaftlichen Bedürfnis entgegengekommen ist. Und schon dieser erste Band des „Jahrbuches" zeigt an den Schriften von Prokeš*[41] *und Bergl*[42], *daß die Geschichte der Juden in der Čechoslovakei mehr ist als ein bloßer Abschnitt in der Geschichte der Juden, daß sie auch für die Geschichte des čechoslovakischen Staatsgebietes wertvolle Aufschlüsse bringt. Nicht auf dem Gebiete der sogenannten politischen oder äußeren Geschichte — an ihr haben die Juden, die immer eine kleine Minderheit gewesen sind, keinen Anteil —, aber auf dem Gebiete der Wirtschaftsgeschichte, und seit der Emancipation auch auf allen Gebieten der geistigen Kultur von Böhmen und Mähren. Daß der vorliegende Band zum größten Teil der Geschichte der Juden in Böhmen gewidmet ist, ist daraus zu erklären, daß die archivalischen Vorarbeiten in Böhmen weiter fortgeschritten sind als in den anderen Ländern, und daß in Prag mehr Mitarbeiter sich zur Verfügung gestellt haben. Es ist zu hoffen, daß die folgenden Bände des Jahrbuchs entsprechende Beiträge zur Geschichte der Juden in Mähren und Schlesien und schließlich auch der Slovakei werden bringen können*[43].

Bei der ganzen Serie fällt vor allem die verhältnismäßig geringe Gesamtzahl der Mitarbeiter auf. Sie waren sowohl deutscher, tschechischer, deutsch-jüdischer und tschechisch-jüdischer Provenienz. Insgesamt steuerten 35 Autoren Aufsätze bei: Simon Adler drei, Josef Bergel zwei, Anton Blaschka einen, Bertold Bretholz vier, Bernhard Brilling einen, Oskar Donath zwei, Alfred Engel einen, Heinrich Flesch fünf, Alfred Grotte zwei, Bernhard Heilig zwei, Isidor Herrisch einen, D. Herzog einen, Josef Hráský einen, Tobias Jakobovits sieben, Josef Jirčák einen, J. Kahan einen, Guido Kisch vier, Jindřich Kohn einen, Viktor Kurrein zwei, Salomon Hugo Lieben sechs, L. Moses einen, Zdenka Münzer einen, Paul Nettl zwei, Václav Pesák zwei, Jaroslav Prokeš drei, Michael Rachmuth fünf, Jaroslav [Polák-] Rokycana drei, František Roubík fünf, Emanuel Schwartz einen, Ludwig Singer drei, Samuel Steinherz sechs, B. Suler zwei, František Teplý einen, Rudolf Wenisch einen und Václav Žáček zwei[44].

---

41 „Der Antisemitismus der Behörden und das Prager Ghetto in nachweißenbergischer Zeit."

42 „Das Exil der Prager Judenschaft von 1745—1748."

43 JbGGJČ 1 (1929) S. VI—VII.

44 Eine Übersicht über den Inhalt der JbGGJČ bietet *Dan*, Robert: Zwei Inhaltsverzeichnsse. I.: Jahrbuch der Gesellschaft für Geschichte der Juden in der Tschechoslowakischen [!] Republik. II.: Zeitschrift für die Geschichte der Juden in der Tschechoslowakei. In: Zeitschrift für Geschichte der Juden 5 (1968) 177—201.

Trotz dieser „bunten" Mischung von Autoren war es für die Redaktion ein fast permanentes Problem, tschechisch geschriebene Artikel zu bekommen und so das Erscheinen der „Ročenka" sicherzustellen. Als für den dritten Band (1931) nur František Roubík einen tschechischen Aufsatz über die Judensiedlungen in Böhmen auf den Ortsplänen vom Jahre 1727 vorgelegt hatte, monierte Samuel Steinherz im Vorwort des Bandes:

Es ist zu hoffen, daß die tschechischen Forscher an den folgenden Bänden unseres Jahrbuches sich in stärkerem Maße beteiligen und das Wiedererscheinen der tschechischen Ausgabe ermöglichen werden[45].

Dieses und ein weiteres Manko hatte bereits ein Jahr zuvor Bohumil Stein im Vorwort zur zweiten „Ročenka" angesprochen:

Již na prvý pohled lze poznati, že tato Ročenka má jednu přednost a jednu vadu proti Ročence loňské. Přednost její spatřujeme v tom, že některé práce se zabývají historií židů na Moravě. Velmi bychom uvítali, kdyby příští Ročenky pojednávaly nejen o dějinách židů v historických zemích, ale také na Slovensku. Jest nepopíratelnou pravdou, že pokud jde o práce ryze vědecké, známe dějiny židů v Čechách málo, na Moravě ještě méně a o Slovensku nevíme vůbec nic.

Vada této Ročenky spočívá v tom, že počet českých článků jest velmi nepatrný. Viny na tom nemá Společnost. Redakční komitét i výbor starali se včas, aby získali pro spolupráci české historiky, ale obdrželi bohužel buď zamítavou odpověď, anebo byli odkázáni na pozdější dobu. Neodpovídá-li tedy rozsah českých prací naprosto významu českých historiků, může společnost, uveřejnivší všechny dodané jí české práce, klidně říci: „Tua culpa!" [46]

Das waren recht fromme Wünsche! Einige Bände konnten zwar auch noch als „Ročenka" erscheinen, aber in keinem der neun Jahrgänge findet sich auch nur ein einziger Beitrag mit einer slowakisch-jüdischen Problematik. Trotz aller dieser Schwierigkeiten und Defizite können sich die „Jahrbücher" beziehungsweise „Ročenky" immer noch sehen lassen. Sie stellen die bis zum heutigen Tag um-

---

[45] JbGGJČ 3 (1931) S. III.

[46] Ročenka společnosti pro dějiny židů v Československé republice 2 (1930) S. V. „Schon auf den ersten Blick läßt sich erkennen, daß diese Ročenka einen Vorzug und einen Nachteil gegenüber der vorjährigen hat. Der Vorzug liegt darin, daß sich einige Arbeiten mit der Geschichte der Juden in Mähren befassen. Wir würden es sehr begrüßen, wenn die nächsten Ročenky nicht nur von der Geschichte der Juden in den Historischen Ländern handelten, sondern auch in der Slowakei. Es ist eine unumstößliche Wahrheit, daß wir, soweit es sich um rein wissenschaftliche Arbeiten handelt, die Geschichte der Juden in Böhmen wenig und in Mähren noch weniger kennen, und über die Slowakei wissen wir überhaupt nichts. Der Nachteil dieser Ročenka liegt darin, daß die Zahl tschechischer Artikel sehr gering ist. Schuld daran trägt nicht die ‚Společnost'. Das Redaktionskomitee und der Ausschuß waren rechtzeitig bemüht, tschechische Historiker zur Mitarbeit zu gewinnen, aber sie erhielten leider entweder eine ablehnende Antwort oder wurden auf einen späteren Zeitpunkt verwiesen. Wenn also der Umfang tschechischer Arbeiten absolut nicht der Bedeutung der tschechischen Historiker entspricht, kann die ‚Společnost', die alle ihr gelieferten Arbeiten veröffentlichte, ruhig sagen: ‚Tua culpa!' "

fassendste Sammlung wissenschaftlicher Abhandlungen zur Geschichte der Juden in den Historischen Ländern dar.

Noch weit schwieriger als mit ihren Aufsatzsammlungen tat sich die „Gesellschaft“ mit den Großprojekten Quellenedition und zusammenhängender Geschichtsschreibung der Juden in Böhmen und Mähren. Die einzigen realisierten Ansätze hierzu sind dem damals schon pensionierten mährischen Landesarchivar Bertold Bretholz zu verdanken und beziehen sich — eine Seltenheit in der jüdischen Geschichtsforschung auf dem Boden der Tschechoslowakei — auf Mähren. Das erste Projekt war ein offizieller Auftrag der „Gesellschaft“ und sollte den Anfang einer umfassenden Quellenedition bilden. Gedacht war an eine Sammlung aller Quellen zur Geschichte der Juden in Mähren im Mittelalter bis zum Jahr 1526. Von diesen „Quellen zur Geschichte der Juden in Mähren im Mittelalter“ erschien 1935 jedoch nur der die Zeit bis zum Tode des Markgrafen Jodok 1411 umfassende erste Teil [47].

Die Fortsetzung wurde nicht zuletzt durch Bretholz' Tod am 27. November 1936 unmöglich.

Geplant war ursprünglich von der „Gesellschaft“, zuerst die Akten über die „Konsignation der Juden in Böhmen 1724 bis 1729“ herauszugeben, außerdem ein Urkundenbuch zur Geschichte der Juden in Prag im Mittelalter sowie eine Sammlung hebräischer Geschichtsquellen. Im Vorwort zu Bretholz' „Quellen“ teilt Steinherz lapidar mit: „Von diesen Plänen konnte noch nichts durchgeführt werden [48].“

Und dabei blieb es auch. Steinherz' frommer Wunsch, „wenn die Verhältnisse es gestatten, soll nicht nur ein weiterer Band mit den [mährischen] Dokumenten bis 1526 folgen, sondern auch die anderen Quellenwerke, die oben angeführt sind, herausgegeben werden [49]“, blieb bis zum heutigen Tag unerfüllt.

Auf der Grundlage des von ihm gesammelten archivalischen Materials machte sich Bretholz — diesmal „mit Unterstützung der Gesellschaft für Geschichte der Juden in der Čechoslovakischen Republik“ — daran, eine „Geschichte der Juden im Mittelalter“ zu schreiben. Aber auch dieses Vorhaben gedieh nie über den ersten, 1934 erschienenen Band hinaus, der die Zeit bis 1350 behandelt [50]. Der Autor war sich selbst im klaren, daß die Weiterführung dieses Projekts auf recht unsicheren Fundamenten stand. Im Vorwort schreibt er:

Die Fortsetzung hängt von der Weiterführung des Quellenwerkes ab, da ohne die detaillierte auf archivalischer Forschung beruhende Kenntnis des Materials von 1411 bis 1526 die Darstellung der Periode nach 1350 gewagt wäre [51].

In ihren „Jahrbüchern“ bzw. „Ročenky“ konnte die „Gesellschaft für Geschichte der Juden in der Čechoslovakischen Republik“ nicht die Prag- bzw. Böhmen-Lastigkeit vermeiden, die sie eigentlich abbauen wollte. So befassen sich in den

---

[47] *Bretholz*, Bertold: Quellen zur Geschichte der Juden in Mähren vom XI. bis zum XV. Jahrhundert (1067—1411). Prag 1935.

[48] *Ebenda* S. V.

[49] *Ebenda* S. VI.

[50] Vgl. Anm. 3.

[51] *Bretholz*: Geschichte 30.

neun erschienenen Bänden 24 Arbeiten mit Prag, 18 mit Böhmen, zehn mit Mähren und eine mit Schlesien. Zeitlich liegt der Hauptakzent eindeutig auf dem 18. Jahrhundert mit 19 Aufsätzen, während die Zeit vor 1526 lediglich mit sechs, die folgende Epoche vor der Schlacht am Weißen Berg mit fünf, das weitere 17. Jahrhundert mit zehn und das 19. Jahrhundert mit drei Aufsätzen vertreten sind. Der Wirtschaftsgeschichte sind fünf, der Rechtsgeschichte einer, der Religionsgeschichte sechs, der Ortsgeschichte 15 Beiträge gewidmet, Musik, Architektur und Literatur je zwei.

Mit ihren Aktivitäten hatte die „Gesellschaft" eine starke Ausstrahlung. Sie gab eine neue Motivation, sich mit der jüdischen Geschichte auf dem Gebiet des jungen Staates zu befassen. Und dieser Motivation sind einige Werke zu verdanken, die bei allen ihnen anhaftenden Mängeln heute — im Rückblick nach dem Holokaust betrachtet — zu den wichtigsten Materialsammlungen zu dieser Problematik gehören. Sie sind allesamt mit dem Namen Hugo Gold verbunden, der in jungen Jahren von seinem Onkel Max Hickl dessen Brünner „Jüdischen Buch- und Kunstverlag" übernommen hatte. Dieser „Einzelkämpfer" gab von 1930 bis 1933 jährlich vier Hefte seiner „Zeitschrift für die Geschichte der Juden in der Tschechoslowakei" heraus. Anfang 1934 erschien nur ein Heft und nach langer Pause folgte 1938 noch ein fünfter Jahrgang, ehe die Zeitläufte eine weitere Fortführung unmöglich machte. Das zweite Verdienst Hugo Golds ist die Herausgabe von drei großformatigen, reichbebilderten, aber in ihren einzelnen Beiträgen doch recht unterschiedlich zu bewertenden Sammelbänden, deren Bedeutung heute darin liegt, daß die damaligen Autoren noch auf Quellen zurückgreifen konnten, die inzwischen längst vernichtet sind. Die Bände über die Juden und Judengemeinden Böhmens [52], Mährens [53] und von Preßburg [54] erschienen 1929 bis 1934 mit wohlwollender Förderung der „Gesellschaft". Im „Fördererkomitee" des Böhmen-Bandes taucht sie zwar selbst nicht auf, wohl aber viele ihrer maßgeblichen Mitglieder, etwa die B'nai-B'rith-Logen in Teplitz-Schönau, Trautenau und Reichenberg oder die Firma Petschek & Co. in Prag. Ohne die Unterstützung der „Gesellschaft" wäre auch der Ausbau des von den Nazis später geschlossenen und teilweise nach Prag überführten „Jüdischen Zentralmuseums für Mähren und Schlesien" in Nikolsburg nicht möglich gewesen.

III.

Alle Aktivitäten der Gesellschaft selbst und in ihrem Umfeld fanden mit Hitlers Einmarsch ein jähes Ende. Der Wiederbelebungsversuch von 1945 war eine Totgeburt, eine Renaissance fand nicht statt. In der Tschechoslowakei konzentriert sich die jüdische Geschichtsforschung heute um das seit 1950 Staatliche Jüdische Museum

---

[52] *Gold*, Hugo: Die Juden und Judengemeinden Böhmens in Vergangenheit und Gegenwart. Ein Sammelwerk. Brünn 1934.

[53] *Ders.*: Die Juden und Judengemeinden Mährens in Vergangenheit und Gegenwart. Ein Sammelwerk. Brünn 1929.

[54] *Ders.*: Die Juden und Judengemeinde Bratislava in Vergangenheit und Gegenwart. Ein Sammelwerk. Brünn 1932.

in Prag, das in den fünfziger und sechziger Jahren die Reihe „Židovské památky v Čechách a na Moravě" herausgab, die aber nach vier Bänden recht sang- und klanglos einschlief [55] und nur noch in einigen größeren Einzelpublikationen eine gewisse Fortsetzung fand. Von erstaunlicher Lebenskraft ist dagegen die ebenfalls vom Jüdischen Museum edierte Zeitschrift „Judaica Bohemiae", die seit 1965 in ununterbrochener Folge erscheint und zum Teil sehr beachtliche Arbeiten publiziert hat.

Den anfangs recht erfolgversprechenden Versuch einer Anknüpfung an die Tradition der alten „Gesellschaft" machte die „Society for the History of Czechoslovak Jews" in New York, die, von Emigranten in den USA ins Leben gerufen, 1968 und 1971 zwei respektable Bände „The Jews of Czechoslovakia" herausbrachte. Der abschließende Band 3 dieses Projekts ließ dagegen bis 1984 auf sich warten [56] — nicht zuletzt deshalb, weil diese „Society" längst zu einem Senioren- und Honoratioren-Club geworden ist.

In Jerusalem wurde 1981 als bewußtes Konkurrenzunternehmen zu der New Yorker „Society" „The Research Foundation for the History of the Jews of Bohemia, Moravia and Silesia" gegründet, deren weiteres Schicksal aber nach dem Tod ihres Initiators und Spiritus rector Stephan Barber derzeit recht ungewiß ist.

Das Feld der jüdischen Geschichte in der Tschechoslowakei ist also wieder einmal herrenlos. Und der Aufruf „Vivant sequentes" aus der Einleitung zum Sammelband „Die Juden in Prag" von 1927 harrt erneut seiner Realisierung.

---

[55] In der Reihe der „Židovské památky v Čechách a na Moravě" erschienen: *Muneles*, Otto: Bibliografický přehled židovské Prahy [Bibliographischer Überblick über das jüdische Prag]. Prag 1952. — *Volavková*, Hana: The Pinkas Synagogue. A Memorial of the Past and of Our Days. Prag 1955. — *Muneles*, Otto / *Vilímková* , Milada: Starý židovský hřbitov v Praze [Der alte jüdische Friedhof in Prag]. Prag 1955. — Prague Ghetto in the Renaissance Period. Prag 1965.

[56] The Jews of Czechoslovakia. Historical Studies and Surveys. 3 Bde. New York-Philadelphia 1968—1984.

Manfred Alexander

DIE ROLLE DER LEGIONÄRE IN DER ERSTEN REPUBLIK

Ein politischer Verband und sein Geschichtsbild

Unter dem Stichwort „Geschichte und Geschichtsbewußtsein" die Rolle der Legionäre als Faktor der Innenpolitik der Ersten Tschechoslowakischen Republik zu untersuchen, scheint vielleicht überraschend; bisher gibt es zahlreiche Darstellungen der Aktionen tschechischer Legionäre im Westen wie in Rußland [1], die besonders die spektakuläre Beherrschung der Transsibirischen Eisenbahn behandeln; auch in der Gajda-Affäre des Jahres 1926 spielt die Zugehörigkeit des zeitweiligen Generalstabschefs zu den Legionären eine Rolle [2], aber der Stellenwert der Legionäre in der politischen Situation der tschechoslowakischen Demokratie fehlt weitgehend in der bisherigen Betrachtung [3]. Aus den Akten der Deutschen Gesandtschaft in Prag [4] geht hervor, daß die Legionäre in den Anfangsjahren des neuen Staates in dreifacher Weise von Bedeutung waren: als militärisches Rückgrat der jungen tschechoslowakischen Armee bei der Eroberung der beanspruchten Territorien [5], als Unruhestifter bei Provokationen gegenüber der deutschen Minderheit im Lande [6] und — teilweise — als Potential eines drohenden Umsturzes nach dem Vorbild der russischen Bolschewiki [7].

---

1 Vollständigkeit kann hier nicht angestrebt werden; für verschiedene Ansätze: *Kvasnička*, Ivan: Československé legie v Rusku 1917—1920 [Die tschechoslow. Legionen in Rußland 1917—1920]. Preßburg 1963. — *Bradley*, John F. N.: La légion tchécoslovaque en Russie, 1914—1920. Paris 1965. — *Thunig-Nittner*, Gerburg: Die tschechoslowakische Legion in Rußland. Ihre Geschichte und ihre Bedeutung als politisch-geistiger Faktor bei der Entstehung der Tschechoslowakischen Republik. Wiesbaden 1969 (Marburger Ostforschungen 30). — *Rainer*, Johann: Die Anfänge des tschechoslowakischen Heeres in Italien, 1918—1919. In: Beiträge zur neueren Geschichte Österreichs. Hrsg. v. Heinrich *Fichtenau* und Erich *Zöllner*. Wien-Köln-Graz 1974, 493—502 (Festschrift für A. Wandruszka). — An entlegener Stelle veröffentlicht: *Fic*, Victor M.: Revolutionary War for Independence and the Russian Question: Czechoslovak Army in Russia. 1914—1918. New Delhi 1977. — *Ders.*: The Bolshevics and the Czechoslovak Legion: The Origin of their Armed Conflict. March—May 1918. New Delhi 1978. — Für Literatur aus der Zeit vor 1938 siehe die Zeitschrift Naše revoluce.

2 *Zorach*, Jonathan: The Enigma of the Gajda-Affair in Czechoslovak Politics in 1926. Slavic Review 35 (1976) 683—698.

3 Als zweites Thema angelegt bei *Thunig-Nittner* 1969, sonst in den Darstellungen nur sporadisch behandelt.

4 Deutsche Gesandtschaftsberichte aus Prag. Innenpolitik und Minderheitenprobleme in der Ersten Tschechoslowakischen Republik. Teil I: Von der Staatsgründung bis zum ersten Kabinett Beneš 1918—1921. Berichte des Generalkonsuls von Gebsattel, des Konsuls König und des Gesandten Professor Saenger. Ausgewählt, eingeleitet und kommentiert von Manfred *Alexander*. München-Wien 1983 (Veröff. des Collegium Carolinum 49/I), zitiert: Gesandtschaftsberichte I.

5 Gesandtschaftsberichte I, Dok. 40, 50 u. a.

6 Gesandtschaftsberichte I, Dok. 70, 73, 77, 99, 144, 145, 202 (S. 477) und 206.

7 Gesandtschaftsberichte I, Dok. 102, 309 und 137.

Die folgenden Ausführungen gehen von Beobachtungen im Zusammenhang mit der Arbeit an der Aktenedition aus und ergänzen andere Gedanken über die politische Kultur der Ersten Tschechoslowakischen Republik [8]. Sie kreuzen sich teilweise mit neueren tschechischen Arbeiten über die nationale Rechte, in denen die Legionäre als eigenes Problem aber kaum behandelt werden [9].

*

Wer in der Ersten Tschechoslowakischen Republik als Legionär zu betrachten war, wurde durch ein Gesetz vom 24. Juli 1919 definiert [10], aus dem hervorgeht, daß es sich um aktive Freiwillige handelte, die bis zum 28. Oktober 1918 in einer Organisation des tschechischen Widerstandes registriert gewesen sein mußten. Aus der Tatsache, daß man eine juristische Formulierung gesucht hat, geht schon hervor, daß es a) ein Streitpunkt sein konnte, wer anzuerkennen war, und b) daß die Anerkennung wichtig war und Rechtsfolgen hatte. Ein Anspruch auf Anerkennung mußte in einem Verfahren festgestellt und vom Kanzler der tschechoslowakischen Legionäre, der ein Organ des Verteidigungsministeriums war, bestätigt werden [11]. Mit der Definition des aktiven Kämpfers wurde ein Trennungsstrich gegenüber den reinen Deserteuren aus der k. und k. Armee gezogen. Mochte das Motiv zur Desertion ehrenhaft gewesen sein — als nationales Bekenntnis gegen die schwarz-gelbe Monarchie — oder aus Feigheit erfolgt sein, mit dem Entschluß zum aktiven Kampf mußte jeder die Folge einkalkulieren, bei Ergreifung durch das österreichische Militär zum Tode verurteilt zu werden. Daß dies kein theoretisches Problem war, geht aus der Zahl der Hinrichtungen hervor [12].

Welche Bedeutung die tschechoslowakischen Legionäre besaßen, sei hier nur kurz umrissen. Im revolutionären Rußland bildeten sie eine gewisse Zeit das größte

---

8 *Alexander*, Manfred: Die „Burg" und die Deutschen. In: Die „Burg". Einflußreiche politische Kräfte um Masaryk und Beneš. Bd. 2. Hrsg. v. Karl *Bosl*. München-Wien 1974, 59—77. — *Ders.*: Leistungen, Belastungen und Gefährdungen der Demokratie in der Ersten Tschechoslowakischen Republik. BohZ 27 (1986) 72—87.

9 *Vojtěch*, Tomáš: Politické názory Viktora Dyka [Die politischen Ansichten Viktor Dyks]. ČSČH 21 (1973) 198—230. — *Fic*, Vladimír: Národní Sjednocení v politické struktuře buržoazního Československa v letech 1934—1935 [Die ‚Nationale Vereinigung' in der politischen Struktur der bürgerlichen Tschechoslowakei 1934—1935]. ČSČH 26 (1978) 26—57. — *Ders.*: Národní sjednocení v politickém systému Československa 1930—1938 [Die ‚Nationale Vereinigung' im politischen System der Tschechoslowakei 1930—1938]. Příspěvek ke kritice českého buržoazního nacionalismu [Beitrag zur Kritik des tschechischen bürgerlichen Nationalismus]. Prag 1983. — *Pithart*, Petr: První republika: jak ji viděla opozice [Die erste Republik, wie die Opposition sie sah]. Svědectví 18 (1983) 271—314. — *Otáhal*, Milan: Ferdinand Peroutka: muž Přítomnosti [F. P. der Mann der ‚Přítomnost']. Svědectví 18 (1983) 339—390.

10 § 2 des Gesetzes vom 24. Juli 1919, Nr. 462 der Gesetzsammlung. Ottův Slovník naučný nové doby. Dodatky, Bd. III/2. Prag 1935, 1115. — Siehe auch: Kalendář československého legionáře na rok 1921 [Kalender des tschechoslow. Legionärs für das Jahr 1921], 171.

11 Aufzählung der einzelnen Organe in: Kalendář 1921, 350—355.

12 Als „hingerichtet" (popraveno) vermeldet der Ottův Slovník 72 Personen (Bd. III/2 1935, 1116); die Dunkelziffer dürfte aber höher sein.

und disziplinierteste Korps zwischen den Fronten der Roten und Weißen, sie beherrschten eine Zeitlang von der Mittleren Wolga bis zum Hafen von Wladiwostok die Lebensader Sibiriens, die „Transsib". Ihre Existenz war für die Intervention der Alliierten von großer Bedeutung, ebenso für den zeitweiligen sibirischen Separatstaat des Admirals Kolčak. Man braucht nur daran zu erinnern, daß am 16. Juli 1918 die Zarenfamilie in Jekaterinburg vom örtlichen Sowjet ermordet wurde, ehe am 25. Juli die Tschechen die Stadt einnahmen [13]. Welche Folgen hätten entstehen können, wenn neben dem Zarenschatz in Kazań auch die Romanowfamilie in die Hände der tschechischen Legionäre gefallen wäre, entzieht sich historischer Beurteilung.

Prosaischer ist demgegenüber die wirkliche Bedeutung der Legionäre für die Entstehung der Tschechoslowakischen Republik zu bewerten. Unzweifelhaft war die Existenz von bewaffneten Verbänden für die Arbeit des tschechischen Nationalrates in Paris die Bedingung dafür, von den Alliierten als Gesprächspartner, als provisorische Regierung und gar als gleichrangiger Verbündeter anerkannt zu werden [14]. Nimmt man hinzu, daß die zurückkehrenden Legionäre einen großen Anteil an der Eroberung und Beherrschung des beanspruchten Staatsgebietes der Tschechoslowakei hatten, den Kampf gegen Ungarn und Polen maßgeblich bestritten und zur Disziplinierung der Minderheiten beitrugen, so ist damit ein Bedeutungszusammenhang umrissen, der vielfältige Optionen erlaubt hätte.

Ein Blick auf Polen kann dies ein wenig erläutern. Die Legion, die Józef Piłsudski an die Spitze der wiedererstandenen zweiten polnischen Republik getragen hat, setzte sich aus Freischärlern zusammen, die aus dem russischen Teilungsgebiet nach Österreich geflüchtet waren und dann unter österreichischer Duldung gegen Rußland im regulären und irregulären Kampf Verdienste sammelten. Der damit verbundene Makel, mit einer Teilungsmacht gegen eine andere zu kämpfen, konnte dadurch wettgemacht werden, daß sich der Kommandant Piłsudski einer Einschmelzung seiner Truppen in ein deutsches oder österreichisches Heer widersetzte und dafür in der Festung Magdeburg zum Ruhm des Freiheitskämpfers auch noch den Nimbus des Märtyrers erwarb [15]. Die Offiziere der Legion — Sławek, Rydz-Śmigły, Sosnkowski — sollten später das autoritäre Regime in Polen tragen, während die regulären Offiziere aus der k. und k. Armee — Szeptycki, Stanisław Haller, Władysław Sikorski — in die Opposition gedrängt wurden [16] und erst nach Ende der autoritären Herrschaft der Obristen im westlichen Exil wieder zu Bedeutung gelangten.

---

[13] *Thunig-Nittner* 1969, 74 f. — Die Eroberung von Kazań erfolgte am 8.—10. August 1918.

[14] Hierzu ausführlich die Weltkriegsmemoiren: *Masaryk*, Thomas Garrigue: Die Weltrevolution. Erinnerungen und Betrachtungen. 1914—1918. Berlin 1928. — *Beneš*, Edvard: Der Aufstand der Nationen. Der Weltkrieg und die tschechoslowakische Revolution. Berlin 1928.

[15] Vgl. *Roos*, Hans: Geschichte der Polnischen Nation 1918—1978. Von der Staatsgründung im Ersten Weltkrieg bis zur Gegenwart. 3. erw. Aufl. Stuttgart u. a. 1979, 33 f.

[16] *Roos* 1979, 112. — *Hoensch*, Jörg K.: Geschichte Polens. Stuttgart 1983, 265. — *Zorach* 1976, 683 weist auf die Parallele Piłsudski — Gajda hin.

Ein Blick auf die zeitgenössischen Quellen der Tschechoslowakei verdeutlicht, daß eine solche Gefahr für die Demokratie auch in der tschechoslowakischen Legion gesehen worden ist. Aus den Akten des Auswärtigen Amtes geht hervor, wie wichtig die Legionäre für die Schlagkraft der tschechoslowakischen Armee waren, wie sehr sie im Nationalitätenstreit das nationaltschechische Element stärkten (z. B. Sturz des Denkmals in Brünn [17]) und sich zusammen mit der Turnerorganisation des Sokol zu Demonstrationen und Provokationen hinreißen ließen. Die Legionäre, die an den Staat Ansprüche ob ihrer Verdienste stellten, wurden als „wimmelnde Prätorianerschar" [18] bezeichnet, und es wurde gar das Gespenst einer Legionärsdiktatur an die Wand gemalt [19]. Demgegenüber erscheint die Macht des Staates, verkörpert im Staatspräsidenten Masaryk, als eigentümlich weich und schwach: Masaryk tut es „weh", wenn sich die Legionäre Übergriffe zu schulden kommen lassen [20], er mahnt die Legionäre zur Arbeit [21] und er hat gar Verständnis für ihre deutschfeindlichen Aktionen [22].

Nimmt man hinzu, daß der zeitweilig ranghöchste tschechische Offizier der tschechoslowakischen Armee, der Generalstabschef Radola Gajda, 1926 unter dubiosen Umständen abgelöst wurde [23] — in dem Jahr, da Piłsudski in Polen mit den Legionären die Macht ergriff — und daß im tschechoslowakischen Offizierskorps zwischen Legionären und ehemaligen Offizieren der k. und k. Armee starke Spannungen herrschten, so scheint die Frage berechtigt, ob die Legionäre etwas wie ein Staat im Staate darstellten, ob sie zu einer Gefahr für die Demokratie geworden waren oder werden konnten.

*

Hier seien zunächst einige Fakten nachgetragen. Die Zahl der Legionäre, die als solche anerkannt waren, wird im Ottův Slovník Naučný [24] mit 88 701 angegeben, von denen 60 109 in Rußland, 9367 in Frankreich und 19 225 in Italien gewesen waren. Nach weniger strengen Kriterien, als die Kanzlei der Legionäre zugrunde legte, kämen noch weitere 20 902 Personen hinzu. Über 100 000 Mann also, an Waffen und Disziplin gewöhnt, durch gemeinsame Erfahrung und einheitliche Ideologie geprägt, konnten schon eine ernsthafte Gefahr darstellen; Lenin hat mit weniger Gefolgsleuten Rußland erobert.

Einer solchen möglichen Gefahr steht aber die Beobachtung entgegen, daß die Legionäre in mehreren Verbänden organisiert waren — die nationale Družina und

---

[17] Siehe Anm. 6, bes. Dok. 73.

[18] Gesandtschaftsberichte I, Dok. 103, S. 269. — *Thunig-Nittner* 1969, 208.

[19] Gesandtschaftsberichte I, Dok. 123 und 144.

[20] Gesandtschaftsberichte I, Dok. 70.

[21] Gesandtschaftsberichte I, Dok. 131.

[22] Gesandtschaftsberichte I, Dok. 144.

[23] Siehe Anm. 2.

[24] Ottův Slovník III/2 1935, 1116. Verfasser dieses Artikels ist Josef Kudela, der sich mit dem Problem jahrelang beschäftigt hat; siehe seine Beiträge zur Zeitschrift Naše revoluce, besonders im Rezensionsteil. Eine Würdigung des Autors, der am 23. März 1942 in Auschwitz umgekommen ist: Památce Dr. Josefa Kudely [Zur Erinnerung an Josef Kudela]. O. O. [Prag] 1946.

der sozialistische Svaz als Hauptverbände [25] — und die Zusammenfassung in der Československá obec legionářská 1921 nur eine formale war und keine geschlossene Organisation zur Folge hatte [26]. Ferner ist zu beobachten, daß Legionäre in allen tschechischen Parteien vertreten waren, von den Nationaldemokraten, den nationalen Sozialisten zu den Sozialdemokraten und sogar bei den Kommunisten [27]. Die Legionäre im Dienst der Streitkräfte waren an den unterschiedlichsten Stellen eingesetzt — Gajda hatte vor seinem Aufstieg zur Spitze im entlegenen Kaschau gedient [28]. Überdies hatte die Anwesenheit französischer Offiziere eine Überwachung und die Schulung auf der französischen Militärakademie eine Disziplinierung des Denkens zur Folge [29]. Ein Blick in die zeitgenössische Publikation für die Legionäre selbst, den Kalender der tschechoslowakischen Legionäre für das Jahr 1921, genügt, um zu erfahren, daß hier keine selbstbewußte Organisation zum Sturm auf die Demokratie aufrief. Es handelt sich dort vielmehr um komplizierte Darlegungen der Rechtssituation, aus der für die zurückkehrenden, oft heimatlosen und entwurzelten, nicht selten verstümmelten Menschen Versorgungsansprüche abgeleitet wurden. Kurz, wie ein Invalide an einen Tabak-Trafik-Laden kommen konnte, war wichtiger als Nachdenken über historische Verdienste für den Staat [30].

Die Legionäre als arme, gezähmte, gespaltene Gruppe in einer ihr fremdgewordenen Gesellschaft, als Gruppe, die den Anschluß an das Zivilleben sucht und für jede Hilfe dankbar ist, dies ist das Antibild der oben beschworenen Gefahr, die von ihr potentiell hätte ausgehen können.

Waren die Legionäre also keine Gefahr für den Staat? Und wie paßt in dieses Bild, daß viele hohe Beamte in der Präsidialkanzlei, in den Ministerien, im „Burg"-Kreis, in der Diplomatie, viele Offiziere in der Armee [31] ihr Bewußtsein als ehemalige Legionäre bewahrten, die Anrede „bratr" (Bruder) pflegten und einander duzten [32]? Ist dies nicht ein Beleg für einen Korpsgeist, vielleicht für Kumpanei? Scheint dies nicht eine unkontrollierbare Macht zu sein? Wurde nicht 1938 in der Stunde der höchsten Gefahr der Generalinspekteur der Armee, General Jan Syrový, an die

---

[25] Eine Übersicht über die politischen Verbände in: Ottův Slovník III/2 1935, 1117 f. — Gesandtschaftsberichte I, Dok. 141 und 156.

[26] Legionärskongreß in Prag 15.—17. Januar 1921; Gründung der Československá obec legionářská am 22./23. Mai 1921. Der Begriff „obec" (Gemeinde) war der Turnerorganisation Sokol entlehnt.

[27] *Thunig-Nittner* 1969, 223—229.

[28] *Zorach* 1976, 685. — *Vojtěch* 1973, 218 Anm. 87.

[29] *Kostrba-Skalicky*, Oswald: Bewaffnete Ohnmacht. Die tschechoslowakische Armee 1918—1938. In: Die Erste Tschechoslowakische Republik als multinationaler Parteienstaat. Hrsg. v. Karl *Bosl*. München-Wien 1979, 439—527, hier 459—466, siehe auch 488.

[30] Kalendář 1921, 181. Versorgungsprobleme von Personen ohne besondere Ausbildung nehmen den meisten Platz ein. Die Hilfsorganisationen auch in: Ottův Slovník III/2 1935, 1116 f

[31] Einige erwähnt bei *Bachstein*, Martin K.: Die soziologische Struktur der „Burg" — Versuch einer Strukturanalyse. In: Die „Burg". Einflußreiche politische Kräfte um Masaryk und Beneš. Bd. 1. Hrsg. v. Karl *Bosl*. München-Wien 1973, 47—68. — Vgl. Ottův Slovník III/2 1935, 1119.

[32] Auch hierin ist eine Nachahmung des Sokol zu sehen, vgl. *Thunig-Nittner* 1969, 139.

Spitze der Regierung gerufen, unter ausdrücklicher Betonung der Legionszugehörigkeit, die ihm einen (unverdienten) Vertrauensbonus gab [33]?

Diese Widersprüche lösen sich dadurch auf, daß die Legionäre in der Ersten Tschechoslowakischen Republik zwar real vorhanden waren, daß ihre Bedeutung jedoch ein Mythos war [34].

*

Dieser Mythos der Legionäre leitet nun zu dem eigentlichen Tagungsthema zurück, denn er ist aufs engste mit dem Mythos der Staatsentstehung verbunden und zugleich mit der Bedeutung von Geschichte oder ihrer Manipulation zum Zwecke der politischen Macht.

Wenn Masaryk sein Wort ernst genommen hat, daß sich die Staaten aus der Bewahrung jener Ideale erhalten, aus denen sie entstanden sind [35] — und daran besteht kaum ein Zweifel —, dann mußte die Herausarbeitung dieser Ideale und Prinzipien eminent wichtig sein. Darin lag die wahre Ideologie des Staates, und darin lag der politische Anspruch auf eine Art „Erstgeburtsrecht" begründet, aus dem der Anspruch auf die politische Macht im Staate folgte.

Wer also hatte den neuen Staat erkämpft? Aus den Schriften der Protagonisten Masaryk und Beneš, während des Weltkrieges und danach geschrieben [36], geht klar hervor, daß sie den Auslandsaktionen der Tschechen den höchsten Rang einräumen. In den Diplomaten des Nationalrates verkörperte sich ihrer Darstellung zufolge die Klugheit und Weltläufigkeit, durch die die internationale Öffentlichkeit überhaupt erst auf das Problem aufmerksam gemacht wurde. Die Legionäre setzten ihr Leben für den erstrebten Staat aufs Spiel; sie verkörperten die revolutionäre und die kämpferische Komponente der hussitischen Tradition im tschechischen Volk, wie schon aus der Wahl der Regimentsnamen in Rußland belegbar ist [37]. Die Legionäre kämpften gegen die Unterdrückung der Tschechen durch Österreich-Ungarn, gegen deutsche Bürokratie und k. und k. Adel, gegen die katholische Kirche, gegen das deutsche Übergewicht im eigenen Lande, gegen Kommunismus und die Juden. Masaryk hat aus dieser Weltkriegspropaganda eine eigene nationale Ideologie geschmiedet und sie um die Elemente der humanitären Tradition der Tschechen bereichert [38]. Die historisierenden Romane von Rudolf Medek erweitern diese ideologischen Probleme um die Komponente des Heldentums der kleinen Leute, den Kampf gegen Hunger, Kälte und Feinde im fremden Land [39]. In einer breiten Pu-

---

33 *Kostrba-Skalicky* 1979, 513; er war Ministerpräsident vom 22. September bis zum 4. Oktober 1938.

34 Ähnlich *Thunig-Nittner* 1969, 245.

35 „Die Staaten erhalten sich durch jene Ideale, aus denen sie geboren wurden"; Masaryk in seiner Abschiedsbotschaft am 14. Dezember 1935; Motto bei *Klepetař*, Harry: Seit 1918 ... Eine Geschichte der Tschechoslowakischen Republik. Mährisch-Ostrau 1937.

36 Siehe Anm. 14.

37 *Thunig-Nittner* 1969, 125 f.

38 Aus Vorträgen vor den Legionären in Rußland entstand *Masaryk*, Thomas G.: The New Europe (The Slav Standpoint). London 1918. Deutsch: Das neue Europa. Der slavische Standpunkt. Osnabrück 1976 (Neudruck der Ausgabe Berlin 1922).

39 *Medek*, Rudolf: Legionářská epopeja [Das Legionärsepos]. 5 Bde. Prag 1929.

blizistik der Legionärverbände [40] — der Tageszeitung Národní osvobození (Nationale Befreiung), ab 1. Februar 1924 zunächst unter dem Namen Československá samostatnost (Tschechoslowakische Selbständigkeit), und der Vierteljahresschrift Naše revoluce (Unsere Revolution) — wurde diese Befreiungslegende und die Kampfzeit immer wieder aufbereitet und beschworen. Nicht zufällig dürfte es sein, daß das erste Heft der Naše revoluce von 1923 mit einem Vorabdruck des ersten Kapitels von Masaryks Weltkriegsmemoiren eröffnet wird [41]. Masaryk hat auch die Folgerung aus dieser nationalen Ideologie auf den prägnanten Kern reduziert, als er die Tschechen aufforderte, sich zu „entösterreichern".

Aus der führenden Rolle Masaryks und Benešs im Kampf um die Entstehung des Staates folgte der Anspruch auf eine starke Stellung in der Politik dieses Staates. Masaryk wollte ein politischer Präsident sein, und er wurde es auch, indem er die Verfassungsdiskussion entsprechend beeinflußte [42] und sich in der „Burg"-Gruppe ein eigenes inoffizielles Instrumentarium schuf [43]. Masaryk neigte zwar zu sozialistischen Ideen, obwohl Firt ihn wohl zurecht einen Liberalen des 19. Jahrhunderts nennt [44], er entwickelte aber ein realistisches Verhältnis zu den anderen Parteien im Staat, was die Anbahnung guter Beziehungen zu den Vertretern jener Strömungen bedeutete, die eigentlich eine andere Tradition verkörperten: Švehla und die Agrarier, Šrámek und die Katholiken. Inwieweit dies zu einer Kartellisierung der politischen Macht und zu einer „verzuiling" der Parteienlandschaft führte, ist an anderer Stelle behandelt worden [45]. Masaryk hatte keine Partei hinter sich, und er konnte dies als Präsident auch nicht haben, aber er hatte den Mythos der Staatsentstehung auf seiner Seite, und die Träger dieses Mythos waren die Personen der Auslandsaktionen, insbesondere die Legionäre. Masaryk hatte der Legion ihre Ideologie gegeben — in der Schrift „Das neue Europa" nachzulesen; er verkörperte den Tschechoslowakismus, er war der geistige Führer der Legionäre, er selbst war als „tatíček" der erste und vornehmste Legionär [46].

*

Aber ist diese Gleichung nicht zu glatt? War dieser Anspruch unbestritten? Gab es keine Gegenstimmen, keine Fundamentalopposition?

---

40 Aufzählung in: Ottův Slovník III/2 1935, 1117.

41 Die Zeitschrift Naše revoluce (Bd. 1, 1923) wurde aus einem Organ der Traditionspflege immer mehr zu einem kämpferischen Organ der „Burg-Gruppe". Wegen Schwierigkeiten mit der Buchbeschaffung konnten in der zur Verfügung stehenden Zeit von mir nur die Bände 1—7 (1931) durchgesehen werden.

42 *Lipscher*, Ladislav: Verfassung und politische Verwaltung in der Tschechoslowakei 1918—1939. München-Wien 1979, hier 70—75 (Veröff. des Collegium Carolinum 34).

43 Siehe die beiden Bände: Die „Burg" 1973/74.

44 *Firt*, Julius: Die „Burg" aus der Sicht eines Zeitgenossen. In: Die „Burg" I 1973, 85—107, hier 87.

45 *Alexander*: Leistungen 1985.

46 Vgl. *Kunte*, Ladislav: Boj o hrad [Der Kampf um die „Burg"]. Prag 1926, 17. — *Sychrava*, Lev: Duch legií. Řada úvah a dokumentů z let 1915—1919 [Der Geist der Legion. Eine Reihe von Betrachtungen und Dokumenten aus den Jahren 1915—1919]. Prag o. J. [1920].

Zweifellos gab es sie, herausragend in der Gestalt des alten Karel Kramář, der für den Mythos der Heimataktion, der Maffia, stand. Altösterreichisch geprägt, durch den Hochverratsprozeß im Weltkrieg und das Todesurteil zum nationalen Heros geworden, hatte er vielleicht zu begeistert und etwas gönnerhaft in Genf 1918 die Vereinigung von Auslandsaktion und Heimatwiderstand mitvollzogen [47]. Wenn schon Masaryk den Staatspräsidentenposten erhielt, dann sollte für Kramář der Posten eines Regierungschefs angemessen sein. Kramář scheint seinen Sturz im Frühjahr 1919 nie verstanden, jedenfalls nie überwunden zu haben. So führte er als Oppositioneller eine Partei, die Nationaldemokratie, die in halbherziger Opposition zu Masaryk stand und zugleich am Machtkartell der Parteien im Staate teilhatte [48]. Zum parteipolitischen Grabenkampf hatte er wohl weder die Kraft noch die Einstellung, und für die geistige Auseinandersetzung hat er die Waffen nicht genützt — er hat keine Memoiren publiziert [49].

In der praktischen Politik gab es zwei Krisenmomente, in denen Masaryk — trotz aller Ansprüche und ihrer ideologischen Begründung — der Wind stark ins Gesicht blies: 1925/27 und 1935. Die erste Krise begann, als die Locarno-Verträge die Grenzen der außenpolitischen Manövrierfähigkeit der Tschechoslowakei aufzeigten und Benešs Position auch in seiner eigenen Partei ins Wanken geriet. Innenpolitisch ist dies mit der Marmaggi-Affäre um den Husfeiertag von 1925 verbunden, mit der Heraufkunft des Bürgerblocks, der im Oktober 1926 die deutschen bürgerlichen Parteien ins zweite Kabinett Švehla führte; die Affäre Gajda vom Sommer 1926 wurde bereits erwähnt. Der Konflikt mit den Slowaken, der 1928 zur Affäre um Tuka führen sollte, vertiefte sich entscheidend. Die affärenreiche Zeit gipfelte im Streit um die Wiederwahl Masaryks im Mai 1927, als Švehla eine aussichtsreiche Gegenkandidatur ausschlug [50].

In diese Zeit der innenpolitischen Auseinandersetzungen fällt auch der Kampf der Memoiren und der Kampf um die Befreiungslegende [51]. Masaryks „Weltrevolution“ ist 1924 auf tschechisch, im Jahr darauf auf deutsch erschienen; Benešs „Aufstand der Nationen“ in den Jahren 1927, 1928, 1931 in tschechischer und 1931 in deutscher Sprache. Wie reagierte die Öffentlichkeit auf die Herausforderung des Staatspräisdenten Masaryk, den Staat nicht nur faktisch zu lenken, sondern über die Betonung des „Erstgeburtsrechtes“ darauf auch einen moralischen Anspruch zu erheben? Die folgenden Ausführungen können darauf nur eine Teilantwort

---

47 Vgl. die Polemik gegen Beneš von *Dyk*, Viktor: Ad usum pana presidenta republiky [Ad usum dem Herrn Präsidenten der Republik]. Prag 1929, 31 f.

48 *Lemberg*, Hans: Das Erbe des Liberalismus in der ČSR und die Nationaldemokratische Partei. In: Die Erste Tschechoslowakische Republik 1979, 59—78. — *Alexander*: Leistungen 1985.

49 Die Polemik führten andere in seinem Namen, V. Dyk und L. Borský, siehe z. B. die Rezension von Antonín *Hartl*, Naše revoluce 5 (1927/28) 180—187, über *Dyk*, Viktor: Vzpomínky a komentáře 1893—1918 [Erinnerungen und Kommentare 1893—1918]. Prag 1927. — *Hartl*, Antonín: Masaryk, realisté a Viktor Dyk [M., die Realisten und V. D]. Naše revoluce 7 (1931) 369—397. — Vgl. *Vojtěch*: Politické názory 1973.

50 *Firt* 1973, 95.

51 In Naše revoluce häufen sich nun kämpferisch geschriebene Artikel und lange Rezensionen von Büchern politischer Gegner, siehe Anm. 49.

geben, die durch weitere Forschungen zu vertiefen sein wird. Ausgangspunkt war die Beobachtung, daß in der Literatur von einer grundsätzlichen Opposition relativ wenig die Rede ist. Wenn aber ein enger Bedeutungszusammenhang zwischen der Stellung des Staatspräsidenten und dem Mythos der Legionäre hergestellt werden kann, dann muß geprüft werden, wie dieser Personenkreis sich zum Staatspräsidenten verhielt, insbesondere, ob aus ihm grundsätzliche Kritik an Masaryk geübt wurde und mit welchen Argumenten dies geschah. Solche Kritik ist aber kaum von Personen aus der Umgebung des Staatspräsidenten zu erwarten, sondern eher von solchen, die ihm ferner standen und zugleich über eine ähnliche Kenntnis der Welt verfügten. Aus dem Ottův Slovník Naučný ist zu erfahren, daß eine beachtliche Zahl von hochrangigen tschechoslowakischen Diplomaten Legionäre waren: St. Osuský in London, später in Paris, Dr. L. Sychrava zuerst in Paris, Dr. Lev Borský in Rom, K. Pergler in Washington, Bohdan Pavlů in Omsk, ferner weitere zehn als Gesandte in späterer Zeit [52]. Aus den Berichten der deutschen Beobachter ist bekannt, daß es zwischen Beneš und seinen Diplomaten wiederholt zu Spannungen gekommen ist, ohne daß die Gründe immer klar waren [53]. Gerade mit den oben namentlich genannten Personen (mit Ausnahme von Sychrava) gab es große Probleme, die dazu führten, daß einige den Dienst quittierten oder abgelöst wurden; die Gründe sind sicher unterschiedlich gewesen und bedürfen einer näheren Untersuchung, aber auf *eine* Person treffen mehrere Bedingungen zu: 1. er war Legionär, 2. vorübergehend Botschafter, 3. ein innenpolitischer Gegner von Masaryk und Beneš und 4. hat er seine Meinung in der Publizistik verbreitet, so daß seine Vorstellung hier reizvoll ist: Dr. Lev Borský.

*

Borskýs Buch „Znovudobytí samostatnosti" (Die Wiedererringung der Eigenstaatlichkeit) erschien 1929 und wurde nach nur drei Monaten erneut aufgelegt; es muß also eine weite Verbreitung gefunden haben [54].

Die Thesen Borskýs, temperamentvoll vorgetragen, erweisen sich als Antithesen zu den Darstellungen von Masaryk und Beneš:

1. Borský hatte bereits lange vor dem Kriege geschrieben, daß ein Weltkrieg kommen werde und die Tschechen sich dann ihre Unabhängigkeit erkämpfen müßten. Damit wird gegen das erste Kapitel von Masaryks „Weltrevolution" ein alternatives „Erstgeburtsrecht" proklamiert. Eine Schrift des gleichen Autors von 1924

---

[52] Dr. V. Girsa, M. Plesinger-Božinov, P. Maxa, J. Šeba, V. Hurban, Zd. Fierlinger, Fr. Rejholec, Lad. Strimpl, Dr. V. Švagrovský, Ing. P. Baráček-Jacquier u. a. Ottův Slovník III/2 1935, 1119. — Pergler landete schließlich bei den Faschisten. *Pasák*, Tomáš: K problematice NOF v letech hospodářské krize na počátku třicátých let [Zur Problematik der Nationalen Faschistengemeinde in den Jahren der Wirtschaftskrise Anfang der dreißiger Jahre]. Sborník historický 13 (1965) 93—132, hier 105. — Vgl. *Klepetař* 1937, 263.

[53] Hinweise sind in den Folgebänden der Gesandtschaftsberichte zu erwarten.

[54] *Borský*, Lev: Znovudobytí samostatnosti (První diplomatický zástupce čs. v Římě) [Die Wiedererringung der Eigenstaatlichkeit (Der erste tschechoslow. diplomatische Vertreter in Rom)]. 2. Aufl. O. O. [Prag] 1929.

„Z civilního generálního štábu“ (Aus dem zivilen Generalstab) hatte zwar das gleiche behauptet, war aber erheblich zurückhaltender gewesen [55].

2. Der Abgeordnete Dürich, als erster Vertreter des tschechischen Nationalrates in Rußland bei Masaryk nur am Rande erwähnt, politisch als Zarenfreund diffamiert und anschließend vergessen, hat nach Meinung Borskýs zusammen mit dem General Štefánik die Situation der Tschechen in Rußland richtiger beurteilt, indem beide mit der legalen russischen Regierung gemeinsam gegen die Mittelmächte und die roten Revolutionäre kämpfen wollten [56].

3. Es war nach Borský ein „schwerer politischer Fehler“ [57], daß Masaryk die tschechischen Legionäre aus Rußland nach Frankreich holen wollte, um sie als Faktor seiner Politik in die Verhandlungen mit den Alliierten als Trumpf einzubringen. In Rußland waren sie ein Machtfaktor, im Westen nur eine kleine Truppe.

4. Im Vergleich mit der Tätigkeit des Nationalrates im westlichen Exil schneidet der Heimatwiderstand der Maffia erheblich besser ab [58]. 1918 waren Kramář und die alten Parteiführer die Helden der Nation; die Männer des 28. Oktober 1918 schafften erfolgreich den unblutigen Staatsstreich und die Errichtung des neuen Staates. Masaryk war für die meisten Tschechen zunächst nur ein alter Professor, der seine Verdienste im Handschriftenstreit erworben hatte und in den Jubel über die Befreiung von Österreich erst implantiert werden mußte. Beneš war schließlich völlig unbekannt [59].

5. Es ist falsch, wenn Masaryk den Sieg der tschechoslowakischen Unabhängigkeit gleichsam als Sieg der moralisch guten Sache darstellt, der gewissermaßen zwangsläufig war. Erst das auf den Schlachtfeldern vergossene Blut der Legionäre sicherte demgegenüber dem neuen Staat seine Unabhängigkeit. Ohne eine gebührende Hervorhebung der kämpferischen Komponente des tschechischen Volkes werde der Staat keinen Bestand haben, und dies schließt auch ein hartes Vorgehen gegen unbotmäßige Minderheiten im Innern ein [60].

6. Masaryk bewertet die westlichen Alliierten falsch, denn erst die militärischen Erfolge der Legion haben den Gedanken der tschechoslowakischen Unabhängigkeit

---

55 *Ders.*: Z civilního generálního štábu. Sbírka memorand, manifestů, článků a letáků z politického zápasu za čsl. samostatnost [Aus dem zivilen Generalstab. Sammlung von Memoranden, Manifesten, Artikeln und Flugblättern aus dem politischen Kampf um die tschechoslow. Eigenstaatlichkeit]. Prag 1924 (Vorwort von Otakar Husák). — Ähnlich V. Dyk, siehe Anm. 49.

56 Vgl. die Selbstrechtfertigung von *Dürich*, Josef: V českých službách. Vypsání mého pobytu za hranicemi 1915—1918 [In tschech. Diensten. Beschreibung meines Auslandsaufenthaltes 1915—1918]. Klášter nad Jizerou (Selbstverlag) 1921; Rezension von Josef *Kudela*, Naše revoluce 7 (1931) 236—242.

57 „těžká chyba politická“, *Borský* 1929, 52.

58 Vermutlich wollte Jaroslav Werstadt gerade diesem Auseinanderdividieren von Exil und Heimatbewegung entgegentreten. *Werstadt*, Jaroslav: Politické plány české Maffie v prvním roce války [Die politischen Pläne der tschech. Maffia im ersten Kriegsjahr]. Naše revoluce 6 (1929/30) 369—427; 7 (1931) 292—330 und 398—423.

59 Die bittere Polemik gegen Beneš bei Dyk und Borský ist teils gegen den jungen Emporkömmling, teils indirekt gegen Masaryk selbst gerichtet.

60 Mit vielen Hinweisen *Pithart* 1983 ähnlich über die Zeitschrift „Fronta“; allerdings verzichtet er auf Einzelbelege.

im Sommer 1918 zum Sieg geführt und die Anerkennung des Nationalrates als einer provisorischen Regierung mit sich gebracht. Noch Anfang November 1918, bei den Beratungen der Alliierten über die Waffenstillstandsbedingungen, stand nicht fest, ob die Alliierten Österreich-Ungarn wirklich aufteilen wollten; und Beneš, der in Genf vollmundig den Erfolg Masaryks gelobt hatte, mußte nach Paris eilen, um durch eine Hintertür in den Verhandlungssaal zu schlüpfen und sich als Siegervertreter zu präsentieren [61].

7. Masaryk hat es geschickt verstanden, sich selbst und seinen Mitarbeiter Beneš zum Kopf des Widerstandes zu machen [62] und die Gleichung „Masaryk als erster Legionär" aufzustellen. In Wirklichkeit hat er aber die kraftvolle Idee der Legionstradition geradezu korrumpiert, mit Humanitätsgedanken den kämpferischen Kern zerstört und die Legionäre insgesamt um die Früchte ihres Erfolgs gebracht. Statt aus deren Reserven zu schöpfen, hat man sie entweder auf ehrenvolle Positionen ins Ausland abgeschoben oder in den Machtapparat eingeschmolzen. Daraufhin verbündete sich Masaryk mit ihm sonst so fremden Kräften wie dem schlauen Agrarier Švehla oder dem Katholiken Šrámek, um sich an der Macht zu halten; der alte Kramář hat angesichts solcher Intrigen verbittert und stolz das Handtuch geworfen.

8. und hier abschließend: Masaryk hat maßgeblich dazu beigetragen, 1926 die deutschen bürgerlichen Parteien in die Regierung zu holen. Statt einen kämpferischen Nationalismus tschechischer Prägung zu leiten, der sich nicht auf falsche Freunde im Westen stützte, wurde hiermit das Ideal der Legionäre verraten und die Feinde des tschechoslowakischen Nationalstaates an der Regierung beteiligt und durch Konzessionen beruhigt [63]. Wer sich dagegen auflehnte, wurde durch die Zensur mundtot gemacht oder aus dem politischen Leben ausgeschaltet.

Das Referierte ist nur eine Auswahl von Thesen, die hier keineswegs polemisch zugespitzt worden sind. Man kann sie nicht schnell als die Meinung eines Wirrkopfes beiseite schieben, denn es ist ja einiges wahr an der Kritik an Beneš, der zweifellos kräftig an der Darstellung seiner eigenen Verdienste im Westen mitgestrickt hat. Und aus der Sicht der tschechischen Kapitulation von 1938 und dem daraus folgenden tiefen Trauma der tschechoslowakischen Nation bis heute ist die die Kritik an der Konzeption des „Realismus" von Masaryk und Beneš [64] nicht als pubertärer Nationalismus von der Hand zu weisen.

Einigermaßen überraschend und mit den sonst üblichen Lobsprüchen im Widerstreit ist das Bild, das hier von Masaryk vermittelt wird. Wird er sonst in der Literatur als der Philosoph und der überparteiliche Staatsmann gesehen, der über dem Tagesstreit stand und mit väterlichen Ermahnungen die Nation zu erziehen suchte [65], wird sonst der quirlige und fleißige Beneš als der eigentliche Pragmatiker

---

[61] Mit eigenen Tagebuchnotizen bestreitet er die Darstellung Benešs: *Borský* 1929, 243 ff. und 275 f. — Benešs Darstellung im Vorabdruck in Naše revoluce 3 (1925/26) 20 f.

[62] Bei der Beurteilung der Faktoren, die den tschechoslowakischen Sieg im Weltkrieg bewirkt haben, setzt Borský 1923 Masaryks Auslandsaktion auf Platz 3, 1927 auf Platz 4 und 1928 bewertet er sie negativ. *Borský* 1929, 263 f.

[63] Ähnlich die Polemik in der „Fronta", siehe *Pithart* 1983.

[64] Hierzu abwägend *Otáhal* 1983.

und Politiker angesehen, so erscheint hier Masaryk als der treibende politische Kopf, ja als Parteipolitiker seiner eigenen Partei, der Partei der Entösterreicher. Diese Partei hat eine Staatsideologie auf Grund einer Geschichtslegende geschaffen und der Nation verbindlich gemacht. In den Legionären sind die Mitglieder dieser Partei zu sehen, die hinter den Kulissen in den staatstragenden politischen Parteien für den Einfluß Masaryks sorgten, die als Drohpotential eingesetzt werden konnten und auf einer höheren moralischen Ebene auf eine unanfechtbare Loyalität gegenüber dem Staatspräsidenten verpflichtet waren. War das Befördern von unbeugsamen Kritikern auf entfernte Gesandtenposten ein Teil seiner Strategie der Machtsicherung oder Machterhaltung? War das Observieren von Gajda ein Akt zur Bewahrung der Demokratie oder ein gezielter Todesstoß für einen unliebsamen Kritiker? War die Mitarbeit von hohen Beamten und Politikern der Nationaldemokratie an der „Burg"-Gruppe und am Staat das Ergebnis einer subtilen politischen Korruption, der gegenüber der Parteiführer Kramář machtlos war?

Hier soll nun kein neuer Mythos geschaffen werden, und die Fragen sind bisher auch nur durch einige Belege zu beantworten; aber die Vorstellung, daß Masaryk nicht der weltabgewandte Prophet humanistischer Gedanken auf dem Hrad war, sondern ein machtbewußter Politiker mit einer gehörigen Portion Schlitzohrigkeit, ist doch einigermaßen faszinierend. Und wäre er damit nicht menschlicher, in manchem dem späteren Konrad Adenauer vergleichbar? Vielleicht ist dieser Gedanke zu pointiert formuliert, aber festzuhalten ist:

1. zu Masaryk und Beneš in ihrer Stellung im Staat gab es Alternativen, aber sie kamen nicht zum Zuge, wurden vielleicht nicht zugelassen und sind weitgehend aus der Literatur verschwunden;
2. die Legionäre spielen mit ihrer Ideologie und ihrem personellen Bestand eine wichtige Rolle in der Ersten Tschechoslowakischen Republik.

*

Es ist nun im vorliegenden Zusammenhang interessant, auf einige neuere tschechische Veröffentlichungen hinzuweisen, die die zeitgenössische Kritik an Masaryk und Beneš von einer anderen Fragestellung her analysieren und dabei hauptsächlich auf die Krise des Jahres 1935 zielen.

Im Zentrum der Arbeiten von Vladimír Fic, Tomáš Vojtěch und Petr Pithart stehen die nationaltschechische Opposition um Viktor Dyk, den späteren Borský, die Zeitschrift Fronta, die Auseinandersetzung um die Bildung des Národní Sjednocení als rechtes Sammelbecken und die Faschisten. Für Pithart sind die Kritiker von rechts nicht einfach Faschisten und damit abgestempelt, sondern sie gelten als integre Männer, die nichts für sich selbst wollten und für ihre Ideen nur Nachteile in Kauf nehmen mußten. Pithart bescheinigt den Intellektuellen um die Zeitschrift Fronta eine „Makellosigkeit der Motive" [66], aber auch reaktionäre Gedanken im Rahmen eines „integralen Nationalismus", ja einen Nationalismus als

[65] Zahlreiche Lobeshymnen in Naše revoluce 7 (1931).
[66] *Pithart* 1983, 274.

Ersatz für einen religiösen Glauben [67]. In der Fronta, die von Mai 1927 bis 1939 erschien, finden sich neben Viktor Dyk, Lev Borský auch Karel Horký, der Schwiegersohn des verfemten Abg. Dürich, zeitweise auch Ferdinand Peroutka [68]. Die Fronta sammelte und verteidigte die intellektuelle Opposition gegen die „Burg-Gruppe", so wie Kramář, Gajda und Stříbrný die politische Opposition gegen den Hrad zu sammeln suchten. Im Endergebnis scheiterten zwar beide, aber Pithart ist zuzustimmen, daß sie die Schwächen des tschechoslowakischen Staates enthüllt und daß sie auf die dunkle Zukunft des Staates hingewiesen haben [69]; denn tatsächlich waren die verbündeten Alliierten in der Stunde der Not nicht zur Hilfe bereit, und tatsächlich erwies sich der Staat einem Aggressor Hitler gegenüber als wehrlos. Warum die Kritiker der Burg das gesehen haben, fragt sich auch Pithart, und er formuliert die Einsicht, daß man auch aus falschen Prämissen heraus die Wahrheit finden kann [70].

Für den vorliegenden Zusammenhang ist interessant, daß die Zeitschrift Fronta ihre Kritik auf den zentralen Punkt der „Befreiungslegende" Masaryks richtete, dessen Werk, „Die Weltrevolution", dabei als „Bibel" verhöhnt wurde. Masaryk stellte die Entwicklung so dar, heißt es wiederholt, als ob im Weltkrieg der Gedanke der Humanität und der Demokratie gesiegt habe und den Tschechen, eben wegen der humanistischen und demokratischen Tradition ihrer Geschichte, der Nationalstaat zu recht zugefallen sei. Dies aber sei eine Legende, und aus einer falschen Legende erwachse eine falsche Zukunft [71]. In Wirklichkeit sei die Konjunktur den Tschechen günstig gewesen, und Masaryk habe ein Geschenk des Zufalls als sein Verdienst ausgegeben, dabei aber die Elemente des Kampfes unterbewertet oder verdrängt. In der Darstellung Pitharts wird so die Tradition der Legionäre zwar in ihrem Inhalt erwähnt, aber nicht selbst als Thema herausgearbeitet; die aufgezeigte Kritik zielt auf Masaryk und Beneš, besonders auf dessen „neue Diplomatie" einer idealisierten Freundschaft mit den westlichen Demokratien: an deren Stelle soll eine Politik der eigenen Kraft und der Interessenidentität mit den Polen treten [72].

Es sei hier deutlich betont, daß der Staat, den Borský, die Fronta und das Národní Sjednocení anstrebten, ein anderer gewesen wäre als der Staat Masarykscher Prägung, und er wäre erheblich problematischer gewesen. Bei Borský finden sich sozialdarwinistische Züge, bei allen ein massiver tschechischer Nationalismus, der den Minderheiten, insbesondere den Deutschen, erst jene Unterdrückung gebracht hätte, über die sie sich im Staate Masarykscher Prägung so wortreich beklagt haben. Der „starke Staat", das „Lebensrecht der Tschechen" — solche Schlagworte erinnern fatal an die Theorien des faschistischen Staates und an Carl Schmitt.

Die Ideale der Legionen, soweit sie den Kampf und den tschechischen Nationalismus betreffen, werden gegen die Verzerrungen verteidigt, die Masaryk mit der Be-

---

[67] *Ebenda* 275.
[68] *Ebenda* 278.
[69] *Ebenda* 279.
[70] *Ebenda* 280.
[71] *Ebenda* 302 f.
[72] *Ebenda* 297—299.

tonung humanitärer Elemente eingebracht habe. Als Problem für sich werden die Legionen dagegen nicht gesehen. Dies mag seine Erklärung darin finden, daß der oben skizzierte Zusammenhang von Masaryk und den Legionären als so überzeugend empfunden wurde, daß ein Appell an die eigene Legionstradition mit einem Angriff auf Masaryk nicht zu verbinden war. Wenn dies stimmt, dann war es Masaryk gelungen, die Legionäre so an die von ihm vertretene Staatsideologie zu binden, daß der „integrale Nationalismus" der Rechten in ihnen kein Potential zur Unterstützung seiner Opposition mehr sah; dann wäre die Politik Masaryks einer konsequenten Identifikation der Legionäre mit dem Staat so erfolgreich gewesen, daß eine Entwicklung zum autoritären Staat wie in Polen dadurch unmöglich geworen ist. Die Zeitschrift Fronta konnte dann zwar „das Blut der Legionen" [73] beschwören, aber die Legionäre und die anderen Teile der Bevölkerung nur dadurch zu gewinnen trachten, daß sie Masaryk in seiner ideologischen Stellung angriff. Der Kampf gegen die Befreiungslegende und die Diffamierungen des Staatspräsidenten können dann als erster Abschnitt eines innenpolitischen Kampfes gesehen werden, der in der Publizistik umso härter geführt wurde, als er gegen eine festbegründete Bastion fast aussichtslos war [74].

Gerade an der Betrachtung der Gefahren von rechts des Parteienspektrums erweist sich damit die tschechoslowakische Demokratie, was ihre Verankerung im tschechischen Volke betrifft, als außerordentlich stabil; es erweist sich aber auch, daß nicht nur die hehren Prinzipien des Philosophen Masaryk diese Stabilität begründeten, sondern auch die Taktik des Politikers Masaryk, der ein potentiell gefährliches Element so mit dem Staat und mit seiner eigenen Person verschmelzen konnte, daß diese „Ehe" auch auf seinen Nachfolger vererbt werden konnte [75]. Von diesem Gedanken her gewinnt auch die paradoxe Feststellung Peroutkas ihre Berechtigung, daß die Fehler Masaryks — und in der Manipulation der Geschichte zum Zwecke der Machtbehauptung dürfte ja ein Abfall von den verkündeten Prinzipien und ein Mißtrauen gegenüber der Demokratie selbst zu sehen sein [76] — für den tschechoslowakischen Staat letztlich wichtiger waren als die von Pekař verkündete „Wahrheit" [77].

Anders stellt sich das Problem, wenn die Minderheiten, zumal die Deutschen, in den Blick genommen werden. Der Kampf der Legion war im wesentlichen gegen die Deutschen gerichtet gewesen, im Weltkrieg selbst und in provokatorischen Ereignissen danach; hier war eine Vermittlung schlecht möglich. Erst dort, wo die Legionen in die Gesamtverantwortung für den Gesamtstaat genommen wurden,

---

[73] *Ebenda* 301.

[74] Zur Kritik von Emanuel Rádl aus einer anderen Position heraus: *Žádný*, K. (Pseud.): První republika v pojetí Emanuela Rádla [Die erste Republik im Verständnis Emanuel Rádls]. Svědectví 18 (1983) 315—338.

[75] *Otáhal* 1983, 362 f. beschreibt das Verhältnis beider so, daß Masaryk die Ideen lieferte und Beneš für ihre Verwirklichung sorgte; von daher bezeichnet er es als den größten Fehler Benešs, 1935 das Präsidentenamt übernommen zu haben.

[76] *Pithart* 1983, 308 f. meint, daß Masaryk wenig Vertrauen in die tschechoslowakische Demokratie gehabt und daher die Politik des ‚Entösterreicherns' als langfristige Aufgabe gesehen habe.

[77] So *Otáhal* 1983, 344 und 361.

konnte eine solche Vermittlung versucht werden. Masaryk hat zwar grundsätzlich immer die deutsche Teilhabe am Staat gewünscht und gefördert, er hat aber auch durch Konzessionen an den tschechischen Nationalismus den Eindruck erweckt, in dieser Frage zu schwanken. Diese doppeldeutige Position schwächte seine Glaubwürdigkeit, war aber Bestandteil seiner Politik des „Realismus“: zuerst den tschechischen Staat gründen und sichern, dann ihn für die Deutschen und die anderen Minderheiten öffnen [78]. Die Realisierung dieses Stufenplanes ist letztlich an der mangelnden Zeit gescheitert [79].

*

In Masaryks Definition der nationalen Interessen der Tschechoslowakei fanden wir die Legionäre in einem zentralen Argumentationszusammenhang, und ihr personeller Zusammenhalt wurde als Stütze der Demokratie Masarykscher Prägung hervorgehoben. Die Kritiker Masaryks und Beneš auf der Rechten stützten sich ebenfalls auf die Legion, personell wie ideenmäßig, lehnten aber Kompromisse, humanitäre Beimengungen und besonders den Führungsanspruch der „Burg“ radikal ab. Die Legion wurde so zum Drehpunkt, um den einander entgegengesetzte Flügel kreisten. Die Legion wurde damit instrumentalisiert und ihres potentiellen Gefahrenmomentes beraubt; sie wurde ein Faktor der Stabilität der tschechoslowakischen Demokratie.

---

[78] Ähnlich erläutert *Otáhal* 1983, 312 f. die erzieherische Absicht Masaryks.
[79] Vgl. *Pithart* 1983, 304.

Andreas Luh

GESCHICHTSBILD UND GESCHICHTSBEWUSSTSEIN IM DEUTSCHEN TURNVERBAND IN SEINER ENTWICKLUNG VOM TURNVEREINSBETRIEB ZUR VOLKSPOLITISCHEN BEWEGUNG

1. *Vom Turnvereinsbetrieb zur volkspolitischen Bewegung*

Bei der Gründung der Deutschen Turnerschaft (DT) 1868 in Weimar bildeten die deutschösterreichischen Gebiete den Turnkreis XV. Die Auseinandersetzung mit der DT-Führung um den 1901 im Turnkreis XV eingeführten „Arierparagraphen" [1] führten 1904 zur Abtrennung des Turnkreises XV von der DT und zur Gründung des eigenständigen „Turnkreises Deutschösterreich" [2]. Gezwungenermaßen bildeten sich durch die territorialen und staatlichen Veränderungen nach dem Ersten Weltkrieg als dessen Nachfolgeorganisationen in der Republik Österreich der Deutsche Turnerbund und in der Tschechoslowakei der Deutsche Turnverband (DTV). Nach der Angliederung des Sudetenlandes an das Deutsche Reich wurde der DTV im Januar 1939 aufgelöst, seine Angehörigen wurden in den Gau 18 (Sudetenland) des Nationalsozialistischen Reichsbundes für Leibesübungen eingegliedert [3]. Der DTV war neben dem Bund der Deutschen und dem Deutschen Kulturverband der größte nationale Schutzverband der Sudetendeutschen. Seine Mitgliederzahl stieg von 1919 bis 1923 von 85 716 auf 161 820. Auf diesem Niveau stagnierte die Verbandsstärke ungefähr zehn Jahre, ehe sie dann erneut — bis 1937 auf 213 060 — anstieg.

Für die Zeit von 1919 bis 1938 lassen sich drei Phasen in der Entwicklung des DTV unterscheiden:

a) Bis ungefähr zur Mitte der zwanziger Jahre herrschte der alte völkische Turnbetrieb deutschösterreichischer Prägung vor.

b) Es folgten Jahre der äußeren Stagnation und der inneren Umorientierung, verbunden mit einer zunehmenden Kritik an den bestehenden Verhältnissen innerhalb des Verbandes.

c) Ende der zwanziger, Anfang der dreißiger Jahre erfolgte die Umstrukturierung des DTV vom völkischen Turnvereinsbetrieb zur volkspolitischen Turnbewegung, die im Laufe der dreißiger Jahre voll zur Entfaltung kam.

---

[1] Grundgesetz des Turnkreises Deutschösterreich. In: Handbuch des Turnkreises Deutschösterreich. Hrsg. v. Alfred *Schmarda*. 2. Aufl. Wien 1913, 42—47.

[2] *John*, Hans-Georg: Die Turnbewegung im Deutschen Kaiserreich von 1871—1918. In: Geschichte der Leibesübungen. Bd. 3/1. Hrsg. v. Horst *Ueberhorst*. Berlin-München-Frankfurt a. M. 1980, 312 f. — *Becker*, Hartmut: Antisemitismus in der Deutschen Turnerschaft. Sankt Augustin 1980, 114—146.

[3] *Jahn*, Rudolf: Der Deutsche Turnverband. In: Sudetendeutsches Turnertum. Hrsg. v. Rudolf *Jahn*. Im Auftrag der Arbeitsgemeinschaft sudetendeutscher Turner und Turnerinnen in der Sudetendeutschen Landsmannschaft. Teil 1. Frankfurt a. M. 1958, 260 f. — *Welwarsky*, Wilhelm: Organisation des Gaues 18 Sudetenland im NSRL. Gau-Verordnungsblatt des Gaues 18-Sudetenland im DRL, Folge 1 v. Januar 1939, 1.

Der völkische Turnbetrieb bis Mitte der zwanziger Jahre: in alten Gleisen

Der DTV war keine Neugründung, sondern stellte die Weiterführung des „Deutschen Turnens" des deutschösterreichischen Turnkreises innerhalb eines veränderten staatlichen Rahmens dar. Die Verbandsstruktur ebenso wie die geistige und turnfachliche Ausrichtung wurden weitgehend beibehalten. Auch eine personelle Kontinuität auf den verschiedenen Ebenen der Verbandsorganisation ist feststellbar, so daß das Jahr 1919 keinen Umbruch in bezug auf die völkische Turnbewegung in den deutschen Gebieten der Tschechoslowakei darstellt.

Die Verbandsorganisation des DTV wurde 1919 auf die deutsche Volksgruppe in der Slowakei und den Karpathen ausgedehnt. Der Verband mit Sitz in Brüx, ab Mai 1925 in Teplitz-Schönau, gliederte sich in 15 bzw. 17 Gaue, die sich wiederum aus den Turnbezirken und den Bezirksvereinen zusammensetzten. Die Verbandsführung und -verwaltung war nach demokratischen Grundsätzen aufgebaut. Die oberste „legislative und exekutive Instanz" stellte der in der Regel alle drei Jahre zusammengerufene Verbandsturntag dar, der aus den Abgeordneten der Vereine und den an der Verbandsführung Beteiligten gebildet wurde. Der Turntag traf Grundsatzentscheidungen, konnte die Satzungen verändern und kontrollierte den von ihm auf drei Jahre gewählten Verbandsturnrat, bestehend aus Obmann, Obmann-Stellvertreter, Säckelwart, Turnwart, Dietwart[3a], Schriftwart, Zeitungsleiter und den Vertretern der vier Gaugruppen. Der Verbandsturnrat führte die laufenden Verbandsgeschäfte. Ihm zur Seite standen der Verbands-Dietausschuß und der Verbands-Turnfachausschuß mit seinen Unterausschüssen für Männer- und Frauenturnen, volkstümliches Turnen (Leichtathletik), Spiele, winterliche Übungen u. a.[4]. Dem Verband eingegliedert waren ab 1920 eine eigenständige Fechter-Vereinigung und ab 1923 eine eigenständige Schwimmer-Vereinigung. Ähnliche Organisationsstrukturen wie auf der Verbandsebene waren auf der Gau-, Bezirks- und Vereinsebene vorzufinden.

Die völkische Ideologie des Turnverbandes kommt in den folgenden Passagen seiner Satzung[5], die von den Satzungen des Turnkreises Deutschösterreich übernommen wurden, zum Ausdruck:

Den „Deutschen Turnverband" bilden jene Turnvereine, welche nach Anerkennung dieser Satzungen aufgenommen worden sind; Bedingung ist, daß sie ausschließlich Angehörige deutschen Stammes, somit arischer Abkunft sind. (§ 1)

Der Zweck des Verbandes ist die Erhaltung, Ausbreitung und Förderung des deutschen Volkstums im Sinne F. L. Jahn's, das ist durch alle Leibesübungen, welche geeignet sind, das Volk tüchtig zu machen, sowie durch geistige und sittliche Einflußnahmen. Den Angehörigen des „Deutschen Turnverbandes" ist die Mitwirkung

---

[3a] Der „Dietwart" ist ein Funktionär in einem Turnverein zur Pflege des deutschen Volkstums (von ahd. diot = Volk).

[4] Satzungen des Deutschen Turnverbandes. In: Handbuch des Deutschen Turnverbandes. Hrsg. v. Josef *Truntschka*. Teplitz-Schönau 1926, 136—143. — Die Turngaue und ihre Gliederung. *Ebenda* 391—454.

[5] Siehe Anm. 4.

an Wettbewerben und Schauvorführungen anderer Leibesübungen treibender Verbände nur dann gestattet, wenn daran ausschließlich Angehörige germanischer Volksstämme teilnehmen und dadurch deutsches Volkstum und deutsches Volksempfinden nicht beeinträchtigt werden ... Alle politischen Parteibestrebungen sind ausgeschlossen, Anhänger internationaler Richtungen haben kein sittliches Recht, dem „Deutschen Turnverbande" anzugehören. (§ 2)

Ausgangs- und Endpunkt des turnerischen Denkens waren das Volk im Sinne des Jahnschen Volkstumsbegriffs [6]. Das Volk war für die Turner die oberste Ordnungseinheit des menschlichen Daseins und zeichnete sich sowohl durch gemeinsame Kultur, Sprache, Sitte, Abstammung und Geschichte als auch durch rassisch-biologische Merkmale aus.

Es gibt eine deutsche Volkheit, ein einheitliches deutsches Volk, das sich aus der nordischen und alpinen Urrasse zusammensetzt. Wenn auch das deutsche Volk nicht mehr eine Einheit mit gleichen äußeren, körperlichen Merkmalen darstellt, so bildet es doch gegenüber den noch mehr gemischten europäischen Völkern eine deutsche Arteinheit mit vererbbaren guten, seelischen Eigenschaften, durch die es sich vorteilhaft von anderen Völkern unterscheidet. [7]

Aus dem übersteigerten Volkstumsdenken der völkischen Turner erwuchs rassistisches und antisemitisches Gedankengut. Die Juden galten den Turnern als das Erbübel der Menschheit und insbesondere der Deutschen, sie waren verantwortlich für den Weltkrieg und die deutsche Not nach 1918 [8]. Sozialismus, Kapitalismus, Liberalismus und Demokratie lehnten die Turner als Werkzeuge des jüdischen Machtwillens ab [9]. Katholische und sozialistische Verbände galten als rote und schwarze „Internationale". Die Verehrung der Germanen als Urväter des deutschen Volkes war mit der Propagierung eines heidnisch anmutenden germanisch-deutschen Glaubens in der Turnzeitung verbunden [10].

---

[6] Hierzu siehe die „Einleitung in die allgemeine Volkskunde" in Friedrich Ludwig *Jahns* „Deutschem Volkstum" (1810).

[7] *Brandl,* Benedikt: Rassenfrage und Deutschtum. Turnzeitung des Deutschen Turnverbandes (TZ), Folge 18 v. 15. September 1921, 179.

[8] Grundsätzlich ist zu den Aussagen über die geistige und ideologische Ausrichtung des DTV in dieser Zeit anzumerken, daß die aufgeführten Quellenbelege aus der Turnzeitung exemplarischen Charakter besitzen. Eine Vielzahl von weiteren Belegen aus der Turnzeitung und anderen Veröffentlichungen des Verbandes könnte jeweils hinzugefügt werden. — Aus Gauen und Bezirken. Bericht des Nordwestböhmischen Turngaues. TZ 2 v. 15. Februar 1920, 14. — Der semitische Geist. TZ 8 v. 15. April 1921, 65. — Die Judenfrage. Eine Aufklärung für unsere Turner und Verbandsangehörigen, die der Beachtung empfohlen wird. TZ 21 v. 1. November 1923, 251 ff. (fünf Fortsetzungsfolgen dieses antisemitischen Leitaufsatzes von demselben, allerdings nicht aufgeführten Verfasser erschienen in der Turnzeitung 1924/25). — Führt Sippenforschung ein! TZ 16 v. 15. August 1925, 286. — In der Rubrik „Bücher- und Schriftenschau" wurden in der Turnzeitung regelmäßig die Schriften von Alfred Rosenberg und Theodor Fritsch „gewürdigt" und empfohlen.

[9] Die Judenfrage. TZ 21 v. 1. November 1923, 253.

[10] *Protz,* Ludwig: „Wodans Herrschau - - -". TZ 23 v. 1. Dezember 1922, 263 f. — *Schirmeisen,* Karl: Tiu Ziu. TZ 23 v. 1. Dezember 1923, 275 ff. — *Ders.*: Tiu Ziu (Schluß). TZ 24 v. 15. Dezember 1923, 289 ff. — Die germanischen Göttinnen. TZ 8 v. 15. April 1924, 91—94 und 9 v. 1. Mai 1924, 103—106.

Der zweite „Hauptgegner“ der Turner nach den Juden waren die Tschechen, in deren Nationalstaat sie sich durch die Verweigerung des Selbstbestimmungsrechtes hineingezwungen fühlten. So verstand sich der Turnverband als völkischer Schutzverband zur Stärkung des deutschen Volkstums gegen die „Tschechisierungsmaßnahmen“ des tschechischen Verbandswesens und des „tschechischen Nationalstaates“ [11].

Politisch betonte der DTV zwar immer seine völkische, überparteiliche Haltung, trotzdem ist er eindeutig dem rechten Verbands- und Parteienspektrum zuzurechnen. Interpellationen an Prager Ministerien liefen über die Abgeordneten und Senatoren von DNSAP und DNP, aber auch über den Bund der Landwirte. Vertreter dieser drei Parteien traten bei Turnfesten des DTV häufig als Gastredner auf [12].

In dieser Zeit der einseitigen ideologischen Ausrichtung des DTV Anfang der zwanziger Jahre vollzog sich der Ausbau eines vielseitigen Leibesübungsbetriebes, wobei sich die Mitgliederzahl von 1919 bis 1923 nahezu verdoppelte (s. o.).

Der Turnverband in der zweiten Hälfte der zwanziger Jahre: äußere Stagnation und innere Umorientierung

Die Jahre von 1924/25 bis 1928 stellen eine krisenhafte Zeit in der Entwicklung des Turnverbandes dar. Es waren Jahre des Übergangs, in denen sich Teile der Turnerschaft bewußt wurden, daß die aus der „österreichischen Zeit“ stammenden Denk- und Verhaltensmuster den Turnverband im tschechoslowakischen Staat nicht weiterführten. Die völkische Erziehungsarbeit im DTV, die Dietarbeit, steckte in einer Krise [13]. Man klagte in der Turnzeitung über die „Alten“ in der Verbands-

---

[11] „Es ist uns wahrlich nicht leicht geworden, als wir Turner, der zwingenden Not gehorchend, aus dem Turnkreis Deutschösterreich austreten mußten ... Die Zuversicht, daß noch für jede Knechtschaft eine Stunde der Befreiung gekommen ist, gibt uns in diesen schweren Tagen Trost und Mut, unter den schwierigen Verhältnissen auszuharren, und, auf sich allein gestellt, weiter zu arbeiten zum Wohle unseres bedrückten deutschen Volkes. Die deutschen Turner im tschechischen Staate haben sich daher zu einem Deutschen Turnverbande zusammengeschlossen ...“. *Eichler*, Franz: Zur Schaffung eines Grundstocks für die Turnzeitung des Deutschen Turnverbandes. TZ 1 v. 15. Januar 1920, 5 f. — „Gedrängt durch den Gewaltakt des Friedensschlusses von St. Germain ist das blühende Deutschböhmerland in den tschechoslowakischen Staat einverleibt worden. Das von Wilson und Genossen verherrlichte Selbstbestimmungsrecht aller Völker ist mißachtet beiseite gelegt ... Die Gesetzesmaschine arbeitet unermüdlich, stets darauf bedacht, alles was deutsch ist zu vernichten ... Wir müssen und werden uns selbst helfen.“ Deutsche Spiele. TZ 6 v. 15. Juni 1920, 63. — *Eichler*, Franz: Mahnworte an die deutschen Turner. TZ 12 v. 15. Dezember 1920, 125.

[12] Beim 1. Verbandsturnfest in Komotau vom 8.-10. Juli 1922 waren 16 Senatoren und Abgeordnete von DNP, DNSAP und BdL anwesend. Die Abgeordneten Böllmann (BdL), Jung (DNSAP) und Lodgman (DNP) hielten Reden. Siehe: Unser 1. Verbandsturnfest in Komotau vom 8. bis 10. Heumonds 1922. TZ 15 v. 1. August 1922, 162 ff.

[13] *Hubatschek*, Otto: Die völkische Erziehung. TZ 15 v. 1. August 1924, 187 ff. — *Ressel*, Ernst: Dietwartarbeit und Turnerschaft. TZ 17 v. 1. September 1924, 217 f. — Dietarbeit. TZ 7 v. 1. April 1925, 113. — *Thanel*, Wilhelm: Gedanken zum Turnen. TZ 13 v. 1. Juli 1925, 226. — *Brandl*, Benedikt: Über die Mißerfolge in der Dietarbeit. TZ 2 v. 15. Januar 1926, 19 f. — *Schafferhans*: Etwas für unsere Turner. TZ 13 v. 1. Juli 1927, 215.

führung [14], über den Turnvereinsdrill und die Verknöcherung des Turnwesens [15]. Kritik an der sudetendeutschen Zerrissenheit in Partei- und Verbandswesen wurde laut. Man hoffte auf Einigkeit und auf eine starke Führerpersönlichkeit, die Turnverband wie Volksgruppe aus der Krise führen möge [16]. Immer wieder taucht in der Turnzeitung der Gedanke auf, daß eine Einheitsfront der Sudetendeutschen nur durch ein stärkeres politisches Engagement gerade der „überparteilichen" völkischen Turner zu erreichen sei [17]. Als politische Zielsetzung tritt in diesen Jahren die

---

[14] *Scheller*, Thilo: Mahnung an die Alten. TZ 21 v. 1. November 1923, 256. — *Thanel*, Wilhelm: Gedanken zum Turnen. TZ 13 v. 1. Juli 1925, 226. — *Ders.*: Dietarbeit. TZ 13 v. 1. Juli 1925, 233. — „Ich empfinde es schmerzlich, daß unser Turnverband im Kampfe um die Volkseinheit versagt, ... Es ist tieftraurig, wenn man erleben muß, daß sich Turnerführer als Parteipolitiker ... in den Haaren liegen, am Turnfest aber wie Brüder an der Spitze der Turner marschieren ... Bei aller Anerkennung der bisher von der derzeitigen völkischen Führung geleisteten Arbeit ..., kann man ihr die Feststellung nicht ersparen, daß sie sich doch nicht auf die Gegenwartsverhältnisse umzustellen vermag ... Die Gegenwart braucht Menschen von heute und nicht von gestern ... Jede Zeit bringt ihre Führer! ... die Turnbewegung der Jungen, nicht der zur Tischrunde erstarrte Turnverein, hat in Zeiten der Not unseres Volkes eine Freiheits- und Aufwärtsbewegung hervorgerufen ... Im politischen Leben haben wir noch nichts darein zu reden, dort führen die Parteien einen volksschädigenden Bruderkampf. Ob Parteien leben oder sterben, ... muß bei der Not der Gegenwart zurückgesteckt werden." *Viererbl*, Karl: Ein offenes Wort. TZ 3 v. 1. Februar 1930, 33 f.

[15] *Lips*, Friedrich Wilhelm: Bericht über den Stand der volkstümlichen Spiele bei der Turnfachausschußsitzung in Reichenberg am 15./16. 12. 1923. TZ 1 v. 1. Januar 1924, 5 f. — *Thanel*, Wilhelm: Gedanken zum Turnen. TZ 13 v. 1. Juli 1925, 226. — Vom Geist einer neuen Zeit. TZ 17 v. 1. September 1925, 299 f. — *Lösel:* Haben wir ein wirkliches Volksturnen? TZ 3 v. 1. Februar 1926, 33. — *Ders.*: Noch einmal: Haben wir ein wirkliches Volksturnen? TZ 7 v. 1. April 1926, 97.

[16] „In dem Wirrsal unserer Tage lasset uns zum Lenker der Geschichte beten und ausrufen: Gib unserem Volke einen Führer, edel und stark, rein und erhaben, damit es nicht untergehe im Kampf der Deutschen gegen Deutsche. Wir wollen ihm folgen — ..." *Ullrich*, Josef: Von Not und Kampf. TZ 1 v. 1. Januar 1925, 8 f. — *Ders.*: Stehen wir vorm Trümmerhaufen unserer Arbeit? TZ 21 v. 1. November 1925, 371 f. — *Henlein*, Konrad: Das Volk der Starken. TZ 1 v. 1. Januar 1925, 10 f. — *Hollmann*, Ernest: Die Briefe eines Turners. TZ 4 v. 15. Februar 1925, 54 f. — *Kipper*, H.: Ein Volk ohne Führer. TZ 8 v. 15. April 1925, 129. — Für Volkes Einheit. TZ 22 v. 15. November 1925, 383 f. — *Brandl*, Benedikt: Silvestergedanken. TZ 1 v. 1. Januar 1926, 3. — *Ullrich*, Josef: Gedanken zum Osterfeste. TZ 7 v. 1. April 1926, 100. — *Lehmann*, Emil: Politik und Volkserziehung. TZ 6 v. 15. März 1927. 73 f.

[17] „Niemals aber darf vergessen werden, daß unsere Rettung als Volk in diesem Staate nicht eine vierwöchige Wahlgemeinschaft ist, sondern die auf festen Grundlagen ... aufgebaute Einheitsfront aller deutschen Parteien." *Hubatschek*, Otto: Für Volkes Einheit. TZ 23 v. 1. Dezember 1925, 409. — „Wir müssen vielmehr darauf hinarbeiten, ... die heutige Form der Parteien in einem gewissen Sinn zu überwinden und in sie ... den Geist des deutschen Turnens hineinzupflanzen." *Hantschel*, Anton: Dietwart, Parteien und Politik. TZ 11 v. 1. Juni 1927, 168. — *Wüstl*, A.: Politik und Turnertum. TZ 15 v. 1. August 1927, 239 f. — *Ullrich*, Josef: Wir Turner und der Kampf der politischen Parteien. TZ 19 v. 1. Oktober 1927, 310 f. — *Binder*, Karl: Politik und Turnertum. TZ 23 v. 1. Dezember 1927, 361 f. — „Ängstlich geradezu halten wir uns davon fern, als Turnerschar geschlossen in das Leben des Volkes einzugreifen ... Turnergeist ... muß überall an seiner Sendung arbeiten, die darin besteht, daß er ... durch das Einsetzen der Macht unserer Gemeinschaft die Tore sprengt, die heute parteiend unser Volk scheiden ..." *Jurda*, Franz: Nur nach innen. TZ 1 v. 1. Januar 1929, 6 f.

Autonomievorstellung[18] gegenüber den verschwommenen großdeutschen Vorstellungen[19] in den Vordergrund. Die Turnzeitung als offizielles Organ des Verbandes wandte sich allmählich von Germanentümelei und primitiven rassistischen und antisemitischen Vorstellungen ab.

Diese vielfältigen kritischen Ansätze entwickelten sich noch nicht zu konkreten verbandspolitischen Gegenkonzeptionen, allerdings bereiteten sie den Boden für die Neuorientierung des Turnverbandes ab 1928.

Die innere Krise des Turnverbands fand entsprechenden Ausdruck in der Stagnation der Mitgliederzahl, die noch 1930 unterhalb des Standes von 1923 lag. Die Zahl der Jugendlichen im DTV sank von 1924 bis 1933. Der verengte Volksbegriff der Turner (siehe § 2 der Satzung) führte zu einer zunehmenden Isolierung innerhalb der Volksgruppe. „Reinliche Scheidung“ und Arierparagraph erschwerten die Kontakte zu den anderen sudetendeutschen Turnerorganisationen. 1927 trat der DTV aus dem Deutschen Hauptausschuß für Leibesübungen aus[20]. Die Jugend wandte sich den Sportverbänden, den Parteien und den verschiedenen Jugendbünden zu[21]. Die völkische Erziehung war rückwärtsgewandt und ohne Beziehung zu greifbaren Aufgaben der Turnerschaft in der sudetendeutschen Volksgruppe. Die „Alten“ in den Führungspositionen des Verbandes beließen es bei Klagen über den Mangel an Jahnscher Gesinnung und über den allgemeinen sittlichen Verfall.

Der Turnverband seit Ende der zwanziger Jahre: die volkspolitische Turnbewegung

In relativ kurzer Zeit gelang es ab 1928 jungen Kräften, die zum Teil aus der Jugendbewegung stammten und dem Kameradschaftsbund (KB) nahestanden oder ihm angehörten[22], den Turnverband auf neue geistige Grundlagen zu stellen, die

---

[18] *Brandl*, Benedikt: Silvestergedanken. TZ 1 v. 1. Januar 1926, 3 f. — Große Ideen und ihre Bedeutung. TZ 5 v. 1. März 1926, 56. — „Das Tschechenland ist heute das (räumliche) Herz dieses mitteleuropäischen Raumes. Vermöge seiner völkischen Vielgestaltigkeit ist es wie vorherbestimmt für die Beispielgebung einer größeren staatlichen Organisation ... Gleichgeordnet ..., müssen sich die Sudetendeutschen Gliederungen schaffen, die tatsächlich ja schon Selbstverwaltung sind ... Die Blickrichtung der Sudetendeutschen aber muß Prag sein, nicht Berlin, nicht München, nicht Wien.“ Im Spiegel. Wir lesen in „Volk und Reich“. TZ 20 v. 15. Oktober 1926, 349.

[19] Deutsche Spiele. TZ 6 v. 15. Juni 1920, 63. — Aus Gauen und Bezirken. Bericht über das Gauturnfest des Erzgebirgs-Turngaues. TZ 8 v. 15. August 1920, 82 f. — „Erst Groß-Deutschland, aus dem Deutschreiche und Oesterreich bestehend, ... dann mag man über die weitere Gestaltung der Dinge in Mitteleuropa reden.“ Ein Volk, ein Reich! TZ 6 v. 15. März 1925, 91 f.

[20] *Welwarsky*, Wilhelm: Deutscher Hauptausschuß für Leibesübungen. In: Sudetendeutsches Turnertum I 1958, 319—322.

[21] *Jahn*, Rudolf: Der Deutsche Turnverband. In: Sudetendeutsches Turnertum I 1958, 146 f. — Verhandlungsschrift der Gauwarteversammlung vom 23. August in Reichenberg. TZ 19 v. 1. Oktober 1924, 252. — Bericht über den Turntag des Egerland-Turngaues am 8. März 1925 in Eger. TZ 8 v. 15. April 1925, 134.

[22] Stellvertretend für diese junge Generation, die für die Um- und Neustrukturierung des Turnverbandes verantwortlich war, möchte ich Konrad Henlein, Walter Brand,

Satzungen des Verbandes 1931 entsprechend zu ändern und die Position in der Volksgruppe wie im tschechoslowakischen Staat neu zu bestimmen. Zur Durchführung gelangte diese Umstrukturierung im Laufe der dreißiger Jahre.

Geprägt von dem Erlebnis der Frontkämpfergemeinschaft im Ersten Weltkrieg und unter Rückgriff auf die bündischen Gemeinschaftsformen der Jugendbewegung und auf Jahnsches Gedankengut formte Konrad Henlein — seit 1926 Gauturnwart im Egerland-Jahnmal-Turngau und seit 1931 Verbandsturnwart — aus dem stagnierenden, isolierten und schwerfälligen Turnverbandsbetrieb einen straff gegliederten „Männerbund" auf der Basis von Führung und Gefolgschaft [23]. Walter Brand, Schüler des Wiener Soziologen Othmar Spann [24] und führendes KB-Mitglied, war überzeugt vom Scheitern der Verständigungsbemühungen der „Aktivisten" mit dem tschechoslowakischen Staat, solange diesem das Sudetendeutschtum uneinheitlich und unorganisiert gegenübertrat. Als Verbandsdietwart [25] propagierte Brand in der Turnzeitung die Zielvorstellung einer ständisch, d. h. nach „Lebensbereichen" gegliederten, autonomen und sich selbst verwaltenden sudetendeutschen Volksgruppe [26]. Er legte einen Koordinationsplan vor, nach dem die Wirkungsbereiche der sudetendeutschen Volkstums- und Schutzverbände klar voneinander abgegrenzt werden sollten. Ein neu einzurichtender politischer „Stand" sollte als volksführende Stelle die Zusammenarbeit der übrigen Stände/Lebensbereiche [27] koordinieren und die autonome Volksgruppe als gleichberechtigten Partner gegenüber Tschechen und Slowaken in den Staat einbringen. Dem DTV kam nach Brand die Aufgabe zu, über die mannschaftliche Erziehung am Turnboden insbesondere die gesamte sudetendeutsche Jugend einheitlich zu prägen, um sie, je

---

Heinrich Rutha, Ernst Kittel, Wilhelm Horak, Ernst Tscherne, Tonl Sandner, Wilhelm Welwarsky, Franz Krautzberger, Werner Pohl und Franz Künzel nennen.

23 *Brand*, Walter: Die sudetendeutsche Tragödie. Wunsiedel in Bayern 1949, 20 ff. — *Henlein*, Konrad: Grundsätze über unsere Erziehung und Führung. TZ 9 v. 1. Mai 1928, 117 ff. — *Ders.*: Dem Andenken Jahns. TZ Jahn-Folge v. 11. August 1928, 2 f. — *Ders.*: Jahn und sein Ruf an uns. TZ 2 v. 15. Januar 1929, 17 ff. — *Ders.*: Der Neuaufbau unserer Führung. TZ 23 v. 1. Dezember 1930, 361 ff. — *Fischer*, Siegfried: Gestaltung. TZ 6 v. 15. März 1931, 82. — *Kittel*, Ernst: Die Anfänge einer Gesamterziehung im Deutschen Turnverbande. TZ 17 v. 1. September 1935, 310 f. — *Horak*, Wilhelm: Jungturnerschaft. TZ 13/14 v. Juli 1937, 279.

24 *Schneller*, Martin: Zwischen Romantik und Faschismus. Der Beitrag Othmar Spanns zum Konservatismus der Weimarer Republik. Stuttgart 1970, 113—118. — Der Spannkreis, Gefahren und Auswirkungen. Bericht des Reichssicherheitshauptamtes, S. 8 und 22 f. (Institut für Zeitgeschichte, Akz. 413/52). — *Smelser*, Ronald M.: Das Sudetenproblem und das Dritte Reich 1933—1938. Von der Volkstumspolitik zur nationalsozialistischen Außenpolitik. München-Wien 1980, 56—60 (Veröff. des Collegium Carolinum 36).

25 Walter Brand war seit dem 29. 9. 1931 Mitglied des Verbandsdietausschusses und vom 25. 3. 1933 bis Ende September 1933 Verbandsdietwart des DTV.

26 *Brand*, Walter: Tragödie 1949, 29 f. — *Ders.*: Turnverband und Schutzarbeit. TZ 3 v. 1. Februar 1933, 41 f. — *Ders.*: Herkunft, Wesen und Aufgabe des Deutschen Turnverbandes. TZ 16 v. 15. August 1933, 297 ff. und 17 v. 1. September 1933, 315 f.

27 Die wichtigsten „Lebensbereiche eines Volkskörpers" sind für Walter Brand: Religion, Erziehung, Kunst, Wissenschaft, Rechtswesen, Fürsorge- und Gesundheitswesen und Wirtschaft. *Brand*, Walter: Die Stellung des DTV im Neuaufbau des Sudetendeutschtums. TZ 14 v. 10. Juli 1933, 250 f.

nach Veranlagung der einzelnen, den verschiedenen Lebensbereichen der Volksgruppe zuzuführen [28]. Mit dieser Gesellschaftskonzeption verbunden war das Bekenntnis des Turnverbandes zum tschechoslowakischen Staat, für das sich in den dreißiger Jahren eine Vielzahl von Belegen in der Turnzeitung finden läßt, ganz im Gegensatz zum ersten Jahrzehnt der Republik [29].

Festzuhalten ist, daß sich im Turnverband ab 1928 eine junge Führungsschicht aus der von Kriegserlebnis und Jugendbewegung geprägten Generation durchsetzte, die eine neue, umfassende (aus heutiger Sicht vielleicht utopische) Gesellschaftskonzeption für die sudetendeutsche Volksgruppe vorlegte, die Ansatzpunkte für ein friedliches Zusammenleben mit dem tschechischen Volk entwickelte und die personell und inhaltlich im sog. gemäßigten, traditionalistischen Flügel der SHF/SdP auf politischer Ebene weiterzuverfolgen ist.

Im Jahr 1933 präsentierte sich der umstrukturierte Turnverband bei seinem 3. Verbandsturnfest in Saaz der sudetendeutschen Öffentlichkeit. Konrad Henlein erhob dort für den Turnverband den Anspruch, der Erziehungsverband des gesamten Sudetendeutschtums zu sein [30]. Bis Juli 1934 gliederten sich außer den konfessionellen, den landständischen und den linksgerichteten Bünden sämtliche sudetendeutsche Jugendbünde und Jugendorganisationen [31] der von Heinrich Rutha, Tonl Sandner und Wilhelm Horak aufgebauten Jugendturnerschaft an [32]. Im Januar 1935 anerkannte die „Sudetendeutsche Jugendgemeinschaft" die Erziehungsgrundsätze der Jugendturnerschaft als maßgebend für die gesamte sudetendeutsche Jugenderziehung [33]. Am 8. Mai 1938 wurde die Jungturnerschaft auf Betreiben Konrad Henleins und der SdP zur Sudetendeutschen Volksjugend erklärt, der nur die linksgerichteten Jugendorganisationen fernblieben [34].

Der DTV traf zur gegenseitigen Unterstützung und zur Abgrenzung der Wirkungsbereiche Arbeitsabkommen unter anderem mit dem Bund der Landjugend [35],

---

[28] *Tscherne*, Ernst: Noch einmal Grundsätzliches zur Frage der Jugenderziehung. TZ 2 v. 15. Januar 1933, 29 f. — Sudetendeutsche Gesamterziehung und Volkstumsarbeit. TZ 22 v. 15. November 1936, 432.

[29] TZ 22 v. 15. November 1932, 343; 21 v. 1. November 1933, 385 f.; 9 v. 1. Mai 1934, 144; 11 v. 1. Juni 1934, 183; 14 v. 15. Juli 1934, 252 f.; 20 v. 15. Oktober 1934, 373 ff.; 6 v. 15. März 1935, 104 f.; 22 v. 15. November 1935, 407 f.; 2 v. 15. Januar 1936, 23 f.

[30] Der Verlauf unseres 3. Verbandsturnfestes. TZ 15 v. 1. August 1933, 277—289, bes. 283.

[31] Die Jugend in den Deutschen Turnverband. TZ 13 v. 1. Juli 1934, 228. — *Simon*, Franz: Der Turnverband und die katholischen Jugend- und Wanderbünde. TZ 13 v. 1. Juli 1934, 228 f.

[32] *Rutha*, Heinrich: Ziel und Stufenbau der Gesamterziehung. TZ 11 v. 1. Juni 1933, 186 ff. — *Brandner*, Willi / *Sandner*, Tonl: Verlautbarungen des Verbandsjugendturnwartes. Bestimmungen über den Aufbau der Jungmannschaft. TZ 22 v. 15. November 1934, 420 f. — *Bernhard*, Richard / *Brandner*, Willi / *Sandner*, Tonl: Grundsätze und Weisungen für den Aufbau der Jugendturnerschaft. TZ 23 v. 1. Dezember 1934, 440 f.

[33] Bekenntnis des jungen Sudetendeutschtums zur Einigung. TZ 4 v. 15. Februar 1935, 69. — Die Sudetendeutsche Jugendgemeinschaft war die Dachorganisation aller nichtmarxistischen Jugendverbände und -bünde. Sie wurde 1922 begründet und umfaßte über 150 000 Mitglieder.

[34] Tag der sudetendeutschen Jugend. TZ 10 v. 15. Mai 1938, 230.

[35] Das Arbeitsabkommen des Deutschen Turnverbandes mit dem Reichsverband des Bundes der Landjugend. TZ 23 v. 1. Dezember 1932, 352.

mit dem Bund der Deutschen [36], dem Deutschen Kulturverband [37] und der völkischen Hochschülerschaft [38]. Zusammen mit dem Bund der Deutschen organisierte der DTV ab 1933/34 die Sudetendeutsche Volkshilfe [39] und den freiwilligen Arbeitsdienst [40], der sozialfürsorgliche und volkserzieherische Funktionen erfüllen sollte.

Auch auf dem Gebiet der Leibesübungen strebte der DTV eine Monopolstellung an und erhob den Anspruch, Sammelbecken des gesamten sudetendeutschen Turn- und Sportwesens zu sein [41]. Der Hauptverband Deutscher Wintersportvereine, der Deutsche Paddler- und Seglerverband, der Deutsche Schwimmverband, der Deutsche Leichtathletikverband und der Deutsche Eislaufverband schlossen sich bis Ende 1937 dem DTV an [42]. Am 8. Mai 1938 löste sich der zusammengeschrumpfte Deutsche Hauptausschuß für Leibesübungen auf, und es entstand als einheitliche Dachorganisation der „Sudetendeutsche Bund für Leibesübungen", in dem die Turner die wichtigsten Ämter besetzten. Ausdrücklich zu betonen ist, daß der DTV bei seinem Bestreben, die sudetendeutsche Sportverbände und Jugendbünde in sich einzugliedern, keine Druckmittel anwandte [43] und ihm solche auch gar nicht zur Verfügung standen.

Diese Ausführungen machen deutlich, wie der DTV sich von einem völkischen Turnvereinsbetrieb zu einer volkspolitischen Bewegung entwickelte, indem er in den dreißiger Jahren weit über das Wirkungsfeld eines „normalen" Leibesübungen treibenden Verbandes hinausging und in den verschiedensten Bereichen gestaltend in die gesellschaftliche Entwicklung der sudetendeutschen Volksgruppe eingriff.

Auch der in den zwanziger Jahren noch auf individuelle Spitzenleistungen an den Geräten, auf Schau- und Wetturnen ausgerichtete Turnbetrieb veränderte sich, bedingt durch die neuen volkspolitischen Zielsetzungen des Verbandes. „Das Turnen in seiner Gesamtheit sollte der Mannschaftsbildung dienen" [44]. Unter Rückgriff auf das ursprüngliche Jahnsche Turnen und die Turnerneuerung im österreichischen Turnerbund unter Prof. Mehl und K. Gaulhofer wurde das vielseitige und un-

---

36 An alle Turnvereine im DTV und an alle Bundesortsgruppen. TZ 21 v. 1. November 1934, 390. — Erläuterungen zu dem Abkommen mit dem Bund der Deutschen. TZ 6 v. 15. März 1937, 128.

37 Vereinbarung zwischen dem Deutschen Kulturverbande und dem Deutschen Turnverbande. TZ 3 v. 1. Februar 1936, 42.

38 TZ 21 v. 1. November 1934, 399.

39 *Friedrich*, Albin: Was können wir für die „Sudetendeutsche Volkshilfe" tun? TZ 19 v. 1. Oktober 1935, 349 f.

40 Vereinbarungen zwischen dem Bund der Deutschen und dem Turnverband über die Arbeitslagerbewegung. TZ 13 v. 1. Juli 1936, 250.

41 *Tscherne*, Ernst: Welche Marschrichtung? Vor dem entscheidenden Umbau in der Organisation der sudetendeutschen Leibesübungen. TZ 2 v. 15. Januar 1937, 26 f.

42 TZ 2 v. 15. Januar 1937, 29; 7 v. 1. April 1937, 145. — *Bernhard*, Richard: Neuformung der Leibesübungen im Sudetendeutschtum. TZ 11 v. 1. Juni 1937, 229 ff.

43 Die Ausführungen Ernst Nittners über die Verhandlungen zwischen DTV und Staffelstein Ende April 1938 zeigen sehr anschaulich, wie die Eingliederung von Jungbünden in den DTV vonstatten ging. *Nittner*, Ernst / *Schmidt-Egger*, Hans: Staffelstein. München 1983, 326—330.

44 *Jahn*, Rudolf: Der Deutsche Turnverband. In: Sudetendeutsches Turnertum I 1958, 216.

gekünstelte Turnen in der Natur und auf dem freien Turnplatz in den Vordergrund gestellt. Mannschaftsleistung ging vor individueller Höchstleitung [45]. Im Turnbetrieb fand das Wehrturnen Aufnahme, das Kampf- und Geländespiele, Marschieren und Hindernisstaffeln umfaßte [46].

Trotz Beibehaltung des Arierparagraphen spielten Rassismus und Antisemitismus im umstrukturierten Turnverband kaum noch eine Rolle. Vergeblich sucht man in der Turnzeitung in den dreißiger Jahren nach Leitaufsätzen antisemitischen Inhalts. Der geistig, religiös und kulturell (statt rassisch und biologisch) bestimmte Volksbegriff Othmar Spanns [47] fand über den Kameradschaftsbund Eingang im Turnverband [48]. Erst 1938 sind erneut stärkere antisemitische Tendenzen in der Turnzeitung feststellbar.

Offiziell konnte sich der Turnverband aufgrund der strengen Vereinsgesetzgebung in der Tschechoslowakei nicht zu der zu einem großen Teil aus seinen eigenen Reihen hervorgegangenen SHF/SdP-Führung bekennen. Aber so wie Konrad Henlein 1937 in der Turnzeitung den Turnverband als „Stoßtruppe der völkischen Erneuerung" bezeichnete [49], so war in den Augen der Turner die SdP die überparteiliche politische Sammlungsbewegung der Sudetendeutschen [50].

Ähnlich wie in der SdP kam es im Turnverband seit 1935/36 zu Auseinandersetzungen zwischen Amtswaltern, die dem Kameradschaftsbund nahestanden, und solchen, die dem Aufbruchkreis zugehörten [51]. Der bis 1935 im DTV bestimmende Einfluß des Kameradschaftsbundes wurde allmählich schwächer. Allerdings gelang es dem politisch für den Anschluß an das Deutsche Reich agitierenden Aufbruchkreis nicht, sich eindeutig im Turnverband durchzusetzen [52]. Noch Anfang Dezember 1937 wurden von der Verbandsführung im sog. „Bodenbacher Appell" Rudolf

[45] *Brandner*, Willi: Antreten zum Riegenwettkampf 1937. TZ 3 v. 1. Februar 1937, 50 f. — Ausschreibung zum 2. Gruppenbestlauf. TZ 2 v. 15. Januar 1932, 29 f.

[46] Die neue Wetturnordnung. TZ 2 v. 15. Januar 1931, 24 f. — *Henlein*, Konrad: Führerlehrgänge im Deutschen Turnen. Die Vorturnerschule. 2. Aufl. Teplitz-Schönau 1931.

[47] *Spann*, Othmar: Vom Wesen des Volkstums. Was ist deutsch? 3. Aufl. Berlin-Wien 1929, 11 und 14 f.

[48] *Brand*, Walter: Geisteswende. TZ 16 v. 15. August 1932, 246 f. — Die einheitliche Kulturaufgabe. TZ 10 v. 15. Mai 1935, 181 f.

[49] *Henlein*, Konrad: Der Kampf um die völkische Turnbewegung. TZ 13/14 v. Juli 1937, 270 f.

[50] „Die Sudetendeutschen haben an den beiden Wahlsonntagen nicht für Parteien und Gruppen entschieden, sondern für die Volksgemeinschaft ... unter K. Henlein ... K. Henlein war und ist unser Mann, sein Werk der Erweckung und Einigung der Deutschen dieses Staates ist nichts anderes als die geradlinige Arbeit, die er auf erzieherischem und mannschaftlichem Gebiete als unser Turnführer begonnen hatte ... Saaz war der ... Auftakt der sudetendeutschen Einigungsbewegung ... zum ersten Male in der Geschichte des deutschen Turnens [wurde] eine Turnbewegung in ihren Auswirkungen von höchster völkischer Bedeutung für eine große Volksgruppe ..." *Tscherne*, Ernst: Der Sieg der Volksgemeinschaft. TZ 11 v. 1. Juni 1935, 198 f.

[51] Vor einer Bücherverbrennung? (Unsere Antwort an die „Junge Front"). TZ 12 v. 15. Juni 1936, 227 ff. — „Es kreiste der Berg." TZ 15 v. 1. September 1936, 303. — Amtliche Mitteilung der Verbandsführung. Die „Junge Front". TZ 9 v. 1. Mai 1937, 195. — Zur Hetze gegen Turnverband und Arbeitsdienst. TZ 21 v. 1. November 1937, 434. — Ein Schlußwort [zu Ruthas Selbstmord]. TZ 2 v. 15. Januar 1938, 26.

[52] Amtliche Mitteilungen des Verbandsobmannes. TZ 4 v. 15. Februar 1938, 82.

Haider und mit ihm sechs Gaujugendwarte, die „die Tätigkeit einer politischen Gruppe, nämlich des ‚Aufbruchkreises' billigten", aus dem Verband ausgeschlossen [53]. Als Ausgleich für die Neutralisierung des Aufbruchkreises mußte allerdings Ernst Kittel als der im Verband führende Kameradschaftsbündler auf Druck der mehr in turnfachlichen Bahnen denkenden Verbandsführung (Verbandsobmann R. Bernhard, Verbandsturnwart W. Brandner) den wichtigen Posten des Verbandsdietwartes Anfang 1938 räumen [54]. Der offizielle Vertrieb der Zeitschriften „Volk und Führung" und „Aufbruch" wurde im Verband untersagt [55].

Nach dem Anschluß Österreichs an das Deutsche Reich setzte sich in der Turnzeitung mehr und mehr das offene, wenn auch aufgesetzt und künstlich wirkende Bekenntnis zum nationalen Sozialismus und schließlich zum Nationalsozialismus durch [56]. Bei dem Deutschen Turnfest in Breslau Ende Juli 1938 jubelten Tausende von aufmarschierenden Turnern des DTV dem Führer Adolf Hitler begeistert zu [57]. Im Januar 1939 ging der DTV im Gau 18 (Sudetenland) des Nationalsozialistischen Reichsbundes für Leibesübungen auf [58].

Diese längeren Ausführungen über Struktur und Entwicklung des Deutschen Turnverbandes in der Tschechoslowakei schienen hier angeraten in Anbetracht der dürftigen Literaturlage zu diesem Thema [59] und der zum Teil wenig differenzierten, nicht auf Quellenstudium beruhenden Beurteilungen des DTV in einigen wissenschaftlichen Arbeiten [60]. Zudem ist die Kenntnis der Entwicklungsabschnitte des

---

[53] Der Amtswalter-Appell von Bodenbach. In Treue und Gefolgschaft hinter der Führung. TZ 24 v. 15. Dezember 1937, 503—509. — Politisch und „politisch". Zu den Angriffen auf den Turnverband. TZ 2 v. 15. Januar 1938, 25.

[54] Verbandsführung nicht gegen die Spannschen Ideen? TZ 24 v. 15. Dezember 1937, 502. — Wechsel im Amte des Dietwarts. TZ 7 v. 1. April 1938, 163.

[55] TZ 24 v. 15. Dezember 1937, 507.

[56] Deutsche Weltanschauung. TZ 8 v. 15. April 1938, 176. — 1. Mai-Tag der Nation. TZ 9 v. 1. Mai 1938, 197. — *Schmidt*, Wilhelm: Sozialismus unser Kampfruf! TZ 9 v. 1. Mai 1938, 198. — Konrad Henlein meldet die Forderungen der Sudetendeutschen an. TZ 9 v. 1. Mai 1938, 208 f. — Breslau-Bekenntnis zu Deutschland. TZ 16/17 v. 20. August 1938, 390.

[57] TZ 16/17 v. 20. August 1938, 390—400.

[58] Siehe Anm. 3.

[59] Die einzige, auf umfassendem Quellenstudium beruhende Veröffentlichung über den DTV stammt aus dem Jahr 1958 von Rudolf Jahn, einem Mitglied der Verbandsführung des DTV in den dreißiger Jahren. Siehe hierzu Anm. 3. — Teilaspekte der Entwicklung des DTV behandeln: *Pfitzner*, Josef: Sudetendeutsche Einheitsbewegung. Werden und Erfüllung. 2. Aufl. Karlsbad 1937, 76—82. — *Jahn*, Rudolf: Konrad Henlein. Leben und Werk des Turnerführers. Karlsbad-Leipzig 1938. — *Schreiter von Schwarzenfeld*, Klaus: Das deutsche und tschechische Turn- und Sportwesen in der Tschechoslowakischen Republik. München 1956, 31—55. — *Horak*, Willi: Die deutschen Turnverbände und das Jugendturnen in den Sudetenländern. In: Deutsche Jugendbewegung in Europa. Hrsg. v. Peter *Nasarski*. Köln 1967, 147—160. — *Jaworski*, Rudolf: Vorposten oder Minderheit? Der sudetendeutsche Volkstumskampf in den Beziehungen zwischen der Weimarer Republik und der ČSR. Stuttgart 1977, 85—92. — Die Rolle, die die sudetendeutsche Jugendbewegung bei der Umformung des DTV gespielt hat, und die Bedeutung der Jungturnerschaft innerhalb des DTV werden in einer Magisterarbeit von Dunja *Berthold* behandelt, die 1985 bei Prof. Dr. Hans Mommsen in Bochum fertiggestellt wird.

[60] Folgende aufgeführte wissenschaftliche Arbeiten beschäftigen sich mit dem DTV

Turnverbandes für das Verständnis der weiteren Ausführungen nötig, da sich mit der Umstrukturierung des DTV das historische Bewußtsein und die Organisation der Geschichtspflege im Verband entscheidend gewandelt haben.

2. *Geschichte, Geschichtsbewußtsein, Geschichtsbild und Geschichtspflege — ein terminologischer Exkurs*

Im folgenden möchte ich eine kurze Erläuterung der Begriffe Geschichte, Geschichtsbewußtsein, Geschichtsbild und Geschichtspflege vornehmen, wie sie im weiteren verstanden werden. *Geschichte* ist mit Jörn Rüsen nicht einfach als die Summe aller vergangenen menschlichen Handlungen anzusehen, sondern vielmehr als „bedeutungsvoller Zusammenhang zwischen vergangenem und gegenwärtigem Handeln“ [61]. Die Sinn- und Bedeutungszusammenhänge von Geschichtsdarstellungen entstehen aus dem menschlichen Bedürfnis nach einer zeitlichen Orientierung der menschlichen Lebenspraxis. Geschichte konstituiert sich durch den Akt des Erzählens, in dem der Erzähler die Erfahrung des zeitlichen Wandels seiner Welt in eine Vorstellung sinnerfüllter Zeit geistig umarbeitet. Im Akt des Erzählens von Geschichten wird „Naturzeit“ in „humane Zeit“ umgewandelt [62]. Hier wird im besonderen zu untersuchen sein, welche Geschichte oder Geschichten der Turnverband als Institution in der Turnzeitung und anderen Veröffentlichungen erzählt und wie er über die Deutung vergangener menschlicher Handlungen eine Zeitorientierung in seiner Gegenwart gewinnt, um Zukunftsperspektiven zu entwickeln.

Geschichte kann nicht als Abbild vergangener Realität, sondern nur als auswählende und deutende Rekonstruktion in das Bewußtsein treten. Somit verstehe ich mit K.-E. Jeismann *Geschichtsbewußtsein* als „die Art, in der Vergangenheit in Vorstellung und Erkenntnis gegenwärtig ist“ [63]. Geschichtsbewußtsein besitzt eine

---

innerhalb von umfassenderen Themenstellungen, tradieren dabei unkritisch vorgefaßte oder bestehende Urteile über den DTV und sind zum Teil in ihren Detailaussagen unzutreffend oder sogar sachlich falsch: *Bernett*, Hajo: Der Weg des Sports in die nationalsozialistische Diktatur. Schorndorf 1983, 84 f. — *Brügel*, Johann Wolfgang: Tschechen und Deutsche 1918—1938. München 1967, 238 und 242 ff. — *Černý*, Bohumil/*César*, Jaroslav: The Nazi Fifth Column in Czechoslovakia. Historica 4 (1962) 203 f. — *Kratky*, František: Tschechoslowakei. In: Geschichte der Leibesübungen. Bd. 5. Hrsg. v. Horst *Ueberhorst*. Berlin-München-Frankfurt a. M. 1976, 321. — *Krüger*, Arnd: Die Olympischen Spiele 1936 und die Weltmeinung. Berlin-München-Frankfurt a. M. 1972, 34 und 171. — *Prinz*, Friedrich: Das kulturelle Leben (1867—1939). In: Handbuch der Geschichte der böhmischen Länder. Bd. 4: Der tschechoslowakische Staat im Zeitalter der modernen Massendemokratie und Diktatur. Hrsg. v. Karl *Bosl*. Stuttgart 1970, 164. — *Shaw*, Jackson: Massenorganisationen und parlamentarische Demokratie. In: Die demokratisch-parlamentarische Struktur der Ersten Tschechoslowakischen Republik. Hrsg. v. Karl *Bosl*. München-Wien 1975, 46 f. — *Simon*, Hans: Die Körperkultur in Deutschland von 1917 bis 1945. Berlin (Ost) 1964, 191 f.

[61] *Rüsen*, Jörn: Geschichte als Wissenschaft. In: Handbuch der Geschichtsdidaktik. Bd. 1. Hrsg. v. Klaus *Bergmann* u. a. Düsseldorf 1979, 61.

[62] *Rüsen* Jörn: Die vier Typen des historischen Erzählens. In: Formen der Geschichtsschreibung. Hrsg. v. Reinhart *Koselleck* u. a. München 1982, 522 ff.

[63] *Jeismann*, Karl-Ernst: Geschichtsbewußtsein. In: Handbuch der Geschichtsdidaktik I 1979, 42.

identitätsstiftende Funktion für menschliche Gruppen und Individuen. Geschichtsbewußtsein kann ein notwendiges Element der Bildung und des Bestandes menschlicher Gesellschaften darstellen, wofür die Bedeutung F. Palackýs für die „Erwekkung" des tschechischen Volkes ein herausragendes Beispiel gibt [64].

Geschichtsbewußtsein wird in einer Gesellschaft auf verschiedensten Wegen erzeugt, weitergegeben und verändert [65], womit ich den Begriff *Geschichtspflege* umrissen sehen möchte.

Geschichtsbilder schließlich als subjektive Gesamtvorstellungen von Sinn, Wesen und Verlauf der Geschichte spielen bei der Bildung des Geschichtsbewußtseins eine herausragende Rolle [66].

Welche Geschichte(n) hat nun der Turnverband in den verschiedenen Phasen seiner Entwicklung erzählt? Wie waren Geschichtsbewußsein und Geschichtspflege strukturiert, und verfügte der Verband über spezifische Geschichtsbilder? Welche Rolle spielten Geschichte und das Erzählen von Geschichten für die Entwicklung des Verbandes? Dies sind die Fragestellungen, die im folgenden zu beantworten sein werden.

3. *Historisches Bewußtsein im DTV in den zwanziger Jahren*

Für die Turner war das Volk im Jahnschen Sinn durch gemeinsame Kultur, Sprache, Sitte, Abstammung und Geschichte gekennzeichnet. Der turnerischen Tradition entsprechend [67], dachten die Mitglieder des DTV in großdeutschen Bahnen und fühlten sich insbesondere mit ihren deutsch-österreichischen und reichsdeutschen Turnbrüdern auf das engste verbunden. Im Mittelpunkt turnerischer Geschichtsbetrachtungen steht in der Turnzeitung das deutsche Volk. Geschichte ist für die Turner die Geschichte der Entwicklung der Rassen und Völker [68] als der naturgegebenen Bausteine der Menschheit. Die Menschheitsentwicklung gehe als natürlicher Wettbewerb der Völker vonstatten, der zu einem Daseins- und Verdrängungskampf werden könne [69]. Die Geschichte des deutschen Volkes vollziehe sich als ständiger Wechsel von Aufstieg und Niedergang, vorangetrieben von den großen einzelnen, die das Volk aus Elend und Not immer wieder emporführten [70]. Andererseits bewir-

---

[64] *Lemberg*, Eugen: Wege und Wandlungen des Nationalbewußtseins. Münster 1934, 182—190.

[65] Siehe Anm. 63.

[66] *Schneider*, Gerhard/*Wilharm*, Irmgard: Geschichtsbild. In: Handbuch der Geschichtsdidaktik I 1979, 206.

[67] Die Turner traten 1848 für die „großdeutsche Lösung" ein. Die deutschen Turner Österreichs und Böhmens waren von 1868 bis 1904 als Turnkreis XV Bestandteil der DT.

[68] *Brandl*, Benedikt: Rassenfrage und Deutschtum. TZ 18 v. 15. September 1921, 178 f. — *Riedl*, Franz: Volkstum und Menschentum. TZ 24 v. 15. Dezember 1923, 297. — *Elstner*: Aufstieg oder Verfall. TZ 6 v. 15. März 1926, 79 f.

[69] *Riedl*, Franz: Wie wachsen wir aus der jüngsten Vergangenheit in die Zukunft? TZ 17 v. 1. September 1924, 211 ff.

[70] Rathenau, der deutsche Aufbau-Minister. Nach R. Stoltheims: „Anti Rathenau", Hammer Verlag. TZ 2 v. 15. Januar 1922, 10. — *Riedl*, Franz: Das Ergebnis der germanischen Wesensgeschichte. TZ 8 v. 15. April 1926, 116 f. — *Frank*, Ernst: Andreas Gryphius, ein Wegbereiter für Deutschlands Aufstieg. TZ 19 v. 1. Oktober 1926, 327 f.

ken in den Augen der Turner widrige äußere Umstände (Einfluß der Juden, kulturelle Überfremdung, das Wirken der „roten und schwarzen Internationalen", die Politik neiderfüllter europäischer Nachbarstaaten u. a.) und spezifische deutsche Charaktereigenschaften (Tendenz zur Uneinigkeit, zum Partikularismus und zum „Metaphysischen") immer wieder Perioden von Niedergang, Not und Elend [71].

Ein in der Turnzeitung des DTV ausführlich beschriebenes „vaterländisches Festspiel", beim 13. Deutschen Turnfest in München 1923 aufgeführt [72], verdeutlicht das Geschichtsbild der völkischen Turner und ihre Vorstellung von Sinn, Wesen und Verlauf der Geschichte. Im ersten Akt des Festspieles ist die „Einigungs- und Befreiungstat" des Arminius dargestellt, der die „deutsche Germanen" mißhandelnden römischen Legionäre vernichtet. Im zweiten Akt überwindet das „deutsche Preußen" unter Friedrich dem Großen die Niedergangszeit seit dem Dreißigjährigen Krieg. Im dritten Akt bereiten die Helden des deutschen Freiheitskrieges — Turnvater Jahn mit seiner Turnerschar, Theodor Körner und die Lützower Jäger — der napoleonischen Fremdherrschaft in Deutschland ein Ende. In einem großen Schlußakt wird dann die rhetorische Frage gestellt, ob ein neuer Aufstieg aus der gegenwärtigen Erniedrigung bevorstehe. Darauf endet das Schauspiel „mit einem erhebenden Ausblick auf die Zukunft, die Wiedererweckung deutscher Einigkeit und die Hoffnung auf eine goldene Zeit".

In einer Vielzahl von Reden, Schauspielen und Leitaufsätzen erscheint in der Turnzeitung dieses vorgeführte Muster historischer Sinndeutung in den zwanziger Jahren [73]. Das Erzählen exemplarischer Geschichten diente den deutschvölkischen Turnern im tschechoslowakischen Staat zur Bewältigung der als Niedergang und Unglück empfundenen gegenwärtigen Zeit und gleichzeitig zur Entwicklung hoffnungserfüllter, allerdings unbestimmter und verschwommener Zukunftserwartungen. Ungedeutete, als Bedrohung empfundene „Naturzeit" wurde durch das Erzählen von Geschichten in sinnerfüllte Zeit, in „humane Zeit", um mit den Begriffen J. Rüsens zu sprechen, verwandelt [74].

---

[71] Hierzu siehe *Lemberg*, Eugen: Nationalismus. Bd. 1. Psychologie und Geschichte. Hamburg 1964, 200 ff.

[72] Vaterländisches Festspiel „Frisch auf mein Volk!". TZ 18 v. 15. September 1923, 219.

[73] Dieses vorgeführte Muster historischer Sinndeutung und das im Turnverband in den zwanziger Jahren vorherrschende Geschichtsbild können allerdings nicht als „turnerspezifisch" angesehen werden. „Turnerspezifisch" ist daran allenfalls die besondere Bedeutung F. L. Jahns. Das Geschichtsbild des Turnverbandes kann als exemplarisch für das der „rechten", bürgerlichen Kräfte im Sudetenland wie auch in der Weimarer Republik nach 1918 angesehen werden. Eugen Lemberg kennzeichnet den in Frankreich nach 1870/71 und den in Deutschland besonders nach 1918 sich entwickelnden Nationalismus als „integralen, ideologischen Nationalismus" (im Gegensatz zu einem bloßen vorideologischen, unreflektierten, instinktartigen Nationalismus). In der allgemeinen Krisensituation nach 1918 werde für viele Deutsche der Nationalismus zu einer Ideologie und einer „säkularen Heilslehre". *Lemberg*, Eugen: Nationalismus I 1964, 200—205.

[74] „Daß aber das geplagte, gehetzte, am Boden liegende Deutschland aus den gewaltigen Kriegswirren zurück zum Aufstieg und schließlich zur Einheit fand, ... so daß, als kaum der heilige Frieden eingekehrt war, sich Männer fanden, wie unser Andreas Gryphius, der in diesen schweren Zeiten den Boden für die deutsche Klassik bereiten half, das gibt uns die Gewißheit, daß Deutschland ein unverlierbares Land ist, daß der deutsche Geist, und wenn er noch so sehr bekämpft und unterdrückt wird, doch ... siegreich wieder auf-

Inhaltlich wurde das völkische Geschichtsbild im DTV durch die Darstellung der politischen und kulturellen Entwicklung des deutschen Volkes, seiner Sitten, Bräuche und Sprache ausgefüllt. Im folgenden möchte ich in Grundzügen die Geschichte des deutschen Volkes wiedergeben, wie sie im Deutschen Turnverband erzählt wurde [75]:

Hermann der Cherusker war der erste große deutsche Heerführer und Staatsmann. Karl dem Großen gelang dann als erstem deutschen König die Einigung aller germanischen Völker in einem Staat, wobei allerdings das von Karl und Otto erneuerte römische Kaisertum dem deutschen Volk mehr Schaden als Nutzen gebracht habe. Auf die Glanzzeit mittelalterlicher deutscher Herrschaft unter Karl und Otto dem Großen und Friedrich Barbarossa und die Blütezeit des deutschen Rittertums folgte dann mit dem undeutsch erzogenen Stauferkaiser Friedrich II. eine lange Phase des Niedergangs und Verfalls aufgrund innerer Uneinigkeit, die im Dreißigjährigen Krieg ihren Höhepunkt fand. Nur die Hanse, die deutsche Städtekultur und die Person Luthers, der das Christentum aus der Umklammerung des römischen Papsttums befreite, ragen in dieser Verfallszeit hervor. Nach dem allmählichen Wiederaufstieg deutscher Macht in den Teilstaaten Preußen und Österreich bildet die französische Fremdherrschaft erneut einen Tiefpunkt in der politischen Entwicklung des deutschen Volkes, der aber andererseits das endgültige nationale, politische und kulturelle Erwachen des deutschen Volkes bewirkte. Die Zeit der Befreiungskriege mit vom Stein, Arndt, Körner, Fichte, Blücher, Jahn u. a. stellt einen großen nationalen Höhepunkt dar. Rückschrittliche dynastische Gewalten verhinderten in der Folgezeit allerdings die Schaffung eines deutschen National- und Verfassungsstaates. Bismarck als dem größten deutschen Staatsmann aller Zeiten ist die Gründung des deutschen Nationalstaates zu verdanken, der allerdings nicht die Erfüllung der deutschen Träume brachte, da er die Deutschen Österreichs und Böhmens nicht einbezog. Der Neid der europäischen Großmächte über den Aufstieg Deutschlands zur Weltmacht führte zur Einkreisung Deutschlands und schließlich zum Ersten Weltkrieg. Während Deutschland im Felde ungeschlagen blieb, führte der „Dolchstoß" der Heimatfront die deutsche Niederlage herbei [76]. Der Schandvertrag von Versailles hat das Deutsche Reich wirtschaftlich und politisch entrechtet und am Boden zerstört. „So bietet Deutschland ein Bild des Elends und des Jammers" [77].

Die deutschvölkischen Turner in der Tschechoslowakei sahen die von ihnen erlebte Gegenwart nach dem Weltkrieg als absoluten geschichtlichen Tiefpunkt für das deutsche Volk in politischer und kultureller Hinsicht an. Man meinte, in einer Zeit des sittlichen Verfalls und der kulturellen Überfremdung und Knechtschaft zu

---

ersteht." *Frank*, Ernst: Andreas Gryphius, ein Wegbereiter für Deutschlands Aufstieg. TZ 19 v. 1. Oktober 1926, 328.

[75] Den folgenden Ausführungen liegt der lesenswerte geschichtliche Überblick zugrunde, der in der „Deutschen Volkskunde", dem offiziellen Handbuch des DTV für die Dietarbeit und völkische Erziehung, gegeben wird: Deutsche Volkskunde. Leitfaden für völkische Erziehung. Hrsg. v. DTV. 3. Aufl. Teplitz-Schönau 1930, 34—185.

[76] An das deutsche Volk! TZ 13 v. 1. Juli 1924, 166 f.

[77] Deutsche Volkskunde 1930, 158.

leben und sah das „deutsche Volkstum" unter anderem von Materialismus, Liberalismus, Sozialismus und Katholizismus bedroht [78]. Zudem sah sich der DTV durch den „Machtspruch unversöhnlicher Feinde" [79] in einen fremdnationalen Staat gepreßt, mit dem sich die Turner in keiner Weise identifizieren konnten [80] und mit dem sie von Anfang an einen Kleinkrieg um Satzungen, Genehmigungen von Veranstaltungen, Abzeichen u. a. m. führen mußten.

Der DTV befand sich in der ersten Hälfte der zwanziger Jahre in einer geistigen Existenzkrise, zudem lange Zeit keine konkreten, positiven Zukunftsperspektiven entwickelt werden konnten. Der DTV erschöpfte sich in einer absoluten Negation der bestehenden staatlichen und gesellschaftlichen Verhältnisse. Die „Zukunftsperspektiven" beschränkten sich auf die irrationale Hoffnung auf eine kommende „goldene Zeit" [81], auf großdeutsche Schwärmereien, auf die Beschwörung vergangener germanisch-deutscher Größe [82] und auf die Erwartung eines dem deutschen Volk erwachsenden großen Führers [83].

Der Ort institutionalisierter Geschichtspflege und institutionalisierter Erzeugung eines völkischen Geschichtsbewußtseins war bis Ende der zwanziger Jahre das „Dietwesen" des Turnverbandes. Das „Deutsche Turnen" Friedrich Ludwig Jahns verstanden die sudetendeutschen Turner „als Mittel zur Heranbildung eines an Leib und Seele gesunden und sittlich starken Volkes"; es umfaßte sowohl die rein körperliche Ertüchtigung als auch die geistige und charakterliche Erziehung der Turner im deutschvölkischen Sinn [84]. Hierfür waren auf allen Verbandsebenen die Dietausschüsse und Dietwarte verantwortlich [85]. Da sich „aus eingehender Beschäftigung mit unseres Volkes Geschichte" [86] die Seele des deutschen Volkstums offenbare, sollten geschichtliche Themen im Mittelpunkt der Dieterziehung stehen. „Die [Diet-] Arbeit erstreckt sich auf alle völkischen und rassischen Fragen, Geschichte des Volkes und Landes, vor allem der Heimat, wobei Schrifttum und Kunst eingeschlossen sind" [87]. Keine Ausgabe der Turnzeitung kam in den zwanziger Jahren ohne historische Themen und Inhalte aus. Dietwarte hielten Vorträge über die deutsche Geschichte am Turnboden, bei Turnfesten und in den sog. Turnerkneipen. Sie sorgten für die Aufführung von Schauspielen über Arminius, Jahn und Bismarck

---

[78] *Eichler*, Franz: Mahnworte an die deutschen Turner. TZ 12 v. 15. Dezember 1920, 125. — *Ders.*: Über deutsche Volkserziehung. TZ 5 v. 1. Mai 1920, 49 f. — Aus Gauen und Bezirken. TZ 3 v. 1. Februar 1921, 20. — Dietarbeit. TZ 1 v. 1. Januar 1922, 4 f.

[79] TZ 1 v. 15. Januar 1920, 3.

[80] Siehe Anm. 11.

[81] TZ 12 v. 15. Dezember 1920, 125; 18 v. 15. September 1923, 219.

[82] TZ 8 v. 15. April 1926, 116 f.

[83] TZ 8 v. 15. April 1925, 129 f.

[84] Allgemeine Grundsätze und Richtlinien für die völkische Erziehung in den Turnvereinen des „Deutschen Turnverbandes" und für die Tätigkeit der Dietwarte (vom 29. 12. 1920). In: Deutsche Volkskunde 1930, 9 f.

[85] Bestimmungen für die Durchführung des völkischen Erziehungswesens und für die Tätigkeit der Dietwarte. In: Deutsche Volkskunde 1930, 12 f.

[86] Siehe Anm. 85.

[87] Braunauer Turngau. Turnerische Hauptbegebenheiten des Jahres 1920. TZ 3 v. 1. Feruar 1921, 20.

und für die Einrichtung von Turnvereinsbüchereien [88]. Um zum Wetturnen zugelassen zu werden, mußten die Wettkämpfer den „völkischen Wissensnachweis" erbringen [89]. „Die Feier bedeutender geschichtlicher und turngeschichtlicher Ereignisse sowie völkischer Tage" stellte ein gemeinschaftsbildendes Element im Leben eines jeden Vereines dar [90].

Diese Art der Dietarbeit und der institutionalisierten Geschichtspflege scheint allerdings in den Turnvereinen vor Ort von geringer Wirksamkeit und Beliebtheit gewesen zu sein. Seit Mitte der zwanziger Jahre wurde zunehmend Kritik am bestehenden Dietwesen laut. Die Form der Dieterziehung wurde als Gesinnungspaukerei abgelehnt, Wetturner weigerten sich, den völkischen Wissensnachweis abzulegen, die Vorträge der Dietwarte erfreuten sich geringer Beliebtheit und wurden zum Teil in den Turnerkneipen mißachtet und verhöhnt [91]. Nach einer Erhebung des Verbandsdietwartes betrieb 1925 nur ein Drittel der Verbandsvereine eine ordnungsgemäße Dietarbeit, ein Drittel der Vereine besaß nicht einmal einen Dietwart [92]. Die verzweifelten Appelle der Amtswalter, die bestehende Dietarbeit zu intensivieren, konnten unter diesen Umständen wenig bewirken [93]. Vereinzelte Vorschläge ab 1924/25, die Dietarbeit enger mit dem praktischen Turnbetrieb zu verbinden und sie lebensnäher zu gestalten, wurden letztlich erst mit der Umstrukturierung des Dietwesens durch die Verbandsdietwarte W. Brand und E. Kittel ab 1933/34 verwirklicht.

Welche Bedeutung haben nun Geschichte, Geschichtspflege und das Erzählen von Geschichten für den DTV und seine Mitglieder in den zwanziger Jahren gehabt? Für die abschließende Beantwortung dieser Frage ist anzumerken, daß diese Untersuchung auf der von der Verbandsführung herausgegebenen Turnzeitung und dem „offiziellen" Handbuch zur völkischen Erziehung beruht. Inwieweit das vom Verband in der Turnzeitung propagierte Geschichtsbild auch in der breiten Masse der Turner verankert war, ist schwer zu beantworten. Wie gesehen, wurde die Form der institutionalisierten Geschichtspflege innerhalb des Dietwesens von einer großen Zahl der Turner nicht positiv aufgenommen.

Zusammenfassend ist festzustellen, daß die Geschichtspflege und das Erzählen von Geschichten im DTV in den zwanziger Jahren zwei Funktionen erfüllte:

Einerseits wurden in der Turnzeitung Geschichten erzählt, die die nationale Identität der Turner als Teil des deutschen Volkes erneuern und bekräftigen sollten. Mit der völkischen Deutung des geschichtlichen Prozesses wollte man sich das „deutsch Sein" erinnernd vergegenwärtigen, um diese deutsche Identität in der als nationale Bedrohung empfundenen Gegenwart zu erhalten. Jörn Rüsen bezeichnet diese Funktion als „traditionales, identitätsstiftendes Erzählen von Geschichten" [94].

---

88 *Seifert*, Adolf: Wege zum Ziele. An die Dietwarte. TZ 5 v. 15. Mai 1920, 45 f. — Erziehungsmittel und Durchführungsweise. In: Deutsche Volkskunde 1930, 13—16.

89 Bestimmungen bezüglich des Nachweises völkischen Wissens bei Vorturnerprüfungen und Wetturnen. *Ebenda* 16 ff.

90 Erziehungsmittel und Durchführungsweise. *Ebenda* 14.

91 Siehe Anm. 13.

92 Bericht über die Verbandsturnratssitzung vom 1. Mai 1926. TZ 11 v. 1. Juni 1926, 186.

93 *Brandl*, Benedikt: Über die Mißerfolge in der Dietarbeit. TZ 2 v. 15. Januar 1926, 19 f.

94 *Rüsen*: Die vier Typen 1982, 545 ff.

Andererseits wurden dort Geschichten erzählt, die auf einer absichtlichen Herstellung historischer Analogien zwischen Vergangenheit und Gegenwart beruhten. Durch Rekurs auf exemplarisch ausgewählte Erfahrungen aus der Vergangenheit werden erlebte Gegenwartserfahrungen verständlich gemacht. Die Verwendung historischer Analogien dient hierbei der Verdeutlichung von als überzeitlich geltend angesehenen „historischen Gesetzmäßigkeiten" und allgemeinen Handlungsregeln. Jörn Rüsen bezeichnet dies als „exemplarisches Erzählen von Geschichten" [95]. Eine in nahezu jeder Ausgabe der Turnzeitung verwendete, für die Turner zentrale historische Analogie [96] möchte ich zur Verdeutlichung ausführen. Die Zeit der französischen Fremdherrschaft unter Napoleon wird mit der angeblichen Unterdrückung durch die Tschechen nach 1918 gleichgesetzt: Damals wie heute habe sich das deutsche Volk auf einem geschichtlichen Tiefpunkt befunden, politisch rechtlos und kulturell überfremdet. Die Begründung des völkischen Turnens durch Jahn habe entscheidend zur Wiedererstarkung des deutschen Volkes beigetragen und die glorreichen Befreiungskriege unter aktiver Beteiligung der Turner ermöglicht. Analog hierzu sehen sich die völkischen Turner in den zwanziger Jahren als eine Auslese innerhalb der sudetendeutschen Volksgruppe [97], deren Volkstumskraft durch das „Deutsche Turnen" nur erneuert werden müßte, um die tschechische Bedrohung zu überwinden.

Insgesamt nimmt die Beschäftigung mit der Vergangenheit in der ersten Hälfte der zwanziger Jahre neben rein technisch-organisatorischen Mitteilungen den größten Platz in der Turnzeitung ein. Dagegen sucht man vergebens nach konkreten gesellschaftspolitischen Vorstellungen oder in die Zukunft weisenden Projekten zur Gestaltung des sudetendeutschen Lebensraumes innerhalb des tschechoslowakischen Staates. Die völkischen Turner fühlten sich von einem großen Teil ihrer Volksgenossen unverstanden und von den Tschechen unterdrückt. Innerhalb von Staat und eigener Volksgruppe waren sie zunehmend isoliert. Man kann sich des Eindrucks nicht erwehren, daß Geschichte, zu einer säkularen Erlösungslehre umfunktioniert, eine Art geistiger Zufluchtsort für die Turner wurde, um aus einer Welt übermächtig erscheinender Bedrohungen entfliehen zu können.

4. Historisches Bewußtsein im DTV in den dreißiger Jahren

Ab Mitte der zwanziger Jahre setzte eine vielfältige Kritik am völkischen Turnvereinsbetrieb innerhalb des Verbandes ein. Die anschließende Neustrukturierung und geistige Umorientierung des Turnverbandes Ende der zwanziger, Anfang der dreißiger Jahre hatte eine vollkommene Veränderung von Geschichtsbewußtsein und Geschichtspflege zur Folge. Nur das bestehende Geschichtsbild blieb in seiner Grundstruktur erhalten. Im Mittelpunkt der Geschichtsbetrachtung stand weiter-

---

[95] *Ebenda* 547—551.

[96] TZ 5 v. 15. Mai 1920, 49 f.; 7 v. 1. April 1921, 50 f.; 7 v. 15. Juli 1920, 81 f.; 12 v. 15. Dezember 1920, 125; 12 v. 15. Juni 1922, 134; 14 v. 15. Juli 1922, 156; 11 v. 1. Juni 1923, 121; 13 v. 1. Juli 1926, 238 f.

[97] TZ 5 v. 15. Mai 1920, 54; 8 v. 15. August 1920, 82.

hin die historische Entwicklung des deutschen Volkes[98], wobei allerdings die sudetendeutsche Volksgruppe als eigene historische Individualität stärker in den Vordergrund trat. Die Umstrukturierung des Verbandes nach dem aus Kriegs- und Jugendbewegungserlebnis erwachsenen Prinzip von Führung und Gefolgschaft zeigte seine Auswirkungen im Geschichtsbild der Turnerschaft der dreißiger Jahre. Der Lauf der Geschichte wurde nun nicht mehr durch die Taten der über dem Volk stehenden großen Männer bestimmt, sondern durch die aus dem Volk hervorgehenden Führer, die auf die Gefolgschaftstreue ihres Volkes als ihrer „Mannschaft" angewiesen seien[99]. Das Grundmuster historischer Sinndeutung, die Überwindung deutscher Volksnot durch große einzelne, blieb in dieser abgewandelten Form im Geschichtsbild der Turnerschaft erhalten.

Im folgenden möchte ich genauer auf das sich seit Ende der zwanziger Jahre verstärkt herausbildende sudetendeutsche Geschichtsbewußtsein der Turner eingehen, das gegenüber dem in den zwanziger Jahren vorherrschenden gesamtdeutschen Geschichtsbewußtsein zunehmend in den Vordergrund trat. Seit 1928 sind in der Turnzeitung regelmäßig Hinweise auf die Geschichtswerke des sudetendeutschen Historikers Josef Pfitzner zu finden, die in der Turnzeitung besprochen und auszugsweise abgedruckt werden. Im Jahr 1938 veröffentlichte Pfitzner Leitartikel mit historischen Themenstellungen in der Turnzeitung[100], er kann als der vom Turnverband uneingeschränkt anerkannte sudetendeutsche Historiker angesehen werden, dessen Deutung der sudetendeutschen Geschichte vom Turnverband übernommen wurde.

Nach Pfitzner kam es als Antwort auf die Herausbildung eines tschechischen Nationalbewußtseins, insbesondere ab 1848, zur allmählichen Entwicklung eines su-

---

[98] Aufschlußreich ist hierzu die Auflistung der „völkischen Gedenk- und Feiertage" in den Turnerjahrbüchern, die in den dreißiger Jahren unverändert aus den zwanziger Jahren übernommen wurde: Turner-Jahrbuch des Deutschen Turnverbandes. Hrsg. v. Josef *Ullrich*. Teplitz-Schönau 1927, 31—69. — *Volkhardt*, Theo: Kann man international sein? TZ 7 v. 1. April 1934, 106 f. — *Krautzberger*, Franz: Führertum. TZ 3 v. 15. Februar 1935, 48.

[99] TZ 5 v. 1. März 1928, 61; 10 v. 15. Mai 1929, 145; Jahn-Folge v. 11. August 1928, 2; 4 v. 15. Februar 1930, 52; 3 v. 15. Februar 1935, 48; 4 v. 15. Februar 1937, 73 f.

[100] Aufstieg und Niedergang. TZ 4 v. 15. Februar 1928, 49. — „Für uns Turner hat dieses Buch Professor Pfitzners besondere Bedeutung ... Pfitzner untersucht gewissenhaft alle Strömungen und Quellen, die dann zu einem mächtigen Strom zusammenflossen. Dabei widmet er der völkischen Turnbewegung mit Recht einen eigenen Abschnitt. Mit richtiger Einfühlung schildert der Verfasser die Entwicklung des Turnverbandes unter Konrad Henlein ... zum sudetendeutschen Erziehungsverband und unterstreicht dabei die Bedeutung, daß das dort großgezogene Gemeinschaftsdenken mit einer der Hauptpfeiler der großen Volksbewegung wurde. So wurde dieser Abschnitt in dem Buch die erste Darstellung und Würdigung unserer Turnbewegung in ihrer tiefen Bedeutung für die sudetendeutsche Einheit." Sudetendeutsche Einheitsbewegung, Werden und Erfüllung. Von Universitätsprofessor Dr. Pfitzner. TZ 11 v. 1. Juni 1937, 233. — *Pfitzner*, Josef: Durchbruch zur Volksorganisation. TZ 13 v. 1. Juli 1938, 307. — *Ders.*: Tschechischer Geschichtsmythos. TZ 13 v. 1. Juli 1938, 317 f. — *Ders.*: Sudetendeutsche Geschichte als Quelle völkischen Selbstbewußtseins. TZ 14/15 v. Juli 1938, 340 ff. — Zur Rezeption der These der „sudetendeutschen Einheitsbewegung" im Turnverband siehe auch *Tscherne* 1935 (wie Anm. 50).

detendeutschen Volks- und Gemeinschaftsbewußtseins [101]. Im tschechoslowakischen Staat habe sich der sudetendeutsche Einheitsgedanke in den Schutzverbänden, im DTV, in der Jugend- und der Böhmerlandbewegung rasch durchgesetzt [102]. Aber „am schwersten und spätesten siegte der sudetendeutsche Einheitsgedanke im politischen Leben“ [103]. Im politischen Streit zwischen „Aktivisten“ und „Negativisten“ sei die sudetendeutsche Bevölkerung der Politik entfremdet worden. Konrad Henlein, „der ein Meisterwerk an Einigungsarbeit bereits im Deutschen Turnverband geschaffen hatte“ [104], habe das „sudetendeutsche Wunder“ der politischen Einigung in der Sudetendeutschen Heimatfront vollbracht. Historisch folgerichtig sei das Endziel der sudetendeutschen Einheitsbewegung die nationale Selbstverwaltung in einem zum Nationalitätenstaat umgebauten tschechoslowakischen Staatswesen und die Versöhnung mit den Tschechen [105].

Die Gründung der SHF, als der politischen Einheitsbewegung der Sudetendeutschen, erscheint bei Pfitzner als Erfüllung eines langwierigen historischen Reifevorgangs der Sudetendeutschen seit dem 19. Jahrhundert.

Aus dieser in der Turnzeitung vorherrschenden Deutung der jüngsten sudetendeutschen Geschichte erwuchs im Turnverband in den dreißiger Jahren das Bewußtsein, daß man sich am Ende einer Periode des absoluten Niedergangs, quasi in einer historischen Achsen- und Wendezeit befinde [106]. Man meinte, die geschichtliche Entwicklung nicht mehr ohnmächtig erleiden zu müssen, und glaubte, aktiv an der Gestaltung der Gegenwart mitwirken zu können. „Vorbei sind die Zeiten, in denen wir in der Geschichte unseres Volkes nur den Trost holen konnten, daß im Volkstum unerschöpfliche Kräfte ruhen ... Heute adelt die Geschichte unseres Volkstums in den Sudetenländern Arbeit und Kampf der Gegenwart ...“ [107]. Als zu verwirklichende Zukunftsperspektive trat der Verband in der Turnzeitung für den nach Lebensbereichen gegliederten einheitlichen sudetendeutschen Volkskörper ein [108].

In der Turnzeitung wurden in den dreißiger Jahren verschiedene Typen von Geschichten erzählt, die unterschiedliche Funktionen für Bestand und Fortentwicklung des Verbandes erfüllten. Die Typologisierung J. Rüsens zur narrativen Struktur historischer Geschichten soll auch hier wie im vorhergehenden Kapitel bei der Charakterisierung und Einordnung behilflich sein:

In der Turnzeitung wurden wie in den zwanziger Jahren identitätsstiftende, *traditionale Geschichten* erzählt, bei denen aber nicht die nationale Vergangenheit

---

[101] *Pfitzner*, Josef: Sudetendeutsche Einheitsbewegung, Werden und Erfüllung. 2. Aufl. Karlsbad 1937, 17—32. — *Ders.*: Sudetendeutsche Geschichte. 2. Aufl. Reichenberg 1937, 57 ff.

[102] *Ebenda* 71 f.

[103] *Ebenda* 72.

[104] *Ebenda* 77.

[105] *Ebenda* 80—83.

[106] *Henlein*, Konrad: Der Neuaufbau unserer Führung. TZ 23 v. 1. Dezember 1930, 361 ff. — *Fischer*, Siegfried: Gestaltung. TZ 6 v. 15. März 1931, 81 f.

[107] Großmacht Geschichte. TZ 10 v. 15. Mai 1938, 235. — „An uns liegt es, ob wir mit starker Hand in das Buch der Geschichte unseren Weg zeichnen oder ob wir, geschichtslos, aus der Geschichte und dem Völkerleben gestrichen werden.“ *Henlein*, Konrad: Die politische Bedeutung der Jahnschen Turnidee. TZ 22 v. 15. November 1929, 355 ff.

[108] Siehe Anm. 26.

von Arminius bis Bismarck im Vordergrund stand, sondern näher an die Gegenwart heranreichende Erfahrungen wie das Kriegserlebnis, der Tod Leo Schlageters [109] oder das Saazer Turnfest von 1933. Das Kriegserlebnis galt Konrad Henlein als Wiedergeburt der Volksgemeinschaft und des mannschaftlichen Führergedankens [110]. Das Saazer Turnfest, bei dem der mannschaftlich umstrukturierte Turnverband unter Henleins Führung zum ersten Male vor die sudetendeutsche Öffentlichkeit trat, wurde ab Mitte der dreißiger Jahre in der Turnzeitung zu einem identitätsstiftenden Mythos aufgebaut [111].

In der Turnzeitung wurden wie in den zwanziger Jahren *exemplarische Geschichten* erzählt, aber nicht mehr, um aus der Geschichte Trost für eine vermeintlich hoffnungslose Gegenwart zu erfahren, sondern um historisch legitimierte Anregungen für die Gegenwartsgestaltung zu gewinnen. K. Henlein und T. Sandner beriefen sich bei der Reform des praktischen Turnbetriebes, die die Einführung des „natürlichen Turnens“, des Wehrturnens und des mannschaftlichen Turnens umfaßte, auf das Wirken Jahns 1810—1818 auf der Berliner Hasenheide. Der Wiederaufstieg des Sudetendeutschtums sei wie der Wiederaufstieg Deutschlands 1813/14 nur durch die Verwirklichung der Ziele der Jahnschen Turnbewegung möglich. Der DTV sollte nach Henlein „nicht eine Turnerschaft seliger Jahnscher Erinnerungen, sondern ein Turner-Bund Jahnscher Wirklichkeit“ sein [112], womit Henlein indirekt die „Jahntümelei“ im Turnverband der zwanziger Jahre kritisierte [113].

Seit der zweiten Hälfte der zwanziger Jahre finden sich in der Turnzeitung Geschichten, die in der Typologie Rüsens als *kritische Geschichten* aufgeführt werden. Kritische Geschichten dienen der „in Frage Stellung von Bestehendem durch deutendes Erinnern“ [114], um Raum für Veränderungen zu schaffen. Reformfreudige Turner beriefen sich auf F. L. Jahn, um den Turnvereinsdrill der zwanziger Jahre und die Verknöcherung des Turnwesens zu kritisieren [115]. Genau genommen stellen diese Geschichten eine Verbindung von historisch-kritischer und historisch-exemplarischer Erzählweise dar.

Rüsen bezeichnet Geschichten, die unter argumentativem Rückgriff auf die Vergangenheit die bestehenden, für nicht zeitgemäß angesehenen Strukturen verändern

---

[109] TZ 10 v. 15. Mai 1931, 145—148 (eine Zusammenstellung von Berichten, Gedichten und Briefen zum Tode Schlageters). — TZ 5 v. 1. März 1933, 70 f.

[110] *Deubner*, Karl-August: Der Politiker Konrad Henlein. Leipzig-Wien 1938, 21 f.

[111] Das Erbe von Saaz. „Die Mannschaft ist das Blut des Volkes.“ TZ 15 v. 1. August 1937, 305.

[112] *Henlein*, Konrad: Die politische Bedeutung der Jahnschen Turnidee. TZ 22 v. 15. November 1929, 357. — Als Beispiel für eine exemplarische Erzählweise siehe auch „Großmacht Geschichte“ (wie Anm. 107).

[113] Das andere große historische Leitbild für die deutschen Turner, das in der Turnzeitung immer wieder aufgegriffen wurde, war der Sokol mit seiner volks- und staatspolitischen Bedeutung für die Tschechen. Was der Sokol für die Tschechen darstellte, wollte der DTV für die Sudetendeutschen sein. — *Pfitzner*, Josef: Einheitsbewegung 1937, 77. — TZ 9 v. 1. Mai 1928, 117; 1 v. 1. Januar 1929, 6; 2 v. 15. Januar 1929, 18; 12 v. 15. Juni 1930, 181.

[114] *Rüsen*: Die vier Typen 1982, 551—555.

[115] TZ 1 v. 1. Januar 1924, 5; 13 v. 1. Juli 1925, 226; 17 v. 1. September 1925, 299 f.; 3 v. 1. Februar 1926, 33; 7 v. 1. April 1926, 97.

und ersetzen wollen, als *historisch-genetische Geschichten*, als Fortschrittsgeschichten [116]. Gerade in der Zeit der geistigen und institutionellen Umstrukturierung des DTV war diese Funktion von Geschichte(n) in der Turnzeitung von großer Bedeutung. Die Deutung der sudetendeutschen Geschichte durch Pfitzner als historisch notwendige Entwicklung zur kulturellen und politischen Einheit ist eine solche Fortschrittsgeschichte, die den sie aufnehmenden Turner zu verstärkter Mitarbeit beim Aufbau der sudetendeutschen Volksgemeinschaft aufforderte.

Die für die Neuorientierung des Turnverbandes programmatischen Aufsätze K. Henleins und W. Brands in der Turnzeitung Ende der zwanziger, Anfang der dreißiger Jahre verwenden häufig eine Synthese von historisch-kritischer und historisch-genetischer Erzählweise. Beispielhaft möchte ich die historisch-narrative Struktur eines Leitaufsatzes von Henlein analysieren, in dem er das Führerprinzip als neues Organisations- und Verfassungsprinzip des Verbandes vorstellt und begründet [117]: Henlein beginnt seinen Aufsatz mit der Schilderung der Jahnschen Turnbewegung, die sich „als Sammelbecken des revolutionären Volkswillens" die „hohe volkspolitische Aufgabe stellte", „durch ihre heldische Grundhaltung das ganze Volk mitzureißen" im Kampf für die Freiheit des einigen deutschen Vaterlandes. Dieser volkspolitischen Gesamtverantwortung sei die Jahnsche Turnbewegung 1813/1814 in den Befreiungskriegen und in der Revolution von 1848/49 gerecht geworden. Dann aber habe „das große Sterben der Jahnschen Turnidee" begonnen, indem die Turner jede über den reinen Turnbetrieb hinausgehende volkspolitische Verantwortung ablehnten. Die Ursache dieser Entwicklung sei der Niedergang des deutschen Bürgertums gewesen, das durch den zersetzenden Einfluß des westlichen Liberalismus und Individualismus bis zum Weltkrieg zunehmend „reich, satt, faul und feige" geworden sei. „Im Staatsleben führte der Liberalismus zur Demokratie und zum Parteienstaat, in der Wirtschaft zum Kapitalismus und zum Klassenkampf ... Alle diese Geißeln haben nach der furchtbaren Niederlage aus dem deutschen Volke einen macht- und ziellosen Knecht der Weltmächte gemacht ..." Auch die ehemals lebendige Turnbewegung sei durch diesen liberalen Geist zum Vereinsmeiertum erstarrt. Demokratische Verwaltung sei an die Stelle von persönlicher Führung getreten. „Durch diese falsche Einstellung blieb die Turnbewegung zur Tatenlosigkeit und Ohnmacht verurteilt, wo sie hätte Entscheidendes bewirken können und sollen ... Zehn Jahre haben wir zum Sammeln geblasen, nun stehen wir vor unserem Aufbruch. Die demokratische Scheinführung aber ist für unseren Marsch untragbar. Wir müssen sie deshalb ablehnen!" Es folgt die Vorstellung der angestrebten Verbandsneuordnung nach dem Führerprinzip, die mit den Sätzen schließt: „Der Führergedanke ist ein Schritt auf dem Wege zu unserem Neuaufstiege ... Wo noch immer die Männerschaft eines Landes über Parteien und Verbände hinweg einig und widerstandsbereit stand, als Mahner und Führer des ganzen Stammes, da war es um die Zukunft des Volkes gut bestellt." Diese zeitschichtliche Deutung Henleins, die ich im folgenden kurz analysieren möchte, findet sich in ähnlicher oder leicht abgewandelter Form in vielen Beiträgen unterschiedlicher Autoren in der Turnzeitung der dreißiger Jahre.

[116] *Rüsen*: Die vier Typen 1982, 555—561.
[117] *Henlein*, Konrad: Der Neuaufbau unserer Führung. TZ 23 v. 1. Dezember 1930, 361 ff.

Henlein beginnt seinen Aufsatz mit der Schilderung des Jahnschen Ursprungsmythos der Turner. Die Geschichte der Jahnschen Turnbewegung, die er erzählt, enthält sowohl traditionale, identitätsstiftende als auch genetische, fortschrittsorientierte narrative Strukturen. Henlein will erreichen, daß der DTV sich an seinen Jahnschen Ursprung erinnert und sich die „volkspolitische Zielsetzung" des Deutschen Turnens aus den Jahren 1813/14 und 1848/49 wieder zu eigen macht. Es folgt dann die historisch-kritische Geschichte über den Niedergang von Bürgertum und Turnbewegung durch die Aufnahme westlicher, liberaler Denkweisen. Die bestehende demokratische Verfassungsstruktur des Turnverbandes stellt Henlein durch deutendes, kritisches Erinnern in Frage, um Raum für Veränderungen zu schaffen, die dann in der anschließenden genetischen Erzählung über die Einrichtung des Führerprinzips vorgestellt werden. Klar zum Ausdruck kommt bei ihm die Deutung der Gegenwart als historische Aufbruchs- und Schlüsselzeit, in der es gelte, handelnd die Geschichte zu bestimmen [118], wofür aber die Abkehr von der demokratischen Scheinführung die Voraussetzung ist. Den Abschluß des Aufsatzes bildet die von ihm formulierte Zukunftserwartung, daß bei einer in sich einigen Führerschaft des ganzen Stammes ein sudetendeutscher Neuaufstieg bevorstehe. Henlein rekonstruiert einen bedeutungsvollen Zusammenhang zwischen Vergangenheit und Gegenwart, um Orientierung bei der Gegenwartsgestaltung zu erhalten und Zukunftsperspektiven zu entwickeln.

War die institutionalisierte Geschichtspflege noch in den zwanziger Jahren ein zentraler Bestandteil der Dietarbeit, so nahm ihre Bedeutung innerhalb der Dietarbeit und innerhalb des Turnverbandes in den dreißiger Jahren ab. Bei einer Auflistung der Aufgabenbereiche der Dietarbeit in der Turnzeitung 1938 [119] wird „Geschichte" nur noch als Nebenpunkt kurz erwähnt. Nach der Neugliederung der Dietarbeit durch Walter Brand 1933 [120] trat die „Innenarbeit" des Dietwartes, die völkische, geistige Erziehung der Turner, gegenüber der „Außenarbeit" zurück. Die Dietwartschaft sollte die Zusammenarbeit mit den sudetendeutschen Schutzverbänden und den einzugliedernden Jugendbünden organisieren und abstimmen, um einen einheitlichen, nach ständischen Lebensbereichen gegliederten sudetendeutschen Volkskörper zu schaffen. Die körperliche und geistige Erziehung am Turnboden sollte ganz durch die Turnwarte und Riegenführer wahrgenommen werden. Bei der völkischen Erziehung am Turnboden spielte Geschichte weiterhin eine große Rolle, wie die von Konrad Henlein 1931 veröffentlichten und für den gesamten Verband verbindlichen sog. Führerlehrgänge zeigen [121].

Insgesamt ist festzustellen, daß die Geschichtspflege im Leben des Turnverbands in den dreißiger Jahren einen weitaus geringeren Raum einnimmt als in den zwan-

---

118 Hierzu siehe Anm. 107.

119 Unsere Dietarbeit. TZ 8 v. 15. April 1938, 175 f.

120 *Brand*, Walter: Turnverband und Schutzarbeit (Gedanken zur Ausgestaltung des Dietwesens). TZ 3 v. 1. Februar 1933, 40 ff. — Bericht über die Verbandsturnratssitzung am 25. und 26. Lenzmonds 1933. TZ 8 v. 15. April 1933, 135 (Bericht des neugewählten Verbandsdietwartes W. Brand über die neuen Aufgaben und Arbeitsgebiete des Dietwartes). — TZ 16 v. 15. August 1933, 315 f.

121 *Henlein*, Konrad: Führer-Lehrgänge im Deutschen Turnen. Die Vorturnerschule. 2. Aufl. Teplitz-Schönau 1931; Heft 2, 19—25; Heft 4, 13—19; Heft 6, 10—18; Heft 10, 10 f.

ziger Jahren. Die in den zwanziger Jahren die Turnzeitung ausfüllende „geschichtliche Erbauungsliteratur" tritt in den dreißiger Jahren weitgehend zurück. Die Turnzeitung beschäftigte sich mit der Umstrukturierung des Verbandes, mit der Organisation der Arbeitslagerbewegung und der Sudetendeutschen Volkshilfe, mit der Entwicklung der Beziehungen zu den sudetendeutschen Schutzverbänden, Sportverbänden und Jugendbünden, mit bevölkerungspolitischen Fragen, mit dem Kampf für eine gesunde Lebensführung ohne Alkohol und Nikotin u. a. m. Der Drang nach aktiver Gestaltung des gesellschaftlichen Lebens der Volksgruppe ließ weder Raum noch Zeit für die Beschäftigung mit „geschichtlicher Erbauungsliteratur".

5. *Zusammenfassung*

Betrachtet man Geschichtsbild, Geschichtsbewußtsein und Geschichtspflege im Deutschen Turnverband der Tschechoslowakei von 1919 bis 1938, so lassen sich zwischen den zwanziger und dreißiger Jahren grundsätzliche Unterschiede feststellen, die mit der hier zu Beginn erläuterten Entwicklung des Turnverbandes vom „Turnvereinsbetrieb" zur „volkspolitischen Bewegung" zusammenhängen.

In den zwanziger wie in den dreißiger Jahren bildete ein nationales Geschichtsbild als Summe aller vergangenen Handlungen des großen deutschen Volkes die Grundlage historischen Denkens im Turnverband. Bedeutsam erscheint allerdings, daß im Geschichtsbild der Turner in den dreißiger Jahren ein spezifisch sudetendeutsches Geschichtsbewußtsein im Sinn von Pfitzners „Sudetendeutscher Einheitsbewegung" neben das primär gesamtdeutsche Geschichtsbewußtsein der zwanziger Jahre tritt. In diesem Zusammenhang ist auch die in der Turnzeitung häufige Verwendung der Begriffe „sudetendeutsche Schicksalsgemeinschaft" und „sudetendeutscher Stamm" zu sehen.

Der Raum, den Geschichte und Geschichtspflege im Turnvereinsbetrieb der zwanziger Jahre einnahmen, war insgesamt bedeutend größer als in der volkspolitischen Turnbewegung der dreißiger Jahre. Wie dargestellt, diente die „herrliche deutsche Geschichte" den Turnern in den zwanziger Jahren als geistiger Zufluchtsort aus ihrer zunehmend als Bedrohung empfundenen gegenwärtigen Zeit.

Historisch-traditionale und historisch-exemplarische Geschichten füllen die Ausgaben der Turnzeitung in den zwanziger Jahren. Sie dienten der Stärkung und Erneuerung der nationalen Identität im fremdnationalen Staat und der Entwicklung hoffnungserfüllter, aber unbestimmt bleibender Zukunftsperspektiven. Neben diese beiden „Erzähltypen" traten seit Mitte der zwanziger Jahre historisch-kritische und seit Ende der zwanziger Jahre historisch-genetische Erzählweisen. Das Erzählen historischer Geschichten diente seit Mitte der zwanziger Jahre zunehmend dazu, bestehende Mißstände und ihre Ursachen aufzuzeigen und (anscheinend) geschichtlich legitimierte Reformvorstellungen und Zukunftsperspektiven zu verbreiten und durchzusetzen.

Bis Ende 1937, Anfang 1938 verfolgte der Deutsche Turnverband die Konzeption eines nach dem Führerprinzip organisierten, ständisch aufgebauten sudetendeutschen Volkskörpers innerhalb eines zum Nationalitätenstaat umzuformenden Gesamtstaates. Da die vom Turnverband ab 1931 vorangetriebene Einführung autoritärer gesellschaftlicher Ordnungsstrukturen 1938/39 scheinbar nahtlos in den nationalsozialistischen Führerstaat einmündete, wurde der Turnverband in der wissenschaftlichen Literatur nach 1945 meiner Meinung nach vorschnell und zu Unrecht zu einer „Fünften Kolonne" des nationalsozialistischen Deutschen Reiches abgestempelt [122].

---

[122] Siehe Anm. 60.

Stephan Dolezel

VEREINSWESEN UND GESCHICHTSPFLEGE IN DEN BÖHMISCHEN LÄNDERN

Eine Zusammenfassung (November 1983)

Von acht Referaten, die wir bei dieser ersten Tagung zum Vereinswesen gehört haben, boten die ersten beiden einerseits Materialien zur Definition des Begriffs „Verein", andererseits einen Überblick über die Entwicklung der historischen Vereine in Deutschland vom 18. bis zum 20. Jahrhundert. Der so gewonnene außerböhmische Maßstab wurde in der Diskussion lebhaft begrüßt.

Berufsbezogene Zunft, religiös fundierte Bruderschaft, elitäre Societas, Sodalitas, Academia, Klub als lockeres Gebilde, sie alle erwiesen sich zwar als theoretisch vom bürgerlichen Verein des 19. Jahrhunderts abgrenzbar; praktisch trugen aber die bürgerlichen Vereine, wie Ferdinand Seibt veranschaulichte, durchaus Erbgut der vorgenannten in sich — man denke nur an das Kriterienpaar „berufsbezogen" und „gesinnungsbezogen", das für die historischen Vereine des 19. Jahrhunderts charakteristisch ist.

Neben Problemen, welche die Vereinsstrukturen betrafen, war die zentrale Frage der Tagung die nach der Gemeinsamkeit und Abgrenzung der von Vereinen getragenen Bemühungen deutschböhmischer und tschechischer Wissenschaftler um die Geschichte des gemeinsamen Territoriums.

Am Anfang steht die Gemeinsamkeit. Die älteste mährische gelehrte Gesellschaft, die Societas Incognitorum Eruditorum (1746 begründet), publizierte zwar in deutscher Sprache, wie wir von Walter Schamschula erfuhren, schloß aber Untersuchungen zur Geschichte der Slawen problemlos mit ein. Es war eine allein dem Dienst an der Sache verpflichtete „anonyme" Gesellschaft, eine barocke, am französischen Vorbild orientierte „Gelehrtenrepublik". Sie vereinte Gelehrte jeden Standes und jeder Nation in sich — theoretisch zumindest — und betrieb ihre historischen Studien nicht aus nationalem, sondern aus antiquarischem Interesse.

Bereits eine Generation später ist dies im sogenannten Nostitz-Kreis nicht mehr der Fall. Zwar verhandeln und publizieren die um den Obersten Burggrafen Franz Anton Nostitz in den siebziger Jahren des 18. Jahrhunderts versammelten Aufklärer, unter ihnen Dobrovský und Pelzel, immer noch in deutscher Sprache, begreifen sich durchaus nicht partikularistisch, sondern österreichisch, entwickeln aber doch am Ausgang des Jahrhunderts zunehmend ein außerwissenschaftliches Interesse. Wir stehen am Anfang der Rekonstruktion der tschechischen literarischen und wissenschaftlichen Terminologie und somit am Anfang der Erweckung des Tschechentums (národní obrození). Pelzel wird erster Lehrstuhlinhaber für tschechische Sprache.

Um 1800 bemühen sich bereits Pelzel, Dobrovský, Jungmann u. a., wie Anna M. Drabek zeigte, um eine Společnost česká, in tiefer Sorge um das Überleben der tschechischen Sprache. Nicht die adelige Führungsschicht, sondern die junge bürgerliche Intelligenz versucht ein erstes Mal, im Interesse ihrer Nation initiativ zu werden. Dazu ist jedoch die Zeit noch nicht reif.

Die noch vom Adel getragene Gründung des Böhmischen Museums (1818), ein letztes Großunternehmen im Geiste des übernationalen böhmischen Landespatriotismus, bildet in der Entwicklung zumindest für kurze Zeit ein retardierendes Moment.

Im selben Landesmuseum aber entsteht 1831 auf Initiative Palackýs nach serbischem Vorbild die Matice Česká, die Wissenschaftspflege, Volksbildung und nationalen Gedanken untrennbar in sich verbindet. Wir begegnen hier erstmals nahezu geläufigen Vereinsformen: Gründungsmitglieder (große Namen des böhmischen Adels, der Prager Erzbischof, Bürger und Geistliche), bald eine nach Tausenden zählende Mitgliederschaft, mit großem bürgerlichen und bäuerlichen Anteil.

Zum ersten Mal begegnen wir hier einem auch später immer wieder zu beobachtenden Phänomen: erst die Popularisierung wissenschaftlicher Resultate und deren Verknüpfung mit nationaler Ideologie (eine besonders im Bereich der „vaterländischen" Geschichte publikumswirksame Distributionsstrategie, um nicht zu sagen „Verkaufsstrategie") bringen den gewünschten Massenerfolg. Damit korrespondiert auch das umgekehrte Phänomen, wie wir in anderen Fällen gesehen haben: je professioneller Geschichtswissenschaft betrieben wird, desto weniger attraktiv wird sie für das primär nicht an Forschungsresultaten, sondern an Ideologemen interessierte Publikum: Mitgliederschwund und Auflagenrückgang pflegen dann die Folge zu sein.

Vielleicht sollten wir uns schon hier fragen, ob Geschichtswissenschaft, ökonomisch nur oder vorwiegend auf die Finanzierung durch Vereinsbeiträge gestellt, überhaupt funktionsfähig sein kann, oder nicht doch durch staatliche Institutionen (Universitäten, Akademien etc.) gefördert sein muß, die ihrerseits vor dem Eingriff des staatlichen Geldgebers in den Wissenschaftsprozeß einigermaßen gesichert sind (siehe Artikel 5 Grundgesetz, „Freiheit von Forschung und Lehre").

Nicht nur die Tatsache, daß die bürgerlichen historischen Vereine auf den Vertrieb ihrer Publikationen angewiesen waren, unterscheidet diese von den „Gelehrtenrepubliken" des Barock, sondern auch eine Arbeitskonzeption, welche die tatkräftige Unterstützung der eigenen Arbeiten durch möglichst viele ehrenamtliche Zuarbeiter an von der Zentrale entlegenen Stellen erfordert. Es ist vorwiegend der nationale Enthusiasmus, der diese Mitarbeiter überhaupt erst motiviert und an die Vereinszentrale bindet, die ihrerseits Gefahr läuft, bei der Auswertung der im Zweifelsfall national gefärbten Materialien aus der Peripherie schon allein aus arbeitsstrategischen Gründen dem Erwartungshorizont ihrer enthusiasmierten Zulieferer zu entsprechen: ein System, das sich hochschaukelt.

Dieses System scheint mir gleichermaßen für den in Antwort auf Palackýs böhmische Geschichte 1862 gegründeten Verein für die Geschichte der Deutschen in Böhmen zu gelten, wie für den vorgeblich nicht als Gegenverein 1866 gegründeten Historický spolek (Referate von Michael Neumüller und Heidrun Dolezel). Beide Vereine beteuern, *böhmische* Geschichte zu betreiben. Während der deutsche Verein bereits in seinem Namen, der sinngemäß nichts anderes darstellt als die Übertragung des tschechischen Titels von Palackýs böhmischer Geschichte auf die deutschböhmischen Verhältnisse (bei Palacký: Geschichte des *tschechischen* Volkes in Böhmen und Mähren, im Vereinstitel: Geschichte der *Deutschen* in Böhmen), während also der deutsche Verein bereits in seinem Namen kundtut, daß er nicht daran denkt, auch die Geschichte der tschechischen Mitbürger zu betreiben, kamoufliert der Historický spolek mit neutraler Namensgebung und verbalen Beteuerungen die Tatsache, daß auch er nur die Geschichte „seines" Volkes, eben der Tschechen, im Sinne hat. Selbst wenn die Führungsgruppen der Vereine eine gemäßigtere Linie verfolgen, was sich in den beide Nationalitäten übergreifenden professionellen Großprojekten niederschlägt, bringt doch die geschilderte Abhängigkeit der Führungsgruppen von ihrer „Massenbasis" tendenziell eine nationale Polarisierung mit sich. Die Gegenprobe (es sei hier wiederholt: schwindende Interessentenzahlen bei zunehmender Verwissenschaftlichung) wurde im Fall des deutschen Vereins von Michael Neumüller und Hans Lemberg geliefert. Daraus folgert, daß Kooperationsbemühungen zwischen beiden Vereinen, die nur auf strikt professioneller Ebene hätten versucht werden können, ohne Publikumserfolg geblieben wären. Eben auf diesen aber waren beide Vereine angewiesen.

Das von beiden Vereinen, dem deutschböhmischen wie dem tschechischen, vermittelte Geschichtsbild steht letztlich unter dem Motto: „deine" Geschichte betreiben wir, „Tua res agitur". Eine geradezu naive, mystische Identifikation der gegenwärtigen Generation mit verehrungswürdigen Gestalten aus ausgewählten positiven, glanzvollen Epochen der Vergangenheit wird zusätzlich propagiert durch Maler, Bildhauer, Architekten, Komponisten, Schriftsteller, die, wie wir erfuhren, ebenfalls Mitglieder beider Vereine sind. Dieses Problem haben wir vorerst nur berührt.

Die Führungsgruppen beider Vereine — auch dies ist eine Gemeinsamkeit — stellen aber auch aktive Politiker: Historiker werden Abgeordnete, ihr Ruf als patriotische Autoren ist ein wesentlicher Teil ihrer politischen Qualifikation. Dies fördert nicht unbedingt professionelle Objektivität.

„Tua res agitur." — „Eingedenk der Väter, unerschütterlich treu unserem Volke": Es ist nicht verwunderlich, daß ein Verein mit einem solchen Motto nach der Machtergreifung Hitlers von Berlin zum Propagandainstrument für eine neue Radikalisierung ausersehen werden konnte. Die Tatsache, daß die Bibliothek des Vereins für die Geschichte der Deutschen in Böhmen mit einer jährlichen Zuwachsrate von rund 500 Bänden 1937 zu 5000 Neuzugängen kam, spricht für sich.

Beide Vereine, der Historický spolek, ja sogar der Historický klub, und der deutsche Verein, bewiesen in ihrer Führungsspitze eine gewisse elastische Anpassungsfähigkeit an politische Veränderungen. Die Führung des Historický spolek gibt sich gegenüber Habsburg loyal, der Vorsitzende des Historický klub Pekař verfaßte noch im Ersten Weltkrieg eine Geschichte „unseres [Kaiser-]Reiches", um kurz danach die neue Republik zu feiern. Der deutsche Verein druckte Nekrologe auf Kaiser Franz Joseph, Masaryk und Heydrich.

Das Gesetz des Handelns liegt offenbar mit dem Erscheinen von Palackýs böhmischer Geschichte auf der tschechischen Seite. Noch ist die Gründung des Historický klub 1872 damit verbunden, daß sich tschechische Geschichtsstudenten benachteiligt fühlen. 1890, nach der Gründung der tschechischen Kaiser-Franz-

Joseph-Akademie der Wissenschaften und Künste, sieht sich — wie Josef Hemmerle schilderte — die deutsche Seite bereits genötigt, mit dem Argument, man sei selbst gegenüber den Tschechen im Nachteil, für die Gründung einer eigenen deutschböhmischen Akademie zu plädieren. Das Gefühl, in seinen nationalen Institutionen gegenüber den Tschechen hintan zu stehen, datiert also nicht erst seit 1918.

Die Frage, wie es zu jenem „goldenen Zeitalter" des tschechischen Aufschwungs gekommen ist, etwa zwischen 1880 und 1910, provoziert sicherlich eine Vielzahl von Antworten.

Zu ihnen gehört zweifellos auch die Feststellung, daß das bürgerliche Vereinsleben des 19. Jahrhunderts, und dies nicht nur in den hier untersuchten historischen Vereinen, Strukturen präfiguriert hat, die zur Genesis der Ersten Tschechoslowakischen Republik — freilich mit allen ihren aus dem 19. Jahrhundert ererbten Problemen — beitrugen.

Manfred Alexander

ZUSAMMENFASSUNG UND SCHLUSSBETRACHTUNG
(November 1984)

Der Zusammenfassung der zweiten Tagung über Vereinswesen und Geschichtspflege in den böhmischen Ländern müssen zwei Vorbemerkungen vorausgeschickt werden. Zum einen hat es sich gefügt, daß der Berichterstatter, dem eine „überparteiliche" Betrachtung obliegt, zugleich als Vortragender auch „Partei" war; zum anderen kann die Darstellung nur eines Teils einer auf zwei Tagungen angelegten Behandlung des Themas nur ein Torso bleiben.

Grundsätzlich ist der Beurteilung von Peter Burian zuzustimmen, daß mit der Themenwahl der beiden Tagungen Neuland beschritten wurde, das sich als ungemein fruchtbar und weitläufig herausstellte. Allgemeines zum Verein in der bürgerlichen Gesellschaft konnte mit exemplarischen Zügen angereichert werden; die Verlaufsgeschichte von verschiedenen Vereinen griff über rein Organisatorisches weit hinaus und zeigte ein Wechselverhältnis von Vereinswesen und Gesellschaft, in dem jeweils die Zeitströmungen in den Trägerschichten wie in den behandelten Themen sichtbar wurden. Die Geschichte von Vereinen erwies sich somit als eine Geschichte der Gesellschaft in den böhmischen Ländern, von den vornationalen, vom Adel getragenen Vereinen über die nationale Spaltung in der zweiten Hälfte des 19. Jahrhunderts, den politischen Antagonismen des 20. Jahrhunderts bis hin zu den Vertriebenenverbänden nach der Katastrophe im Zweiten Weltkrieg. Dieser Zusammenhang kann an vier Themenkomplexen verdeutlicht werden, die sich während der Tagung herauskristallisiert haben.

I.

Vereine als freier Zusammenschluß von Individuen — und hier sei der Begriff „Verein" synonym für andere wie „Vereinigung", „Verband", „Assoziation" oder „Sozietät" verwendet — entstanden und entstehen aus konkreten Bedürfnissen. Dies war in den böhmischen Ländern zum einen das Bedürfnis nach Bildung und Information, zum anderen die Wahrnehmung von Interessen im ökonomischen Bereich, etwa im Gewerbe oder im Ackerbau, wobei die beiden Ebenen einander durchaus durchdringen konnten. Es hat wohl nicht überrascht, daß zu Beginn des böhmischen Vereinswesens der Adel eine führende Rolle gespielt hat: war der Adel doch die wohlhabende, gebildete und politisch führende Schicht im 19. Jahrhundert. Diese Rolle des Adels prägte auch die pragmatische Grundausrichtung des Museumsvereins, dessen landespatriotische Gesinnung den Interessen des reichstreuen Adels der Habsburgermonarchie entsprach, welcher sich untereinander eher nach genealogischen Prinzipien als nach der Sprache (deutsch oder tschechisch) differenzieren ließ.

Es kann aber als eine List der Vernunft gelten, daß der Adel in seinem Dienst das Bürgertum heranzog, das er zunächst in seinem Sinn benützte, von dem er aber bald selbst benützt wurde. Dies konnte an den beiden Historikern Palacký für Böhmen und Dudik für Mähren aufgezeigt werden, die zwar im Dienst von Adeligen standen, aber dort zu Sprechern einer neuen Zeit wurden, die den Adel aus seiner dominierenden Stellung verdrängen sollte. Das Bürgertum, das hier heranwuchs und sich zunehmend national als Deutsche oder Tschechen zu verstehen begann, setzte dem landespatriotischen Verständnis des Adels seinerseits das (sprach-)nationale Bewußtsein entgegen. In der Fälschung von Handschriften, die Hanka seinem Brotgeber widmete, wird die Perversion der Entwicklung deutlich: sollte doch der Adel zur bürgerlichen nationalen Ideologie bekehrt oder korrumpiert werden.

Die nationale Idee war im 19. Jahrhundert, und je später darin desto mehr, im ganzen Lande auf dem Vormarsch, auch wenn es durchaus regionale Unterschiede gab. Auf die nachdenkenswerte Frage, ob die landespatriotische Orientierung eines Jungmann oder Bolzano gegen die sprachorientierte Zweiteilung des Landes eine Chance hätte haben können, muß festgestellt werden, daß eine solche Option zur Entwicklung der Zeit keine Alternative bieten konnte. Die übermächtige Kraft des nationalen Gedankens wird dort deutlich, wo sich Vereine ihrer als eines Vehikels bedienten, um ökonomische Interessen zu artikulieren. Peter Heumos hat überzeugend ausgeführt, daß sich etwa die tschechischen Gesellen an die nationale Idee als einen ideologischen Ausgleich für den gesellschaftlichen Abstieg klammerten. Hier wurde ein Prozeß deutlich erkennbar, der im 20. Jahrhundert mit der Anfälligkeit des deklassierten Bürgertums für den Faschismus in verschiedenen Spielarten seinen Höhepunkt erreichen sollte. Was bei den Gesellen in der Antizipation ihres Positionsverlustes sichtbar wurde, wiederholte das Bürgertum in seinen verschiedenen Schichten, und die Vereine wurden ein wichtiges Mittel zur Artikulation solcher Interessen, das auch dann wichtig blieb, als sich die Parteien als Assoziationen im politischen Bereich bildeten und ein neues Feld der Differenzierung schufen.

Bemerkenswert war auch die Feststellung, daß sich regionale Besonderheiten im Vereinswesen durch alte Strukturen und historische Erfahrungen erklären lassen, wie etwa am Antikatholizismus jener Gebiete bewiesen werden kann, die schon in der Hussitenzeit eine besondere Rolle gespielt hatten.

Im Verlauf der Tagung konnte aufgezeigt werden, daß diese Entwicklung der fortschreitenden nationalen Differenzierung zum einen erlitten wurde, wie Robert Luft dies am Deutschen Verein zur Verbreitung gemeinnütziger Kenntnisse am Umschlag der Orientierung um 1910 hervorhob; zum anderen konnten sich andere Vereine geradezu an die Spitze der Zeitströmung setzen und diese befördern. Der Sokol mit seiner aggressiven Ideologie und seiner kämpferischen Symbolik steht hier als das beste Beispiel für das aufstrebende Tschechentum. Ein Vergleich mit der Turnerorganisation von Friedrich Ludwig Jahn würde enthüllen, daß im Sokol nichts Nationenspezifisches gegeben war, daß vielmehr ein gesellschaftliches Bedürfnis sich frei verfügbarer Vorlagen bediente, um sich zu artikulieren. Defensiv in seiner Grundausrichtung erwies sich der Deutsche Schulverein, auch wenn er sich in seinen Äußerungen eines ähnlich kämpferischen Vokabulars bediente.

Vereine als Ausdrucksform der nationalen Idee und zugleich als ihre Beförderung reflektierten auf diese Weise den Geist der Zeit. An ihren Zielen und an den sie tragenden Personengruppen wird der Prozeß der Emanzipation des Bürgertums im 19. Jahrhundert deutlich, der in Böhmen zur Ausgestaltung einer tschechischen Gesellschaft und einer defektuösen deutschen Gesellschaft führen sollte. Das jeweilige Geschichtsbewußtsein spielte in diesem Prozeß eine hervorragende Rolle.

II.

Ein Geschichtsbewußtsein ist überall vorhanden, wo Menschen sich ihrer Herkunft und ihrer Traditionen bewußt sind. Am Beispiel des Museumsvereins und anderer Vereine wurde klar, daß ein bestimmtes Geschichtsbewußtsein nicht nur gepflegt, sondern geradezu gestaltet und dann von den Vereinen in die Gesellschaft transportiert werden konnte. Geschichte erwies sich dabei als das Feld einer rückwärtigen Verlängerung der Tagesinteressen: Wo aber handfeste Interessen diese ideologisch geprägte historische Dimension erhielten, verschärften sich die Gegensätze zwischen den Nationalbewegungen. Geschichte und Nationalbewußtsein wurden zu bestimmenden Faktoren des Machtkampfes zwischen Tschechen und Deutschen. Die Geschichte gewann damit den Charakter der Rechtfertigung für politisches Handeln in der Gegenwart und in der Zukunft. Die Betonung des Böhmischen Staatsrechtes seitens der Tschechen war mehr als nur eine sentimentale Erinnerung an das Reich der Wenzelskrone, es war die erste Phase eines Prozesses, der über innere Autonomie zur Separation und zur staatlichen Unabhängigkeit verlaufen sollte. Ähnlich wurde in der Ersten Republik die Bodenreform nicht als eine ökonomisch motivierte Verbesserung der Landverteilung erklärt, sondern als Revanche für die Niederlage am Weißen Berge gerühmt und damit ideologisiert.

Geschichte war im 19. Jahrhundert in hohem Maße im Alltag präsent, da sie in den Dienst der nationalen Idee genommen wurde. Damit war die Beschäftigung mit der Geschichte nicht mehr auf die Bildung der individuellen Persönlichkeit ausgerichtet, wie dies das klassische Ideal vorgesehen hatte, sondern sie sollte zur Gestaltung einer kollektiven Persönlichkeit eingesetzt und dienstbar gemacht werden. Historische Fakten und ihre national geprägten Interpretationen sollten eine nationale Erziehung und eine nationale Identifikation befördern, die in einem einheitlichen Bewußtsein zugleich eine Abgrenzung der eigenen Gruppe nach außen wie ihren Zusammenhang nach innen stiften sollte.

Am deutlichsten konnte dieser Prozeß am Beispiel des Sokol erläutert werden. Die Gründer des Sokol hatten aus dem Arsenal der böhmischen Geschichte jene Elemente ausgewählt, die ihrer eigenen kämpferischen Intention entsprachen: Hus und der Kampf um religiöse und politische Selbstbehauptung. Handfeste Symbole sollten diese Geschichtstradition jederzeit sichtbar und greifbar machen; und doch zeigt sich gerade an ihnen — wie etwa an den Uniformen der Sokol — ein geschichtsfremder Eklektizismus. Das Geschichtsbewußtsein, das Palacký und andere als Bewußtwerdung der eigenen tschechischen Vergangenheit hatten beleben wollen, wurde damit auf eine ausschließlich nationale Ideologie reduziert. Die historische Wahrnehmung verengte sich, indem andere Strömungen und der nationalen Idee entgegengerichtete Traditionen ausgeschieden wurden.

Geschichte als Bildungswert wurde durch Geschichtsbewußtsein als nationale Waffe abgelöst, und mit dieser Verfügbarmachung öffnete sich das Feld der Instrumentalisierung und der Manipulation von Geschichte zur Beförderung der nationalen Idee.

III.

In der Instrumentalisierung von Geschichte und ihrer Manipulation folgten Tschechen und Deutsche ähnlichen Mustern, nur untereinander zeitlich versetzt. Was der Sokol an Formation des nationalen Denkens vorexerziert hatte, wiederholte später in anderer Umgebung der Deutsche Turnverband. In beiden Bewegungen zeigte sich der gleiche Eklektizismus, die gleiche Grundtendenz, Geschichte und nationale Interessen auf ein politisches Ziel hin auszurichten. Am Beispiel des Sokol erwies sich der Rückgriff auf Hus geradezu als ein Religionsersatz, der in Symbolen, Ritualen und Massenveranstaltungen eine weihevolle Stimmung und Kampfbegeisterung schuf. In den Legionärsverbänden der Ersten Republik erlebte diese Form von Geschichtsbeschwörung einen neuen Höhepunkt, intensiviert durch die Berufung auf gemeinschaftliche Kampferlebnisse und durch politische Auseinandersetzungen.

Auf deutscher Seite führte bei einem Teil der Bevölkerung kleinbürgerliche Orientierungslosigkeit zu Panik und zu einer Horizontverengung, wobei man die eigene Bedeutungslosigkeit dadurch aufzuwerten suchte, daß kulturelle Leistungen einzelner nun dem eigenen Volk als Ganzem gutgeschrieben wurden. Die kollektive Persönlichkeit des „Volkes" wurde zum Ersatz für das fraglich gewordene Bewußtsein der individuellen Persönlichkeiten; das „Volk" wurde zum „Kulturträger" hochstilisiert, mit positiven Wertungen belegt und von dem angeblich so andersartigen Nachbarvolk abgegrenzt. Daß Tschechen und Deutsche in Böhmen einander in den Lebensformen des Alltags, in Sitten, Gebräuchen und im Wertekanon erstaunlich ähnlich waren, daß beide darüberhinaus durch Konnubium und Verwandtschaft auch biologisch kaum zu scheiden waren, all dies ging als Bewußtsein verloren, indem die Sprachgruppen sich gegeneinander abgrenzten und diese Scheidung auch historisch legitimierten. Aus der wechselseitigen Beziehung eines steten Gebens und Nehmens wurde in der Ideologie des Kulturträgertums auf der deutschen Seite eine Erziehungsleistung, für die Dankbarkeit erwartet wurde, und auf der tschechischen Seite eine Bevormundung, die als würgende Einengung der eigenen Entwicklung abgelehnt wurde.

Damit ist die paradoxe Situation erreicht, daß dort, wo die Geschichte scheinbar den höchsten Stellenwert besaß, weil sie zur Legitimation von politischem Handeln diente, sie auch der höchsten Verfälschung und Perversion unterlag. Geschichte wurde zum Mythos und zum Ritual degradiert und durch diese unhistorische Festschreibung eigentlich abgeschafft.

Eine solche Instrumentalisierung von Geschichte hat den Charakter einer Manipulation. Diese ist umso wirksamer, je mehr die historische Dimension mit Erlebnissen und Erfahrungen angereichert wird und sich als Begründung von politischer Macht darstellt. Am Beispiel der Legion in der Ersten Republik wurde der Versuch unternommen, das Geflecht von moralischer Begründung, politischen Interessen und realem Machtkampf etwas zu entwirren, das dem politischen System des Staates übergestülpt worden ist. Miterlebte und mitgestaltete Geschichte erwies sich als Trumpf im Machtkampf, wie dies in der Gleichung „Masaryk als erster Legionär" pointiert formuliert wurde. Hier wird Geschichte zum Demonstrationsgegenstand auf der Straße, wo Prügelei und selbst Totschlag mit ihr gerechtfertigt werden.

IV.

Die Manipulation von Geschichte und Geschichtsbewußtsein führt endlich zur Frage, wie die gemeinsam erlebte Geschichte von Tschechen und Deutschen in Böhmen verarbeitet werden kann oder verarbeitet worden ist. Hat die katastrophale Zuspitzung der Gegensätze, als die von den Deutschen zu verantwortende Politik der Versklavung der Tschechen und des geplanten Völkermordes von diesen mit der Vertreibung der Deutschen beantwortet wurde, nicht im Grunde die höchste Perversion gebracht, indem die Geschichte schlicht abgeschafft, nachträglich aus dem Bewußtsein ausradiert worden ist? Und ist die Weigerung, die Endgültigkeit dieser Entwicklung zur Kenntnis nehmen zu wollen, nicht ebenso unhistorisch, weil sie die Fakten und ein neues Denken nach vierzig Jahren zu ignorieren scheint? Ernst Nittner hat in behutsamer Weise aufgezeigt, daß nach einer Phase des Hasses auf beiden Seiten eine vorsichtige Wiederannäherung an die Geschichte und die tschechisch-deutschen Gemeinsamkeiten eines Jahrtausends zu verzeichnen ist. Eugen Lemberg und Jan Patočka wurden stellvertretend für andere genannt, die sich — bei Deutschen und Tschechen wieder phasenverschoben — um diese Verarbeitung der historischen Erfahrung und damit um den Rückgewinn der Geschichte bemühten.

Freilich bedarf dieser Prozeß der Erkenntnis von der Unumkehrbarkeit historischer Verläufe. Ein sudetendeutsch-tschechisches Verhältnis wird es aus biologischen Gründen bald nicht mehr geben; der deutsche Teil Böhmens ist buchstäblich „ins Reich" heimgekehrt; er hat sein Vermächtnis, seine Leistungen und seine Verfehlungen in das größere Becken der deutschen Geschichte eingebracht. Sudetendeutsche Tradition lebt fort als Teil der Erinnerung der Mitlebenden, und sie ist in den Gesellschaften der Bundesrepublik Deutschland und der Deutschen Demokratischen Republik „aufgehoben" wie einst die Traditionen und Erinnerungen der Hugenotten.

Die Geschichte der deutsch-tschechischen Beziehungen in den böhmischen Ländern ist damit wieder zu dem geworden, was Geschichte eigentlich ist, nämlich Beschäftigung mit Vergangenem. Ihr mit den Methoden der wissenschaftlichen Historiographie nachzuforschen, ist Aufgabe jener, die eben diese Vergangenheit nicht mehr zu aktuellem politischen Kampf benützen wollen. Diese Geschichte nicht mehr als Abrechnung oder Aufrechnung zu verstehen, nicht mehr zu politischen Zwecken zu instrumentalisieren, nicht zum persönlichen Machtstreben zu manipulieren, — eine solche unbelastete Geschichtsbetrachtung ermöglicht erst jene „Verarbeitung", die allein in der wissenschaftlichen Beschäftigung mit der Vergangenheit begründet ist. Die Geschichte der deutsch-tschechischen Kontroversen in den böhmischen Ländern ist damit von der Straße, ja letztlich aus dem Straßengraben, wieder in die

Gelehrtenstube und in den akademischen Hörsaal zurückgekehrt, um dort als Beispiel zu dienen für die Folgen von Vorurteilen, Intoleranz und Haß und als Mahnung für eine Erziehung zu Toleranz gegenüber Minderheiten, zum Verständnis der anderen, zu Kompromiß und Demokratie.

ABKÜRZUNGEN

AHMP	Archiv Hlavního města Prahy
AHVN	Annalen des Historischen Vereins für den Niederrhein
BdL	Bund der Landwirte
BohJb	Bohemia, Jahrbuch des Collegium Carolinum
BohZ	Bohemia, Zeitschrift für Geschichte und Kultur der böhmischen Länder
ČČH	Český časopis historický
ČČM	Časopis českého musea
ČMM	Časopis Matice Moravské
ČOS	Česká obec sokolská
ČSČH	Československý časopis historický
DA	Deutsche Arbeit
DNP	Deutsche Nationalpartei
DNSAP	Deutsche Nationalsozialistische Arbeiterpartei
DT	Deutsche Turnerschaft
DTJ	Dělnická tělocvičná jednota
DtV	Deutscher Verein zur Verbreitung gemeinnütziger Kenntnisse
DTV	Deutscher Turnverband
HZ	Historische Zeitschrift
JbGGJČ	Jahrbuch der Gesellschaft für Geschichte der Juden in der Čechoslovakischen Republik
KB	Kameradschaftsbund
MTVS	Státní museum československé tělesné výchovy a sportu
MVGDB	Mitteilungen des Vereins für Geschichte der Deutschen in Böhmen
MVGDSldr	Mitteilungen des Vereins für Geschichte der Deutschen in den Sudetenländern
NA	Neues Archiv der Gesellschaft für ältere deutsche Geschichtskunde
NDB	Neue Deutsche Biographie
NSDAP	Nationalsozialistische Deutsche Arbeiterpartei
OSN	Ottův slovník naučný
RGBl	Reichsgesetzblatt
SdP	Sudetendeutsche Partei
SgV	Sammlung gemeinnütziger Vorträge
SHF	Sudetendeutsche Heimatfront
SÚA	Státní ústřední archiv
TZ	Turnzeitung des Deutschen Turnverbandes
VGDB	Verein für Geschichte der Deutschen in Böhmen
VSWG	Vierteljahrsschrift für Sozial- und Wirtschaftsgeschichte
ZfO	Zeitschrift für Ostforschung
ZsdtG	Zeitschrift für sudetendeutsche Geschichte
ZVGMS	Zeitschrift des Vereins für Geschichte Mährens und Schlesiens

PERSONENREGISTER

REGISTER DER VEREINE, VERBÄNDE, GESELLSCHAFTEN, AKADEMIEN, KOMMISSIONEN UND INSTITUTIONEN

DIE MITARBEITER DIESES BANDES

Prof. Dr. Manfred A l e x a n d e r , Kantstraße 6, 5042 Erftstadt-Liblar
Prof. Dr. Peter B u r i a n, Bachemer Straße 103, 5000 Köln 41
Heidrun D o l e z e l , M. A., Mauerhof 8, 3405 Rosdorf
Dr. Stephan D o l e z e l , Mauerhof 8, 3405 Rosdorf
Wiss. Oberrat Dr. Anna M. D r a b e k , Starkfriedgasse 16/1, A - 1190 Wien
Prof. Dr. Horst G l a s s l , Rauschbergstraße 7, 8011 Putzbrunn
Dr. Josef H e m m e r l e , Jennerweg 4, 8031 Eichenau
Dr. Peter H e u m o s , Kemnader Straße 245, 4630 Bochum 1
Prof. Dr. Hans L e m b e r g , Am Glaskopf 3, 3550 Marburg/Lahn
Robert L u f t , Feldbergstraße 10, 6500 Mainz 1
Andreas L u h , Dellbusch 90, 5600 Wuppertal 2
Dr. Michael N e u m ü l l e r , Aventinstraße 6, 8000 München 5
Claire N o l t e , 5426 Valley Green Drive, Wilmington, DE 19808, USA
Dr. Klaus P a b s t , Platanenallee 7, 5014 Kerpen-Türmich
Prof. Dr. Walter S c h a m s c h u l a , University of California, Berkeley, Cal. 94720, USA
Prof. Dr. Ferdinand S e i b t , Josef-Haydn-Straße 14, 8013 Haar
Dr. Helmut T e u f e l , Plaumheim, Am Bergweg 12, 8754 Großostheim 3

Bad Wiesseer Tagungen des Collegium Carolinum

Die Juden in den böhmischen Ländern

Vorträge der Tagung von 1981

Herausgegeben von Ferdinand Seibt

Vorträge: F. *Seibt:* Einleitung — P. *Hilsch:* Die Juden in Böhmen und Mähren im Mittelalter und die ersten Privilegien (bis zum Ende des 13. Jahrhunderts) — W. *Hanisch:* Die Luxemburger und die Juden — M. *Tischler:* Böhmische Judengemeinden 1348—1519 — H. *Teufel:* Juden im Ständestaat. Zur politischen, wirtschaftlichen und sozialen Geschichte der Juden in Mähren zwischen 1526 und 1620 — V. *Lipscher:* Jüdische Gemeinden in Böhmen und Mähren im 17. und 18. Jahrhundert (bis zum Ausweisungsbefehl Maria Theresias) — W. *Brosche:* Das Ghetto von Prag — A. M. *Drabek:* Die Juden in den böhmischen Ländern zur Zeit des landesfürstlichen Absolutismus. Von der Schlacht am Weißen Berg bis zum Ausgang der Regierungszeit Maria Theresias — E. *Hassenpflug-Elzholz:* Toleranzedikt und Emanzipation — R. *Gladstein-Kestenberg:* Identifikation der Prager Juden vor und während der Assimilation — H. *Bachmann:* Heinrich Friedjung (1851—1920) — G. *Otruba:* Der Anteil der Juden am Wirtschaftsleben der böhmischen Länder seit dem Beginn der Industrialisierung — L. *Lipscher:* Die soziale und politische Stellung der Juden in der Ersten Republik — S. *Dolezel:* „Schicksalswende" und „Der ewige Jude". Antisemitische Filmpropaganda am Anfang der NS-Ostexpansion (1939—1940) — E. *Schmidt-Hartmann:* Die deutschsprachige jüdische Emigration aus der Tschechoslowakei nach Großbritannien 1938—1945 — H. *Lemberg:* Juden und Nichtjuden in der Geschichte der böhmischen Länder. Resümee einer Tagung — Anhang: E. *Schmidt-Hartmann:* Übersicht über die nationalsozialistische „Endlösung der jüdischen Frage" in den böhmischen Ländern — G. *Otruba:* Statistische Materialien zur Geschichte der Juden in den böhmischen Ländern seit dem Ausgang des 18. Jahrhunderts.
1983 — 369 Seiten mit 4 Bildtafeln und 2 Stadtplänen — Ln. 75,— DM

ISBN 3-486-51561-6

Die Teilung der Prager Universität 1882 und die intellektuelle Desintegration in den böhmischen Ländern

Vorträge der Tagung von 1982

Herausgegeben von Ferdinand Seibt

Vorträge: F. *Seibt:* Einleitung — E. *Schmied:* Die altösterreichische Gesetzgebung zur Prager Universität. Ein Beitrag zur Geschichte der Prager Universität bis 1918 — P. *Burian:* Die Teilung der Prager Universität und die österreichische Hochschulpolitik — K. A. *Huber:* Die Prager theologischen Fakultäten von 1883/1891 bis 1945 — H. *Slapnicka:* Die Prager Juristenfakultät in der zweiten Hälfte des 19. Jahrhunderts — H.-J. *Härtel:* Die beiden philosophischen Fakultäten in Prag im Spiegel ihrer Dissertationen 1882—1939/45 — E. *Schmidt-Hartmann:* Die philosophische Fakultät der tschechischen Universität um 1882. Kontinuität und Wandel — M. *Neumüller:* Die deutsche philosophische Fakultät in Prag um 1882 und die Geschichtswissenschaft — G. R. *Schroubek:* Isolation statt Kommunikation. Forschungsinteressen der deutschen und der tschechischen Universitäts-Volkskunde in Prag — R. *Luft:* Tschechische Parlamentarier und die Prager Hochschulen 1907—1914 — L. *Lipscher:* Das Gesetz über das Verhältnis der beiden Prager Universitäten und seine Folgen — E. *Turczynski:* Czernowitz als Beispiel einer integrativen Universität — M. *Alexander:* Die Teilung der Karl-Ferdinands-Universität 1882 und die Folgen. Eine Zusammenfassung — Anhang: Historia Universitatis Carolinae Pragensis. Příspěvky k dějinám Univerzity Karlovy. Tomus 22. Fasc. 1. Prag 1982, 162 S. (Acta Universitatis Carolinae 1982). Besprochen v. H. *Lemberg.*
1984 — 220 Seiten — Ln. 55,— DM

ISBN 3-486-51891-7

Oldenbourg

Eugen Lemberg

Lebensbilder zur Geschichte der böhmischen Länder

Band 5:

Eugen Lemberg 1903-1976

Herausgegeben von Ferdinand Seibt

1986. 300 Seiten,
DM 28,–
ISBN 3-486-51131-9

Aus dem Inhalt:
F. Seibt: Eugen Lembergs deutsche Mission – *H. Jilek:* Das Lebenswerk Eugen Lembergs – *E. Groß:* Aufbruch und Resignation einer Bildungssoziologie. Eugen Lembergs pädagogische Projekte – *E.K. Francis:* Lembergs Beitrag zur soziologischen Volkstheorie – *E. Nittner:* Zum Ideologiebegriff Eugen Lembergs – *P. Burian:* Eugen Lemberg und das Nationalitätenproblem – *K. Jering:* Die Ausweisung als Schicksal und Aufgabe – *E. Lemberg:* Ein Leben in Grenzzonen und Ambivalenzen – Schriftenverzeichnis Eugen Lemberg.

Oldenbourg

Bad Wiesseer Tagungen des Collegium Carolinum

Die Juden in den böhmischen Ländern

Vorträge der Tagung von 1981

Herausgegeben von Ferdinand Seibt

Vorträge: F. *Seibt:* Einleitung — P. *Hilsch:* Die Juden in Böhmen und Mähren im Mittelalter und die ersten Privilegien (bis zum Ende des 13. Jahrhunderts) — W. *Hanisch:* Die Luxemburger und die Juden — M. *Tischler:* Böhmische Judengemeinden 1348—1519 — H. *Teufel:* Juden im Ständestaat. Zur politischen, wirtschaftlichen und sozialen Geschichte der Juden in Mähren zwischen 1526 und 1620 — V. *Lipscher:* Jüdische Gemeinden in Böhmen und Mähren im 17. und 18. Jahrhundert (bis zum Ausweisungsbefehl Maria Theresias) — W. *Brosche:* Das Ghetto von Prag — A. M. *Drabek:* Die Juden in den böhmischen Ländern zur Zeit des landesfürstlichen Absolutismus. Von der Schlacht am Weißen Berg bis zum Ausgang der Regierungszeit Maria Theresias — E. *Hassenpflug-Elzholz:* Toleranzedikt und Emanzipation — R. *Gladstein-Kestenberg:* Identifikation der Prager Juden vor und während der Assimilation — H. *Bachmann:* Heinrich Friedjung (1851—1920) — G. *Otruba:* Der Anteil der Juden am Wirtschaftsleben der böhmischen Länder seit dem Beginn der Industrialisierung — L. *Lipscher:* Die soziale und politische Stellung der Juden in der Ersten Republik — S. *Dolezel:* „Schicksalswende" und „Der ewige Jude". Antisemitische Filmpropaganda am Anfang der NS-Ostexpansion (1939—1940) — E. *Schmidt-Hartmann:* Die deutschsprachige jüdische Emigration aus der Tschechoslowakei nach Großbritannien 1938—1945 — H. *Lemberg:* Juden und Nichtjuden in der Geschichte der böhmischen Länder. Resümee einer Tagung — Anhang: E. *Schmidt-Hartmann:* Übersicht über die nationalsozialistische „Endlösung der jüdischen Frage" in den böhmischen Ländern — G. *Otruba:* Statistische Materialien zur Geschichte der Juden in den böhmischen Ländern seit dem Ausgang des 18. Jahrhunderts.

1983 — 369 Seiten mit 4 Bildtafeln und 2 Stadtplänen — Ln. 75,— DM

ISBN 3-486-51561-6

Die Teilung der Prager Universität 1882 und die intellektuelle Desintegration in den böhmischen Ländern

Vorträge der Tagung von 1982

Herausgegeben von Ferdinand Seibt

Vorträge: F. *Seibt:* Einleitung — E. *Schmied:* Die altösterreichische Gesetzgebung zur Prager Universität. Ein Beitrag zur Geschichte der Prager Universität bis 1918 — P. *Burian:* Die Teilung der Prager Universität und die österreichische Hochschulpolitik — K. A. *Huber:* Die Prager theologischen Fakultäten von 1883/1891 bis 1945 — H. *Slapnicka:* Die Prager Juristenfakultät in der zweiten Hälfte des 19. Jahrhunderts — H.-J. *Härtel:* Die beiden philosophischen Fakultäten in Prag im Spiegel ihrer Dissertationen 1882—1939/45 — E. *Schmidt-Hartmann:* Die philosophische Fakultät der tschechischen Universität um 1882. Kontinuität und Wandel — M. *Neumüller:* Die deutsche philosophische Fakultät in Prag um 1882 und die Geschichtswissenschaft — G. R. *Schroubek:* Isolation statt Kommunikation. Forschungsinteressen der deutschen und der tschechischen Universitäts-Volkskunde in Prag — R. *Luft:* Tschechische Parlamentarier und die Prager Hochschulen 1907—1914 — L. *Lipscher:* Das Gesetz über das Verhältnis der beiden Prager Universitäten und seine Folgen — E. *Turczynski:* Czernowitz als Beispiel einer integrativen Universität — M. *Alexander:* Die Teilung der Karl-Ferdinands-Universität 1882 und die Folgen. Eine Zusammenfassung — Anhang: Historia Universitatis Carolinae Pragensis. Příspěvky k dějinám Univerzity Karlovy. Tomus 22. Fasc. 1. Prag 1982, 162 S. (Acta Universitatis Carolinae 1982). Besprochen v. H. *Lemberg.*

1984 — 220 Seiten — Ln. 55,— DM ISBN 3-486-51891-7

Oldenbourg

Eugen Lemberg

Lebensbilder zur Geschichte der böhmischen Länder

Band 5:

Eugen Lemberg 1903–1976

Herausgegeben von Ferdinand Seibt

1986. 300 Seiten,
DM 28,–

ISBN 3-486-51131-9

Aus dem Inhalt:
F. Seibt: Eugen Lembergs deutsche Mission – *H. Jilek:* Das Lebenswerk Eugen Lembergs – *E. Groß:* Aufbruch und Resignation einer Bildungssoziologie. Eugen Lembergs pädagogische Projekte – *E.K. Francis:* Lembergs Beitrag zur soziologischen Volkstheorie – *E. Nittner:* Zum Ideologiebegriff Eugen Lembergs – *P. Burian:* Eugen Lemberg und das Nationalitätenproblem – *K. Jering:* Die Ausweisung als Schicksal und Aufgabe – *E. Lemberg:* Ein Leben in Grenzzonen und Ambivalenzen – Schriftenverzeichnis Eugen Lemberg.

Oldenbourg